복지 자본주의 정치경제의 형성과 재편
서유럽 강소·복지 5개국의 경험과 한국의 쟁점

복지 자본주의 정치경제의 형성과 재편
서유럽 강소·복지 5개국의 경험과 한국의 쟁점

1판1쇄 | 2013년 5월 31일
1판2쇄 | 2014년 7월 14일

지은이 | 안재흥

펴낸이 | 박상훈
주간 | 정민용
편집장 | 안중철
책임편집 | 최미정
편집 | 윤상훈, 이진실, 장윤미(영업 담당)
업무지원 | 김재선

펴낸 곳 | 후마니타스(주)
등록 | 2002년 2월 19일 제300-2003-108호
주소 | 서울 마포구 합정동 413-7번지 1층 (121-883)
전화 | 편집_02.739.9929 제작·영업_02.722.9960 팩스_02.733.9910
홈페이지 | www.humanitasbook.co.kr

인쇄 | 천일_031.955.8083 제본 | 일진_031.908.1407

값 27,000원

ⓒ 안재흥, 2013
ISBN 978-89-6437-183-1 94300
   978-89-90106-64-3 (세트)

이 도서의 국립중앙도서관 출판시도서목록(CIP)은 e-CIP 홈페이지(http://www.nl.go.kr/ecip)에서
이용하실 수 있습니다.(CIP제어번호: CIP2013007690)

이 저서는 2007년 정부(교육인적자원부)의 재원으로 한국학술진흥재단의 지원을 받아 수행된 연구임(KRF-2007-812-B00011).
(원제목 | 성장과 복지 역사경로의 형성과 변형에 대한 비교역사연구: 한국과 유럽 강소국)

복지 자본주의 정치경제의 형성과 재편
서유럽 강소·복지 5개국의 경험과 한국의 쟁점

안재흥 지음

후마니타스

올곧게 사셨고 해맑은 영혼으로 떠나가신
부친 안영길을 기리며

| 차례 |

제1장_ 서론

1. 왜 복지 자본주의인가? 15
2. 복지 자본주의 정치경제 레짐의 형성과 재편의 동학 20
3. 내용의 구성 44

제2장_ 이론적 논점: 역사적 현상으로서 복지 자본주의

1. 수요 측면의 비교 정치경제학 52
2. 공급 측면의 비교 정치경제학 64
3. 비판적 검토: 역사적 현상으로서 복지 자본주의 73

제3장_ 분석 틀

1. 문제 제기 81
2. 이론과 방법 83
3. 가설 97
4. 분석 모형 114

제4장_ 실증적 분석과 비교 역사 방법

1. 들어가면서 117
2. 정치 대표 체계와 기능 대표 체계의 제도적 친화성 118
3. 정책 조합의 연계 효과 128
4. 비교 역사 방법 157
5. 소결 165

제5장_ **복지 자본주의 정치경제 레짐의 형성 I :**
　　　참여와 통치의 맞물림

　　1. 들어가면서 167
　　2. 의회-행정부 관계: 강소·복지 국가 4개국 169
　　3. 노사정 관계: 강소·복지 국가 4개국 196
　　4. 소결: 참여와 통치의 맞물림 227

제6장_ **복지 자본주의 정치경제 레짐의 형성 II : 정책 조합**

　　1. 들어가면서 231
　　2. 사민주의 복지국가: 스웨덴과 덴마크 232
　　3. 기민주의 복지국가: 네덜란드와 오스트리아 249
　　4. 소결: 복지 자본주의의 역사적 맥락과 정책 조합 266

제7장_ **복지 자본주의 정치경제 레짐의 동학 I: 복지국가 성장기**

　　1. 들어가면서 271
　　2. 사민주의 복지국가: 스웨덴과 덴마크 274
　　3. 기민주의 복지국가: 네덜란드와 오스트리아 302
　　4. 소결: 복지국가의 성장과 정치경제 레짐의 변동 330

제8장_ **복지 자본주의 정치경제 레짐의 동학 II: 복지국가 재편기**

　　1. 들어가면서: 세계화, 신자유주의 그리고 복지국가의 재편 335
　　2. 노사정 타협의 역사적 타이밍 343
　　3. 사민주의 복지국가: 스웨덴과 덴마크 350
　　4. 기민주의 복지국가: 네덜란드와 오스트리아 381
　　5. 자유주의 복지 자본주의 정치경제 레짐의 변형: 아일랜드의 사례 416
　　6. 소결: 복지국가의 재편과 정치경제 레짐의 변동 425

제9장_한국 복지 자본주의의 쟁점

    1. 들어가면서 433
    2. 한국 복지 레짐의 현황 436
    3. 한국 복지 자본주의 이행의 쟁점: 비교정치경제의 시각 445
    4. 소결 483

제10장_결론

    1. 이론적 함의 489
    2. 한국형 사회 모델, 가능한가? 499

부록 1 | 내각의 의석 분포 및 유형 507
부록 2 | 정당의 득표율 511

    참고문헌 515
    찾아보기 563

| 표 차례 |

2-1 | 에스핑-앤더슨의 복지 자본주의 국가 레짐 분류 62
3-1 | 경로 변형 분석 모델 89
3-2 | 정책 조합의 유형 105
3-3 | 정책 조합의 유형과 효과 105
4-1 | 정책 조합의 유형(세계화 이전) 134
4-2 | 정책 조합의 유형(세계화 이후) 138
4-3 | 복지 자본주의 정치경제의 주요 변수 139
4-4 | 복지국가 유형과 정책 조합 유형의 비교 140
4-5 | 진리표(Truth Table) 144
4-6 | 사회 투자 성과 지표 151
4-7 | 사회적 불평등 지수(Gini Index) 152
4-8 | 위험 빈곤율(60%) 152
4-9 | 일치와 불일치의 교차 방법 163
5-1 | 덴마크의 내각(1945~77년) 173
5-2 | 스웨덴의 내각(1945~82년) 175
5-3 | 네덜란드의 내각(1946~77년) 184
5-4 | 오스트리아의 내각(1947~83년) 191
5-5 | 코포라티즘(1960년대 말~1990년대 말) 229
5-6 | 참여와 통치의 맞물림 230
6-1 | 덴마크와 스웨덴의 GDP 대비 노동시장 정책 프로그램 지출 245
6-2 | 노동 참여 인구 1천 명당 장애(산재) 보험 수령자 수(1970~90년) 255
7-1 | 덴마크의 임금 협상의 시기별 특징(1961~91년) 284
7-2 | 스웨덴의 내각(1969~91년) 291
7-3 | 덴마크의 내각(1968~93년) 294
7-4 | 덴마크 내각의 입법 최종 투표 실패율(1971~2004년) 296
7-5 | 네덜란드 중앙 임금 협상 행위자들의 전략적 행태(1965~82년) 304
7-6 | 네덜란드의 내각(1963~89년) 316
7-7 | 오스트리아의 내각(1959~90년) 322
7-8 | 행정부에서 정당의 응집력 및 이익 조정 체제 333
8-1 | 스웨덴의 내각(1976~2008년) 353
8-2 | 덴마크의 내각(1982년~현재) 355
8-3 | 네덜란드의 내각(1973~2012년) 383
8-4 | 오스트리아의 내각(1983~2008년) 390
8-5 | 네덜란드의 사회 협약(1980~2009년) 396
8-6 | 아일랜드의 내각(1944~2011년) 418
8-7 | 아일랜드의 사회 협약(1987~2010년) 422
8-8 | 세계화 이후 의회-행정부 관계와 입법의 정치 428
9-1 | 사업체 규모 및 고용 형태별 사회보험 적용률(2010년 3월) 441
9-2 | 한국 정치경제 레짐의 이행 모델: 참여와 통치의 맞물림 485

| 그림 차례 |

1-1 | 정치경제 레짐의 동학 21
3-1 | 정치 대표 체계와 기능 대표 체계의 연계 모형 85
3-2 | 정치 대표 체계와 기능 대표 체계의 제도적 관계 97
3-3 | 분석 모형: 정치경제 레짐의 형성과 변화의 동학 115
4-1 | 합의 정치 민주주의(1971~96년)와 코포라티즘(1970~90년대) 지수의 분포: 선진 산업국 122
4-2 | 합의 정치 민주주의(1971~96년)와 코포라티즘(1970~90년대) 지수의 분포: 비례대표 또는 혼합 선거제 국가 123
4-3 | 합의 정치 민주주의(1971~96년)와 시장 조정(1971~97년) 지수의 분포: 선진 산업국 126
4-4 | 합의 정치 민주주의(1971~96년)와 시장 조정(1971~97년) 지수의 분포: 비례대표 또는 혼합 선거제 126
4-5 | 강소·복지 5개국 중·저 임금 분산의 시계열 추이(1975~2008년) 130
4-6 | 중·저 수준 임금 분산과 실업률 분포(1980년): OECD 국가 131
4-7 | 강소·복지 5개국 실업률 추이(1960~2010년) 132
4-8 | 중·저 임금 분산과 ALMP 지출 / PLMP 지출 비의 분포(1980년): OECD 국가 133
4-9 | 중·저 임금 분산과 실업률의 분포(2000년): OECD 국가 135
4-10 | 임금 분산과 ALMP 지출 / PLMP 지출 비의 분포(2000년) 137
4-11 | ALMP 지출 / GDP(%) 연도별 추이 150
4-12 | PLMP 지출 / GDP(%) 연도별 추이 153
6-1 | 렌-마이드너 모델과 정책 조합 234
6-2 | GDP 대비 사회보장세의 비율(1965~2010년) 247
6-3 | GDP 대비 개인소득세의 비율(1965~2010년) 248
8-1 | 덴마크의 유연 안전화 모델 375
9-1 | 사회보험 수입 대비 부문별 기여 비중 추이 439
9-2 | 실업률과 지니계수의 시계열 추이(1990~2011년) 444
9-3 | 임금 분산과 ALMP 지출 / PLMP 지출 비의 분포(2002년) 461
9-4 | 실업률과 임금 분산(1991~2011년) 462

| 부록 표 차례 |

1-1 | 스웨덴의 내각(1945~2008년) 507
1-2 | 덴마크의 내각(1945년~현재) 508
1-3 | 네덜란드의 내각(1946년~현재) 509
1-4 | 오스트리아의 내각(1947~2010년) 510
2-1 | 스웨덴의 정당별 득표율(1944~2010년) 511
2-2 | 덴마크의 정당별 득표율(1945~2008년) 512
2-3 | 네덜란드의 정당별 득표율(1946~2010년) 513
2-4 | 오스트리아의 정당별 득표율(1946~2010년) 514

약어표

약어	원어	우리말
ALMP	Active labor market policy	적극적 노동시장 정책
ARP	Anti Revolutionaire Partij	반혁명당
ATP	Allmän tilläggspension	일반보충연금
BKA	Butiks-og Kontorfagenes Arbejdsgiverforening	상업 및 사무직 사용자연합
BWK	Bundeswirtschaftskammer	연방경제회의소
BZÖ	Bündnis Zukunft Österreich	오스트리아미래연합
CD	Centrum-Demokraterne	중앙민주당(덴마크)
CD	Kristdemokraterna	기독교민주당(스웨덴)
CDA	Christen-Democratisch Appèl	기독교민주당
Ce	Centerpartiet	중앙당
CHU	Christelijke Historische Unie	기독교역사연맹
CnP	Clann na Poblachta	공화당
CnT	Clann na Talmhan	조국당
CNV	Christelijk Nationaal Vakverbond	전국기독교노동조합연맹
CO Metal	Centralorganisationen af Metalarbejdere	금속노동자연맹
Com	Danmarks Kommunistiske Parti	덴마크공산당
Con	Det Konservative Folkeparti	보수당(덴마크)
Con	Moderata samlingspartiet	보수당(스웨덴)
CPN	Communistische Partij Nederland	네덜란드공산당
CPP	Kristeligt Folkeparti	기독교인민당
CSWV	Centraal Sociaal Werkgevers-Verbond	중앙사회사용자연합
CU	Christen Unie	기독교연맹
D66	Democraten 66	자유민주주의66
DA	Dansk Arbejdsgiverforening	덴마크사용자연합
DFP	Dansk Folketparti	덴마크인민당
DL	Democratic Left	민주좌파당
DPP	Dansk Folkeparti	덴마크인민당
DS70	Demcratische Socialisten 70	민주사회주의70
FF	Finna Fáil	아일랜드전사당
FG	Fine Gael	아일랜드인당
FNV	Federatie Nederlandse Vakbeweging	네덜란드노동조합총연맹
FPÖ	Freiheitliche Partei Österreichs	오스트리아자유당
GrL	GroenLinks	녹색좌파당
Grünen	Grüne Alternative	녹색당
HK	Handels-og Kontorfunkionærernes Forbund i Danmark	상업 및 사무직 노동조합
IB	Industriebond	산업연맹
IND	De Uafhængige	독립당
JA	Jernets Arbejdsgiverforening	금속산업사용자연합
JP	Danmarks Retsforbund	정의당
KAB	Katholieke Arbeidersbeweging	가톨릭노동운동
KPÖ	Kommunistische Partei Österreichs	오스트리아공산당
KVP	Katholieke Volks Partij	가톨릭인민당
LA	Liberal Alliance	자유연합

약어	원어	우리말
LAB	Labour Party	노동당
Lib	Danmarks Liberale Parti	덴마크자유당
Lib	Folkpartiet liberalerna	자유당(스웨덴)
LIF	Liberales Forum-Heide Schmit	자유주의포럼
LO	Landsgoranisationen	노동조합총연맹
LPF	Lijst Pim Fortuyn	핌포튠당
LS	Venstresocialisterne	좌파사회주의
mp	Miljöparti	녹색당
NKV	Nederlands Katholiek Vakverbond	네덜란드가톨릭노동조합연맹
NVV	Nederlands Verbond van Vakverenigingen	네덜란드노동조합연맹
NY	Ny Alliance	신연대
NyD	Ny Demokati	신민주주의당
PBO	Publiekrechtlijke Bedrijfsorganisatie	공법에 의한 산업 조직 규제
PD	Progressive Democrats	진보민주당
PLMP	Passive labor market policy	소극적 노동시장 정책
PP	Fremskridtspartiet	진보당
PPR	Politieke Partij Radicalen	급진당
PSP	Pacifistische Socialistische Partij	평화사회당
PvdA	Partij van de Arbeid	노동당
PVV	Partij voor de Vrijheid	자유당
RKWV	Roomsche-Katholiek Werkliedenverbond in Nederland	가톨릭노동자연맹
RL	Det Radikale Venstre	사회자유당
SACO	Sveriges Akademikers Centralorganisation	스웨덴교원중앙조직
SAF	Sveriges Arbetsgivareförening	스웨덴사용자연합
SAP	Sveriges Socialdemokratiska Arbetareparti	사민당(스웨덴)
SD	Socialdemokraterne	사민당(덴마크)
SD	Sverigesdemokraterna	스웨덴민주주의자
SER	Sociaal-Economische Raad	사회경제위원회
SP	Socialistische Partij	사회당
SPÖ	Sozialdemokratische Partei Österreichs	오스트리아사민당
SPP	Socialistisk Folkeparti	사회주의인민당
TCO	Tjänstermännens Centralorganisation	화이트컬러중앙조직
UL	Enhedslisten	적녹연합
V	Vänsterpartiet	좌파(공산)당
VAD	vermogensaanwasdeling	사회보장비지출기금
VdU	Verband der Unabhangigen	독립연맹
VF	Verkstadsföreningen	엔지니어링사용자연합
VNO	Verbond van Nederlandsche Ondernemingen	네덜란드기업연합
VNW	Vereeninging van Nederlandsche Werkgevers(1899~1926) Verbond van Nederlandse Werkgevers (1926~57)	네덜란드사용자연합
VPCW	Verbond van Protestants-Christelijke Werkgevers in Nederland	개신교사용자연합
VVD	Volkspartij voor Vrijheid en Democratie	자유당
WKÖ	Wirtschaftskammer Österreich	오스트리아경제회의소
ÖGB	Österreichischer Gewerkschaftsbund	오스트리아노동조합총연맹
ÖVP	Österreichische Volkspartei	오스트리아인민당

| 제1장 |

서론

1. 왜 복지 자본주의인가?

한국은 복지국가로 진입하고 있다. 국가 주도하에 산업화를 이루었던 한국은 1987년에 민주화를 실현했고 1997년 외환 위기의 거대한 파도에도 좌초하지 않았다. 민주화 이후 그리고 외환 위기의 극복 과정에서 4대 사

● 책이 완성되기까지 여러 분의 도움을 받았다. 김세걸 박사는 책 구성에 대해 귀중한 조언을 주었으며, 아주대학교 정치외교학과 박사과정 박상신 군은 이 책의 그림을 정성스럽게 작성해 주었으며, 미국 뉴스쿨대학교 정치학과 대학원의 이충훈 군은 탈고 과정에서 우리말을 교정해 주었다. 아주대학교 도서관은 전 세계 도서관을 샅샅이 뒤져 요청한 문헌을 빠짐없이 적시에 제공했다. 10여 년이 넘는 동안 한국복지국가연구회의 회원들과 월례 세미나를 함께하면서 막연한 구상을 구체적인 연구 주제로 가다듬었다. 모든 분들께 진심으로 감사드린다.

회보험 — 산재·의료·연금·고용 보험 — 이 도입·정비되었다. 외화 위기가 발생했던 1997년에 국내총생산GDP 대비 공공 사회 지출 비율이 3.7퍼센트였으나 이후 가파르게 증가해 2009~12년도에는 9퍼센트를 넘어섰다.[1] 1960년도에 경제협력개발기구OECD 국가의 GDP 대비 공공 사회 지출 비율은 평균 13.1퍼센트였다. 이후 이들 국가는 공공 사회 지출을 급속히 늘리기 시작해, 1981년에 그 비율이 25.6퍼센트까지 상승했다.[2] 제2차 세계대전 이후 1970년대 중반까지 서유럽의 복지국가는 성장과 복지의 선순환을 이룸으로써 복지국가의 모델로 부상했다. 서유럽의 복지국가에서 공공 사회 지출의 일정 부분이 연금을 비롯한 사회보험의 지원에 할당되었다는 점을 감안하면, 현재 한국의 공공 사회 지출의 수준은 OECD 국가의 1960년 전후 수준에 해당된다. 그러나 한국의 경우는 공공 사회 지출이 외환 위기 이후 가파르게 증가했음에도 '복지 레짐'welfare regime이 아직까지도 낙후된 상태를 벗어나지 못하고 있다.[3] 복지 레짐이 국가보다는 가족 및 기업에 의존하는 '복지 혼합'의 형태를 띠고 있으며 소득 보장 제도가 거의 전적으로 가입자의 기여금을 재원으로 운영되고 있기 때문이다(제9장).

---

[1] OECD, *Social Expenditure Database* (Paris: OECD). http://www.oecd.org/els/social/expenditure

[2] OECD, *Social Expenditure 1960-1990: Problems of Growth and Control* (Paris: OECD, 1985), 18-21; Christopher Pierson, *Beyond the Welfare State?: The New Political Economy of Welfare* (University Park, Pennsylvania: Pennsylvania State University Press, 1991), 111; 128.

[3] 복지 레짐은 복지국가보다는 포괄적인 개념이다. 복지국가는 국가가 개인들의 사회적 위험을 사회정책으로 관리하는 정치경제 체제다. 그러나 복지는 국가 이외에 시장(기업)과 가족에서도 제공된다. 복지 레짐은 국가·시장(기업)·가족이 "상호 연계·의존되어" 개인에게 복지를 제공하는 양식을 개념화한 것이다. Gøsta Esping-Andersen, *Social Foundations of Postindustrial Economies* (Oxford: Oxford University Press, 1999), 34-5.

그러나 정치경제적 상황이 복지국가로 전환하도록 우리 사회를 압박하고 있는 것도 현실이다. 비정규직이 심각한 수준에 이르렀으며 노동시장의 직업 안전성 역시 매우 불안한 형편이다. 대다수 국민이 실제 그리고 잠재적으로 자본주의 시장의 위험에 노출되어 있는 것이다. 더구나 외환위기 이후 급격하게 심화된 사회적 양극화는 현재까지 뚜렷이 개선될 조짐을 보이지 않고 있다. 김대중 정부와 노무현 정부는 복지를 정권의 주요 의제로 삼은 바 있다. 그럼에도 복지 이슈는 '성장과 분배'라는 추상적인 이념 논쟁에서 맴돌았을 뿐이며 관련 시민 단체 및 이익 단체만이 적극성을 보였다. 복지 이슈는 선거 정치에서도 핵심 쟁점이 아니었다. 그러나 2010년 이후 상황이 반전되었다. 2010년 6·2 지자체 선거에서 무상 급식이 주요 이슈로 등장했다. 2011년에 서울시는 무상 급식 주민 투표를 실시한 바 있으며 이후 치른 시장 보궐선거에서는 복지가 핵심 쟁점으로 부각되었다. 2012년 대통령 선거에서는 보수 정당, 진보 정당 가릴 것 없이 모두 복지를 표방하고 나선 나머지 정작 복지는 승패를 가를 쟁점에서 벗어날 정도였다.

현재 한국은 사회적 양극화, 노동시장의 불안, 선거 정치가 복합적으로 작용하는 가운데 떠밀리다시피 복지국가로의 이행을 서두르고 있다. 서구에서 복지국가는 정치·경제·사회·역사적 요인들이 복합적으로 맞물려서 형성·성장했다. 이제 우리 사회도 복지를 찬성하느냐 반대하느냐 하는 이분법적 사고에서 벗어나 복지국가의 형성 및 성장에 내재된 함의를 이해하고 어떤 형태의 복지국가를 지향할 것인가를 성찰할 때가 되었다.

어느 한 국가를 복지국가로 규정짓는 것은 사회정책이다. 사회정책은 노동시장에 진입하지 못하거나 퇴출되었을 때 발생하는 개인들의 위험, 즉 질병·은퇴·산업재해·실업 등을 사회적 위험으로 간주하고 이를 공적으로 관리하는 데 수반되는 정책을 지칭한다.[4] 사회정책은 시장에 참여할 수 없거나 퇴출된 개인들을 대상으로 위험을 관리하는 정책이기 때문에 경제정책과 불가분 연계될 수밖에 없다. 또한 역으로 사회정책이 경제정책의 수단으로도 활용된다.

거시적 차원으로 눈을 돌려 복지국가와 자본주의 그리고 민주주의 사이의 관계를 살펴보자. 19세기 이후 선진 자본주의 국가의 역사는 자본주의 시장과 민주주의 정치가 공존할 수 있는 해법을 찾아 헤맨 과정이었다고 해도 과언이 아니다. 이 과정에서 서유럽 국가들은 격렬한 사회적 갈등에 휘말려 들었다. 자본주의 시장과 민주주의 정치는 자연스럽게 공생·발전의 경로로 진입하지 않았던 것이다. 전근대 사회에서 사회 구성원들은 종교와 신분 그리고 공동체 문화에 구속되어 있었다. 자본주의 시장은 이런 구속으로부터 사회 구성원들을 해방시켜 개인들이 자유로운 선택에 기초해 부를 증대시킬 수 있는 공간을 제공했다. 자본주의 시장은 자유주의와 합리적 개인들을 출현시킨 모태였다는 점에서 정치적 민주주의에 기여한 바가 컸다. 그러나 자본주의의 발전 과정에서 사회적 불평등이 심화되었으며 주기적으로 대량 실업이 발생했다. 전간기戰間期(양차 세계대전 사이) 유럽의 사례에서 볼 수 있듯이 사회적 불평등과 대량 실업은 민주주의 정치를 위기에 빠트렸다.

민주주의 정치에서 정치권력은 선거를 통해 창출된다. 선거에서는 유권자의 부가 아니라 투표수가 승자를 결정한다. 부의 불평등으로 소수와 다수를 가르는 자본주의 시장과, 수에 의해 승자를 가르는 선거 정치는 갈등적일 수밖에 없다. 자본주의 시장은 민주주의 정치의 필요조건이지만 동시에 양자는 구조적으로 길항 관계에 놓일 수밖에 없는 것이다. 복지국

4_Gøsta Esping-Anderson, *The Three Worlds of Welfare Capitalism* (Princeton: Princeton University Press, 1990), 36.

가는 사회적 위험을 관리하고, 구조적 불평등을 완화하며, 직업훈련 및 취업 알선을 통해 고용을 증진시키고, 경기 침체 시에 소비를 촉진해 시장경제를 활성화하는 등 자본주의 시장과 민주주의 정치가 길항 관계 속에서도 공생할 수 있도록 양자를 매개해 왔다.

'복지 자본주의'welfare capitalism는 민주주의 정치체제하에서 복지국가와 자본주의 시장경제를 동시에 지향하는 정치경제 체제다. '복지는 시장의 작동을 거스른다'welfare against markets는 담론이 우리 사회에 널리 퍼져 있다. 그러나 반드시 그런 것은 아니다. 사회정책을 경제정책의 수단으로 삼아 시장의 작동을 원활하게 하여 고용과 성장을 유도할 수도 있기 때문이다. 협의의 시각에서 보면 복지 자본주의는 자본주의 시장경제에서 개인들이 맞닥뜨릴 수 있는 위험을 사회정책으로 관리하는 정치경제 체제다. 그러나 광의의 시각에서 보면 복지 자본주의는 사회정책과 경제정책을 연계해 성장과 복지의 선순환을 추구하는 정치경제 체제다.

복지 자본주의의 유형은 다양하다. 자유주의 복지국가에서는 공공 부문이 최소 수준에서 사회적 위험을 관리하고 나머지 이익의 조정은 시장의 경쟁에 맡긴다. 그러나 기독교민주주의(약칭 기민주의) 복지국가와 사회민주주의(약칭 사민주의) 복지국가는 사회적 위험을 공적으로 관리하는 수준을 넘어 사회정책, 특히 노동시장 정책을 수단으로 삼아 성장과 복지의 선순환을 도모한다. 특히 임금의 조정을 노동시장보다는 노사(정) 협의에 맡긴다. 이를 통해 경제성장을 추구하는 한편 노동시장 정책을 위시한 사회정책으로 임노동자의 임금 억제에 대해 보상하고 고용 수준을 조정한다.

시장은 국가 및 사회와 제도적으로 '맞물린'embedded 가운데 발전했다. 국가·시장·사회 사이의 제도적 '맞물림'은 역사적 경험과 정치·사회적 맥락에 따라 다르게 형성되었다. 그 결과, 복지 자본주의도 나라마다 다르게 발달했으며 시기에 따라 그 구성 체계도 달랐다. 성장과 복지가 선순환할 때 복지 자본주의는 안정적으로 발전했다. 그렇지 않을 경우 자본주의 시장과 민주주의 정치의 제도적 관계는 변화했다. 복지 자본주의를 지지하고 있는 제도들의 관계가 변천을 거듭해 온 것이다. 복지는 단순히 분배의 차원을 넘어 자본주의 시장과 민주주의 정치가 안정적으로 공존하느냐 마느냐 하는 근본적인 문제와 맞물려 있다고 할 수 있다.

    한국 사회는 1987년에 민주화를 이루었으나 아직까지도 정치·사회적 갈등의 혼돈에서 벗어나지 못하고 있다. 더구나 1997년 외환 위기 이후 신자유주의로 방향을 튼 나머지 사회적 불안과 불평등이 급속히 심화되었다. 한국 사회에서 복지 자본주의의 제도화는 사회적 불평등을 완화시키는 문제인 동시에 자본주의 시장과 민주주의 정치가 공생·발전할 수 있느냐 하는 문제와 직결되어 있다. 이 책은 이런 이론적 관점에서 구상되었다. 먼저 서유럽의 강소·복지 국가 — 스웨덴, 덴마크, 네덜란드, 오스트리아, 아일랜드 — 를 비교해 복지 자본주의의 형성·와해·재편의 정치적·정책적 조건들을 분석한 후 한국 사회가 복지 자본주의로 이행하는 데 있어서 해결해야 될 문제점들을 쟁점의 차원에서 논의한다.

2. 복지 자본주의 정치경제 레짐의 형성과 재편의 동학

2-1. 연구의 목적

이 책은 복지 자본주의 정치경제 체제의 형성과 재편을 설명하는 것을 목적으로 한다. 정치적 연합과 정책 조합 효과의 상호작용을 중심으로 정치 제도와 이익 조정 제도의 연계, 즉 정치경제의 레짐이 형성·재편된 역사적 과정을 분석한다. 궁극적으로는 이런 분석을 통해 민주주의 정치와 자본주의 시장이 공존하는 맥락을 이해하고자 한다.

| 그림 1-1 | 정치경제 레짐의 동학

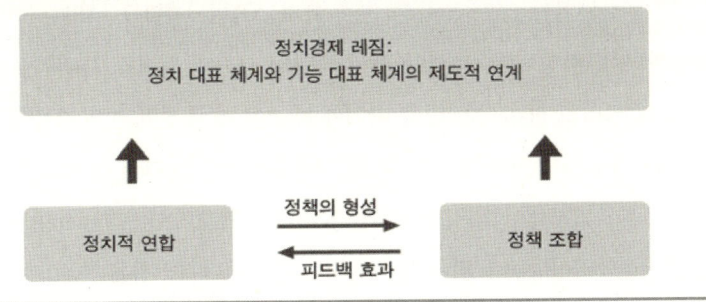

민주주의 정치와 자본주의 시장이 안정적으로 공존하기 위해서는 첫째, 선거-정당-의회-행정부로 이어지는 정치 대표 체계와, 시장의 이익을 조정하는 기능 대표 체계가 상호 보완적이어서 양 체계 사이에 제도적 친화성이 조성되어야 한다.[5] 그 이유는 다음과 같다. 선거 정치는 유권자의 수를 반영하지만 유권자 각각이 가지는 관심interest의 강도를 반영하지는 못한다. 반면에 이익집단의 정치는 제한된 수만을 대상으로 하지만 참여자들이 가지는 관심의 강도를 반영한다. 수를 대표하는 정치 대표 체계와 관심의 강도를 대표하는 기능 대표 체계가 보완적인 관계를 유지할 때 민주주의 정치는 안정적으로 발전하며 사회 통합을 이루어 낸다(제3장). 둘째, 정치 대표 체계와 기능 대표 체계의 제도적 친화성이 정치적 연합 ─ 정당 체제, 의회-행정부 관계, 노사정 관계 등 ─ 과, 정책 조합 ─ 경제정책·사회정책·소득정책 등의 조합 ─ 의 연계 효과에 의해 지지되어야 한

5_일반적으로는 '기능 대표 체계'보다는 '이익대표 체계'라는 용어가 사용된다. 그러나 이익은 선거에 영향을 미치기 때문에 두 대표 체계를 명확히 구분하기 위해 '기능 대표 체계'라는 용어를 사용한다. 자세한 논의는 이 책의 제3장 2-1절(83쪽)을 참조할 것.

다(〈그림 1-1〉).⁶

정치적 연합과 정책 조합의 연계 효과는 상호 영향을 미친다. 정책은 정치에 의해 형성된다. 그러나 정책 집행의 피드백 효과는 행위자들의 선호, 관심 그리고 의미에 영향을 미치기 때문에 결국 정치적 연합을 변화시킨다(〈그림 1-1〉). 정치적 연합의 패턴이 바뀌거나 일련의 정책 조합이 성장과 복지를 선순환시키지 못할 때 정치 대표 체계와 기능 대표 체계를 연계하는 규범과 원칙, 즉 정치경제 레짐은 변동한다. 이 책은 복지 자본주의 정치 경제 레짐의 형성·와해·재편의 동학을 이와 같은 이론적 시각에서 분석할 것이다.

2-2. 왜 '레짐'인가?

'레짐'regime은 여러 제도를 관통하며 존재하는, 행위자들의 행동을 억제하는 원칙과 규범이다.⁷ 행위자의 행위를 억제한다는 측면에서 보면 레짐은 제도와 그 역할이 유사하다. 제도란 행위에 대한 '공식적'·'비공식적' 억제를 의미한다. 따라서 공식적 규칙뿐만 아니라 전통·사회적 규범·공유된

6_펨펠은 정치경제 레짐을 정치경제적 연합, 정치경제 제도 그리고 공공 정책의 윤곽(profile)으로 구성되며 세 변수는 '삼각대'처럼 맞물려 상호작용한다고 주장한다. T. J. Pempel, *Regime Shift: Comparative Dynamics of the Japanese Political Economy* (Ithaca: Cornell University Press, 2000), 20. 이 책에서는 정치경제 레짐을 정치제도와 이익 조정 제도의 상호작용에 국한시키고 정치적 연합, 정책 조합의 피드백 효과, 그리고 양자의 상호작용이 정치경제 레짐의 변화에 미치는 영향을 탐구한다.

7_Stephen D. Krasner, "Structural Causes and Regime Consequences: Regimes as Intervening Variables," Krasner ed., *International Regimes* (Ithaca, NY: Cornell University Press, 1983), 1-3.

의미 등을 포괄한다.[8] 레짐과 제도의 차이는 역할이 아니라 작용의 범위와 방식에 있다. 레짐은 개별 제도보다는 더 포괄적인 대상을 지칭한다. 제도들이 맞물려 있어서 이들을 관통해 일정한 방식으로 행위를 억제할 때 이를 레짐으로 개념화한다. 예컨대 카르도주Fernando H. Cardoso는 정치 레짐을 "주요 정치제도들을 연계하는 공식적 절차"로, 오도넬Guillermo O'Donnell과 슈미터Philippe C. Schmitter는 "정부의 주요 지위에 접근하는 형태 또는 채널을 결정하는 …… 명시적 또는 비명시적 패턴의 총체ensemble"로 개념화한다.[9] 따라서 정치학에서 정치 레짐은 국가와 시민사회의 관계를 포괄해 제도의 수준에서 행위를 일정한 방식으로 통제하는 현상을 지칭한다.[10] 예컨대 권위주의 레짐이란 특정 제도에서만이 아니라 국가와 시민사회를 연계하는

8_Walter W. Powell & Paul J. DiMaggio, "Introduction," Powell & DiMaggio eds., *The New Institutionalism in Organizational Analysis* (Chicago: University of Chicago, 1991), 7-10; Rogers J. Hollingsworth et al., *Governing Capitalist Economies: Performance and Control of Economic Sectors* (New York: Oxford University Press, 1994), 4; Douglass C. North, *Institutions, Institutional Change and Economic Performance* (Cambridge: Cambridge University Press, 1990), 4; Peter Hall & Rosemary C. R. Taylor, "Political Science and the Three New Institutionalisms," *Political Studies* XLIV (1996).

9_Fernando H. Cardoso, "On the Characterization of Authoritarian Regimes in Latin America," David Collier ed., *The New Authoritarianism in Latin America* (Princeton: Princeton University Press, 1979), 38; Guillermo O'Donnell & Philippe C. Schmitter, *Transitions from Authoritarian Rule: Tentative Conclusions about Uncertain Democracies* (Baltimore: Johns Hopkins University Press, 1986), 73; Adam Przeworksi et al., *Democracy and Development: Political Institutions and Well-Being in the World, 1950-1990* (Cambridge: Cambridge University Press, 2000), 18.

10_Stephanie Lawson, "Conceptual Issues in the Comparative Study of Regime Change and Democratization," *Comparative Politics* 25-2 (1993), 184-5; Robert M. Fishman, "Rethinking State and Regime: Southern Europe's Transition to Democracy," *World Politics* 42-3 (1990), 428; 김영명, 『한국의 정치변동』(을유문화사, 2006), 16-8.

제도 전반에서 행위자에 대해 권위주의적인 통제가 이루어지는 '정치적 총체'polity다.

이 책에서는 정치경제 레짐과 '생산 레짐'production regime의 개념이 사용된다. 정치경제 레짐은 정치 대표 체계와 기능 대표 체계가 상호작용한 결과, 여러 제도를 관통하며 작동하는 원칙과 규범을 의미한다. 생산 레짐은 일련의 생산과정을 관통하며 이루어지는 '조정'coordination 양식을 의미한다. 생산과정은 노사(정) 관계, 기업지배구조, 기술 훈련 체계, 기업 간 관계 등 여러 제도로 구성된다. 이들 사이에는 상호 보완의 관계가 형성되어 있어서 기업은 일련의 생산과정에서 특정 패턴의 조정을 지속한다는 것이다. 조정을 시장의 경쟁에 맡기는가, 아니면 이해관계자들의 합의에 맡기는가에 따라 생산 레짐은 '자유 시장경제'liberal market economy, LME와 '조정 시장경제'coordinated market economy, CME로 분류된다.[11]

레짐 개념을 분석 도구로 사용하면 다음과 같은 장점이 있다. 첫째, 레짐은 체제 또는 구조보다 미시적인 개념이어서 '분석의 사다리'를 행위자들의 전략적 행위에까지 근접시킬 수 있다.[12] 제도의 틀 안에서 행위자들이 전략적으로 어떤 선택을 하는가, 더 나아가 통시적으로는 전략적 행위가 '반동적 연쇄'reactive sequence를 유발해 제도를 어떻게 변화시키는가를 분석할 수 있다(제2장).

11_David Soskice, "Divergent Production Regimes: Coordinated and Uncoordinated Market Economies in the 1980s and 1990s," Herbert Kitschelt et al. eds., *Continuity and Change in Contemporary Capitalism* (Cambridge: Cambridge University Press, 1999).

12_Soskice, "Divergent Production Regimes," 102. '분석의 사다리' 개념은 Giovanni Sartori, "Concept Misformation in Comparative Politics," *American Political Science Review* 64-4 (1970) 참조.

둘째, 제도들의 맞물림과 '풀림'disembeddedness의 역동적 과정을 분석할 수 있다. 정치 대표 체계와 기능 대표 체계를 구성하고 있는 제도들이 상호 보완적이어서 친화성을 지속적으로 보일 때 정치경제 레짐이 형성된다. 정치경제 레짐은 폴라니Karl Polanyi가 제시하는 맞물림의 개념과 유사하다. 폴라니에 의하면 19세기 이전까지는 '자율적 조정 시장'의 제도가 국가 및 사회적 관계에 맞물려 있었다. 이때까지 경제적 관계는 사회적 관계와 목적에 의해서 제약받았다. 그러나 그 이후 자율적 조정 시장이 제도적 맞물림에서 '풀려나' 그 영역을 확장함에 따라 사회 공동체 제도들이 급속히 와해되었다. 자율적 조정 시장의 확장과 이에 대한 정치적·사회적 반작용으로 인해 서구 사회는 전간기에 '거대한 변환'의 소용돌이에 휘말려 들었다.[13] 이 책에서는 정치적 연합 변수와 정책 조합의 피드백 효과 변수로 정치경제를 구성하는 제도들이 맞물린 관계, 즉 레짐이 어떻게 변동해왔는가를 설명한다.

마지막으로 '통시적'cross-temporal 비교를 수행할 수 있다. 레짐은 제도의 속성을 지니기 때문에 장기적으로 지속된다. 정부는 교체되어도 레짐은 지속되는 것이다.[14] 레짐은 좀 더 광범위하고 근본적인 변혁을 수반하는 역사적 사건을 기점으로 바뀐다. 이때 경로를 구성하는 변수들 간의 '균형'뿐만 아니라 작용하는 '논리'까지 바뀐다.[15] 따라서 레짐 변혁 전의 경로

13_Karl Polanyi, *The Great Transfromation* (Boston: Beacon Press, 1944). 러기는 폴라니의 저작에 천착해 '맞물림'과 '풀림'을 다음과 같이 정의한다. 맞물림은 "경제적 관계가 체계적으로 광범위한 사회적 관계와 목적에 의해서 제약을 받으며 후자에 이바지하는" 현상이며, 풀림은 "경제적 관계가 자율적이고 오직 자체의 내생적인 운행 법칙에만 반응하는" 현상이다. John Gerard Ruggie, *The Antinomies of Interdependence* (New York: Columbia University Press, 1983), 433.

14_Fishman, "Rethinking State and Regime."

와 변혁 후의 경로를 비교함으로써 정치경제 레짐을 변화시킨 원인을 분석할 수 있다.

2-3. 이 책의 주장

민주주의에서 정치 대표 체계의 유형은 '다수제 모델'majoritarian model과 '합의제 모델'consensus model로, 기능 대표 체계의 유형은 '코포라티즘'corporatism과 '다원주의'pluralism로 분류된다. 레이프하르트Arend Lijphart는 "사람들이 다툼에 휘말려 있거나 다양한 선호를 가지고 있을 때 누가 지배해야 하며 정부는 누구의 이익에 부응해야 하는가?"라는 의문을 제기하고 민주주의 정치체제를 다수의 견해를 따르는 다수제 모델과, 가급적 다양한 선호를 가진 사람들의 견해를 반영하는 합의제 모델로 분류한다.[16] 기능 대표 체계의 유형은 이익집단들이 어떤 방식으로 이익을 정부의 정책에 반영시키는가를 기준으로 분류된다. 코포라티즘에서 정부는 이익집단들의 대표와 정책을 협의하고 정책 집행의 책임과 권한을 공유한다. 반면에 다원주의에서 이익집단들은 정책 결정 과정에 직접 참여하는 대신 외곽에서 행정부와 의회를 상대로 로비를 하거나 압력을 행사함으로써 이익을 관철시킨다(제3장).

서유럽 강소·복지 4개국 — 스웨덴, 덴마크, 네덜란드, 오스트리아 —

15_William H. Sewell Jr., "Three Temporalities: Toward an Eventful Sociology," Terrence J. McDonald ed., *The Historic Turn in the Human Sciences* (Ann Arbor: University of Michigan, 1996), 263. 자세한 논의는 이 책의 제3장 2-2절(87쪽)을 참조할 것.

16_Arend Lijphart, *Patterns of Democracy* (New Haven: Yale University Press, 1999), Chapter 1. 인용은 1쪽.

는 제2차 세계대전 이후 1970년대 초까지 다양하게 정치경제 레짐을 구축해 성장과 복지가 선순환하는 복지 자본주의를 실현했다. 그러나 1970~80년대에는 국가마다 다소간 차이를 보이기는 했지만 성장과 복지의 선순환이 와해되었다. 세계화 이후에 이들 국가는 성장과 복지의 선순환을 재현하기 위해 공공 사회 지출의 구조를 개혁하는 데 주력하고 있다. 복지 자본주의가 형성·성장·와해·재편의 과정을 거치는 가운데 정치경제 레짐도 변화했다. 복지 자본주의 정치경제 레짐은 왜 그리고 어떻게 변동했는가? 이 책은 다음과 같은 네 가지 변수를 중심으로 이 질문에 접근한다. 변수는 ① 의회-행정부 관계와 노사정 관계, ② 정책 조합의 연계 효과, ③ 노사정 타협의 역사적 타이밍, ④ 세계화 이후 정치·사회적 맥락의 변화와 복지 개혁의 정치다. 이 책의 주장을 요약하면 다음과 같다.

2-3-1. 복지국가 형성 및 성장기의 정치적 연합: 의회-행정부 관계와 노사정 관계

이 책은 정치 대표 체계와 기능 대표 체계의 제도적 친화성을 기존 연구와 다르게 설명한다. 기존 연구에 의하면 서유럽 중북부의 복지국가 ― 기민주의 복지국가 및 사민주의 복지국가를 지칭함 ― 에서는 합의제 모델과 코포라티즘이, 시장경제를 중요시하기 때문에 최소한의 복지를 제공하는 영미형 복지국가 ― 자유주의 복지국가를 지칭함 ― 에서는 다수제 모델과 다원주의가 제도적 친화성을 보였다.[17] 그러나 합의제 모델의 정치

17_Lijphart, *Patterns of Democracy*; Arend Lijphart & Markus M. L. Crepaz, "Corporatism and Consensus Democracy in Eighteen Countries: Conceptual and Empirical Linkages," *British Journal of Political Science* 21-2 (1991); Markus M. L. Crepaz, "Inclusion versus Exclusion: Political Institutions and Welfare Expenditures," *Comparative Politics* 31-1 (1998).

대표 체계와 코포라티즘의 기능 대표 체계 사이에 제도적 친화성이 항상 지속된 것은 아니었다. 합의제 모델 국가는 비례대표 선거제도를 실시했으며 비례대표 선거제를 실시한 국가에서 코포라티즘이 형성·발달된 것은 사실이다. 그러나 다수제 모델 국가를 제외하고 합의제 모델 국가만을 대상으로 분석하면, 코포라티즘 변수는 합의 정치의 정도를 나타내는 변수와 양의 상관관계를 보이지 않는다. 오히려 음의 상관관계를 보인다. 조정 시장경제CME 변수와 합의 정치 변수도 거의 같은 패턴의 상관관계를 보인다(제4장).

왜 그런가? 합의제 모델의 정치 대표 체계와 코포라티즘의 기능 대표 체계에서 이해 당사자들은 조정을 통해서 갈등을 해결한다. 조정이 성공했을 경우 두 체계는 제도적인 친화성을 보였다. 조정은 갈등이 합의에 의해 처리될 때 성사된다. 그런데 민주주의에서 갈등은 아래로부터의 참여와 위로부터의 통치가 맞물리는 맥락에서 조정된다. 비례 대표 선거제는 다양한 사회 세력에게 합의 정치의 공간을 제도적으로 보장해 주지만 조정의 성공, 즉 합의를 담보해 주지는 못한다. 이 점에서 코포라티즘 또는 조정 시장경제와 합의제 모델의 상관관계를 주장하는 기존 연구는 다양한 사회 세력의 정치 참여를 보장하는 선거제도에 초점을 맞춘 나머지 정치적 통치의 측면을 간과하고 있다. 그러나 정책의 형성과 집행을 위한 조정에서는 합의 정치의 공간을 제공하는 선거제도뿐만 아니라 정당-의회-행정부를 잇는 정치과정에서 이루어지는 정치적 통치도 중요하게 작용하는 것이다(제3장).

정부가 의회의 다수를 확보해 입법 과정을 효율적으로 통제하는 상황에서 이익집단들은 행정부의 정책 결정 과정에 참여하고자 한다. 코포라티즘에 의해 준비된 정책 관련 입법안들이 거대 야당의 반대에 부딪혀 무산되지 않아야 이익집단들은 행정부의 각종 위원회에 참여할 인센티브를 갖는 것이다. 이 경우 코포라티즘이 유지되거나 더욱 공고해진다.

1950~60년대에 스웨덴, 덴마크, 네덜란드, 오스트리아는 노동과 자본 조직의 포괄성, 중앙·집중화, 대표성의 수준이 달랐음에도 높은 수준의 코포라티즘을 유지했다. 스웨덴의 경우 사회민주당(약칭 사민당) 단독정부가, 덴마크의 경우에는 사민당-자유사회당 연립정부가 이념적으로 가까운 군소 정당들의 지지를 이끌어 내어 의회의 입법 과정을 효율적으로 통제했다. 사민당 (연립)정부가 야당과 타협해 의회의 다수를 동원하는 '다수제적 합의 민주주의'를 실현했던 것이다. 네덜란드와 오스트리아의 사회는 종교 또는 계급에 기반을 둔 사회 블록들로 나뉜, 구조적으로 분열된 사회였다. 주요 정당들은 사회 블록을 대표했다. 제2차 세계대전 이후 이들 정당은 사회 통합을 위해 연립 다수 정부를 구성했고 연립 정부에 참여한 정당들은 다수제가 아니라 합의에 의해 입법하는 '합의 정치 민주주의'consociationalism를 실현했다(제5장).[18]

 그러나 정부, 즉 내각이 의회의 다수를 확보하지 못해 입법 과정을 통제하지 못하면 이익집단들은 코포라티즘보다는 의회 및 행정부에 대한 로비에 치중한다. 그 결과, 코포라티즘이 약화되거나 작동을 멈추는 대신 다원주의가 발달한다.[19] 서유럽에서 1970년대는 이념 대립의 시대였다. 좌

18_ 합의 정치 민주주의는 사회 균열이 심한 네덜란드, 오스트리아, 벨기에 등에서 사회 균열을 대표하는 정치 세력들이 가급적이면 합의를 통해 의사 결정을 하는 독특한 정치 대표 체계를 일컫는다. 그러나 합의 정치를 높은 수준으로 유지하는 정치 대표 체계를 나타내는 이론적 개념으로도 쓰인다. 예컨대 아르민게온은 정치 엘리트들이 협상에 의해 의사 결정을 하는 민주주의를 '합의 정치 민주주의'로 개념화한다. Klaus Armingeon, "The Effects of Negotiation Democracy: A Comparative Analysis," *European Journal of Political Research* 41-1 (2002).

19_ 스웨덴과 덴마크의 연구자들이 의회의 위상이 강화될 때 스웨덴과 덴마크에서 로비즘이 발달했다는 사실을 밝혀낸 바 있다. 그러나 이들의 연구는 이러한 현상을 정치적 통치의

우 정당 간의 이념적 분극화로 인해 내각의 구성에서 정당 연합의 폭이 좁아졌으며 야당의 권한이 강화된 결과, 정부가 입법 과정을 효율적으로 통제하지 못하게 되었다. 이런 현상은 특히 덴마크와 네덜란드에서 심하게 나타났다. 1982년 총선 이후 덴마크의 중도-우파 연립 소수 정부는 사민당의 반대에 부딪혀 입법 과정에서 무력했다. 네덜란드에서는 1967년 총선 이후 '타협의 합의 정치'가 종언을 고했다. 좌우 정당 간에 이념적 분극화가 심화되어 가톨릭인민당KVP과 노동당PvdA은 상대방을 연립정부의 파트너에서 배제했다. 야당이 강해졌을 뿐만 아니라 연립내각 참여 정당 간의 갈등도 치열했다. 코포라티즘이 네덜란드에서는 1970년대에 아예 작동을 멈추었으며 덴마크에서는 1980년대에 급속히 약화되었다. 대신 다원주의가 발달하게 되었다(제7장).

코포라티즘은 입법 과정을 매개로 정치 대표 체계와 연계되는 동시에 노사정 관계에 의해 지지되어야 한다. 코포라티즘이 형성되기 위해서는 노동과 자본의 조직이 포괄성, 중앙·집중화, 대표성의 조건을 충족하거나, 조직적 조건을 충족하지 못하는 경우에는 국가가 개입해 노사 간의 이익 갈등을 조정해 주어야 한다. 스웨덴과 오스트리아는 전자의 경우에 해당한다. 스웨덴의 노동과 자본은 1938년에 살트쉐바덴Saltsjöbaden 협약을 체결함으로써 국가 개입을 배제하는 '중앙 집중적 자율'의 노사 관계 틀을 잡았으며 중앙 임금 협상의 원칙에도 합의했다. 노동조합총연맹LO과 스웨덴사용자연합SAF은 1956년부터 중앙 임금 협상을 개시했다. 오스트리아는 제2차 세계대전 직후에 사회 진영으로 분열된 노동조합운동 조직들을 오스트

문제와 연결하여 탐구하지는 않았다. 자세한 설명은 이 책의 제3장 각주 31의 내용을 참조할 것.

리아노동조합총연맹ÖGB으로 통합시켰다. 대부분이 중소 기업인인 사용자들의 경우 사용자연합이 아니라 아예 연방경제회의소BWK로 한데 묶였다. 회의소chamber는 해당 직종 종사자면 의무적으로 가입해야 하는 준準공적 조직이다. 오스트리아는 노동과 자본의 정상 조직을 중앙·집중화했음에도 불구하고 중앙 임금 협상이 아니라 산업별 임금 협상을 실행했다. 그 대신 ÖGB와 연방경제회의소, 노사정 대표가 참여하는 임금·물가공동위원회Paritätische Kommission가 간접적인 방식으로 임금 체계 전반을 조정했다.

스웨덴과 오스트리아와 비교하면 덴마크와 네덜란드의 이익집단 조직은 분산되어 있었고 의사 결정 체계도 분권화되어 있었다. 그럼에도 정치권이 임금 협상 과정에 개입한 결과, 중앙 임금 협상제가 1960년대까지 유지되었다. 덴마크의 노사정은 1934년부터 산업별 임금 협상을 허용하는 중앙 임금 협상 제도를 운영했다. 의회는 중앙 임금 협상이 결렬될 경우 노사에 기존 협약의 연장과, 공공중재위원회가 제시하는 새로운 협약 중에서 하나를 선택하도록 강제했다. 네덜란드의 경우 국가는 더욱 강력하게 단체 협상에 개입했다. 정부중재위원회는 노사가 체결한 단체협약을 허용하거나 거부할 수 있었으며 단체협약을 해당 산업 전체에 강제했다. 덴마크와 네덜란드에서는 정치권의 개입이 코포라티즘의 조직의 특성 — 포괄성, 중앙·집중화, 대표성 — 들을 대체하는 '기능적 등가'functional equivalent로 작동했던 것이다.[20]

제2차 세계대전 이후 스웨덴, 덴마크, 네덜란드, 오스트리아 모두 다른 OECD 국가에 비해 높은 수준의 코포라티즘을 유지했다. 그러나 정도에

---

[20]_기능적 등가의 개념은 Margarita Estévez-Abe, *Welfare and Capitalism in Postwar Japan* (Cambridge: Cambridge University Press, 2008), 3-8 참조.

서는 차이를 보였다. 입법 과정에 대한 정부의 통제가 강했으며 중앙·집중화된 정상 조직이 임금 협상을 자율적으로 조정했던 스웨덴과 오스트리아에서는 코포라티즘의 수준이 높았다. 그러나 입법 과정에 대한 연립정부의 통제가 취약했으며, 노동조합운동과 사용자연합이 분권·분산되어 있었기 때문에 정치권이 개입해 중앙 임금 협상을 성사시켰던 덴마크와 네덜란드에서는 코포라티즘의 수준이 상대적으로 낮았다. 특히 연립정부 구성에서 이념적 분극화가 심했으며 노동과 자본이 임금 협상에 대한 국가 개입을 반대하고 나섰던 1970년대에 코포라티즘이 급속히 약화되었다(제7장).

2-3-2. 정책 조합의 연계 효과

정책은 정치과정을 거쳐 형성된다. 그러나 정책이 집행되어 일정한 시간이 지나면 피드백 효과가 발생한다. 피드백 효과는 관련 행위자들의 선호, 관심, 의미를 변화시키며 궁극적으로는 과거에 정책의 형성을 가능하게 했던 정치적 연합에 영향을 미치게 된다. 정책의 형성은 정치의 종속변수이지만 정책의 집행은 정치의 독립변수로 작용하는 것이다(제3장). 서유럽 강소·복지 4개국에서는 정책과 정치의 역설적 상호작용이 외생적 충격 — 1973년 제1차 오일쇼크와 1980년대 중반 이후 세계화 — 과 복합적으로 얽혀 들면서 정치경제 레짐이 변동하기 시작했다. 변화의 패턴은 국가마다 달랐다.

자본주의 황금기에 이들 4개국은 소득정책을 사회정책과 연계시킴으로써 성장과 복지의 선순환을 실현했다. 소득정책은 임금과 가격을 통제 또는 조정하는 정책이다. 민주주의 사회에서 소득정책을 실행하려면 여러 가지 조건이 충족되어야 한다. 무엇보다도 노동조합과 사용자가, 임금은 노동시장의 경쟁에 의해서가 아니라 사회·경제 전체의 상황을 고려해 조정되어야 한다는 시각을 견지해야 한다. 서유럽 강소·복지 국가 4개국의 노동조합운동은 대략 1940~50년대부터 이런 입장을 피력했다. 이는 정치적 민주주의가 실현되었으며 노동조합의 정치적 우군이 정부를 구성하거나 내각에 참여하면서 나타난 현상이다(제5장).

소득정책은 다른 정책과 조합을 이루어야 안정적으로 실행된다. 임금이 노사(정) 협의를 통해 조정되려면 국가는 다른 정책 — 노동시장 정책, 금융·재정·조세 정책, 조기 은퇴 연금 및 실업보험을 위시한 사회보장 지원 정책, 사회복지 정책 등 — 으로 임노동자의 임금 억제를 보상해 주어야 한다. 소득정책은 정책 조합에 의해 보완될 때 실행 가능한 대안인 것이다. 소득정책을 실현하기 위해 국가는 실제로 여러 정책 대안을 두고 노사와 협의했으며 이 과정에서 코포라티즘이 발달했다고도 볼 수 있다.

국가는 소득정책을 실시하는 한편 특히 노동시장 정책으로 실업률 및 노동시장 참여율을 조정했다. 노동시장을 중심에 놓고 보면 사회정책은 노동시장에 진입하지 못했거나 그로부터 퇴출됨으로써 발생하는 개인들의 위험을 공적으로 관리하는 '소극적 노동시장 정책'passive labor market policy, PLMP과, 실업자들이 노동시장 안에서 일자리를 얻도록 유인하는 '적극적 노동시장 정책'active labor market policy, ALMP으로 나뉜다. 소극적 노동시장 정책의 예로는 조기 은퇴 연금, 산재 및 장애 보험, 실업보험, 여성의 노동시장 참여 억제 등의 정책이 있다.[21] 적극적 노동시장 정책의 예로는 직업훈련, 취업 알선, 기업에 대한 취업 보조 등의 정책이 있다. 1973년 제1차 오

21_Jon Eivind Kolberg & Gøsta Esping-Andersen, "Welfare States and Employment Regimes," Kolberg ed., *The Study of Welfare Regimes* (New York: M. E. Sharpe, 1992); Gøsta Esping-Andersen, "Welfare States without Work Work: The Impasse of Labour Shedding and Familianism in Continental Social Policy," Esping-Andersen ed., *Welfare in Transition* (Thousand Oaks, CA: Sage, 1996).

일쇼크 이전까지 강소·복지 4개국은 소득정책을 실시하는 한편 소극적 노동시장 정책으로 노동시장의 아웃사이더를 시장 밖에서 보호하거나, 그 반대로 적극적 노동시장 정책으로 이들을 노동시장에 참여시킴으로써 완전고용에 가까운 낮은 실업률을 유지했다.

성장(저실업)과 복지의 선순환을 지속적으로 실현한 정치경제 레짐은 어떠한 정책 조합을 선택했는가? 소득정책이 저실업의 필요조건이었다. 복지국가의 성장기와 재편기를 통틀어 저실업을 실현했던 국가는 공통적으로 소득정책을 실행했다. 고실업은 1970년대의 덴마크와 네덜란드처럼 노사 갈등으로 인해 소득정책을 실행하지 못하게 된 상황에서 소극적 노동시장 정책을 일관되게 집행했던 국가에서 발생했다(제4장).

그러나 소득정책이 성장과 복지 선순환의 충분조건은 아니었다. 세계화에 대응해 서유럽의 복지국가는 소득정책을 복원하는 한편 노동시장 정책의 중심을 적극적 노동시장 정책으로 이동시켰다. 목적은 성장과 복지의 선순환에 있었다. 과연 성공했는가? 적극적 노동시장 정책은 고용조건을 호전시켰으나 사회적 불평등을 개선시키지는 못했다. 적극적 노동시장 정책으로 노동시장 아웃사이더의 시장 참여율이 증가하자 중·저 임금 노동자들 사이에 임금 경쟁이 심화되었기 때문이다. 또한 소극적 노동시장 정책에 대한 지출이 감소해 노동시장의 아웃사이더에 대한 공적 보호도 약화되었다. 성장과 복지가 선순환하기 위해서는 첫째, 소득정책을 통해 임금을 조정해야 하며, 둘째 적극적 노동시장 정책과 소극적 노동시장 정책이 균형 잡힌 조합을 이루어야 한다. 소득정책이 균형 잡힌 사회정책과 연계되어 실행되었을 때에 성장과 복지의 선순환이 이루어졌던 것이다.

사회 구성원들은 경제 위기와 같은 공동의 위기에 처하면 '정치적 교환'에 관심을 가진다. 정치적 교환을 통해 이들 각자는 단기적 이익을 포기함으로써 공동의 장기적 이익을 실현시키는 데 합의한다. 그러나 역설적이게도 정치적 합의를 통해 성사시킨 정책이 성공적으로 집행되면 집단행동의 맥락은 반전된다. 합의 정치를 가능하게 했던 조건과 정책 집행의 효과가 역설적으로 상호작용하기 때문이다. 정책의 목표가 성취되면 행위자들은 합의를 이루도록 압박했던 조건에 더 이상 얽매이려 하지 않는다. 제도로서 정책이 성공해 긍정적인 피드백 효과가 발생되면 과거에 단기적 이익을 포기하도록 만든 조건들이 더 이상 행위자들의 행위를 통제하지 못하게 되는 것이다(제3장).

1970년대에 서유럽의 복지국가에서는 소득정책과 노사정 연합의 정치 사이에 역설적 상호작용이 발생했다. 제2차 세계대전 이후 노동조합운동은 전간기의 고실업에 대한 기억과 전후의 불투명한 고용 전망 때문에 중앙 임금 협상에 자발적으로 참여했거나(스웨덴과 오스트리아) 임금 조정에 대한 국가의 개입을 받아들였다(덴마크와 네덜란드). 그러나 소득정책의 성공적 집행으로 인해 경제가 성장하고 실업률이 완전고용의 수준에 근접하자 노동조합운동은 임금 인상이라는 단기적 이익의 포기를 거부하고 나섰다. 1969년부터 1970년대 중반까지 스웨덴의 단위 노동조합들은 중앙 임금 협상을 통한 임금 조정 ― 임금의 차이를 상하 양방향에서 압축시키는 연대 임금 ― 에 반대하며 전국에 걸쳐 비공인 파업을 일으켰다. 1973년 제1차 오일쇼크에 대응해 덴마크의 의회와 공공중재위원회는 중앙 임금 협상에 개입해 임금을 억제시키고자 했다. 그러나 직능별·산업별 노동조합연맹들뿐만 아니라 사용자연합도 '임금 협상의 정치화'에 반대했다. 중앙 임금 협상은 1970년대에 네 차례 ― 1973년, 1975년, 1977년, 1979년 ― 에 걸쳐 무산되었다. 네덜란드에서는 1960년대 초에 사회주의 계열 노동조합연맹을 포함한 노동조합연맹들이 국가의 "직접적인 임금 통제는 그 효용성을 소진했음"을 주장하고 산업별 단체 협상을 요구하고 나섰다.[22] 1960년대 후반부터는 임금 조정을 위한 코포라티즘이 아예 작동되지 않았다. 요컨대 완전고용이라는 긍정적 피드백 효과가 오히려 임금 인상을 방해하는 역작용의 피드백 효과로 전환된 것이다. 이로써 합의의 정치는 갈등의 정치로 전환되었으며 복지 자본주의 정치경제 레짐도 변화의 동학에 휘말려 들었다(제7장).

2-3-3. 노사정 타협의 역사적 타이밍

1970년대가 노동이 힘의 우위를 점유한 이념 갈등의 시대였던 반면 세계화 시대에는 힘의 균형추가 지리적 이동성이 높은 자본으로 쏠렸다. 노동조합운동이 타협의 정치를 세계화 이전에, 아니면 이후에 선택했는가 하는 역사적 타이밍이 자본의 전략에 주요한 영향을 미쳤다. 노사정이 협력해 세계화에 능동적으로 대처했던 국가들은 1973년 제1차 오일쇼크 이후에 고실업의 수렁에 빠졌던 국가들이다. 노동시장의 아웃사이더가 많으면 사용자는 저비용으로 파업 노동자들을 대체할 수 있다. 따라서 노동시장 내부의 노동자들은 파업에 참여하기를 꺼린다. 실업은 인플레이션과는 달리 임노동자 전체에 미치는 '공공 악재'가 아니라 그 영향이 개인별로 미치는 '사적 악재'다. 고실업이 노동조합운동의 역량을 약화시킨 결과, 노동조합운동은 타협의 노선을 선택하게 된 것이다.

덴마크와 네덜란드가 이 경우에 해당된다. 1970년대에 덴마크의 LO와 덴마크사용자연합DA은 고실업·고물가로 인한 스태그플레이션과 점증하는 국제수지의 적자에 대응할 필요성을 인정했다. 1979년에 LO는 임노동자 기금 안의 입법에 실패했음에도 더 이상 경제 민주화를 정치적 이슈로 삼지 않았다. 1979년 임금 협상 라운드를 기점으로 LO는 오히려 DA가 주장했던 임금 협상의 분권화를 일정 부분 수용했다. 1987년에 LO는 DA

22_Peter Swenson, *Fair Shairs* (Ithaca: Cornell University Press, 1989), 84-95; John P. Windmuller, *Labor Relations in the Netherlands* (Ithaca: Cornell University Press, 1969), 299-300.

와 '노동 비용 수준이 외국의 비용을 초과해서는 안 된다'는 요지의 공동 선언 협약에 서명했다. 덴마크는 거의 마비된 코포라티즘에 생기를 불어넣으면서 세계화의 격랑에 대처했던 것이다(제8장).

네덜란드에서는 고실업과 함께 탈사회 블록화의 영향으로 인해 약화된 노동조합운동과 기독교 계열 정당들이 변화를 모색했다. 1967년 총선 이후 탈사회 블록화로 종교 정당들의 득표율이 급락했다. 1970년대 후반에는 실업률이 10퍼센트를 웃돌았다. 이에 노동조합운동과 종교 정당들은 통합을 모색했다. 1976년에 네덜란드가톨릭노동조합연맹NKV과 사민주의 성향의 네덜란드노동조합연맹NVV은 연합해 네덜란드노동조합총연맹FNV을 창설했다. 비록 좌절되었지만 FNV는 1979년에 사용자연합과 타협해 중앙 임금 협상을 복원시키고자 했다. 가톨릭, 칼뱅주의, 개신교로 나뉜 세 개 종교 정당은 1977년에 기독교민주당CDA(약칭 기민당)을 창당했다. 기민당은 통합 과정에서 온건 보수당으로 변모했으며 1982년에 자유당VVD과 연립정부를 구성했다. 1982년에 기민당-자유당 연립정부는 임금 동결을 장기화하겠다고 노동조합운동에 위협을 가하는 한편 노사 대표와 대화에 나선 결과, '바세나르'Wasenaar 협약을 이끌어 냈다.

그러나 1970년대부터 줄곧 노사 갈등이 지속되었으며 세계화 이후에 경제 위기가 발생한 경우 노동이 타협을 시도했지만 자본은 협의적 관계의 복원에 소극적이었다. 스웨덴에서는 소득정책과 적극적 노동시장 정책의 조합이 성과를 거둔 결과, 1980년대 후반까지 실업률이 낮았다. LO는 1970년대 전반에 걸쳐 그리고 세계화 이후에도 급진전 노선을 고수했다. 1970년대에는 사민당과 협력해 입법을 통해 노사 관계를 규제함으로써 1938년 역사적 대타협 이래 지켜 오던 '중앙 집중적 자율'의 노사 관계에서 이탈했다. 더구나 1976년 LO 총회부터 노선을 경제 민주화로 틀어 임노동자 기금 안의 입법을 위한 투쟁에 주력했다. SAF는 중도-우파 연립정부의 집권기인 1970년대 후반부터 LO에 대한 반격에 나섰다. 1980년에 대규모 직장 폐쇄를 감행했다. 1983년에는 중앙 임금 협상을 와해시키는 한편 임노동자 기금 법안에 반대해 대규모 시위를 벌였다. 1980년대 중반부터 SAF는 더 이상 정치권력의 중심인 국가 행정기관에 '인질'로 잡혀 있을 필요가 없다는 시각을 굳혔고 코포라티즘을 해체하기 위한 수순을 밟았다. 그 대신 의회와 행정부를 상대로 로비를 강화했다.

오스트리아의 코포라티즘은 1970년대 후반부터 상반된 현상을 보였다. 임금 조정의 영역에서 코포라티즘은 건재했다. 여러 요인이 작용했다. 첫째, 임금 조정 전반을 조율했던 임금·물가공동위원회가 행정부와 독립된 기관이었기 때문에 정치권에 휘둘리지 않았다. 둘째, 노사정 모두 정책의 최우선 순위를 완전고용에 두었기 때문에 소득정책의 실행에 따르는 피드백 효과, 즉 낮은 실업률이 노사 관계에 영향을 주지 않았다. 셋째, 사민당 정부(1970~83년)는 경화 정책을 고수함으로써 적자재정을 운용했음에도 물가를 안정시키는 데 성공했다.

그러나 코포라티즘은 정치권과 마찰을 빚었다. 1983년 총선에서 코포라티즘 및 사회 진영의 정치에 반기를 든 자유당이 선전했다. 1986년 총선에서는 녹색당이 의회에 진출했다. 탈코포라티즘의 입장을 견지한 야당의 의석이 늘어난 결과, 의회는 정부를 견제하는 한편 코포라티즘의 관행에 제동을 걸기 시작했다. 예컨대 야당은 헌법재판소에 위헌 심사를 요청함으로써 노사정이 그동안 의회 외곽에서 비공식적 타협을 통해 법안을 준비하던 관행에 제동을 걸었다. 더구나 사민당-자유당 연립정부(1983~87년)는 거대 노동조합의 근거지였던 국유 기업에 민영화라는 메스를 가함으로써 코포라티즘의 조직적 기반을 흔들었다. 오스트리아는 코포라티즘이 정치권과 불협화음을 내는 가운데 세계화에 대응해야 했던 것이다.

2-3-4. 정치·사회적 맥락의 변화: 세계화와 복지 개혁의 정치

서유럽 강소·복지 5개국 — 스웨덴, 덴마크, 네덜란드, 오스트리아 그

리고 아일랜드 — 은 세계화와 신자유주의라는 외생적인 충격에 대응해 소득정책을 실행하는 한편 노동시장 정책 및 사회정책 전반을 개혁했다. 복지 개혁 정치의 결과, 정책 조합이 재편되었을 뿐만 아니라 정치경제 레짐 자체가 변화했다. 세계화 이후 복지 개혁의 정치가 처한 맥락은 복지국가의 성장기에서와 달랐다. 첫째, 정치적 행위자 — 정부, 정당, 노동조합, 사용자연합, 유권자 — 들은 집단행동을 통해 재정 적자, 물가 상승, 고실업 등 공공 악재를 개선해야 했다. 노동조합운동에 국한시키면 고실업은 그 영향이 조합원 개개인에 미치는 사적 악재다. 그러나 실업을 줄이기 위해서 국가가 복지 지출을 삭감 내지는 재편해야 하는데 이는 그 영향이 공동체 전체에 미치는 공공 악재다. 복지 개혁의 과정에서 정치 행위자들은 복지 수급자 다수의 비난과 저항에 직면해야 했기 때문에 이들 유권자의 비난을 회피하거나 책임 소재를 모호케 하는 정치를 모색했다. '비난 회피의 정치'는 합의제 모델에서 성공할 가능성이 높다. 정당 및 노사정 행위자들이 합의에 의한 의사 결정으로 복지 개혁의 정치적 책임 소재를 모호케 하거나 분산시키려고 하기 때문이다.[23] 요컨대 복지국가 재편의 정치적 맥락은 '비난 회피의 정치'에 의해 구성되었으며 합의 정치를 촉진시켰다(제3장과 제8장).

둘째, 세계화가 사민당을 정치 지형에서 중도로 이동시킨 결과, 좌우 이념 정당 간에 이념적 간극이 좁아져 정책 공조의 공간이 확대되었다.

23_Paul Pierson, "The New Politics of the Welfare State," *World Politics* 48-2 (1996); Paul Pierson, "Coping with Permanent Austerity: Welfare State Restructuring in Affluent Democracies," Pierson ed., *The New Politics of the Welfare State* (Oxford: Oxford University Press, 2001); Jonah Levy, "Vice into Virtue? Progressive Politics and Welfare Reform in Continental Europe," *Politics and Society* 27-2 (1999).

1980년대 중반을 전후해 서유럽의 사민당 정부는 신자유주의의 일부를 수용해 경제정책의 노선을 수요 중심에서 공급, 즉 생산 중심의 경제로 변경했다. 고용 증진을 위해서는 투자를 늘려야 했는데 이를 위해 중도 또는 우파 정당뿐만 아니라 사민당도 금융시장의 개방을 지지했다(제8장).

세계화로 인해 복지 자본주의 정치경제 레짐에는 다음과 같은 변화가 발생했다. 첫째, 기존 이론이 주장하듯이 복지 개혁을 위한 비난 회피의 정치가 합의 정치를 촉진·발전시켰다. 그러나 이런 이론적 시각은 아래로부터의 참여와 위로부터의 통치가 맞물리는 정치의 역동적 측면을 간과하고 있다. 따라서 둘째, 정부는 (연립) 소수 정부임에도 입법 과정을 효율적으로 통제할 수 있는, 즉 의회의 다수를 동원할 수 있는 제도를 모색했다. 그렇지 않을 경우 복지 개혁을 위한 입법을 실행에 옮길 수 없었기 때문이다. 내각 참여 정당들은 연합 협정을 맺음으로써 결속을 다졌다. 연립정부의 구성 단계에서부터 연합 협정이라는 '돛대에 스스로를 묶어' 입법 과정에서 유권자들의 요구에 부응하고 싶은 유혹을 이겨 냈던 것이다.[24] 그러나 (연립) 소수 정부인 경우 내각 참여 정당들이 연합 협정으로 단결해도 의회의 다수를 확보하지 못한다. 스웨덴, 덴마크, 네덜란드, 오스트리아는 입법 효율성의 제고를 위해 다양한 제도를 모색했다.

스웨덴의 사민당은 집권 시 좌파 블록에서 내각에 참여하지 않은 정당들과 연합 협정을 맺는, 소위 '계약 의회주의'contract parliamentarism의 전략을 선택했다. 그러나 계약 의회주의는 중도-우파 정당들의 결속을 불러일으킴으로써 결국 이념 블록 간에 대립의 정치를 심화시켰다. 덴마크의 경우

24_인간의 의지를 합리성의 개념에 포함시킬 것을 주장한 연구로는 Jon Elster, *Ulysses and the Sirens: Studies in Rationality and Irrationality* (Cambridge: Cambridge University Press, 1979).

내각은 같은 이념 블록의 정당들로 구성되었지만 여야 구분 없이 정당들이 정책별로 합의 협약을 맺었다. 결과적으로 이념 블록을 뛰어넘어 합의 정치가 발달했다. 네덜란드의 기민당은 1982년에 자유당과 연합해 소득 정책의 실행에 주력했으며 1989년 총선 이후에는 연합 정치의 이념적 폭을 노동당으로 넓혀 복지 개혁에 착수하는 등 '순차적인' 방식으로 의회의 다수를 동원했다. 오스트리아의 사민당은 1987년에 단독정부 구성의 대안을 접고 다시 인민당과 대연정 연립정부를 구성함으로써 복지 개혁의 정치에 뛰어들었다. 그러나 자유당과 녹색당은 사민당과 인민당의 카르텔화를 문제 삼았으며 반사회 진영의 정치 및 탈코포라티즘의 선거 캠페인을 벌였다. 특히 자유당은 1986년 총선 이후 연이어 약진했다. 결국 사민당-인민당의 대연정은 와해되었고 2000년에 중도-우파 연합인 인민당-자유당 연립정부가 복지 개혁의 주도권을 장악하고 사민당과 대립했다. 합의 정치로 시작했던 복지 개혁의 정치가 이념 블록 간 대립의 정치로 퇴행된 것이다(제8장).

셋째, 코포라티즘의 조직적 조건이 취약했던 국가의 경우 '사회적 협의'social concertation라는 새로운 노사정 협의 제도가 정착되었다.[25] 덴마크와 네덜란드는 스웨덴과 오스트리아에 비해 코포라티즘의 조직적 조건 — 포괄성, 중앙·집중화, 대표성 — 이 상대적으로 취약했다. 복지국가의 형성기에는 국가가 노사관계에 개입함으로써 조직적 조건의 취약성을 보완해 코포라티즘을 작동시켰다. 그러나 복지국가 성장기에 덴마크와 네덜란드의 코포라티즘은 국가 개입에 대한 노사의 반발로 인해 작동을 멈출 정

25_사회적 협의에는 이익집단, 정부, 정당 대표 — 아일랜드의 경우 사회 공동체 대표도 — 가 참여한다. 이들 대표는 임금 조정뿐만 아니라 관련 사회정책 전반을 정치적 교환을 통해 협약의 형태로 일괄 타결 짓는다. 자세한 논의는 이 책의 제3장 3-5절(110쪽)을 참조.

도로 약화되었다. 세계화 시대에 들어서 두 나라의 국가는 노사 관계에 대한 직접 개입을 삼가는 대신 사회적 협의를 도모했다. 특히 네덜란드는 '사회 협약'social pact으로 소득정책뿐만 아니라 사회정책 전반을 일괄 조정했다. 사회적 협의는 노동과 자본이 코포라티즘의 조직적 조건을 충족하지 못한 나라에서 등장한 새로운 제도로서[26] 복지 자본주의 정치경제 레짐의 변화를 방증하는 현상이다.

노사정 관계는 전반적으로 정상 조직의 역할이 약화되고 협의의 중심이 '중간 수준'meso-level으로 이동하며 의회에 대한 로비 행위가 증가하는 방향으로 변화했다. 덴마크에서는 행정부가 정책을 의회에 '일방적으로' 제안하고 노사는 의회 정치의 공간을 이용해 정부와 정책을 협의하는 경향을 보였다. 네덜란드는 위에서 언급했듯이 사회적 협의가 제도화되었다. 복지국가의 성장기와는 반대로 세계화 시대에 덴마크와 네덜란드에서는 다시 국가의 주도적 역할 — 직접 개입을 삼가는 등 개입의 패턴은 바뀌었지만 — 이 노사정 협의의 제도화에 기여했다. 반면 스웨덴과 오스트리아는 전통적인 코포라티즘을 고수했다. 그러나 이념 블록 간에 대립이 심화되고 정권이 교체되는 상황에서 코포라티즘은 정치 대표 체계와 마찰을 빚었다. 이익집단들은 정부의 위원회에 참여하는 대신 의회를 상대로 한 로비에 치중하거나 자신들에 우호적인 정당의 집권 시에 이익을 관철시키려는 경향을 보였다. 스웨덴과 오스트리아의 정치경제 레짐은 아직 세계화 시대의 정치·사회적 맥락에 적합한 균형점에 이르지 못하고 있는 것이다(제8장).

26_Lucio Baccaro and Marco Simoni, "Policy Concertation in Europe: Understanding Government Choice," *Comparative Political Studies* 41 (10) (2008).

노사정 협의 제도가 다양해진 반면 임금 조정을 위한 노사 관계는 '조직된 분권'의 관계로 수렴했다. 스웨덴, 덴마크, 네덜란드, 오스트리아에서는 다음과 같은 현상이 발생했다. 정부는 임금 협상에 직접 개입하지 않았으며, 임금 조정의 중심이 산업 수준으로 이동했으며, 기업에게 좀 더 많은 유연성이 부여되었다. 정치권의 직접 개입이 배제된 대신에 나라마다 다양한 방법으로 임금 협상을 조정했다. 스웨덴에서는 8개 산업별 노동조합 연맹이 '산업 협약'을 맺은 1997년 이래 임금 협상의 중심이 산업으로 이동했으며 중재위원회의 역할과 권한이 강화되었다. 덴마크 정부는 임금 협상에 대한 개입을 삼가는 대신 사회경제위원회SER를 통해 임금 가이드라인을 제시했다. 담론 형성에 주력한 것이다. 네덜란드에서는 국가가 과거처럼 직접 개입하겠고 위협함으로써 조성된 '위계의 그림자' 안에서 노사는 사회 협약을 통해 임금을 자율적으로 조정했다. 오스트리아에서는 과거에 비해 큰 변동이 없었다. 중앙·집중화된 정상 조직 및 임금·물가공동위원회의 간접적인 조율하에 산업별로 단체 협상이 이루어졌다. 다만 기업별 임금 조정이 다소 강화되었다. 요컨대 세계화 시대에 노사 관계는 조직된 분권의 관계로 수렴되고 있으나 이행 패턴은 나라마다 달랐던 것이다.

복지국가의 성장기에는 노사정 관계의 갈등과 의회-행정부 관계의 이념적 분극화가 맞물리면서 복지 자본주의 정치경제 레짐이 변동했던 반면 세계화 이후에는 정치 대표 체계가 복지 자본주의 정치경제 레짐의 변화를 선도했다. 아일랜드 사례가 이를 방증한다. 아일랜드는 세계화 이전까지 다수제 모델의 정치 대표 체계와 다원주의 노사관계가 맞물린 자유주의 복지국가의 전형이었다. 그러나 전통적으로 집권당이었던 피나페일Fianna Fáil당 — '아일랜드 전사당' — 이 1987년에 소수 정부를 구성하면서 일련의 변화가 일기 시작했다. 피나페일당은 입법 과정에서 다수를 동원할 수 없게 된 상황에서 사회 협약을 통해 소득정책을 위시한 제반 정책들을 먼저 입안한 이후 이들을 의회로 이송함으로써 야당을 압박하는 전략을 선택했다. 사회적 협의가 성사된 이후 실시된 1989년 총선에서도 과반수 득표에 실패하자 피나페일당은 아예 단독정부 구성의 전통을 깨고 진보민주당PD과 연립정부를 구성했다. 1993년에는 노동당과 연립정부를 구성했다. 피나페일당 연립정부뿐만 아니라 그 대척점에 위치한 피네게일 Fine Gael당 — '아일랜드인당' — 이 주도한 연립정부도 사회적 협의를 이용해 사회정책 및 조세정책을 입법했다. 사회적 협의를 매개로 하여 연합정치가 만개한 결과, 생산레짐은 조정 시장경제로, 의회-행정부 관계는 합의제모델로 이행했다(제8장).

복지국가의 성장기와 비교하면 복지국가의 재편기에는 합의 정치 공간이 확대된 동시에 입법 과정에 대한 정부의 통제 역량도 강화되었다. 합의 정치 공간의 확대는 정당들이 복지 개혁의 필요성을 공감했기 때문이기도 하지만 세계화의 영향으로 이념적 스펙트럼이 축소되었기 때문이기도 하다. 그러나 합의 정치의 이면에서는 정당의 카르텔화 현상이 심화되었으며 정당이 유권자로부터 멀어지게 되었다. 정부와 정당정치의 역할이 증대된 결과, '정당성'政黨性, partyness이 강화되었느냐 아니면 '정부성'政府性, governmentness이 강화되었느냐 하는 차이는 있었지만, 정부가 정당 정부로 변모했다. 서유럽의 정당 정부는 세계화 시대에 복지 개혁을 효율적으로 이끌었지만 동시에 카르텔 정치에 반기를 든 정당들의 도전을 어떻게 포용할 것인가의 과제를 안고 있다.

3. 내용의 구성

사회과학에서는 '최대 유사 체계 디자인'most-similar-system design이 비교 방법으로 널리 통용되고 있다. 최대 유사 체계 디자인은 체제 간에 나타나는 현상의 차이를 설명하는 것을 목적으로 한다. 현상의 원인으로 추론되는 독립변수(들)를 제외한 다른 변수들이 최대로 유사한 사례들을 선택한다. 분석 단위는 체제다. 유사한 변수들 사이에는 변이가 없기 때문에 설명의 대상인 체제 간에 나타난 현상의 차이에 영향을 미치지 않았다고 간주한다. 따라서 체제 간에 차이를 보인 특정 독립변수가 현상의 차이에 영향을 주었다고 추정한다. 최대 유사 체계 디자인은 최대로 유사한 사례의 선택을 통해 독립변수 이외 변수들의 변이를 '통제'control하는 비교 방법인 것이다.[27]

이 책의 내용은 최대 유사 체계 디자인에 따라 구성되어 있다. 사례 비교의 대상은 서유럽의 강소·복지 5개국 — 스웨덴, 덴마크, 네덜란드, 오스트리아, 아일랜드(복지국가 재편기의 경우) — 이다. 이들 국가는 시장경제의 대외 의존도가 높은 강소·복지 국가다. 자본주의의 황금기에 아일랜드를 제외한 이들 4개국은 성장과 복지의 선순환을 이루었다. 정치 대표 체계는 합의제 모델에 가까웠으며 기능 대표 체계는 코포라티즘과 조정 시장경제로 구성되었다. 성장과 복지의 선순환을 다루기 때문에 자유주의 복지국가는 논의 대상에서 제외한다. 그러나 세계화 시대의 복지 자본주

27_Adam Przeworski & Henry Teune, *The Logic of Comparative Social Inquiry* (New York: John Wiley & Sons, 1970), 32-4; Andrew M. Faure, "Some Methodological Problems in Comparative Politics," *Journal of Theoretical Politics* 6-3 (1994), 312. 비교 방법에서 사례의 선택을 통한 통제의 문제를 논의한 문헌은 다음을 참조할 것. Alexander L. George & Andrew Bennett, *Case Studies and Theory Development in the Social Sciences* (Cambridge, MA: MIT Press 2005), 151; Giovanni Sartori, "Compare Why and How," Mattei Dogan & Ali Kazancigil eds., *Comparing Nations* (Oxford: Blackwell, 1994); Arend Lijphart, "Comparative Politics and the Comparative Method," *American Political Science Review* 65-3 (1971), 683-5.

의에 대한 논의에서는 자유주의 복지국가인 아일랜드를 비교의 대상에 포함시킨다(제8장). 1987년 이후 아일랜드의 노사정은 여덟 차례에 걸친 사회 협약을 통해 소득정책을 실시했으며 사회정책을 개혁했다. 노사정 협의가 제도화된 것이다. 반복된 연립정부의 형성에서 살펴볼 수 있듯이 정치 대표 체계 또한 다수제 모델에서 벗어나 합의제 모델로 이동했다. 이 점에서 아일랜드는 4개국을 대상으로 한 분석의 타당성을 검증해 볼 수 있는 '결정적 사례'다(제8장).[28]

제2장은 기존 이론을 비판적 시각에서 검토하고 제3장은 이에 근거해 분석 틀을 구성한다. 분석 틀은 다음의 질문에 초점을 맞추었다. 첫째, 정치 대표 체계와 기능 대표 체계를 구성하고 있는 제도들의 어떤 조합이 친화성을 보였는가? 둘째, 어떤 정책 조합이 성장과 복지를 선순환시켰는가? 셋째, 정책 조합과 정치적 연합은 어떻게 상호작용해 정치경제 레짐을 변화시켰는가? 마지막으로 세계화 이후에 정치경제 레짐은 어떤 패턴을 따라 변화했는가? 이런 질문에 답하기 위해 다섯 가지 — ① 참여와 통치의 맞물림(의회-행정부 관계와 코포라티즘), ② 노사정 관계, ③ 정책 조합의 연계 효과, ④ 노사정 타협의 역사적 타이밍, ⑤ 정치·사회적 맥락의 변화(세계화와 복지 개혁의 정치) — 의 가설을 제시한다.

제4장에서는 실증적 분석을 통해 ①과 ③의 가설을 검증한다. 첫째, 합의제 모델의 정치 대표 체계와 코포라티즘의 기능 대표 체계 사이의 제도적 친화성을 실증적으로 분석한다. 합의제 모델은 코포라티즘 및 조정 시장경제의 필요조건이지 충분조건은 아니다. 제5~8장에서는 비교 역사 연구를 통해 충분조건인 의회-행정부 관계와 노사정 관계 변수를 분석한다.

28_'결정적 사례'의 개념은 이 책의 제10장 1절(491쪽)을 참조할 것.

둘째, 소득정책과 소극적 노동시장 정책과 적극적 노동시장 정책 사이의 상호작용을 분석한다. 정성 비교 분석qualitative comparative analysis, QCA을 통해 낮은 실업률의 필요조건이 소득정책임을 확인한다. 그러나 성장과 복지가 선순환하기 위해서는 소득정책을 실행해야 하는 동시에 적극적 노동시장 정책과 소극적 노동시장 정책이 균형 잡힌 조합을 이루어야 한다는 점을 밝힌다.

비교 역사 연구에서는 다음과 같이 시기를 구분한다. 제5~6장은 복지 자본주의의 형성기를, 제7장은 성장기를, 제8장은 재편기를 다룬다. 이런 시기 구분을 통해 복지 자본주의의 동학을 보다 분명하게 살펴볼 수 있을 것이다. 비교 역사 연구를 수행하는 목적은 두 가지다. 첫째, 제4장에서 도출한 실증적 분석의 결과 — 가설 1의 경우는 상관관계, 가설 3의 경우는 필요조건 — 가 과연 역사적으로 인과적 관계를 구성했는지를 확인하기 위해서다. 둘째, 실증적 분석으로는 다룰 수 없는 가설들을 질적 연구를 통해 검증하기 위해서다. 참여와 통치 제도의 맞물림에 대한 가설 1의 분석에서는 입법 정치의 변화에 따라 의회-행정부 관계와 코포라티즘 사이의 연계가 어떻게 변화했는지를 다룬다. 정책 조합의 연계 효과에 대한 가설 3의 실증적 분석에서는 명목 변수를 이용했다. 비교 역사 연구를 통해 명목 변수의 타당성을 검토할 것이다. 노사정 관계에 대한 가설 2, 노사정 타협의 역사적 타이밍에 대한 가설 4, 정치·사회적 맥락의 변화(세계화와 복지 개혁의 정치)의 가설 5는 양적 방법으로 검증될 수 없다. 제7~8장은 비교 역사 연구를 통해 '인과 메커니즘'causal mechanism을 추적함으로써 세 가지 가설의 타당성을 논의한다.

비교 역사 방법에서는 최대 유사 체계 디자인을 보완한다. 에스핑-앤더슨Gøsta Esping-Andersen은 스웨덴과 덴마크를 사민주의 복지국가로, 네덜란드와 오스트리아를 보수주의 복지국가로 분류한다(제2장). 제5장과 제7~8장은 최대 유사 체계 디자인에 근거해 스웨덴과 덴마크(사민주의 복지

국가)를, 그리고 네덜란드와 오스트리아(기민주의 복지국가)를 짝지어 비교한다. 제8장에서는 스웨덴-덴마크의 비교와 네덜란드-오스트리아의 비교에 이어 아일랜드의 사례를 다룬다. 비교 역사 연구의 방법론적 틀은 최대 유사 체계의 비교에 기초하지만 각 장의 소결 부분에서는 상이한 사례들을 교차 비교함으로써 변수들의 관계가 인과적 관계임을 확인한다. 밀 John Stuart Mill은 유사한 사례의 비교를 통해 확인된 필요조건이 상이한 사례의 비교를 통해 충분조건임을 확인할 수 있음을 역설한 바 있다(제4장). 제6장은 복지 자본주의 모델 ― 스웨덴, 덴마크, 네덜란드, 오스트리아 ― 의 내용을 소개하고 형성 배경을 논의한다.

제9장은 서유럽 강소국의 복지 자본주의에 대한 비교 연구에 근거해 한국의 복지 자본주의 이행과 관련된 문제점을 쟁점의 차원에서 다룬다. 한국의 복지 자본주의는 수준이 매우 낮을 뿐만 아니라 서구 복지 자본주의와 정치경제 레짐도 달라서 공통점과 차이점을 비교하는 것은 무리다. 그럼에도 불구하고 서유럽의 과거와 현재는 우리 사회에 시사하는 바가 매우 크다. 한국은 1987년 민주화, 특히 1997년 외환 위기 이후 복지국가로 이행하고 있다. 동시에 1994~95년 소득정책의 실패와 2007년 연금법 개정의 사례에서 볼 수 있듯이 사회정책의 틀을 형성하고 재편시키는 과정에서 사회적 갈등에 빠져들기도 했다. 한국은 서구 복지국가의 성장과 재편의 경험을 압축해 겪고 있는 셈이다.

현시점에서 되돌아보면 한국은 아직 민주화 이후 지속되고 있는 난맥의 상황을 벗어날 출구를 찾지 못하고 있다. 정치 대표 체계와 기능 대표 체계는 갈등의 늪에서 벗어나지 못하고 있으며 양자의 정합성 여부는 아직 논의조차 되지 않고 있는 실정이다. 의회와 정부(대통령)는 상생의 해법을 찾지 못했으며 국회의 입법 과정은 정당 간의 첨예한 갈등으로 인해 공전을 거듭했다. 노사 갈등이 지속되고 있으며 노사정위원회는 1998년 이후 줄곧 동면 상태에 들어가 있다. 그동안 한국은 IT 및 중화학·수출 산업을 중심으로 선택적 성장을 이루었다. 그러나 외환 위기 이후 국가는 과거 자신이 주도했던 조정 시장경제를 자유 시장경제로 변형시키는 데 앞장섰다. 그 결과, 기업지배구조가 급속히 영미형 '주주 모델'로 전환되고 있다.[29] 주주 모델의 기업지배구조는 IT 및 중화학·수출 산업을 토대로 성장한 한국 기업들의 기업 간 관계 및 기술 훈련 체제와 갈등을 빚을 수 있다. 요컨대 자유 시장경제로의 변형은 한국의 기존 생산 레짐과 마찰을 빚을 수 있기 때문에 주력 산업의 미래 국제 경쟁력은 매우 불투명한 상태에 놓여 있는 것이다. 제9장은 서유럽 5개 강소·복지 국가에 대한 비교 연구에 근거해 향후 한국에서 성장과 복지의 선순환을 가능케 하는 정치 대표 체계(의회-행정부 관계), 기능 대표 체계(노사정 관계) 그리고 정책 조합은 어떠해야 하며 복지 자본주의로 이행하는 과정에서 나타날 수 있는 문제점들은 무엇인가를 쟁점의 차원에서 논의한다.

마지막으로 제10장은 복지 자본주의 정치경제 레짐에 대한 비교 역사

---

[29] 기업지배구조는 자금의 조달 및 투자, 고용과 해고, 기업 간 관계 등과 관련, 결정을 누가 내리며 책임을 지는가를 규정하는 거버넌스 체계다. 기업지배구조는 '주주 모델'과 '이해관계자 모델'로 분류된다. 분류는 기업을 어떻게 정의하는가를 기준으로 삼는다. 주주 모델에서 기업은 주주의 이익을 극대화하는 조직이며 주주만이 기업의 결정에 영향을 미칠 수 있다고 본다. 반면에 이해관계자 모델에서는 주주 이외에 기업의 결정으로 영향을 받는 사람들 — '피고용인, 고객, 공급자, 공동체' 등 — 을 기업의 범주에 포함시킨다. 대체로 주식시장이 발달된 영미형 국가에서는 주주 모델이 일반화되어 있다. 반면에 주식시장이 발달되어 있지 않았으며, 가족, 은행, 국가 등이 자금 조달의 주체이며, 노동조합의 영향력이 큰 유럽 대륙 국가에서는 이해관계자 모델이 일반화되어 있다. Robert A. G. Monks & Neil Minow, *Corporate Governance* (UK: John Wiley & Sons, 2008), 48; Peter A. Gourevitch & James Shinn, *Political Power and Corporate Control* (Princeton: Princeton University Press, 2005), 1-10; 안재흥, "정책과 정치의 동학, 그리고 제도의 변화: 스웨덴 기업지배구조의 사례," 『한국정치학회보』 44-4 (2010).

연구에 근거해 첫째, 기존 연구에 내재된 이론적인 문제점들을 지적하는 한편 복지 자본주의 정치경제 레짐의 형성과 변동의 역사를 재해석한다. 둘째, 시론적 차원에서 '한국형 사회 모델은 가능한가?'라는 질문에 접근해 본다.

| 제2장 |

이론적 논점

역사적 현상으로서 복지 자본주의

비교 정치경제학이 정치와 제도를 중심으로 복지국가를 다루기 시작한 것은 1970년대 후반부터다. 그 이전까지 복지국가 연구는 공공 사회 지출의 증가를 근대화의 영향으로 설명했다. 이런 연구들은 '산업주의 논리'logic of industrialism에 기초한다. 산업화가 진전되면서 테크놀로지는 복잡화되고, 노동(세)력은 분화·전문화되며, 전통적 농업 사회는 붕괴되어 도시화되며, 교육에 대한 수요는 증대되었다. '다원적 산업주의'pluralistic industrialism 사회가 도래했다는 것이다. 다원적 산업주의 사회에서 노동자들은 계급보다는 전문화된 이익집단에 대해 소속감을 가지며 노동쟁의도 감소한다. 복잡한 산업사회를 조정해야 하기 때문에 정부의 역할이 확대된다.[1] 더구나 경제

1_Clark Kerr et al. *Industrialism and Industrial Man* (Lonon: Henemann, 1962), 33-46;

성장으로 인해 기대 수명이 길어지기 때문에 고령 인구의 비율이 증가한다.[2] 산업화와 근대화로 인해 발생하는 이와 같은 정치적·사회적 변화에 대응하는 과정에서 정부는 공공 사회 지출을 늘릴 수밖에 없었다는 것이다. 비교 정치경제학은 산업주의 논리에 대한 반론에서 출발했다.

1. 수요 측면의 비교 정치경제학

1-1. 권력 자원론과 사민주의 모델

세계화 시대가 도래하기 이전인 대략 1980년대 중반까지 비교 정치경제학은 분배의 정치를 중심으로 복지국가의 형성과 성장을 설명했다. 당시 서구의 복지국가는 '케인지언 복지국가'로 통용되었다. 공공 사회 지출이 유효 수요를 창출해 투자를 촉진시킴으로써 고용을 증대시킨다고 보았던 것이다. 따라서 사회정책은 고용 증대의 수단으로 정당화되었다.

역사적 시각에서 보면 케인지언주의는 이념적 딜레마의 수렁에 빠진 사민주의자들에게 탈출구를 제공했다. 서유럽의 사민주의는 19세기 후반에 진보의 키를 사회주의혁명 노선에서 개혁주의reformism로 틀었다. 개혁주의는 민주적 계급투쟁으로 의회 권력을 장악한 이후에 자본주의 발달이 초래하는 프롤레타리아화의 정도에 따라 사회주의로의 이행을 점진적으

288-96.

2_Harold Wilensky, *The Welfare State and Equality* (Berkeley: University of California Press, 1975); Pierson, *Beyond the Welfare State?* 15.

로 추진한다는 이념 노선이다. 전간기 또는 제2차 세계대전 이후 서유럽의 사민주의는 유권자의 다수가 반대함에도 개혁주의 이념에 따라서 사회주의로의 이행을 강행해야 하는가 하는 딜레마에 빠져 있었다. 케인지언주의는 사회주의 이행의 딜레마에 빠진 사민주의에 복지국가라는 출구를 제시했던 것이다.[3]

스웨덴 사민주의의 예를 들어보자. 사민당은 1911년 남성 보통 선거제 실시 이후 의회의 의석수를 급속히 늘렸으며, 1917년에는 드디어 소수 정부를 구성했다. 사민당은 1920년 총선에서 개혁주의 노선에 근거해 생산수단의 국유화를 선거 이슈로 삼았다. 그러나 사민당은 이 선거에서 참패했으며, 심지어 노동계급으로부터도 외면당했다. 노동계급의 선거 참여율이 전간기에 실시된 선거 가운데 가장 낮았던 것이다. 1920년 총선 이후 1928년 총선까지 사민당은 수세에 몰렸다. 선거 때마다 중도 및 보수 정당들은 생산수단의 국유화 일정을 밝히라고 사민당을 압박했다. 이런 상황에서 케인지언주의가 국유화 대신에 '자본주의적 소유의 기능'을 정치적으로 통제함으로써 자원의 공평한 배분과 완전고용을 실현할 수 있다는 대안을 제시했던 것이다. 서유럽 사민주의는 케인지언주의를 받아들임으로써 개혁주의 딜레마의 수렁을 벗어나, 복지국가 건설의 경로를 따라 매진했다.[4]

---

[3] Adam Przeworski, "Social Democracy as a Historical Phenomenon," Przeworksi ed., *Capitalism and Social Democracy* (Cambridge: Cambridge University Press, 1985); Gøsta Esping-Anderson, *Politics against Markets* (Princeton: Princeton University Press, 1985); Seppo Hentilä, *Den svenska arbetareklassen och reformismens genombrott inom SAP före 1914* (Helsinfors, 1979); Jae-Hung Ahn, "Ideology and Interest: The Case of Swedish Social Democracy, 1886-1911," *Politics & Society* 24-2 (1996).

[4] Herbert Tingsten, *Den svenska socialdemokratins utveckling I* (Stockholm: Tiden,

비교 정치경제학은 복지국가의 형성 및 성장 요인과, 복지국가의 성장이 경제성장 및 사회적 안정에 미치는 영향을 분석하는 데 주력했다. 이론적으로는 사회 세력의 '정치적 조직화'의 정도를 독립변수로 삼았다.[5] '권력 자원론'power resource theory이 대표적인 이론이다. 사회 세력, 주로 노동과 자본 사이에 형성된 권력관계가 "직접적으로는 시장에서, 간접적으로는 국가를 통해서 분배의 결과를 결정"한다는 것이 이 이론의 핵심이다.[6] 권력 자원론이 이론적인 모형으로 삼고 있는 사례는 스칸디나비아 국가들,

---

1941), 280-3; 안재흥, "전간기(戰間期) 스웨덴 노동계급의 집단행동과 정치체제의 변동," 『국가전략』 4-1 (1998). 스웨덴 학계에서 사민당이 1931년에 채택한 일련의 수요 자극 정책이 케인지언주의의 영향에 의한 것인가, 아니면 1920년대 실업의 정치와 사민주의 이념의 변천, 즉 내생적 요인들이 맞물려서 발생한 결과인가를 두고 논쟁이 전개된 적이 있다. Otto Steiger, "Till frågan om den nya ekonomiska politikens tillkomst i Sverige," *Arkiv* 1 (1971); Karl-Gustav Landgren, "Bakgrunden till 1930-talets krispolitik: Ett genmäle till Otto Steiger," *Arkiv* 2 (1972) 참조.

5_Edwin Amenta, "What We Know about the Development of Social Policy," James Mahoney & Dietrich Rueschemeyer eds., *Comparative Historical Ananalysis in Social Sciences* (Cambridge: Cambridge University Press, 2003). 여기서는 네오마르크시즘의 복지국가 논쟁을 다루지 않는다. 네오마르크시즘의 복지국가 연구는 복지국가에 내재된 모순, 예컨대 자본축적의 기능과 사회 지출을 통한 정당성 동원의 모순을 지적하는 한편 복지국가는 궁극적으로 재정적 위기에 봉착하게 된다는 주장을 제기한다. Claus Offe, *Contradictions of the Welfare State*, Edited by John Keane (Cambridge, Mass.: The MIT Press, 1984); James O'Connor, *The Fiscal Crisis of the State* (New York: Basic Books, 1973) 참조. 네오마르크시즘의 복지국가 논쟁을 요약한 문헌은 Christopher, *Beyond the Welfare State?*, 50-68.

6_David Bradlely, et al., "Distribution and Redistribution in Post-Industrial Democracies," *World Politics* 55 (2003), 197; Walter Korpi, "Power Resources and Employer-Centered Approaches in Explanations of Welfare States and Varieties of Capitalism: Protagonists, Consenters, and Antagonists," *World Politics* 58 (2006), 168.

그중에서도 특히 스웨덴의 사민주의 복지국가다. 사민주의 복지국가 모델은 노동조합 가입률과 노동운동의 정치 세력화 — 좌파 정당, 주로 사민당의 의회 의석 비율 및 집권 여부 — 의 변수로 복지국가의 형성 및 성장뿐만 아니라 산업 평화의 제도화를 설명한다.

권력 자원론으로 스웨덴 복지국가 모델을 설명한 대표적인 학자는 스웨덴의 정치사회학자 코르피Walter Korpi다. 코르피에 의하면 19세기 후반부터 정치적 민주주의와 단체협약이 제도화됨에 따라 노동운동 — 노동조합운동과 사민주의 운동을 통합해 일컬음 — 은 조직적 역량을 강화했으며 이를 바탕으로 노동쟁의와 정치적 투쟁을 전개했다. 그러나 사민당이 정치적 권력을 장악한 1932년 총선 이후 노동조합운동은 소모적인 노동쟁의를 삼가는 대신 "생산의 결과를 재분배"하기 위해 국가라는 "정치적 도구"를 이용하기 시작했다. 그 결과, 사회적 갈등의 중심이 산업 현장에서 정치 영역으로 이동했다. 노동조합운동이 산업 평화의 제도화에 합의한 대가로 스웨덴사용자연합SAF은 정치적 중립을 지켰다. 좀 더 자세히 소개하면 사민당은 1932년 총선에서 최초로 다수 정부를 구성했으며 1936년 총선에서도 압승했다. 사민당의 장기 집권의 가능성이 현실로 드러난 1936년 총선 이후 SAF는 LO와 타협을 모색했다. LO와 SAF는 2년여를 끈 협상 끝에 1938년에 살트쉐바덴에서 '역사적인 대타협'으로 회자되는 협약을 맺었다. 이 협약은 산업 평화를 천명했으며 이를 계기로 SAF는 정당 정치의 쟁점에 대해 일체 입장을 표명하지 않는 등 정치적 중립의 입장을 고수했다.[7]

---

[7] Walter Korpi, *The Working Class in Welfare Capitalism* (London: Routledge, 1978), 44; 99; 320; Walter Korpi & Michael Shalev, "Strikes, Industrial Relations and Class Conflict in Capitalist Societies," *British Journal of Sociology* 30-2 (1979), 170; Michael Shalev, "The Social Democratic Model and Beyond: Two 'Generations' of Comparative

1-2. 코포라티즘

코포라티즘Corporatism 연구는 노동운동의 정치 세력화를 주요 변수로 삼고 있다는 점에서 권력 자원론과 이론적인 맥락을 같이한다. 그러나 이론의 초점을 노동의 정치 세력화 대신 정책의 결정 및 집행 과정에 맞춘다. 코포라티즘에서는 국가가 핵심적인 행위자다. 코포라티즘은 국가가 시장의 서로 다른 기능을 대표하는 이익 단체들이 정책의 결정 및 집행 과정에 참여하도록 허용함으로써 이익 중재를 도모하는 이익 조정 체제다. 이와 대비되는 기능 대표 체계는 다원주의다. 다원주의 정치경제에서 이익집단들은 정책 결정 과정에 참여하지 않고 외곽에서 정부와 의회를 대상으로 로비하고 압력을 행사한다.[8]

전간기에 독일, 이탈리아 등 파시스트 국가에서 코포라티즘은 전체주의의 통치 이념으로 악용되었다. 파시즘은 사회를 계급 또는 개인 간의 이익 갈등으로 이해하려는 마르크시즘과 자유주의를 모두 배척했다. 그 대

Research on the Welfare State," *Comparative Social Research* 6 (1983), 319-20; Douglas A. Hibbs, *The Political Economy of Industrial Democracies* (Cambridge: Harvard University Press, 1987), 59-62; R. Michael Alvarez, Geoffrey Garrett & Peter Lange, "Government Partisanship, Labor Organization, and Macroeconomic Performance," *American Political Science Review* 85-2 (1991); Walter Korpi, "The Great Trough in Unemployment: A Long-Term View of Unemployment, Inflation, Strikes, and the Profit/Wage Ratio," *Politics & Society* 30-3 (2002), 374; Korpi, "Power Resources and Employer-Centered Approaches in Explanations of Welfare States and Varieties of Capitalism," 173-5. 자세한 논의는 이 책의 제5장 3-1절(196쪽)을 참조할 것.

8_Philippe Schmitter, "Still the Century of Corporatism?," *Review of Politics* 36-1 (1979); Gerhard Lehmbruch, "Concertation and the Structure of Corporatist Networks," John H. Goldthorpe ed., *Order and Conflict in Contemporary Capitalism* (Oxford: Clarendon Press, 1984); Alan Cawson, *Corporatism and Political Theory* (Oxford: Blackwell Publishers, 1986).

신 사회를 하나의 유기체로 간주했다. 유기체에서 각 기능을 담당하는 부분들이 조화롭게 상호작용해 하나의 생명체를 이루는 것처럼 사회도 그렇게 작동되어야 한다는 것이다. 파시스트 국가는 의회를 해체했고 사회주의 노동운동을 불법화했다. 대신 어용 노동조합운동이 국가가 주도하는 거대한 유기체 안에서 해당 기능을 대표하도록 했다. 코포라티즘은 파시즘의 지배 이념으로 인식되었기 때문에 제2차 세계대전 이후 사회과학에서 한동안 이론적 개념으로 사용되지 않았다. 그러나 현실 세계는 달랐다. 숀필드Andrew Shonfield는 1965년 저작에서 제2차 세계대전 이후 서유럽은 국가의 계획과 주도하에 경제성장을 이루었으며 일부 국가에서는 코포라티즘이 국가의 직접적 개입을 보완함으로써 경제 관리에 기여했다는 점을 주장한 바 있다. 1974년에 슈미터Philippe C. Schmitter는 '코포라티즘'이라는 용어를 직접 거론하며 다원주의와 함께 자본주의 정치경제의 엄연한 이익 대표 체계임을 주장했다. 이를 계기로 코포라티즘은 비교 정치경제학의 주요 이론적 개념으로 자리를 굳혔다.[9] 특히 노동조합운동의 대표가 정책의 형성 및 집행 과정에 참여하는 제도, 즉 코포라티즘 — 노동을 배제하는 '국가 코포라티즘'과 구분해 '사회 코포라티즘'이라고도 함 — 이 경제성장과 사회적 안정에 어떤 영향을 미치는가가 연구의 핵심 주제였다.[10]

코포라티즘 연구는 주로 소득정책을 다루었다. 소득정책은 임금 및 물

---

[9] Andrew Shonfield, *Modern Capitalism* (Oxford: Oxford University Press, 1965), 230-6; Schmitter, "Still the Century of Corporatism?."

[10] 카첸스타인은 사회 코포라티즘을 더 세분해 노동과 자본 조직 중 누가 권력 자원의 우위를 점유하느냐에 따라 '자유 코포라티즘'(liberal corporatism)과 '사회 코포라티즘'(social corporatism)으로 구분한다. Peter Katzenstein, *Small States in World Markets* (Ithaca: Cornell University Press, 1985).

가를 조정하는 정책이다. 코포라티즘에서 국가는 노사가 단체 협상을 통해 임금을 조정 — 대개는 억제 — 하도록 유도한다. 소득정책은 사회정책 및 경제정책과 불가분 연계된다. 국가는 노동조합운동과 사용자연합의 임금 협상에 직간접적으로 개입해 '정치적 교환'을 성사시켰는데, 그 수단으로 경제정책과 사회정책을 이용했다. 예컨대 국가는 사회정책 및 조세정책 등으로 임금 조정에 대해 보상함으로써 노동조합운동이 중앙 임금 협상에 참여하도록 유도했다(제6장). 여러 정책이 연계되어 타협이 성사되기 때문에 '협의적 코포라티즘,' 또는 '일반적 교환'의 개념이 사용되어야 한다는 주장이 제기되기도 한다.[11] 비교 정치경제학은 주로 선진 자본주의 OECD 국가를 대상으로 노사정 협의에 의한 코포라티즘이 실업률, 경제성장, 산업 평화 등 경제적·사회적 성과에 미치는 영향을 분석하는 데 주력했다. 특히 노동운동이 전투적이어서 (중앙) 임금 협상이 자주 와해되었으며 두 차례 오일쇼크로 서유럽 경제가 침체기에 빠졌던 1970~80년대를 다루었다.

노동조합운동이 조직적으로 분열되어 있거나 노조 가입률이 낮으면 상부 조직의 대표성이 취약해진다. 이 경우 노사정 삼자 합의에 의해 결정된 정책이 효율적으로 집행될 수 없기 때문에 코포라티즘은 정책 결정 및 집행의 양식이 될 수 없다. 코포라티즘이 형성되기 위해서는 노동조합운동이 중앙 집중화되어 내부로부터 대표성을 확보해야 하며 노조 가입률이 높아서 노동계급의 이익을 포괄할 수 있어야 한다. 비교 정치경제 연구는 경제의 대외 의존도가 높은 국가일수록, 중화학공업이 발달해 노동조합이 산업별로 연맹을 조직한 국가일수록, 좌파 정당이 강한 국가일수록 코포

11_Lehmbruch, "Concertation and the Structure of Corporatist Networks."

라티즘의 정치경제가 발전했으며, 이들 국가는 거시 경제의 성과 — 실업률, 물가 및 경제성장 — 와 산업 평화의 정도가 양호했다는 주장을 제기한다.[12]

1-3. 사민주의 모델에 대한 반론

초계급 연합cross-class alliance론은 권력 자원을 주요 변수로 삼고 있지만 사민주의 모델과는 대척점에서 복지국가의 성장 및 산업 평화의 제도화를 설명한다. 사민주의 모델이 노동운동과 사민당의 역할을 강조하는 반면에

12_David Cameron, "The Expansion of the Public Economy: A Comparative Analysis," *American Political Science Review* 72-4 (1978); Philippe C. Schmitter, "Interest Intermediation and Regime Governability in Contemporary Western Europe and North America," Suzanne Berger ed., *Organizing Interests in Western Europe* (Cambridge: Cambridge University Press, 1981); David Cameron, "Social Democracy, Corporatism, Labour Quiescence and the Representation of Economic Interest in Advanced Capitalist Society," John H. Goldthorpe ed., *Order and Conflict in Contemporary Capitalism* (Oxford: Clarendon Press, 1984); Katzenstein, *Small States in World Markets*; Lars Calmfors & John Driffill, "Bargaining Structure, Corporatism, and Macroeconomic Performance," *Economic Policy* 21 (1988); Renato Brunetta & Carlo Dell'Aringa eds., *Labour Relations and Economic Performance* (London: MacMillan, 1990); Friz W. Scharpf, *Crisis and Choice in European Social Democracy* (Itacha: Cornell University Press, 1991); Richard Layard & Stephen Nickell & Richard Jackman, *Unemployment: Macroeconomic Performance and the Labour Market* Second Edition (New York: Oxford University Press, 1991); Bruce Western, "A Comparative Study of Corporatist Development," *American Sociological Review* 56-3 (1991); Ronald Dore et al., *The Return to Incomes Policy* (New York: St Martin, 1994); Geoffrey Garrett, *Partisan Politics in the Global Economy* (Cambridge: Cambridge University Press, 1998).

초계급 연합론은 자본이 노사 갈등의 조정을 주도했다는 점에 주목한다. 초계급 연합론에 의하면 역사적 상황에 따라서는 계급 갈등보다는 계급 내부의 갈등이 노사 관계에 영향을 더 많이 미친다. 계급 내부 갈등의 대표적 사례는 수출산업과 내수산업의 갈등이다. 내수산업은 임금 상승의 부담을 가격 인상으로 소비자에 비교적 쉽게 전가할 수 있지만 국제 경쟁에 노출되어 있는 수출산업은 가격 인상을 통해 임금 인상을 도모하기 어렵다. 따라서 수출산업의 사용자들은 임금 협상의 제도화를 통해 임금을 억제시키려 하며 직장 폐쇄와 같은 공격적 수단을 동원해 노사 갈등을 통제하고자 한다. 스웨덴에서 1938년에 역사적 대타협이 성사될 수 있었던 것은 SAF와 LO가 내수산업, 특히 건설 관련 산업의 노동쟁의와 임금 상승을 통제하는 데 이해가 일치했기 때문이다. 당시 SAF는 엔지니어링산업을 위시한 수출산업의 사용자들에 의해 주도되었다. 스웨덴 사민당이 1932년 총선 이후 장기간 집권해 복지국가를 건설할 수 있었던 것도 사민당 정부가 SAF와 LO의 초계급 연합에 의해 지지되었기 때문이다. 예컨대 1970년대 후반까지 사민당 정부가 자본주의 발전에 우호적인 노동정책, 산업 정책, 금융 및 조세정책을 실시한 대가로 SAF는 정치적 중립의 원칙을 지켰다는 것이다.[13]

    초계급 연합론만이 사민주의 모델에 반론을 제기한 것이 아니다. 볼드윈Peter Baldwin이 질문을 던지듯이 노동계급의 조직적 역량이 미약한, 예컨

13_Peter Swenson, "Bringing Capital Back In, or Social Democracy Reconsidered," *World Politics* 43 (1991); Peter Swenson, *Capitalists against Markets: The Making of Labor Markets and Welfare States in the United States and Sweden* (New York: Oxford University Press, 2002); Peter Swenson, "Varieties of Capitalist Interests: Power, Institutions, and Regulatory State in the United States and Sweden," *Studies in American Political Development* 18-1 (2004).

대 네덜란드와 같은 국가에서 어떻게 스칸디나비아의 사민주의 복지국가와 비슷한 수준의 공공 사회 지출이 가능했을까?[14] 일련의 연구들은 노동운동 및 사민당의 역할 이외의 변수들 — 부르주아 정당들의 분열, 노동과 농민의 적록연합, 중간계급 및 기독교민주당의 역할 등 — 이 사회정책의 형성에 상당한 영향을 미쳤다는 주장을 제기한다. 개인들이 맞닥트리는 위험을 국가가 사회정책을 통해 관리하는 대안에 대해 국가에 따라서 그리고 이념적 성향에 따라서 사회 계급의 이해는 다양했다. 중북부 유럽의 복지국가에서는 중간계급도 국가가 개인 위험을 관리하는 대안에 대해 노동계급과 이해가 일치했기 때문에 양자가 정치적으로 연대했다. 보수주의를 대표하는 기독교민주당도 개인 위험을 공공 부문이 관리하는 대안을 지지했다. 예컨대 독일, 오스트리아, 네덜란드 등 유럽의 대륙 국가에서 사민당 이외에 기민당 또는 가톨릭당 등 보수주의 정당들도 비록 신분과 계급의 차별 — 여성의 가사노동을 유도하는 정책, 사회보험 기여금의 정도에 따라 보험 급여 수준에 차등을 두는 정책 등 — 을 두었지만 사회보험으로 사회적 약자를 관리하는 사회정책을 지지했다는 것이다.[15]

1-4. 에스핑-앤더슨의 복지국가 유형론

노동운동을 비롯해 다양한 사회 세력의 권력 자원이 사회정책의 형성에

14_Peter Baldwin, *The Politics of Social Solidarity* (Cambridge: Cambridge University Press, 1990), 7.

15_Francis G. Castles, *The Social Democratic Image of Society* (London: Routledge & Kegan Paul, 1978); Kees van Kersbergen, *Social Capitalism* (London: Routledge, 1995).

표 2-1 | 에스핑-앤더슨의 복지 자본주의 국가 레짐 분류

사회계층화	탈상품화	
	높음	낮음
심함	보수주의 복지국가(오스트리아, 네덜란드)	
약함	사민주의 복지국가(스웨덴, 덴마크)	자유주의 복지국가(아일랜드)

미치는 영향에 대한 논의는 에스핑-앤더슨의 저작 — 『복지 자본주의의 세 가지 세계』 The Three Worlds of Welfare Capitalism(1990) — 에서 집대성된다.[16] 에스핑-앤더슨은 복지 자본주의를, 복지국가보다는 국가·시장·가족으로 구성되는, 그렇기 때문에 좀 더 포괄적 대상을 담아 낼 수 있는 '복지국가 레짐'으로 개념화했다. 이 개념에 기초해 다양한 사회 세력의 권력 자원이 사회정책의 형성에 미치는 영향을 분석했다.

에스핑-앤더슨은 두 가지 변수를 기준으로 삼아 복지국가 레짐의 유형을 분류한다. 첫째, '탈상품화'decommodification다. 탈상품화의 개념은 "복지 서비스가 권리로서 주어지며 누구나 시장에 의존하지 않고 삶을 유지할 수 있는" 정도를 나타낸다. 둘째, '사회계층화'social stratification다. 사회정책은 항상 보편적으로 그리고 평등하게 실행된 것은 아니다. 사회계층화의 개념은 사회정책이 사회계층에 따라, 예컨대 임노동자 간에 또는 남성과 여성 간에 차별적으로 실행된 정도를 의미한다. 에스핑-앤더슨은 두 변수를 기준으로 삼아 복지 자본주의 정치경제 체제를 사민주의 복지국가, 보수주의 복지국가, 자유주의 복지국가로 분류한다.[17] 에스핑-앤더슨의 유

16_Esping-Anderson, *The Three Worlds of Welfare Capitalism*.
17_보수주의 복지국가보다는 기민주의 복지국가라는 용어가 일반적으로 사용된다. 이론적으로 보수정당인 기민당이 사민당 못지않게 사회정책을 지지했다는 점을 강조하기 위해서다.

형 분류를 단순화시키면 〈표 2-1〉과 같이 정리된다. 에스핑-앤더슨은 복지국가 레짐을 다양하게 분류함으로써 사회정책이 단순히 노동계급의 동원이라는 변수뿐만 아니라 "계급 간 정치 연합의 구조"와 "레짐 제도화의 역사적 유산"이 "상호작용"한 결과, 형성되었다는 주장을 제기한다.[18]

에스핑-앤더슨의 저작은 비교 정치경제 학계에서 지나치리만큼 집중적으로 주목을 받았다. 그러나 학계의 논의에서 간과되고 있는 사실은 그가 복지국가의 역할을 분배의 정치에 국한시키지 않았다는 점이다. 에스핑-앤더슨은 사회정책을 노동시장과 연계시킴으로써 시장의 수요와 함께 공급의 측면을 다룰 수 있는 가능성을 열어 두었다. 예컨대 "사회정책이 노동의 공급을 형성"한다는 점을 실증적으로 분석했다.[19] 국가가 실업보험, 조기 은퇴, 장애 프로그램 등과 같은 사회정책을 통해서 실업자들을 노동시장 밖에서 관리한 경우와, 적극적 노동시장 정책을 통해서 노동시장 안에서 관리한 경우는 노동 가능 인구의 노동시장 참여율에서 현저한 차이를 보였다는 것이다. 더 나아가 완전고용과 사회정책 및 소득정책 사이의 딜레마를 논의함으로써 복지 자본주의의 문제를 정책 조합의 실행에 따르는 연계 효과의 차원에서 접근할 수 있는 가능성도 열었다.[20] 요컨대 에스핑-앤더슨은 사회복지를 분배의 정치에 국한시키지 않고 복지 자본주의의 문제로 확대해 분석하고자 했던 것이다.

18_Esping-Anderson, *The Three Worlds of Welfare Capitalism*, 21-2; 29.

19_Ibid., Chapter 6.

20_Ibid., Chapter 7.

2. 공급 측면의 비교 정치경제학

세계화로 인해 정책 환경이 근본적으로 변화했다. 금융시장의 세계화는 1970년대에 유로달러 시장의 성장과, 1980년대 초 미국의 고금리 정책 및 자본 통제의 자유화로 탄력을 받기 시작했다. 서유럽에서는 1979년 '유럽통화체제'European Monetary System, EMS, 1986년 유럽단일시장조약 그리고 1991년 마스트리히트Maastricht 조약 등 특수한 요인이 작용한 결과, 금융시장의 세계화가 더욱 빠르게 진전되었다.[21] 1980년대 중반부터는 서유럽의 사민당 정부도 통화주의 정책으로 선회했다.[22] 금융시장의 세계화의 영향으로 무엇보다도 국가의 역할이 변화했다. 고용 증대를 위해 국가는 재정 정책으로 유효수요를 창출하는 대신 공급 부문 — 생산 부문 — 에 개입해 자국 산업의 경쟁력을 제고시키고자 했다. 세계화 시대에서는 재정 지출에 의한 국내 수요의 관리가 더 이상 고용 창출을 유도하는 정책 수단으로서 효율적으로 작동할 수 없었기 때문이다. 공급 부문에 대한 국가 개입의 전략은 노동 비용의 축소로 압축된다. 그럼으로써 기업의 국제 경쟁력을 강화하고 해외 자본의 투자를 유치하고자 했다. 실업을 방치하는 통화주의 정책의 영향으로 인해 노동조합운동은 정부의 조치에 대해 상대적으로 무력했다.[23] 세계화로 정책의 중심이 수요 부문에서 공급 부문으로 이동함

21_Scharpf, *Crisis and Choice in European Social Democracy*, 238-55; Duane Swank, *Global Capital, Political Institutions, and Policy Change in Developed Welfare State* (Cambridge: Cambridge Univesity Press, 2002), 15-28; Kathleen R. McNamara, *The Currency of Ideas: Monetary Politics in the European Union* (Cornell University Press, 1998), Chapter 6 참조.

22_Rawi Abdelal, *Capital Rules* (Cambridge, Mass.: Harvard University Press, 2007), 16-7.

에 따라 비교 정치경제 연구도 경제의 공급 부문과 사회정책의 관계를 논의하기 시작했다.

2-1. 자본주의 다양성 연구

비교 정치경제학은 1980년대에 이미 '생산의 사회적 체제'를 연구 주제로 삼았다. 생산의 사회적 체계란 생산을 둘러싼 일련의 제도·조직·사회적 가치가 응집된 결과, 형성된 "복합적 사회형태"를 일컫는다.[24] 1973년 제1차 오일쇼크 이후 포드주의 대량생산 체계와 대량 소비를 자극하는 케인지언 복지국가는 성장의 한계에 부딪혔다. 선진 자본주의 국가들은 다품종 소량 생산을 가능케 하는 유연 생산 체제로의 전환을 도모했다. 비교 정치학계도 유연 생산에 적합한 사회체제의 연구에 관심을 돌렸다. 생산 체제는 노사 관계, 직업훈련 체계, 금융 관계, 기업 간 관계, 기업의 내적 구조 등으로 구성된다. 생산의 사회적 체계 이론은 생산 체계가 정치 및 사회 제도에, 더 나아가 문화에까지 맞물려 있기 때문에 기업이 생산과정에서 수행하는 조정도 사회체제와 연계해 설명되어야 한다는 주장을 제기한다.[25] 더 나아가 생산과정에서 기업이 수행하는 조정 방식은 나라마다 다양하며, 조정 방식의 다양성으로 경제 성과 및 생산 패턴의 차이를 설명해야 한

23_ 자세한 논의는 이 책의 제8장 1절(335쪽)을 참조.

24_ Rogers J. Hollingsworth & Robert Boyer, "Coordination of Economic Actors and Social Systems of Production," Hollingsworth & Boyer eds., *Contemporary Capitalism: The Embeddedness of Institutions* (Cambridge: Cambridge University Press, 1997), 2.

25_ Michael J. Piore & Charles F. Sabel, *The Second Industrial Divide* (New York: Basic Books, 1984); Hollingsworth & Boyer, "Coordination of Economic Actors and Social Systems of Production."

다는 것이다.[26]

'자본주의 다양성'varieties of capitalism 연구는 거시적 함의를 내포하고 있는 생산의 사회적 체계를 미시적·전략적 함의를 내포하는 개념으로 전환시켰다. 그 개념이 바로 생산 레짐이다. 자본주의 다양성 연구는 분석 단위를 거시적 개념인 체제 대신 일련의 제도를 관통하며 작용하는 '원칙과 규범,' 즉 레짐으로 낮춰 잡음으로써 '분석의 사다리'를 행위자에 근접시키고자 한 것이다.[27] 생산 레짐이란 생산과정에서 특정한 패턴의 조정 전략을 취하도록 기업의 행위를 지원 또는 통제하는, "상호 보강의 관계에 놓인 제도적 배열"를 의미한다. 다시 말하면, 생산 레짐은 노사(정) 관계, 기업지배구조, 기술 훈련 체계, 기업 간 관계 등의 요소로 구성되는데, 이들 사이에는 상호 보완의 관계가 형성되어 있다. 따라서 기업은 생산과정에서 특정 패턴의 조정을 지속하게 된다는 것이다. 조정이 시장의 경쟁에 의해서, 아니면 이해관계자들의 합의를 통해 이루어지는가에 따라 생산 레짐은 자유 시장경제LME와 조정 시장경제CME로 분류된다. 영미형 국가는 자유 시장경제에, 중북부 유럽 대륙 국가, 한국 및 일본 등 동아시아 국가는 조정 시장경제에 속한다는 것이다. 자본주의 다양성 연구에 의하면 세계화 시대임에도 불구하고 조정 시장경제는 생산 레짐의 지속성으로 인해 자유 시장경제로 수렴되지 않았다.[28]

26_Wolfgang Streeck, *Social Institutions and Economic Performance* (London: Sage, 1992), 2-3; Hollingsworth & Boyer, "Coordination of Economic Actors and Social Systems of Production," 19-20; 안재흥, "생산 레짐과 복지국가 체제 상호 연계의 정치: 이론적 논의와 스웨덴 노사 관계 사례의 분석,"『한국정치학회보』 38-3 (2004).

27_이 책의 제1장 2-2절(22쪽)을 참조.

28_생산 레짐의 개념은 다음 문헌 참조할 것. David Soskice, "Divergent Production Regimes," 108; Kathleen Thelen, *How Institutions Evolve* (Cambridge: Cambridge University

자본주의 다양성 연구는 세계화가 본격화된 1980년대 이후에도 조정 시장경제의 경우 복지국가 체제가 건재했다는 사실에 주목한다. 자본의 투자와 이익에 의존하고 있는 자본주의 시장경제 체제에서 "어떻게 경제적 성과에 치명적 상처를 주는 프로그램[사회정책을 의미함_필재들이 그렇게 오래 건재할 수 있느냐?"가 질문의 핵심이다.[29] 자본주의 다양성 연구의 주장은 다음과 같다. 세계화 이전인 1960~70년대에 노동조합은 사용자와의 관계에서 상대적 우위를 점유했다. 국가는 임금 억제를 유인하기 위해 코포라티즘을 이용해 소득정책을 실행하는 한편 임노동자들의 임금 억제를 사회정책으로 보상했다. 그러나 세계화 시대에 상황이 반전되었다. 이제 기업이 강력한 행위자로 부상해 생산의 조정을 주도하게 된 것이다. 자본주의 다양성 연구에 의하면 첫째, 세계화 시대에도 조정 시장경제는 지속되고 있으며, 둘째, 조정 시장경제의 생산 레짐과 사회정책이 상호보완적이기 때문에 기업은 사회정책을 반대하지 않았다는 것이다.[30]

내용을 구체적으로 소개하면 다음과 같다. 조정 시장경제의 기업지배구조는 이해 관계자 모델이다. 기업은 주로 금융기관 및 정부와 조정을 통해 자금을 조달하는데 이런 경우 차입 자금은 대체로 장기금융 자본이다.

Press, 2004), 1-2. 생산 레짐의 국가별 분류는 다음 문헌을 참조할 것. Herbert Kitschelt et al., "Convergence and Divergence in Advanced Capitalist Democracies," Herbert Kitschelt et al. eds., *Continuity and Change in Contemporary Capitalism* (Cambridge: Cambridge University Press, 1999).

29_Pierson, "Coping with Permanent Austerity," 422.

30_Soskice, "Divergent Production Regimes," 104; Peter A. Hall, "The Political Economy of Europe in an Era of Interdependence," Herbert Kitschelt et al eds., *Continuity and Change in Contemporary Capitalism* (Cambridge: Cambridge University Press, 1999), 157-9.

따라서 기업은 장기에 걸쳐 이익을 낼 수 있는 중화학 부문에 투자한다. 또한 노동자들이 기업 또는 산업에 특화된 기술을 연마하는 데 전력할 수 있도록 환경을 조성하는 데 관심을 가진다. 기업은 직업훈련에 투자하며 적극적 노동시장 정책뿐만이 아니라 실업보험 등 소극적 노동시장 정책도 지지한다. 기업이 실업보험을 지지하는 것은 노동자들이 실업을 우려하기 않고 기술 계발에 전력할 수 있기 때문이다. 반면 기업지배구조가 주주 모델에 속하는 자유 시장경제에서 기업은 주로 주식시장에서 자금을 조달한다. 기업은 주주의 이익을 만족시키기 위해 단기에 이익을 낼 수 있는 산업, 주로 서비스, 소프트웨어, 금융 산업 등에 투자한다. 이들 산업은 '일반 기술'general skill을 필요로 하기 때문에 기업은 전문 기술 인력을 양성하기 위한 직업훈련에 투자를 소홀히 하며 실업보험 등의 사회정책에도 관심을 기울이지 않는다.[31]

자본주의 다양성 연구는 생산 레짐의 개념으로 사회정책의 형성을 설명하거나 역으로 사회정책의 실행이 기업의 조정 양식에 영향을 미친다는 점을 강조한다. 심지어 생산 레짐과 사회정책을 하나의 개념으로 묶어서

---

[31]_Peter A. Hall & David Soskice, "Introduction to Varieties of Capitalism," Hall & Soskice eds., *Varieties of Capitalism* (Oxford: Oxford University Press, 2001)," 50-1; Philip Manow, "Business Coordination, Wage Bargaining and the Welfare State," Bernhard Ebbinghaus & Philip Manow eds., *Comparing Welfare Capitalism* (London: Routledge, 2001), 149; Isabela Mares, "Strategic Bargaining and Social Policy Development," Bernhard Ebbinghaus & Philip Manow eds., *Comparing Welfare Capitalism* (London: Routledge, 2001); Swenson, *Capitalists against Markets*; Margarita Estévez-Abe & Torben Iversen & David Soskice, "Social Protection and the Formation of Skills: A Reinterpretation of the Welfare State," Peter A. Hall & David Soskice eds., *Varieties of Capitalism* (Oxford: Oxford University Press, 2001); Isabela Mares, *The Politics of Social Risk* (Cambridge: Cambridge University Press, 2003).

'복지 생산 레짐'이란 용어를 사용하기도 한다.[32] 요컨대 세계화 시대임에도 불구하고 신자유주의자들의 주장과는 다르게 조정 시장경제에서는 복지 자본주의가 지속되고 있다는 것이다.[33]

2-2. 사회 투자 국가론[34]

기든스Anthony Giddens는 '제3의 길' 노선의 실천적 대안으로 '사회 투자 국가'론을 제시한 바 있다. 제3의 길은 세계화와 탈산업화 시대의 변화를 반영하기 위해 전통적 사민주의에 신자유주의를 접목시킨 새로운 사민주의 모델이다.[35] 사민주의가 인본주의와 사회적 평등을 지향했듯이 사회 투자 국가론도 '사회적 배제'의 최소화, 빈곤의 해결, 사회적 불평등의 완화를 실현해 '사회적 결속'을 증진시킬 것을 주장한다.[36] 사회 투자 국가론은 케인지언주의처럼 성장과 복지의 선순환을 도모한다. 그러나 통화주의 금융정책으로 물가를 안정시키면서 국가가 경제의 공급 측면에 개입해 고용을 촉진시킬 것을 주장한다는 점에서 케인지언주의와 다르다.

사회 투자 국가는 자유주의 복지국가에서 먼저 시도되었다. 보수당 정

32_ Estévez-Abe & Iversen & Soskice, "Social Protection and the Formation of Skills."

33_ 안재흥, "생산 레짐과 정책레짐의 연계, 복지 개혁의 정치, 그리고 노사정 관계의 변화."

34_ 이 부분은 안재흥, "사회 투자, 성장과 복지를 잇는 선순환의 필요조건인가?: 서유럽 6개국 비교 연구," 『한국정치학회보』 42-3 (2008) 내용 일부를 보강한 것임.

35_ Anthony Giddens, *The Third Way: the Renewal of Social Democracy* (Polity Press, 1998), Chapter 4.

36_ Peter Taylor-Gooby, "European Welfare Reforms: The Social Investment Welfare State," *mimeo* (2006).

부의 신자유주의에 대항해 블레어Tony Blair의 노동당은 '신노동' 노선의 기치를 내걸고 1998년에 사회 투자 국가론이 제시하는 일련의 정책을 발표했다. 비슷한 시기에 캐나다와 오스트레일리아의 중도 좌파 정당들도 일련의 사회투자 정책을 채택했다.[37] 사회 투자 국가론은 유럽연합EU과 경제협력개발기구OECD가 세계화 이후 복지 개혁을 선도하는 가이드라인으로도 이용되었다.[38] 2000년 3월 EU의 리스본 정상 위원회가 분기점이었다. 이 정상 회의는 "다음 10년을 위한 새로운 전략"으로 '사람에 대한 투자'와 '적극적 복지국가'를 제시했다. 이를 통해 '실업, 사회적 배제 그리고 빈곤'의 문제를 해결해야 한다는 것이다. 실천 전략으로는 적극적 노동시장 정책, 사회 보호 제도의 근대화, 그리고 사회적 배제의 제거를 제시했다. 서구 복지국가는 "지속적 경제성장, 더욱 많은 직장, 그리고 공고한 사회적 결속"을 실현해야 하며 "최상의 경쟁력과 역동성을 지닌 지식 기반 경제"로 이행해야 한다는 것이다.[39] 요컨대 사회 투자 국가는 자유주의 복지국

37_Ruth Lister, "The Third Way's Social Investment State," Jane Lewis & Rebecca Surender eds., *Welfare State Change: Towards a Third Way?* (Oxford University Press, 2004); Pascale Dufour & Ian Morrison, "The State of the Social Investment State in the Field of Employment Policy," *Canadian Journal of Career Development* 4-1 (2005).

38_Taylor-Gooby, "European Welfare Reforms," 9-11; Bruno Palier, "The Re-orientation of European Social Policies toward Social Investment," *Interanale Politik und Gesellschaft* 1 (2006), 112; Maurizio Ferrera, et al., *The Future of Social Europe: Recasting Work and Welfare in the New Economy* (CELTA: Editoria, 2000).

39_European Council. 2000. *Lisbon European Council 23 and 24 March 2000: Presidency Conclusion*. http://www.europarl.europa.eu/summits/lis1_en.htm; Jane Jenson & Denis Saint-Martin, "New Routes to Social Cohesion?: Citizenship and the Social Investment State," *Canadian Journal of Sociology* 28-1 (2003), 78; Lister, "The Third

가에서는 신자유주의의 대안으로, 중북부 유럽 대륙의 복지국가에서는 과잉 복지국가의 재편을 선도하는 이론적 기제로 활용되고 있는 것이다.

사회 투자 국가론의 주장을 몇 가지 이론적 개념으로 나누어 요약하면 다음과 같다. 첫째, 사회정책이 생산과 투자에 기여하기 때문에 경제정책, 사회정책, 고용정책 사이에는 선순환의 관계가 존재한다. 미즐리James Midgley에 의하면 사회정책의 생산 기여적인 측면과, 경제성장을 통한 '진보적 사회 목적'의 성취라는 쌍방향의 시각은 초기 사민주의의 개혁주의에서부터 케인지언주의, 뉴딜 정책, 비버리지보고서까지 반영되어 있었다. 그러나 1950년대와 1960년대에 사회복지 담론에서 사회정책의 생산 기여적인 측면은 사장되었고 대신 분배의 관점이 지배했다. 1970년대에 이르러서는 사회복지가 오히려 경제성장에 해악을 끼치는 요인이라는 시각이 팽배했다. 반면 사회 투자 국가론은 사회정책이 생산과 투자에 기여할 수 있으며, 따라서 경제성장과 사회적 목적이 선순환할 수 있음을 주장한다.[40]

둘째, 통화주의를 지지한다. 1980년대에 유럽 각국은 경제정책의 진로를 케인지언주의에서 통화주의로 틀었다. 앞에서 언급했듯이 유럽연합EU — 1992년 이전에는 유럽공동체EC — 의 회원국은 1978년에 유럽 통화 체계를 구축했고 1986년에 유럽단일시장 조약을, 1992년에는 1999년까지 화폐 통합을 강제한 마스트리히트 조약을 체결했다. 이 과정에서 각국은

Way's Social Investment State," 159.

40_James Midgley, "Growth, Redistribution, and Welfare: Toward Social Investment?" *Social Service Review* 73-1 (1999), 5-8; Daniel Perkins et. al., "Beyond Neo-Liberalism: the Social Investment State?" *Social Policy Working Paper* No. 3. The Centre for Public Policy. Brotherhood of St. Laurence (2004), 2-3; Taylor-Gooby, "European Welfare Reforms," 3.

물가와 환율의 안정을 우선시 하는 통화주의를 선택할 수밖에 없었다. 사회 투자 국가론은 투자 촉진 및 고용 증대를 도모하기 위해 국가는 재정 지출을 늘리기보다는 경제의 공급 측면에 개입해 생산 시장의 규제를 풀고 노동시장을 유연화할 것을 주장한다. 요컨대 시장에서 경쟁 메커니즘의 작동을 방해하는 요인들을 제거해야 한다는 것이다.[41]

그러나 셋째, 인적 자원의 개발을 강조한다. 시장 참여자들이 자유경쟁의 시장에 그대로 방치되었을 경우에 맞닥트릴 수 있는 위험 요인들을 국가가 개입해 사전에 제거해 주어야 한다는 것이다. 특히 인적 자원의 개발을 강조한다. 이 점에서 사회 투자 국가론은 신자유주의와 다르다. 개인의 시장 참여 능력을 향상시킴으로써 사회적 배제를 최소화함과 아울러 위험 발생의 가능성을 사전에 예방해 주어야 한다는 것이다. 적극적 노동시장 정책과 가족 정책(공공 보육 및 육아 휴가)이 정책의 대표적인 사례다. 요컨대 "사회적 지출을 사회적 투자로 전환"시킴으로써 "초점을 당장의 어려움에 대한 보상보다는 예방적·사회적 투자"에 맞추어야 한다는 것이다.[42]

마지막으로 세계화와 탈산업화로 인한 '새로운 사회적 위험'new social risk을 줄이고자 한다. 지식 기반 경제로의 전환과 서비스산업의 성장으로 인해 저숙련 노동자층과 고숙련 화이트칼라층 간에 경제적 불평등이 심화되고 있다. 전통적 핵가족이 급속히 해체되어 다양한 형태의 가족(동거, 한

41_Palier, "The Re-orientation of European Social Policies toward Social Investment," 111; Jenson & Saint-Martin, "New Routes to Social Cohesion?," 83.

42_Gøsta Esping-Andersen, "Education and Equal Life-Chances: Investing in Children," Olli Kangas & Joakim Pame eds., *Social Policy and Economic Development in the Nordic Countries* (Palgrave, 2005); 인용은 Palier, "The Re-orientation of European Social Policies toward Social Investment," 114.

부모 가족 등)이 출현하고 있으며 혼전·혼외 출산도 증가하고 있다. 그 결과, 여성에게는 육아 부담이 가중되어 노동시장 참여의 벽이 높아졌으며, 유아교육의 사각지대가 확대되고 있으며, 출산율도 저하되고 있다. 사회투자 국가론은 적극적 노동시장 정책, 교육 및 인적 자원 개발 정책, 가족 정책에 대한 투자를 확대해 능력 계발의 기회를 균등하게 제공하고 고용의 질을 향상시킴으로써 실업, 양극화, 출산율 저하, 성차별 등의 문제를 해결할 것을 주장한다.[43]

3. 비판적 검토: 역사적 현상으로서 복지 자본주의

기존 이론은 사회 중심적인 이론으로서 경제의 수요 측면 또는 공급 측면에 초점을 맞추어 복지국가를 다룬다. 수요 측면을 강조한 예로는 권력 자원론을, 공급 측면을 강조한 예로는 자본주의 다양성 연구를 꼽을 수 있다. 이들 이론은 노동 또는 자본의 역할에 초점을 맞추어 공공 사회 지출의 변화를 설명한다. 그러나 (사회)정책의 형성에서 핵심적인 역할을 담당하는 입법의 정치와, 사회정책 및 소득정책의 피드백 효과가 복지국가의 정치경제 레짐에 어떤 영향을 미쳤는지는 다루지 않고 있다. 서유럽의 복지국

43_Taylor-Gooby, "European Welfare Reforms"; Peter Taylor-Gooby, "New Social Risks in Postindustrial Society: Some Evidence on Responses to Active Labour Market Policies from Eurobarometer," *International Social Security Review* 57-3 (2004); Esping-Andersen, *Social Foundations of Postindustrial Economies*; Perkins et. al., "Beyond Neo-Liberalism," 3.

가가 성장기와 재편기를 거치는 동안 공공 사회 지출 역시 증감하거나 재편되는 등 변화를 겪었다. 그러나 동시에 이 과정에서 복지국가의 거버넌스 체제, 즉 정치경제 레짐 또한 변동했다.

    자본주의 다양성 연구로는 복지 자본주의 정치경제 레짐의 변동을 짚어 낼 수 없다. 자본주의 다양성 연구는 신제도주의에 근거해 복지 자본주의의 다양성과 함께 지속성을 설명한다. 세계화가 자유 시장경제로 이행하도록 압박하고 있음에도 조정 시장경제는 제도의 경로 의존성에 의해 지속되었기 때문에 각국의 생산 레짐 사이에는 다양성이 유지되고 있다는 것이다. 그러나 경로는 반드시 '잠김 효과'와 '자발적 강화의 연쇄'에 의해 지속·강화되는 것은 아니다. 경로가 지속되는 동안 정책 집행의 피드백 효과로 인해 내생적으로 '반동적 연쇄' — 예컨대 소득정책에 대한 노동조합운동의 저항 — 가 일어났으며 이것이 외부로부터의 충격 — 1973년 제1차 오일쇼크와 1980년대 세계화 — 과 상호작용하면서 경로의 형성을 가능하게 했던 정치적 연합을 변화시켰다. 자본주의 다양성 연구는 이런 점을 간과하고 있기 때문에 복지 자본주의의 다양성 속에 감추어진 다양한 변화를 짚어 내지 못하고 있다.[44]

    이 책에서는 제2차 세계대전 이후부터 세계화 시대까지 복지 자본주의 정치경제 레짐이 형성·재편된 동학을 탐구한다. 사회 중심적인 기존 이론으로 이 주제를 다루는 데는 한계가 있다. 코포라티즘은 국가의 이익 중

---

[44]_James Mahoney, "Path Dependence in Historical Sociology," *Theory and Society* 29 (2000); Avner Greif & David D. Laitin, "A Theory of Endogenous Institutional Change," *American Political Science Review* 98-4 (2004); Wolfgang Streeck, *Re-Forming Capitalism* (Oxford: Oxford University Press, 2009), Chapter 9; 안재흥, "정책과 정치의 동학, 그리고 제도의 변화."

재에 초점을 맞추고 있기 때문에 국가 중심적 이론이라고 할 수 있다. 그러나 정치 중심적인 이론은 아니다. 코포라티즘의 핵심 축인 노사정 관계는 정당정치 및 의회-행정부 관계와 밀접하게 연계되어 있다. 노동과 자본이 코포라티즘에 참여하는 것은 정책 입법으로 조직의 이익을 실현하기 위해서다. 만약 정부가 의회에서 의결 정족수에 해당하는 의원의 동원에 실패해 입법 과정에서 무력하거나 의회 자체가 코포라티즘을 거친 법안에 부정적이면 코포라티즘은 약화되고 정치경제 레짐도 변동한다. 요컨대 비교 정치경제학은 그동안 복지국가의 부침을 '왜 공공 사회 지출이 변화했는가?'라는 차원에서 다루었지 정치경제 레짐의 차원에서 분석하려고 시도하지 않았으며 결과적으로 정치과정은 연구 대상에서 배제되었다.

역사적으로 복지 자본주의는 구조적으로 길항 관계에 놓인 자본주의 시장과 민주주의 정치가 공생하도록 정치경제 레짐을 구축해 가는 가운데 형성되었고 발달했다. 그 역사적 과정을 간추려 보면 유럽에서 자본주의 시장은 앤더슨Perry Andersen이 주장하듯이 절대주의 국가가 형성됨으로써 움을 텄다. 자본주의 시장은 국가가 사유재산과 상거래를 법적으로 보장했기 때문에 사회에 뿌리를 내렸고 전근대의 사회·문화 공동체를 모태로 성장했던 것이다. 실제로 영국을 제외한 서유럽 국가, 한국 및 일본 등 동아시아 국가의 조정 시장경제는 국가의 주도하에 '비자유주의적' 방식의 조정을 통해 발달했다. 자본주의 시장은 정치적 통치에 영향을 받아 발달한 '정치·사회적 구조물'인 것이다.[45]

45_Perry Anderson, *Lineages of the Absolutist State* (London: Verso, 1974); Polanyi, *The Great Transformation*; Wolfgang Streeck and Kozo Yamamura eds., *The Origins of Nonliberal Capitalism* (Ithaca: Cornell University Press, 2001); Mark Granovetter, "Economic Action and Social Structure: The Problem of Embeddedness,"

폴라니가 주장하듯이 국가와 시장과 사회·문화 공동체는 맞물림과 '풀림'을 반복했으며 이로 인해 서구 사회는 19세기 이후 일련의 정치·사회적 격변을 겪었다.[46] 자율적 조정 시장은 인간의 관심이 추구하는 바를 사회적 연대의 유지에서 사적·경제적 이득으로 전환시킴으로써 전통 사회를 몰락시켰다.[47] 그러나 시장 사회가 전통 사회를 침식해 들어가는 바로 그 과정에서 정치적 대응 ― 예컨대 영국의 1795년 '스핀햄랜드 법'Speenhamland Law ― 과 노동조합운동과 같은 사회적 응전이 시작되었다. 생산요소인 노동, 토지, 화폐는 결코 완벽하게 상품화될 수 없으며 그렇게 된 적도 없다. 경제적 자유주의가 완벽한 상품화를 가정하고 있지만 이는 '허구'일 뿐이다. 노동은 "인간 활동의 또 다른 이름일 뿐"이며, 토지는 "자연의 또 다른 이름일 뿐"이며, 화폐도 "은행 또는 국가 금융 기관을 통해서 존재"하는 상징에 불과하다. 어느 것도 판매를 위해 태생된 것이 아니다.[48] 완벽하게 상품화된 상태에서 인류는 단 한순간도 생존할 수 없다. 그렇기에 국가는 초기부터 시장의 경쟁을 조정했으며 시장 사회로 내몰린 다수도 노동의 탈상품화를 위한 집단화된 응전에 참여했다.[49]

서구 사회에서 자본주의 시장이 민주주의 정치와 공존의 해법을 찾기까지 역사는 요동쳤다. 시장은 사적 주체들이 이익을 추구하는 자유의 공간이자 경쟁으로 인해 불평등이 산출되는 공간이기도 하다. 서구 사회에

American Journal of Sociology 92-3 (1985).

46_'맞물림'(embeddedness)과 '풀림'(disembeddedness)의 개념은 이 책의 제1장 2-1절(20쪽)을 참조. Ruggie, *The Antinomies of Interdependence*, 433.

47_Polanyi, *The Great Transformation*, 33-42.

48_Ibid., 72.

49_Ibid., 84-5.

서 경제적 이익과 자유를 추구하는 합리적 개인들, 즉 부르주아는 자본주의 시장을 모태로 하여 태동되었고 이들은 점차 정치·사회 세력으로 성장했다. 시민사회는 자본주의 시장경제가 발달하면서 국가의 절대주의 정치에 반기를 들었고 정치적 민주주의를 지향했다. 그러나 사회적 불평등의 심화로 인해 사회 세력들은 자유민주주의 정치체제 안에서 공존하기보다는 이념적으로 대립했다. 제1차 세계대전 이후에는 사회적 대립이 '혁명 전야'로 불릴 정도로 그야말로 심각하게 전개되었다. 더구나 1929년 대공황은 실업이 자본주의사회에서 발생하는 구조적인 문제라는 인식을 널리 확산시켰다. 요컨대 서구 사회는 정치적 자유, 사회적 불평등, 실업에 대한 공포 등 자본주의 시장경제와 근대국가 체제가 만들어 낸 이율배반적인 현상으로 인해 이념적 갈등을 겪었으며 불확실성의 시대에 빠져들었다. 자본주의의 성장 과정에서 계급 연합이 어떻게 구성되었고, 국가가 사회 계급과 어떤 관계를 구축했으며, 시장 — 특히, 실업 문제를 해결하기 위해 노동시장 — 에 어떤 방식으로 개입했는가에 따라서 유럽에서는 전간기에 자유민주주의, 사민주의 그리고 파시즘에 이르기까지 다양한 정치경제 체제가 등장했다.[50]

제2차 세계대전 이후에야 서구 사회는 민주주의 정치와 자본주의 시장이 공생·발전할 수 있는 틀, 즉 복지 자본주의 정치경제 레짐을 구축했다. 민주주의 정치에서 정치권력은 선거에 의해 창출된다. 선거에서는 유권자의 부가 아니라 투표수가 승자를 결정한다. 따라서 부의 불평등으로

50_Polanyi, *The Great Transformation*; Gregory M. Lubbert, *Liberalism, Fascism or Social Democracy* (Oxford: Oxford University Press, 1991); Dietrich Rueschemeyer, Evelyne Huber Stephens & John D. Stephens, *Capitalist Development and Democracy* (Chicago: University of Chicago, 1992).

소수와 다수를 가르는 자본주의 시장과, 수에 의해 승자와 패자가 갈리는 민주주의 정치는 갈등적일 수밖에 없다. 자본주의 시장은 민주주의 정치의 필요조건이지만 동시에 양자는 구조적으로 길항 관계에 놓일 수밖에 없는 것이다. 복지국가는 사회적 위험을 관리하고, 구조적 불평등을 완화시키며, 직업훈련 및 취업 알선을 통해 고용을 증진시키며, 경기 침체 시에 소비를 촉진해 시장경제를 활성화시키는 등 자본주의 시장과 민주주의 정치가 길항 관계 속에서도 공생할 수 있도록 양자를 매개했다.

그러나 복지 자본주의 정치경제 레짐은 1970년대 이후 변천했다. 1970년대는 이념 갈등의 시대였다. 좌우 이념 정당들이 정부 구성에서 상대방을 배제했기 때문에 정부는 입법 과정에서 무력했고 코포라티즘 또한 약화되었다(제7장). 그러나 세계화 이후 신자유주의에 대응하는 과정에서 합의 정치가 복원되기 시작했으며 노사정 협의도 사회 협약의 예에서 볼 수 있듯이 다양한 제도를 통해 활력을 되찾고 있다(제8장). 요컨대 복지 자본주의의 발달 및 변화는 정치과정 변수를 제외하고 설명될 수 없는 것이다.

비교 정치경제학에서는 레이프하르트 Arend Lijphart가 정치과정 변수와 정치경제 레짐 변수 — 코포라티즘과 다원주의 변수 — 를 연계해 정치체제의 유형을 분류한 바 있다. 레이프하르트는 다원주의와 코포라티즘의 변수를 행정부-정당 관련 변수 군에 포함시킨다. 더 나아가 다수제 모델은 다원주의와, 합의제 모델은 코포라티즘과 제도적 친화성을 가진다는 주장을 제기한다.[51] 최근 들어 자본주의 다양성 연구는 생산 레짐과 비례대표 선거제의 상관관계를 논의하고 있다. 서유럽에서는 합의제 모델의 주요

51_Lijphart & Crepaz, "Corporatism and Consensus Democracy in Eighteen Countries"; Lijphart, *Patterns of Democracy*.

변수인 비례대표 선거제를 지향하는 요인이 민주화 이전부터 이미 생산과정에 형성된, 이해관계자들의 이익 조정 제도에 내재되어 있었다. 그 기원은 전산업화에서 산업화로의 이행이 진행되었던 19세기까지 거슬러 올라간다는 것이다.[52] 제3장에서는 비례대표 선거제와 합의제 모델을 실시한 서유럽 강소·복지 국가에서 코포라티즘이 항상 잘 작동되지는 않았다는 사실에 근거해 레이프하르트와 자본주의 다양성 연구에 이론적인 질문을 던지고 새로운 시각에서 복지 자본주의 정치경제 레짐의 동학을 설명하는 분석 틀을 제시한다.

52_Thomas R. Cusack & Torben Iversen & David Soskice, "Economic Interests and the Origins of Electoral Systems," *American Political Science Review* 101-3 (2007); Torben Iversen & David Soskice, "Distribution and Redistribution: The Shadow of the Nineteenth Century," *World Politics* 61-3 (2009).

| 제3장 |

분석 틀

1. 문제 제기

민주주의 정치에서 정책은 입법 과정을 거쳐 실행된다. 서유럽 강소·복지 4개국 — 스웨덴, 덴마크, 네덜란드, 오스트리아 — 의 정치경제 레짐은 기민주의 복지 자본주의 또는 사민주의 복지 자본주의를 실현하는 과정에서 형성되었다. 이들 국가의 복지 자본주의 정치경제 레짐은 두 가지 축에 의해 지지되었다. 첫째, 정당-행정부-의회로 이어지는 정치과정, 즉 합의제 모델의 정치 대표 체계다. 둘째, 코포라티즘의 기능 대표 체계다. 정부는 노동시장 관련 정책 — 소득정책, 사회정책 등 — 의 경우 노동 및 자본 조직의 대표들과 조정을 거친 후에 법안을 의회에 이송함으로써 입법의 효율성을 높였다. 입법 과정이 정치 대표 체계와 기능 대표 체계를 연계하는 핵심 고리였던 것이다.

합의제 모델의 정치 대표 체계와 코포라티즘 및 조정 시장경제의 기능 대표 체계 사이에 제도적 친화성이 항상 지속된 것은 아니었다. 서유럽 강소·복지 국가는 제2차 세계대전 이후 사회경제 재건 과정에서 의회-행정부 관계와 코포라티즘은 입법 과정을 고리로 상호 보완적인 연계를 구축했다. 그러나 1970~80년대에 복지 자본주의 정치경제 레짐은 위기에 봉착했다. 위기에 빠진 정도는 나라마다 달랐다. 스웨덴과 오스트리아는 성장과 복지의 선순환을 유지했으며 정치경제 레짐도 그다지 변동하지 않았다. 반면 덴마크와 네덜란드에서는 코포라티즘이 약화되거나 작동을 멈췄고 정부는 야당의 반대에 막혀 입법 과정에 대한 통제력을 상실하는 등 정치경제 레짐이 거의 와해되었다. 그러나 세계화 이후 상황이 반전되었다. 덴마크와 네덜란드 정부는 합의 정치를 기반으로 의회의 다수를 동원함으로써 입법 과정을 효율적으로 통제하기 시작했다. 노사정 협의 제도도 복원되었다. 반면 스웨덴과 오스트리아에서는 좌파와 우파 정당들이 의회-행정부 관계에서 이념적 대립각을 세웠으며 코포라티즘도 노사 갈등에 휘둘리거나(스웨덴), 의회와 마찰을 빚었다(오스트리아).

그렇다면 왜 그리고 어떻게 복지 자본주의 정치경제 레짐이 형성되었으며 변동했는가? 합의제 모델의 정치 대표 체계와 코포라티즘의 기능 대표 체계가 항상 제도적인 친화성을 보인 것은 아니었는데 그 이유는 무엇인가? 세계화 이후에 왜 덴마크와 네덜란드에서는 합의 정치가 재현되었고 노사정 협의도 다시 제도화되었는데 스웨덴과 오스트리아에서는 그렇지 않았는가?

다음과 같은 이론적 명제를 제시한다. 복지 자본주의 정치경제 레짐이 형성·지속되기 위해서는 첫째, 정치 대표 체계와 기능 대표 체계를 구성하고 있는 제도들 사이에 친화성이 존재해야 한다. 둘째, 정치 대표 체계와 기능 대표 체계의 제도적 친화성이 정치적 연합 — 정당 체제, 의회-행정부 관계, 노사정 관계 등 — 과, 정책 조합 — 소득정책, 사회정책, 경제정책 등의 조합 — 의 연계 효과에 의해 지지되어야 한다. 성장과 복지가 선순환해야 하는 것이다(제1장의 〈그림 1-1〉 참조). 그러나 두 가지 조건이 충족되지 않을 경우 정치 대표 체계와 기능 대표 체계는 새로운 '원칙과 규범'에 의해 연계되며 정치경제 레짐은 변동한다.

　복지 자본주의 정치경제 레짐의 형성과 변동에 대한 이론적 명제를 다섯 가지 가설 — ① 참여와 통치, 그리고 정치경제 제도의 맞물림, ② 노사정 관계, ③ 정책 조합의 연계 효과, ④ 노사정 타협의 역사적 타이밍, ⑤ 세계화와 복지 개혁의 정치로 인한 정치·사회적 맥락의 변화 — 로 세분한다. 가설을 설명하기에 앞서 이론과 방법의 차원에서 왜 민주주의 정치에서는 정치 대표 체계와 기능 대표 체계 사이에 제도적 친화성이 존재해야 하며, 왜 정책 집행의 피드백 효과에 의해 정치적 연합이 변동하는지, 그리고 왜 두 대표 체계를 이론적으로 구분하고 제도적 맞물림의 정합성을 확인해 봐야 하는지를 논의한다.

2. 이론과 방법

2-1. 민주주의 정치와 자본주의 시장의 제도적 관계

정치와 시장은 사회 구성원의 '관심'interest을 대표하는 데 있어 서로 다른 체계를 구성한다(〈그림 3-1〉).[1] 민주주의 정치에서 대표는 선거로부터 시

1_interest를 '이익' 대신 '관심'으로 번역한다. '이익'이라는 용어에는 '경제적'이라는 의미를 내포하므로 '개인적' 또는 '분파적'이라는 뜻이 내포되어 있기 때문이다. 첫째, interest와 '개인적'이라는 의미 간의 관계를 살펴보자. 아렌트가 지적하듯이 interest는 '개인들 간에 존재하

작되어 정당-의회-행정부로 이어지는 '위임'의 체계로 구성된다.[2] 정치 대표 체계는 선거 결과에 기초해 틀이 잡힌다. 선거에 의한 정치에는 다음과 같은 특징이 내포되어 있다. 선거 정치에서는 유권자의 수가 지배한다. 그러나 선거 정치는 유권자 각각이 가지는 관심의 강도까지 반영하지는 못한다.[3]

는 그 무엇'(inter-est)을 의미한다. 투루먼(David Truman)이 제시한 바 있듯이 "interest가 있는 곳에는 집단이 존재"한다. 그 의미 자체가 '주관적' 또는 '객관적' 영역을 분리할 수 없기 때문에 interest는 사적 관심이 '공동적' 관심으로 전환되는 과정을 내포하는 동태적 개념이다. 둘째, interest에는 경제적 의미뿐만 아니라 다양한 의미가 내포되어 있다. 허쉬만이 지적하듯이 interest가 경제적 의미를 갖기 시작한 것은 상업적 성장과 정치적 안정이 동시에 성취된, 즉 자본주의가 성숙된 시기 이후부터다. 정치와 시장과 사회가 맞물려 있는 맥락에서 정치 대표 체계와 기능 대표 체계가 어떻게 상호작용하는가에 대한 분석에서는 이익보다 정치·사회적, 경제적 의미를 모두 내포할 수 있는 '관심'이라는 용어를 사용하는 것이 더 적절하다. Hannah Arendt, *The Human Condition* (Chicago: Unversity of Chicago Press, 1958), 182; Albert O. Hirschman, *The Passions and the Interests* (Princeton: Princeton University Press, 1977), 32; 36; 52; 66; 안재흥, "개혁주의에 대한 스웨덴 사민주의자들의 논쟁에 표상된 민중의 관심, 1886~1911," 『산업노동연구』 1-1 (1995).

2_Kaare Strøm, "Delegation and Accountability in Parliamentary Democracies," *European Journal of Political Research* 37-3 (2000).

3_Robert A. Dahl, *A Preface to Democratic Theory* (Chicago: University of Chicago Press, 1956), Chapter 4; Stein Rokkan, "Norway: Numerical Democracy and Corporate Pluralism," Robert Dahl ed., *Political Oppositions in Western Democracies* (New Haven: Yale University Press, 1966), 105-10; Leif Lewin, *Samhället och de organiserade intressena* (Stockholm: Norstedts. 1992), 24-37. 〈그림 3-1〉과 유사한 시각에서 정치 대표 체계와 기능 대표 체계의 관계를 모형화한 예는 다음 문헌을 참조할 것. Rokkan, "Norway"; Seymour Martin Lipset & Stein Rokkan, "Cleavage Structure, Party Systems, and Voter Alignment: An Introduction," Lipset & Rokkan eds., *Party Systems and Voter Alignments: Cross National Perspectives* (New York: Free Press, 1967); Kaare Strøm, "Parties at the Core of Government," Russsell J. Dalton & Martin P. Wattenberg eds.,

그림 3-1 | 정치 대표 체계와 기능 대표 체계의 연계 모형

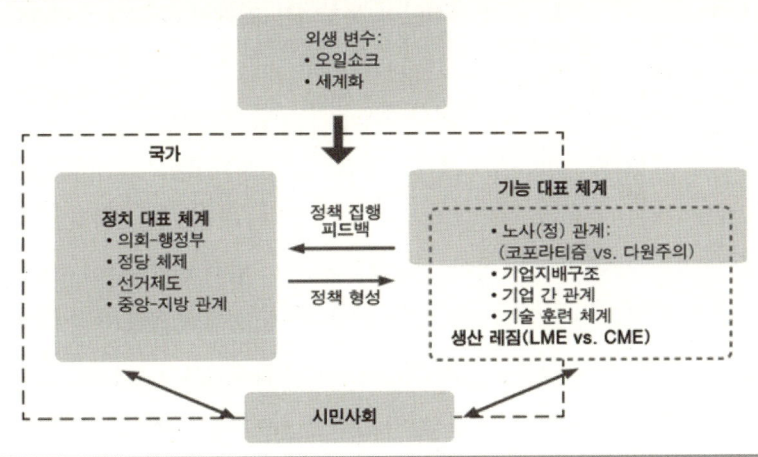

　기능 대표 체계는 시장에서 담당하는 역할에 따라 구분되는 이익을 대표한다. 노동조합운동과 사용자연합의 사례에서 볼 수 있듯이 시장의 각 기능에 기반을 둔 이익들은 보완적이어야 하는 동시에 갈등적이다. 기능 대표 체계는 이처럼 보완적이어야 하는 동시에 갈등적인 이익을 대표하는 집단들의 정치에 의해 구성된다. 기능 대표 체계는 코포라티즘과 다원주의로 분류된다. 코포라티즘에서는 정부가 정책 결정 과정에 이익집단들을 참여시킴으로써 이익을 중재하며 이익집단들은 정부와 함께 정책을 협의할 뿐만 아니라 집행의 책임도 공유한다. 반면 다원주의 정치경제에서는 이익집단들이 정책 결정 과정에 참여하지 않는 대신 이익의 실현을 위해

　Parties without Partisans: Political Change in Advanced Industrial Democracies (Oxford: Oxford University Press, 2000).

독자적으로 정당과 의회와 행정부에 압력을 행사한다. 이익집단의 가입을 전제하는 것이기 때문에 이익집단의 정치에는 제한된 수만이 참여한다. 그러나 정치 대표 체계에서와는 다르게 기능 대표 체계에서 정치는 이익집단의 참여자들이 가지는 관심의 강도를 반영할 수 있다.

    수를 대표하는 정치 대표 체계와 관심의 강도를 대표하는 기능 대표 체계가 보완적인 관계를 유지할 때 민주주의 정치는 순항한다. 문제는 이익집단이 정책 입안 과정에 참여(코포라티즘)하거나 압력을 행사(다원주의)하는 한 정치 대표 체계와 기능 대표 체계는 중첩될 수밖에 없다는 데 있다.[4] 제1차 세계대전 이후 유럽 국가 대부분이 민주화되었으나 독일과 이탈리아의 파시즘과 동유럽의 권위주의의 등장이 보여 주듯이 1920~30년대에 다수 국가에서 의회 민주주의 정치 대표 체계와 기능 대표 체계는 상생의 경로를 구축하는 데 실패했다.[5] 권위주의 레짐은 기능 대표 체계에서 노동운동을 배제하는 한편 시민의 정치적 자유를 제한했다. 이는 제2차 세계대전 이후에 남미와 동아시아 국가에서 재현되었다. 예컨대 1960~70년대 남미 국가와 1960~80년대 한국의 제3공화국과 제5공화국에서는 노동조합운동이 정책 결정 과정에서 배제되었기 때문에 민주주의 정치와 자본주의 시장은 상생할 수 없었다.[6] 제2차 세계대전 이후 서유럽 국가는 복지 자본주의를 실현한 결과, 의회 민주주의 정치 대표 체계와 코포라티즘의 기능 대표 체계는 공생·발전했다.[7]

4_Charles E. Lindblom, *Politics and Markets* (New York: Basic Books, 1977).

5_Lubbert, *Liberalism, Fascism, or Social Democracy*.

6_David Collier, "Overview of the Bureaucratic-Authoritarian Model," Collier ed., *The New Authoritarianism in Latin America* (Princeton: Princeton University Press, 1979); 최장집, 『한국의 국가와 노동운동』(열음사, 1988).

2-2. 정책과 정치의 동학, 그리고 제도의 변화[8]

정치적 통치와 시장의 조정은 정책 — 이익집단이 제기하는 안이 입법되어야 실행되기 때문에 절차적으로는 입법 과정 — 을 매개로 연계된다(〈그림 3-1〉 참조). 전통적으로 정책은 정치의 종속변수로 취급되었다. 그러나 정책은 단순히 정치의 종속변수가 아니다. 정책은 정치에 의해서 결정되지만 정책의 집행은 정치적 맥락을 변화시키기 때문이다. 정책은 정치의 종속변수로 시작하지만 정책의 집행은 정책의 형성을 가능하게 했던 정치적 연합을 변화시킴으로써 독립변수로 작용하는 것이다. 샤츠슈나이더Elmer E. Schattschneider가 제시한 바 있는 "새로운 정책은 새로운 정치를 창출"한다는 명제는 복지국가가 성장에서 재편으로 전환되는 동학의 과정을 분석케 하는 '이론적 구조'다.[9] 이 명제는 시공간의 맥락에 따라서 정책을 정치의 종속변수가 아니라 독립변수로 삼을 것을 제시하고 있기 때문이다. 샤츠슈나이더의 재발견이 아니어도 이익집단 위주의 사회 중심 분석에는 한계가 있다는 지적이 꾸준히 제기되어 왔다.[10] 첫째, 스카치폴Theda Skocpol이 주장하듯이 새로운 정책이 집행됨에 따라 관련 국가 기관의 역량이 변

7_Lehmbruch, "Concertation and the Structure of Corporatist Networks."

8_안재흥, "정책과 정치의 동학, 그리고 제도의 변화," 242-3을 수정·보완한 것이다.

9_Elmer Eric Schattschneider, *Politics, Pressure, and the Tariff* (New York: Prentice Hall 1935), 288.

10_Theodore J. Lowi, "American Business, Public Policy, Case-Studies, and Political Theory," *World Politics* 16-4 (1964), 688-90; Hugh Heclo, *Modern Politics in Britain and Sweden: From Relief to Income Maintenance* (New Haven: Yale University Press, 1974), 5; 315; Jon Eivind Kolberg & Gøsta Esping-Andersen, "Welfare States and Employment Regimes," Kolberg ed., *The Study of Welfare Regimes* (New York: M. E. Sharpe, 1992).

형 내지는 강화되기 때문이다.[11] 이는 직간접적으로 이익집단의 정치에 영향을 미치게 된다. 둘째, 정책의 집행은 이익집단의 정치에 직접 영향을 준다. 피어슨Paul Pierson이 주장하듯이 정책은 제도로서 작동한다. 정책은 보상과 처벌의 규칙을 포함하기 때문에 제도로서 관련 행위자들의 행동을 유인하거나 그 반대로 억제한다.[12]

'시간성'의 개념을 도입하면 정책이 정치와 관련해 종속변수에서 시작해 독립변수로 전환되는 과정, 즉 정책과 정치의 동학 메커니즘이 명확히 드러난다. 합리적 제도주의는 제도를 주어진 변수, 즉 '모수'母數, parameter로 개념화한다. 따라서 제도는 변화하는 것이 아니라 단순히 행위자들의 행위를 유인 또는 억제하는 역할에 국한된다.[13] 그러나 동학의 관점에서 보면 제도는 변화하지 않는 모수가 아니라 내생적으로 변화를 유발해 역으로 자신을 형성시켰던 정치에 영향을 미치는 변수로 작동한다. 정책의 집행은 일정 시간이 지나면 피드백 효과 — '이익 체증'increasing return 또는 '역작용'backlash — 를 유발한다. 이는 행위자들의 선호, 관심, 의미를 변화시켜 궁극적으로 과거에 정책 형성을 가능하게 했던 정치적 연합에 영향을

11_Theda Skocpol, *Protecting Soldiers and Mothers: The Political Origins of Social Policy in the United States* (Cambridge: Belknap Pres of Harvard University Press, 1992), 58; Thelen, *How Institutions Evolve* 31-2.

12_Paul Pierson, "When Effect Becomes Cause: Policy Feedback and Political Change," *World Politics* 45 (1993), 608; Paul Pierson, "The Study of Policy Development," *Journal of Policy History* 17-1 (2005), 114-31.

13_Barry R. Weingast, "Rational-Choice Institutionalism," Ira Katznelson & Helen V. Milner eds., *Political Science: The State of the Discipline* (Washington D.C.: American Political Science Association, 2002); Greif & Laitin, "A Theory of Endogenous Institutional Change."

표 3-1 | 경로 변형 분석 모델

시간성	제도의 이론적 특성	
	외생성	내생성(변수)
억제 또는 유인(T_0)	모수	
피드백(T_1)		이익 체증(자발적 강화 연쇄)
피드백(T_2)		역작용(반동적 연쇄)

준다.[14]

〈표 3-1〉의 T_0 시점에서 제도는 합리적 선택 제도주의가 가정하듯이 주어진 모수다. 제도화로 인한 '잠김 효과'는 행위를 억제하거나 유인하는 선에서 그친다. 이 경우 정책은 "공식 또는 비공식의 규칙," 즉 제도다. 제도로서 정책은 외생적으로 주어진 변수로서 취급되어야 한다.[15] 그러나 시간성의 차원을 포함시키면 제도의 특성은 다르게 다루어야 한다. 정책이 집행되어 일정 시간 — T_1 또는 T_2 — 이 지나 피드백 효과가 발생하면 이는 T_0의 시점에서 정책을 형성시켰던 정치에 영향을 미친다. 정책은 외생적으로 주어진 모수, 즉 제도로서 행위자들의 행위를 유인 또는 억제하지만 집행 과정에서 발생하는 피드백 효과로 인해 역으로 정책 형성에서 독립변수로 작용했던 정치에 영향을 미치는 것이다. 제도에 의해 형성된 역사 경로는 '자발적 강화의 연쇄'만을 발생시키는 것이 아니라 이와 같이 내생성 — 종속변수가 독립변수에 영향을 미치는 것 — 으로 인해 '반동적 연쇄'도 파생시켜 스스로 변화에 휘말려 들게 되는 것이다.[16]

14_Pierson, "When Effect Becomes Cause."

15_Ibid., 608; Heclo, *Modern Politics in Britain and Sweden*, 316.

16_Mahoney, "Path Dependence in Historical Sociology"; Tim Büthe, "Taking Temporality Seriously: Modeling History and the Use of Narratives as Evidence," *American*

제도에는 장기적으로 지속되는 속성이 내포되어 있다. 그러나 제도는 경로 의존성에도 불구하고 역사적 사건을 겪으면서 그 생애가 '갑작스런 마감'punctuation을 맞이하기도 한다.[17] 왜 그런가? 제도의 장기적 지속과 단기적 격변 사이에는 어떤 관계가 존재하는가? 이 문제는 역사 제도주의에서뿐만 아니라 선거 분석에서 후기구조주의에 이르기까지 사회과학의 다양한 분야에 걸쳐 풀어야 할 난제로 남아 있다.[18] 역사 제도주의는 역사적 사건, 신·구 제도의 '접목'grafting 및 '겹치기'layering 제도 간의 상호작용 등의 이론적 개념을 도입해 이를 설명하려 한다.[19] 그러나 이들 변수는 공통적으로 외생적 변수이거나 다른 제도와 상호작용 없이 스스로 변이를 발

Political Science Review 96-3 (2002), 484-5; Streeck, *Re-Forming Capitalism*, Chapter 9 참조.

17_Krasner, "Approaches to the State"; Albert Somit & Steven Peterson, *The Dynamics of Evolution: The Punctuated Equilibrium Debate in the Natural and Social Sciences* (Ithaca: Cornell University Press, 1992); Giovanni Capoccia & R. Daniel Kelemen, "The Study of Critical Junctures. Theoy, Narrative, and Counterfactuals in Historical Institutionalism," *World Politics* 59 (2007).

18_V. O. Key, "Secular Realignment and the Party System," *The Journal of Politics* 21-2 (1959); Walter D. Burnham, *Critical Elections and the Mainsprings of American Politics* (New York: Norton, 1970); Michel Foucault, *The Archaeology of Knowledge* (London: Tavistock Publications, 1979); Michel Foucault, *The History of Sexuality* 1, An Introduction (New York: Vintage Books, 1980).

19_Sewell Jr., "Three Temporalities"; Andrew Abbott, "On the Concept of Turning Point," *Comparative Social Research* 16 (1997); Karen Orren & Stephen Skowronek, "Beyond the Iconography of Order: Notes for a 'New Institutionalism," Lawrence C. Dodd & Calvin Jillson eds., *The Dynamics of American Politics* (Boulder, CO: Westview, 1994); Thelen, *How Institutions Evolve*; Wolfgang Streeck & Kathleen Thelen, "Introduction: Institutional Change in Advanced Political Economies," Streeck & Thelen eds., *Beyond Continuity* (Oxford: Oxford University Press, 2005).

생시키지 못한다는 특성을 지닌다. 그런 만큼 이론의 일반화는 제한된다. 제도는 왜 스스로 '종말의 무덤을 파는가?'[20] 그것은 변화의 잠재성이 오랜 기간 축적되는 가운데 제도가 내생적으로 또는 외생적으로 발생하는 사건과 맞물리면서 단기간에 변화의 격랑에 휘말려 들게 되기 때문이다.

그렇다면 제도 내에 변화의 잠재성은 왜 그리고 어떻게 배태되는가? 피드백의 긍정적 효과가 더 이상 행위를 유인하지 못하면서부터 제도에는 변화의 잠재성이 축적된다. 이론적으로 행위자들은 이익 체증 — 피드백의 긍정적 효과 — 과 역작용 — 피드백의 부정적 효과 — 을 동시에 겪을 수 없다. 민주주의 사회에서 제도는 관련 행위자들이 합의의 정치를 성사시킬 때에 형성되며 이에 내재된 의미를 공유할 때 제도화된다. 그러나 정치는 정책과 역설적으로 엮인다. 코포라티즘 연구가 주장하듯이 사회 구성원들은 경제 위기와 같은 공동의 위기에 처하면 '정치적 교환'에 관심을 가진다.[21] 정치적 교환을 통해 이들 각자는 단기적 이익을 포기함으로써 공동의 장기적 이익을 실현시키는 데 합의한다. 역설적이게도 정치적 합의를 통해 만들어진 정책이 성공적으로 집행되면 집단행동의 맥락은 반전된다. 합의 정치를 가능하게 했던 조건과 정책 집행의 효과가 역설적으로 상호작용하기 때문이다. 정책의 목표가 성취되면 행위자들은 합의 정치를 가능하게 했던 조건에 더 이상 얽매이려 하지 않는다. 제도로서 정책이 성

20_Elisabeth S. Clemens & James M. Cook, "Politics and Institutionalism: Explaining Durability and Change," *Annual Review of Sociology* 25 (1999).

21_Alessandro Pizzorno, "Political Exchange and Collective Identity in Industrial Conflicts," Colin Crouch & Pizzorno eds., *The Resurgence of Class Conflict in Western Europe Since 1968* (London: Macmillan, 1978); Katzenstein, *Small States and World Markets*; 강명세, "사회 협약이론," 강명세 편, 『경제위기와 사회 협약』(세종연구소, 1999).

공해 긍정적인 피드백 효과가 발생하면 과거에 단기적 이익을 포기하도록 압박했던 조건들이 더 이상 행위자들의 행위를 통제하지 못한다. 이미 정책의 성공적 집행으로 공공 악재가 제거되었기 때문이다. 오히려 이제 제도는 행위자들에게 단기적 이익의 포기를 강요하기 때문에 역작용을 유발하며 그 결과, 반동적 연쇄가 발생한다. 더구나 역작용의 피드백은 특정 집단에 더욱 심하게 영향을 미치기 때문에 조직 내부 및 조직 사이의 갈등을 심화시킨다.[22] 요컨대 정책과 정치의 동학에 따라 정치적 맥락은 갈등에서 합의로, 역으로 합의에서 갈등으로 전환되며 제도 또한 변화의 동학에 휘말려 들게 되는 것이다.

2-3. 정치경제 레짐의 형성과 재편의 동학

정치 대표 체계와 기능 대표 체계의 어떤 유형들이 친화적인가? 이는 비교정치경제학의 주요 관심사다.[23] 레이프하르트는 이 문제를 실증적으로 분석한 바 있다. 레이프하르트는 정치체제의 유형 분류에서 정치제도의 변

---

[22] Margaret Weir, "When Does Politics Create Policy? The Organizational Politics of Change," Ian Shapiro et al. eds., *Rethinking Political Institutions* (New York: New York University Press, 2008); Suzanne Mettler, "Bringing the State Backi into Civic Engagement: Policy Feedback Effects of the G.I. bill for World War II Veterans," *American Political Science Review* 96 (2002); Joe Soss & Sanford F. Schram, "A Public Transformed? Welfare Reform as Policy Feedback," *American Political Science Review* 101-1 (2007).

[23] Herbert Kitschelt et al., "Convergence and Divergence in Advanced Capitalist Democracies"; Torben Iversen & John D. Stephens, "Partisan Politics, the Welfare State, and Three Worlds of Human Capital Formation," *Comparative Political Studies* 41-4/5 (2008).

수와, 기능 대표 체계 변수인 다원주의와 코포라티즘을 행정부-정당 차원에 포함시킨다. "사람들이 다툼에 휘말려 있거나 다양한 선호를 가지고 있을 때 누가 지배해야 하며 정부는 누구의 이익에 부응해야 하는가?"라는 의문을 제기하고 민주주의 정치체제를 다수의 견해를 따르는 다수제 모델과, 가급적 많은 사람의 견해를 반영하는 합의제 모델로 나눈다. 다수제 모델에서는 단일 정당이 내각을 구성하고 그렇기 때문에 정책 형성 과정에서 행정부가 의회를 지배한다. 선거제도와 정당 체제는 다수 정부의 구성에 유리한 단순 다수제와 양당제다. 반면 합의제 모델에서는 연립정부가 구성되기 때문에 행정부와 의회 사이에는 힘의 균형이 형성된다. 선거제도와 정당 체제는 연립정부 구성에 유리한 비례대표제와 다당제다. 합의제 모델은 다수제 모델보다 상대적으로 넓은 합의 공간을 허용하는 정치 대표 체계다. 따라서 합의제 모델 변수 — 유효 정당의 수와, 최소 승리 또는 일당 지배 내각 비율의 역수 — 와 코포라티즘 변수 사이에는 양의 상관관계가 존재한다는 것이다.[24]

자본주의 다양성 연구는 세계화의 영향에도 불구하고 국가 간에 생산 레짐의 다양성이 지속되고 있다는 주장에서 시작되었다.[25] 자본주의 다양성을 지지하는 연구들은 외연을 넓혀 생산 레짐이 정치제도와 보완의 관계를 이루면서 발전했다는 주장을 제기하기에 이르렀다. 역사적으로 조정 시장

---

[24] Lijphart & Crepaz, "Corporatism and Consensus Democracy in Eighteen Countries"; Arend Lijphart, "Negotiation Democracy versus Consensus Democracy: Parallel Conclusions and Recommendations," *European Journal of Political Research* 41-1 (2002), 108; Lijphart, *Patterns of Democracy*, Chapter 9.

[25] Soskice, "Divergent Production Regimes"; Hall & Soskice, "Introduction to Varieties of Capitalism."

경제의 생산과정에서는 이해관계자들이 타협과 합의를 선호하는 경향을 보였다. 생산과정에서 임금, 자금 조달, 기술 훈련 등과 관련된 문제를 합의를 통해 조정했기 때문이다. 이들 국가에서는 전 산업화proto-industrialization의 단계에서부터 조정 네트워크 — 농촌에서는 농민 협동조합, 도시에서는 길드 체제 — 가 발달했다. 산업화 과정에서 노동조합, 농민 단체, 사용자 단체는 전국적인 네트워크를 갖춘 조직으로 발전했는데 이들 이익 단체는 다양한 사회 세력의 정치 참여를 허용하는 비례대표 선거제에 관심을 가졌다. 요컨대 생산과정에서 경쟁보다 조정을 통해서 의사를 결정하는 데 익숙한 이익 단체들이 정치에서도 다수결보다는 합의를 통해서 정책을 결정하도록 하는 선거제도를 선호했다는 것이다.[26]

선거제도는 두 연구에서 주요한 이론적 개념이다. 레이프하르트의 연구에서 선거제도는 합의제 모델 형성의 인과 메커니즘에서 출발점이다. 비례대표 선거제는 다당제를 유발하며 이는 다시 연립정부의 구성으로 이어지며 그 결과, 행정부와 의회 사이에 세력 균형이 형성된다고 보기 때문이다. 합의제 모델은 다수제 모델보다 넓은 합의 공간을 허용하는 정치 대표 체계이기 때문에 노사정 협의에 기초해 정책을 수립 및 집행하는 코포라티즘과 제도적으로 친화적이라는 것이다.[27] 이와 대비해 자본주의 다양

26_선거제도를 중심으로 양 대표체계의 정합성을 논의하고 있는 연구는 다음 문헌을 참조할 것. Cusack & Iversen & Soskice, "Economic Interests and the Origins of Electoral Systems"; Estévez-Abe, *Welfare and Capitalism in Postwar Japan*; Iversen & Soskice, "Distribution and Redistribution"; Torben Iversen & David Soskice, "Dualism and Political Coalitions: Incluionary versus Exclusionary Reforms in an Age of Rising Inequalities," paper prepared for presentation at the Annual Meeting of the American Political Science Association, Toronto, September 3-6 (2010).

27_Lijphart, "Negotiation Democracy versus Consensus Democracy," 108; Lijphart,

성 연구에서 선거제도는 생산 레짐의 종속변수다. 조정 시장경제에서 이해 관계자들은 산업화로 이행하는 과정에서부터 합의를 통해 이익 갈등을 조정했기 때문에 민주화 과정에서도 단순 다수 선거제보다는 비례대표 선거제를 선호했다는 것이다.[28]

그러나 합의제 모델과 코포라티즘 및 조정 시장경제 사이에 제도적 친화성이 항상 작동했던 것은 아니다. 정치 대표 체계와 기능 대표 체계 각각이 조정에 성공 — 조정은 갈등이 합의에 의해 처리될 때 성사된다 — 했을 때 두 체계는 제도적인 친화성을 보였다. 합의제 모델과 코포라티즘은 합의 공간을 제도적으로 보장해 주지만 조정의 성공, 즉 합의를 담보해 주는 것은 아니다. 예를 들면, 1970~80년대에 네덜란드와 덴마크에서는 이념 정당 간의 갈등이 심화되었고 야당의 의석수가 늘어난 결과, 정부는 입법 과정에서 의회와 첨예하게 대립했다. 이 시기에 코포라티즘도 효율적으로 작동되지 않았다. 정부가 입법 과정에서 무력해지자 노사 모두 의회와 행정부를 상대로 로비를 강화했다. 결국 기능 대표 체계가 코포라티즘에서 다원주의로 이행했다(제7장).

합의제 모델과 코포라티즘이 정치·사회적 맥락에 따라서는 상호 보완적이지 않았기 때문에 정치경제 레짐의 유형 분류에서 정치 대표 체계와 기능 대표 체계는 이론적으로 다른 차원으로 분리해야 한다. 두 체제를 구성하는 제도들의 관계도 이런 시각에서 분석해야 한다〈그림 3-1〉참조). 사

Patterns of Democracy, Chapter 9.

28_Cusack & Iversen & Soskice, "Economic Interests and the Origins of Electoral Systems"; Iversen & Soskice, "Distribution and Redistribution"; Margarita Estévez-Abe, *Welfare and Capitalism in Postwar Japan* (Cambridge: Cambridge University Press, 2008). 생산 레짐의 개념은 이 책의 제1장 2-1절(20쪽)을 참조할 것.

실, 합의제 모델과 코포라티즘을 별개의 범주로 분류해야 한다는 주장이 제기된 바 있다.[29] 아르민게온에 의하면 합의 정치 민주주의와 코포라티즘은 "행위자, 행위 영역, 대안, 전략적 합리성"이 다르며 실제 정책 효과도 다르게 나타나고 있기 때문에 별개의 범주로 구분해야 한다는 것이다.[30]

정치 대표 체계와 기능 대표 체계를 서로 다른 차원으로 분리하고 각각을 두 유형으로 나누면 정치경제 레짐은 네 가지 유형으로 분류된다(〈그림 3-2〉). 이런 분류를 복지국가의 유형 분류에 적용하면 자유주의 복지국가에서는 다수제 모델과 다원주의(자유 시장경제)가, 기민주의 복지국가 및 사민주의 복지국가에서는 합의제 모델과 코포라티즘(조정 시장경제)이 연

---

[29] Armingeon, "The Effects of Negotiation Democracy," 88; Hans Keman & Paul Pennings, "Managing Political and Societal Conflict in Democracies: Do Consensus and Corporatism Matter?" *British Journal of Political Science* 25-2 (1995), 274-6.

[30] Armingeon, "The Effects of Negotiation Democracy," 82. 레이프하르트가 합의제 모델과 코포라티즘을 하나의 이론적 차원에 포함시킨 것은 합의제 모델의 기원을 네덜란드의 합의 정치 민주주의에서 찾기 때문이다. 네덜란드 사회는 역사적으로 종교(가톨릭, 칼뱅교, 개신교) 및 좌우 이념에 의해 마치 '원형 기둥'처럼 횡적으로 분열된 가운데 사회 세력 각각은 종적으로 강하게 결속된 공동체를 형성했다. 더구나 어느 한 사회 세력도 의회에서 다수를 점유하지 못했다. 1939년 이후 1970년대 이전까지 사회 세력을 대표하는 정치 엘리트들은 합의에 의해 의사 결정을 수행하고 '권력을 공유'함으로써 정치 대표 체계를 안정적으로 운영했다. 레이프하르트는 네덜란드의 정치 대표 체계를 합의 정치 민주주의(consociationalism)로 개념화하고 합의제 모델과 코포라티즘 사이에는 제도적 친화성이 존재한다는 주장을 제기하게 된 것이다. Arend Lijphart, *The Politics of Accommodation: Pluralism and Democracy in the Netherlands* 2nd. Edition (Berkeley: University of California Press, 1975); Arend Lijphart, *Thinking about Democracy: Power Sharing and Majority Rule in Theory and Practice* (London: Routledge, 2008). 네덜란드 합의 정치 민주주의 형성의 역사는 다음 문헌을 참조할 것. Hans Daalder, "The Netherlands: Opposition in a Segmented Society," Robert A. Dahl ed., *Political Oppositions in Western Democracies* (New Haven: Yale University Press, 1966).

그림 3-2 | 정치 대표 체계와 기능 대표 체계의 제도적 관계

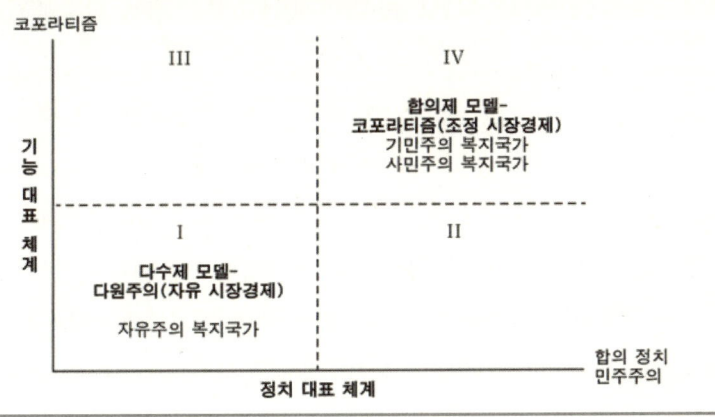

계된다. 기존 연구는 합의제 모델의 정치 대표 체계와 코포라티즘 및 조정 시장경제의 기능 대표 체계 사이에는 제도적 친화성이 작동하며 복지 자본주의는 이를 바탕으로 성장과 복지의 선순환을 이루었다는 주장을 제기한다. 그러나 복지 자본주의가 다른 유형의 정치경제 레짐 ― 〈그림 3-2〉에서 II와 III ― 에서 발전했을 가능성은 없는가? 합의제 모델 정치 대표 체계와 코포라티즘의 기능 대표 체계 사이의 제도적 연계는 어떻게 형성·와해·복원되었는가?

3. 가설

3-1. 가설 1 | 참여와 통치, 그리고 정치경제 제도의 맞물림

정부가 의회의 다수를 동원하지 못해 입법 과정을 효율적으로 통제할 수 없을 때 이익집단들은 코포라티즘을 통해 정치적 교환을 시도하기보다는 각자 의회와 행정부를 상대로 로비를 강화한다.[31] 이 경우 기능 대표 체계는 다원주의와 자유 시장경제로 이동할 가능성이 높다(〈그림 3-2〉에서 IV에서 II의 방향으로 이동). 반대로 정부가 의회의 다수를 동원해 입법 과정을 효율적으로 통제하는 경우 이익집단들은 정부의 정책 결정 과정에 참여하고자 한다(〈그림 3-2〉에서 IV에서 III으로 접근). 정당 간 이념적 분극화가 심할 경우 연립정부에 참여하는 정당의 수가 증가하면 연립정부 내부에서 정당 간 대립이 격화된다. 또한 유효 의회 정당의 수가 증가하면 내각과 야당 간의 갈등이 심화된다. 두 경우 모두 정부는 의원 다수를 동원해 입법 과정을 효율적으로 통제할 수 없게 된다.[32] 따라서 레이프하르트의 주장과는 반대

---

[31] 스칸디나비아 연구에서 정당 체제 및 행정부 역량의 변화가 코포라티즘에 미치는 영향이 활발히 논의되고 있다. 이들 연구는 스웨덴, 덴마크, 노르웨이에서 1970년대 이후 코포라티즘이 약화된 대신 로비즘이 강화되었다는 사실을 밝혀냈으며 그 원인으로 정부에 대한 의회의 권한 강화를 제시한다. 다음 문헌을 참조할 것. Jörgen Hermansson et al., *Avkorporativisering och lobbyism.* SOU (1991), 121; Peter M. Christiansen & Hilmar Rommetvedt, "From Corporatism to Lobbyism?: Parliaments, Executives, and Organized Interests in Denmark and Norway," *Scandinavian Political Studies* 22-3 (1999); Anne Binderkrantz, "Strategies of Influence: How Interest Organizations React to Changes in Parliamentary Influence and Activity," *Scandinavian Political Studies* 26-4 (2003). 후속 연구들은 세계화와 복지 개혁 과정에서 나타나고 있는 코포라티즘의 변화를 다룬다. 이들 연구는 공통적으로 합의주의와 코포라티즘 사이에는 제도적 친화성이 존재한다는 입장을 견지한다. 다음 문헌을 참조할 것. Mette Anthonsen & Johannes Lindvall, "Party Competition and the Resilience of Corporatism," *Government and Opposition* 44-2 (2009); Peter M. Christiasen et al., "Varieties of Democracy: Interest Groups and Corporatist Committees in Scandinavian Policy Making," *Voluntas* 21-1 (2010); PerOla Öberg et al., "Disrupted Exchange and Declining Corporatism: Government Authority and Interest Group Capability in Scandinavia," *Government and Opposition* 46-3 (2011).

로 합의제 모델 국가에서는 합의 정치 민주주의의 변수와 코포라티즘의 변수 사이에는 음의 상관관계가 형성되는 것이다.

왜 IV의 영역 안에서 코포라티즘이 합의 정치 민주주의 변수가 낮아질수록 강화되며 그 반대로 증가할수록 약화되는가? 민주주의 정치에서는 참여와 통치가 역설적으로 상호작용하기 때문이다. 립셋과 로칸은 아래로부터의 참여와 위로부터의 통치가 역설적으로 맞물리는 맥락에서 정치적 민주주의와 국민국가가 형성되었음을 강조한다.[33] 게링John Gerring과 그의 동료들은 정치제도가 사회 세력의 '포괄적' 참여를 유인하는 동시에 이들 사이의 갈등을 '권위적'으로 조정할 때 '민주적 통치'가 잘 이루어진다는 주장을 제기한다.[34] 블롱델Jean Blondel과 코타Maurizio Cotta에 의하면 민주주의에서 정부는 아래로부터 위임을 부여받은 대표들의 참여와 위로부터의 통치가 만나는, '대표와 관리의 교차로'다.[35] 이런 이론적 시각에서 볼 때 합의제 모델과 코포라티즘의 상관관계를 주장하는 기존 연구는 참여의 제도

32_안데베흐는 전자의 의회-행정부 관계를 '연합 내부 모델'(intracoalition mode)로, 후자를 '야당 모델'(opposition mode)로 개념화한다. 안데베흐의 이론은 킹이 제시한 '정당 간 모델'(inter-party mode)을 세분화한 것이다. Rudy B. Andeweg, "Executive-Legislative Relations in the Netherlands: Consecutive and Coexisting Patterns," *Legislative Studies Quarterly* 17-2 (1992); Anthony King, "Modes of Executive-Legislative Relations: Great Britain, France, and West-Germany," *Legislative Studies Quarterly* 1 (1976).

33_Lipset & Rokkan, "Cleavage Structures, Party Systems, and Voter Alignments."

34_John Gerring et al., "Centripetal Democratic Governance: A Theory and Global Inquiry," *American Political Science Review* 99-4 (2005), 59.

35_Jean Blondel & Maurizio Cotta, "Introduction," Blondel & Cotta eds., *The Nature of Party Government: A Comparative European Perspective* (Basingstoke, UK: Palgrave, 2000), 3.

에 초점을 맞춘 나머지 정부가 의회의 다수를 동원해 입법 과정을 효율적으로 통제하는가, 즉 정치적 통치 변수를 간과하고 있는 것이다.

3-2. 가설 2 | 노사정 관계

조직이 포괄적이며 의사 결정 체계가 중앙 집중화되어 있어 이익집단이 대표성을 발휘할 수 있는 나라에서만 코포라티즘의 수준이 높았던 것은 아니다. 제2차 세계대전 이후 스웨덴, 덴마크, 오스트리아, 네덜란드는 복지국가의 유형과 이익집단의 조직적 특성이 달랐음에도 중앙 임금 협상을 실행했으며 높은 수준의 코포라티즘을 유지했다.[36]

덴마크와 네덜란드 경우 스웨덴과 오스트리아와 비교하면 이익집단의 조직이 분산되어 있으며 의사 결정 체계도 분권화되어 있었다. 그럼에도 정치권이 단체 협상에 개입했기 때문에 중앙 임금 협상제를 1960년대까지 유지했다. 덴마크에서는 노사 간 중앙 임금 협상이 결렬될 경우에 의회는 노사에게 기존 협약의 연장과, 중재위원회가 제시하는 새로운 협상 중에서 하나를 선택하도록 강제할 수 있었다.[37] 네덜란드는 1945년에 '노동관계에 대한 개정된 특별법'을 제정해 단체협약에 국가가 개입할 수 있도록 했다. 특별법은 사회복지부 장관이 임명하는 '정부중재위원회'에 "단체협약의 조건들을 수용하거나 거부"할 수 있는 권한과, 단체협약을 "산업

36_Lehmbruch, "Concertation and the Structure of Corporatist Networks"; Robert Flanagan et al., *Unionism, Economic Stabilization, and Income Policies: European Experience* (Washington D.C.: The Brookings Institution, 1983).

37_Jesper Due et al., *The Survival of the Danish Model* (Copenhagen:DJØF, 1994), 95-118.

전체에 적용시킬 수 있는 권한"을 부여했다.³⁸ 정치권의 개입이 코포라티즘에 우호적인 이익집단 조직의 특성 — 포괄성, 중앙·집중화, 대표성 — 을 대체하는 '기능적 등가'로 작동했던 것이다(제5장).³⁹

실업률이 낮으면 노동조합운동은 국가와 자본이 요구하는 (중앙) 임금협상에 더 이상 자발적으로 참여하지 않으려 한다. 그럼에도 불구하고 노동조합운동은 어떤 정치경제 레짐에서 임금 조정에 자발적으로 참여했는가? 제3자의 강압이나 별도의 유인이 없으면 합리적 개인들은 자발적으로 공공재의 창출을 위한 집단행동에 참여하지 않는다. 합리적 행위자는 무임승차를 선택해 공공재를 소비하면서 비용은 지불하지 않으려 하기 때문이다.⁴⁰ 그러나 첫째, 참여자가 적을 경우에 행위자들은 공공재의 창출로부터 얻는 지분이 상대적으로 크기 때문에 집단행동에 참여할 가능성이 높다.⁴¹ 실제로 노동과 자본의 조직이 포괄성, 중앙·집중화, 대표성의 조건들을 충족한 경우 코포라티즘의 수준이 높았으며 소득정책도 성공적으로 실행되었다.⁴²

둘째, 정치 영역이 리더십을 발휘하는 경우다.⁴³ 코포라티즘 연구는 두 번째 조건을 간과하고 있다. 위에서 언급했듯이 코포라티즘의 조직적 조

38_Windmuller, *Labor Relations in the Netherlands*, 73; 270-5.

39_기능적 등가의 개념은 Estévez-Abe, *Welfare and Capitalism in Postwar Japan*, 3-8 참조.

40_Mancur Olson, *The Logic of Collective Action* (Cambridge, MA: Harvard University Press, 1965); Robert Axelrod, *The Evolution of Cooperation* (Basic Books, 1984).

41_Olson, *The Logic of Collective Action*, 33.

42_Mancur Olson, *The Rise and Decline of Nations* (New Haven: Yale University Press, 1982).

43_Rusell Hardin, *Collective Action* (Baltimore: Johns Hopkins University Press, 1982).

건을 갖추지 않았던 덴마크와 네덜란드에서도 정치권이 노사 관계에 개입한 결과, 중앙 임금 협상이 성사되었다. 그러나 만약 정부가 야당의 반대에 부딪혀 입법 과정에서 무력하거나 노동과 자본의 대표 조직 모두 노동시장에 대한 국가의 개입을 반대하면 코포라티즘은 약화될 수밖에 없게 된다.

    1970년대에 서유럽은 이념 대립의 시대로 접어들었다. 정당 간에 이념 갈등이 심화되어 정부는 과거처럼 의원 다수를 동원해 입법 과정을 효율적으로 통제하지 못했다. 다음과 같은 가설을 세운다. 정치권 개입에 의해 중앙 임금 협상제를 유지했으며 이에 기초해 소득정책을 실행했던 나라에서 코포라티즘은 1970~80년대에 약화되었다(네덜란드와 덴마크). 반면 이익집단 조직의 포괄성, 의사 결정의 중앙·집중화, 그리고 대표성에 기초해 노사가 자율적으로 임금을 조정했던 국가에서는 이 시기에 코포라티즘의 약화 정도가 심하지 않았다(스웨덴과 오스트리아).

3-3. 가설 3 | 정책 조합의 연계 효과

복지 자본주의 정치경제 레짐은 정치적 연합뿐만 아니라 정책 조합의 연계 효과에 의해 지지되어야 한다. 정책 조합이 성장과 복지를 선순환시키지 못한 결과, 고실업이 발생하고 사회적 불평등이 심화되면 이에 대응해 정치적 연합이 변화하기 때문에 복지 자본주의 정치경제 레짐은 변동한다. 어떤 정책 조합을 구사한 국가에서 성장과 복지의 선순환이 이루어졌으며, 이런 선순환은 왜 와해되었으며, 그리고 정책 조합은 어떻게 재편되었고 그 결과는 어떠했는가?

    제2차 세계대전 이후 스웨덴, 덴마크, 네덜란드, 오스트리아는 경제 재건 과정에서 소득정책에 집중했다(제5장). 목표는 기업의 국제 경쟁력을 강화시킴으로써 경제성장과 고용 증대를 도모하는 데 있었다. 소득정책이 어느 정도 성과를 거둔 시점인 대략 1960년대 초부터 임금 조정을 보상하기 위해 사회정책에 대한 지출을 늘리기 시작했다. 국가는 소극적 노동시장 정책 — 조기 은퇴 허용 연금, 산재 및 장애 보험, 실업보험, 여성의 노동시장 참여 억제 등 — 으로 노동시장의 아웃사이더를 관리하거나, 적극적 노동시장 정책 — 직업훈련, 취업 알선, 기업에 대한 취업 보조 등 — 으로 실업자를 노동시장에 다시 진입시킴으로써 완전고용에 가까운 정도의 낮은 실업률을 실현했다.

1973년 제1차 오일쇼크 이후 스웨덴과 오스트리아는 고실업을 겪지 않았으나 덴마크와 네덜란드는 장기간 고실업의 늪에 빠졌다. 어떤 정책 조합이 고실업을 유발했는가? 세계화 시대에 서유럽 복지국가에서 나타나고 있는 두드러진 변화는 사회정책의 중심이 소극적 노동시장 정책에서 적극적 노동시장 정책으로 이동했다는 점이다.[44] 과연 적극적 노동시장 정책 중심의 사회정책이 실업 문제를 해결했으며 사회적 불평등을 완화하는 데 기여했는가?

실업 문제의 연구에서 사회정책과 소득정책 사이의 상호작용을 분석하는 것은 이론적으로 의미 있는 작업이다. 소극적 노동시장 정책, 적극적 노동시장 정책, 노사(정) 간의 임금 조정이 실업에 미치는 효과에 대한 거시경제학의 연구는 상당히 진척되어 있다.[45] 기존 연구를 요약하면 다음과 같다. 실업률과 관련해, 소극적 노동시장 정책은 양의 관계를, 적극적 노동시장 정책은 음의 관계를 보이며 노조 조직률은 양의 관계를 형성하지만 노사(정) 간의 임금 조정은 이런 관계를 상쇄한다는 것이다. 그러나 칼름포

44_David Rueda, "Social Democracy and Active Labour Market Policies: Insiders, Outsiders, and the Politics of Employment Promotion," *British Journal of Political Science* 36 (2006).

45_Layard & Nickell & Jackman, *Unemployment* 참조.

르스Lars Calmfors와 그의 동료는 기존 연구에 대한 분석과 1990년대 스웨덴의 경험에 기초해 적극적 노동시장 정책의 효과에 의문을 던진다. 적극적 노동시장 정책을 구성하고 있는 다양한 정책의 효과를 개별적으로 분석해야 하며, 총체적으로 볼 때 적극적 노동시장 정책이 총 실업의 축소에 긍정적 효과를 미친다는 결론을 내릴 수 없다는 것이다.[46] 그러나 기존 연구는 소극적 노동시장 정책 또는 적극적 노동시장 정책 중심의 사회정책이 소득정책의 성공 또는 실패와 상호작용해 실업의 호전 또는 악화에 어떤 영향을 미치는가 하는 문제를 다루지 않고 있다.

가설을 제시하기에 앞서 먼저 소득정책과 사회정책의 유형을 세분한 후 다양한 정책 조합을 제시한다. 자유 시장경제와 조정 시장경제의 임금 조정 양식은 다르다. 임금을 자유 시장경제는 노동시장의 경쟁에 맡겨 결정하는 반면 조정 시장경제에서는 노사(정) 협의를 통해서 조정한다. 임금 조정의 유형은 단순한 임금 억제와, 고임금은 억제하되 저임금을 인상해 임금격차의 폭을 줄이는 연대 임금으로 나눈다. 노동시장 관련 사회정책의 유형은 적극적 노동시장 정책과 소극적 노동시장 정책으로 양분하는 것보다는 소극적 노동시장 정책에 대한 지출 수준을 어느 정도 유지하면서 적극적 노동시장 정책으로 전환했는가, 즉 양자 간의 비율에 따라 세분한다.

정책 조합이 다음과 같이 구성될 때 성장과 복지의 선순환이 이루어진다는 가설을 세운다. 낮은 수준의 실업률을 유지하기 위해서는 소득정책이 실행되어야 한다. 그러나 낮은 실업률이 반드시 사회적 불평등을 완화

46_Lars Calmfors et al., "Does Active Labour Market Policy Work? Lesson from the Swedish Experiences," *Swedish Economic Policy Review* 85 (2001).

표 3-2 | 정책 조합의 유형

사회정책의 유형	임금 조정의 유형		
	CME / 연대 임금	CME / 임금 억제	LME
ALMP(상) / PLMP(중)	I	II	(III)
ALMP(중) / PLMP(중)	IV	V	(VI)
ALMP(중) / PLMP(하)	VII	VIII	IX
ALMP(하) / PLMP(상)	X	XI	(XII)
ALMP(하) / PLMP(하)	(XIII)	(XIV)	XV

주 1: 사회정책의 유형은 9개로 나누어야 하나 논리적으로 가능한 사례를 중심으로 사회정책의 유형을 5개로 분류한다. 예컨대 LME 국가는 PLMP에 중간 또는 높은 수준으로 지출하지 않는다. CME 국가는 임금 억제를 사회정책으로 보상하기 때문에 PLMP 지출이 아주 낮을 수가 없다. 괄호의 사례들은 실현 가능성이 낮은 경우다.

주 2: LME = 자유 시장경제, CME = 조정 시장경제.

표 3-3 | 정책 조합의 유형과 효과

정책 조합의 변화	효과	예상 사례
XV → IX	고용 개선, 사회적 불평등 심화	영국
XV → VIII	고용 개선, 사회적 불평등 완화	아일랜드
XI → V	고용 개선, 사회적 평등 수준 악화	네덜란드
X → IV	고용 개선, 높은 수준의 사회적 평등 유지	덴마크
I	낮은 실업률, 높은 수준의 사회적 평등 유지	스웨덴
XI	낮은 실업률, 중범위 수준의 사회적 불평등	오스트리아

시키는 데 기여하는 것은 아니다. 중하 범주 임노동자 간의 임금격차와 소득 보장의 수준도 함께 고려해 봐야 하기 때문이다. 성장과 복지의 선순환을 이루기 위해서는 소득정책을 실시하는 한편, 사회정책에서는 적극적 노동시장 정책과 소극적 노동시장 정책 사이에 균형 잡힌 지출이 이루어져야 한다. 사회 투자 국가론은 성장과 복지를 선순환 시키는 대안으로 노동시장의 유연화와 노동시장 정책의 적극화를 주장한다(〈표 3-2〉 XV에서 IX로 이행). EU와 OECD는 복지 과잉 국가를 지속 가능한 복지국가로 이행시키기 위한 전략으로 소극적 노동시장 정책의 축소와 적극적 노동시장 정책의 강화를 주문하고 있다(〈표 3-2〉 XI에서 V로 이행).[47] 그러나 〈표 3-2〉의 정책 조합의 유형을 이용하면 다양한 대안을 상정할 수 있다.

〈표 3-3〉은 실업과 사회적 불평등을 동시에 고려해 가상적 정책 조합

을 서유럽 국가의 사례와 연계한 것이다. 여기에는 다음과 같은 이론적 함의가 내포되어 있다. 단순한 임금 억제는 경제성장을 유발할 수 있으나 동시에 사회적 불평등을 심화시킬 수도 있다. 소득정책을 실행하는 한편 낮은 수준의 소극적 노동시장 정책 지출에도 불구하고 적극적 노동시장 정책에 대한 지출만 늘렸을 경우 일부 사회 집단의 고용 여건은 개선된다. 그러나 중하 범주 임금을 받는 임노동자 간에 경쟁이 심화되고 저임금 노동자가 증가하며 노동시장의 아웃사이더에 대한 보호도 약화된다. 그 결과, 사회적 불평등이 심화될 수 있다. 반면 연대 임금의 소득정책을 실시하고 사회정책에서는 소극적 노동시장 정책과 적극적 노동시장 정책을 조합해 실행하면 경제성장과 함께 사회적 평등을 실현할 수 있다. 소득정책과 사회정책의 정책 조합은 노사(정) 협의로 임금의 억제 내지는 연대를 이끌어낸다는 것을 전제해야 한다. 만약 노사정이 임금 조정에 실패하면 임금이 급등할 것이며 친 복지 사회 세력의 저항 때문에 소극적 노동시장 정책의 지출 수준도 쉽게 낮출 수 없을 것이다.[48] 그 결과, 성장 잠재력이 고갈되고 실업률도 상승한다. 이것이 1970~80년대에 서유럽에 만연했던 복지국가 위기의 핵심이다.

3-4. 가설 4 | 노사정 타협의 역사적 타이밍

하나의 사건이 언제 그리고 어떤 맥락에서 발생했는가는 이후 형성·발달되는 제도의 성격을 규정짓는 주요 변수다.[49] 거셴크론 Alexander Gerschenkron

---

47_ 사회 투자 국가론의 주장은 이 책의 제2장 2-2절(22쪽)을 참조할 것.
48_ Pierson, "Coping with Permanent Austerity."

은 산업화의 시기에 따라서 도약의 맥락이 달랐기 때문에 근대국가의 경제 발전도 서로 다른 경로를 따랐다는 사실을 역설한 바 있다.[50] 역사 제도주의는 이를 경로 의존성의 개념으로 설명한다. '결정적 순간'에 발생한 사건은 이후에 발생하는 사건들에 연쇄적으로 영향을 미치기 때문에 결과적으로 특정한 패턴의 발생을 강화시키는 '피드백 메커니즘'이 형성된다. 역사 경로가 형성되는 것이다. 경로가 변형되면 변수들 간의 균형뿐만 아니라 이들이 작용하는 논리까지도 바뀐다.[51] 콜리어 부부Ruth Collier & David Collier는 남미 8개국을 대상으로 비교 역사 연구를 수행했는데 그들의 주장은 다음과 같다. 노동운동의 정치체제 '합류'incorporation가 국가 주도에 의해서 아니면 정당 주도에 의해서 이루어졌느냐, 그리고 이것이 역사의 어

49_Alexander Gerschenkron, *Economic Backwardness in Historical Perspective, A Book of Essays* (Cambridge, Massachusetts: Belknap Press of Harvard University Press, 1962); Ruth Berins Collier & David Collier, *Shaping the Political Arena: Critical Junctures, the Labor Movement, and Regime Dynamics in Latin America* (Princeton: Princeton University Press, 1991); Thomas Ertman, *Birth of the Leviathan* (Cambridge: Cambridge University Press, 1997); Sewell Jr., "Three Temporalities"; Peter A. Hall, "Aligning Ontology and Methodology in Comparative Research," James Mahoney & Dietrich Rueschemeyer eds., *Comparative Historical Analysis in the Social Sciences* (Cambridge: Cambridge University Press, 2003).

50_Gerschenkron, *Economic Backwardness in Historical Perspective*.

51_Paul Pierson & Theda Skocpol, "Historical Institutionalism in Contemporary Political Science," Ira Katznelson & Helen V. Milner eds., *Political Science: State of the Discipline* (New York: W. W. Norton & Company, 2002); Sewell Jr., "Three Temporalities," 262-3; Mahoney, "Path Dependence in Historical Sociology," 510; Abbott, "On the Concept of Turning Point"; Larry J. Griffin, "Narrative, Event-Structure, and Causal Interpretation in Historical Sociology," *American Journal of Sociology*, 98 (1993); Hall, "Aligning Ontology and Methodology in Comparative Research," 385.

느 시점에서 발생했느냐에 따라 각국의 독특한 정치 레짐의 경로가 굳어졌다는 것이다.[52] 어트만Thomas Ertman에 의하면 전쟁에 언제 노출되었는가 하는 역사적 타이밍에 따라서 유럽에서 국가 형성의 기반 구조가 다르게 잡혔다. 전쟁의 시기에 따라 동원되는 '기술 자원' 및 '전문 인력'이 상이했으며 따라서 국가 형성의 기반 구조도 다르게 발달했다는 것이다.[53]

언제 그리고 어떤 맥락에서 서유럽의 복지국가가 세계화의 충격에 대응해야 했는가는 복지국가 재편의 향배에 영향을 미친 주요한 변수였다. 특히 고실업 사회로 진입한 시점이 세계화 이전, 아니면 세계화 이후였는가에 따라 정치적 연합이 다르게 변동했다. 실업은 노사 관계뿐만 아니라 정치적 연합에도 영향을 미친다. 실업률이 낮을 경우 노동자들은 단체 협상을 파기하고 파업을 선택할 의지를 가진다. 정부는 노동자의 임금 억제를 사회정책으로 보상하는 대안을 선택하며 사민당이 집권당일 경우 노동조합운동의 강경 노선과 연대한다. 반면 실업률이 높거나 노동시장의 아웃사이더가 증가하면 낮은 비용으로 쉽게 대체될 수 있기 때문에 노동자들은 파업 참여를 꺼린다.[54] 실업은 인플레이션과 다르게 노동조합운동의 집단행동을 유발시키는 공공 악재가 아니라 그 영향이 개인별로 미치는 사적 악재인 것이다.[55] 실업률이 높으면 노동조합운동은 조직적 역량이 약화되기 때문에 사용자연합과 타협을 모색한다.[56]

52_Collier & Collier, *Shaping the Political Arena*.

53_Ertman, *Birth of the Leviathan*, 26-8.

54_Roberto Franzosi, *The Puzzle of Strikes* (Cambridge: Cambridge University Press, 1995), 31.

55_Scharpf, *Crisis and Choice in European Social Democracy*, 175; Hassel, "The Politics of Social Pacts," 708.

세계화 이전 특히 1970년대에 서유럽에서는 노동과 자본 간에 힘의 균형이 노동으로 기울었다.[57] 그러나 세계화 이후에는 힘의 균형이 그 반대로 쏠렸다. 통화주의에 의해 실업이 방치되었으며 자본이 노동보다 이동성이 높았기 때문이다. 세계화 이후 노사정 관계를 어떻게 구성할 것인가에 대한 자본의 전략적 대응은 세계화 이전에 정치적·사회적 맥락이 자신들에게 매우 불리한 상황임에도 노사가 협력적 관계를 복원한 경우와 그렇지 않은 경우는 달랐다고 가정할 수 있다.

다음과 같이 가설을 세운다. 첫째, 세계화 이전에 고실업의 발생으로 노동이 자본과 타협한 경우에는 양자 간의 협의적 관계가 세계화 이후에도 지속될 가능성이 높다. 둘째, 세계화 이전부터 줄곧 기능 대표 체계에서 갈등의 정치가 지속되었으며 경제 위기가 세계화 이후에 발생한 경우에 자본은 노동이 타협을 시도하더라도 합의 정치의 복원에 소극적일 가능성이 높다.[58] 자본은 세 가지 대안 — ① 해외직접투자, ② 코포라티즘의 복원, ③ 자유 시장경제 — 을 선택할 수 있는데 노사 갈등의 정신적 외상에 사로잡혀 있으면 두 번째의 대안을 선택할 가능성이 높지 않다.[59] 셋째, 세계화 이전에 실업률에 큰 변동이 없었으며 임금 조정의 과정에서 노사 갈등이 심하지 않았던 경우에는 세계화 이후에도 소득정책의 영역에서는 코

56_Korpi, "The Great Trough in Unemployment" 참조.

57_Colin Crouch & A. Pizzorno eds., *The Resurgence of Class Conflict in Western Europe* I, National Studies (New York: Macmillan, 1978).

58_코르피는 1970년대 이후 통화주의 경제정책으로 인해 고실업이 지속적으로 발생한 것은 자본의 노동 길들이기 전략의 일환이라는 주장을 제기한 바 있다. Korpi, "The Great Trough in Unemployment."

59_안재홍, "사회 투자, 성장과 복지를 잇는 선순환의 필요조건인가?."

포라티즘이 약화될 가능성은 높지 않다.

3-5. 가설 5 | 정치·사회적 맥락의 변화: 세계화와 복지 개혁의 정치

복지국가 재편의 과정에서 집단행동은 복지국가의 성장기에서와 다른 맥락에서 발생한다. 정치적 행위자 — 행정부, 정당, 노동조합, 사용자연합, 유권자 — 들이 집단행동을 통해 재정 적자, 물가 상승, 고실업이라는 공공 악재를 개선해야 하기 때문이다. 세계화 이후 복지 개혁의 정치는 복지 지출의 삭감 및 정책 우선순위의 변경을 겨냥했다. 노동조합운동에 국한시켜 보면 고실업은 그 영향이 조합원 개개인에 미치는 사적 악재다. 그러나 실업을 줄이기 위해서는 복지 지출을 삭감 내지는 재편해야 하는데 이는 영향이 공동체 구성원 전체에 미치는 공공 악재다. 따라서 복지 개혁은 복지 수급자 다수의 비난과 저항에 직면했으며 정치 행위자들은 '비난 회피의 정치'를 모색했다.[60]

다음과 같이 가설을 세운다. 첫째, 합의제 모델에서 비난 회피의 정치는 합의 정치를 강화시킨다. 정치적 행위자들은 합의 정치를 통해 복지 개혁에 따르는 정치적 책임의 소재를 모호하게 하거나 분산시킬 수 있기 때문이다. 반면 다수제 모델에서는 책임성의 문제가 부각되기 때문에 정부의 복지 개혁은 유권자의 저항을 불러일으키기 쉽다.[61] 공공 악재의 개선

---

[60] Pierson, "The New Politics of the Welfare State"; Pierson, "Coping with Permanent Austerity."

[61] Pierson, "The New Politics of the Welfare State"; Pierson, "Coping with Permanent Austerity." 덴마크와 네덜란드의 복지 개혁과 정당 연합의 정치에 관한 연구로는 다음 문헌을 참조할 것. Christoffer Green-Pedersen, "Welfare-State Retrenchment in Denmark

을 위한 집단행동은 공공재의 창출을 위한 집단행동과는 다른 맥락에서 발생한다. 허쉬만Albert O. Hirschman이 주장하듯이 공공 악재를 소비할 수밖에 없게 되면 합리적 행위자라 할지라도 공동체에 대한 정체성과 '충속성'loyalty이 강할 경우 이를 개선하기 위한 집단행동에 자발적으로 참여한다.[62] 공동체를 이탈exit하거나 집단행동, 즉 항의voice를 통해서 공공 악재를 개선하지 않으면 지속적으로 비용을 지불해야 하기 때문이다. 무임승차자도 집단행동이 실패하면 비용을 지불해야 하는 것이다.[63] 합의 정치는 정당들이 공공 악재의 개선을 위한 집단행동을 정당화하는 기제이자 예상되는 비난을 회피하는 수단인 것이다.

그러나 누가, 어떻게 합의 정치를 조정하는가 하는 문제는 여전히 남는다. 책임 소재를 모호하게 하거나 분산시켜야 하는 정치적 맥락에서 합의 정치가 복원되고 있는 것은 사실이다. 그러나 다당제와 연립정부의 구성이 곧 합의 정치의 부활로 이어지는 것은 아니다. 다당제 정당 체제를 토대로 형성되는 연립정부는 내각 참여 정당들 간의 갈등을 조정하는 한편

---

and the Netherlands, 1982-1998," *Comparative Political Studies* 34-9 (2001); Christoffer Green-Pedersen, "Small States, Big Success: Party Politics and Governing the Economy in Denmark and the Netherlands from 1973-2000," *Socio-Economic Review* 1-3 (2003); Christoffer Green-Pedersen & Kees van Kersbergen, "The Politics of the "Third Way" The Transformation of Social Democracy in Denmark and the Netherlands," *Party Politics* 8-5 (2002). 다수제 모델과 복지 개혁의 정치는 Kaare Strøm, "Delgation and Accountability in Parliamentary Democracies," *European Journal of Political Research* 37 (2000) 참조.

62_Albert O. Hirschman, *Exit, Voice, and Loyalty* (Cambridge, Mass.: Harvard University Press, 1970).

63_Jae-Hung Ahn, "The Politics of Collective Action by Labour in Hard Times: A Theoretical Discussion," *Asian Perspective* 14-1 (1990).

야당의 협력을 이끌어 내어 입법 과정에서 의회의 다수를 동원할 수 있어야 한다.

따라서 둘째, 합의제 모델에서 정부가 의회의 다수를 동원해 복지 개혁을 수행하고 있는 것은 정당정치가 의회-행정부 관계를 효과적으로 조정하고 있기 때문이다. 의회-행정부 관계에서 정당은 '합의 공간의 확대'와 '효율적인 정책 형성'이라는 상충된 역할을 담당하는 정치 행위자다. 세계화와 탈산업화 이후에 당원 수가 감소했으며 정당에 대한 유권자들의 정체성이 약화되는 등 유권자가 정당으로부터 멀어진 것은 사실이다.[64] 그러나 정당의 역할이 축소되었다고 볼 수는 없다. 시민사회와 국가의 연계라는 정당 본연의 역할에 있어서 그 중심이 시민사회에서 국가의 정책 결정 과정으로 이동한 것이다. 더구나 세계화, 특히 금융시장의 세계화로 인해 정당 간에 이념적 폭이 좁아졌다. 심지어 서유럽의 사민당 정부도 통화주의 정책으로 선회했다.[65] 그런 만큼 정당 간에 정책 조정과 통합의 공간이 증대되었다.[66] 탈산업화·정보화 시대에 정당이 카르텔화된 이면에서 정당 정부가 발달한 것이다.[67]

64_Russsell J. Dalton, "The Decline of Party Identification," Dalton & Wattenberg eds., *Parties without Partisans: Political Change in Advanced Industrial Democracies* (Oxford: Oxford University Press, 2000).

65_Abdelal, *Capital Rules*, 16-7.

66_Richard S. Katz & Peter Mair, "Changing Models of Party Organization and Party Democracy: The Emergence of the Cartel Party," *Party Politics* 1-1 (1995); Mark Blyth & Richard S. Katz, "From Catch-all Politics to Cartelisation: The Political Economy of the Cartel Party," *West European Politics* 28-1 (2005).

67_Strøm, "Parties at the Core of Government"; Gary W. Cox & Mathew D. McCubbins, *Legislative Leviathan: Party Government in the House* 2nd Edition (Los Angeles:

셋째, '사회적 협의'social concertation는 정당정치의 활성화와 합의 정치의 부활로 인해 등장한 새로운 형태의 노사정 협의 제도다. 사회적 협의는 코포라티즘과 다르다. 코포라티즘에서는 갈등적 이익의 중재가 핵심이기 때문에 이익집단 조직이 포괄성, 의사 결정 구조의 중앙·집중화, 그리고 대표성의 조건을 충족해야 한다. 그러나 사회적 협의는 오히려 네덜란드와 아일랜드처럼 코포라티즘의 조직적 조건이 상대적으로 취약한 나라에서 성사되었다.[68] 이익집단뿐만 아니라 정부와 정당 대표 — 아일랜드의 경우 2000년부터 사회 공동체 대표 — 도 사회적 협의에 참여해 사회 협약을 맺었다. 사회적 협의에서는 임금 조정뿐만 아니라 사회정책을 위시해 관련 정책 전반을 협상의 대상에 놓고 협약의 형태로 일괄 타협한다.[69] 정부는

University of California Press, 2007); Kaare Strøm & Torbjörn Bergman, "Parliamentary Democracies under Siege?" Bergman & Strøm eds., *The Madisonian Turn: Political Parties and Parliamentary Democrdacy in Nordic Europe* (Ann Arbor: University of Michigan Press, 2011).

68_Baccaro & Simoni, "Policy Concertation in Europe"; Sabina Avdagic, "When Are Concerted Reforms Feasible? Explaining the Emergence of Social Pacts in Western Europe," *Comparative Political Studies* 43-5 (2010).

69_Bernhard Ebbinghaus & Anke Hassel, "Striking Deals: Concertation in the Reform of Continental European Welfare States," *Journal of European Public Policy* 7-1 (2000); Marino Regini, "Between Deregulation and Social Pacts: The Responses of European Economies to Globalization," *Politics & Society* 28-1 (2000); Martin Rhodes, "The Political Economy of Social Pacts: Competitive Corporatism and European Welfare Reform," Paul Pierson ed., *The New Politics of the Welfare State*. 세계화 이후 여러 나라의 노사정이 맺고 있는 사회 협약에 대한 비교 연구는 다음 문헌을 참조할 것. Giuseppe Fajertag & Philippe Pochet eds., *Social Pacts in Europe* (Brussels: ETUI, 1997); Giuseppe Fajertag & Philippe Pochet eds., *Social Pacts in Europe: New Dynamics* (Brussels: ETUI, OSE, 2000); Sabina Avdagic, Martin Rhodes & Jelle Visser, *Social Pacts in Europe: Emergence, Evolution, and Institutionalization* (Oxford:

사회적 갈등의 요인이 될 수 있는 정책들을 곧바로 의회에서 다루는 대신 사회적 협의를 통해 먼저 조정한 다음 법안을 의회에 이송하는 것이다. 이는 갈등적인 정책의 입법에서 다수의 동원이라는 집단행동의 문제를, 먼저 사회적 협의를 이용해 타협안을 도출함으로써 간접적으로 의회를 압박해 해결하고자 하는 전략이다. 사회적 협의 제도는 정당정치가 입법 과정과 기능 대표 체계를 연계함으로써 코포라티즘의 조직적 조건의 취약성을 극복한 사례다. 다시 말하면 정당정치가 합의 정치를 통해 의회-행정부 관계와 기능 대표 체계에 내재된 취약성을 보완한 결과인 것이다.

4. 분석 모형

기존 연구는 사회 중심적 시각에서 합의제 모델과 코포라티즘 및 조정 시장경제 사이에 제도적 친화성이 작동한다는 주장을 제기한다. 그러나 합의제 모델과 코포라티즘은 합의의 공간을 제도적으로 보장해 주지만 조정의 성공, 즉 합의를 담보해 주는 것은 아니다. 다시 말하면 비례대표 선거제와 다당제 정당 체제가 합의 정치의 성공을 담보해 주는 것은 아니다. 민주주의 정치 레짐은 아래로부터의 참여와 위로부터의 통치가 맞물리는 가운데 형성되기 때문이다. 복지 자본주의 정치경제 레짐의 분석에서 기존 연구는 참여에 초점을 맞춘 나머지 정치적 통치의 측면을 간과했다. 레이

Oxford University Press, 2011); Kerstin Hamann & John Kelly, *Parties, Elections, and Policy Reforms in Western Europe: Voting for Social Pacts* (London: Routledge, 2011).

그림 3-3 | 분석 모형: 정치경제 레짐의 형성과 변화의 동학

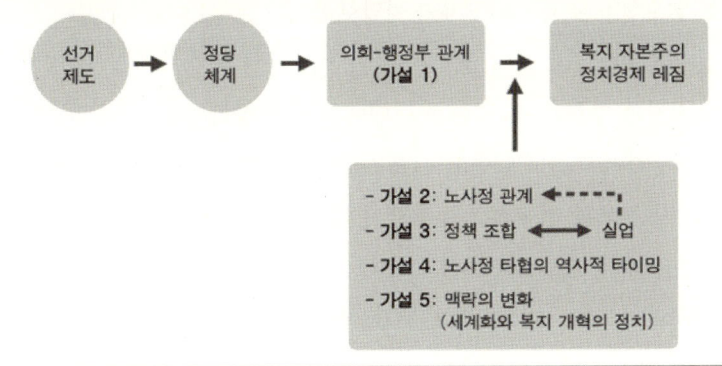

프하르트의 연구와 자본주의 다양성 연구는 분석의 초점을 선거제도에 맞추어 합의제 모델과 코포라티즘 또는 조정 시장경제의 제도적 친화성을 주장한다. 그러나 이런 접근은 정치적 통치의 변수를 고려하지 않았을 뿐더러 비례대표 선거제를 실시하고 있는 합의제 모델 국가 간에 나타나는 차이를 설명할 수 없다는 문제점을 안고 있다.

비교 정치경제학은 복지 자본주의 정치경제 레짐의 변동에 관심을 기울이지 않았다. 그러나 복지 자본주의 정치경제 레짐은 1950~60년대 자본주의 황금기, 1970년대 이념 대립의 시대, 그리고 신자유주의를 압박하는 세계화 시대를 거치면서 변천을 거듭했다. 이 책에서는 복지 자본주의 정치경제 레짐의 형성과 변화를 동학의 시각에서 다룬다. 주요 변수는 의회-행정부 관계, 노사정 관계, 정책 조합의 연계 효과 및 정책과 정치의 역설적 상호작용, 노사정 타협의 역사적 타이밍, 그리고 세계화 이후 정치·사회적 맥락의 변화와 복지 개혁의 정치다. 이들 변수의 관계를 통시적 변화에 따라 순서대로 연계해 보면 다음과 같다(〈그림 3-3〉 참조).

① 내각이 의회에서 다수를 확보해 입법 과정을 효율적으로 통제할 때 코포라티즘 및 조정 시장경제가 발달했다.
② 정치권 개입으로 중앙 임금 협상이 제도화된 국가에서 코포라티즘은 노사 갈등이 격화된 1970~80년대에 심하게 약화되었다.
③ 소득정책이 낮을 실업률의 필요조건이다. 또한 소득정책이, 소극적 노동시장 정책과 적극적 노동시장 정책이 균형을 이룬 사회정책과 연계되었을 때 성장(낮은 실업률)과 복지(낮은 사회적 불평등)의 선순환이 이루어졌다.
④ 언제, 그리고 어떤 맥락에서 세계화의 충격에 대응해야 했는가 하는 역사적 타이밍이 복지국가 재편의 향배에 영향을 미쳤다.
- 세계화 이전에 고실업의 발생으로 노동이 자본과 타협한 경우에는 양자 간의 협의적 관계가 세계화 이후에도 지속될 가능성이 높았다.
- 세계화 이전부터 줄곧 기능 대표 체계에서 갈등이 지속되었고 세계화 이후에 경제 위기가 발생한 경우 자본은 노동이 타협을 시도하더라도 협의적 관계의 복원에 소극적이었다.
⑤ 공공 악재 개선을 위한 집단행동은 공공재의 창출을 위한 집단행동과 다른 맥락에서 이루어진다. 복지국가의 재편은 공공 악재 개선을 위한 집단행동 이론으로 설명되어야 한다.
- 복지 개혁 정책은 유권자의 저항을 유발하기 때문에 정치 행위자들은 비난 회피를 위해 합의 정치를 도모했다.
- 합의 정치를 통해 정부가 의회의 다수를 동원해 효과적으로 복지 개혁을 수행한 것은 정당정치가 의회-행정부 관계를 효율적으로 조정했기 때문이다.
- 사회적 협의는 정당들이 합의 정치를 통해 의회-행정부 관계와 기능 대표 체계에 내재된 취약성을 보완한 결과, 제도화되었다.

| 제4장 |

실증적 분석과
비교 역사 방법

1. 들어가면서

이 장에서는 가설 1 '참여와 통치의 맞물림'(의회-행정부 관계와 코포라티즘)과, 가설 3 '정책 조합의 연계 효과'를 분석한다. 가설 1에 대한 분석에서는 합의제 모델과 코포라티즘의 관계에는 이율배반의 논리가 내재되어 있음을 밝힌다. 코포라티즘은 합의제 모델 국가에서 존재하는데 이들 국가에서는 정작 합의제 모델을 특징짓는 합의 정치 민주주의 변수가 코포라티즘 및 조정 시장경제 변수와 음의 상관관계를 보인다. 다음의 질문을 제기한다. '왜 합의제 모델 국가를 대상으로 하면 합의 정치 민주주의의 정도가 감소해 정치 대표 체계가 다수제 모델에 가까워질수록 코포라티즘 및 조정 시장경제가 발달했는가?

가설 3의 검증에서는 소득정책과 소극적 노동시장 정책과 적극적 노동시장 정책 사이의 상호작용이 실업에 미치는 영향을 분석한다. 정성 비교 분석을 이용해 소득정책이 낮은 실업률의 필요조건임을 확인한다. 그러나 실업률이 낮더라도 성장과 복지가 반드시 선순환하는 것은 아니다. 소득정책이 사회정책과 조합을 이루어 실행되어야 한다. 성장과 복지가 선순환하기 위해서는 소득정책이 실행되는 동시에 적극적 노동시장 정책과 소극적 노동시장 정책이 균형 잡힌 조합을 이루어야 한다.

실증적 분석 이후 상관관계 및 필요조건 분석은 비교 역사 연구에 의해 보완되어야 인과성이 부여된다는 점을 주장한다. '과정 추적'을 통해 통시적으로 변수들의 관계가 어떻게 형성되었는지를 확인해 봐야 하는 것이다. 제5장~제8장은 비교 역사 방법에 대한 이 장의 논의에 기초해 복지 자본주의 정치경제 레짐의 동학을 분석한다.

2. 정치 대표 체계와 기능 대표 체계의 제도적 친화성[1]

영국을 제외하면 서유럽 복지국가 대부분은 비례대표 선거제 또는 혼합 선거제를 채택하고 있다. 이들 국가의 정치 대표 체계는 합의제 모델이다. 따라서 선거제도의 변수로는 합의제 모델 국가 사이에 존재하는 정치경제 레짐의 차이를 설명할 수 없다. 기존 연구는 비례대표 선거제, 그리고 이를 토대로 형성되는 다당제 정당 체제가 합의 공간을 보장하기 때문에 합의제 모델과 코포라티즘 및 조정 시장경제 사이에 제도적 친화성이 존재한

---

[1]_이 부분은 안재흥, "정치 대표 체계와 기능 대표 체계 연계 제도의 동학: 실증적 분석, 스웨덴과 덴마크 비교 사례 연구," 『한국정치학회보』 46-2 (2012), 224-7의 일부를 수정·보완한 것이다.

다는 주장을 제기한다. 그러나 합의 공간이 제도적으로 보장된다는 것이 곧 조정의 성공을 담보해 주는 것은 아니다. 정치적 합의는 아래로부터의 참여와 함께 위로부터의 정치적 통치가 상호작용하는 가운데 성사되기 때문이다.

제3장에서는 의회-행정부 관계가 복지 자본주의 정치경제 레짐에 영향을 미친다는 가설을 제시했다(가설 1). 정부가 의회에서 다수를 확보하지 못해 입법 과정을 효율적으로 통제하지 못하면 이익집단들은 행정부의 코포라티즘을 통해 정치적 교환을 성사시키기보다는 의회와 행정부를 상대로 로비를 강화하는 경향을 보인다. 이 경우 기능 대표 체계는 다원주의와 자유 시장경제로 이행될 가능성이 높다(〈그림 3-2〉에서 IV에서 II의 방향으로 이동). 반대로 정부가 의회에서 다수를 확보해 입법 과정을 효율적으로 통제하는 상황에서 이익집단들은 행정부의 정책 결정 과정에 참여하고자 한다(〈그림 3-2〉에서 IV에서 III의 방향으로 이동). 코포라티즘에 의해 준비된 정책 관련 입법안들이 거대 야당의 반대에 부딪히거나 또는 연립정부 내부의 갈등으로 인해 무산되지 않아야 이익집단들은 행정부의 각종 위원회에 참여할 인센티브를 갖는 것이다.

레이프하르트는 의회-행정부 관계 관련 변수 — 유효 의회 정당의 수 및 최소 승리 내각 또는 일당 내각의 집권 비율 — 와 다원주의 변수의 상관관계를 밝힘으로써 간접적으로 합의제 모델과 코포라티즘의 제도적 친화성을 검증한 바 있다.[2] 의회-행정부 관계는 두 가지 변수로 측정한다. 첫

---

[2] 레이프하르트는 1991년 연구에서도 합의 정치와 코포라티즘 사이의 제도적 친화성을 주장한 바 있다. 그러나 이 연구는 신랄한 비판을 받았다. 이에 1999년 저작에서는 코포라티즘 변수 대신 시아로프가 제시한 다원주의 변수를 사용한다. 이를 통해 간접적으로 합의 정치와 코포라티즘이 친화적임을 검증하고자 한 것이다. Lijphart & Crepaz, "Corporatism and

번째 변수는 유효 의회 정당의 수이며, 두 번째 변수는 최소 승리 내각 또는 일당 내각의 집권 기간이 전체 집권 기간에서 차지하는 비율이다. 두 변수 각각은 다원주의 변수와 유의미한 수준에서 상관관계를 가진다(-0.55**와 0.68**). 유효 의회 정당의 수가 많을수록, 그리고 내각 참여 정당의 수가 많을수록 다원주의의 정도는 감소한다는 것이다.[3] 그동안 비교정치학이 정치과정과 정치경제를 별개의 분야로 취급해 왔다는 점을 고려할 때 레이프하르트의 저작『민주주의의 패턴들』Patterns of Democracy(1999)은 비교정치학에 기여한 바가 적지 않다.

레이프하르트는 의회-행정부 관계와 코포라티즘과의 상관관계를 직접 밝히지는 않는다. 코포라티즘 대신 시아로프Alan Siaroff가 제시한 다원주의의 측정치를 지표로 사용하기 때문이다. 그 이유는 다음과 같다. 시아로프는 1960년대 후반부터 1990년대 중반까지 기간을 네 시기로 나누고 24개 선진 산업국가를 대상으로 매 시기별 다원주의와 '통합'integration의 정도를 측정한다.[4] 레이프하르트가 다원주의의 변수를 사용한 것은 시아로프가 코포라티즘 대신에 '통합'의 개념을 제시하기 때문이다.[5] 시아로프는 통합의 개념이 코포라티즘과 차이가 있음을 강조한다. 통합은 "공유된 경제

Consensus Democracy in Eighteen Countries"; Lijphart, *Patterns of Democracy*. 레이프하르트 연구에 대한 반론은 다음 문헌을 참조할 것. Keman & Pennings, "Managing Political and Societal Conflict in Democracies"; Armingeon, "The Effects of Negotiation Democracy." Lijphart의 재반론은 다음 문헌을 참조할 것. Lijphart, "Negotiation Democracy versus Consensus Democracy."

3_Lijphart, *Patterns of Democracy*, 181.

4_Alan Siaroff, "Corporatism in 24 Industrial Democracies: Meaning and Measurement," *European Journal of Political Research* 36-2 (1999).

5_Lijphart, *Patterns of Democracy*, Chapter 9.

운영의 장기적 협력적 패턴"으로 정의된다. 코포라티즘에서는 이익 중재의 '구조적 특징' ─ 예를 들면, 노동조합 조직률 ─ 과 코포라티즘에 '우호적인 맥락' ─ 예를 들면, 사민당의 정치적 역할 ─ 이 매우 중요한 변수다. 반면에 통합은 '협력적 패턴'이 실제 어느 정도 발생했으며 기능적 역할을 담당했는가를 반영한 개념이다.[6] 따라서 노동조합의 조직률이 낮으며 사민당이 취약한 스위스와 일본의 경우에는 통합의 정도가 코포라티즘의 정도보다 높았다.

이 절에서는 레이프하르트의 주장에 대한 반론을 제기한다. 이를 위해 정치 대표 체계와 기능 대표 체계의 개념을 다음과 같이 조작화한다. 첫째, 의회-행정부 관계를 합의 정치 민주주의 변수로 측정한다. 제3장에서 언급했듯이 합의 정치 민주주의는 원래 네덜란드와 오스트리아처럼 극단적으로 분열된 나라에서 발전했다.[7] 합의 정치 민주주의는 사회 블록을 대표하는 정치 엘리트들이 정치적 안정을 이루기 위해 타협과 합의를 통해 의사 결정을 하는 정치 대표 체계를 일컫는다. 이 장에서 합의 정치 민주주의 변수는 합의 정치의 정도를 나타낸다. 합의 정치 민주주의의 정도는 합의로 의사 결정을 해야 하는 공간이 클수록, 즉 유효 의회 정당 수가 많거나 연립내각에 참여하는 정당의 수가 많을수록 증가한다. 합의 정치 민주주의의 지표로는 레이프하르트가 사용한 바 있는 두 변수 ─ 유효 의회 정당의 수 및 최소 승리 내각 또는 일당 내각 집권 비율의 역수 ─ 를 평균한 값을 사용한다.[8] 아르민게온Klaus Armingeon에 의하면 두 변수 모두 합의 정치

6_Siaroff, "Corporatism in 24 Industrial Democracies," 189.

7_이 책의 제3장 각주 30을 참조할 것.

8_다수제 모델의 반대 개념인 합의제 모델의 합의 정치 수준을 측정하기 때문에 전체 기간에서 '최소 승리 또는 일당 내각'이 집권한 기간이 차지한 비율의 역수를 지표로 사용해야 한다.

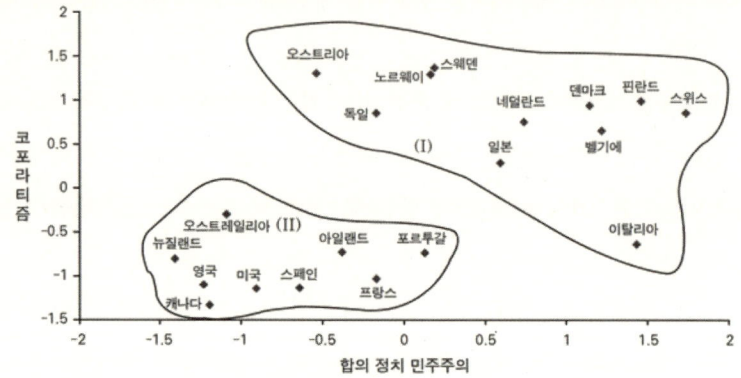

그림 4-1 | 합의 정치 민주주의(1971~96년)와 코포라티즘(1970~90년대) 지수의 분포: 선진 산업국

주 1: 합의 정치 민주주의 변수는 유효 의회 정당 수와 최소 승리 또는 일당 지배 내각 비율의 역수 각각의 Z값을 평균한 수치임.
주 2: 코포라티즘 변수는 시아로프의 코포라티즘 지수의 Z값임.
주 3: 피어슨 상관계수 = 0.420(유의미 수준 = 0.065); 그룹 I의 경우 피어슨 상관계수 = -0.671** (유의미 수준 = 0.034).
출처: Armingeon, "The Effects of Negotiation Democracy," 90; Siaroff, "Corporatism in 24 Industrial Democracies," 185.

민주주의의 구조적 조건을 구성하는 변수이기 때문에 통합해 하나의 변수에 반영되어야 한다.[9] 시아로프가 제시한 통합의 변수는 기능 대표 체계의 개념을 반영하는 변수로서 적절하기 않다. 왜냐하면 기능 대표 체계는 이익이 대표되는 조직 체계의 특성을 나타내는 개념이기 때문이다. 따라서 시아로프가 통합과 대비해 제시한 코포라티즘의 지표를 기능 대표 체계의 특성을 나타내는 지표로 사용한다.

〈그림 4-1〉은 선진 산업 국가를 대상으로 합의 정치 민주주의와 코포라티즘의 상관관계를 나타낸 분포도다. 통합의 변수를 사용하면 상관계수

9_Armingeon, "The Effects of Negotiation Democracy."

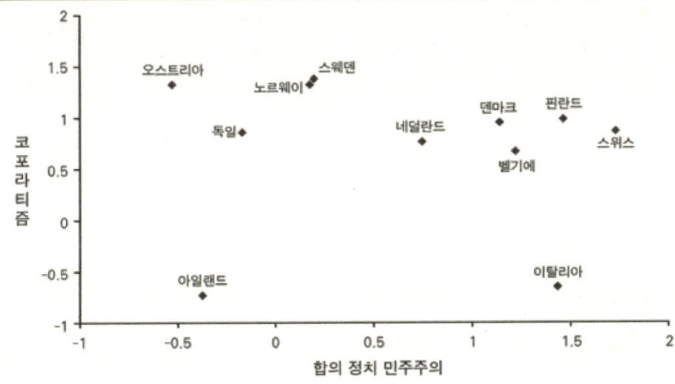

그림 4-2 | 합의 정치 민주주의(1971~96년)와 코포라티즘(1970~90년대) 지수의 분포: 비례대표 또는 혼합 선거제 국가

주: 피어슨 상관계수 = -0.366 (유의미 수준 = 0.268). 아일랜드를 제외했을 경우 피어슨 상관계수 = -0.671** (유의미 수준 = 0.034).
출처: 이 책의 〈그림 4-1〉 참조.

는 유의미한 수준에서 양의 상관관계를 보인다(0.608**). 그러나 통합 대신 코포라티즘 변수를 사용할 경우에는 합의 정치 민주주의와 코포라티즘은 양의 상관관계를 보이지만 계수는 유의미 수준을 충족하지 못한다(상관계수 0.420, 유의미 수준 0.65). 더구나 합의 정치 민주주의와 코포라티즘의 분포도는 다원주의 변수를 사용했을 때와는 다르게 나타난다(〈그림 4-1〉). 레이프하르트의 저작에서 두 변수 — 유효 의회 정당, 최소 승리 내각 또는 일당 내각의 집권 비율 — 와 다원주의 변수의 분포는 오스트리아, 스웨덴, 노르웨이, 이탈리아를 제외하면 일정한 군을 형성하고 있다.[10] 그러나 〈그림 4-1〉에서 볼 수 있듯이 선진 산업국들은 합의 정치 민주주의와 코포라

10_Lijpharjt, *Patterns of Democracy*, 182-3.

티즘의 관계에서 두 그룹으로 나뉜다.

〈그림 4-1〉에서 그룹 I에 속하는 국가들은 일본을 제외하면 정치 대표 체계가 합의제 모델에 속한다. 이들 국가만을 대상으로 하면 상관계수의 값은 양이 아니라 음으로 전환된다(상관계수 -0.671**, 유의미 수준 0.034).[11] 비례대표 선거제 또는 혼합 선거제를 채택하고 있는 국가를 대상으로 삼을 경우에도 정치 대표 체계와 기능 대표 체계는 레이프하르트의 주장과는 반대의 상관관계를 보인다. 그룹 II에 속하는 국가는 아일랜드를 제외하면 단순 다수 선거제를 채택하고 있는 반면 그룹 I에 속하는 국가는 비례대표 선거제 또는 혼합 선거제를 채택하고 있다.[12] 〈그림 4-2〉는 비례대표 또는 혼합 선거제를 채택하고 있는 국가를 대상으로 한 분포도다. 여기에

---

[11] 종속변수의 변이 범주가 아니라 독립변수를 대상으로 사례를 분류했으며 종속변수가 다양한 변이를 보이기 때문에 '선택적 편의'(selection bias)를 범하지 않았다. Gary King & Robert Keohane & Sidney Verba, *Designing Social Inquiry* (Princeton, NJ: Princeton University Press), 137-8 참조.

[12] International IDEA, *Electoral System Design: The New International IDEA Handbook* (Stockholm: International IDEA, 2005), 166-73. 그룹 〈II〉에 속하는 OECD 국가 중 일부는 복지국가의 형성과 재편을 논의하기에 타당하지 않은 사례다. 남유럽 국가인 스페인과 포르투갈은 1970년대 중반 이후에 민주화되었다. 1970~80년대에 이들 국가는 서구 유형의 복지국가로 분류될 수 없기 때문에 분석에서 제외했다. 시아로프도 이 시기의 코포라티즘 조작화에서 두 국가를 제외했다. 〈그림 4-1〉에서 두 국가의 코포라티즘 지표는 1990년대를 대상으로 한 것이다. Siaroff, "Corporatism in 24 Industrial Democracies," 183. 뉴질랜드는 1996년 총선부터 단순 다수 선거제에서 혼합 선거제로 전환했기 때문에 비례대표 선거제를 실시하지 않는 국가로 분류했다. Jack Vowles, "New Zealand: The Consolidation of Reform?" Michael Gallagher & Paul Mitchell eds., *The Politics of Electoral Systems* (Oxford: Oxford University Press, 2005), 296. 일본은 1994년까지 '단일비양도선거제'와 중대선거구제를 혼합해 실시했다. 이 선거제도는 단순 다수 선거제 또는 복합 선거제로 분류할 수 있음으로 예외 사례로 처리했다.

서는 합의 정치 민주주의와 코포라티즘이 양의 상관관계를 보이지 않는다. 아일랜드는 비례대표제를 실시하고 있음에도 전통적으로 정치 대표 체계가 다수제 모델에 속했다.[13] 아일랜드를 제외하면 〈그림 4-2〉의 분포는 〈그림 4-1〉의 그룹 I과 일치한다. 따라서 합의 정치 민주주의와 코포라티즘은 유의미한 수준에서 양이 아니라 음의 상관관계를 보인다.

자본주의 다양성 연구는 생산과정에서 기업의 조정이 시장에서 이루어지는가 아니면 이해관계자 사이에 전략적 합의에 의해 이루어지는가에 따라 생산 레짐을 자유 시장경제와 조정 시장경제로 분류한다. 자본주의 다양성 연구는 더 나아가 조정 시장경제의 생산 레짐과 비례대표 선거제 사이에 제도적 친화성이 존재한다는 사실을 역사적 분석을 통해 주장한 바 있다(제2장). 홀Peter A. Hall과 깅리치Daniel W. Gingerich는 생산 레짐의 조정 변수를 노사 관계 — 임금 조정의 수준, 임노동자 이직률, 임금 조정의 정도 — 와 기업지배구조 — 주주의 영향력, 주주 통제의 분산, 주식시장의 규모 — 로 나누고 20개 선진 산업국을 대상으로 각 변수를 측정했다. 홀과 깅리치에 의하면 생산 레짐의 두 조정 변수는 유의미한 수준에서 매우 높은 상관관계를 보이며 경제성장에 긍정적인 영향을 미쳤다.[14]

〈그림 4-3〉과 〈그림 4-4〉는 홀과 깅리치가 제공한 자료를 이용해 합의 정치 민주주의와 시장에 대한 조정 사이의 관계를 나타낸 분포도다. 합

13_아일랜드 경우 세계화 이후 정치 대표 체계가 합의제 모델로, 기능 대표 체계는 조정 시장 경제로 이동했다(이 책의 제8장). 따라서 세계화 이후 코포라티즘 및 시장에 대한 조정의 정도는 그래프에서 보인 수치보다 높게 잡아야 한다.

14_Peter A. Hall & Daniel W. Gingerich, "Varieties of Capitalism and Institutional Complementarities in the Political Economy: An Empirical Analysis," *British Journal of Political Science* 39-3 (2009); Peter A. Hall & Daniel W. Gingerich, *VOC (Varieties of Captialism) Data* (2009).

합의 정치 민주주의(1971~96년)와 시장 조정(1971~97년) 지수의 분포

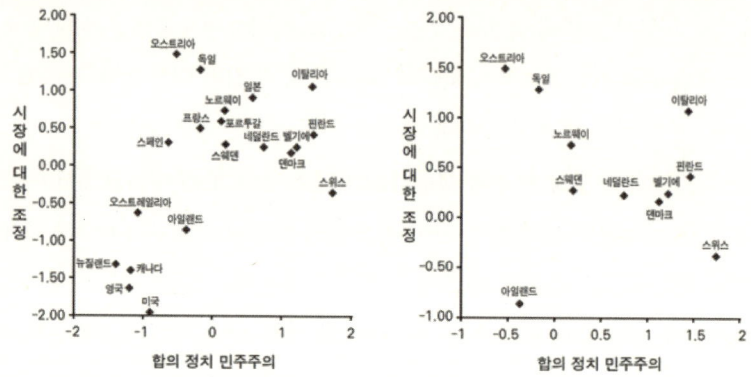

그림 4-3 | 선진 산업국

그림 4-4 | 비례대표 또는 혼합 선거제

주 1: 시장에 대한 조정 변수는 Z 값임. 시장에 대한 조정 변수 = (노동조직의 조정 지수 + 기업지배구조 조정 지수)/2.

주 2: 〈그림 4-3〉 피어슨 상관계수 = 0.526**(유의미 수준 = 0.018), 〈그림 4-4〉 피어슨 상관계수 = -0.234(유의미 수준 = 0.488). 아일랜드를 제외하면, 피어슨 상관계수 = -0.683**(유의미 수준 = 0.029).

출처: 합의 정치 민주주의 지수는 Armingeon, "The Effects of Negotiation Democracy," 90, 시장에 대한 조정 지수는 Hall & Gingerich, *VOC (Varieties of Captialism) Data*.

의 정치 민주주의 변수와 시장에 대한 조정 변수의 상관관계는 코포라티즘에서와 비슷한 패턴을 보인다. 〈그림 4-3〉과 〈그림 4-1〉의 분포도는 실제로 유사하다. 시장에 대한 조정 변수는 홀과 깅리치가 조작화한 두 변수 값의 평균치다. 전체적으로 보면 합의 정치 민주주의 변수와 시장에 대한 조정 변수도 유의미한 수준에서 양의 상관관계를 보인다. 그러나 앞의 분석에서처럼 비례대표 선거제 또는 혼합 선거제를 실시하는 국가만을 분석 대상으로 삼으면 두 변수는 양의 상관관계를 보이지 않는다(〈그림 4-4〉). 오히려 신뢰 수준이 낮지만 음의 상관관계를 보인다. 더구나 아일랜드를 제외하고 합의제 모델 국가만을 대상으로 하면 합의 정치 민주주의와 시장에 대한 조정 변수는 유의미한 수준에서 높은 음의 상관관계를 보인다(-0.683**).

코포라티즘과 조정 시장경제는 비례대표 선거제 또는 혼합 선거제를 채택하고 있는 합의제 모델 국가에서 작동해 왔다. 그러나 선거제도 변수를 통제하면 코포라티즘 또는 시장경제의 조정 변수는 합의 정치 민주주의 변수와 양의 상관관계를 보이지 않는다. 더구나 합의제 모델 국가만을 대상으로 하면 유의미한 수준에서 음의 상관관계를 보인다. 요컨대 합의제 모델 정치 대표 체계에서는 유효 의회 정당의 수가 적을수록, 최소 승리 내각 또는 일당 내각 집권 비율이 높을수록 코포라티즘과 조정 시장경제가 발달했다. 왜 코포라티즘 및 조정 시장경제는 합의제 모델 국가에서 존재하는데 합의제 모델에 속하는 국가를 대상으로 하면 합의 정치 민주주의의 정도가 감소해 다수제 모델에 가까워질수록 코포라티즘과 조정 시장경제가 발달했는가?

정치 대표 체계에서 합의 공간이 크다는 것이 곧 조정의 성공을 담보하는 것은 아니다. 민주주의 정치는 참여와 통치가 역동적으로 작용하는 가운데 구현되기 때문이다. 그러나 레이프하르트가 정치 대표 체계를 특징짓는 변수의 지표로 사용한 의회 정당의 수와 연립 정권의 집권 비율 — 최소 승리 또는 일당 내각의 지배 기간 비율의 역수 — 은 아래로부터 참여를 측정한 지표이지 정치적 통치의 지표는 아니다. 합의제 모델 국가에서 합의 정치 민주주의 변수와 코포라티즘 변수가 음의 상관관계를 보였다는 것은 의회-행정부 관계에서 정치적 통치가 코포라티즘에 영향을 주었다는 사실을 방증하는 것이다. 유효 정당의 수가 많으면 야당이 강해지거나 연립정부 참여 정당이 수가 늘어난다. 더구나 정당 간 이념적 분극화가 심해지면 정부가 의원 다수를 동원해서 입법 과정을 효율적으로 통제하기가 어렵게 된다. 실제로 이익집단들은 정부가 의회의 입법 과정을 효율적으로 통제하는가에 따라서 정치 참여의 패턴에 변화를 주었다. 제5장, 제7~8장은 비교 역사 방법을 이용해 정치적 통치와 관련, 의회-행정부 관계와 정당정치가 1950~60년대 자본주의 황금기, 1970년대 이념 대립의 시대,

그리고 1980년대 중반 이후 세계화 시대에 어떤 변화를 겪었는지를 추적한다.

3. 정책 조합의 연계 효과

복지 자본주의에서 정부는 소득정책으로 경제성장을 도모해 고용 기회를 늘이는 한편 노동시장 정책으로 실업률을 조율한다. 소극적 노동시장 정책PLMP ― 조기 은퇴 허용 연금, 산재 및 장애 보험, 실업보험, 여성의 노동시장 참여 억제 등 ― 으로 노동시장의 아웃사이더들을 관리하거나, 적극적 노동시장 정책ALMP ― 직업훈련, 취업 알선, 기업에 대한 취업 보조 등 ― 으로 실업자를 노동시장으로 다시 진입시킨다. 어느 정책을 추진하는가에 따라 노동시장 참여율은 다르지만 두 경우 모두 실업률이 낮게 잡힌다. 대략 1990년대부터 서유럽 복지국가는 소극적 노동시장 정책 중심의 사회정책이 1970년대에 고실업을 발생시킨 원인이었음을 파악하고 사회정책의 중심을 적극적 노동시장 정책으로 이동시키기 시작했다.

과연 이런 정책적 변화로 인해 실업 및 사회적 불평등의 문제가 개선되었는가? 제3장에서 정책 조합이 다음과 같이 구성될 때 성장과 복지의 선순환이 이루어진다는 가설을 제시한 바 있다. 낮은 수준의 실업률을 유지하기 위해서는 소득정책이 실행되어야 한다. 그러나 낮은 실업률이 반드시 사회적 불평등의 개선에 기여하는 것은 아니다. 성장과 복지의 선순환을 이루기 위해서는 소득정책이 실행되어야 하며 동시에 사회정책에서는 적극적 노동시장 정책과 소극적 노동시장 정책 사이에 균형 잡힌 지출이 이루어져야 한다.

이 절에서는 첫째, 서유럽의 복지국가가 임금 조정에서 차이를 보였는지를 밝힌다. 둘째, 임금 조정과 실업률 사이에는 어떤 상관관계가 존재했는지를 분석한다. 셋째, 정책 조합의 유형에 따라서 서유럽 복지국가를 분류하고 정책 조합의 유형과 에스핑-앤더슨의 복지국가 유형을 비교한다. 넷째, 정책 조합에 대한 정성 비교 분석을 통해 소득정책이 낮은 실업률의 필요조건임을 도출한다. 마지막으로 정책 조합의 유형에 따라서 사회적 불평등이 어떤 차이를 보였는지를 밝힌다.

3-1. 임금 분산과 실업, 그리고 정책 조합의 유형[15]

3-1-1. 세계화 이전

임금 조정 방식은 임금 분산에 영향을 미친다. 자유 시장경제에서는 임금 조정을 시장에 맡기기 때문에 임금 분산의 폭이 크다. 조정 시장경제에서는 노사가 중앙 또는 산업별 임금 협상을 통해 임금을 조정하기 때문에 임금 분산의 폭이 자유 시장경제에서보다 좁다. 그러나 조정 시장경제에서도 임금을 어떤 방식으로 조정하며 또한 정책적으로 어떻게 보상하느냐에 따라서 임금 분산의 폭이 나라마다 달랐다. 〈그림 4-5〉는 하위 50퍼센트 임금 수준 대 하위 10퍼센트 임금 수준의 비(P50/P10)를 연대별로 표시한 것이다. 스웨덴, 덴마크, 네덜란드, 오스트리아는 모두 조정 시장경제를 유지했지만 임금 분산의 정도는 달랐다. 임금 분산의 폭이 스웨덴과 덴마크에서는 좁았으며 네덜란드에서는 중간 정도였던 반면에 오스트리아

---

[15]_ 이 부분은 안재홍, "사회 투자, 성장과 복지를 잇는 선순환의 필요조건인가?," 367-71의 내용을 발전시킨 것이다.

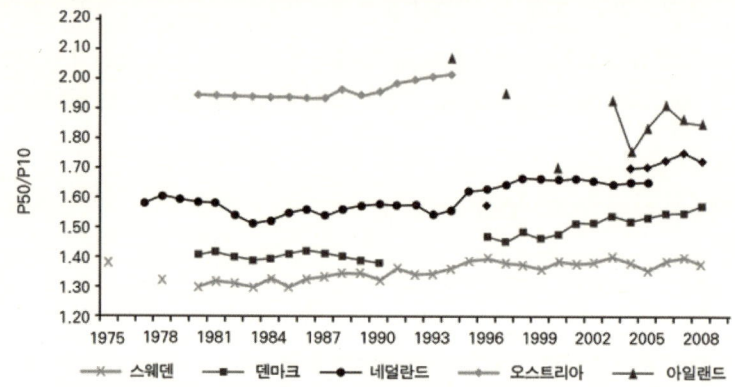

그림 4-5 | 강소·복지 5개국 중·저 임금 분산의 시계열 추이(1975~2008년)

주: 1980~94년과 1996년 오스트리아 데이터는 현재 OECD 데이터베이스에 없다. 다음의 데이터를 참조했다. Evelyne Huber et al, *Comparative Welfare States Data Set*, 2004. http://www.lisproject.org/publications/welfaredata/welfareaccess.htm. 이 데이터베이스도 OECD 데이터를 사용하고 있는데 그 출처는 다음과 같다. OECD, *OECD Database on Trends in Earnings Dispersion* (OECD).

출처: OECD, *Directorate for Employment, Labour and Social Affairs* (Paris: OECD). http://www.oecd.org/document/34/0,3343,en_2649_33927_40917154_1_1_1_1,00.html

에서는 매우 컸다. 스웨덴과 덴마크에서 임금 분산의 폭이 좁았던 것은 노사 대표가 중앙 임금 협상에 의해 고임금은 억제하는 한편 저임금은 상향 조정했기 때문이다. 오스트리아에서는 중앙 임금 협상이 없었으며 노사는 산업별 임금 협상 및 기업별 임금 협상을 통해 임금을 조정했다. 노동조합 운동은 임금 조정을 고용 안정의 수단으로 삼았으며 저임금 노동자들의 임금 인상에는 주력하지 않았다. 그 대신 사민당SPÖ 및 인민당ÖVP과 연대해 정부가 이전지급 중심의 사회정책으로 저임금 임노동자들을 지원하도록 했다(제5장과 제7장).[16]

임금 조정은 실업에 영향을 미쳤다. 논리적으로는 연대 임금제가 실시되면 저임금을 지불할 수밖에 없는 사양산업에서 임금이 상승하기 때문에 실업의 요인이 발생한다. 그러나 실제로 P50/P10과 실업률은 유의미한 수

그림 4-6 | 중·저 수준 임금 분산과 실업률 분포(1980년): OECD 국가

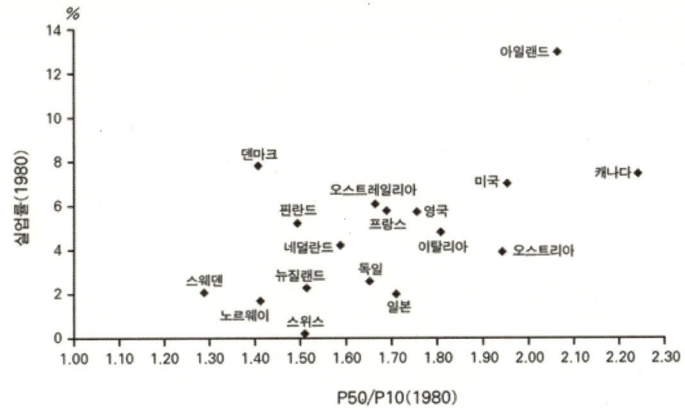

주: 피어슨 상관계수 = 0.593 (유의미 수준 = 0.012).
출처: OECD, *Directorate for Employment, Labour and Social Affairs* (Paris: OECD). http://www.oecd.org/document/34/0,3343,en_2649_33927_40917154_1_1_1_1,00.html

준에서 양의 상관관계(0.593**)를 보인다(〈그림 4-6〉). 임금 연대의 수준이 높은 나라에서 실업률이 낮았던 것은 1973년 제1차 오일쇼크 이후에 국가가 적극적 노동시장 정책을 실시해 실업자들이 노동시장에서 일자리를 얻도록 유도했거나, 아니면 소극적 노동시장 정책을 실시해 실업자들을 노동시장 밖으로 이동시켰기 때문이다. 저임금 집단의 임금 상승에도 불구하고 실업률이 낮았다는 사실은 소득정책과 사회정책 — 적극적 노동시장

16_ 오스트리아의 데이터는 신뢰성의 문제가 있는 것으로 사료된다. 1996년 이전 데이터는 현재 OECD Database에 없다. 후버(Evelyne Huber)와 그의 동료들이 작성한 데이터베이스를 이용했는데 이 역시 OECD에서 산출한 것이나 그 출처는 다르다. 계산 방식의 차이 때문에 1994년 이전과 2004년 이후의 수치가 현격히 달랐다고 추측할 수밖에 없다. 이 책의 〈그림 4-5〉 각주를 참조.

그림 4-7 | 강소·복지 5개국 실업률 추이(1960~2010년)

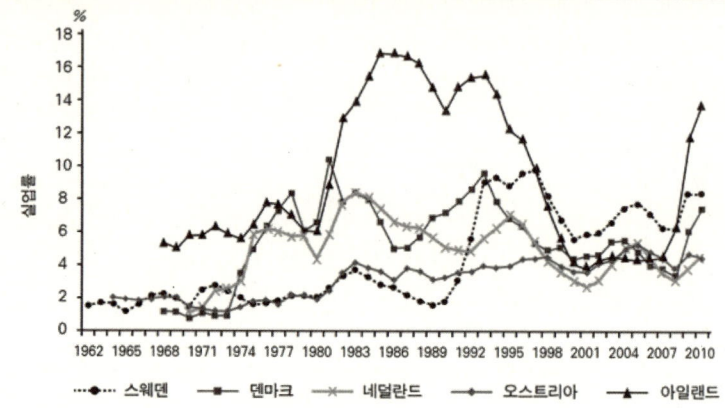

출처: OECD, *Directorate for Employment, Labour and Social Affairs* (OECD:Paris), http://www.oecd.org/document/34/0,3343,en_2649_33927_40917154_1_1_1_1,00.html; OECD, *Historical Statistics 1960-1981* (Paris: OECD, 1983).

정책, 또는 소극적 노동시장 정책 — 의 조합이 연계 효과를 발휘했음을 나타내는 것이다.

그러나 조정 시장경제 국가 사이에서도 노동시장 정책이 달랐으며 실업률도 차이를 보였다. 소극적 노동시장 정책으로 실업자들을 노동시장 밖으로 이동시켰던 국가들은 1973년 제1차 오일쇼크 이후 높은 실업률을 기록했다. 덴마크와 네덜란드가 대표적인 사례다. 1970년대에 덴마크와 네덜란드에서는 노동조합운동뿐만 아니라 사용자연합도 중앙 임금 협상에 대한 정치권의 개입을 반대하고 산업별 임금 협상을 주장했다. 그 결과, 중앙 임금 협상제가 제대로 실행되지 않았다(제7장). 1980년에 두 국가의 임금 분산이 상대적으로 낮았던 것은 임금 억제의 효과라기보다는 저임금 집단의 임금이 상승했기 때문일 것이다. 1960~70년대의 P50/P10 관련 데이터는 존재하지 않는다. 만약에 1950~60년대를 기준으로 한다면 덴마크와 네덜란드는 당시 중앙 임금 협상을 실시했으며 실업률이 낮았기 때문

그림 4-8 | 중·저 임금 분산과 ALMP 지출 / PLMP 지출 비의 분포(1980년): OECD 국가

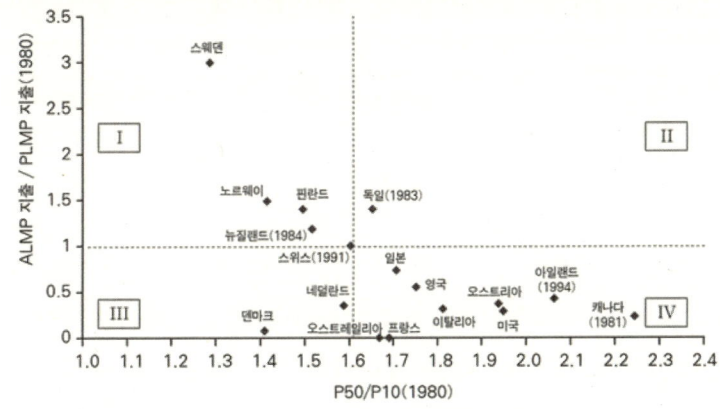

출처: OECD, *OECD Social Expenditure Database*, http://www.oecd.org/document/9/0,3746,en_2649_33933_38141385_1_1_1_1,00.html

에 위의 〈그림 4-6〉에서 스웨덴과 노르웨이가 위치한 영역에 근접했을 것이다. 그러나 두 국가는 1970년대에 소득정책에 실패해 임금이 상승했음에도 소극적 노동시장 정책 중심의 사회정책을 지속적으로 실행했다. 덴마크와 네덜란드 모두 1973년 제1차 오일쇼크 이후 장기간에 걸쳐 고실업을 겪었다(〈그림 4-7〉).

덴마크와 오스트리아의 사례에 주목할 필요가 있다. 덴마크는 사민주의 복지국가에 속함에도 실업률과 P50/P10의 분포도에서 스웨덴과 노르웨이와 다른 위치에 속해 있다. 복지국가의 유형(에스핑-앤더슨)과 정책 조합의 유형이 달랐던 것이다(제2장의 〈표 2-1〉 참조). 〈그림 4-8〉은 실증적 데이터에 근거해 정책 조합의 유형을 분류한 것이다. 종축은 국내총생산 GDP 대비 적극적 노동시장 정책 지출의 비율을 GDP 대비 소극적 노동시장 지출의 비율로 나눈 값이다. 이는 국가 간 노동시장 정책의 차이를 나타낸다. 노동시장 정책의 차이와 임금 분산을 연계시킨 것은 소득정책과 노동

표 4-1 | 정책 조합의 유형(세계화 이전)

ALMP와 PLMP의 조합	임금 분산	
	낮음	높음
ALMP 중심	스웨덴 (I)	(II)
PLMP 중심	덴마크, 네덜란드 (III)	오스트리아, 아일랜드 (IV)

시장 정책의 구성에 따라서 사회보장 의존 인구의 규모, 정부의 재정 상태, 그리고 실업률이 달랐다고 가정하기 때문이다. 〈그림 4-8〉에서 덴마크는 사민주의 복지국가군인 I의 영역이 아니라 네덜란드가 속한 기민주의 복지국가군인 III의 영역에 위치한다. 덴마크의 노사정은 연대 임금제를 실시하는 한편 이로 인해 발생하는 실업자들을 소극적 노동시장 정책으로 노동시장 밖에 묶어 두었던 것이다.

오스트리아는 또 다른 정책 조합의 유형에 속한다. 노동조합운동이 단체 협상을 통해 임금 억제를 유도했으나 저임금 임노동자 집단의 임금 인상에는 주력하지 않았다. 실업률은 낮았으나 임금 분산의 폭은 컸던 것이다(〈그림 4-6〉). 정책 조합에 국한시켜 보면 오스트리아는 아일랜드와 함께 자유 시장경제 국가군이 속한 IV의 영역에 위치한다(〈그림 4-8〉). 자유 시장경제의 국가와 다른 점은 오스트리아의 경우 국가가 저임금 노동자들을 소극적 노동시장 정책 ― 주로 이전지급 ― 으로 지원했다는 데에 있다(제6장).

〈표 4-1〉은 세계화 이전의 시기를 대상으로 서유럽 복지국가 5개국 ― 스웨덴, 덴마크, 네덜란드, 오스트리아, 아일랜드 ― 의 정책 조합 유형을 소득정책과 노동시장 정책의 구성을 기준으로 분류한 것이다. 에스핑-앤더슨의 분류에 의하면 덴마크는 사민주의 복지국가의 유형에 속한다. 그러나 정책 조합의 유형에서 덴마크는 기민주의 복지국가인 네덜란드와 같은 유형에 속한다. 오스트리아는 복지국가 유형과 정책 조합의 유형이 일치하지 않는 또 다른 사례다. 오스트리아는 기민주의 복지국가이지만 자

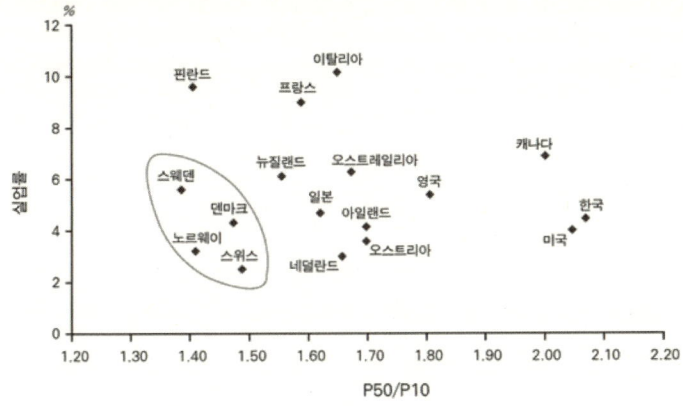

그림 4-9 | 중·저 임금 분산과 실업률의 분포(2000년): OECD 국가

주: 4개국 제외한 피어슨 상관관계 = -.440, 유의미 수준 = .132.
출처: OECD, *Directorate for Employment, Labour and Social Affairs* (OECD:Paris). http://www.oecd.org/document/34/0,3343,en_2649_33927_40917154_1_1_1_1,00.html

유주의 복지국가인 아일랜드와 정책 조합의 유형이 비슷하다.

3-1-2. 세계화 이후의 변화

세계화 이후에는 어떻게 변화했는가? 1990년대 중반부터 영국, 아일랜드, 캐나다, 오스트레일리아, 뉴질랜드 등 자유 시장경제 국가들은 사회 투자 국가 전략을 채택했다. 노동시장을 더욱 유연화하는 한편 소극적 노동시장 정책에 대한 지출을 줄이고 적극적 노동시장 정책에 대한 지출을 대폭 늘렸다.[17] 과연 이들 국가의 사회 투자 국가 전략은 성공했는가? 세계화 이전에는 실업률이 임금 연대의 정도와 양의 관계를 보였다(〈그림 4-6〉

17_사회 투자 국가의 개념은 이 책의 제2장 2-2절(22쪽)을 참조할 것.

참조). 그러나 세계화 이후에는 임금 연대의 정도와 실업률이 원 안에 포함된 국가들을 제외하면 세계화 이전과는 반대의 관계를 보였다. 비록 유의미한 수준을 충족하지 못하지만 두 변수는 음의 관계를 보였다(〈그림 4-9〉).[18] 특히 임금 분산의 폭이 상대적으로 큰 국가들의 실업률이 낮았다. 이는 사회 투자 정책이 실업률의 축소에 영향을 미쳤음을 나타내는 것이다. 임금 분산의 폭이 크고 실업률이 낮은 국가들은 주로 자유주의 복지국가에 속하며 사회 투자 정책을 실시했다. 그러나 〈그림 4-9〉에서 원에 포함된 국가들은 여전히 적은 임금격차와 낮은 실업률을 유지했다. 이들은 세계화 이후에도 모두 조정 시장경제를 유지한 국가들이다. 요컨대 OECD 국가에서는 세계화 이후 두 유형의 실업 레짐이 공존하고 있는 것이다.[19]

〈그림 4-10〉에서는 P50/P10과, 적극적 노동시장 정책 지출 대 소극적 노동시장 정책 지출 비의 관계가 세계화 이후 스웨덴, 덴마크, 네덜란드, 오스트리아, 아일랜드, 영국에서 어떻게 변화했는지를 화살표로 표시했다. 스웨덴을 제외하면 적극적 노동시장 정책 지출 대 소극적 노동시장 정책 지출 비가 증가했다. 오스트리아와 아일랜드를 제외한 3개국에서는 임금 분산의 정도가 증가했다. 세계화 이전에 오스트리아는 중·저 임금 분산을 허용하는 방식으로 임금을 억제했으며 사회정책으로 저임금 노동자를 보상하는 정책 조합을 구사했었다. 그러나 2000년대에 들어 중·저 임금

18_아이버슨은 세계화 전후 시기 구분 없이 1970~96년 OECD 데이터를 이용해 미숙련 산업에서 임금 분산(P50P10)과 실업률이 양의 상관관계를 가진다고 주장한다. Torben Iversen, *Capitalism, Democracy, and Welfare* (Cambridge: Cambridge University Press, 2005), 231; 236, Table 6-4.

19_Nancy Bermeo ed., *Unemployment in the New Europe* (Cambridge: Cambridge University Press, 2001).

그림 4-10 | 임금 분산과 ALMP 지출 / PLMP 지출 비의 분포(1980년, 2000년)

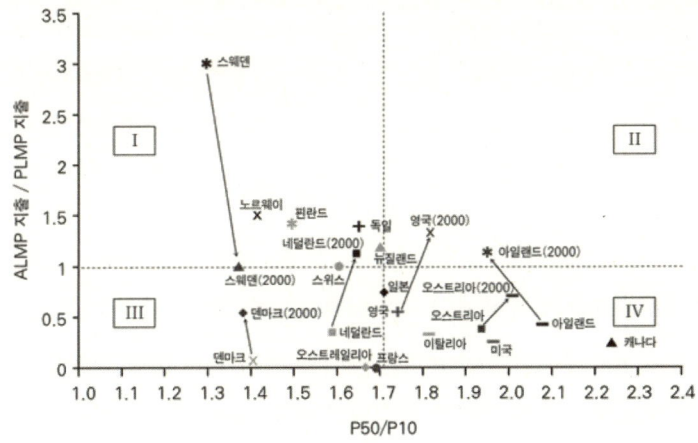

출처: OECD, *OECD Social Expenditure Database*, http://www.oecd.org/document/9/0,3746,en_2649_33933_38141385_1_1_1_1,00.html

분산이 현격히 감소했다.[20] 아일랜드는 1987년 이후부터 일련의 사회 협약을 통해 임금을 조정했다(제8장). 그렇지만 오스트리아와 아일랜드는 다른 조정 시장경제 국가와 비교하면 아직 임금 분산의 폭이 컸다. 대체로 스웨덴과 덴마크를 제외하면 임금 구조를 유연화하면서 적극적 노동시장 정책에 대한 투자를 증가시켰다고 볼 수 있다.

〈표 4-2〉는 세계화 이후 정책 조합의 유형을 분류한 것이다. 세계화 이전과 비교하면 정책 조합이 두 가지 유형으로 수렴했다고 볼 수 있다. 첫

20_ 앞에서도 밝혔듯이 1990년대와 2000년대에 중·저 임금 분산이 현격한 차이를 보인 것은 데이터 산출 방식의 차이에 의해 발생한 것으로 간주하기 때문에 특별한 의미를 두지는 않는다. 이 장의 주 16을 참조할 것.

표 4-2 | 정책 조합의 유형(세계화 이후)

ALMP와 PLMP의 조합	임금 분산	
	낮음	높음
균형	스웨덴(세계화 이후), 덴마크(세계화 이후)	
ALMP 중심	스웨덴(세계화 이전)	네덜란드(세계화 이후), 아일랜드(세계화 이후)
PLMP 중심		오스트리아(세계화 이전과 이후), 덴마크(세계화 이전), 네덜란드(세계화 이전)

째, 소득정책으로 낮은 임금 분산을 실현했으며 사회정책에서는 소극적 노동시장 정책과 적극적 노동시장 정책의 균형적인 지출에 기초한 정책 조합의 유형(스웨덴과 덴마크)이다. 둘째, 임금 분산을 허용하면서 적극적 노동시장 정책에 대한 투자를 늘리되 소극적 노동시장 정책에 대한 지출은 감소시킨 정책 조합의 유형(네덜란드와 아일랜드)이다. 오스트리아는 세계화 이전에 비해 뚜렷한 변화를 보이지 않았다.

3-2. 저실업의 필요조건 분석

실업률에는 정책 조합의 연계 효과 이외에 여러 가지 변수가 영향을 미친다. 정책 조합의 연계 효과를 확인해 보기 위해서는 다른 변수들이 실업률에 미치는 영향을 통제해 주어야 한다. 비교 방법은 사례의 선택을 통해 변수의 변이를 통제하는 연구 방법이다.[21] 정책 조합 이외의 변수를 통제하기 위해 에스핑-앤더슨의 복지 자본주의의 유형 분류를 이용한다. 에스핑-앤더슨은 탈상품화 변수와 사회계층화 변수를 이용해 복지국가의 유형을 분류한다. 동일한 복지국가 유형으로 분류되는 국가들 간에 정책 조합의

21_Sartori, "Compare Why and How."

표 4-3 | 복지 자본주의 정치경제의 주요 변수

	경제의 대외 의존도[1]	GDP 대비 PLMP 지출 비율(%)		GDP 대비 ALMP 지출 비율(%)		GDP 대비 사회보장 지출 비율(%)[3]	임금 연대 순위[4]
	1980년 (2000년)	1985년	2000년	1975년[2]	2000년	1980년	1986년 (1994년)
스웨덴	61 (87)	0.87	1.33	1.16	1.74	49 (18)	1 (1)
오스트리아	69 (91)	1.04	1.17	0.05	0.52 0.85(2009년)	40 (19)	12 (11)
덴마크	68 (87)	3.65(1986년)	2.38	0.20	1.89	43 (17)	3 (-)
네덜란드	105 (134)	3.28	1.76	0.22	1.45	53 (26)	7 (4)
아일랜드	106 (182)	3.35	0.80	0.17(1980년)	0.81	32 (13)	- (12)
한국	71 (74) *95	-	0.08	-	0.38	-	-
노르웨이	80 (76)	0.48	0.50	0.90	0.61	34 (14)	2 (-)
핀란드	64 (78)	1.31	2.08	0.56	0.89	26 (9)	5 (2)
벨기에	112 (154)	3.27	2.11	0.70	1.13	42 (21)	4 (-)
독일	45 (66)	1.28	1.89	0.54	1.23	40 (17)	8 (5)
프랑스	44 (57) *48	1.49	1.38	0.17	1.19	44 (19)	10 (6)
이탈리아	45 (53)	0.82(1990년)	0.65	-	0.63(2004년)	34 (14)	6 (3)
영국	52 (57)	1.53	0.30	0.43	0.24	29 (12)	11 (10)
미국	21 (26)	0.54	0.28	0.18	0.17	23 (11)	14 (2)
캐나다	54 (85) *59	1.84	0.70	1.10	0.40	23 (10)	13 (1)
일본	28 (21)	0.32	0.56	0.43	0.28	20 (10)	9 (7)

1) *는 2009년도 대외 의존도임. 2000년도와 2009년도 사이에 급격한 변화가 있는 경우만 값을 부여했음.

2) Thomas Janoski, "Direct State Intervention in the Labor Market: The Explanation of Active Labor Market Policy from 1950 to 1988 in Social Democratic, Conservative, and Liberal Regimes," Janoski &Alexander M. Hicks eds., *The Comparative Political Economy of the Welfare State* (Cambridge: Cambridge University Press, 1994), 55.

3) (사회보장지출+이전지급) / GDP(%). 괄호 안은 이전지급 / GDP(%)다. Huber & Stephens, *Development and Crisis of the Welfare State*, 88-89(Table 4-1), 352-53(Table A-3).

4) Michael Wallerstein, "Wage-Setting Institutions and Pay Inequality in Advanced Industrial Societies," *American Journal of Political Science* 43-3 (1999), 654 참조.

출처: OECD.stat.

구성(독립변수)과 실업률(종속변수) 모두에서 차이가 존재한다고 가정하자. 이 경우 탈상품화 변수와 사회계층화 변수가 통제된 가운데 정책 조합의 구성에서 차이가 실업률의 차이에 영향을 미쳤다고 볼 수 있다. 더구나 스웨덴, 덴마크, 네덜란드, 오스트리아, 아일랜드 5개 국가는 해외 경제에 대한 대외 의존도가 높은 강소국이다(〈표 4-3〉). 따라서 경제 변수 대다수가 내생 변수가 아니라 외생 변수에 의해 영향을 받았으며 비슷한 정도로 변이를 보였다고 가정할 수 있다.

표 4-4 | 복지국가 유형과 정책 조합 유형의 비교

복지국가 유형 (에스핑-앤더슨)	국가 조합	정책 레짐의 불일치
사민주의 복지국가	스웨덴–덴마크	・세계화 이전: 사회정책(ALMP vs. PLMP) ・세계화 이전: 소득정책(연대 임금제 지속 vs. 중앙 임금 협상 와해)
기민주의 복지국가	네덜란드–오스트리아	・세계화 이전: 소득정책(중앙 임금 협상 와해 vs. 조직화된 분권화 지속) ・세계화 이후: 사회정책(PLMP 축소 및 ALMP 증대 vs. PLMP 수준 유지)
자유주의 복지국가	영국–아일랜드	・세계화 이후: 소득정책(임금 유연화 vs. 중앙 임금 협상)

복지 자본주의 유형과 정책 조합의 유형을 비교하면 차이가 뚜렷이 드러난다(〈표 4-4〉). 스웨덴과 덴마크는 사민주의 복지국가이지만 세계화 이전에 스웨덴은 적극적 노동시장 정책 중심의 사회정책을, 덴마크는 소극적 노동시장 정책 중심의 사회정책을 실시했다. 두 나라의 실업률은 1973년 제1차 오일쇼크 이후 뚜렷한 차이를 보였다(〈그림 4-7〉 참조). 스웨덴은 완전고용에 가까운 낮은 실업률을 유지했으나 덴마크는 고실업의 늪에 빠져들었다. 두 나라에서 노동시장 정책의 차이가 실업률의 차이를 유발시켰다고 가정할 수 있겠다.

그러나 같은 유형의 복지국가에 속하는 국가 간에 하나 이상의 정책 변수가 차이를 보였다면 기존의 비교 방법으로는 어느 변수가 실업률의 변화에 영향을 미쳤는지 확인할 수 없다. 스웨덴과 덴마크는 노동시장 정책뿐만 아니라 소득정책에서도 차이를 보였다(〈표 4-4〉). 스웨덴에서는 1980년대 초까지 중앙 임금 협상이 지속되었지만 덴마크에서는 제1차 오일쇼크 이후 중앙 임금 협상이 네 차례(1973, 1975, 1977, 1979년)나 와해되었다. 그 결과, 덴마크에서는 임금 억제의 고삐가 풀렸으며 산업별 임금격차도 확대되었다(제7장). 요컨대 노동시장 정책 구성의 차이, 소득정책의 성공 유무, 아니면 양자 간의 상호작용 중에서 어느 변수가 고실업을 유발했는지 확인할 수 없다. 이런 방법론상의 문제점은 네덜란드와 오스트리아에서도 드러난다. 세계화 이전에는 소득정책의 실패 유무가 실업률에 영향을 미쳤다고 가정할 수 있겠다. 그러나 세계화 이후 두 나라 모두 '조직화된 분권화'의 소득정책을 실시하고 있는 반면 노동시장 정책에서는 차이를 보였다.

과연 복지국가 유형 분류의 기준이 되는 변수를 통제한 상태에서 정책 조합을 구성하고 있는 정책 중에서 어느 정책이 실업률에 영향을 미쳤는가? 정책 간의 상호작용은 실업률에 어떤 영향을 미쳤는가? 기존 연구는 소극적 노동시장 정책 또는 적극적 노동시장 정책 중심의 사회정책이 소득정책의 성공 또는 실패와 상호작용해 실업에 어떤 영향을 주었는지를 다루지 않고 있다.[22] 사회정책과 소득정책 사이의 상호작용이 실업률에 미치는 영향을 분석하기 이전에 비교 방법은 이 문제를 어떻게 해결하고 있는지를 설명하고자 한다.

3-2-1. 비교 사례 방법

실증주의와 비교 사례 방법은 분석 단위의 특성과 인과관계에 대한 존재론이 다르다. 실증주의는 '사회적 세계'에 보편성이 존재한다는 입장을 견지한다. 그러나 비교 사례 방법이 근거하고 있는 해석주의에서는 사회적 세계가 '사회적으로 그리고 담론에 의해 구성'된다는 입장을 고수한다. 실증주의는 인과관계의 보편성을 정량적 방법을 통해 추론 및 추정한다. 반면 해석주의에서는 인과관계가 시공간의 맥락에 따라 변화한다고 본다. 실증주의는 다른 독립변수(들)를 통제하고 특정 독립변수가 종속변수에 미치는 영향, 다시 말하면 변수들 간의 이론적 관계를 분석한다. 그러나 해

22_ 이 책의 제3장 3-3절(102쪽)을 참조할 것.

석주의에 의하면 현상은 요인들의 상호작용에 의해 발생하기 때문에 인과관계도 '복잡성'을 띤다. 변수들의 동일한 조합이 시공간의 맥락에 따라서 다른 현상을 일으킬 수 있으며 그 반대로 변수들의 서로 다른 조합이 동일한 현상을 낳을 수도 있다는 것이다.[23] 비교 사례 방법이 지향하는 바는 인과관계의 보편적 법칙을 추정하는 것이 아니라 인과관계의 "복잡성을 관통하고 있는 질서," 즉 필요조건을 '확인하는'identify 데 있다.[24]

비교 사례 방법은 밀의 방법론에서 발전했다.[25] 밀은 인과 요인을 다음과 같이 확인 또는 결정하도록 주문한다. 첫째, '일치법'method of agreement이다. 여기서는 "하나의 환경[변수와 같은 의미_필자]만을 공유"하는 "둘 또는 그보다 많은 실례들"을 선택한다. 이 경우 불일치하는 환경들을 소거하고 나면 일치하는 환경이 하나만 남는데 이 환경에 현상의 원인이 존재한다고 본다. 둘째, '차이법'method of disagreement이다. 여기서는 둘 또는 다수의 사례에서 "모든 환경이 하나만 제외하고" 그 외의 환경은 일치하는 사례를

---

[23] Charles C. Ragin, *The Comparative Method* (Berkeley, CA: University of California Press, 1987), 23-6; Andrew Bennett & Colin Elman, "Qualitative Research: Recent Developments in Case Study Methods," *Annual Review of Political Science* 9 (2006), 457; Hall, "Aligning Ontology and Methodology in Comparative Research," 381-8; George & Bennett, *Case Studies and Theory Development in the Social Sciences*, Chapter 7-8; James Mahoney, "Comparative-Historical Methodology," *Annual Review of Sociology* 30 (2004); 안재흥, "수(數)와 이야기," 『한국정치학회보』 39-3 (2005).

[24] Ragin, *The Comparative Method*, 19; 안재흥, "정치학 방법론의 새로운 흐름: 존재론으로의 반전(反轉)," 『정치학이해의 길잡이 2』(법문사, 2008), 330.

[25] Faure, "Some Methodological Problems in Comparative Politics," 310; Ragin, *The Comparative Method*, Chapter 3; George & Bennett, *Case Studies and Theory Development in the Social Sciences*, Chapter 8.

선택한다. 이 경우 일치하는 환경을 소거하고 나면 "소거될 수 없는" 불일치하는 환경, 즉 변수가 남는데 여기에 원인이 있다는 것이다.[26]

밀의 방법론에 내재된 문제점은 하나의 독립변수가 남을 때까지 다른 변수들을 소거해야 하기 때문에 하나 이상의 독립변수가 종속변수에 미치는 효과를 다룰 수 없을 뿐만 아니라 상호작용 효과를 밝혀낼 수 없다는 데 있다.[27] 래긴Charles C. Ragin은 불리언대수Boolean Algebra를 이용한 정성 비교 분석으로 이 문제를 해결할 것을 제안한다. 래긴에 의하면 비교 사례 방법은 독립변수들로 구성된 다양한 조합의 상호작용을 관통하는 일정한 질서, 즉 필요조건을 찾아내는 방법이다.[28] 여기서는 독립변수가 하나일 필요는 없다. 특정 독립변수들의 상호작용이 여러 사례에 공통적으로 존재하면 상호작용이 필요조건이 되기 때문이다.

26_Mill, John Stuart, "Of the Four Methods of Experimental Inquiry," Mill, *A System of Logic Ratiocinative and Inductive* (Toronto: University of Toronto Press, 1974 [1843/1974]), 388-94; 안재흥, "비교 방법의 방법론적 정체성," 『국제정치논총』 46-2 (2006), 35-6.

27_Stanley Lieberson, "Small N's and Big Conclusions: An Examination of the Reasoning in Comparative Studies Based on a Small Number of Cases," *Social Forces* 70-2 (1991); Ragin, *The Comparative Method*, 36-42; George & Bennett, *Case Studies and Theory Development in the Social Sciences*, 156; 안재흥, "비교 방법의 방법론적 정체성," 37-8.

28_Ragin, *The Comparative Method*, 29; Charles C. Ragin, *Fuzzy-Set Social Science* (Chicago: University of Chicago, 2000), 3-14; 214-7; Benoît Rihoux & Giséle De Meur, "Crisp-Set Qualitative Comparative Analysis (cs QCA)," Rihoux & Charles C. Ragin eds., *Configurational Comparative Methods: Qualitative Comparative Analysis (QCA) and Related Techniques* (Thousand Oaks, CA: SAGE, 2009); George & Bennett, *Case Studies and Theory Development in the Social Sciences*, 157-8; 안재흥, "정치학 방법론의 새로운 흐름: 존재론으로의 반전(反轉)," 332-3.

표 4-5 | 진리표(Truth Table)

	A	P	I	U
스웨덴 1기, 스웨덴 2기, 아일랜드 3기, 네덜란드 3기	1	0	1	1
덴마크 1기, 네덜란드 1기, 오스트리아 1기, 오스트리아 2기, 오스트리아 3기	0	1	1	1
덴마크 3기	1	1	1	1
스웨덴 3기	1	1	0	0
덴마크 2기, 네덜란드 2기	0	1	0	0

주 1: 1기 = 제2차 세계대전~제1차 오일쇼크, 2기 = 제1차 오일쇼크~세계화 이전, 3기 = 세계화 이후.
주 2: A = ALMP, P = PLMP, I = 소득정책, U = 저실업.

3-2-2. 불리언대수를 이용한 정성 비교 분석[29]

정성 비교 분석을 위한 진리표는 〈표 4-5〉와 같다. 저실업 상태 U(1) 또는 고실업 상태 u(0)에 영향을 미친 정책 조합은 적극적 노동시장 정책(A), 소극적 노동시장 정책(P), 소득정책(I)으로 구성된다. 실업의 요인은 여러 가지다. 그럼에도 세 개의 정책만을 대상으로 상호작용을 비교하는 이유는 첫째, 서유럽 강소·복지 5개국은 경제의 대외 의존도가 높은 국가로서 외부로부터의 영향에 비슷한 정도로 노출되어 있었기 때문에 외생변수들의 차이가 실업률의 차이에 영향을 주지 않았다고 가정하기 때문이며, 둘째, 이미 동일한 복지국가 유형에 속한 국가의 비교에서 세 정책의 조합이 차이를 보였다는 점을 확인했기 때문이다. 제2차 세계대전 이후 현재까지 시기를 두 가지 역사적 사건 — 1973년 제1차 오일쇼크와 1980년대 중반의 세계화 — 을 기준으로 하여 세 시기로 나누었다. 여기서는 조정시장경제 국가만을 비교하기 때문에 아일랜드의 경우에는 세계화 이후의 시기만 포함시켰다.[30]

29_안재흥, "사회 투자, 성장과 복지를 잇는 선순환의 필요조건인가?," 372-3 참조.
30_아일랜드는 1987년 이후 소득정책을 실시했으며 1990년대 중반부터 적극적 노동시장 중심

저실업 상태 U(1)가 발생했던 정책 조합의 경우는 다음과 같다.[31]

$U = ApI + aPI + API$
$ = I(Ap + aP) + API$

I와 조합을 이룰 경우에 Ap나 그 반대의 경우인 aP 모두 저실업 상태에 기여하기 때문에 I(Ap + aP)는 '최소화'minimization되어 I로 전환된다. 따라서,

$U = I + API$

결과적으로 소득정책(I)이 저실업(U)의 필요조건이다.[32] 저실업이 발생했던 국가에서는 임금 억제 소득정책이 항상 실행되었던 것이다.

저실업 상태의 반대인 고실업(u)이 발생했던 정책 조합의 경우는 다음과 같다.

$u = aPi + APi$
$ = Pi(a + A)$ 최소화하면,
$ = Pi$

의 사회정책을 실시했다. 자세한 내용은 이 책의 제8장 5절(416쪽)을 참조할 것.

31_Ragin, *The Comparative Method*, 29; 99-100; Rihoux & De Meur, "Crisp-Set Qualitative Comparative Analysis (cs QCA)."

32_Y가 발생할 때 항상 X가 존재하면 X는 Y를 위한 필요조건이다.

소득정책의 와해(i)와 소극적 노동시장 정책(P) 사이의 상호작용이 고실업 — u(0) — 의 필요조건이다. 즉, 고실업이 발생했던 국가에서는 임금억제를 위한 소득정책이 와해되었으며 동시에 소극적 노동시장 정책 중심의 사회정책이 실시되었던 것이다.

3-2-3. 필요조건 분석과 선택 편의의 문제

저실업과 고실업의 필요조건 분석은 노동시장 정책으로 실업을 조정하는 조정 시장경제 국가만을 대상으로 삼았다. 불리언대수 분석에서는 저실업 또는 고실업이 발생한 사례들을 분리해 각각의 필요조건을 분석했다. 고전적 통계 방법의 관점에서 보면 이는 '선택 편의'selection bias를 범한 예에 속한다. 그러나 정성적 방법의 존재론에서 보면 이런 비판은 성립되지 않는다. 필요조건 분석은 고전적 통계학과는 반대로 '효과의 원인'cause of effects을 밝히는 연구 방법에 기초하고 있기 때문이다. 정확한 이해를 돕기 위해 정성적 방법 지지자들과 정량적 방법 지지자들 사이의 논쟁을 소개한다.

3인의 정치학자 — 킹Gary King, 커헤인Robert Keohane, 버바Sidney Verba(약칭 KKV) — 는 『사회 탐구 디자인』Designing Social Inquiry(1994)에서 정성적 연구 방법에 치명적 결함이 있을 수 있음을 지적했다. KKV가 지적한 결함 중에서도 선택 편의가 논쟁의 핵심으로 부상했다. 연구자가 의도하는 결과를 지지하는 독립변수(들)와 종속변수의 조합에 기초해 사례를 선택해 인과성을 탐구하면 사례의 선택에서 편의를 범하게 된다. 특히 종속변수가 특정한 값, 또는 제한된 범위의 값만을 가지도록 사례를 선택하면 다른 값을 가졌을 때가 고려되지 않기 때문에 선택의 편의를 범한다는 것이다.[33] KKV에 의하면 통계 방법은 비록 실험을 하지 않지만 표본을 무작위로 선택하기 때문에 선택 편의를 범하지 않는다. 표본의 기댓값이 모집단 '파라미터'parameter의 평균과 일치하기 때문이다. 그러나 정성적 방법은 하나 또는 소수의 사례를 '의도적'으로 선택할 수밖에 없기 때문에 편의의 문제에 걸려들기 쉽다. 예컨대 스카치폴은 사회혁명이 발생한 사례만을 대상으로 삼았기 때문에 선택 편의를 범했다는 것이다.[34]

그러나 정성적 방법 지지자들은 정량적 방법과 정성적 방법은 인과관계에 대한 존재론이 다르다는 점을 강조한다. 비교 사례연구는 필요조건을 탐구한다. 필요조건의 접근은 먼저 종속변수(Y)를 선택하고 나서 독립변수(X)를 추적한다. "Y가 발생할 때 항상 X가 존재하면"Y is true only if X is true X는 Y의 필요조건이다. 스카치폴의 연구에서 '사회혁명이 발생한 경우에는 전쟁으로 국가가 붕괴했다'라는 명제는 국가의 붕괴(X) 시에 사회혁명(Y)이 반드시 발생한다는 것이 아니라 그것이 인과적으로 가능하다는 것을 의미한다. 필요조건의 접근은 베이지언Bayesian 통계학과 방법론적 시각이 같다. X가 Y의 원인이라고 가정하자. 전통적인 확률 이론에서는 X가 발생했다는 사실을 주어진 것으로 보고 Y가 발생할 확률을 구한다. 요컨대 '원인의 효과'effects of cause에 해당하는 '인과 효과'causal effects를 추정하는 것이다. 그러나 베이지언 통계학에서는 Y를 주어진 것으로 보고 이를 관측한 후에 X가 발생했을 확률을 '사후적'으로 구한다. '효과의 원인'을 추론하는 것이다. 따라서 베이지언 확률은 '역의 확률'inverse probabilities이며 '베이지언 정리'Bayesian theorem에 근거해 계산된다.[35] 요컨대 필요조건 분석에

33_King & Keohane & Verba, *Designing Social Inquiry*, 128-9.

34_Theda Skocpol, *States and Social Revolutions: A Comparative Analysis of France, Russia, and China* (Cambridge: Cambridge University Press, 1979).

35_George & Bennett, *Case Studies and Theory Development in the Social Sciences*; Jan Kmenta, *Elements of Econometrics* 2nd edition (New York: Macmillan Publishing Company, 1986), 51.

서는 '선택 편의'가 성립되지 않는 것이다.[36] 필요조건 분석 자체가 종속변수를 먼저 관찰하고 난 이후에 독립변수, 또는 독립변수들의 조합, 즉 효과의 원인을 확인하는 방법이기 때문이다.

3-3. 사회 투자 국가 전략과 사회적 불평등

세계화 이후 노동시장에서 두 유형의 실업 레짐이 존재하고 있다(〈그림 4-9〉 참조). 세계화 이전처럼 소득정책과 사회정책 — 적극적 노동시장 정책과 소극적 노동시장 정책의 조합 — 을 연계해 실업률을 낮게 유지하는 조정 시장경제 국가군이 여전히 존재하는 반면, 임금 조정은 시장의 경쟁에 맡긴 채 적극적 노동시장 정책에 대한 투자로 실업률을 낮춘 자유 시장경제 국가군도 존재했다. 과연 두 유형의 실업 레짐 사이에 사회적 불평등은 어떤 차이를 보였는가? 이 문제는 복지 자본주의의 연구에서 주요한 주제다. 성장과 복지가 안정적으로 선순환하기 위해서는 성장을 통한 고용 증대와 함께 복지를 통한 사회적 평등이 모두 실현되어야 하기 때문이다.

세계화 이후 영국과 아일랜드 등 자유 시장경제 국가군이 사회 투자 국가 전략을 선도했지만 서유럽의 다른 복지국가들도 사회정책 전반을 재편했다. 소극적 노동시장 정책에 대한 지출을 줄이는 한편 적극적 노동시장 정책과 인적 자원 계발 — 보육, 육아 휴가, 초중등 교육, 노인 요양 등 —

36_Gary Goertz & Harvey Starr, "Introduction: Necessary Condition Logics, Research Design, and Theory," Goertz & Starr eds., *Necessary Conditions: Theory, Methodology, and Applications* (Lanham: Rowman & Littlefield, 2003), 9; Bear F. Braumoeller & Gary Goertz, "The Methodology of Necessary Conditions"; Douglas Dion, "Evidence and Inference in the Comparative Case Study," *Comparative Politics* 30-2 (1998), 127-8.

에 대한 지출을 증가시켰다.[37] 최근의 연구에 의하면 이와 같은 지출 구조의 개혁은 실업률을 줄이는 데는 기여했지만 오히려 사회적 불평등을 심화시켰다. 보육, 육아 휴가, 초중등 교육 등에 대한 지출은 실업보험, 이전지급, 조기 은퇴 연금 등에 대한 지출보다 재분배 효과가 적었기 때문이다. 더구나 사회 투자 정책의 주요 수혜자는 '빈곤 노동자'가 아니라 '부유 노동자'였다. 요컨대 사회 투자 정책을 통한 실업자의 '재상품화'는 빈곤 노동자들을 양산시킨 결과, 사회적 불평등을 심화시켰다는 것이다.[38] 그러나 이들 연구는 사회 투자 정책이 사회적 불평등에 미친 영향을 논의하고 있을 뿐 소득정책을 포함한 정책 조합의 차이가 실업과 사회 불평등에 미친 영향은 다루지 않고 있다.

제3장에서 다음과 같은 가설을 제시한 바 있다. 실업률을 낮게 유지하기 위해서는 소득정책이 실행되어야 한다. 그러나 낮은 실업률이 반드시 사회적 불평등을 개선하는 데 기여하는 것은 아니다. 단순한 임금 억제는 경제성장을 유발할 수 있으나 동시에 사회적 불평등을 심화시킬 수 있기 때문이다. 성장과 복지가 선순환하기 위해서는 소득정책을 실시하는 한편 사회정책에서는 적극적 노동시장 정책과 소극적 노동시장 정책 사이에 균형 잡힌 지출이 이루어져야 한다. 소극적 노동시장 정책을 낮은 수준으로 유지하면서 적극적 노동시장 정책에 대한 지출을 늘렸을 경우 일부 사회

37_Frank Vandenbrouchke & Koen Vleminckx, "Disappointing Poverty Trends: Is the Social Investment State to Blame?" *Journal of European Social Policy* 21-5 (2011), 454.

38_Bea Cantillon, "The Paradox of the Social Investment State: Growth, Employment & Poverty in the Lisbon Era," *Journal of European Social Policy* 21-5 (2011); Vandenbrouchke & Vleminckx, "Disappointing Poverty Trends."

그림 4-11 | ALMP 지출 / GDP(%) 연도별 추이

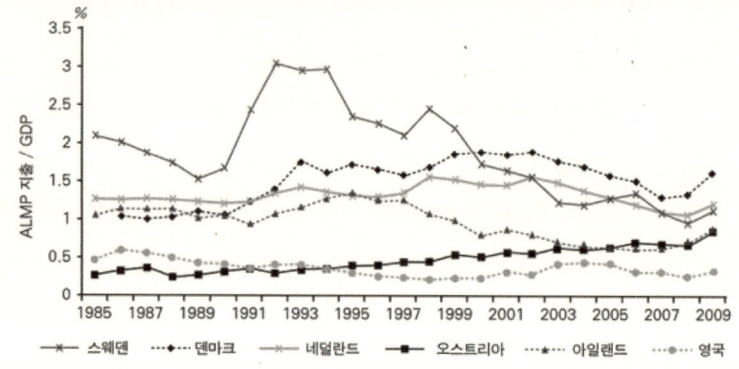

출처: OECD.stat.

집단의 고용 여건은 개선된다. 그러나 전체적으로는 중하 범주의 임노동자 간에 임금 경쟁이 심화되며 노동시장의 아웃사이더들에 대한 사회적 보호도 약화되기 때문에 사회적 불평등이 악화된다.

영국과 아일랜드는 자유주의 복지국가에 속하며 1990년대 중반부터 사회 투자 정책을 본격적으로 실시했다. 그러나 두 나라는 서로 다른 정책 조합을 선택했다. 아일랜드는 소극적 노동시장 정책에 대한 지출을 줄이는 대신 적극적 노동시장 정책을 늘리는 한편 이를 소득정책과 연계했다. 아일랜드는 1987년부터 노사정이 일련의 사회 협약을 맺음으로써 임금을 조정했다. 그러나 아일랜드의 임금 조정은 임금 연대보다는 임금 억제에 주력했다(제8장). 영국은 달랐다. 영국의 보수당 정부는 1980년부터 1993년 사이에 일련의 고용 및 노동조합 관련법을 제정해 노동시장의 유연화를 강행했다. 1997년에 구성된 블레어의 노동당 정부는 사회 투자 정책을 천명했다.[39] 그러나 적극적 노동시장 정책에 대한 지출은 거의 증가시키지 않은 채(〈그림 4-11〉) 주로 육아 및 초·중등 교육에 대한 투자를 늘렸다.[40]

표 4-6 | 사회 투자 성과 지표

단위: %

	실업률			노동시장 참여율[2]		
	1984~86년	1994~96년	2004~06년	1984~86년	1994~96년	2004~06년
스웨덴	2.9	9.3	7.0	81.8	78.0	78.0
덴마크	6.6	7.1	4.7	81.3	79.4	80.6
네덜란드	7.3	6.1	4.5	69.3	75.1	87.3
오스트리아	2.9[1]	4.1	4.7	66.1	71.7	72.3
영국	10.9	8.5	5.0	73.8	74.9	76.5
아일랜드	15.9	12.8	4.5	62.6	63.4	72.0

1) 1980~84년 평균치임. OECD, *Historical statistics 1970-1984* (Paris: OECD, 1986), 39.
2) 노동시장 참여율 = 노동시장 참여 인구 / 노동 가능 인구(15~65세) x 100.
출처: OECD.stat.

요컨대 영국과 아일랜드 모두 사회 투자 정책에 충실했으나 영국은 적극적 노동시장 정책에 집중하지 않았으며 임금 조정을 시장에 맡겼다. 반면에 아일랜드는 적극적 노동시장 정책을 소득정책과 연계했다. 두 나라 모두 실업률을 낮추고 노동시장 참여율을 높이는 데 성공했다(〈표 4-6〉). 그러나 정도에서는 차이를 보였는데 실업률과 노동시장 참여율의 지표에서 아일랜드의 성과가 영국보다 뚜렷했다.

사회적 불평등 지수로 널리 활용되고 있는 지니계수를 통해 비교해 보면 영국과 아일랜드의 지니계수가 다른 조정 시장경제 국가에 비해 매우 높았을 뿐만 아니라 뚜렷이 개선되지도 않았다는 점이 드러난다. 실업률이 현격히 감소했음에도 사회적 불평등 지수가 개선되지 않았다는 것은

39_Rueda, "Social Democracy and Active Labour Market Policies," 390-5; Roger Undy, "Annual Review Article: New Labour's 'Industrial Relations Settlement': The Third Way?" *British Journal of Industrial Relations* 37-2 (1999).

40_Vandenbrouchke & Vleminckx, "Disappointing Poverty Trends," 468, Appendix Table 1.

표 4-7 | 사회적 불평등 지수(Gini Index)

	1970년대 중반	1980년대 중반	1990년	1990년대 중반	2000년	2000년대 중반
스웨덴	0.212 (0.201)	0.198 (0.195)	0.209 (0.205)	0.211 (0.216)	0.243 (0.242)	0.234 (0.236)
덴마크	-	0.221 (0.209)	0.226 (0.215)	0.215 (0.206)	0.226 (0.219)	0.232 (0.228)
네덜란드	0.263 (0.262)	0.272 (0.273)	0.292 (0.29)	0.297 (0.298)	0.292 (0.293)	0.284 (0.285)
오스트리아	-	0.236 (0.225)	-	0.238 (0.233)	0.252 (0.246)	0.265 (0.267)
영국	0.268 (0.264)	0.309 (0.305)	0.354 (0.347)	0.336 (0.334)	0.353 (0.351)	0.331 (0.331)
아일랜드	-	0.331 (0.338)	-	0.324 (0.321)	0.304 (0.29)	0.314 (0.305)

주 : 괄호는 노동 가능 인구(18~65세)를 대상으로 한 수치임.
출처: OECD, *Directorate for Employment, Labour and Social Affairs* (Paris: OECD). http://www.oecd.org/document/34/0,3343,en_2649_33927_40917154_1_1_1_1,00.html

표 4-8 | 위험 빈곤율(60%)[1]

	2001년	2002년	2003년	2004년	2005년	2006년	2007년	2008년	2009년	2010년
스웨덴	9	11		11.3	9.5	12.3	10.5	12.2	13.3	12.9
덴마크	10		11.7	10.9	11.8	11.7	11.7	11.8	13.1	13.3
네덜란드	11	11	12		10.7	9.7	10.2	10.5	11.1	10.3
오스트리아	12		13.2	12.8	12.3	12.6	12.0	12.4	12.0	12.1
아일랜드	21		20.5	20.9	19.7	18.5	17.2	15.5	15.0	16.1
영국	18	18	18		19.0	19.0	18.6	18.7	17.3	17.1
EU(15)	15		15	17	15.7	15.9	16.0	16.2	16.1	16.2

1) 위험 빈곤율(At-risk-of-poverty-rate)은 이전지급이 배분된 이후 '균등화된 가처분소득'(equalivalized disposable income)이 일정 수준의 빈곤 한계점(균등화된 가처분소득 백분위에서 60퍼센트) 아래에 속하는 계층의 비율을 의미한다. '균등화된 가처분소득'은 세금 납부 이후 한 가정의 총소득을 가계 구성원으로 나눈 값이다. 가계 구성원 수도 나이에 따라 차등치를 두어 균등화한다. 예컨대 가장은 1.0, 두 번째 구성원 및 14세 미만은 0.5, 14세 미만은 0.3이다.
출처: http://appsso.eurostat.ec.europa.eu/nui/show.do?dataset=ilc_li02&lang=en

저임금 임노동자의 수가 증가했다는 것을 의미한다. 그러나 두 나라는 약간의 차이를 보였다(〈표 4-7〉). 사회 투자 정책이 본격적으로 실시되었던 1990년대 중반 이후 추이를 보면 다음과 같다. 영국의 경우 1990년대 중반부터 2000년대 중반까지 실업률이 현격히 낮아졌음에도 지니계수는 2000년의 시점에서 보면 오히려 증가했다. 2000년대 중반에 약간 개선되었을 뿐이다. 반면에 아일랜드에서는 1990년대 중반부터 2000년대 중반까지

그림 4-12 | PLMP 지출 / GDP(%) 연도별 추이

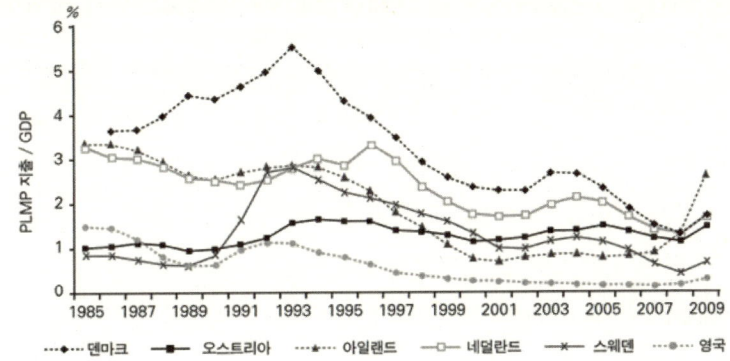

출처: OECD.stat.

실업률이 영국보다도 더욱 감소했을 뿐만 아니라 지니계수도 2000년의 시점에서 보면 어느 정도 개선되었다. 그러나 2000년대 중반의 시점에서 보면 지니계수가 약간 악화되었다. 이는 2007년부터 시작된 외환 위기의 영향이 작용한 결과일 것으로 추정된다.

위험 빈곤율 지표를 이용할 경우에도 영국과 아일랜드는 2000년대 중반 이후에 지니계수와 비슷한 추세를 보였다(〈표 4-8〉). 아일랜드의 사례가 보여 주듯이 실업률과 사회적 불평등 수준은 사회 투자 정책이 소득정책과 연계되어 실시되었을 경우 그렇지 않았을 경우보다 개선되었다. 그러나 소극적 노동시장 정책에 대한 지출이 미미했기 때문에 사회적 불평등의 수준이 높았으며 뚜렷하게 개선되지도 않았다. 요컨대 소극적 노동시장 정책에 일정 수준 이상을 지출하지 않고 사회 투자 국가 전략에 치중하면 비록 소득정책이 실행되었을지라도 사회적 불평등은 별반 개선되지 않았다.

세계화 이후 스웨덴, 덴마크, 네덜란드는 적극적 노동시장 정책과 소극적 노동시장 정책 사이에 균형을 잡았다. 그 과정은 나라마다 달랐다(〈그림 4-11〉과 〈그림 4-12〉 참조). 스웨덴에서는 1990년대 초부터 GDP 대비 적극적 노동시장 정책 지출의 비율이 지속적으로 줄었다. 소극적 노동시장 정책에 대한 지출 비율은 1990년대 초에 급격히 상승했으나 1990년대 중반부터 감소했다. 이런 현상은 다음과 같은 경제적 상황에서 발생했다. 1983년에 중앙 임금 협상제가 와해된 결과, 임금이 급격히 상승했다. 임금 상승은 1980년대 중반부터 실시된 금융시장 자유화 조치와 맞물려 거품bubble 경제를 초래했다. 금융시장 자유화의 타이밍을 잘못 잡은 것이었다. 이런 상황에서 1991년에 집권한 중도-우파 연립정부가 완전고용 정책을 포기하고 신자유주의 정책을 밀어붙이자 재앙에 가까운 상황이 발생했다. 1990년에 1.7퍼센트였던 실업률이 1993년에 8.2퍼센트로 급등했던 것이다. 실업률의 증가로 인해 소극적 노동시장 정책에 대한 지출 — 예컨대 실업보험 지원 — 이 증가할 수밖에 없었다. 1990년대 중반부터는 적극적 노동시장 정책과 소극적 노동시장 정책에 대한 지출 비율의 차이가 꾸준히 줄어 결국 양자 사이에 균형이 잡혔다(제8장).

반면 덴마크의 중도-우파 연립정부(1982~93년)는 경화 정책과 내핍 재정 정책을 추진하면서 자본시장을 개방했다. 그 결과, 실업률이 잡히기 시작했다. 이에 더하여 1993년에 들어선 사민당-사회자유당 연립정부는 노동시장의 유연화는 지속시키되 그동안 과도하게 지출했던 실업보험 등 소극적 노동시장 정책을 대폭 축소하는 대신 적극적 노동시장 정책에 대한 지출을 늘렸다. 결국 두 정책 사이에 균형이 잡혔는데 이는 '유연 안전화 모델'flexicurity model로 회자되고 있다. 네덜란드의 기민당은 1982년에 자유당과 연립정부(1982~89년)를 구성한 이후 소득정책과 함께 비상근 노동자의 노동시장 참여를 유인하는 적극적 노동시장 정책의 실행에 주력했다. 1989년에는 노동당과 연립정부(1989~94년)를 구성하고 본격적으로 사회 정책의 개혁에 착수했다. 노동계급의 반발이 예상되는 소극적 노동시장 정책, 특히 장애 보험 — 1989년에 성인 700만 명 가운데 장애 보험 포함 인구 100만 명 — 과 실업보험에 대한 지출을 줄이는 데 성공했다(제8장). 그 결과, 네덜란드에서도 적극적 노동시장 정책과 소극적 노동시장 정책 사이의 균형이 잡혔다. 그러나 GDP 대비 두 정책의 지출 비율은 덴마크보다 낮았다.

1990년대 중반에서 2000년대 중반의 추이를 살펴보면 스웨덴, 덴마크, 네덜란드는 실업률과 노동시장 참여율이 비슷한 정도로 개선되었다(〈표 4-6〉 참조). 그러나 사회적 불평등 지수에 있어서는 스웨덴, 덴마크가 네덜란드보다 월등히 낮은 수준을 유지했다. 이는 두 가지에서 기인했다고 볼 수 있다. 첫째, 세계화 이전에 같은 정책 레짐에 속했던 덴마크와 비교하면(〈표 4-1〉과 〈그림 4-8〉 참조) 네덜란드는 세계화 이후에 GDP 대비 소극적 노동시장 정책 및 적극적 노동시장 정책 지출 비율이 낮았을 뿐만 아니라 감소했다. 둘째, 네덜란드는 스웨덴, 덴마크와 다르게 임금 연대의 수준이 낮아서 중·저 임금 분산(P50/P10)의 정도가 높았다. 이는 세계화 이후 더욱 심화되었다. 저임금 노동자, 특히 비상근 노동자의 증가와 노동시장의 아웃사이더에 대한 사회적 보호의 약화가 상대적으로 높은 사회적 불평등에 반영되었다고 볼 수 있다.

네덜란드와 오스트리아는 기민주의 복지국가에 속하지만 세계화 이전부터 줄곧 정책 조합이 달랐다. 네덜란드는 1980년대 중반부터 임금 협상을 분권화시켰으나 일련의 사회 협약을 통한 소득정책으로 임금을 억제하는 데는 성공했다. 소득정책은 임금 분산을 허용하는 방식으로 추진되었다. 사회정책에서 소극적 노동시장 정책에 대한 지출은 줄이고 적극적 노동시장 정책에 대한 지출은 늘렸다. 네덜란드는 조정 시장경제를 유지했으나 아일랜드와 비슷하게 정책 조합을 사회 투자 국가에 근접시켰던 것이다. 이와 대비해 오스트리아의 정책 조합은 세계화 이전과 큰 차이를 보이지 않았다. 다만 미미한 수준이나마 적극적 노동시장 정책에 대한 투자를 늘렸다(〈그림 4-11〉 참조). 중·저 임금 분산이 1990년대 중반에 획기적으로 감소된 것으로 보고되고 있다. 그러나 1990년대 중반 이전과 이후 데이터 조사 기관이 달랐기 때문에 데이터의 신뢰성에 문제가 있다.[41] 오스트리아의 사회적 불평등 수준은 다른 나라처럼 약간 심화되었으나 세계화 이전과 큰 차이를 보이지 않았다(〈표 4-7〉과 〈표 4-8〉 참조).

요약하면, 선진 자본주의 국가는 생산 레짐의 유형에 따라서 실업 레짐이 양분된 것처럼 사회적 불평등에서도 두 국가군으로 나뉘었다. 정책 조합의 차이가 사회적 불평등의 양분화에 영향을 주었다. 전반적으로 보면 1990년대 초중반부터 적극적 노동시장 정책에 대한 지출이 증가한 반면 소극적 노동시장 정책에 대한 지출은 감소했다. 노동시장 정책에 관한 한 서유럽 복지국가는 사회 투자 전략으로 선회한 것이다. 그러나 그 정도는 달랐다. 2000년대 중반부터 스웨덴, 덴마크, 네덜란드는 상대적으로 높은 수준에서 두 정책의 균형을 잡은 반면에 아일랜드와 영국은 두 정책에 대한 투자가 매우 낮은 수준에 머물렀다. 고용과 사회적 불평등의 추이를 살펴보면 노동시장의 유연화와 적극적 노동시장 정책을 연계하는 방식의 사회 투자 정책은 고용 여건을 개선하는 데 기여했으나 사회적 불평등을 개선하는 데는 실패했다. 조정 시장경제를 유지한 채 사회 투자 정책을 강화한 네덜란드에서도 비슷한 현상이 발생했다. 반면 스웨덴과 덴마크는 적극적 노동시장 정책과 소극적 노동시장 정책에 대한 지출에서 균형을 잡았으며 동시에 소득정책으로 임금 연대를 유지했다. 스웨덴과 덴마크의 실업률과 사회적 불평등 지수는 다른 국가에 비해 상대적으로 낮았다. 결론적으로 말하면 적극적 노동시장 정책과 소극적 노동시장 정책이 균형을

41_ 이 장의 각주 16을 참조.

이룬 상태에서 임금 연대의 소득정책이 실시될 때 (경제)성장과 (사회)복지가 선순환했다.

4. 비교 역사 방법

제3장의 분석 틀은 동학의 시각에서 경로 의존성과 함께 경로의 와해 및 재편을 동일한 분석의 연장선에서 놓고 시간이 경과함에 따라 요인들이 상호작용해 어떻게 복지 자본주의 정치경제 레짐을 변동시켰는지에 초점을 맞추었다(<그림 3-3>). 정치 대표 체계와 기능 대표 체계를 구성하고 있는 제도들이 상호 보완적이며 친화적일 때 정치경제 레짐이 형성된다. 그러나 조합을 이룬 정책들이 실행되어 피드백 효과를 낳으면 정치적 맥락이 변화하기 때문에 제도들 사이의 친화성도 약화된다는 분석 틀을 제시했다. 이 장에서는 정치경제 레짐의 제도적 친화성과 정책 조합의 효과를 실증적으로 분석했다. 그러나 상관관계 및 정성 비교 분석은 시간의 역사성과 정치적 맥락의 변화를 분석에 담아낼 수 없다. 상관관계 분석과 필요조건 분석으로 도출한 요인들이 시간의 흐름에 따라서 그리고 변화된 맥락에서 어떻게 인과적 관계를 구성하게 되었는지를 밝히는 것은 비교 역사 연구의 몫이다.

4-1. 시간의 역사성과 경로 변형

정성 비교 분석은 사례를 명목 변수 — 0과 1 — 로 단순화해 원인을 찾아내는, 비교 사례 방법을 발전시킨 테크닉이다. 이런 비교 사례 방법은 명목 변수를 이용하기 때문에 시간의 역사성 자체가 현상의 변화에 어느 정도 그리고 어떻게 영향을 미쳤는지를 분석할 수 없다. 이는 비교 역사 방법에 의해 보완되어야 한다. 두 방법 모두 존재론의 시각에서 인과성의 문제에 접근한다. 시공간의 맥락에 따라서 인과관계가 다를 수 있다고 가정하는 것이다. 비교 사례 방법은 여러 사례에 걸쳐 나타나는 변수들 간의 복잡한 상호작용을 관통하는 질서, 즉 필요조건을 확인하는 데 분석의 초점을 맞춘다. 그러나 필요조건은 '불안한' 결과다. 어느 한 변수 또는 사례가 추가되면 분석의 결과가 달라질 수 있기 때문이다.[42] 더구나 상호작용이 시간이 경과함에 따라, 그리고 특정한 시기에 외생적 충격의 영향으로 인해 어떻게 변화했는지를 설명할 수 없다.

반면 비교 역사 방법은 시간의 역사성에 초점을 맞춘다. 역사 연구는 "우연성, 타이밍, 시기성, 템포, 지속, 경로 의존성"이 현상의 변화에 미치는 영향을 강조한다.[43] 동일한 요인들이 시공간의 맥락에 따라, 그리고 역사적 사건을 기점으로 하여 다르게 작동할 수 있다고 가정한다. 비교 사례 방법에서는 사례가 하나의 분석 단위다. 하나의 사례를 부분들이 서로 연계되어 형성된 전체로 보고 그 '배열 전체'configuration를 분석 단위로 잡는 것이다. 그러나 비교 역사 방법의 시각에서 보면 역사적 사건의 전과 후의 사례는 별개의 사례로 삼아야 하며 두 시기는 '통시적 비교'의 대상이다.[44] 왜냐하면 역사적 사건 이후에 형성된 새로운 경로에서는 이전 경로를 지

---

[42] George & Bennett, *Case Studies and Theory Development in the Social Sciences*, 163.

[43] Larry W. Isaac & Larry J. Griffin, "Ahistoricism in Time-Series Analysis of Historical Process: Critique, Redirection, and Illustrations from US Labor History," *American Sociological Review* 54-6 (1989), 874-5.

[44] Stefano Bartolini, "On Time and Comparative Research," *Journal of Theoretical Politics* 5-2 (1993).

배했던 변수들 간의 관계가 변화하기 때문이다. 정책 조합의 효과에 대한 정성 비교 분석에서 1973년 제1차 오일쇼크와 1980년대 중반 세계화를 기점으로 사례를 나누고 각 사례를 분석 단위로 삼아 비교한 바 있다. 제7~8장에서는 이런 시기적 구분이 타당했는가를 역사 연구를 통해 확인할 것이다.

시간의 역사성에 대해 좀 더 구체적으로 논의해 보자. 제3장의 분석 틀은 경로 의존성과 함께 경로의 와해 및 재편을 분석의 동일한 연장선에 올려놓았다. 경로 의존성은 특정 시간과 공간에서 발생한 행위가 '궤적'을 만들어 내며 궤적은 제도로 작용해 향후의 행위에 영향을 미친다는 방법론적인 개념이다.[45] 역설적이게도 경로 의존성은 역사적 사건을 전제한다. '결정적 국면'에서 발생한 역사적 사건의 결과가 이후에 발생하는 사건들에 연쇄적으로 작용해 특정한 패턴의 발생을 강화하는 피드백 메커니즘을 유발하기 때문이다.[46] 경제학에서는 이익 체증의 개념을 활용해 이를 설명한다. 예컨대 어느 한 기술이 선택되어 고정비용이 투자되었고 시간이 지남에 따라 '학습 효과,' '조정 효과,' '적응력이 강한 예상' 등의 추가적 효과로 인해 이익이 증대하면 선택된 경로를 이탈하기가 갈수록 어렵게 된다는 것이다.[47] 그러나 경로는 또 다른 결정적 국면에 직면하게 되어 역사적 사건을 겪는 가운데 와해되고 그 결과, 새로운 경로가 형성된다. 이와 같은

45_Margaret R. Somers, "'We're No Angels': Realism, Rational Choice, and Relationality in Social Science," *American Journal of Sociology* 104-3 (1998), 768.

46_Pierson & Skocpol, "Historical Institutionalism in Contemporary Political Science," 699; Sewell Jr., "Three Temporalities," 262-3; Mahoney, "Path Dependence in Historical Sociology," 510.

47_Paul Pierson, "Increasing Returns, Path Dependence, and the Study of Politics," *American Political Science Reveiw* 94-2 (2000), 252-4.

경우 이전 경로의 요인들로는 새로운 경로를 설명하지 못한다. 역사적 사건이 '역사적 전환점'을 기점으로 변수들 간의 '균형'뿐만 아니라 이들이 작용하는 '논리'까지도 바꾸기 때문이다.[48] 따라서 역사적 사건이 경로의 변형에 미치는 영향이 비교 역사 연구에서는 핵심적인 논점이다.

왜 역사 경로는 장기적으로 지속되지만 우연히 발생한 사건이 도화선이 되어 갑작스레 변형되는가. 제3장에서 이미 이 문제를 논의한 바 있다. 장기간에 걸쳐 내생적으로 축적된 변화의 잠재성이 외생적으로 발생한 사건과 맞물리면서 경로는 단기간에 변화의 격랑에 휘말리게 된다. 외생적 사건이 내생적 변화의 어느 단계에서 발생했는가 하는 역사적 타이밍이 이후 경로 형성에 주요한 변수로 작용한다. 제7~8장은 역사적 사건이 경로 변형에 미친 영향을 분석한다. 특히 소득정책의 장기적 집행이 정책의 형성을 가능하게 했던 노사정의 정치에 어떻게 작용했는지를 다룬다.

4-2. 인과 메커니즘

제5장, 제7~8장은 경로의 형성·와해·재편의 인과 메커니즘을 추적한다.[49]

48_Sewell Jr., "Three Temporalities," 263; Abbott, "On the Concept of Turning Point"; Andrew Abbott, "From Causes to Events: Notes on Narrative Positivism," *Sociological Methods and Research* 20-4 (1992); Griffin, "Narrative, Event-Structure, and Causal Interpretation in Historical Sociology"; 안재홍, "수(數)와 이야기"; 안재홍, "비교 방법의 방법론적 정체성"; 안재홍, "정치학 방법론의 새로운 흐름: 존재론으로의 반전(反轉)."

49_인과 메커니즘은 '과학적 현실주의'(scientific realism)가 제기한 방법론적 개념이다. 과학적 현실주의는 인과성에 대해 다음과 같은 존재론을 견지한다. "제대로 작동되면 하나의 결과를 가져오지만 관측할 수 없는 실체," 즉 인과 메커니즘이 존재한다고 가정한다. 예컨대 사회구조, 계급, 시장 등은 관측이 가능하지 않아서 객관적 지식의 대상이 될 수 없다.

인과 메커니즘은 정량적 방법이 추론과 추정을 통해 검증하고자 하는 인과 효과와 대척되는 개념이다. 인과 효과는 다변량 회귀분석에서처럼 다른 변수들의 영향이 통제된 조건에서 특정 독립변수가 다른 값을 가질 때 이것이 종속변수의 변화에 미치는 효과를 의미한다.[50] '원인의 효과'에 대한 보편성을 추론하는 인과 효과의 분석과는 반대로 인과 메커니즘의 분석에서는 '효과의 원인'을 추적한다. 인식론이 고전적 통계 방법과는 반대에서 출발하는 것이다. 고전적 통계 방법은 시간을 시계나 달력에서처럼 물리적으로 동일한 시간으로 취급하기 때문에 역사의 연속성, 즉 과거와 현재의 일관성 내지는 동질성을 가정한다. 따라서 "X이면 Y이다"$_{if\ X,\ then\ Y}$ 라는 정태적인 상관관계를 추론 및 추정한다. 반면에 인과 메커니즘의 분석에서는 Y라는 현상을 먼저 보고나서 시간의 역사성 개념에 기초해 "X가 A, B, C 단계를 거쳐서 Y로 귀결되는" 동학의 과정을 추적한다.[51]

인과 메커니즘의 추적은 상관관계와, 정성 비교 분석을 통해 도출한 필요조건에 인과성을 부여해 줄 것이다. 앞에서 상관관계의 분석 이후 다음과 같은 질문을 던졌다. 코포라티즘과 조정 시장경제는 합의제 모델에서 존재한다. 그런데 '왜 합의제 모델에 속하는 국가만을 대상으로 하면 합의 정치 민주주의의 정도가 감소해 다수제 모델에 가까워질수록 코포라티

그러나 이들이 인과 요인으로 작용해 어떤 결과를 낳게 하는 메커니즘이 존재한다는 것이다. George & Bennett, *Case Studies and Theory Development*, 136; Roy Bhaskar, *A Realist Theory of Science* (London: Lees Books, 1975) 참조.

50_King & Keohane & Verba, *Designing Social Inquiry*, 320-1.

51_George & Bennett, *Case Studies and Theory Development*, 137-41; Andrew Bennett & Bear Braumoeller, "Where the Model Frequently Meets the Road: Combining Statistical, Formal, and Case Study Methods," *mimeo* (2005), 456-8; 안재흥, "정치학 방법론의 새로운 흐름: 존재론으로의 반전(反轉)."

즘과 조정 시장경제의 정도는 증가하는가?' 가설 1은 정치적 통치가 합의 정치 민주주의와 코포라티즘의 관계에 영향을 미쳤다고 가정했다. 그러나 정치적 통치의 작동 정도는 계량화가 불가하다. 제7~8장은 의회-행정부 관계와 정당정치의 변화를 추적함으로써 합의 정치 민주주의와 코포라티즘 사이에 형성된 역설적 관계를 설명할 것이다. 정책 조합의 효과에 대한 정성 비교 분석은 성장과 복지의 선순환의 필요조건을 도출했다. 그러나 정책은 매우 포괄적이며 거시적 개념이어서 주요 변수들의 영향을 감추고 있다. 특정 정책 — 예컨대 연대 임금의 소득정책 — 과, 정책 조합의 형성은 정치적 연합 변수 — 의회-행정부 관계, 노사정 관계, 집권 정당 및 연립 정부 참여 정당들의 이념적 특성 등 — 에 의해 설명되어야 한다. 제5~8장에서는 정책 조합의 형성과 재편을 정치적 연합의 변수와 정책 집행의 피드백 효과를 중심으로 설명함으로써 성장과 복지 선순환의 필요조건이 인과적이었음을 확인할 것이다. 이외에도 노사 관계에 대한 국가 개입(가설 2), 노사정 타협의 역사적 타이밍(가설 4), 정치·사회적 맥락의 변화(가설 5)를 인과 메커니즘의 시각에서 분석한다.

4-3. 인과적 요인: 필요충분조건

비교 역사 연구는 인과 메커니즘을 밝히는 방법으로 필요충분조건의 분석을 활용한다.[52] 필요충분조건의 분석은 밀이 제시한 "일치와 차이 병용법" joint method of agreement and difference에 근거한다. 이미 언급한 바 있듯이 밀이 제시한 일치법과 차이법에는 독립변수가 하나 이상일 때 원인을 잡아낼

---

[52] Mahoney, "Comparative-Historical Methodology."

표 4-9 | 일치와 불일치의 교차 방법

실례 (사례)	잠재적 요인(독립변수들)							설명될 현상(종속변수)
	C1	C2	C3	C4	C5	.....	Cm	E
1	1	1	1	1	1	.....	.	1
2	1	0	1	0	1	.....	.	1
3	1	0	0	1	1	.....	.	1
4	1	1	0	0	1	.....	.	1
5	1	1	0	1	1	.....	.	1
6	1	0	1	0	0	.....	.	0
7	1	1	1	0	0	.....	.	0

출처: Caramani, *Introduction to the Comparative Method with Boolean Algebra*, 50-1.

수 없다는 문제점이 내재되어 있다. 이 문제에 대해 밀은 일치법과 차이법을 교차 적용해 하나의 독립변수를 가려낼 것을 제안한다. 일치법으로 종속변수에 영향을 미치는 독립변수가 하나 이상이라는 것이 확인되었다면 부정적 사례 — 독립변수와 종속변수 각각에 대해 — 를 추가해, 즉 차이법을 이용함으로써 특정 독립변수가 종속변수에 영향을 미쳤다는 사실을 확인할 수 있다는 것이다.[53]

카라마니Daniele Caramani가 든 예를 소개하면 〈표 4-9〉와 같다. 사례 1~5만을 분석한다면 일치법이 사용되어야 한다. 그러나 이 경우 불일치하는 변수를 제거하고 나면 종속변수와 일치하는 독립변수가 두 개 — C1과 C5 — 다. 그러나 사례 6과 사례 7을 추가해 두 독립변수 중 하나(C5)와 종속변수(E)가 사례 1~5와 불일치하면 차이법을 사용할 수 있다. 여기서는 일치하는 환경 C1을 소거하면 C5가 인과 요인임을 확인할 수 있다. 스카

---

[53] Danele Caramani, *Introduction to the Comparative Method with Boolean Algebra* (Los Angeles: SAGE, 2009), 50; Mill, "Of the Four Methods of Experimental Inquiry," 394-6; 458 참조.

치폴의 연구에 적용하면 프랑스(1978년), 러시아(1917년), 중국(1947년)의 혁명에서 사회적 봉기(C1)와 국가의 붕괴(C5) 두 현상이 모두 발생했다. 그러나 프러시아(1814년), 독일(1848년) 그리고 일본(1868년)은 사회적 소요를 겪었으나 전쟁에서 패배하지 않았으며 혁명도 경험하지 않았다. 일치와 차이 병용법을 적용하면 전쟁으로 인한 국가의 붕괴가 혁명의 인과 요인임을 확인할 수 있는 것이다.[54]

일치와 차이 병용법은 필요충분조건의 분석에 활용된다. 일치의 방법은 Y(종속변수)와 X(독립변수)에 소속된 환경들의 일관된 일치, 즉 필요조건을 확인하는 방법이다. 이때 불일치 환경의 소거는 "잠재적 필요조건의 요인들"을 제거하는 것이다. 일치의 방법을 적용한 이후에 불일치의 방법을 사용하면 X와 Y 사이의 충분조건을 확인할 수 있다. 필요조건과 충분조건은 연결된다. "X가 존재하지 않음은 곧 Y가 존재하지 않음의 충분조건"이기 때문이다. 여기서는 일치하는 환경을 소거함으로써 "잠재적 충분조건 요인들"을 제거하는 한편 X가 존재하지 않음이 Y가 존재하지 않음에 충분하다는 사실을 확인할 수 있다. 요컨대 일치와 차이 병용법은 일치법으로 필요조건을 확인한 이후 차이법을 통해 충분조건을 확인함으로써 특정 요인이 필요충분조건임 밝히는 방법이다.[55]

일치법을 먼저 사용해 밝혀낸 변수를 차이법으로 확인함으로써 인과

54_Caramani, *Introduction to the Comparative Method with Boolean Algebra* (Los Angeles: SAGE, 2009), 50-1; Theda Skocpol, *States and Social Revolutions*.

55_James Mahoney, "Strategies of Causal Assessment in Comparative Historical Analysis," Mahoney & Dietrich Rueschemeyer eds., *Comparative Historical Analysis in the Social Sciences* (Cambridge: Cambridge University Press, 2003), 342-3; Braumoeller & Goertz, "The Methodology of Necessary Conditions," 846; Ragin, *Fuzzy-Set Social Science*, 206-8; 안재흥, "비교 방법의 방법론적 정체성," 44.

성을 부여하는 연구 사례는 흔치 않다. 비교 방법으로서 거의 일반화된 최대 유사 체계 디자인이 차이법에 해당하기 때문이다. 이미 언급했듯이 최대 유사 체계 디자인은 유사한 변수들을 가급적이면 많이 공유한 사례들을 선택함으로써 특정 독립변수 이외의 변수들이 종속변수에 미치는 영향을 통제하는 비교 방법이다. 이는 차이법에 해당한다. 제5장, 제7~8장에서는 강소·복지 국가 4개국을 대상으로 하여 먼저 동일한 복지 자본주의 유형에 속하는 국가 둘씩 짝을 지어 비교함으로써 특정 변수가 충분조건임을 확인한다. 그러나 각 장의 소결 부분에서는 차이법을 통해 밝혀낸 변수가 서로 다른 복지 자본주의 유형에 속하는 국가들에서는 일치했는지를 비교함으로써 필요충분조건임을 주장한다.

5. 소결

이 장에서는 두 가지 가설을 검증했다. 첫째, 정치경제 레짐을 구성하는 제도들의 친화성이다. 코포라티즘과 조정 시장경제는 비례대표 선거제 또는 혼합 선거제를 채택하고 있는 합의제 모델 국가에서 발달했다. 그러나 선거제도 변수를 통제하면 합의 정치 민주주의 변수는 코포라티즘 또는 시장경제의 조정 변수와 양의 상관관계를 보이지 않는다. 더구나 합의제 모델 국가만을 대상으로 하면 유의미한 수준에서 높은 음의 상관관계를 보인다. 둘째, 성장과 복지 선순환의 정책 조합이다. 소득정책이 저실업의 필요조건이다. 그러나 노동시장의 유연화와 적극적 노동시장 정책을 연계하는 사회 투자 정책은 고용 여건을 호전시켰으나 사회적 불평등을 개선시키는 데는 실패했다. 소득정책이 실행되었고 적극적 노동시장 정책과 소극적 노동시장 정책의 지출이 상대적으로 높은 수준에서 균형을 이루었을 때에 (경제)성장과 (사회)복지가 선순환했다.

상관관계 분석으로는 두 변수의 관계가 허위적인지 아니면 인과적인지를 밝혀낼 수 없다. 상관관계 분석은 인과 메커니즘의 추적을 통해 보완되어야 한다. 후버Evelyn Huber와 스티븐스John D. Stephens는 연구 전략의 차원에서 먼저 통계적 방법을 통해 "변수들 간의 관계를 찾아내고" "역사적 증거를 조사해 인과적 연쇄를" 밝힐 것을 제안한 바 있다.[56] 정성 비교 분석에서는 역사적 사건에 의해 경로가 변형되었다는 가정하에 역사적 사건 이전과 이후의 경로를 별개의 사례로 삼았다. 그러나 명목 변수를 사용했기 때문에 요인들이 어떻게 형성되었으며 시간이 경과함에 따라 어떻게 상호작용했는지 그 과정을 밝힐 수는 없었다.

정태적 상관관계 분석과 비교 사례 방법은 비교 역사 방법에 의해 보완되어야 한다. 그러나 엄밀하게 보면 비교 사례 방법과 비교 역사 방법은 상호 배타적이 아니라 보완적인 접근법이다. 예컨대 비교 역사 방법은 역사적 과정의 비교에 있어서 일치법과 차이법을 교차 적용해 필요충분조건을 도출한다. 제5장과 제7~8장의 비교 역사 방법은 이런 방법론적 시각을 견지하되 시간의 역사성에 천착하며 인과 메커니즘을 추적한다.

56_Dietrich Rueschemeyer & John D. Stephens, "Comparing Historical Sequences: A Powerful Tool for Causal Analysis," *Comparative Social Research 16* (1997). 인용은 Evelyne Huber & John D. Stephens, *Development and Crisis of the Welfare State* (Chicago: University of Chicago, 2001), 8.

| 제5장 |

복지 자본주의 정치경제 레짐의 형성 I

참여와 통치의 맞물림

1. 들어가면서

제4장에서 실증적 분석 이후 다음의 질문을 던졌다. '왜 코포라티즘 및 조정 시장경제는 합의제 모델 국가에서 존재하는데 합의제 모델에 속하는 국가를 대상으로 하면 합의 정치 민주주의의 정도가 감소해 다수제 모델에 가까워질수록 코포라티즘과 조정 시장경제가 발달했는가?' 이 장에서는 서유럽 강소·복지 4개국 — 스웨덴, 덴마크, 네덜란드, 오스트리아 — 에 대한 비교 역사 연구를 통해 의회-행정부 관계와 코포라티즘이 이처럼 맞물리게 된 역사적 기원을 추적한다.

분석 내용을 간략히 소개하면 다음과 같다. 제2차 세계대전 이후 스웨덴, 덴마크, 네덜란드는 복지국가의 유형과 이익집단의 조직적 특성 — 포괄성, 의사 결정의 중앙·집중화, 대표성 — 이 다름에도 중앙 임금 협상제를 실시했으며 코포라티즘의 수준도 높았다. 오스트리아에서는 중앙 임금 협상이 실행되지는 않았으나 오스트리아노동조합총연맹ÖGB과 임금·물가 공동위원회가 실질적으로 임금 협상 전반을 조율했다.

그러나 네 나라에서 의회-행정부 관계와 노사정 관계의 맞물림은 달랐다. 이는 두 가지 유형으로 나눌 수 있다. 첫 번째 유형에는 스웨덴과 오스트리아가 속한다. 의회-행정부 관계에서는 사민당 단독정부(스웨덴) 또는 인민당-사민당의 대연정 연립정부(오스트리아)가 의원 다수를 동원해 입법 과정을 효율적으로 통제했다. 노사정 관계에서는 중앙·집중화된 노동조합운동과 사용자연합이 국가 개입을 배제하고 자율적으로 (중앙) 임금 협상을 실행했다. 두 번째 유형에는 덴마크와 네덜란드가 속한다. 여기서는 다수당이 연립정부를 구성해 입법 과정에서 의원 다수를 동원했다. 덴마크의 사민당은 사회자유당과 연합했고 네덜란드의 가톨릭인민당KVP은 노동당PvdA 또는 자유당VVD, 그리고 군소 정당들과 연합해 정부를 구성했다. 노사정 관계에서는 정치권 — 행정부 또는 의회 — 이 개입해 중앙 임금 협상을 성사시켰다. 첫 번째 유형의 국가가 두 번째 유형의 국가보다 더 높은 수준의 코포라티즘을 실현했다.

코포라티즘은 직접적으로는 노사정 관계에 의해서, 간접적으로는 의회-행정부 관계에 의해서 영향을 받는다. 코포라티즘은 노사정 대표가 협의를 거쳐 정책을 입안하고 집행하는 제도다. 이렇게 입안된 정책은 입법 과정을 거쳐야 실행된다. 입법 과정이 의회-행정부 관계와 코포라티즘을 연계하는 핵심 고리인 것이다. 소득정책이 코포라티즘을 통해 형성·집행되는 대표적 정책 사례다. 국가가 노사로 하여금 협의를 통해 임금을 조정하도록 유도하는 과정에서 코포라티즘이 발달했다고 해도 과언이 아니다. 국가는 사회정책을 위시해 다양한 정책으로 임노동자들의 임금 억제를 보상해 주어야 했다. 소득정책과 경제 및 사회정책이 연계됨에 따라 코포라티즘은 입법 과정을 매개로 의회-행정부 관계와 맞물리게 된 것이다. 복지자본주의 정치경제 레짐은 이러한 역사적 과정을 거쳐 형성되었다.

2. 의회-행정부 관계: 강소·복지 국가 4개국

2-1. 사민주의 복지국가: 스웨덴과 덴마크

스웨덴과 덴마크에서는 16~17세기 — 스웨덴은 1523~1809년, 덴마크는 1660~1849년 — 부터 절대주의 국가가 발달했다. 강력한 관료제를 기반으로 절대군주는 위로부터의 개혁을 통해 계몽주의의 이상을 실현하고자 했다. 스웨덴과 덴마크는 부르주아혁명과 의회 민주주의로의 이행을 농업의 상업화로 설명하는 기존 이론에 부합하지 않는 사례다.[1] 예컨대 스웨덴에서는 상업 도시가 발달하지 않았으며 덴마크에서는 농노제가 유지되었다. 부르주아혁명의 조건이 성숙되지 않았음에도 스웨덴과 덴마크의 절대주의는 아래로부터의 혁명에 직면하지 않았으며 관료제의 구축을 통해 위로부터 근대화를 추진했다. 그러나 위로부터의 근대화를 추진했던 독일과 일본은 파시즘으로 역행했던 반면 스웨덴은 1809년에, 덴마크는 1849년에 헌법 제정을 통해 입헌군주제로 이행했으며 그 이후 두 나라의 의회 민주주의는 안정적으로 발전했다.[2]

1_ 부르주아혁명을 통한 의회민주주의로의 이행과, 서방의 절대주의 국가의 정치·사회적 기원에 대한 연구는 Barrington Jr. Moore, *Social Origins of Dictatorship and Democracy* (Boston: Beacon Press, 1966); Andersen, *Lineages of the Absolutist State* (London: Verso, 1974) 참조. 전쟁과 근대국가 형성에 대한 논의는 Ertman, *Birth of the Leviathan* (Cambridge: Cambridge University Press, 1997) 참조.

2_ Tim Knudsen & Bo Rothstein, "State Building in Scandinavia," *Comparative Politics* 26-2 (1994); Timothy A. Tilton, "The Social Origins of Liberal Democracy: The Swedish Case," *American Political Science Review* 68 (1974); Matti Alestalo & Stein Kuhnle, "The Scandinavian Route: Economic, Social, and Political Developments in Denmark,

근대화 과정에서 스웨덴과 덴마크가 보여 준 두드러진 특징은 자영 농민 계층의 정치 세력화였다. 스웨덴에서 자영 농민 계층은 덴마크와 벌인 독립 전쟁(1520년)에 참여함으로써 귀족 및 지주 세력과 함께 절대주의 시대의 주요 정치 세력으로 부상했다. 아돌푸스Gustav Adolphus는 집권 기간(1611~32년)에 자영 농민 계층의 대표와 연합해 입헌군주제를 관철하려는 귀족·지주 계급을 견제함으로써 절대주의 국가의 체계를 잡았다. 그럼에도 아돌푸스는 의회법 — 성직자, 귀족, 상공인, 농민 네 신분이 1809년부터 '국회'Riksdag에 참여했음 — 을 제정해 의회 민주주의의 기틀을 잡는 한편 행정 및 교육 체계를 개혁했다. 이 시대를 흔히 '의회주의적 절대주의'로 일컫는다. 반면 덴마크의 농민 세력은 1849년에 도시의 부르주아와 연합해 정치적으로 절대군주의 반대편에 섬으로써 입헌군주제로의 이행에 기여했다.[3]

따라서 두 나라의 절대주의의 성격은 다소 달랐다. 스웨덴의 절대군주는 가부장적이며 일방적 개입을 통해 근대화를 추진했던 반면 덴마크의 절대군주는 '자유로운 토론'을 통해 개혁을 단행했다. 후일 덴마크의 절대주의는 '여론에 의해 인도되는 절대주의'로 회자된다.[4] 20세기에 들어 스

Finland, Norway, and Sweden," Robert Erikson et al. eds., *The Scandinavian Model: Welare State and Welfare Research* (New York: M.E. Sharpe, 1987); 안재흥, "근대로의 이행과 스웨덴 정치," 유럽정치연구회 편, 『유럽정치』(백산서당, 2004).

3_Harald Gustafsson, *Political Interaction in the Old Regime* (Lund: Studentliteratur, 1994), 34-8; Sten Carlsson, "Sweden in the 1760s," Steven Koblik ed., *Sweden's Development from Poverty to Affluence 1750-1970* (Minneapolis: University of Minnesota Press, 1975), 17-35; Tilton, "The Social Origins of Liberal Democracy," 565; Knudsen & Rothstein, "State Building in Scandinavia"; 안재흥, "근대로의 이행과 스웨덴 정치."

웨덴의 자영 농민 세력은 부르주아와 함께 '농민-시민당'을, 덴마크의 자영 농민 세력은 '급진좌파당'Det Radikalt Venstre(약칭 사회자유당)을 창당했다.[5] 이들 정당은 도시의 부르주아 세력에 기반을 둔 자유당과 연대해 보통선거제의 관철을 위해 투쟁했다.

스웨덴과 덴마크의 이념 정당들은 정치적 타협에 기초해 내각을 구성하고 입법 활동에 주력한 결과, 의회 민주주의가 안정적으로 발전했다. 이는 첫째, 자영 농민 세력에 기반을 둔 정당이 좌우 이념 정당과 '협력과 타협'을 지향했으며,[6] 둘째, 사민당이 개혁주의로 이념 노선을 틀었기 때문에 가능했다.[7] 두 나라의 사민당은 전략적으로 사회주의혁명보다는 정치적 민주화를 우선시했다. 자본과 타협하는 한편 의회 권력의 장악을 통해 점진적으로 사회주의로 이행한다는 노선, 즉 개혁주의를 선택했던 것이다.

먼저 자영 농민의 역할이 두드러졌던 덴마크에서 의회 민주주의가 발전된 과정을 살펴보자. 1901년이 분기점이었다. 이전까지 왕은 보수당에게만 내각 구성의 권한을 부여했다. 1870년대부터 '좌파당'Venstre과[8] 사민

4_Knudsen & Rothstein, "State Building in Scandinavia," 214-5; Uffe Østergård, "Denmark: A Big Small State. The Peasant Roots of Danish Modernity," John H. Campbell et al. eds., *National Identity and the Varieties of Capitalism: The Danish Experience* (Montreal & Kingston: McGill-Queen's University Press, 2006), 65-6.

5_David Arter, *Scandinavian Politics Today* (Manchester: Manchester University Press, 1999), 60.

6_Henning Jørgensen, *Consensus, Cooperation and Conflict: The Policy Making Process in Denmark* (Cheltenham, UK: Edward Elgar, 2002), 32.

7_개혁주의의 개념은 이 책의 제2장 1-1절(52쪽)을 참조할 것.

8_덴마크어로 Venstre는 '좌파'라는 의미다. 그러나 이는 보수보다는 좌파라는 의미이며 좌파당은 자영 농민의 이익을 대표했다. 좌파당은 1905년에 '과격 좌파'가 이탈해 분당한 이후 보수적인 정당으로 전환되었다. 이후 좌파당의 명칭은 외국어로는 '농민자유당,' 또는 '자유

당 — 1871년에 창당되었으나 와해되었고 1878년에 재건됨 — 은 의회주의의 관철을 위해 연대했다. 1901년에 왕은 실질적으로 의회의 다수를 점유했던 '좌파당'에게 내각 구성의 권한을 부여했다. 자영 농민 세력은 1905년에 좌파당(약칭 자유당)이 조세개혁에서 대규모 지주의 이익을 대변했으며 국방비 증가에 찬성했다는 이유를 들어 탈당해 사회자유당을 창당했다. 이후 사회자유당은 사민당과 사회 개혁을 위해 정책별로 연대했다.[9] 사민당은 20세기 들어 빠르게 성장했다. 1913년 총선 이후 사회자유당-자유당 연립정부에 참여했으며 1924년에는 최초로 소수 정부를 구성했다. 1929년부터 1940년까지 사민당은 사회자유당과 연합해 집권했다. 그러나 스웨덴에서와는 달리 전간기에 다수당으로 부상하지는 못했다.[10]

제2차 세계대전 이후 1977년 총선까지 자유사회당은 입법 정치에서 좌우 이념의 스펙트럼상 중간에 위치한 중위 정당이었다. 1966년 총선만이 예외였는데 이 선거에서는 사민당이 중위 정당의 위치를 차지했고 소수 정부를 구성했다. 그 외 대부분의 기간은 자유사회당이 중위 정당으로

당'으로 번역되어 쓰이고 있다.

[9] Alastair H. Thomas, "Liberalism in Denmark: Agrarian, Radical and Still Influential," Emil J. Kirchner ed., *Liberal Parties in Western Europe* (Cambridge: Cambridge University Press, 1988), 299-300; Mogens N. Pedersen, "Consensus and Conflict in the Danish Folketing 1945~65," *Scandinavian Political Studies* 2 (1967), 155; Esping-Andersen, *Politics against Markets*, 73-4. 본래의 당명은 *Det Radikale Venstre*이며 '근본 좌파당'으로 해석된다. 그러나 '좌파'라는 것은 당시 우파보다 좌파라는 의미였으며 '근본'의 의미는 사회 개혁을 지지한다는 의미를 함축했다. 의미의 혼동을 방지하기 위해 '사회자유당'으로 해석한다.

[10] Esping-Andersen, *Politics against Markets*, 73-7; Peter M. Christiansen & Lise Tobeby, "Power and Democracy in Denmark: Still a Viable Democracy," *Scandinavian Political Studies* 29-1 (2006).

표 5-1 | 덴마크의 내각(1945~77년)

내각 참여 정당	내각 출범 일시	내각 의석 비율	유효 의회 정당 수[1]	중위 의회 정당	내각의 유형
Lib	1945/11/07	25.5	4.5	RL	소수
SD	1947/11/13	38.7	3.5	RL	소수
SD	195/009/16	39.7	4.0	RL	소수
Lib, Con	1950/10/30	39.7	4.0	RL	연립 소수
Lib, Con	1953/04/21	39.7	3.8	RL	연립 소수
SD	1953/0930	41.9	3.7	RL	소수
SD	1955/02/01	41.9	3.7	RL	소수
SD, RL, JP	1957/05/28	52.5	3.9	RL	연립 다수
SD, RL, JP	1960/02/21	52.5	3.9	RL	연립 다수
SD, RL	1960/11/18	49.2	3.7	RL	연립 소수
SD, RL	1962/09/03	49.2	3.7	RL	연립 소수
SD	1964/09/26	43.0	3.6	RL	소수
SD	1966/11/22	39.1	4.1	SD	소수
RL, Con, Lib	1968/02/22	54.8	4.3	RL	연립 다수
SD	1971/10/11	39.7	4.0	RL	소수
SD	1972/10/05	39.7	4.0	RL	소수
Lib	1973/12/19	12.3	7.0	RL	소수
SD	1975/02/13	30.2	5.5	RL	소수
SD	1977/02/15	36.9	5.2	CD	소수

1) 유효 의회 정당 수 $N = \frac{1}{\sum_{i=1}^{n} p_i^2}$, n은 의회에서 한 석 이상을 차지한 정당 수, p는 각 정당의 의석수 비율.
Markku Laakso & Rein Taagepera, ""Effective" Numver of Parties: A Measure with Application to West Europe," *Comparative Political Studies* 12-1 (1979).

주: CD(중앙민주당), Con(보수당), JP(정의당), Lib(덴마크자유당), RL(사회자유당), SD(사민당).

출처: Damgaard, "Change and Challenges of Danish Parliamentary Democracy," 73, Table 3-3.

서 정부 구성에서 '중심축'의 역할을 담당했다. 사회자유당은 사민당과 연합해 연립정부를 구성하거나 사민당 소수 정부를 지지했다.[11] 사회자유당

11_중심축(pivot)의 개념은 '집단의 선택'을 좌우하는 위치를 점유하는 사람 또는 개체를 의미한다. Keith Krehbiel, *Pivotal Politics: A New Theory of U.S. Lawmaking* (Chicago: University of Chicago Press, 1998), 23. 예컨대 정당 체제가 좌파 정당, 중도 정당, 우파 정당으로 구성되어 있을 때 중도 정당이 참여할 때만 좌파 정당 또는 우파 정당이 다수를 구성해 내각을 구성하거나 법안을 의회에서 통과시킬 수 있다고 가정하자. 이때 중도 정당이 비록 다수 정당이 아니어도 중심축의 위치를 차지해 내각 구성과 입법 과정을 '지배'하게 된다. Christoffer Green-Pedersen, "Welfare-State Retrenchment in Denmark and

은 이념적 스펙트럼에서 우파에 속하는 자유당 및 보수당과도 연합해 연립정부를 구성했다(〈표 5-1〉). 사회자유당은 연립정부에의 참여 여부와 상관없이 진보와 보수 양 진영의 정당과 협력함으로써 타협 지향적인 의회 민주주의가 정착되는 데 기여했다.[12] 사민당은 사회·경제 정책에서는 사회자유당과 연합해 의회에서 다수를 동원했으나 국방 및 외교정책에서는 자유당 또는 보수당과도 협력했다.[13]

스웨덴의 의회 민주주의는 1917년에 왕이 의회에 정부 구성의 권한을 위임함으로써 제도화의 길로 들어섰다. 1917~18년에 사민당과 노동조합 총연맹LO은 러시아의 볼셰비키 혁명을 자본주의 생산방식이 발전하지 않은 상태에서 그리고 비민주적 방식으로 추진되고 있다는 이유를 들어 반대했다. 대신 당시 노동쟁의로 시작해 점차 거세진 소요 사태를 보통선거제 투쟁에 집중시켰다. 보통선거제는 1918년에 입법되었다.[14] 덴마크에서처럼 스웨덴에서도 소수 정부가 일반적이었다. 사민당은 1917년에 자유당과 최초로 연립정부를 구성한 이후 1932년에 단독으로 정부를 구성할

---

the Netherlands, 1982-1998," *Comparative Political Studies* 34-9 (2003), 967.

12_Pedersen, "Consensus and Conflict," 155; Erik Damgaard, "Denmark. The Life and Death of Government Coalitions," Wofgang C. Müller & Kaare Strøm, *Coalition Governments in Western Europe* (Oxford: Oxford University Press, 2003), 236; Erik Damgaard, "Change and Challenges of Danish Parliamentary Democracy," Torbjörn Bergman & Kaare Strøm eds., *The Madisonian Turn: Political Parties and Parliamentary Democrdacy in Nordic Europe* (Ann Arbor: University of Michigan Press, 2011).

13_Erik Damgaard & Henrik Jensen, "Assessing Strength and Weakness in Legislatures: The Case of Denmark," *The Journal of Legislative Studies* 12-3/4 (2006), 430.

14_Tingsten, *Den Svenska socialdemokratins utveckling I*, 241; Gustav Möller, "Revolution och socialism," *Tiden* (1920); 안재홍, "전간기(戰間期) 스웨덴 노동계급의 집단행동과 정치체제의 변동," 174-80.

표 5-2 | 스웨덴의 내각(1945~82년)

내각 참여 정당	내각 출범 일시	내각 의석 비율	효율적 의회 정당 수	중위 의회 정당	내각의 유형
SAP	1945/07/31	50.0	3.1	SD	소수
SAP	1946/10/11	50.0	3.1	SD	소수
SAP	1948/09/19	48.7	3.1	SD	소수
SAP, Ce	1951/10/01	61.7	2.1	Sd	연립 다수
SAP, Ce	1952/09/21	59.1	3.1	SD, Ce	연립 다수
SAP, Ce	1956/09/26	54.1	3.2	Ce	연립 다수
SAP	1957/10/31	45.9	3.2	Ce	소수
SAP	1958/06/01	48.1	3.2	SD	소수
SAP	1960/09/18	49.1	3.1	SD	소수
SAP	1964/09/20	48.5	3.2	SD	소수
SAP	1968/09/15	53.6	3.8	SD	다수
SAP	1969/10/14	53.6	2.8	SD	다수
SAP	1970/09/20	46.6	3.3	SD	소수
SAP	1973/09/16	44.6	3.4	SD, Ce	소수
Ce, Lib, Con	1976/10/07	51.6	3.5	Ce	연립 다수
SAP	1982/10/07	47.6	3.1	SD	소수

주: CD(기독교민주당), Ce(중앙당), Con(보수당), Lib(자유당), SAP(사민당).
출처: Bergman & Bolin, "Swedish Democracy," 76-7, Table 3-3.

때까지 여러 차례에 걸쳐 소수 정부 — 1920년 3월~1920년 10월, 1921년 10월~1923년 4월, 1924년 10월~1926년 6월 — 를 이끌었다.[15] 스웨덴이 덴마크와 다른 점은 사민당이 1976년에 총선에서 패배하기 전까지 대부분의 기간에 이념적 스펙트럼상에서 중위 정당의 위치를 점유했고 정부 구성의 중심축이었다는 점이다(〈표 5-2〉).

농민당의 역할이 미약했던 것은 아니었다.[16] 사민당은 대공황에 대처

15_Stig Hadenius & Björn Molin & Hans Wieslander, *Sverige efter 1900* 11th edition (Stockholm: Bonniers, 1988), 350-4.

16_자영 농민 세력은 1910년대 중반부터 별도의 모임을 구성했으며 1921년에 농민당을 창당했다. 1957년에 농민당은 중앙당으로 당명을 변경했다. Arter, *Scandinavian Politics Today*, 60 참조.

하기 위해 1933년에 농민당과 연대했다. 두 당은 소비를 촉진시키기 위해 농산물 보호 정책과 노동시장에 대한 국가 개입 정책을 연계한 '위기 정책'에 합의했다. 이로써 스웨덴은 최초로 케인지언 정책을 채택한 국가로 기록된다.[17] 사민당-농민당 연립정부는 1936년 총선에서 압승했다. 스웨덴 사용자연합SAF은 이 선거의 결과를 사민당의 장기적 집권을 암시하는 징후로 해석했다. 1936년부터 SAF는 LO와의 타협에 적극 나섰다. SAF는 1909년 총파업 이래 LO와 대립으로 일관했었는데 타협을 모색한 것이다. 결국 LO와 SAF는 1938년에 '역사적 대타협'으로 회자되는 살트쉐바덴 협약을 맺음으로써 노사 관계를 대립에서 협력의 관계로 전환시켰다.[18]

사민당과 농민당의 연대는 1957년에 마감되었다. 당시 사민당은 사용자가 기여금 전액을 부담하는 일반보충연금ATP을 입법하려 했다. 취지는 다음과 같았다. 연대 임금의 소득정책으로 인해 임노동자들은 임금을 억제해야 했던 반면 기업은 이윤을 과대하게 축적했다. 사민당은 일반보충연금ATP의 제도로 임노동자들의 임금 억제를 보상하고자 했던 것이다(제6장). 농민당은 이에 반대했으나 화이트칼라 계층을 대표하는 이익집단들

17_당시 위기 정책의 기원이 케인지언주의에 있었는가, 아니면 내생적인 요인 — 1912년 이후 국가의 노동시장 개입 정책 — 에 있는가에 대한 논쟁은 Steiger, "Bakgrunden till socialdemorkatins krispolitik"; Landgren, "Bakgrunden till 1930: talets krispolitik" 참조. 위기 정책에 관한 내용은 Sven A. Söderpalm, "The Crisis Agreement and the Social Democratic Road to Power," Steven Koblik ed., *Sweden's Development from Poverty to Affluence 1750-1970* (Minneapolis: University of Minnesota Press, 1976) 참조.

18_Anders L. Johansson, *Tillväxt och klassamrbete: en studie av den svenska modellens uppkomst* (Stockholm: Tiden, 1989), 141-4; 407-30; Sven A. Söderpalm, *Arbetsgivarna och Saltsjöbadspolitiken* (Stockholm: SAF, 1980), 4; 안재홍, "스웨덴 모델의 형성과 쇠퇴: 노동운동을 중심으로 한 통시적 비교,"『국가전략』7-1 (2001).

은 찬성했다. 스웨덴 사회는 이 이슈를 두고 계급 갈등의 회오리에 빠져들었다. 결국 ATP는 1959년에 국민투표에 의해 법률로 제정되었다. 이후 사민당은 농민 계급보다는 중간계급을 정치적 연합의 파트너로 삼았다.[19]

군소 정당을 제외하면 스웨덴과 덴마크의 정당 체제는 1970년대 중반까지 5대 정당 체제를 유지했다. 스칸디나비아에서는 종교 균열이 존재하지 않았기 때문에 정당들은 사회 계급에 따라 좌우 이념으로 포진한 정당 체제를 구성했다. 이념적 스펙트럼의 연장선상에 놓고 좌에서 우로 나열하면 스웨덴의 경우 공산당, 사민당, 농민당(중앙당), 자유당, 보수당 순으로, 덴마크의 경우에는 공산당, 사민당, 사회자유당, 자유당, 보수당 순으로 배열된다. 요컨대 정당 체제는 두 개의 좌파 정당과, 세 개 또는 그 이상의 중도-우파 정당군으로 블록화되었다. 두 나라의 차이점은 스웨덴에서 자유당이 중도 보수 정당이었던 반면 덴마크의 자유당은 이념적으로 보수당과 가까웠다는 것이다.[20] 스웨덴의 정당 체제에 비해 덴마크의 정당 체제는 상대적으로 불안정했다. 공산당의 득표율이 1960년 이후 급격히 하락해 의회 진출의 조건인 2퍼센트를 넘지 못했다. 반면에 사회주의인민당 SPP은 1960년 총선부터 5.8퍼센트와 10.9퍼센트 사이의 득표율을 보였다(〈부록 표 2-2〉 참조).[21]

19_Bo Stråth, *Mellan två fonder* (Stockholm: Författaren, 1998), 55; Mats Bäck & Tommy Möller, *Partier och organisationer* 3rd edition (Stockholm: Fritzers, 1995), 65-9; Esping-Andersen, *Politics against Markets*, 108-9.

20_Tove-Lise Schou & Derek John Hearl, "Party and Coalition Policy in Denmark," Michael J. Laver & Ian Budge eds., *Party Policy and Government Coalitions* (New York: St. Martin's, 1992), 156-8.

21_Sten Berglund & Ulf Lindström, "The Scandinavian Party Stystem(s) in Transition(?): A Macro-level Analysis," *European Journal of Political Research* 7-2 (1979); Castles,

정당 체제가 온건 다당제임에도 불구하고 스웨덴과 덴마크의 의회-행정부 관계는 다수제 모델 — 이 모델의 전형이 영국이기 때문에 '웨스트민스터'Westminster 모델이라고도 함 — 에 가까웠다. 다수제 모델에서는 다수당이 내각을 구성하기 때문에 입법 과정에서 정부가 의회를 지배한다. 정당의 응집력도 강하다. 선거제도와 정당 체제는 다수 정부의 구성에 유리한 단순 다수제와 양당제로 이루어져 있다.[22] 스웨덴과 덴마크의 선거제도는 비례대표 선거제였으며 정당 체제는 온건 다당제였다. 그럼에도 의회-행정부 관계는 다수제 모델에 근접했다.[23] 정당 체제가 다당제였기 때문에 소수 정부 또는 연립 소수 정부가 일반적이었다. 그럼에도 의회-행정부 관계는 다수제 모델에서처럼 정부가 의원 다수를 동원해 입법 과정을 통제했다.

어떻게 이와 같은 의회-행정부 관계가 제도화될 수 있었는가? 첫째, 정당 체제가 좌우 이념 블록으로 나뉘었기 때문이다. 좌우 블록을 대표하는 정당은 블록 내 정당들과 연합하거나 아니면 이들의 지지를 기반으로 소수 또는 연립 정부를 구성했다. 입법 과정에서 정당의 규율과 응집력은 다

The Social Democratic Image of Society. 덴마크는 Damgaard, "Change and Challenges of Danish Parliamentary Democracy," 70, Table 3-1, 스웨덴은 Torbjörn Bergman & Niklas Bolin, "Swedish Democracy: Crumbling Political Parties, Feeble Riksdag, and Technocratic Power Holders?" Bergman & Strøm eds., *The Madisonian Turn: Political Parties and Parliamentary Democrdacy in Nordic Europe* (Ann Arbor: University of Michigan Press, 2011), 253, Table 7-1 참조.

22_Lijphart, *Patterns of Democracy*, Chapter 2; Strøm & Bergman, "Parliamentary Democracies under Siege?," 10.

23_Torbjörn Bergman & Niklas Bolin, "Swedish Democracy"; Damgaard, "Change and Challenges of Danish Parliamentary Democracy."

수제 모델의 전형인 영국에 근접할 정도로 강했다. 다당제였지만 좌파 블록과 우파 블록으로 나뉜 소위 '대안적 정당 체제'를 형성했던 것이다. 대안적 정당 체제가 정부 구성에서는 양당 체제와 비슷한 기능을 담당했다.[24] 그러나 정당 체제의 블록화 정도에서 두 나라는 차이를 보였다. 1976년까지 스웨덴에서는 사민당이 정부 구성에서 주도적 위치를 점유했던 반면 덴마크에서는 사민당이 사회자유당의 지지를 얻어야 정부를 구성할 수 있었기 때문에 이념 블록화 현상이 상대적으로 약했다. 그런 만큼 입법 과정에 대한 정부의 통제 수준에서 스웨덴이 덴마크보다 강했다.

둘째, 중위 정당이 중심축으로서 연립정부의 구성과 입법 과정에서 블록 내 정당뿐만 아니라 이념적으로 근접한 정당(들)을 동원했기 때문이다. 그 결과, 의회-행정부 관계는 외관상 합의제 모델에 가까웠지만 내각은 입법 과정에서 다수를 동원할 수 있었다.[25] 스웨덴에서는 주로 사민당이 중심축이었다. 반면 덴마크에서는 사민당에 의한 소수 (연립)정부가 일반적이었지만 사회자유당이 중심축이었다(〈표 5-1〉과 〈표 5-2〉). 따라서 정치 연합의 폭에서 덴마크가 스웨덴보다 넓었다. 중심축 정당은 정부 구성을 위한 정치 연합을 주도했지만 이념 블록을 크게 벗어나지는 않았으며 야

24_Kaare Strøm et al., "Dimensions of Citizen Control," Strøm et al. eds., *Delegation and Accountability in Parliamentary Democracies* (Oxford: Oxford Univeristy Press, 2003), 663; David Arter, "Parliamentary Democracy in Scandinavia," *Parliamentary Affairs* 57-3 (2004), 592; Strøm & Bergman, "Parliamentary Democracies under Siege?," 20.

25_Leif Lewin, "Majoritarian and Consensus Democracy: The Swedish Experience," *Scandinavian Political Studies* 21-3 (1998), 204; Damgaard, "Change and Challenges of Danish Parliamentary Democracy," 93; Strøm & Bergman, "Parliamentary Democracies under Siege?"

합의 정치에도 빠지지 않았다. 그 이유는 한편으로는 정당들이 이익집단과 연계되어 있었기 때문에 이념적 위치를 크게 이탈하지 않았으며, 다른 한편으로는 절대주의 국가 이래 전문화된 행정부는 정책 형성 과정에서 독립성을 유지했기 때문이다. 두 나라에서 법안의 대부분은 행정부에 의해 발의되었다.[26]

셋째, 스웨덴과 덴마크 모두 '네거티브 의회주의'를 채택했기 때문이다. 네거티브 의회주의에서는 내각의 형성 시에 임명식 투표가 요구되지 않는다. 야당이 불신임 투표에서 승리하지 않는 한 내각은 설령 주요 입법에서 실패했더라도 사임하지 않고 지속적으로 집권한다. 반면 '포지티브 의회주의'를 채택하고 있는 국가에서는 임명식 투표가 요구되며 새롭게 들어서는 내각은 의회에서 절대다수 또는 과반수의 동의를 얻어야 한다. 네거티브 의회주의에서는 야당이 의회의 다수를 차지하고 있더라도 반대가 없는 한 내각이 구성되기 때문에 소수 정부 또는 연립 소수 정부가 자주 등장한다.[27] (연립) 소수 정부는 입법 과정에서 "감춰진 다수"를 동원해야 하며 또한 야당과 끊임없이 타협해야 한다. 레빈Leif Lewin은 이런 측면이 강한 스웨덴의 의회-행정부 관계를 '다수제적 합의민주주의'로 특징짓는다. 아터David Arter에 의하면 스칸디나비아 의회-행정부 관계는 다수제 모델에 가까웠지만 실제 입법은 '합의적 의회정치'에 의해 성사되었다.[28]

---

[26] Damgaard, "Change and Challenges of Danish Parliamentary Democracy"; Bergman & Bolin, "Swedish Democracy"; Damgaard & Jensen, "Assessing Strength and Weakness in Legislatures."

[27] Torbjörn Bergman, "Formation Rules and Minority Governments," *European Journal of Political Research* 23-1 (1993).

[28] Leif Lewin, "Majoritarian and Consensus Democracy.," 204; David Arter, *Democracy in Scandinavia: Consensual, Majoritarian or Mixed?* (Manchester: Manchester Univer-

요컨대 스웨덴과 덴마크의 의회-행정부 관계는 양당제를 근간으로 하는 다수제 모델에서처럼 정부가 입법 과정을 통제했다. 정당 체제는 다당제였지만 좌우 블록으로 나뉜 대안적 정당 체제를 유지했다. 그러나 중심축 정당이 타협을 통해 다수를 동원해야 했기 때문에 의회 민주주의는 합의 정치에 개방된 특성을 보였다. 두 나라 사이에 차이도 존재했다. 스웨덴에서는 사민당이 정부 구성을 주도한 반면 덴마크의 사민당은 사회자유당의 지지를 얻어 정부를 구성했다. 따라서 입법 과정에 대한 정부의 통제의 정도에 있어서 덴마크는 스웨덴만큼 강력하지 않았다.

2-2. 기민주의 복지국가

네덜란드와 오스트리아의 정치 대표 체계는 합의 정치 민주주의의 전형적 사례다. 민주주의가 제도화되기까지 두 나라 사회는 골이 깊게 패인 사회 균열로 인해 극단적인 갈등을 겪었다. 두 나라는 합의 정치 민주주의라는 독특한 방식의 민주주의를 제도화함으로써 정치적 통합을 이루었다. 사회 블록은 종교와 계급에 따라 대치 전선을 형성했고 각 블록 내부에는 하위 문화가 뿌리내렸다. 대중의 수준에서는 사회 블록을 넘나드는 소통이 차단되었다. 두 나라의 사회 블록은 네덜란드의 경우 '원통'zuilen으로, 오스트리아의 경우에는 군사적 의미가 내포된 '진영'陣營, Lager으로 표현되고 있다. 네덜란드와 오스트리아의 의회-행정부 관계는 사회 블록을 대표하는 정치 엘리트들이 타협과 합의에 의해 의사 결정을 하는 합의 정치 민주주의

---

sity Press, 2006), 20; Torbjörn Larsson, "Sweden: The New Constitution — An Old Practice Adjusted," Jean Blondel & Ferdinand Müller-Rommel eds., *Cabinets in Western Europe* 2nd edition (Macmillan Press, 1997).

를 기반으로 형성되었다. 과대 규모의 다수 연립내각이 일반적인 정부 형태였다. 내각 참여 정당 모두에 거부권을 부여했으나 정책의 내용에는 의석 비례성의 원칙이 반영되었다. 내각 참여 정당들이 의회에서 다수를 차지하고 있어 정부는 외견상 의회를 통제했지만 실제로 내각 참여 정당들이 합의로 의사를 결정했기 때문에 정당정치에 의존해야 했다. 정부는 정당의 '식민지'로 표현될 정도로 정당정치에 종속적일 수밖에 없었다. 네덜란드와 오스트리아에서 입법 과정을 좌우하는 변수는 의회-행정부 관계가 아니라 내각 참여 정당들 간의 정치였다.

2-2-1. 네덜란드

네덜란드 사회에서 가톨릭주의, 칼뱅주의, 사회주의, 자유주의 세력은 19세기 후반부터 일련의 이슈를 두고 첨예하게 대립했다. 갈등의 발단은 1878년에 자유당 정부가 교회의 교육기관에 대한 공적 지원을 금지한 조치였다. 1880년부터는 보통선거제가 사회적 갈등의 핵심으로 부상했다. 교육 및 선거권 이슈 이외에도 노동과 자본은 노동조합의 조직 및 단체 협상 권한을 두고 대립했다. 중첩된 갈등의 허브에는 자유주의자들이 있었다. 자유주의자들은 모든 이슈에서 대척점에 서있었다. 종교 단체 교육기관의 지원 문제에서는 칼뱅주의 및 가톨릭 세력과 대립각을 세웠다. 노동조합의 조직 및 단체 협상 권한을 두고는 사회주의자들과 대치했다. 보통선거제에서는 사민주의자, 가톨릭, 칼뱅주의자들과 대립했다.[29] 각 사회

29_Lijphart, *The Politics of Accommodation*, 104-9; Rudy B. Andeweg, et al., "Parliamentary Opposition in Post-Consociational Democracies: Austria, Belgium and the Netherlands," *The Journal of Legislative Studies* 14-1/2 (2008), 81-2; Kees van Kersbergen, "Religion and the Welfare State in the Netherlands," van Kersbergen

블록은 갈등의 와중에서 하위문화를 구축하며 단결했다. 싸우면서 단결했던 것이다. 네덜란드에서는 이런 현상을 '기둥화'verzuilen, pillarization로 묘사한다. 각 사회 블록은 정치적 대표를 하원the Tweede Kamer에 보내기 위해 정당을 창설했다. 종교적 소수로 탄압을 받아 오던 가톨릭은 가톨릭인민당을, 칼뱅주의자들은 반혁명당ARP을, 여타 개신교 세력은 기독교역사연맹 CHU을 창당했다. 계급을 이슈로 반목했던 자유주의자들과 사회주의자들은 각각 자유당과 노동당 — 1946년에 SDAP에서 PvdA로 개명 — 을 창당했다.

1913년을 기점으로 네덜란드의 사회 블록은 공존 체제로 이행했다. 1913년에 정부는 사회 블록들에게 위에서 언급한 세 가지 이슈를 논의할 위원회의 구성을 제안했다. 당시 존재했던 일곱 개 정당 모두가 이 위원회에 참여했다. 이들은 1917년에 소위 '1917년의 위대한 화해'로 회자되는 타협을 성사시켰고 그 내용은 1917년 신헌법에 반영되었다. 종교 여부에 상관없이 모든 사립학교는 공적 지원을 받게 되었으며 남성 보통선거제 — 1918년에는 여성의 보통선거제 — 와 비례대표 선거제가 시행되었다.[30] '1917년의 위대한 화해'는 네덜란드 정치가 합의 정치 민주주의의 경로로 진입케 한 역사적 사건이었다. 합의 정치 민주주의의 특징은 비록 대중은 사회 블록에 의해 격리되었지만 각 사회 블록을 대표하는 엘리트들은 타협과 합의에 의해 의사를 결정한다는 점에 있다. 이는 사회적 소수자

---

ed., *Religion, Class Coalitions and Welfare States* (Cambridge: Cambridge University Press, 2009), 121-4.

30_Lijphart, *The Politics of Accommodation*, 104-12; Rudy B. Andeweg & Galen A. Irwin, *Governance and Politics of the Netherlands* 3rd Edition (New York: Pagrave Macmillan, 2009), 19-20.

표 5-3 | 네덜란드의 내각(1946~77년)

내각 참여 정당	내각 출범 일시	내각 의석 비율	유효 의회 정당 수	중위 정당	내각의 유형[1]
KVP-PvdA	1946/07/03	61	4.5	ARP	연립 다수(MW)
PvdA-KVP-CHU-VVD	1948/08/07	76	4.7	KVP	연립 다수(O)
PvdA-KVP-CHU-ARP	1952/09/02	81	4.6	KVP	연립 다수(O)
PvdA-KVP-CHU-ARP	1956/10/13	84.7	4.1	KVP	연립 다수(O)
KVP-CHU-ARP	1958/12/22	51.3	4.1	KVP	연립 다수(MW)
KVP-CHU-ARP-VVD	1959/05/19	62.7	4.2	KVP	연립 다수(O)
KVP-CHU-ARP-VVD	1963/07/25	61.3	4.5	KVP	연립 다수(O)
KVP-PvdA-ARP	1965/04/14	70.7	4.5	KVP	연립 다수(O)
ARP-KVP	1966/11/22	42	4.5	KVP	연립 소수(M)
KVP-ARP-CHU-VVD	1967/04/05	57.3	5.5	KVP	연립 다수(MW)
ARP-KVP-CHU-VVD-DS70	1971/07/06	54.7	6.4	KVP	연립 다수(MW)
ARP-KVP-CHU-VVD	1972/08/09	49.3	6.4	KVP	연립 소수(M)
PvdA-PPR-D66-KVP-ARP	1973/05/11	64.7	6.4	KVP	연립 다수(O)
CDA-VVD	1977/12/19	51.3	3.7	CDA	연립 다수(MW)

1) O = 과대 규모 내각, MW = 최소 승리 내각, M = 소수 내각.

주: 좌우 이념의 순서에 따라 정당의 이름을 나열하면 다음과 같다. PPR(급진당), PvdA(노동당), D66(자유민주주의66), ARP(반혁명당), CHU(기독교역사연맹), KVP(가톨릭인민당), VVD(자유당).

출처: Arco Timmermans & Rudy B. Andeweg, "The Netherlands. Still the Politics of Accommodation?" Wolfgang C. Müller & Kaare Strøm eds., *Coalition Governments in Western Europe* (Oxford: Oxford University Press, 2000), 359-60, Table 10-1; 371, Table 10-3; Andeweg & Irwin, *Governance and Politics of the Netherlands*, 131, Table 5-1; 135, Table 5-2.

에게 거부권을 부여해 차이를 인정하되 정치적 배분에서는 '비례성'의 원칙을 준수했기 때문에 가능했다. 요컨대 '1917년의 위대한 화해'는 다음과 같은 면에서 합의 정치 민주주의 제도화에 기여했다. 첫째, 사회 블록을 대표하는 지도자들은 이념적 차이에도 불구하고 현실적인 시각에서 문제에 접근했다. 둘째, 모든 사회 블록이 협의 과정에 참여했다. 셋째, 비례성을 문제 해결의 기준으로 삼았다.[31]

31_Lijphart, *The Politics of Accommodation*, 110-1. 네덜란드의 정치를 합의 정치 민주주의로 개념화는 것에 대한 반론은 Andeweg & Irwin, *Governance and Politics of the Netherlands*, 33-8.

합의 정치 민주주의는 연립정부의 구성이 일상화되면서 더욱 발전했다. 1939년 총선부터 사회 블록을 대표하는 어느 정당도 단독으로 다수 정부를 구성할 수 없게 되었다. 이에 사회 블록 정당들은 정부 구성을 위해서 정치적으로 연합해야 했던 것이다. 종교와 계급이 중첩된 사회 균열의 구조에서 연립정부의 구성은 네덜란드 정치에서 교권 반대주의가 사장되는 데 기여했다. 자유주의자건 사회주의자건 "개별적이건 협력적이건" 종교 정당의 지지가 없으면 정부 구성에서 무력하다는 사실을 깨달았기 때문이다. 합의 정치를 지향해야 했기 때문에 정부 형태는 대부분 과대 규모의 연립 다수 내각이었다(〈표 5-3〉).[32]

네덜란드의 정당 제도는 정당이 종교 또는 계급으로 분열된 사회 블록을 대변했기 때문에 다당제였다. 제2차 세계대전 이후 일곱 번의 총선에서 가톨릭인민당이 약 30퍼센트를, 노동당이 약 30퍼센트를, 자유당VVD이 약 10퍼센트를, 그리고 두 개의 개신교 정당 — 반혁명당과 기독교역사연맹 — 이 각각 10퍼센트 내외를 차지했다. 이들 주요 5개 정당이 하원의 150 의석 중에서 약 90퍼센트를 차지했다. 그러나 네덜란드 정당 체제는 1967년 총선부터 파편화되었다. 군소 정당들이 선전했기 때문에 주요 5개 정당의 의석 비율이 80퍼센트대로 하락했다. 특히 3개 종교 정당의 득표율이 감소해 의석수를 합쳐도 정부 구성의 문턱인 3분의 1을 넘지 못했다. 정당 체제는 1971년 총선 이후 더욱 다당화되었다. 1946년에 7개로 시작한 정당 수가 1971년에는 14개로 증가했다. 결국, 1976년에 가톨릭인민당, 반혁명당, 기독교역사연맹은 기독교민주당CDA(약칭 기민당)이라는 통합 정당을 창당했다. 1980년대 초부터 평균 정당 수는 약 10개로 줄었다.[33] 그러

32_Daalder, "The Netherlands," 219.

나 실제 입법 활동에 영향을 미친 유효 의회 정당의 수는 대략 4~6개 사이였다(〈표 5-3〉 참조).

네덜란드의 의회-행정부 관계에는 역설적 상황이 내재되어 있다. 이론적으로 보면 연립 다수 정부는 하원에서 다수를 동원할 수 있기 때문에 입법 과정을 일방적으로 통제한다. 그러나 네덜란드의 연립 다수 정부는 덴마크의 소수 정부보다도 입법 과정에 대한 통제가 약했다. 그 요인은 무엇보다도 합의 정치 민주주의의 특성에 내재되어 있었다. 네덜란드 헌법도 스웨덴과 덴마크처럼 내각 구성 시에 임명식 투표를 요구하지 않고 있다. 따라서 소수 정부의 구성이 가능했다. 그럼에도 주요 정당들은 극단적으로 블록화된 사회적 맥락에서 정치적 안정이 중요하다는 인식을 공유했기 때문에 최소 승리 내각 대신 1967년 총선까지 연립 다수 정부를 구성했다(〈표 5-3〉 참조). 그러나 내각 참여 정당들이 계급과 종교에 의해 분열되어 있었기 때문에 이들의 정책 응집력은 다른 서유럽 국가에 비해 매우 약했다.[34] 정부 구성에서 중심축의 역할은 종교 정당인 가톨릭인민당 — 1977년 총선 이후에는 기민당 — 이 담당했다. 1959년부터 1967년까지 가톨릭인민당은 좌파 정당인 노동당과, 그렇지 않으면 우파인 자유당과 연합해 연립 다수 정부를 구성했다. 내각은 종교와 계급 관련 정책 이슈에서 '상호 거부'를 보장했던 것이다. 그러나 항상 주요 정당이 야당으로 남아 있었기 때문에 연립정부의 과대 규모는 제한적이었다.[35]

33_Lijphart, *The Politics of Accommodation*, 23-4; Hans Daalder, "The Dutch Party System: From Segmentation to Polarization and Then?" Daalder ed., *Party Systems in Denmark, Austria, Switzerland, the Netherlands and Belgium* (New York: St. Martin Press, 1987), 195.

34_Strøm et al., "Dimensions of Citizen Control," 662, Table 22-4 참조.

1970년대까지 입법 과정에 대한 정부의 통제력이 아주 약하지는 않았다. 내각은 의회보다는 정당과 밀접하게 연계되어 있었다. 안데베흐Rudy B. Andeweg의 표현을 빌리면 내각은 정당의 '식민지'였다. 전통적으로 장관을 국회의원으로 충원하는 사례가 많지 않았다. 1848년에서 1967년 사이에 장관의 35퍼센트 — 1967년에서 2007년 사이에는 65퍼센트 — 만이 의원 경력을 가졌다. 정당의 지도자들은 하원에 참여하기보다는 원외에 남아서 내각에 참여하거나 내각 밖에서 영향력을 행사했다. 스웨덴, 덴마크, 오스트리아와 비교하면 네덜란드의 내각은 자체의 갈등을 내각 밖에서 정당 지도자들과 타협해 해결하는 비율이 높았다.[36] 더구나 행정부는 정치적 조직보다는 기술 관료적 조직으로서의 역할에 충실했다. 네덜란드 사회에서는 정부가 어쨌건 '일이 되도록 해야 한다'는 정치 문화가 정착되어 있었다. 비록 헌법은 의회주의를 채택하고 있지만 실제로 정부는 의회로부터 '준독립적 위치'를 유지했다. 정부는 의회와 일정한 거리를 유지하며 정당 및 이

35_Andeweg, "Executive-Legislative Relations in the Netherlands," 165; Arco Timmermans & Rudy B. Andeweg, "The Netherlands: Still the Politics of Accommodation?" Wolfgang C. Müller & Kaare Strøm eds., *Coalition Governments in Western Europe* (Oxford: Oxford University Press, 2000), 357-64; 367; Andeweg & Irwin, *Governance and Politics of the Netherlands*, 128-9. 네덜란드 연립정부의 구성과 관련해 네덜란드 학자들의 견해가 일치하지 않는다. 레이프하르트는 1946년 총선 이후 1967년 총선 전까지 연립 다수 정부가 일반적인 현상이었다고 주장하는 반면 안데베흐는 과대 규모의 내각이 집권한 비율이 3개 종교 정당을 하나의 정당으로 계산하면 30퍼센트에 지나지 않는다고 반박한다. Lijphart, "From the Politics of Accommodation"; Andeweg, "Coalition Politics in the Netherlands."

36_Rudy B. Andeweg & Arco Timmermans, "Conflict Management in Coalition Government," Kaare Strøm et al., *Cabinets and Coalition Bargaining: The Democratic Life Cycle in Western Europe* (Oxford: Oxford University Press, 2008), 274, Table 8-1A.

익 단체 사이의 갈등을 조정하는 중재자의 역할을 수행했다. 요컨대 행정부는 비교적 자율성을 유지했으며 정부가 의원 다수를 동원해 입법 과정을 효율적으로 통제할 수 있느냐의 문제는 야당과의 관계보다는 내각 내 다수당과 여타 참여 정당들 사이의 관계에 의해 좌우되었다. 안데베흐에 의하면 1970년대 이전까지 네덜란드의 의회-행정부 관계는 '정당 간 모델' interparty mode보다는 '정당 내부 모델' intraparty mode에 가까웠다.[37]

2-2-2. 오스트리아

오스트리아의 사회 균열과 정당 체제는 구조적으로 네덜란드와 비슷했다. '원통'이나 '진영' 모두 사회 블록의 종적 단결과 횡적 분열이 심화된 사회 균열을 개념화한 것이다. 제2차 세계대전 이후 네덜란드와 오스트리아의 정치 대표 체계는 극단적으로 분열된 사회 블록을 포용하기 위해 합의 정치 민주주의를 지향했다. 그러나 두 나라 사이에 차이점도 두드러졌다. 사회 블록이 네덜란드에서는 종교와 계급으로 나뉘어 있기 때문에 여러 블록이 존재했지만 오스트리아에서는 가톨릭 보수 진영과 사회주의 진영으로 양분되었다. 합의 정치 민주주의도 네덜란드에서는 다당제를, 오스트리아에서는 양당제에 가까운 정당 체제 — 인민당ÖVP과 사민당SPÖ, 그리고 군소 정당인 자유당FPÖ — 를 기반으로 발달했다.

오스트리아에서 사회 진영은 19세기 후반 이후에 자유방임적 경제정책이 실패했으며 의회 민주주의의 정통성이 매우 취약한 정치·사회적 맥

---

[37] Andeweg, "Executive-Legislative Relations in the Netherlands"; Lijphart, *The Politics of Accommodation*, 134-8; Andeweg & Irwin, *Governance and Politics of the Netherlands*, 142. 의회-행정부 관계의 이론적 개념은 Anthony King, "Modes of Executive-Legislative Relations."

락에서 형성되었고 자유주의에 대항하는 의회 외곽의 정치적 집단으로 성장했다. 사회 진영의 사회적 분포는 다음과 같았다. 첫째, 가톨릭 보수 진영이다. 가톨릭 보수 진영은 농민, 프티부르주아, 동화된 유태인 세력을 아우르는 정치적 조직이었으며, 1891년에 기독교사회당을 창당했다. 주 근거지는 농촌과 소규모 도시였다. 둘째, 사회주의 진영이다. 이는 도시 프롤레타리아와 세속적 지식인들이 주도한 정치적 집단이었으며, 1889년에 사회민주주의노동당을 창당했다. 셋째, 반사회주의와 반교권주의 그리고 독일 민족주의에 동화된 독일 민족주의 진영이다. 이 진영을 구성했던 주요 사회 세력은 화이트칼라, 관료, 비유태 지식인 계층이었다. 진영 내부에서는 정치인 및 관료로 구성된 자유주의 서클이 중심을 이루었다. 소위 제3진영으로서 가톨릭 보수 진영과 사회주의 진영에 비해 규모가 작았으며 결속력도 약했다.[38]

    제1공화국(1918~34년)의 기간은 정당정치와 의회 민주주의의 시험대였다. 정당정치는 그 뿌리가 사회 진영에 있었기 때문에 갈등으로 점철되었다. 자유주의의 전통이 일천한 사회적 환경에서 의회는 갈등적인 정당정치를 통합해 내지 못했다. 1918년에 기독교사회당과 사민당은 대연정을 통해 연립 다수 정부를 구성했다. 그러나 1920년에 대연정은 와해되었고 이후 사민당은 제1공화국 내내 야당의 자리를 지켰다. 제1공화국에서 정치는 의회를 중심으로 구심력을 발휘하기보다는 원심력에 의해 분열의

38_Kurt Richard Luther & Wolfgang C. Müller, "Consociationalism and the Austrian Political System," Luther & Müller eds., *Politics in Austria: Still a Case of Conscoationalism?* (London: Frank Cass, 1992), 1-3; Peter Gerlich, "Consociationalism to Competition: Austrian Party System since 1945," Hans Daalder ed., *Party Systems in Denmark, Austria, Switzerland, the Netherlands and Belgium* (New York: St. Martin Press, 1987), 63.

나락으로 빠져들었다. 가톨릭 보수 진영은 반노동의 입장을 고수했고 심지어는 무솔리니와 연대하며 종교적 코포라티즘 국가의 건설을 주장했다. 사회주의 진영은 비록 의회 권력의 장악을 통한 사회주의로의 이행, 즉 개혁주의 ― '오스트리아마르크시즘'Austromarxism으로 일컬음 ― 노선을 지향했으나 노동계급의 단결과 계급 갈등을 우선시했다. 가톨릭 보수 진영과 사회주의 진영은 정치적 공존이 불가능할 정도로 대립했던 것이다.

오스트리아 민족주의의 정체성 자체가 흔들렸다. 독일 민족주의 진영뿐만 아니라 가톨릭 보수 진영과 사회주의 진영 내에서도 상당수가 합스부르크 제국의 붕괴 이후 왜소화된 오스트리아가 자율적으로 생존할 가능성에 회의를 느껴 독일연방과의 합병을 지지했기 때문이다. 더구나 1920~30년대에 오스트리아 정치는 만연된 실업 문제에 대해 뚜렷한 대안을 제시하지 못했다. 결국 1933년에 기독교사회당 정부는 의회를 정지시켰고 이듬해 2월에 가톨릭 보수 진영과 사회주의 진영은 내전에 휘말려 들었다. 1934년 5월에는 의회 민주주의를 거부하고 신분제 국가Ständestaat를 표방하는 헌법을 공표했다. 오스트리아는 1938년 3월에 히틀러Adolf Hitler의 제3제국에 합병되었다.[39]

제2차 세계대전 이후 제2공화국이 시작되었다. 오스트리아 정치에서 1947년에서 1966년까지의 기간은 합의 정치 민주주의가 만개한 '고전적 합의 정치 민주주의'의 시대로 회자된다. 사회 진영의 구조와 정당 체제는 제1공화국에서와 같았다. 그러나 사회 진영과 정당들은 갈등으로 원심력을 팽창시키기보다는 합의 정치에 의해 정치 시스템의 구심력을 강화했다.

39_Luther & Müller, "Consociationalism and the Austrian Political System," 4-8; Val R. Lorwin, "Segmented Pluralism. Ideological Cleavages and Political Cohesion in the Smaller European Democracies," *Comparative Politics* 3-2 (1971).

| 표 5-4 | 오스트리아의 내각(1947~83년) |

내각 참여 정당	내각 출범 일시	내각 의석 비율	유효 의회 정당 수	중위 의회 정당	내각의 유형
ÖVP, SPÖ	1947/11/20	97.6	2.20	ÖVP	연립 다수
ÖVP, SPÖ	1949/11/08	87.3	2.87	VdU	연립 다수
ÖVP, SPÖ	1953/04/02	89.1	2.77	VdU	연립 다수
ÖVP, SPÖ	1956/06/29	94.5	2.46	FPÖ	연립 다수
ÖVP, SPÖ	1959/07/16	95.2	2.35	FPÖ	연립 다수
ÖVP, SPÖ	1963/03/27	95.2	2.38	FPÖ	연립 다수
ÖVP	1966/04/19	51.5	2.34	ÖVP	다수 정부
SPÖ	1970/04/21	49.1	2.28	FPÖ	소수 정부
SPÖ	1971/11/04	50.8	2.37	SPÖ	다수 정부
SPÖ	1975/10/28	50.8	2.37	SPÖ	다수 정부
SPÖ	1979/06/05	51.9	2.40	SPÖ	다수 정부
SPÖ, FPÖ	1983/05/24	55.7	2.43	FPÖ	연립 다수

주 : FPÖ(오스트리아자유당), SPÖ(오스트리아사민당), VdU(독립연맹), ÖVP(오스트리아인민당).
출처: Müller, "Austria: Tight Coalitions and Stable Government," 88, Table 3-1; 98, Table 3-3.

첫째, 연합국의 지배, 특히 소련의 동부 오스트리아 점령은 가톨릭 보수 진영과 사회주의 진영이 독립국가의 건설이라는 기치 아래 결속하는 동기를 부여했다. 둘째, 제1공화국 그리고 나치 독일의 점령기에 겪었던 역사적 경험으로 인해 사회 진영과 정당들은 공화국 건설에 매진해야 한다는 압박을 받았다. 가톨릭 보수 진영과 사회주의 진영의 내전, 나치 독일 점령기에 사회 엘리트들의 혹독한 경험 등은 사회 진영들로 하여금 진영의 이익보다는 사회·정치 통합을 통한 국가 건설에 우선순위를 두도록 작용했던 것이다. 또한 각 사회 진영 및 정당에서는 중도 성향의 지도자들이 영향력을 발휘했다. 셋째, 전후 경제 번영이다. 오스트리아는 제2차 세계대전 이후 제1공화국에서처럼 고실업을 겪지 않았다. 그런 만큼 계급 갈등의 여지가 줄어들었다.[40]

40_Luther & Müller, "Consociationalism and the Austrian Political System," 8-10; Lorwin, "Segmented Pluralism," 161-3; Rodney P. Stiefbold, "Political Change in a

1945년부터 1966년까지 기독교사회당의 후신인 오스트리아인민당 ÖVP(약칭 인민당)과 오스트리아사회당SPÖ(약칭 사민당)이 압도적인 다수로 연립정부를 구성했다(〈표 5-4〉 참조). 제1공화국에서 내전을 치를 정도로 대립각을 세웠던 인민당과 사민당이 20년이 넘는 기간 동안 연립정부의 파트너였다는 점은 위에서 언급한 이유 이외에 입법 규칙도 작용했다. 오스트리아에서는 헌법 수정뿐만 아니라 국가의 시장 개입 및 학교 관련 입법 등 주요 법률의 제정은 절대다수 — 정족수는 전체 의원의 50퍼센트 — 의 찬성을 요구했다. 두 정당이 주요 입법의 정족수에 집착한 데에는 아직도 상대에 대한 불신이 가시지 않았다는 점도 작용했다. 연립정부에 참여해 거부권을 행사함으로써 상대를 견제하고자 했던 것이다.[41] 특히 인민당이 절대다수를 확보하는 데 관심을 기울였다. 왜냐하면 농산물 시장 및 가톨릭 학교에 대한 국가 개입의 문제는 당의 정체성과 관련된 중요한 이슈였기 때문이다.[42]

제2공화국의 오스트리아 정치에서 주목할 점은 네덜란드에서와 다른 방식으로 사회 균열이 정당정치와 연계되었다는 점이다. 제1공화국에서

Stalemated Society: Segmented Pluralism and Consociational Democracy," N.J. Vig & Stiefbold eds., *Politics in Europe: Structures and Processes in Some Postindustrial Democracies* (NY: McKay, 1974), 431.

41_Wolfgang C. Müller, "Executive-Legislative Relations in Austria: 1945-1992," *Legislative Studies Quarterly* 18-4 (1993), 470; Jill Lewis, "Austria in Historical Perspective: From Civil War to Social Partnership," Stefan Berger & Hugh Compston eds., *Policy Concertation and Social Partnership in Western Europe: Lessons for the 21st Century* (New York: Berghahn Books, 2002), 29.

42_Wolfgang C. Müller, "Austria: Tight Coalitions and Stable Government," Müller & Strøm eds., *Coalition Governments in Western Europe* (Oxford: Oxford University Press, 2003), 91.

는 인종 및 지역이 사회 진영을 구분 짓는 요소였다. 가톨릭 보수 진영은 친유태인·친농촌·반노동의 정서를 고수했다. 반면 사회주의 진영은 노동계급의 해방과 수도 비엔나의 이익을 대변했다. 이는 '붉은 비엔나' 대 '흑색 지방' 진영의 대립으로 회자되었다. 그러나 제2공화국에서는 종교 및 지역 갈등이 인민당과 사민당의 정치적 연합을 가로막을 정도로 쟁점화되지는 않았다. 인민당은 제1공화국의 기독교사회당이 전신이었지만 당명에서부터 종교적 의미를 삭제했고 새로운 정당임을 표방했다. 자유민주주의를 천명했고 농민과 노동자를 아우르는 '포괄 정당'을 지향했다. 사민당은 1958년에 이념적 지향을 서구식 사민주의로 이동시켰다. 계획경제와 경제민주주의를 주장하는 동시에 '기업가적 창조성'과, 시장경제 및 가격체계의 중요성을 받아들였다. 경제정책에 관한 한 인민당과 사민당은 '오스트리아-케인지언주의'Austro-Keynesianism를 공유했다(제6장). 지역과 종교가 정당을 가르는 핵심 축이 아니었으며 계급 이념은 상당히 중화되어 있었다.[43] 요컨대 네덜란드에서는 가톨릭인민당KVP — 후일 기독교민주당CDA — 을 중간에 놓고 좌우 정당이 공존하는 방식으로 연립정부가 구성되었지만 오스트리아에서는 인민당과 사민당이 직접 연합해 연립 다수 정부

43_독일민족주의 사회 진영은 '독일연맹'(VdU) — 1956년에 자유당(FPÖ)으로 바뀜 — 을 창당했지만 인민당과 사민당은 나치 독일에 협력한 전력 때문에 1970년대까지 정치적 연합의 파트너로 삼지 않았다. 약 10년에 걸친 소련의 동부 오스트리아 점령으로 인해 오스트리아 공산당(KPÖ)은 잠시 연립정부에 참여한 적이 있으나 소련의 철수와 함께 1956년 총선부터 정당 체제에서 사라졌다. Gerlich, "Consociationalism to Competition"; Wolfgang C. Müller, "Political Parties," Volkmar Lauber ed., *Contemporary Austrian Politics* (Boulder: Westview Press, 1996), 61; Müller, "Executive-Legislative Relations in Austria: 1945-1992," 474; Kurt Richard Luther, "Consociationalism, Parties and the Party System," Luther & Müller eds., *Politics in Austria: Still a Case of Conscoationalism?* (London: Frank Cass, 1992), 61-2.

를 구성했던 것이다.

오스트리아 의회-행정부 관계의 유형은 네덜란드에서처럼 '정당 내부 모델'에 속했다. 인민당과 사민당은 1947년부터 1966년까지 대연정 — 공산당KPÖ의 연립정부 참여를 포함하면 1945년부터 — 을 통해 연립정부를 결성함으로써 합의 정치 민주주의를 만개시켰다. 집권 기간 대부분 인민당과 사민당은 국회의원 90퍼센트 이상을 배출했다(〈표 5-4〉 참조). 자유당이 거의 유일한 야당이었는데 진영의 이익을 대변하기에 급급했다. 연립정부 참여 정당들의 기율은 매우 엄격했다. 1953년, 1956년, 1959년, 1963년에 맺어진 연합 협정은 입법 과정에서 연정 파트너에 반하는 투표를 금지했다. 예컨대 1953년 협정은 "정부가 받아들인 법안은 의회 정당이 의무적으로" 지지해야 한다는 것이다. 실제 대연정 20여 년 동안 협정을 어긴 투표 사례는 거의 없었다. 의회-행정부 관계의 주요 변수는 네덜란드에서처럼 인민당과 사민당의 관계였다. 두 정당의 관계는 Bereichsopposition — '영역 내에서의 반대'로 해석될 수 있음 — 로 개념화된다. 예컨대 상대 정당의 장관이 통치하는 부서에 비서직을 차지함으로써 장관의 통치를 견제하는 방식의 관계를 의미한다. 두 정당의 갈등은 연정 위원회를 통해 조정되었다. 이 위원회는 약 10명으로 구성되었는데 양 정당의 대표, 각 진영의 정치 엘리트, 그리고 당 비서가 참여했다. 장관은 매우 적은 수만이 참여했다.[44]

정부가 입법 과정을 통제한 정도는 오스트리아가 네덜란드보다 강했

44_Müller, "Executive-Legislative Relations in Austria," 475-7; Frederick C. Engelmann, "Austria: The Vanishing Opposition," Robert A. Dahl ed., *Political Opposition in Western Democracies* (New Haven: Yale University Press, 1966), 270; Wolfgang C. Müller, "Austria: Tight Coalitions and Stable Government," Müller & Kaare Strøm eds. *Coalition Governments in Western Europe* (Oxford: Oxford University Press, 2000), 10-6.

다. 네덜란드에서는 가톨릭인민당이 중위 정당으로서 정부 형성을 주도하는 중심축이었다. 다시 말하면 좌우 이념 정당 중 하나는 늘 야당으로 남아 있었다. 그런 만큼 정부는 야당의 견제를 받았다. 반면 오스트리아에서는 강력한 야당 자체가 존재하지 않았다. 더구나 정당 갈등에서 종교와 계급 이익이 중층적으로 작용하지도 않았으며 인민당과 사민당은 내각의 정책 결정 과정에서 거부권을 행사할 수 있었지만 정당의 기율이 매우 엄격했다.

정당정치에서 실질적으로 권력을 행사한 기관은 연정 위원회였다. 장관은 정책을 제안하고 집행하는 데 머물렀으며 양 정당의 지도자들이 장악하고 있는 연정 위원회가 정책을 조율했다.[45] 수상이 영향력을 발휘할 수 있었던 것도 내각의 수장이 아니라 정당 지도자로서의 지위 때문이었다. 실증적 연구에 의하면 심각한 갈등이 발생할 경우 내각이 갈등의 53퍼센트를, 연정 위원회가 47퍼센트를 조정했다. 이는 네덜란드와 대비된다. 네덜란드의 경우 내각은 심각한 갈등 자체를 다루지 않았다. 연정 위원회가 48퍼센트를, 정당 지도자들이 내각의 외각에서 나머지 52퍼센트를 조정했다.[46]

그러나 유념해야 할 점은 외견상 정부가 의회를 통제한 것처럼 보였지만 실제로는 정당이 행정부와 의회를 장악했다는 사실이다. 네덜란드와 다르게 행정부가 정당에 의해 포위되어 있었기 때문에 오스트리아의 관료

45_Wolfgang C. Müller, "Austrian Governmental Institutions: Do They Matter?," Luther & Müller eds., *Politics in Austria: Still a Case of Conscoationalism?*; Andeweg et al., "Parliamentary Opposition in Post-Consociational Democracies," 95; Stiefbold, "Political Change in a Stalemated Society," 433.

46_Andeweg & Timmermans, "Conflict Management in Coalition Government," 274.

제는 자율성을 발휘할 수 없었다. 인민당과 사민당은 의석 비례에 따라 주요 관료를 임명했다. 관료는 직접적으로는 정당, 간접적으로는 소속 사회 진영의 통제를 받았다. 한 정당이 수십 년 동안 특정 부처의 관료 임명을 독점한 사례가 많았다.[47] 대연정의 기간에 행정부-의회-정당-관료제는 독특한 관계를 형성했던 것이다. 의회-행정부 관계가 이처럼 독특하게 발달했기 때문에 오스트리아에서 노동은 국가로부터 자율성을 확보하고 자본과 독자적인 노사 관계를 형성·발전시켰다. 가톨릭 보수 및 사회주의 진영을 포괄해 대표하는 노동조합운동은 사민당과 인민당과의 연계를 바탕으로 강력한 코포라티즘의 체제를 구축할 수 있었다.

3. 노사정 관계: 강소·복지 국가 4개국

3-1. 사민주의 복지국가

3-1-1. 스웨덴

산업화가 본궤도에 진입한 1890년대 이래 스웨덴의 노동과 자본은 줄곧 노동자 해고에 대한 사용자의 권한과 생산 합리화의 문제로 첨예하게 대립했다. 국가는 노동조합의 조직 및 협상권을 일찍이 인정했고 1928년

---

[47]_Müller, "Austria: Imperfect Parliamentarism but Fully-fledged Party Democracy," 240-3.

에 노동 법원이 설립될 때까지 노동쟁의에 대한 개입을 자제했다.[48] LO와 SAF는 1906년에 '12월 타협'을 성사시킴으로써 노사 관계의 틀을 잡고자 했다. 특히 SAF가 적극적이었다. SAF는 1904년에 정관을 개정해 노사 간 조직화된 협력과 산업별 임금 협상의 원칙을 천명했다. 또한 산하 회원 및 연합들로 하여금 노동자 해고에 대한 사용자의 권한을 규정한, 소위 '조항 23'paragraph 23을 단체협약에 명시하도록 했다. 노동조합운동이 이에 반발할 경우를 대비해 SAF는 직장 폐쇄를 단행한 회원 사용자들을 효율적으로 지원하기 위해 재정 관련 권한을 산하 연합에서 SAF로 중앙·집중화했다. LO는 1906년의 12월 타협에서 노동조합을 조직할 권한을 SAF로부터 인정받는 대신 조항 23을 받아들였다. 또한 산업별 임금 협상의 제도에도 합의했다.[49]

그러나 노동조합연맹들은 LO가 "노동자는 해고에 관한 조사를 요청할 권리"를 가진다는 선에서 조항 23을 어벌쩡하게 처리한 12월 협약에 격렬하게 반대했다. 이에 LO는 다시 조항 23를 두고 SAF와 대립했으며 결국 LO와 SAF의 갈등은 1909년에 총파업이란 파국을 맞게 된다.[50] SAF의 의지는 확고했다. 총파업의 와중에서도 SAF는 산업 평화의 조건으로 단체협

48_Sven A. Söderpalm, *Arbetsgivarna och Saltsjöbadspolitiken* (Stockholm: SAF, 1980), 13-4.

49_Carl Hallendorff, *Svenska arbetsfivareföreningen 1902~1927* (Stockholm: Nordstedt, 1927), 48-54; Axel Adlercreutz, *Kollektivavtalet* (Lund: CWK Gleerup, 1954), 217-8; 안재흥, "스웨덴 모델의 형성과 노동의 정치경제," 『한국정치학회보』 29-3 (1995).

50_Bernt Schiller, *Storstrejken 1909* (Göteborg: Elanders, 1967); Ragnar Casparsson, *LO under fem årtionden I* (Stockholm: Tiden, 1947); Jae-Hung Ahn, *Social Democratic Ideology and Workers' Interests: The Development of Social Democracy in Sweden, 1886-1911* (Ph.D. Dissertation, University of Michigan, 1993), Chapter 5.

약에 조항23의 명문화, 산업별 임금 협상, '협상의 질서'를 LO에게 제시했다.[51] 노동조합의 총파업은 실패로 끝났으며 이에 실망해 1911년까지 조합원 약 60퍼센트가 LO를 탈퇴했다.[52] 그러나 SAF와 사용자들은 노동조합운동 자체를 와해시키려 하지는 않았다. 오히려 일부 사용자들은 노사관계를 총파업이란 파국으로 이끈 지도부를 비난하며 SAF에서 탈퇴하기도 했다. 1920년 경제공황까지 SAF는 수세적 입장을 견지하는 한편 주요 산업의 사용자연합 대부분을 산하 조직으로 흡수하는 등 조직 정비에 주력했다.[53] SAF가 노동조합운동을 와해시키지 않았던 것은 단체협약을 통한 임금 조정이 사용자들의 이해와 일치했기 때문이었다. 사민주의에 동조하는 노동조합운동을 붕괴시키면 폭력적 혁명을 지향하는 생디칼리스트 노동조합운동이 성장할 것이라는 우려도 작용했다.[54] 제1차 세계대전의 종전과 러시아혁명의 영향으로 1917~20년의 기간에 노사 갈등이 격심했다. 그럼에도 사용자가 노동조합과 체결한 단체협약 건수는 오히려 급속히 증가했다. 1920년에는 LO 소속 노동조합원들 중 단체협약에 포함되지 않은 비율이 5퍼센트 미만에 머물렀다.[55]

51_Jörgen Westerståhl, *Svensk fackföreningsrörelse* (Stockholm: Tiden, 1945), 170-2; Adlercreutz, *Kollektivavtalet*, 344-54; Hans De Geer, *Arbetsgivarna* (Stockholm: SAF, 1992), 56-66.

52_Axel Hadenius, *Facklig organisationsutveckling* (Stockholm: Rabén & Sjörgren, 1976), 27.

53_Klas Åmark, *Facklig makt och facklight medlemskamp* (Lund: Arkiv, 1986), 104.

54_Hadenius, *Facklig organisationsutveckling*, 31-2; Westerståhl, *Svensk fackföreningsrörelse*, 72; Swenson, *Capitalists against Markets*, 84.

55_Åmark, *Facklig makt och facklight medlemskamp*, 105; 안재홍, "생산 레짐과 복지국가 체제 상호연계의 정치."

1920년 경제공황 이후 스웨덴은 고실업 사회로 진입했다. 이전까지 실업률은 제1차 세계대전과 같은 최악의 상황에서도 8퍼센트를 넘지 않았다. 그러나 1921년에 실업률이 26.5퍼센트로 치솟았으며 1922년 1월에는 34퍼센트를 기록했다. 1920년 경제공황 이후 1930년대 중반까지 심지어는 비교적 호황기였던 1923~30년에도 실업률이 10퍼센트를 넘었다.[56] 이에 제1차 세계대전 당시 전시 상황을 대비해 설립되었던 '국가실업위원회' Statens Arbetslöshetskommission, AK는 1920년대 전반에 걸쳐 대규모로 실업 정책을 실시했다. 서구 사회에서는 스웨덴에서 최초로 국가가 실업 구제를 위해 노동시장에 직접 개입했다. 앞에서 언급한 바 있듯이 절대주의 시대부터 스웨덴의 국가는 덴마크의 국가보다도 가부장적이며 일방적 개입을 통해 근대화를 추진했다. 사회 개혁을 위한 국가 개입의 전통이 실업 문제에서도 재현된 것이다.[57]

노동시장에 대한 국가 개입으로 인해 노사 관계는 1920년대에 근본적인 변화를 겪었다. 실업 정책의 집행은 다음과 같은 피드백 효과를 유발했다. 첫째, 노동조합운동에 대한 국가의 역량을 강화시켰다. AK는 1921~24년에 1,600개가 넘는 곳에서 구제 노동 사업을 벌였다. 국가는 실업 구제의 수혜 자격을 엄격히 규제함으로써 노동쟁의를 강력히 통제했다. 실제로 1921년부터 AK는 노동쟁의에 참여한 노동자와, 쟁의 발생 작업장에서 취업을 거부하는 실업자들을 모두 실업 구제의 대상에서 제외시켰다. 1922년에는 '갈등 지침' 법률을 제정해 파급효과가 광범위한 '일반 갈등'인 경우에는 해당 노동조합의 조합원뿐만 아니라 동일 업종의 모든 노동조합

56_Kungliga Arbetsmarknadsstyrelsen, *Arbetsmarknadsstatisktik*, nr. 13B (1974), 5.
57_Knudsen & Rothstein, "State Building in Scandinavia."

원들까지도 실업 구제의 대상에서 제외시켰다. AK는 '부분적 갈등'을 '일반 갈등'으로 분류하고 노동조합원 경력을 가진 실업자들을 실업 구제 프로그램에서 제외시키는 경향을 보였다. 이에 사민당 소수 정부는 '갈등 지침'에 관한 법률을 개정하려 했으나 실패했다. 법률 개정에 실패하자 사민당 소수 정부는 두 번 — 1923년과 1926년 — 에 걸쳐 사임했다. AK의 갈등 지침은 1933년까지 실행되었다.[58]

둘째, AK의 저임금 정책이 노동조합운동 내부의 갈등을 조장했다. 1921년 국회에서 사민당 소수 정부는 구제 노동의 임금이 노동시장의 육체노동 임금보다 낮아서는 안 된다는 기존의 입장을 철회했다. 사민당 소수 정부는 긴축정책을 실행할 수밖에 없는 상황에서 가급적 많은 실업자에게 구제 노동을 제공하고자 했다. 이와 대비해 LO는 구제 노동이 실업자들을 많이 관리할수록 임금 협상에서 임금 인하의 압박이 약화되기 때문에 AK의 저임금 정책을 지지했다. 그러나 구제 노동의 확장으로 인해 일자리가 감소된 노동조합연맹들 — 지자체 노동자 노동조합연맹, 도로 및

58_AK(Statens Arbetslöshetskommission), *Det svenska samhället och arbetslösheten 1914-1924* (Stockholm: Isaac Marcus, 1929), 356-8; Nils Unga, *Socialdemokratin och arbetslöshetsfrågan 1912-34* (Lund: Arkiv, 1976), 91-5; Sven-Ola Lindeberg, *Nödhjälp och samhälls neutralitet* (Lund: Uniskol, 1968), 59-65; 299; SOU(Statens Offentliga Utredningar), *Svensk arbetslöshetspolitik åren 1914-1936* (Stockholm: Norstedt & Söner, 1936), 27-32; Otto Järte & Fabian von Koch, "Arbetslöshetspolitik 1914-1924," Eli Hecksher ed., *Bidrag till Sveriges ekonomiska och sociala historia under och after världskriget* (Stockholm: Norstedt & Söner, 1926), 325-6; Bo Rothstein, *Den korporativa staten* (Stockholm: Norstedts, 1992), 163; AK (Statens Arbetslöshetskommission), *Statens arbetslöshetskommissions berättelse 1925-1934* (Stockholm: Issac Marcus, 1937), Chapter 7; 안재홍, "스웨덴 모델의 형성과 노동의 정치경제," 『한국정치학회보』 29-3 (1995).

수로 건설 노동자 노동조합연맹, 미숙련·공장 노동자 노동조합연맹 — 과 구제 노동에 취업하고 있는 실업자들은 LO의 조치를 강력히 비판했다. 구제 노동 취업 실업자들은 노동운동이 자신들을 버렸다고 비판했으며 1928~29년에는 구제 노동 현장을 봉쇄하는 집단행동에 나서기도 했다. 특히 울리세함Ulricehamn과 옌셰핑Jänköping을 잇는 철도 공사에는 22개 도와 87개 지자체에서 1,833개의 구제 노동 장소에 실업자를 파견했는데 이 공사 전체를 봉쇄하겠다고 나선 것이었다.[59] 요컨대 스웨덴 노동조합운동은 세 집단 — 구제 노동 소속 실업자, 구제 노동과 경쟁 관계에 있는 노동조합, 그리고 그 외 노동조합 — 으로 분열되어 LO와 반목했던 것이다.

  반면에 SAF는 1920년 이전에 취했던 수세적 전략을 접고 대규모로 직장 폐쇄 조치를 단행했다. 목적은 임금 협상의 중앙·집중화를 통해서 수출산업 내에서, 더 나아가 수출산업과 내수산업 간에 임금격차를 축소시키자는 데 있었다. 내수산업의 기업들은 임금 인상 시에 이를 제품의 가격에 쉽게 반영시킬 수 있었던 반면 수출산업의 기업들은 치열한 국제 경쟁으로 인해 가격 인상이 어려웠다. 엔지니어링, 펄프 및 제재, 철강 등 수출산업 사용자들이 직장 폐쇄를 주도했다. 1920년과 1928년 사이에 직장 폐쇄에 반발해 발생한 노동쟁의에 참여한 노동자의 수가 전체 노동쟁의 참여자 수의 50퍼센트를 넘은 해가 네 번이나 되었다. SAF는 수출산업과 내수

59_Unga, *Socialdemokratin och arbetslöshetsfrågan 1912-34*, 85-6; 126-30; 137; 141; Lindeberg, *Nödhjälp och samhälls neutralitet*, 311-8; Oskar Hagman, "Ulricehamns-blockaden," *Fackföreningsrörelsen* (1930), 245-56; 안재홍, "스웨덴 모델의 형성과 노동의 정치경제"; Jae-Hung Ahn, "The Dynamics of Policy and Politics: Politics of Unemployment in Sweden during the Interwar Period," Paper Presented at the Conference of the Midwest Political Science Association in Chicago, USA on March 30-April 3 (2011).

산업을 포괄해 임금격차를 줄이고자 했으나 내부의 반발로 인해 두 부문의 산업을 망라해 직장 폐쇄를 실천에 옮긴 사례는 없었다.[60]

국가의 노동시장 개입, 노동조합운동의 내분, 그리고 SAF의 공세로 혼돈을 겪는 가운데 노동조합운동 내에서는 새로운 담론이 형성되고 있었다. 첫째, 생산 합리화를 긍정적으로 평가하기 시작했다. 산업화가 본궤도에 진입한 1890년대부터 스웨덴 사용자(연합)들과 노동조합운동은 생산 합리화의 문제를 두고 대립했다. 생산 합리화는 노동과정의 자동화·단순화·분업화를 의미했다. 자본은 생산 합리화가 비합리적인 노동의 활용을 방지하는, 객관적이고 과학적인 생산방식일 뿐만 아니라 높은 이윤을 보장한다는 주장을 폈다. 노동조합운동은 생산 합리화가 임금 상승을 보장하지 않을 뿐더러 더욱 강도 높은 단순노동을 강요할 것이라고 주장했다.[61] 그러나 1921년 경제공황 이후 상황이 반전되었다. 예컨대 1921년 LO 대표자 회의에서 다음과 같은 주장이 제기되었다. 국가의 주도하에 노동조합운동과 사용자들이 생산 합리화를 위해 공동으로 노력해야 한다는 것이다. 1926년 LO 총회에서는 구체적인 대안이 상정되었다. 경제성장을 전제로 한다면 생산 합리화가 실업 문제를 해결하는 동시에 임금 조건도 개선시킬 수 있다는 것이다.[62]

노동조합운동은 생산 합리화 이슈를 실업과 임금 문제뿐만 아니라 좀

60_Swenson, *Capitalists against Markets*, 74-5; 92; Swenson, "Bringing Capital Back In, or Social Democracy Reconsidered."

61_Johansson, *Tillväxt och klassamrbete*, 42-7; 393-5; Hans De Geer, *Rationaliseringsrörelsen i Sverige* (Stockholm: SN&S. 1978), 81-5.

62_Johansson, *Tillväxt och klassamrbete*, 56; LO, *Protokoll* (Stockholm: Arbetarnes Tryckeri, 1926), 65-8; Hadenius, *Facklig organisationsutveckling*, 37; 안재흥, "스웨덴 모델의 형성과 노동의 정치경제."

더 근본적인 문제와 연계시키려 했다. 예컨대 1928년 LO 대표자 회의에서는 생산 합리화가 노동과 자본이 "공동 이익"을 추구함으로써 "상호 이해하고 협력"할 수 있는 조건임을 강력하게 암시했다.[63] 노동조합운동은 생산 합리화를 노동과 자본이 공존할 수 있는 대안으로 다루었던 것이다. 그러나 1931년 경제공황으로 실업률이 급증하자 LO와 SAF는 생산 합리화를 두고 다시 갈등했다. LO는 고실업의 원인으로 생산 합리화를 지목한 반면 SAF는 고전주의 경제학의 입장에서 경직된 임금구조를 문제 삼았다.[64]

둘째, 노동조합운동의 중앙·집중화와 함께 고임금과 저임금의 차이를 좁히는 임금 연대의 문제가 논의되었다. 산업별 노동조합연맹들은 노동조합운동의 공세적 역량을 강화하기 위해 조직을 LO로 중앙·집중화해야 한다는 주장을 이미 1898년 LO 창설 총회부터 1909년 총파업에 이르기까지 꾸준히 제기한 바 있다.[65] 그러나 1920년대에는 1909년 총파업 이전과는 달리 LO 조직의 중앙·집중화와 함께 연대 임금 관련 안건이 지속적으로 제기되었다. 예컨대 1922년 LO 총회에서는 LO가 수출산업 노동자와 내수산업 노동자 간의 임금격차를 줄이는 데 중요한 역할을 담당해야 한다는 안이 상정되었다.[66] 1926년 LO 총회에서는 노동 조직의 중앙·집중화와 연대 임금을 보다 적극적으로 연계시켜야 한다는 안이 제기되었다. 특

63_LO, *Protokoll, fört vid Landsorganisationens Representantskaps extra sammanträde* (LO Arkiv, 1928), 21-7.

64_Leif Lewin, *Planhushållningsdebatten* (Stockholm: Almqvist & Wiksell, 1970), 46-7; Johansson, *Tillväxt och klassamrbete*, 94-9; Bernt Öhman, *Svenkarbetsmarknads politik 1900-1949* (Stockholm: Prisma, 1970), 56-61; 86.

65_Ahn, *Social Democratic Ideology and Workers' Interests*, 337-58.

66_LO, *Protokoll* (Stockholm: Arbetarnes Tryckeri, 1922), 283-4.

히 미숙련·공장 노동자 연맹에 속하는 단위 노조들이 이 안을 지지했다. 그러나 임금 조건이 양호한 노동조합들은 이런 주장에 반대했다.[67] LO 의장은 노동조합운동의 화합에 위배된다는 이유를 들어 연대 임금정책을 공식적으로 채택하자는 안에 반대했다.[68] 이와 비슷한 논쟁은 1931년 LO 총회까지 재현되었다.[69]

사민당은 1932년에 최초로 단독정부를 구성했고 1936년 총선에서는 농민당과 연합해 압도적으로 승리했다. 사민당 정부는 노사정 관계의 제도화에서 걸림돌로 작용했던 요인들을 제거하기 시작했다. 사민당 정부의 한손Per Albin Hansson 수상은 1934년 국회에서 정부, LO, SAF의 대표가 참여하는 조사위원회를 구성하고 이 위원회Nothin Committee로 하여금 산업 평화의 조건을 연구하도록 제안했다. 노팅 위원회는 "인민 복지와 산업 평화" Folkförsörjning och arbetsfred(1935)라는 조사 보고서를 발표했다. 이 보고서는 인민의 복지는 생산의 증가에 의해 달성되기 때문에 생산 합리화가 이의 전제 조건임을 명시했다.[70] 한편 SAF는 1936년 총선의 결과를 사민당의 장기적 집권을 암시하는 징후로 해석하고 LO와의 타협에 적극 나섰다.

사민당 정부는 노사정 삼자 회의를 통해 산업 평화의 조건을 논의하고 이를 입법하려고 했다. LO도 사민당의 입장을 문제 삼지 않았다.[71] 그러나

67_LO, *Protokoll* (1926), 64-5; 174-5.

68_Ibid., 68; Hadenius, *Facklig organisationsutveckling*, 36-7; LO, *Fackföreningsrörelsen och näringslivet* (Stockholm: Arbetarnes Trickeri, 1941), 87.

69_Hadenius, *Facklig organisationsutveckling*, 50-5; Westerståhl, *Svensk fackföreningsrörelse*, 74-6.

70_Johansson, *Tillväxt och klassamrbete*, 132-5.

71_LO, *Protokoll, fört vid Landssekretariatets sammanträde den 13 januari 1936*

1936년 3월에 SAF는 적극적인 제스처를 보였다. 국가 개입을 배제하고 노사 당사자가 산업 평화의 문제를 자율적으로 해결해야 한다는 원칙을 LO에 제안했던 것이다. 이 문제를 다루기 위해 모인 LO 대표자 특별 회의는 5시간의 열띤 토론 끝에 SAF의 제안을 받아들이기로 결정했다. LO는 사민당이 집권한 상황임에도 불구하고 입법 과정에서 영향력을 충분히 발휘할 수 없다는 이유를 들어 SAF의 제안을 받아들였던 것이다.[72] 사민당도 LO와 SAF의 결정을 반대하지 않았다. 같은 해에 LO와 SAF는 노동시장위원회Arbetsmarknadskommittén를 조직했다. 이 위원회는 근 2년의 협상 끝에 1938년에 역사적 대타협으로 회자되는 살트쉐바덴 협약을 이끌어 냈다.

살트쉐바덴 협약은 구속력을 지니는 조항으로 구성된 것이 아니라 전반적인 원칙을 담았다. 이 협약은 노사정 관계의 제도화에서 다음과 같은 의미를 함축하고 있다. 첫째, 노사 관계는 국가의 개입, 즉 입법에 의한 규제를 배제하고 노사가 자율적으로 관리하며, 둘째, 임금 협상 체제를 LO와 SAF로 단일화하고 임금 협상의 구조를 중앙·집중화한다는 것이다. 그러나 살트쉐바덴 협약은 조항에 실천을 위한 구속력을 명시하는 않았다. 예컨대 LO는 당시에 산업별 단체 협상에 개입할 권한을 갖지 못했다. 요컨대 살트쉐바덴 협약은 협력과 자율에 의해 운영되는 노사 관계가 제도화

(Stockholm: LO Arkiv, 1936), § 4; Johansson, *Tillväxt och klassamrbete*, 132-6.

72_LO, *Protokoll, fört vid Landssekretariatets sammanträde den 13 januari 1936*, § 7. LO는 초기부터 노사 관계가 보수당 및 자유당이 지배하는 국회에 의해 통제되는 것에 반대했다. 1933년에 사민당 정부는 심지어 노사 관계의 입법화란 대안으로 LO를 위협해 건설 부문의 노동쟁의를 진정시킨 바 있다. Westerståhl, *Svensk fackföreningsrörelse*, 282-382; Hadenius, *Facklig organisationsutveckling*, 46-7; Klas Åmark, "Sammanhållning och intressepolitik," Klaus Misgeld et als. eds., *Socialdemokratins samhälle* (Stockholm: Tiden, 1988), 61.

되기 시작했음을 상징했다.⁷³ 생산 합리화는 협약에 명시되지는 않았지만 이 문제가 그동안 산업 평화의 전제 조건으로 다루어졌다는 점을 감안한다면 원칙적으로 합의된 것으로 볼 수 있다.

큰 틀에서 보면 사민당과 SAF는 이 협약을 통해 정치적 교환을 주고받았다. 산업 평화와 임금 협상제의 제도화에 대한 대가로 SAF는 사민당의 집권을 용인했고 정당정치로부터 정치적 중립의 입장을 고수했다. 예컨대 1935~36년에 '대기업 총수 클럽'이 보수당과 협력해 노동 관련법을 입법하려 했다. 그러나 SAF는 이를 반대했고 "공식적 정치에서 중립"을 지킨다는 입장을 견지했다.⁷⁴ 반면 LO는 뚜렷이 얻어 낸 것이 없었다. 그동안 노사 관계의 발목을 잡아온 노동자의 해고 조건에서는 더욱이 그러했다. 협약의 제3장 2조는 다음 사항을 명시할 뿐이었다. "최소한 1년 이상 고용된 노동자를 해고할 시에 …… 사용자는 적어도 해고하기 일주일 이전에 …… 작업장의 노동 조직 대표에게 의도된 조치를 통보해야 한다."⁷⁵

1936년 LO 총회 이후 노동조합운동은 조직의 중앙·집중화와 연대 임금의 이슈를 적극적으로 다루었다. 특히 거시적 측면에서 연대 임금을 정당화하려 했다. 임금은 물가, 경제성장 등 사회·경제적 관점과 연계해 결

73_Westerståhl, *Svensk fackföreningsrörelse* Johansson, 199; Hadenius, *Facklig organisationsutveckling*, 53-4; Lewin, *Samhället och de organiserade intressena*, 59-60; Johansson, *Tillväxt och klassamrbete*, 12; 148-9. 협약의 내용은 Ragnar Casparsson, *Saltsjöbadsavtalet* (Stockholm: Tiden, 1966), 253-69.

74_Söderpalm, *Arbetsgivarna och Saltsjöbadspolitiken*, 21-2; Sven A. Söderpalm, *Direktörklubben-Storindustrin i Svensk Politik under 1930-och 1940-talen* (Lund: Arkiv, 1976), 31-8; Walter Korpi, *The Democratic Struggle* (London: Routledge, 1983), 46-50; 안재흥, "생산 레짐과 복지국가 체제 상호 연계의 정치."

75_Casparsson, *Saltsjöbadsavtalet*, 260.

정되어야 한다는 것이다. 이런 담론의 영향으로 사민당 정부는 1950년대에 소득정책을 추진하게 된다(제6장). 1936년 LO 총회에서 금속노조 연맹은 "사회 전체의 시각"이 노동운동에 반영되어야 한다는 점을 지적하며 "연대가 강조된 임금 정책"을 제안했다. 이를 위해 LO는 단체 협상에 합법적으로 개입할 수 있어야 한다는 것이었다.[76] 1936년 LO 총회는 노동조합운동 조직의 중앙·집중화와 연대 임금의 문제를 조사하기 위해 15인 위원회를 구성하기로 했다. 이 위원회는 1940년에 노동조합운동의 중앙·집중화, 연대 임금, 생산 합리화 등을 권유하는 보고서를 공개했다.[77] 1941년 LO 총회는 노동조합연맹의 노동쟁의 결정 과정에 대한 LO의 개입을 강화하는 규칙을 제정했다. 민감한 이슈인 연대 임금 문제는 다루지 않았다.[78] 그러나 대체로 1940년대 말까지 연대 임금에 대한 지지가 노동운동 내부에 광범위하게 퍼져 있었다.[79] LO의 변화된 인식은 15인 위원회 위원인 카스파르손Ragnar Casparsson이 1941년 LO 총회에서 행한 연설에서 다음과 같이 극적으로 묘사된 바 있다. "국가, 이는 곧 우리"이며, "국가가 반동의 정신으로 작동하는가 아니면 자유의 정신으로 작동하는가 하는 것은 우리에게 달려기 때문에 …… 노동은 사회 발전에 책임을 져야 한다."[80]

76_Hadenius, *Facklig organisationsutveckling*, 50; Westerståhl, *Svensk fackföreningsrörelse*, 77; LO, *Protokoll* (1936), 447-50. 인용은 페이지 450.

77_LO, *Fackföreningsrörelsen och näringslivet*.

78_Sten Höglund, *En fallstudie i organisationsförändring* (Research Reports from the Department of Sociology, University of Umå, 1979), 46-7. 새로운 규칙은 LO, *Protokoll* (Stockholm: Arbetarnes Tryckeri, 1941), 439-41 참조.

79_Jonas Pontusson, *The Limits of Social Democracy* (Ithaca: Cornell University Press, 1992), 62-3.

80_LO, *Protokoll* (1941), 107.

1940년대 중반부터 LO는 정치 참여의 폭을 넓혀 나갔다. 첫째, 국가 행정의 다양한 네트워크에 적극 참여했다. LO는 정부의 각종 위원회, '입법 및 정책 연구'remissarbetet, '비전문 행정위원회'lekmannastyrelserna ― 이익 단체들이 위원으로 참여하는 행정부 밖의 행정조직 ― 등에 적극 참여했다.[81] 둘째, 1949~55년에는 목요 클럽에, 1955~64년에는 하르프순드Harpsund 회의에 참여했다. 이 조직은 사민당 정부가 주도하고 이익 단체 대표들이 참여하는 비공식 노사정 협의체였다. LO는 이와 같이 비공식적이며 정치적인 타협을 통해 노동시장 관련 정책의 입법을 추진했다.[82] 셋째, 사민당의 노동 관련 정책을 주도했다. 사민당의 정책 형성 과정에서 LO의 역할이 확대된 것은 사민당이 집권당으로서의 위치, 그리고 선거에서의 부담 때문에 자신의 역할을 노동계급 이익의 신장에만 국한시킬 수는 없는 상황이 반영된 것이었다.[83] 요컨대 사민당은 선거와 의회를 통해 정치적 이익을 대표하고 LO는 코포라티즘을 통해 기능적 이익을 대표하는 정치경제 레짐이 제도화의 경로로 접어들었던 것이다.

3-1-2. 덴마크

덴마크의 노사 관계는 1899년의 9월 타협에 의해 틀이 잡혔다. 9월 타협에 이르는 과정은 스웨덴과 유사했다. 스웨덴에서처럼 덴마크에서도 사용자(연합) 측이 단체 협상 및 노동의 '경영과 배치'에 대한 권한을 제도화하는 데 앞장섰다. 사용자(연합)들은 노동쟁의가 전국적으로 확산되기 이

81_Lewin, *Samhället och de organiserade intresserna*, 62-70.

82_Ibid., 70-2.

83_Göran Therborn, "Nation och klass, turn och skicklightet," Klaus Misgeld et al. eds., *Socialdemokratins samhälle* (Stockholm: Tiden, 1988), 359-60.

전에 대규모 직장 폐쇄로 노동쟁의를 초기에 제압하는 전략을 구사했다. 최초의 대규모 직장 폐쇄는 1885년 금속 산업의 직장 폐쇄였다. 사용자 측은 노동자들의 임금 인상 요구를 무산시켰기 때문에 직장 폐쇄의 승리자였다. 그러나 역설적이게도 직장 폐쇄는 단체 협상으로 마무리되었다. 금속 산업에서는 이로써 노동자들이 노동조합을 조직할 권리가 인정된 셈이었다.[84]

덴마크는 제조업 분야 — 금속·화학·제지·조선 등 — 의 중소 규모 기업과 농산물 가공 관련 기업을 중심으로 산업화를 추진했다. 산업화 초기에는 중소기업이 전국에 걸쳐 산재했다.[85] 사용자 측은 산발적으로 발생하는 노동쟁의를 집단적으로 그리고 신속하게 제압하기 위해서는 전국적인 조직이 필요하다는 사실을 절감했다. 1898년에 사용자연합의 정상 조직인 덴마크사용자연합DA이 창설되었다. 노동조합총연맹LO도 같은 해에 창설되었다. DA는 사용자(연합)들의 힘을 결집하기 위해서 조직의 중앙·집중화에 주력하는 한편 노동조합운동에게 중앙 임금 협상을 강요했다. DA가 중앙 임금 협상을 관철시킨 계기는 1899년 봄에 발생한 대규모 직장 폐

84_Due et al., *The Survival of the Danish Model*, 72-3; 76-7.

85_Walter Galenson, "Scandinavia," Galenson ed., *Comparative Labor Movements* 2nd edition (New York City: Russell & Russell Publishers, 1968), 123-4; Nils Elvander, *Scandinavian Social Democracy: Its Strength and Weakness* (Stockholm: Almqvist and Wiksell International, 1979); Steen Scheuer, "Denmark: Return to Decentralization," Anthony Ferner & Richard Hyman eds., *Industrial Relations in the New Europe* (Oxford: Blackwell, 1992), 174-5. 산업화가 진전되면서 산업노동자들은 코펜하겐 지역에 집중되어 있었다. 예컨대 1935년에 산업노동자의 약 40퍼센트가 코펜하겐을 중심으로 한 지역에 거주했다. Walter Galenson, *The Danish System of Labor Relations* (New York: Russell & Russell, 1952), 9-11.

쇄였다. 직장 폐쇄는 3개월이나 지속되었으며 손실 근로 일수가 약 3백만 일에 달했다. 이번 직장 폐쇄도 DA의 완벽한 승리로 마무리되었다. 그러나 DA는 직장 폐쇄의 승리를, 노동조합운동을 와해시키기보다는 중앙 임금 협상을 제도화하는 기회로 삼았다. 노동조합운동 자체를 와해시킬 수 없었던 또 다른 이유는 LO가 사민당과 사회자유당의 정치적 지지를 받았기 때문이다. DA와 LO는 1899년 9월 협약에서 다음 사항을 합의했다. LO와 DA는 단체협약의 최종적인 책임을 지며, '노동의 경영과 배치'에 대한 사용자 고유의 권한을 인정하며, 모든 단체협약은 같은 날에 종료되어야 한다는 것이다. 더 나아가 DA는 1907년에 산하 조직들의 단체 협상은 DA의 승인하에 체결되어야 한다는 규칙을 제정했다.[86]

사용자연합이 일사불란하게 단체 협상의 중앙·집중화에 전력했던 반면 노동조합운동의 전선은 분열되었다. 스칸디나비아 3국 중에서도 덴마크에서 길드 조직이 가장 발달했다. 산업화 과정에서 길드 조직은 숙련공 노동조합으로 발전했다. 이들 숙련공 노동조합은 주로 업종 또는 산업별이 아니라 직능craft별로 조직되었다. 숙련공 노동조합들은 직능이 여러 산업에 걸쳐 있었기 때문에 노동조합운동의 조직 및 임금 협상 체계를 중앙·집중화할 것을 주장했다. 숙련공 노동조합들이 초기 노동조합운동을 주도했다. 산업별 노동조합은 조선업 등 매우 제한된 영역에서만 성장했다. 최대 노동조합연맹인 일반 노동자 노동조합연맹은 숙련공 노동조합에 대항해 조직의 세를 불렸다. 직능별 숙련공 노동조합과 미숙련·일반 노동자 노동조합은 그동안 숙련공이 장악했던 직능 영역을 두고 첨예하게 대립했다. 일반 노동자 노동조합연맹 및 여타 산업별 노동조합연맹은 숙련공 노

86_Due et al., *The Survival of the Danish Model*, 80-1.

동조합운동이 주도하는 중앙·집중화된 임금 협상 체제에 회의를 던졌으며 업종별 단체 협상을 주장했다.[87]

덴마크의 노동조합운동은 조직의 중앙·집중화 조건이 스웨덴에서보다 상대적으로 취약했다. 스웨덴은 광업, 제철·제강, 제재, 펄프, 엔지니어링, 전기 산업 등 제조업을 중심으로 산업화했다. 따라서 농축산 가공업 및 중소기업을 위주로 산업화한 덴마크보다는 기업의 규모가 컸으며 산업별 노동조합운동이 발달했다.[88] 이런 구조적인 조건 이외에도 첫째, 1909년 총파업처럼 노사 간에 전면전이 없었다. 스웨덴에서 노사 갈등은 노동 해고 권한의 소재 문제로 갈수록 격화되어 1909년 총파업으로 치달았다. 이 과정에서 LO는 한시적이나마 노동쟁의 및 재정 지원 관련 의사 결정권을 장악했다. 그러나 덴마크에서는 노동 해고 권한의 문제가 노동조합운동을 결집시키는 이슈로 부상하지 않았다. 둘째, 스웨덴에서는 산업별 노동조합연맹이 노동조합운동의 중심을 장악했다. 1890년대부터 미숙련·산업 노동자 노동조합이 급속히 성장했으며 20세기 초에 이르러서는 산업별 노동조합연맹이 노동조합운동의 주축으로 성장했다.[89]

셋째, 스웨덴의 노동조합운동은 초기부터 정치적 성격이 짙었다. 1902년에 스웨덴의 사민당과 LO는 노동조합운동을 동원해 보통 선거제의 관

87_Galenson, *The Danish System of Labor Relations*, 14-6; 32-3; Galenson, "Scandinavia," 128; Due et al., *The Survival of the Danish Model*, 74; 96-7.

88_Lennart Jörberg, *Growth and Fluctuations of Swedish Industry 1869-1912* (Stockholm: Almqvist & Wiksell, 1961); Lennart Schön, *En modern svensk ekonomisk historia* (Stockholm: SNS Förlag, 2000), 220-71; Lars Magnusson, *Sveriges ekonomiska historia* (Stockholm: Tiden Athena, 1996), 314-32.

89_Åmark, *Facklig makt och facklight medlemskamp*, 65-88; Ahn, "Ideology and Interest."

철을 위한 정치 파업을 성공적으로 이끌었다. 사용자들은 이 사건을 계기로 전국적 조직의 필요성을 절감하고 1902년에 LO의 대항마로 SAF를 창설했다. 이후부터 SAF는 직장 폐쇄로 노동조합을 압박하기 시작했다.[90] 반면 덴마크에서는 노동조합운동의 정치 세력화가 미약했다. 단위 노동조합 수준에서 노동조합운동과 사민당을 연계하는 제도도 작동되지 않았다. 사민당이 1878년에 재창건된 이후 얼마 지나지 않아서 단위 노동조합의 사민당 가입 제도는 폐지되었다. 반면 스웨덴에서는 1898년 LO 창설 때부터 산하 노동조합연맹의 단위 노동조합들이 사민당에 집단적으로 가입했다. 총파업 이후에는 산업별 노동조합연맹 소속 노동조합들이 사민당 당원의 다수를 장악했다. 이 제도는 1990년대 초에서야 폐지되었다.[91] 요컨대 덴마크의 노동조합운동은 소규모 직능별 숙련 노동조합이 주도했으며 단위 조직에서 전국적 조직을 가진 사민당과 연계되지 않았기 때문에 구조적으로 노동조합운동이 산업별, 더 나아가 중앙·집중화된 조직으로 성장할 수 없었다.

덴마크의 LO가 중앙 임금 협상을 위한 집단행동을 이끌어 내는 데는 제3자, 즉 국가의 개입이 따를 수밖에 없었다. 1920년대 전반에 걸쳐 LO와 DA는 업종별 임금 협상과 중앙 임금 협상을 놓고 대립했다. 특히 일반 노동자 노동조합연맹이 업종별 임금 협상 체제를 고수하고자 했다. 공공

90_SAP(Sveriges socialdemokratiska arbetareparti), *Storstrejken 1902* (Stockholm: Arbetarnes Tryckeri, 1902), 10-11; 27; Casparsson, *LO under fem årtionden I*, 215; Hallendorff, *Svenska arbetsfivareföreningen 1902-1927*; Schiller, *Storstrejken 1909*.

91_Elvander, *Scandinavian Social Democracy*; Esping-Andersen, *Politics against Markets*, 65: Ahn, "Ideology and Interest"; 안재흥, "스웨덴 초기 노동운동에 대한 새로운 인식, 1886-1911," 『한국정치학회보』 28-2 (1994).

중재위원회가 1910년에 설립되었다. 이후 중앙 임금 협상의 실행을 위해 임금 협상에 개입했으나 일반 노동자 노동조합연맹을 중심으로 한 산별 노동조합연맹들의 반발로 별 성과를 거두지 못했다. 그러나 노동조합운동의 정치적 우군인 사민당이 1929년에 사회자유당과 연립정부를 구성하자 상황이 달라졌다. 결국 사민당의 주도하에 1934년에 '산업별 임금 협상을 허용하는 중앙 임금 협상'이라는 절충안이 마련되었다. 이를 기초로 하여 덴마크의 임금 협상 체제는 틀이 잡혔다. 사민당은 자유사회당의 지원하에 '수정 공공 중재법'을 입법했다. 이 법은 중앙 임금 협상이 성사되지 않을 경우 산업별 노동조합연맹들이 연쇄적으로 투표하도록 하고 그 결과를 취합해 중재안을 만들 수 있는 권한을 공공중재위원회에 부여했다.[92] 산업별로 임금 협상을 먼저 시작하도록 하되 결과적으로는 중앙 임금 협상을 통해 매듭을 짓는다는 것이다.

'선先산업별-후後중앙 임금 협상'의 제도는 노사 관계뿐만 아니라 당시 정치권력의 판세가 반영된 결과였다. 사회자유당은 사민당과 연립정부의 파트너였으나 노사 관계에 대한 입장은 달랐다. 사회자유당은 노사 갈등은 자율적으로 조정되어야 하며 노동재판소에서 최종적으로 해결되어야 한다는 입장을 견지했다. 따라서 사민당은 일차적으로 노사가 임금 협상을 주도하도록 하되, 중앙 임금 협상이 성사되지 않을 경우에 한해 공공중재위원회가 개입하도록 하는 안을 제안했던 것이다. 동시에 사민당은 의회가 최종적인 권한을 행사하도록 했다. 중앙 임금 협상이 성사되지 않을 뿐더러 공공중재위원회의 중재안이 중재안이 받아들여지지 않을 경우 의회는 노사에게 기존 협약의 연장과, 중재위원회가 제시하는 새로운 협약

92_Due et al., *The Survival of the Danish Model*, Chapter 5.

중에서 하나를 선택하도록 강제할 수 있었다.[93] 소위 '통제된 분권'의 중앙 임금 협상은 1960년대까지 실행되었다.

3-2. 기민주의 복지국가

3-2-1. 네덜란드

네덜란드의 노동조합운동은 정당 체제와 마찬가지로 균열이 심한 사회 블록을 바탕으로 성장했다. 1871년에 최초로 전국적 노동조합운동 조직 — 네덜란드일반노동자연합Algemeen Nederlandsch Werkliedenverbond, ANWV — 이 형성되었다. 이 조직은 친사용자 조직이었으며 자유주의 및 반사회주의 시각을 견지했다. 이에 반발해 사회주의자, 생디칼리스트, 개신교, 가톨릭 노동조합은 별도로 조직을 창설함으로써 노동조합운동은 분열된 가운데 출범했다. 1903년 철도 파업을 계기로 노동조합운동은 더욱 사회 블록을 중심으로 재편되었다. 그러나 동시에 근대적 의미의 노사정 관계가 형성되었다. 철도 파업은 노동조합운동의 승리로 마감되었다. 이에 대응해 반혁명당 정부는 공공 부문의 파업을 금지하는 법안을 준비했다. 이에 노동조합운동은 총파업으로 대응하고자 했지만 내부 분열로 인해 총파업은 무산되었다. 총파업의 무산은 노동조합운동에 다음과 같은 영향을 주었다. 첫째, 사회주의와 생디칼리슴, 사회주의와 교권주의, 그리고 온건 사회

93_Ibid.; Jesper Due & Jørgen Steen Madsen, "Varör är den danska avtalsmodellen annorlunda än den svenska?" Stig Tegle ed., *Har den svenska modellen överlevt krisen?* (Stockholm: Arbetslivsinstitutet, 2000), 20; Scheuer, "Denmark: Return to Decentralization," 173.

주의와 과격 사회주의 사이의 균열이 고착되었다. 그러나 둘째, 노동조합 운동은 현실적으로 정부와 사용자의 힘을 인정했고 정치·경제적 이익을 추구하는 전략을 구사하기 시작했다.[94]

1903년 총파업 실패 이후 사회 블록들은 각자 전국적 수준의 노동조합 연맹을 창설했다. 친사회주의 노동조합운동은 1906년에 네덜란드노동조합연맹NVV을 창설했다. 개신교 노동조합운동은 1909년에 전국기독교노동조합연맹CNV을 창설했다. CNV는 모든 기독교 노동자들 대표하고자 했으나 사실은 개신교 노동조합운동만을 대표했다. 가톨릭 노동조합운동은 1909년에 로마가톨릭노동조합국을 창설했다. 이후 몇 차례 명칭을 바꾸었는데 1920년대에는 가톨릭노동자연맹RKWV으로, 1946년에는 가톨릭노동운동KAB으로, 1964년에는 네덜란드가톨릭노동조합연맹NKV으로 바뀌었다.

한편 사용자들은 1899년에 네덜란드사용자연합VNW을 창설했다. 그러나 VNW는 진정한 의미에서 사용자연합의 정상 조직이 아니었다. 산업별로 특화된 산하 사용자연합의 요구를 대변하기보다는 노사 관계와 사회입법 등 사용자들의 일반적 관심을 대변하는 기관에 불과했다. 노동조합운동의 조직에서와 마찬가지로 기독교인 사용자들과 가톨릭 사용자들은 별도의 사용자연합을 창설했다. 그러나 사용자연합들은 노동조합운동만큼 갈등적이지는 않았다. 1921년부터 사용자연합 대표들은 정기적으로 모임을 가졌으며 활동 전반을 조율했다.[95] 네덜란드 사용자들은 경제문제와 사회문제를 구분해 접근했다. 예컨대 VNW는 경제정책 일반을 다루었으며 가톨릭사용자연합NKWV, 개신교사용자연합VPCW, 중앙사회사용자연

94_Windmuller, *Labor Relations in the Netherlands*, 1-30.

95_Ibid., 46-50.

합CSWV은 노사 관계 및 사회정책을 다루는 사용자연합이었다. 1968년에는 두 기능이 네덜란드기업연합VNO으로 통합되었다. 한편 가톨릭과 개신교 사용자연합은 1970년에 기독교사용자연합으로 통합되었다.[96] 요컨대 네덜란드사용자연합들은 기능적 통합을 이루었으나 종교 성향의 사용자연합은 그대로 존속되는 등 구조적으로 복잡한 관계를 형성했다.

전간기에는 사회 블록 간의 갈등으로 인해 협력적 노사 관계가 제도화되지 않았다. 주요 법안이 입법되었으나 노사정 간에, 그리고 사회 블록으로 분열된 노동조합운동 간에 갈등이 끊이지 않았기 때문에 법적 규제가 실제로 효력을 발휘하지 못했다. 1919년에 의회는 고등노동위원회를 창설했다. 고등노동위원회에는 정부, 4개 사용자연합, 3개 노동조합연맹의 대표와 전문가가 참여했으며 참여 대표자 수가 40~50명에 달했다. 고등노동위원회는 사회 입법 분야에서 주요한 역할을 담당했다. 예컨대 1919년과 1939년 사이에 정부가 제안한 104개 법안 가운데 약 80퍼센트가 이 위원회를 거쳐 입법되었다. 1923년에는 노동분규법을 제정했다. 이로써 정부는 노사분규를 중재하는 중재자를 임명할 수 있었다.[97]

가장 격렬한 논쟁의 대상이었으며 최종 입법까지 무려 20여 년을 끈 법안은 '단체협약의 확대와 무효에 관한 법'(약칭 단체협약법)이었다. 논쟁의 핵심은 과연 '공법에 의한 산업 조직 규제' — 이를 네덜란드어 앞 글자를 따서 PBOPubliekrechtlijke Bedrijfsorganisatie라 함 — 를 할 수 있느냐는 것이었다. 단체협약법에 의하면 노동부 장관은 단체협약을 해당 산업 전체로

---

[96] Ibid., 248-9; Jelle Visser, "The Netherlands: The Return of Responsive Corporatism," Anthony Ferner & Richard Hyman eds., *Changing Industrial Relations in Europe* (Oxford: Oxford University Press, 1998), 333.

[97] Windmuller, *Labor Relations in the Netherlands*, 63-5.

확대할 수 있을 뿐만 아니라 단체협약의 일부분 또는 전체를 무효화할 수도 있었다. 가톨릭 및 개신교 노동조합운동은 단체협약법을 적극적으로 찬성했으며 사회주의 노동조합운동은 조건부로 찬성에 동참했다. 자유주의자들, 특히 사용자연합은 격렬하게 반대했다. 그러나 1935년에 기업의 독과점을 허용한 카르텔협약법이 입법됨으로써 전기를 맞이했다. 자신들에 유리한 카르텔협약법이 통과된 상황에서 사용자연합은 단체협약법을 적극적으로 반대할 명분이 없었던 것이다. 결국 단체협약법 안은 1937년에 입법되었다. 단체협약법 논쟁을 계기로 정부가 공익에 반하는 단체협약을 무효화할 수 있다는 인식이 네덜란드 사회에 깊이 각인되었다.[98]

독일 나치 정부가 네덜란드를 점령한 1940~45년의 기간에 노동조합운동과 사용자연합, 그리고 런던 망명정부는 과거의 분열과 반목을 반성했다. 또한 네덜란드의 사회·경제 재건을 위한 청사진을 준비했다. 노사정은 노사가 단합해야 하며 노사정 관계의 제도화를 통해 분열을 극복해야 한다는 필요성에는 공감했으나 실천 방법을 두고 이견을 보였다. 국내의 노동조합과 사용자연합의 지도자들은 수차례에 걸쳐 은밀한 회합을 가졌다. 이들은 노동조합연맹과 사용자연합이 자율적으로 운영하는 노동협회 Stichting van de Arbeid, STAR를 창설하기로 합의했다. 노동협회가 노사 관계와 단체협약을 주관할 뿐만 아니라 경제 및 사회정책에도 관여하도록 했다. 노동조합운동 지도자들은 노동자의 경영 참여에 대한 주장을 거두어들이는 대신 정부의 자문위원회 참여를 보장받는 선에서 노동협회의 창설에 동의했다. 그러나 망명정부의 계획은 달랐다. 전후 재건은 정부가 주관해야 하며 경제정책뿐만 아니라 사회정책도 정부의 통제하에 추진되어야 한

98_Ibid., 68-78.

다는 것이었다.[99]

　제2차 세계대전 이후 네덜란드 노사정은 타협을 통해 국가 개입과 노사의 자율적 규제를 절충하는 방식으로 정치경제 레짐의 틀을 잡았다. 국회는 1945년 10월에 '노동관계 수정 특별법'(약칭 수정 특별법)을 제정했다. 수정 특별법은 임금 통제를 위한 체계를 잡았다. 수정 특별법은 사회부 장관이 임명하는 정부중재위원회에 "단체협약의 조건들을 수용하거나 거부"하며, 단체협약을 "산업 전체에 적용시킬 수 있는 권한"을 부여했다. 더 나아가 정부중재위원회가 허락하지 않을 경우 사용자는 자체적으로 임금을 지급하거나 노동조건을 정하는 것이 금지되었다. 동시에 수정 특별법은 정부중재위원회가 의사 결정 과정에서 노동협회의 자문을 받도록 했다. 모든 단체협약은 정부중재위원회를 경유해 노동협회의 임금 위원회에 회부되도록 했다. 임금 위원회는 단체협약이 일반 지침을 위배했는지 여부를 심사하며 필요하면 당사자들을 초빙해 청문회를 개최하고 그 결과를 정부중재위원회에 송부해 허락을 받도록 추천했다.[100] 노동조합운동과 사용자연합은 노동협회를 통해 사회정책의 형성 과정에 개입하고자 했으나 정부는 노동협회의 역할을 소득정책의 자문에 국한시켰던 것이다.

　수정 특별법은 네덜란드의 경제 재건에 지대한 영향을 미쳤다. 네덜란드는 노동조합의 조직률이 낮았으며 산업구조도 다원화되어 있었다. 노조 조직률은 1947~50년에 약 30~34퍼센트 정도였다. 기업의 구조는 중소기

99_Ibid., 106-7; 267-8; Anton Hemerijck, "The Netherlands in Historical Perspective: The Rise and Fall of Dutch Policy Concertation," Stefan Berger & Hugh Compston, Policy Concertation and Social Partnership in Western Europe (New York: Berghan Books, 2002), 225-6.

100_Windmuller, Labor Relations in the Netherlands, 269-79.

업과 대기업으로 양분되어 있었다. 예컨대 1953년에 가족 소유의 50인 미만 기업이 전체 기업 수의 69퍼센트를, 그리고 총고용의 16퍼센트를 차지했다. 500인 이상을 고용하는 기업이 전체 기업의 3퍼센트를 차지했지만 총고용의 45퍼센트를 담당했다.[101] 네덜란드 사회는 종교 및 이념에 의해 균열되어 있었을 뿐만 아니라 특화된 다수의 중소기업과 소수의 대기업으로 나뉜 다원화된 사회였다. 분열·분권화된 노동운동의 조직에도 불구하고 제2차 세계대전 이후 단체 협상은 매우 포괄적으로 적용되었다. 단체협약의 적용을 받았던 임노동자 비율이 1940년에는 15퍼센트였으나 1962년에는 70퍼센트까지 상승했다. 임금 억제 정책도 1960년대 초까지 성공을 거두어 1960년에 네덜란드 노동자의 임금 수준은 독일과 벨기에보다 약 20~25퍼센트 정도 낮았다.[102]

노동 협의의 역할은 사회경제위원회SER가 창설되면서 다시금 도마 위에 올랐다. 국회는 1950년에 산업 조직법을 입법하고 SER을 창설했다. SER은 정부가 구성한 기관이며 주 임무는 정부 정책의 자문이었다. SER은 전간기부터 논의되어 오던 공법에 의한 산업 조직 규제, 즉 PBO를 표상했다. PBO의 담론에는 네덜란드 경제를 '자본주의적 자유 기업 체계'에서 코포라티즘의 이상에 걸맞는 '규제된 메커니즘'으로 전환시킨다는 함의가 담겨 있었다. SER은 노동조합 대표 15명, 사용자 대표 15명, 국왕이 임명하

101_Ibid., 183; 237; 380.

102_Frank van Empel, *The Dutch Model* (Hague: Labour Foundation, 1997), 8-9; 13; Windmuller, *Labor Relations in the Netherlands*, 73; 270-5; Visser, "The Netherlands: The Return of Responsive Corporatism," 276; Hemerijck, "The Netherlands in Historical Perspective," 227; Jelle Visser & Anton Hemerijck, '*A Dutch Miracle*': *Job Growth, Welfare Reform and Corporatism in the Netherlands* (Amsterdam: Amsterdam University Press, 1997), 92-3. 임금 협상 과정은 이 책의 제6장 3-1절(249쪽)을 참조.

는 공인 15명으로 구성되었다. 산업 조직법에 의하면 정부의 각 부처 장관은 "경제와 사회 영역에서 주요한 조치들을" 취할 경우 반드시 그리고 공식적으로 SER의 자문을 받도록 했다. SER은 노동협회와 역할이 중복되기 때문에 갈등을 야기할 수밖에 없었다. 노동조합운동과 사용자연합은 비록 참여는 했지만 SER을 적극적으로 지지하지는 않았다. 1950년대와 1960년대 초반까지 노동협회는 간헐적으로 내각과 접촉하는 것 이외에 주로 단체 협상의 과정에서 정부중재위원회를 보조했다. 반면 SER은 단체 협상에 개입하기보다는 정부의 주요 정책 — 사회보험, 노동 관련 입법, 소득정책의 원칙 등 — 을 자문하는 역할에 충실했다.[103] 노사 자율로 운영되는 노동협회와 정부가 주도하는 SER은 노사정 갈등이 심화된 1960년대 후반부터 불협화음을 본격적으로 내기 시작했다.

3-2-2. 오스트리아

제2차 세계대전 이전까지 오스트리아의 노사정 관계는 분열된 사회 진영과 코포라티즘의 제도가 상호작용하는 가운데 부침했다. 오스트리아에서 코포라티즘의 전통은 매우 오래되었다. 그 근원이 멀게는 합스부르크 제국까지 거슬러 올라간다. 합스부르크 제국은 다민족을 통치하기 위해 중앙집권적 행정 체계와 관료제를 발전시켰으며 동시에 이익단체의 견해를 정책에 반영하기 위해 회의소chamber 제도를 운영했다. 국가는 상업 및 산업 부문의 정책 형성 과정에서 자문을 받기 위해 이미 1848년에 상공회의소Handels- und Gewerekammer를 설립했다. 이후 오스트리아는 해당 직종의 종사자는 의무적으로 가입해야 하는 준準공적 조직인 회의소라는 독특

103_Windmuller, *Labor Relations in the Netherlands*, 286-97.

한 제도를 운영했다. 회의소는 관련 직종의 다양한 이해를 조정했다. 그러나 합스부르크 제국에서 국가는 조직화된 노동을 협력의 파트너로 상대하지는 않았다. 가톨릭 보수 진영도 원칙적으로 코포라티즘의 이념을 표방했으나 사회주의 노동운동까지 협력의 파트너로 삼지는 않았다. 제1공화국(1918~34년)에 들어와서 진정한 의미의 노사정 삼자 합의주의가 실행되었다. 1920년에 노동회의소Bundesarbeitskammer, BAK가, 그리고 1923년에 농업회의소Präsidentenkonferenz der Landwirtschaftskmmern, PKLWK가 창설되었다. 정부는 입법 과정에서 관련 회의소의 자문을 받았다. 회의소는 공적 제도로서 정통성이 취약한 의회 민주주의를 보완해 분열된 사회 진영의 이익을 조정했다.[104]

그러나 의회주의 정치 대표 체계와 코포라티즘의 기능 대표 체계를 상호 보완해 운영하려는 제1공화국의 실험은 그리 오래 지속되지 않았다. 기독교사회당과 사민당은 1918년에 대연정 연립내각을 구성해 의회의 절대 다수를 점유했다. 그러나 1921년에 대연정 연립내각은 와해되었다. 이후 기독교사회당 정부와 야당인 사민당이 대립했기 때문에 의회와 행정부는 자주 충돌했다. 기독교사회당 정부가 반사회주의 노선을 고수했기 때문에 코포라티즘도 약화되었다. 특히 노동조합운동은 1923년부터 물가 및 통화 안정화 정책을 반대해 정부와 마찰을 빚었다(제6장). 1927년부터는 코포라티즘이 아예 작동하지 않았다.[105] 1933년에 의회 민주주의가 정지되

104_Lewis, "Austria in Historical Perspective," 22-3; Andrei S. Markovits, "Austrian Corporatism in Comparative Perspective," Günter Bishof & Anton Pelinka eds., *Austro-Corporatism: Past, Present, Future* (New Brunswick: Transaction Publishers, 1996), 7-8.

105_Lewis, "Austria in Historical Perspective," 22-8.

었고 가톨릭 보수 진영과 사회주의 진영은 1934년에 내전으로 치달을 정도로 대립했다.

제2차 세계대전 이후 오스트리아에서도 네덜란드처럼 합의 정치 민주주의와 코포라티즘이 제도화되었다. 전간기의 정치·사회적 분열과 나치 독일의 점령기에 겪었던 시련에 대한 집단적 기억이 정치인, 노동조합운동 및 사용자연합의 지도자들로 하여금 정당정치와 노사 관계를 과감하게 개혁하도록 압박한 결과였다. 특히 소련군이 국토의 3분의 1에 해당하는 지역을 점령하고 있다는 현실이, 공산주의가 퇴출되고 협력적 노사 관계가 공고화되는 데 영향을 미쳤다.[106]

오스트리아는 노사정 관계의 구조를 근본적으로 개혁했다. 첫째, 가톨릭 보수 진영과 사회주의 진영으로 분열되었던 노동조합운동을 하나의 상부 조직으로 통합시켰다. 제2공화국 이전에는 두 진영의 노동조합운동과 사용자연합 사이에 이념적 갈등이 심했을 뿐만 아니라 노사 조직 모두 중앙·집중화의 정도가 매우 낮았다.[107] 그러나 1945년에 창설된 오스트리아 노동조합총연맹ÖGB은 16개 — 이후 14개로, 다시 13개로 축소됨 — 의 노동조합연맹 모두를 산하 조직으로 통합했다. ÖGB는 가톨릭 보수 진영과 사회주의 진영의 노동조합운동 모두를 포용해야 했기 때문에 정치적 중립을 표방했다. 이로써 사회 진영들 간의 이념 및 이익 갈등이 조직 내부의 문제로 전환되었다. ÖGB는 정치적 중립을 표방했으나 단위 노동조합의

106_Ibid., 29.

107_Emmerich Tálos & Bernhard Kittel, "Roots of Austro-Corporatism: Institutional Preconditions and Cooperation Before and After 1945," Bischof & Pelinka eds., *Austro-Corporatism: Past, Present, Future* (New Brunswick: Transaction Publishers, 1996), 31.

수준에서는 소속 사회 진영에 따라 '정치집단'을 조직하는 것이 허용되었다. 단위 노동조합 수준에서는 사회 진영과 연계된, 노동조합의 정치적 활동을 보장했던 것이다. 정치집단은 주로 사회주의 집단과 가톨릭 집단으로 나뉘었는데 작업장 단위의 노사협의회가 정치집단의 위원을 선출했다. 사민주의 정치집단이 위원의 약 65~70퍼센트를, 그리고 가톨릭 정치집단이 약 15~20퍼센트를 차지했다.[108]

둘째, 노동조합운동의 의사 결정 및 역량을 ÖGB로 중앙·집중화했다. 네덜란드는 제2차 세계대전 이후에도 가톨릭, 칼뱅주의, 사민주의 노동조합연맹을 하나의 정상 조직으로 통합시키지 못했다. 그 대신 분열된 노동조합운동을 공법으로 규제한다는 원칙하에 정부의 중재위원회에 막강한 권한을 부여했다.[109] 반면에 오스트리아는 노동조합운동을 통합하고 조직을 중앙·집중화했다. ÖGB는 노동조합운동 전체의 재정을 통제했다. ÖGB는 조합원들이 노동조합에 낸 회비를 모두 거두어들인 이후에 각 노동조합연맹에 일정 비율만을 분배했다. 예컨대 1980년에 16퍼센트만이 재분배되었다. ÖGB는 자체 직원뿐만 아니라 산하 노동조합연맹의 직원들도 채용했다. ÖGB는 노동조합운동의 장기적 목표를 주도적으로 설정했으며 정부의 각종 위원회에 참여할 대표를 임명했다. ÖGB는 노동조합운동의

108_Alfred Pankert, "Social Concertation in Austria: What Does It Consist of and Why Does It Still Work after 30 Years?" *Labour and Society* 12-3 (1987), 351; Christoph Kunkel & Jonas Pontusson, "Corporatism versus Social Democracy: Divergent Fortunes of the Austrian and Swedish Labour Movements," *West European Politics* 21-2 (1998), 11.

109_Jelle Visser, "The Netherlands: The End of an Era and the End of a System," Anthony Ferner & Richard Hyman eds., *Industrial Relations in the New Europe* (Oxford: Blackwell, 1992), 325.

대표성을 독점했던 것이다.[110]

오스트리아의 산업구조와 대비하면 노동조합운동의 구조를 ÖGB로 중앙·집중화한 것은 매우 혁신적이 조치였다. 오스트리아 기업의 대부분이 중소기업이었기 때문이다. 1983년에 제조업 부문 기업의 평균 종업원 수는 12명이었다. 그런 만큼 오스트리아 노동조합운동의 조직은 중앙·집중화할 여건을 갖추지 못했다.[111] 대기업은 주로 국유 기업이었다. 제2차 세계대전 이후 소련은 오스트리아 내의 독일 자산들을 전쟁 보상의 차원에서 요구했다. 이에 대응해 오스트리아 정부는 1946~47년에 이들 기업 — 광산, 철강, 기계, 화학, 전기 산업의 주요 기업 및 금융기관 — 을 공동주식회사로 전환시켰고 주식의 대부분을 소유했다.[112] ÖGB뿐만 아니라 연방경제회의소BWK — 1992년부터 오스트리아경제회의소WKÖ로 명칭을 변경 — 도 정부의 조치에 찬성했다. 오스트리아의 공기업은 1978년을 기준으로 전체 고용의 13.7퍼센트를, 제조업 분야로 좁히면 20퍼센트를 차지했다. 국유화는 노동조합운동에 의해 주도되었기 때문에 자본과 노동 사이에 힘의 균형이 후자로 기울게 했다.[113] 제2차 세계대전 이후 오스트

110_Franz Traxler, "Austria: Still the Century of Corporatism," Anthony Ferner & Richard Hyman eds., *Industrial Relations in the New Europe* (Oxford: Blackwell, 1992), 278; 286.

111_Ibid., 286.

112_자세한 논의는 이 책의 제6장 3-2절(257쪽)을 참조할 것.

113_Wolfgan Pollan, "Political Exchange in Austria's Collective Bargaining System: the Role of the Nationalized Industries," Magnus Sverke ed., *The Future of Trade Unionism* (Aldershot: Ashgate,1997), 52-3; Peter Katzenstein, *Corporatism and Change* (Ithaca: Cornell University Press, 1984), 39; 50; Franz Traxler, "From Demand-Side to Supply-Side Corporatism? Austria's Labour Relations and Public Policy," Colin Crouch &

리아는 소수의 거대 공기업과 다수의 중소기업으로 구성된 노동조합운동 조직을 ÖGB로 중앙·집중화시켰던 것이다.

셋째, 합스부르크 제국에서 제1공화국까지 발달했던 회의소 제도를 재건함으로써 코포라티즘을 강화했다. 산업구조가 주로 국영기업인 소수의 대기업과 다수의 중소기업으로 구성되어 있었기 때문에 오스트리아의 민간 자본은 분산되어 있었다. 오스트리아는 1945년과 1946년에 법률을 제정해 노동회의소, 연방경제회의소 그리고 농업회의소를 재건했다. 사용자연합들은 자체적으로 ÖGB에 버금가는 정상 조직을 구성하지 않았으며 그 대신 연방경제회의소로 하여금 ÖGB와 임금을 조율하도록 했다. 따라서 연방경제회의소는 사용자 집단의 대표성을 독점한 포괄적인 조직으로 성장했다. 지역별 산하 조직을 가지고 있었을 뿐만 아니라 정치적인 영향력을 발휘했다. 단체협약의 약 95퍼센트는 연방경제회의소의 산하 조직이 사용자를 대신해 서명했다.[114] 네덜란드에서는 정부중재위원회가 분열되어 있는 사용자(연합)들의 이익을 조정했던 반면 오스트리아에서는 준(準)공공 기관인 회의소가 이 기능을 담당했던 것이다.

오스트리아의 코포라티즘에서 3개 회의소와 ÖGB는 소위 '4인방'으로 알려져 있다. 이 4인방은 1947년에 경제 재건과 인플레이션 문제를 다루기 위해 비공식적 조직인 공동경제위원회를 창설했다. 그러나 1951년에 행정부의 대표가 참여함으로써 공식적 조직으로 격상되었고 명칭도 경제이사회로 바뀌었다. 1957년에 경제이사회는 임금·물가공동위원회Paritätische Kommission로 발전했다. 임금·물가공동위원회에는 사회 협력 파트너 4인방 이

Franz Traxler eds., *Organised Industrial Relations in Europe: What Future?* (Aldershot: Avebury, 1995), 272-3; Lewis, "Austria in Historical Perspective," 30.

114_Traxler, "Austria: Still the Century of Corporatism," 287-9.

외에 수상과 관련 장관이 참여했다. 위원회의 명칭에 들어 있는 Paritätische 란 용어는 노동과 자본 등 사회 협력 파트너가 동등하게 대표권을 행사한다는 의미를 담고 있었다. 이 위원회에서는 사회 협력 4인방의 대표만이 투표권을 행사했으며 의사 결정 방식은 만장일치제였다. 임금·물가공동위원회의 설립 목적은 물가를 억제하고 소득정책을 조정하는 데 있었다. 그러나 이 위원회에는 제재를 가할 법적 권한이 주어지지 않았다. 임금·물가공동위원회 내에 설치된 임금소위원회가 임금 조정의 문제를 다루었다. 임금소위원회는 임금 협상의 개시를 허가할 권한을 행사했지만 실제 임금 협상은 노사 자율에 맡겼다. 1963년에 임금·물가공동위원회 내에 제3의 소위원회, 즉 경제사회문제 조언위원회가 설치되었다. 이로써 임금·물가공동위원회는 소득정책과 사회정책뿐만 아니라 경제정책 전반을 다루는 명실상부한 위원회로서 진용을 갖추었다.[115]

115_Alois Guger, "Economic Policy and Social Democracy: The Austrian Experience," *Oxford Review of Economic Policy* 14-1 (1998), 46; Traxler, "Austria: Still the Century of Corporatism," 292-4; Markovits, "Austrian Corporatism in Comparative Perspective," 7-8; 15-6; Emmerich Tálos and Bernhard Kittel, "Austria in the 1990s: The Routine of Social Partnership in Question?," Tálos, Emmerich & Bernhard Kittel, "Austria in the 1990s: The Routine of Social Partnership in Question?," Stefan Berger & Compston eds, *Policy Concertation and Social Partnership in Western Europe* (Berghahn Books, 2002), 31; Theodor Tomandl & Karl Fuerboeck, *Social Partnership: The Austrian System of Industrial Relations and Social Insurance* (Ithaca: Cornell University Press, 1986), 16-7.

4. 소결: 참여와 통치의 맞물림

에스핑-앤더슨은 복지국가 유형을 사민주의 복지국가, 보수주의(기민주의) 복지국가, 자유주의 복지국가로 분류한다(〈표 2-1〉). 그러나 강소·복지 4개국에서는 동일한 유형의 복지국가 사이에 의회-행정부 관계와 노사정 관계가 유사성보다는 차이를 더 보였다. 먼저 사민주의 복지국가를 살펴보면 스웨덴과 덴마크의 사민당 정부는 의원 다수를 동원해 입법 과정을 통제했다. 스웨덴에서는 1932년에 사민당 정부가, 덴마크에서는 1929년에 사민당-자유사회당 연립정부가 구성되었는데 이들 정부는 산업화 이래 노사 관계의 제도화를 가로막았던 걸림돌들을 제거했다. 사민당 주도의 의회-행정부 관계는 1970년대 초까지 지속되었다.

그러나 스웨덴과 덴마크는 다음과 같이 차이를 보였다. 첫째, 스웨덴의 사민당은 중위 정당 및 중심축으로서 의원 다수를 동원했지만 덴마크에서는 사회자유당이 중위 정당이었다. 덴마크의 사민당은 사회자유당과 연합해야만 입법 과정을 통제할 수 있었던 것이다. 입법 과정에 대한 정부의 통제의 강도에 있어 덴마크는 스웨덴만큼 강력하지 않았다. 둘째, 스웨덴의 LO와 SAF는 국가 개입을 배제하고 '중앙 집중적 자율'의 노사 관계를 구축했다. 반면 덴마크에서는 노동조합운동이 분열·분권화되어 있었기 때문에 정치권 — 공공중재위원회 및 의회 — 의 개입에 힘입어 중앙 임금협상을 실행했다. 정치권의 개입이 노사의 중앙·집중화된 조직을 대체하는 '기능적 등가'로 작용했던 것이다.

네덜란드와 오스트리아는 기민주의 복지국가에 속한다. 주요 정당들은 연립 다수 정부를 구성함으로써 합의 정치 민주주의를 실현했다. 내각 참여 정당들만으로도 의회의 다수를 동원할 수 있었다. 그러나 내각이 아니라 정당이 실질적인 권한을 행사했기 때문에 두 나라의 의회-행정부 관계는 '정당 내부 모델'로 분류된다. 가톨릭 정당이 정부 구성에서 주요한 역할을 담당했다. 네덜란드에서는 정부 구성의 중심축이었으며 오스트리아에서는 1966년까지 대연정을 주도했다. 두 나라에서도 유사성보다는 차이가 두드러졌다. 네덜란드에서는 가톨릭인민당이 중위 정당으로서 정부 구성의 중심축이었다. 1967년 선거까지 가톨릭인민당은 좌파 정당인 노동당, 아니면 우파 정당인 자유당 중에서 한 정당과 연립정부를 구성했다. 연합 파트너로 선정되지 못한 정당은 늘 야당으로 남아 있었다. 반면에 오스트리아에서는 1947년부터 1966년까지 인민당과 사민당이 대연정을 구성해 의회의 절대다수를 차지했다. 입법 과정에서 정당의 규율도 매우 엄격했다. 입법 과정에 대한 정부의 통제에서 오스트리아가 네덜란드보다 강했던 것이다.

네덜란드와 오스트리아의 노사정 관계는 블록화된 사회 균열 구조를 바탕으로 발전했다. 그러나 두 나라는 제2차 세계대전 이후 사회·경제 재건을 위한 제도적 틀을 다르게 디자인했다. 네덜란드에서 국가는 임금 협상에 개입했으며 경제 및 사회정책을 주도했다. 반면 노동조합운동과 사용자연합은 자신들이 자율적으로 조직·운영하는 노동협회를 통해 소득정책과 사회정책의 입안을 주관하고자 했다. 네덜란드는 종교와 계급으로 분열된 노사 조직을 그대로 둔 대신 공법에 근거해 중재위원회로 하여금 중앙 임금 협상을 성사시키도록 했다. 그러나 노동과 자본은 이에 적극적으로 협조하지는 않았다. 반면 오스트리아는 첫째, 종교와 계급으로 분열된 노동조합운동을 ÖGB로 중앙·집중화시켰다. 둘째, 회의소 제도를 재건했다. 특히 연방경제회의소는 분산·분열된 사용자연합을 중앙·집중화시켰기 때문에 정상 조직의 기능적 등가로 작동했다. 그럼에도 셋째, 임금 조정은 산업별 수준에서 이루어지도록 했다. 대신 ÖGB, 노동회의소 그리고 연방경제회의소와 임금·물가공동위원회가 간접적으로 임금 협상 전반을 조정했다. '조직화된 분권'의 이익 조정 체계를 구축했던 것이다.

이 장의 비교 역사 연구는 동일한 복지 자본주의 유형에 속하는 국가를

표 5-5 | 코포라티즘(1960년대 말~1990년대 말)

	코포라티즘 점수	통합(integration)[1]			
		1960년대 말	1970년대 말	1980년대 말	1990년대 말
오스트리아	5,000	4,625	4,625	4,625	4,625
스웨덴	4,674	4,750	4,750	4,625	4,625
네덜란드	4,000	4,250	3,875	4,000	4,000
덴마크	3,545	4,375	4,375	3,875	4,250
독일(서독)	3,543	4,125	4,125	4,125	4,125
스위스	3,375	4,125	4,125	4,125	4,125
아일랜드	2,000	2,252	2,250	2,375	2,625
프랑스	1,674	1,875	1,875	2,250	2,250
영국	1,652	2,000	2,125	1,750	2,000
이탈리아	1,477	2,000	2,125	2,750	3,000
미국	1,150	1,750	1,750	2,125	2,125

1) Siaroff, "Corporatism in 24 Industrial Democracies," 189. 통합의 개념과 코포라티즘의 개념은 다소 다르다. 통합은 조직적 특성 대신 노사 간 실질적이 협력을 반영한 개념이다. 이 책의 제4장 2절 내용을 참조할 것.

출처: Siaroff, "Corporatism in 24 Industrial Democracies," 198.

짝을 지어 비교함으로써 최대 유사 체계 디자인 — 차이법과 유사함 — 을 따랐다. 스웨덴과 덴마크, 그리고 네덜란드와 오스트리아는 각각 동일한 복지국가에 속함에도 의회-행정부 관계와 노사 관계가 상이했다. 의회-행정부 관계와 노사 관계의 특성에 따라 코포라티즘의 지표가 변이를 보였다. 입법 과정에 대한 정부의 통제 수준이 높았고 중앙·집중화된 정상 조직이 노사 관계를 자율적으로 규제했던 스웨덴과 오스트리아에서는 코포라티즘의 지표가 높았다. 반면 입법 과정에 대한 정부의 통제 수준이 상대적 낮았으며 정치권 개입으로 중앙 임금 협상을 실시했던 덴마크와 네덜란드에서는 코포라티즘의 지표가 상대적으로 낮았다(〈표 5-5〉).

차이법과 일치법을 교차 적용하면 코포라티즘의 필요충분조건을 파악할 수 있다.[116] 〈표 5-6〉이 보여 주듯이 스웨덴과 오스트리아, 그리고 덴마

116_일치법과 차이법에 대한 논의는 이 책의 제4장 3-2절(138쪽)을 참조.

표 5-6 | 참여와 통치의 맞물림

노사정 관계와 단체협약의 유형	의회에 대한 정부의 정책 통제	
	강함	약함
중앙·집중 노사 관계, 노사 자율	스웨덴(사민당 주도) 오스트리아(기민당-사민당 연립정부)	
분권적 노사 관계, 국가 개입		덴마크(사민당-사회자유당 연립정부) 네덜란드(연립 다수 정부)

크와 오스트리아는 서로 다른 복지국가 유형에 속함에도 의회–행정부 관계와 노사정 관계는 동일한 방식으로 맞물렸다. 스웨덴과 오스트리아에서는 정부가 입법 과정을 효율적으로 통제했으며 중앙·집중화된 노동과 자본의 정상 조직들이 임금 협상을 자율적으로 조정했다. 반면에 덴마크와 네덜란드에서는 입법 과정에 대한 정부의 통제가 상대적으로 약했다. 노사 모두 분산·분권화되어 있음에도 정치권 — 네덜란드는 공공중재위원회, 덴마크는 공공중재위원회와 의회 — 이 개입해 중앙 임금 협상을 성사시켰다. 스웨덴과 오스트리아는 덴마크와 네덜란드에서보다 코포라티즘의 수준이 상대적으로 높았다(〈표 5-5〉). 입법 과정에 대한 정부의 효율적 통제와 노동과 자본의 조직적 조건 — 포괄성, 중앙·집중화, 대표성 — 의 상호작용이 강력한 코포라티즘의 필요충분조건이었던 것이다. 복지 자본주의 정치경제 레짐을 구성하고 있는 두 축인 의회–행정부 관계와 노사정 관계 중 어느 쪽에서 먼저 변동이 일기 시작했는지는 복지국가의 성장기와 재편기에 대한 분석을 통해 밝혀질 수 있을 것이다.

| 제6장 |

복지 자본주의 정치경제 레짐의 형성 II

정책 조합

1. 들어가면서

제4장에서 성장과 복지가 선순환했을 때의 정책 조합을 정성 비교 분석을 통해 살펴보았다. 정성 비교 분석에서는 분석의 시기를, ① 제2차 세계대전 이후부터 1973년 제1차 오일쇼크 이전까지, ② 제1차 오일쇼크 이후부터 1980년대 중반 세계화 이전까지, 그리고 ③ 세계화 이후 현재까지 세 시기로 구분하고 관련 변수(정책)의 유무를 명목 변수 ― 0 또는 1 ― 로 처리했다. 분석의 결과는 다음과 같았다. 소득정책이 저실업의 필요조건이다. 저실업이 발생했던 정책 조합에서는 소득정책이 실시되었던 것이다. 역으로 고실업은 소득정책의 와해와 소극적 노동시장 정책이 상호작용한 결과, 발생했다. 소득정책이, 소극적 노동시장 정책과 적극적 노동시장 정책의 균형 잡힌 지출과 연계되었을 때 성장(낮은 실업률)과 복지(낮은 사회적

불평등)가 선순환했다.

이 장에서는 첫 번째 시기에 정책 조합이 어떻게 구성되었는지를 구체적으로 다룬다. 제2차 세계대전 이후 스웨덴, 덴마크, 네덜란드, 오스트리아는 어떤 정치·사회·역사적 맥락에서 특정 정책 조합을 채택했는지를 설명한다. 제7장에서는 이런 정책 조합이 복지국가의 성장기에 어떤 피드백 효과를 유발해 복지 자본주의 정치경제 레짐의 변동에 영향을 주었는지를 분석할 것이다. 이 장의 소결에서는 각 국가의 정책 조합의 차이를 제5장에서 다룬 바 있는 주제, 즉 정치 대표 체계와 기능 대표 체계의 맞물림 변수로 설명한다.

2. 사민주의 복지국가: 스웨덴과 덴마크

2-1. 스웨덴 모델[1]

1951년 LO 총회는 렌-마이드너Rehn-Meidner 모델의 초안으로 회자되는 보고서 『노동조합운동과 완전고용』을 채택했다. 이 보고서는 중앙 임금 협상과 연대 임금제를 실시할 것을 주장하는 한편 정부가 이로부터 파생되는 효과를 일련의 정책으로 조정하면 완전고용과 물가 안정이 동시에 달성될 수 있음을 역설했다.[2] 사민당 정부는 1957년부터 1970년대 중반까지

---

[1]_이 부분은 안재흥, "정책과 정치의 동학, 그리고 제도의 변화"의 일부를 수정·보완한 것이다.
[2]_LO, *Trade Unions and Full Employment* (Stockholm: Arbetarnes Trickeri, 1953), 89-93; Anders L. Johansson & Lars Magnusson, *LO andra halvseklet* (Stockholm:

렌-마이드너 모델을 실행에 옮겼다. 사민당 정부가 선택한 일련의 정책은 전간기에 틀이 잡힌 노사정 관계에 기초한 것이다. LO는 1938년에 살트쉐바덴 협약 이후 15인 위원회의 활동(1940년)과 1941년 LO 총회를 통해 정책 목표로 임금 협상의 중앙·집중화, 연대 임금, 생산 합리화를 설정했다(제5장). 1950년대에는 경기의 급격한 상승과 하락의 반복으로 인해 경기 전망이 불확실했다. LO는 경제 공황과 전간기에 만연했던 고실업이 재발할 가능성을, 반면에 SAF는 노동조합의 경쟁적 임금 인상으로 인한 인플레이션을 우려했다.[3] 제2차 세계대전 이후 서유럽에서 오직 스웨덴의 사민당 정부만이 성장과 복지의 선순환을 위해 연대 임금제 소득정책과 적극적 노동시장 정책을 연계했다. 또한 사민당 정부는 금융·조세·연금 정책으로 두 정책의 조합이 파생시킨 문제점들을 보완했다.[4]

렌-마이드너 모델에서는 연대 임금 정책과 적극적 노동시장 정책이 정책 조합의 중심축이었다(〈그림 6-1〉). 연대 임금제는 중앙 임금 협상을 통해 전 산업에 걸쳐 고임금과 저임금 사이의 폭을 양방향에서 압축시키는 임금제도다. LO가 연대 임금제를 SAF에 제안한 이유는 섬유산업 등 사양산업의 저임금을 인상시키고자 한 것이었다.[5] SAF는 수출산업 기업들로 구성된 엔지니어링사용자연합VF에 의해 주도되었기 때문에 연대 임금제

Atlas, 1998), 43-54; Stråth, *Mellan två fonder*, 72.

3_Johansson & Magnusson, *LO andra halvseklet*, 43-5; Åmark, "Sammanhållning och intressepolitik."

4_Shonfield, *Modern Capitalism*: Stråth, *Mellan två fonder*, 261; Bengt Furåker et. al., "Unemployment and Labour Market Policies in the Scandinavian Countries," *Acta Sociologica* 33-2 (1990).

5_Stråth, *Mellan två fonder*, 257.

그림 6-1 | 렌-마이드너 모델과 정책 조합

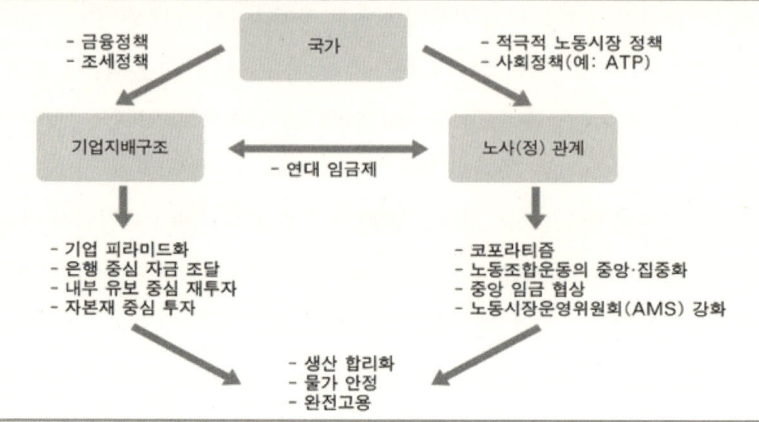

를 반대하지 않았다. 오히려 노동조합의 경쟁적 임금 인상을 우려해 1952년에 이미 LO에게 중앙 임금 협상을 요구한 터였다.[6] 임금 연대의 원칙은 기업의 이윤, 생산성, 지리적 위치와 상관없이 "동일 노동에 동일 임금"을 지급해야 한다는 것이다.[7] 실제 중앙 임금 협상이 처음 실시된 1956년부터 1960년대 말까지 고임금과 저임금의 폭이 양방향에서 지속적으로 압축되어 산업 및 작업장 간의 임금격차가 상당히 줄었다.[8]

6_De Geer, *Arbetsgivarna*, 94-7; Johansson & Magnusson, *LO andra halvseklet*, 90. 연대 임금제와 생산 합리화에 대한 노동조합 내부의 논쟁은 이 책의 제5장 3-1-1절(196쪽)을 참조할 것.

7_LO, *Trade Unions and Full Employment*, 96.

8_Douglas Jr. Hibbs & Håkan Locking, "Den solidariska lönepolitiken och produktiviteten inom industrin," Villy Bergström ed., *Arbetsmarknad och tillväxt* (Stockholm: Ekerlids Förlag, 1997), 35; Nils Elvander, *Den svenska modellen* (Stockholm: Almänna fölaget, 1988), 36.

연대 임금제는 상충된 결과를 낳는다. 저임금을 지급할 수밖에 없는 사양산업에서는 임금이 인상되어야 하기 때문에 생산 합리화를 추진하거나 노동자를 해고해야 하는 반면에 자동차, 기계, 전기 산업 등 성장 산업에서는 고임금에 대한 임금 억제의 효과로 인해 과다 이윤이 발생하는 것이다. 사민당 정부는 일련의 정책으로 연대 임금제로 파생되는 상충된 효과를 조정했다. 무엇보다도 적극적 노동시장 정책 — 직업훈련, 직업 알선, 지역 이동 보조 등 — 을 집행해 사양 산업에서 발생한 실직자들을 성장 산업으로 이직시킴으로써 완전고용을 이루고자 했을 뿐만 아니라 산업구조도 합리화시키고자 했다. 사민당 정부는 1961~65년에 평균 GDP의 0.7퍼센트를, 1976~80년에는 평균 GDP의 2.7퍼센트를 적극적 노동시장 정책에 지출했다.[9]

사민당 정부는 이 이외에도 재정·금융·조세·연금 등 다양한 정책을 실행했다. 목적은 성장 산업에 축적된 과대 이윤이 물가 안정을 저해하지 않으면서도 자본재를 중심으로 재투자되어 성장과 고용의 효과를 낳도록 조정하는 데 있었다(〈그림 6-1〉 참조). 첫째, 인플레이션 억제 정책을 추진했다. 사민당 정부는 긴축재정 정책과 간접세의 인상을 통해 총수요를 억제시켰다.[10] 이런 점에서 렌-마이드너 모델은 총수요의 촉진을 통해 경제성장과 완전고용을 추구하는 케인지언주의와는 다른 시각에서 출발했

9_Gösta Rehn, *Full sysselsättning utan inflation* (Stockholm: Tiden, 1988), 69-70; Anna Hedborg & Rudolf Meidner, *Folkhems modellen* (Stockholm: Rabén & Sjögren, 1984), 74-85; Pontusson, *The Limits of Social Democracy*, 64-9; Furåker et. al., "Unemployment and Labour Market Policies in the Scandinavian Countries," 152.

10_Gösta Rehn, "Idéutvecklingen," *Lönepolitik och solidaritet* (Stockholm: Tiden, 1980), 46; Rehn, *Full sysselsättning utan inflation*, 56-65.

다.[11] 둘째, 금융정책으로 기업의 이윤을 축소시키는 한편 자본재 중심의 투자가 이루어지도록 기업을 유도했다. 제2차 세계대전, 특히 1944년부터 사민당 정부는 통화주의 정책에서 선회해 금융시장에 강력하게 개입했다.[12] 공공 저축이 시장 개입의 주요 수단이었다. 연대 임금제로 인해 성장 산업의 기업들은 이윤을 과대하게 축적할 수 있었는데 사민당 정부는 과대 이윤을 공공 저축으로 흡수함으로써 기업의 투자를 조정했다. 1955년 투자 기금법은 기업으로 하여금 연이윤의 40퍼센트까지 투자 기금을 조성하고 그중에서 40퍼센트를 중앙은행에 예치하도록 했다. 중앙은행은 예치된 기금에 면세의 혜택을 주는 대신 일정 기간이 지난 이후, 특히 경기 침체기에 그 기금을 자본재에 투자하도록 조정했다.[13]

또 다른 공공 저축의 수단은 연금 기금이었다. 1957년에 사민당은 사용자가 피고용인의 연금 기여금 전액을 급여세로 부담하도록 하는 일반보충연금ATP 안을 국회에 제안했다. 스웨덴 사회는 이 이슈를 두고 계급 갈등의 회오리에 휘말려 들었다. SAF, 보수당, 자유당은 이 안을 "국가가 펀드 경영을 통해 자본시장에 권력을 행사하는, 스웨덴 시장경제 전체에 대한 거대한 쿠데타"로 규정했다. 결국 ATP는 1959년에 국민투표를 통해 입법되었다.[14] 노사정 삼자주의에 의해 운영되는 '국민연금펀드'Allmän Pension Fond,

---

11_Lennart Erixon, "A Swedish Economic Policy. A Revindication of the Rehn-Meidner Model," Institutet för arbetslivsforsking, *Working Paper Series*, No. 22 (1995).

12_Lars Jonung, "The Rise and Fall of Credit Controls: The Case of Sweden, 1939~89," MD Bordo & F. Capie eds., *Monetary Regimes in Transition* (Cambridge: Cambridge University Press, 1994), 347-53; Håkan Lindgren, *Aktivt ägande* (Stockholm: Handelshögskolan, 1994), 96-7.

13_Pontusson, *The Limits of Social Democracy*, 70.

14_Stråth, *Mellan två fonder*, 55; Esping-Andersen, *Politics against Markets*, 161-2.

AP fond는 주식 매입이 금지되었고 중앙은행이 허용하는 채권에만 투자 — 예컨대 1975년에 펀드의 74퍼센트를 채권에 투자 — 할 수 있었다.[15] 중앙은행은 채권 매입을 통해 상업은행들이 이자율을 낮게 책정하도록 유도했다. 목적은 기업들이 주식시장 대신 부채 금융을 이용해 투자하도록 하는 데 있었다. 사민당 정부는 부채 금융 위주의 이해 관계자 모델 기업지배구조를 강화함으로써 장기 투자를 유도하고 고용을 창출 및 보호하고자 했던 것이다.[16] AP펀드가 유동성 시장에서 차지하는 비율은 매우 높았다. 예컨대 1970년대 초반에 AP펀드는 시중 채권의 40퍼센트 이상을 보유했으며 전체 신용 공급의 35퍼센트를 점유했다.[17]

셋째, 조세정책도 기업이 내부 유보 자금을 투자하도록 인센티브를 부여했다. 투자 기금으로 투자할 경우 투자액의 10퍼센트를 과세에서 공제했다. 가속 감가상각제는 1960년부터 1990년까지 실시되었다. 기업은 자본재에 투자할 경우 잔존 가치의 30퍼센트를, 또는 구매 가치의 20퍼센트를 매년 과세 대상에서 탕감받았다. 다양한 법인세 감면 제도를 통해 전략 산업 부문의 투자를 유도했다. 실질 법인세의 비율이 명목상 법인세의 비율에 비해 지속적으로 감소했다. 조세수입에서 법인세의 비율도 1955년에 11퍼센트였으나 1970년부터 1979년까지는 약 3퍼센트에 머물렀다.[18]

15_AP펀드는 4개 — 제1AP펀드에서 제4AP펀드까지 — 의 연금펀드로 구성되어 있으며 임노동자 기금에 의해 운영되는 제6AP펀드가 추가되었다. 이들 AP펀드의 경영에는 노사정 대표가 참여한다.

16_기업지배구조의 개념은 이 책의 제1장 각주 29를 참조할 것.

17_Jonung, "The Rise and Fall of Credit Controls," 352; Pontusson, *The Limits of Social Democracy*, 83; Magnus Henrekson & Ulf Jakobsson, "The Transformation of Ownership Policy and Structure in Sweden: Convergence towards the Anglo-Saxon Model?" *New Political Economy* 8 (2003), 82.

자유주의 복지국가의 전형인 미국 및 영국과 비교해도 사민주의 복지국가 스웨덴의 조세제도는 전혀 진보적이지 않았다. 임노동자의 개인 소득세와 간접세(부가가치세)의 세율이 매우 높았던 반면 재산세는 낮았다. 그러나 재투자되는 자본에는 파격적인 세제 혜택을 제공했다. 기업의 성장을 촉진해 고용을 증대시키고자 했던 것이다.[19]

렌-마이드너 모델은 완전고용, 물가 안정, 산업구조 합리화라는 일석삼조의 효과를 거두었다. 그러나 그 이면에서는 기업의 소유가 소수 자본가에 집중된 기업지배구조, 그리고 기업의 거대화라는 부작용이 배태되고 있었다. 사민당 정부는 이미 1938년에 상업은행들이 폐쇄형 펀드로 운영되는 지주회사를 설립하고 주식 자산을 이 지주회사에 이전하는 것을 허용했다. 스웨덴의 거대 소유주들은 투자회사를 지주회사로 설립하고 이를 자신들이 소유하고 있는 상업은행과 연계해 기업 피라미드를 구축했다. 투자회사는 기업 피라미드를 관리하고 전체 투자를 조율하는 역할을 담당했다. 요컨대 소수의 자본이 상업은행-투자회사의 연계를 고리로 하여 거대 기업군을 통제하는 경로가 형성된 것이다.[20] 상업은행이 투자회사를 설

18_Pontusson, *The Limits of Social Democracy*, 69-96.

19_Sven Steinmo, *Taxation and Democracy* (New Haven: Yale University Press, 1993), 40-4.

20_Mats Larsson & Håkan Lindgren, "The Political Economy of Banking: Retail Banking and Corporate Finance in Sweden, 1850-1939," Y. Cassis ed., *Finance and Financiers in European History, 1880-1960* (Cambridge: Cambridge University Press, 1992), 346; Jan Glete, *Nätverk i näringslivet: Ägande och industriell ombandling i det mogna industri-samhället 1920-1990* (Stockholm: SNS. 1994), 242-3; Mats Larsson, *Staten och kapitalet: Det svenska finansiella systemet under 1900-talet* (Stockholm: SNS, 1998), 98-101; Mattias Smångs, "Business Groups in 20th-Century Swedish Political Economy. A Sociologycial Perspective," *American Journal of Economics*

립하도록 허용한 조치는 차등의결권 주식 제도 — 이사회에서 행사할 수 있는 투표수가 심지어는 1 대 1,000까지 차등을 두었음 — 와 맞물리면서 기업 피라미드의 지배 구조는 더욱 강화되었다. 예컨대 발렌베리Wallenberg 가문은 자신이 소유하고 있는 스톡홀름상업은행Stockholm Enskilda Bank, SEB으로 하여금 투자회사Investor를 설립하도록 하고 이 투자회사가 다시 상장 기업들을 통제함으로써 거대한 기업 피라미드를 구축했다. 다른 소유주들도 스웨덴상업은행Svenska Handelsbanken, SHB을 중심으로 하나의 '영역'sphere을 형성했고 이 영역이 투자회사Industrivärden를 통해 기업군을 통제하는 상업은행 그룹을 구축했다.[21]

소유의 집중과 기업의 거대화는 여러 연구를 통해 밝혀진 바 있다. 1950년에 스웨덴의 일반 가정은 상장 주식의 75퍼센트를 소유했지만 이 비율은 이후 지속적으로 감소해 1990년에는 20퍼센트까지 하락했다.[22]

---

and Sociology 67-5 (2008), 898-9.

21_Peter Högfeldt, "The History and Politics of Corporate Ownership in Sweden," Randall K. Morck ed., *A History of Corporate Governance around the World* (Chicago: University of Chicago, 2007), 524-7; Sven-Olof Collin, "Why Are These Islands of Conscious Power Found in the Ocean of Ownership? Institutional and Governance Hypotheses Explaining the Existence of Business Groups in Sweden," *Journal of Management Studies* 35-6 (1998), 726-67; Jonas Agnblad, "Ownership and Control in Sweden: Strong Owners, Weak Minorities, and Social Control," Fabrizio Barca & Marco Becht eds., *The Control of Corporate Europe* (Oxford: Oxford University Press, 2001). 영역에 의한 피라미드는 발렌베리 가문의 피라미드와 구조적으로 다르다. 이 영역에 속한 가문들은 스웨덴상업은행(SHB) 및 투자회사(Industrivärden)를 중심으로 관계를 유지하면서 주식의 '교차 소유'(cross-ownership)의 방법을 통해 기업 지배 네트워크를 형성했다.

22_Henrekson & Jakobsson, "The Transformation of Ownership Policy and Structure in Sweden," 88.

1963년에 17대 거대 소유주 가운데 기업 피라미드를 거느린 가계가 14개였다. 나머지 세 개는 상업은행(SEB와 SHB)과 연계된 두 투자회사 — 인베스토Investor와 인두스트리베르덴Industrivärden — 와 공기업이었다. 1960년대 이후 두 투자회사를 위시한 기관들의 주식 보유 비율이 상승했다. 기관의 주식 보유 비율이 1950년에 상장 주식 가치의 약 20퍼센트였으나 1979년에는 60퍼센트로 증가했다. 17대 거대 소유주 중에서 기업 피라미드를 직접 통제하는 가계는 다섯으로 줄었으며 나머지는 기관이 차지했다.[23] 비록 기업 피라미드의 수는 줄었으나 발렌베리 가문이나 스웨덴상업은행SHB 그룹과 연계된 투자회사가 기업집단을 통제하는 피라미드 구조는 더욱 고착되었던 것이다. 소유의 집중뿐만 아니라 기업도 거대화되었다. 제조업 상위 10대 기업이 이 부문 전체 고용에서 1974년에는 41퍼센트를, 1986년에는 58.6퍼센트를 담당했다. 1987년과 1989년에 스웨덴은 유럽의 500대 거대 기업에 속하는 기업을 네 번째로 많이 보유하고 있었으며 인구의 요인을 감안하면 이는 스위스 다음으로 2위에 해당하는 것이었다.[24]

요약하면, 스웨덴의 정책 조합은 연대 임금을 지향하는 소득정책에서 시작되었다. 사민당 정부는 저임금 산업의 실업과 고임금 산업의 과대 이윤이라는 상충된 효과를 노동시장 정책·금융정책·조세정책·사회정책(연금 정책)을 통해 조정함으로써 완전고용, 물가 안정, 산업 합리화를 동시에 이루었다. 그러나 이런 정책 조합은 소유 구조의 집중, 기업지배구조의 피

23_SOU, *Maktutredningens huvudrapport: Demokrati och makt i Sverige* (Stockholm: Allmänna Förlaget, 1990: 44), 121-7.

24_Victor A. Pestoff, "Towards a New Swedish Model of Collective Bargaining and Politics," Colin Crouch & Franz Traxler eds., *Organized Industrial Relations in Europe: What Future?* (Aldershot: Ashgate, 1995), 168; 177, Table 6-3.

라미드화, 그리고 기업 규모의 거대화를 초래했다. 이는 1970년대에 노동조합운동이 임노동자 기금의 입법을 위한 투쟁, 즉 경제 민주화에 나선 근거가 된다.

2-2. 덴마크 모델

덴마크의 초기 자본주의는 농업 부문에 기반을 두고 발달했다. 덴마크는 군주국이었지만 1849년에 투표권에 제한을 둔 자유민주주의로 이행했다. 정치적 민주화가 자유무역의 이념과 맞물린 결과, 당시 덴마크 사회에서는 자유주의가 팽배했다. 1857년에 곡물 자유무역을 위한 통상법이 제정되었다. 곡물 수출이 상업 자본주의 발전의 토대였다. 그러나 1870년대 후반부터 국제시장에서 곡물 가격이 하락하자 농업의 중심이 곡물 재배에서 농축산물 가공업으로 이동했다. 농축산물 가공업은 협동조합 형태의 소유 구조를 발전시켰다. 농민들이 농축산물 가공 제품의 국제 경쟁력을 유지·향상시키기 위해 공동으로 대응한 결과, 농업협동조합이 발달한 것이다. 1958년까지도 전체 수출에서 농축산물 가공 제품이 60퍼센트 이상을 차지했다. 반면 산업 부문은 1956년까지 보호주의에 의존해 내수산업을 중심으로 성장했다. 1933년에 사민당 정부는 경제 대공황을 내수산업의 성장으로 대처했는데 이런 산업 정책이 1956년까지 지속되었던 것이다. 금속·화학·제지·선박 산업이 주종을 이루었으며 이들 산업에 속한 기업들은 주로 중소기업이었다. 1948년에 100인 이상을 고용한 기업의 수가 약 500개뿐이었는데 이들 기업의 평균 고용인 수도 225명이었다.[25]

25_Martin Jes Iversen & Steen Andersen, "Co-operative Liberalism: Denmark from 1857

1957년에 사민당은 사회자유당 및 정의당JP과 연합해 연립 다수 정부를 구성했다(〈표 5-1〉 또는 〈부록 표 1-2〉 참조). 의회-행정부 관계의 차원에서 보면 정부가 입법 과정에서 의원 다수를 동원할 수 있게 된 것이다. 사민당은 이에 힘입어 정치경제의 패러다임을 재편했다. 무엇보다도 수출 주도의 성장 정책을 추진했다. 사민당 정부는 법인세를 인하했다. 중앙은행도 산업 정책에 개입했다. 중앙은행은 덴마크 산업 연합 및 상업은행과 협력해 신용 조합을 신설했다. 신용 조합은 기업 융자의 창구였다. 더 나아가 상업은행들은 국제금융시장에서 자본을 차입해 국내의 중소기업에 대출했다. 그 결과, 1960년대에 의료 기기, 환경보호, 특수 엔지니어링 분야의 제조업이 급속히 성장했다. 이 분야 역시 기술 집약적인 중소기업이 주도했다. 스웨덴에서는 소유주들이 상업은행과 투자회사를 통해 거대한 기업 피라미드를 구축한 반면 덴마크에서 국가는 금융기관과 기업의 관계를 법적으로 제한했다. 그 결과, 은행이 기업의 소유주인 경우가 거의 없었다. 요컨대 자본주의의 황금기에 덴마크는 스웨덴과 달리 금산 복합 지주회사를 중심으로 하는 경제성장을 추진하지 않았던 것이다.[26]

---

to 2007," Susanna Fellman et al. eds., *Creating Nordic Capitalism: The Business History of a Competitive Periphery* (New York: Palgrave Macmillan, 2008)," 265-80; Klaus Nielsen, "Learning to Manage the Supply-side: Flexibility and Stability in Denmark," Bob Jessop ed., *The Politics of Flexibility: Restructuring the State in Britain, Germany and Scandinavia* (Aldershot: Edward Elgar, 1991), 286; Galenson, *The Danish System of Labor Relations*, 9-11; Helle L. Lønroth et al., "Capital Market Pressure, Corporate Governance and their Influence on Long-term Investments: The Case of Denmark" *Working Paper* 97-3, Department of International Business (Aarhus: Aarhus Business School, 1997), 6.

26_Iversen & Andersen, "Co-operative Liberalism," 300-8; Nielsen, "Learning to Manage the Supply-side," 286-7; Lønroth et al., "Capital Market Pressure, Corporate Governance

노사정은 자본주의 황금기에도 1934년에 틀이 잡힌 '선先산업별-후後 중앙 임금 협상'의 제도를 유지했다. 임금 협상은 노사 자율에 맡기되 문제가 발생할 경우 정치권 — 공공중재위원회와 의회 — 이 개입했다. 단체 협상은 산업별 또는 직능별 협상이 선도했으나 최종적으로는 중앙 임금 협상을 통해 마무리 지었다. 이와 같은 단체 협상이 지속될 수 있었던 것은 자본주의의 황금기에도 중소기업 중심의 산업구조가 변화하지 않았기 때문이다. 직능과 산업으로 이원화·분권화된 노동조합 구조의 특성상 LO는 중앙 임금 협상을 강제할 수 없었다. 단체 협상은 분권적 구조에 기초하고 있어서 해당 산업 피고용인의 절반 정도만을 포함했다.[27] 중앙 임금 협상이 LO와 DA 사이에 자율적 협상에 의해 마무리된 적은 거의 없었다. 매 협상마다 공공중재위원회가 개입했다. 1956년, 1963년, 1975년, 1979년 단체 협상에서는 국회가 입법이란 칼을 빼어 들어야 했다.[28]

스웨덴과 다르게 덴마크에서는 1899년 9월 타협 이래 사용자에게 노동자를 해고할 권한을 부여한 조항이 노사 관계에서 심각한 갈등 거리가 아니었다. 덴마크의 기업은 해고를 시장의 변화에 대처하는 주요 수단으

---

and their Influence on Long-term Investments," 7.

27_Mats Benner & Torben B. Vad, "Sweden and Denmark: Defending the Welfare State," Fritz W. Scharpf & Vivien A. Schmidt eds., *Welfare and Work in the Open Economy* II, Diverse Responses to Common Challenges (Oxford: Oxford University Press, 2000), 410.

28_Michael Wallerstein & Miriam Golden, "Postwar Wage Setting in the Nordic Countries," Torben Iversen et al. eds, *Unions, Employers, and Central Banks: Macroeconomic Coordination and Institutional Change in Social Market Economies* (Cambridge: Cambridge University Press, 2000), 127; Due, Jesper et al. 1994. *The Survival of the Danish Model*, 134-5.

로 삼았다. 그럼에도 해고 문제가 노사 관계에서 갈등적 이슈로 부상하지 않았던 것은 산업화 초기부터 자유주의 시장경제의 전통이 강했으며 실업 보험 제도가 일찍부터 발달해 실업자들을 보호했기 때문이기도 했다.[29]

덴마크도 임금 조정을 소득정책의 관점에서 접근했다. 제2차 세계대전 이후 임금은 국가 경제의 시각에서 조정되어야 한다는 주장이 꾸준히 제기되었다. 의회는 1962년에 경제 위원회를 창설해 이 위원회로 하여금 임금 조정을 선도하도록 했다. 경제 위원회에는 재정 및 경제 관련 장관과 이익 단체의 대표 20여 명이 참여했는데 이 위원회는 임금, 농업 보조 그리고 물가가 동시에 조정되어야 한다는 입장을 천명했다. 노동조합운동과 사용자연합도 경제 위원회의 입장을 원칙적으로 지지했으나 구체적인 실천 방법에서는 이견을 좁히지 못했다. 결국, 의회는 1963년에 한시적 임금 동결을 포함한 소득정책 관련법을 제정했다. 1963~64년에 소득정책은 어느 정도 효과를 거두었다. 그러나 이후 경제 위원회의 소득정책은 분권화된 임금 협상 구조로 인해 실효를 거두지 못했다. 특히 기업 또는 산업별로 임금 가이드라인을 초과해 임금을 지급하는 '임금 유동'wage drift이 만연했기 때문이다.[30] 결국 경제 위원회는 단체 협상에 직접 개입하는 대신 생산성과 무역 현황에 기초해 '인플레이션을 초래하지 않는 임금 인상의 범위,' 즉 임금 규범을 천명하는 일종의 소득정책의 캠페인 기관으로 역할을 전

29_Jens Lind, "Trends in the Regulation of Employment Relations in Denmark," *International Journal of Employment Studies* 6-1 (1998), 5-6.

30_임금 유동은 기업 또는 작업장 수준에서 확정된 임금 인상률이 상위의 임금 협상 단계 — 임금 협상 체계가 중앙, 산업, 기업 또는 작업장 수준의 협상으로 3단계화되어 있음 — 에서 제시된 임금 상승률을 상회하기 때문에 발생한다. 제도적 측면에서 보면 임금 유동은 임금 협상 체계는 중앙 집중화되어 있으나 임금 계약 체계가 분권화되어 있기 때문에 발생한다.

표 6-1 | 덴마크와 스웨덴의 GDP 대비 노동시장 정책 프로그램 지출

단위: %

	덴마크		스웨덴		노르웨이	
	PLMP	ALMP	PLMP	ALMP	PLMP	ALMP
1970년	0.4	-	0.1	1.1	0.1	0.2
1971년	0.6	-	0.2	1.6	0.1	0.2
1972년	0.5	-	0.2	1.7	0.1	0.3
1973년	0.5	-	0.2	1.5	0.1	0.3
1974년	1.5	-	0.3	1.2	0.1	0.3
1975년	2.4	-	0.2	1.3	0.1	0.3
1976년	2.4	-	0.2	2.0	0.2	0.6
1977년	3.1	-	0.3	2.5	0.1	0.6
1978년	2.3	-	0.4	2.3	0.2	0.5
1979년	2.7	-	0.4	2.4	0.2	0.5
1980년	3.0	-	0.4	2.1	0.2	0.4
1981년	3.9	-	0.6	2.1	0.3	0.5
1982년	4.1	-	0.7	2.4	0.4	0.5
1983년	4.1	-	0.9	2.5	0.7	0.6
1984년	3.7	-	0.8	2.3	0.6	0.7
1985년	3.9	-	0.7	2.1	0.5	0.7

주: PLMP(소극적 노동시장 정책), ALMP(적극적 노동시장 정책).

출처: Furåker et. al., "Unemployment and Labour Market Policies in the Scandinavian Countries," 152, Table 3을 수정한 것임.

환했다.[31]

비록 사민주의 복지국가였지만 덴마크의 정책 조합은 스웨덴과 달랐다. 덴마크와 스웨덴은 높은 수준의 임금 연대를 실천했다(〈그림 4-5〉 참조). 그러나 연대 임금의 구조적 특성은 상이했다. 스웨덴은 사양 산업의 임금을 인상하는 한편 성장 산업의 임금은 통제하는 방식의 연대 임금제를 실시했다. 반면 덴마크의 사민당 정부는 임금 협상의 구조가 분권화되

31_Flanagan et al., *Unionism, Economic Stabilization, and Income Policies*, 468-9; Ove K. Pedersen, "Corporatism and Beyond: The Negotiated Economy," John L. Campbell et als. eds., *National Identity and the Varieties of Capitalism: The Danish Experience* (Montreal & Kingston: McGill-Queen's University Press, 2000).

어 있었기 때문에 고임금을 낮추는 방식의 연대 임금제를 실시할 수 없었다. 더구나 중소기업 위주로 산업이 구성되어 있었기 때문에 스웨덴처럼 소득정책을 적극적 노동시장 정책 및 금융정책과 연계해 생산 합리화를 유도하는 방식의 정책 조합이 타당한 대안도 아니었다. 덴마크의 소득정책은 저임금 집단, 주로 미숙련공의 임금 인상에 기여했고, 따라서 임금 격차의 폭이 좁아졌던 것이다.[32]

덴마크는 해고를 용인하는 자유주의적 노동시장의 관행과 분권화된 임금 협상의 구조로 인해 소득정책을 적극적 노동시장 정책 대신 소극적 노동시장 정책과 연계해 실업자들을 노동시장 밖에서 보호함으로써 실업률을 낮추었다. 노동시장 정책에 관한 한 스칸디나비아 국가에서 예외적일 정도로 덴마크는 소극적 노동시장 정책에 집중했다(〈표 6-1〉, 〈그림 4-8〉 참조).[33] 소극적 노동시장 정책 중심의 노동시장 정책은 1993년까지 지속되었다(〈그림 4-12〉 참조). 덴마크는 실업보험을 소극적 노동시장 정책의 수단으로 활용했다. 덴마크의 실업보험 제도는 1907년부터 겐트 시스템에 의해 운영되었다. 겐트 시스템은 가입자의 기여금에 의존하며 노동조합이 국가의 보조를 받아 실업 기금을 운영하는 제도다. 초기에 국가는 비용이 적게 들기 때문에 이 제도를 채택했다. 그러나 1967년 개혁 이후 국가는 가입자의 기여금 이외에 추가로 지급되는 비용 전액을 부담했다. 실업보험은 실업 이전 소득의 90퍼센트를 지급했을 뿐만 아니라 물가에 연동해 지급했다. 덴마크 실업보험의 소득 대체율은 서유럽의 다른 복지국

32_Benner & Vad, "Sweden and Denmark," 411; Due & Madsen, "Varför den danska avtalmodellen," 24.

33_Furåker et. al., "Unemployment and Labour Market Policies in the Scandinavian Countries."

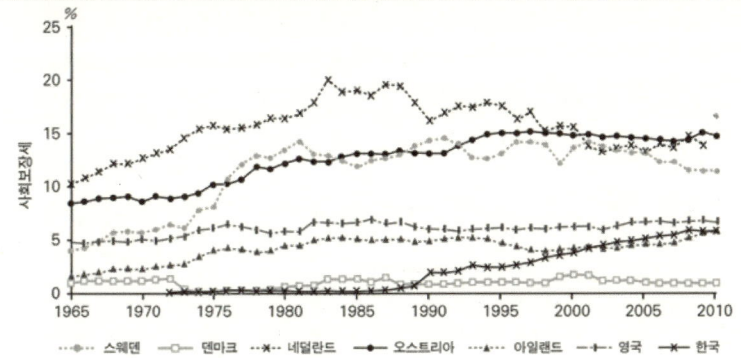

그림 6-2 | GDP 대비 사회보장세의 비율(1965~2010년)

출처: OECD.Stat

가와 비교해도 매우 높았다. 국가는 조세수입으로 실업보험 비용의 약 50~70퍼센트를 부담했다. 1973년 이후 발생한 고실업의 영향도 있었지만 1970~81년 사이에 실업 보험금의 실질 지출이 13배나 증가했다.[34] 덴마크의 사용자들이 자유 시장경제에 가까울 정도로 노동시장에서 자유롭게 노동자들을 해고할 수 있었던 것은 이처럼 실업보험 제도가 발달했기 때문이다.

덴마크는 소득정책을 소극적 노동시장 정책 이외에 다른 정책들과 연계하지 않았다. 앞에서 언급했듯이 스웨덴은 1959년부터 사용자가 전액을 부담하는 일반보충연금ATP을 실행했다. 덴마크에서도 ATP가 1964년

34_Jens Lind, "A Nordic Saga? The Ghent System and Trade Union," International Journal of Employment Studies 15-1 (2007), 54; Lars Nørby Johansen, "Denmark," Peter Flora ed., *Growth to Limits: The Western European Welfare States Since World War II* (Berlin: Walter de Gruyter, 1986), 313-4.

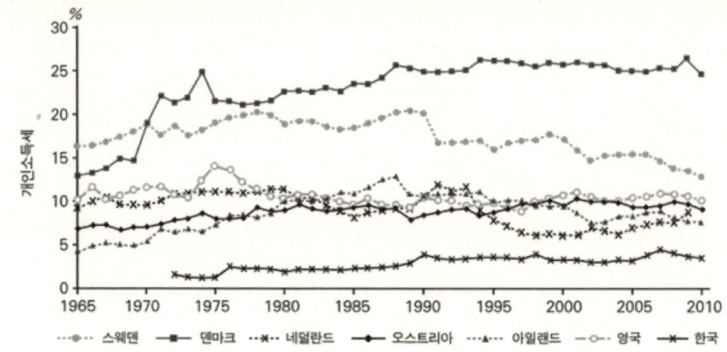

그림 6-3 | GDP 대비 개인소득세의 비율(1965~2010년)

출처: OECD.Stat

에 도입되었으나 피고용인이 기여금의 3분의 1을 부담했다. 전체 연금에서 차지하는 비중 역시 '무시해도 좋을 만큼' 매우 미미했다. 스웨덴 사민당 정부는 소득정책을 통해 기업이 과다 이윤을 축적할 수 있도록 했기 때문에 사용자들을 압박해 ATP의 기여금 전액을 부담하도록 했던 것이다. 덴마크의 사회보험은 유럽에서도 독특할 정도로 기여금 대신 조세수입에 의존했다. 1891년에 이미 기여금에 의존하지 않는 공적 연금 제도를 도입했나. 제2차 세계대전 이후에도 공적 연금이 연금 정책의 근간이었다. GDP 대비 사회보장세의 비율이 3~5퍼센트일 정도로 낮았다(〈그림 6-2〉 참조). 기업이 이윤을 재투자하도록 유인하기 위한 수단으로 조세정책을 활용하지도 않았다. 조세수입의 주요 원천은 직접세였다. 직접세가 총수입에서 50퍼센트 이상을 차지했다(〈그림 6-3〉 참조).[35] 특히 1960년대 후반에 직접

---

[35] Johansen, "Denmark," 310; 317; Benner & Vad, "Sweden and Denmark," 409-12.

세가 급격하게 증가했다.

3. 기민주의 복지국가: 네덜란드와 오스트리아

3-1. 네덜란드 모델

네덜란드의 경제구조는 서유럽에서도 독특했다. 17~19세기 기간에 농업·상업·해운·금융 산업이 발달했으나 제조업 분야의 산업화는 매우 더디게 진전되었다. 19세기 후반부터 시작된 산업화는 섬유와 식품 가공 산업 등 중소기업 분야에 집중되었다. 네덜란드의 자본가들은 국내보다는 해외에 투자했다. 전간기에 네덜란드의 경제는 치명적인 타격을 입었다. 제1차 세계대전의 영향으로 제조업 분야가 침체된 결과, 유휴노동력이 급증해 농업이 노동집약적 산업으로 역행할 정도였다. 더구나 1930년 대공황의 여파로 1936년까지 실업률이 지속적으로 상승했다. 스웨덴이나 덴마크처럼 1930년 대공황을 극복할 수 없었던 것은 네덜란드 정부가 금본위제를 고수하며 시장에 개입하지 않았기 때문이다. 특히 국제 운송업 및 선박·기계 산업이 불황에 허덕였다. 제2차 세계대전 중에는 산업의 핵심인 선박 및 철도, 그리고 식품 가공 산업이 파괴되어 산업 현장은 폐허로 변했다. 1940년과 1945년 사이에 실질 GDP가 40퍼센트 감소했다. 해외 이민이 급증해 1952년에만 7만6천 명이 해외로 이주했다.[36] 제2차 세계대전 이후 네덜란

36_P. W. Klein, "The Foundations of Dutch Prosperity," Richard Griffiths ed., *The*

드의 경제 재건은 이런 맥락에서 출발했다.

네덜란드는 사회·경제 재건을 위해 다음과 같은 정책 조합을 선택했다. 첫째, 소득정책을 통해 임금을 억제해 자국 상품의 대외 경쟁력을 높이며, 둘째 사회보장제도를 확충함으로써 임노동자들의 임금 억제를 보상하며, 셋째 금융정책으로 물가와 환율을 안정시킨다는 것이었다. 가톨릭 계열 노동조합연맹 NKV와 개신교 계열 노동조합연맹 CNV 그리고 사회주의 노동조합운동 NVV는 고용에 긍정적 효과를 미친다고 판단했기 때문에 소득정책을 받아들였다. 소득정책은 의회가 사회보장을 확대한다는 것을 전제로 한 정치적 교환의 결과였다. 소득정책의 일차적인 목표는 네덜란드 경제의 국제 경쟁력의 확보에 있었다. 완전고용은 정책의 부차적인 목표였다. 경제성장이 일차적 목표였기 때문에 적극적 노동시장 정책은 정책적 고려 대상이 아니었다.[37]

네덜란드의 소득정책에서는 국가 개입이 중요하게 작용했다. 네덜란드 사회는 제2차 세계대전 이전부터 PBO, 즉 공법에 의한 산업 조직 규제의 이슈를 두고 오랜 논쟁을 벌였으며 실제로 1937년에 단체협약법을 입법한 적이 있었다. 런던 망명정부는 귀국하자마자 1945년에 수정 특별법을 제정했다. 이 법에 의하면 중재위원회는 단체협약의 조건을 수용하거나 거부할 수 있으며 특정 단체협약을 산업 전체에 강제할 수 있었다(제5

Economy and Politics since 1945 (The Hague: Martinus Nijhoff, 1980), 1-8; Bart van Ark et al., "Characteristics of Economic Growth in the Netherlands during the Postwar Period," Nicholas Crafts ed., *Economic Growth in Europe since 1945* (Cambridge: Cambridge University Press, 1996), 301-2.

[37] Kees van Kersbergen, "Christian Democracy in the Netherlands and its Influence on the Economic and Social Policy," Emile Lamberts ed., *Christian Democracy in European Union 1945-1995* (Leuven: Leuven University Press, 1997).

장). 소득정책은 1959년까지 중재위원회의 일방적 개입에 의해 성공적으로 집행되었다. 정부는 불법 임금을 지급하는 사용자에게 벌금을 부과하거나 구속하는 등 강도 높은 임금 억제 정책을 실시했다. 실질임금은 '사회적 덤핑'으로 매도될 만큼 '사회적으로 최소한의 수준'에 머물렀다. 1945년부터 1954년까지 중재위원회는 생계비 인상분만큼만 임금을 인상하도록 했다. 예컨대 임금은 1950년에 5퍼센트, 1951년에도 5퍼센트 인상되었다. 1947년과 1954년 사이에 소비자 물가가 32퍼센트 상승했으며 제조업 분야의 임금도 33퍼센트가 상승했다. 반면 1950~54년 사이에 투자와 생산성은 44퍼센트가 증가했다. 1954년부터 1959년까지 중재위원회는 규제를 일부 완화해 국민소득의 증가를 기준으로 임금을 인상하도록 허용했다. 이 기간에 명목 임금은 40퍼센트 상승했다. 소득정책의 성공적 집행은 고용의 성과에 반영되어 1952년에 5퍼센트까지 상승했던 실업률이 꾸준히 줄어서 1961년에는 1퍼센트 미만까지 하락했다.[38]

네덜란드의 코포라티즘은 연립정부 참여 정당의 이념적 구성에 영향을 받았다.[39] 코포라티즘을 통한 소득정책은 가톨릭주의와 사민주의가 타협한 결과였다. 가톨릭인민당과 노동당은 1946년부터 1958년까지 연립정부를 구성했다(〈부록 표 1-3〉). 원래 노동당은 중앙경제국Central Planning Bureau과 사회경제위원회SER를 중심으로 선도적 계획경제를 추진하고자 했

38_J. Pen, "The Strange Adventures of Dutch Wage Policy," *British Journal of Industrial Relations* 1-2 (1963), 318-23; Flanagan et. al., *Unionism, Economic Stabilization, and Income Policies*, 106-8.

39_Jaap Woldendorp & Hans Keman, "The Contingency of Corporatist Influence: Income Policy in the Netherlands," *Journal of Public Policy* 26-3 (2006); Jaap Woldendorp & Hans Keman, "The Polder Model Reviewed: Dutch Corporatism 1965-2000," *Economic and Industrial Democracy* 28-3 (2007).

다. 그러나 가톨릭인민당은 이에 반대했다. 당시 가톨릭인민당은 경제부를 장악하고 있었으며 시장주의 원칙을 고수하고자 했다. 결국 계획경제를 반대하는 대신 노사가 동등하게 참여하는 코포라티즘, 소득정책에 의한 고용 증대, 사회복지 제도의 확충이라는 대안을 지지함으로써 노동당과 타협했다. 네덜란드는 산업구조의 특성상 국제경제에 의존해야 했는데 국제수지가 적자에 허덕였다. 가톨릭인민당과 노동당은 소비를 자극하는 케인지언 정책 대신 경제의 공급 측면에서 노동 비용을 줄임으로써 산업의 국제 경쟁력을 제고하자 했으며 그 정책 수단으로 소득정책을 선택했던 것이다. 3대 노동조합연맹 — NVV, KAB(1964년부터 NKV로 명칭 변경), CNV — 도 가톨릭인민당-노동당 연립정부의 정책을 수용했다. 노동조합 운동은 고용 증대와 복지 확충에 대한 대가로 경영 참여를 양보했다. 사용자연합은 이에 대응해 정부의 고용정책을 지지했다. 그 결과, 산업 투자가 급속히 증가했다. 전통적으로 강세를 보였던 무역, 운송 및 금융 산업 이외에 화학 및 정유 등 제조업 분야에 대한 투자가 두드러졌다.[40]

엄밀할 의미에서 보면 네덜란드의 전후 사회·경제 재건 과정에서 노동시장 정책은 존재하지 않았다. 네덜란드의 중앙은행은 정부로부터의 자율성을 굳게 지켰고 물가 안정에 치중했다. 그런 만큼 정부는 재정 정책을 구사해 노동시장에 개입할 정책 공간을 확보할 수 없었다. 사민당의 계획경제 이념과 가톨릭인민당의 시장경제 이념은 소득정책이라는 중간 지점

40_Steven B. Wolinetz, "Socio-Economic Bargaining in the Netherlands: Redefining the Post-War Policy Coalition," *West European Politics* 12-1 (1989), 81-2; Dietmar Braun, "Political Immobilism and Labour Market Performance: The Dutch Road to Mass Unemployment," *Journal of Public Policy* 7-3 (1987), 320; van Ark et al., "Characteristics of Economic Growth in the Netherlands during the Postwar Period," 305-6.

에서 타협했다. 가톨릭인민당과 노동당의 연립정부하에서 국가가 노동시장에 직접 개입해 고용을 창출하는 방식의 적극적 노동시장 정책은 실행 가능한 대안이 아니었다.[41] 그 대신 가톨릭인민당과 노동당 연립정부는 1950년대 중반부터 소득을 보조하고 실업자들을 지원하는, 소위 '돌봄' verzorging, caring 국가를 지향했다.[42] 가톨릭인민당은 원래부터 사회복지의 기반이 가족이어야 하며 필요한 경우에 한해 국가가 개입해야 한다는 보충성의 원칙을 고수했기 때문에 사적 조직 — 가족과 종교 자선단체 — 에 의한 사회복지가 작동하지 않는 경우에 한해 국가 개입을 지지했다. 그러나 제2차 세계대전 이후 가톨릭인민당은 진보적 포괄 정당을 지향했으며 이에 사민당과 타협한 결과, 예컨대 연금과 장애 보험 등 일부 사회보장제도에서는 보충성의 원칙을 완화해 '단결'의 원칙을 수용했다.[43]

네덜란드는 소극적 노동시장 정책을 활용해 실업률을 낮추었던 대표적인 사례다. 실업보험법은 1952년에 입법되었다. 생계비를 책임지는 가

41_Braun, "Political Immobilism and Labour Market Performance," 313-20; Anton Hemerijck & Jelle Visser, "Change and Immobility: Three Decades of Policy Adjustment in the Netherlands and Belgium," Maurizio Ferrera & Martin Rhodes eds., *Recasting European Welfare States* (London: Routledge, 2000), 233; van Kersbergen, "Christian Democracy in the Netherlands and its Influence on the Economic and Social Policy," 321.

42_Visser, "The Netherlands: The End of an Era and the End of a System," 335; Robert H Cox, "The Social Construction of an Imperative: Why Welfare Reform Happened in Denmark and the Netherlands but Not in Germany," *World Politics* 53-3 (2001), 483-4.

43_Robert H. Cox, *The Development of the Dutch Welfare State* (Pittsburg: University of Pittsburg Press, 1993), Chapter 4; Martin Seeleib-Kaiser et al., *Party Politics and Social Welfare* (Cheltenham, UK: Edward Elgar, 2008), 23.

장은 실업자가 되면 최종 3개월 평균임금의 80퍼센트를 26개월 동안 보장받았다.[44] 1960년대에 경제성장과 산업별 임금의 차별적 인상을 허용하는 단체 협상 제도로 인해 임금이 급격히 상승했다.[45] 고임금에 대처하기 위해 노동 집약적 산업은 생산 합리화를 추진했다. 생산 합리화는 산업재해를 유발했을 뿐만 아니라 유휴노동 인력, 주로 고령 노동자와 자동화에 적응하지 못하는 잉여 노동 인력을 배출했다. 1967년 일반 장애 보험법은 유휴노동 인력을 노동시장 밖으로 유인해 "감춰진 실업의 거대한 풀"을 형성하는 데 기여했다. 장애 보험의 수급 조건은 까다롭지 않았다. 육체적·정신적 장애뿐만 아니라 직업병 또는 여러 이유로 직능의 수행이 불가하다고 판단되는 경우도 포함시켰다. 장애 개념을 직업상 위험에서 사회적 위험으로 확대시켰던 것이다. 장애 보험은 매우 후한 보상 체계를 갖추었다. 실업보험보다 높은 수준의 소득을 보장했으며 보장 기간도 길었다. 대체로 소득의 80퍼센트를 보상했으며 의학적 검사 없이 은퇴 연령까지 지속되었다.[46] 장애 보험 수급자가 1970년에 전체 임노동자의 3퍼센트였으나

44_Joop Roebroek & Theo Berben, "The Netherlands," Peter Flora ed., *Growth to Limits: The Western European Welfare States Since World War II*, Vol. 4 (Berlin: de Gruyter, 1987), 686-8; Seeleib-Kaiser et al., *Party Politics and Social Welfare*, 24; van Kersbergen, *Social Capitalism*, 131. 가장이 아닌 노동자의 경우 소득 대체율이 70퍼센트였다. 1965년부터 26개월 이상의 장기 실업자에게는 조세로 충당되는 실업 보조 수당 — 소득 대체율 70퍼센트 — 을 최대 2년 동안 지급했다. 가계 생계비를 책임지지 않는 기혼 여성은 실업 보조 수당 지원 대상에서 제외했다. 이처럼 가장과 비 가장 그리고 남성과 여성에 차등을 둔 것은 가톨릭인민당이 보충성의 원칙을 고수해 여성의 가사노동과 육아를 장려했기 때문이다.

45_자세한 내용은 이 책의 제7장 3-1절(302쪽)을 참조할 것.

46_장애 보험법은 수혜 등급을 소득의 10퍼센트에서 80퍼센트까지 나누었으며 심지어 100퍼센트도 포괄했다. 자세한 내용은 Roebroek & Berben, "The Netherlands," 684 참조.

표 6-2 | 노동 참여 인구 1천 명당 장애(산재) 보험 수령자 수(1970~90년)

	1970년	1975년	1980년	1985년	1990년
네덜란드	55	84	138	142	152
미국	27	42	41	41	43
영국	29	28	31	56	68
독일	51	54	59	72	55
스웨덴	49	67	68	74	78

출처: Leo J. M. Aarts et al., "Introduction and Overview," Aarts et al eds., Curing the Dutch Disease (Aldershot: Avebury, 1996), 4, Table 1을 변형한 것임.

1980년에는 7.6퍼센트로 증가했다. 이 수치는 다른 복지국가와 비해 현격히 높았다. 장애 보험은 네덜란드 복지국가의 특성을 상징하는 제도로 회자될 정도였다(〈표 6-2〉).[47]

조기 은퇴 연금도 상당수의 임노동자를 노동시장 밖으로 유인하는 정책으로 활용되었다. 1957년에 일반 노령 연금법이 제정되었다. 연금은 정액을 지급했기 때문에 보편적 복지를 상징하는 제도였다. 미혼자들은 최저임금의 70퍼센트를, 기혼자들은 최저임금의 100퍼센트를 지급받았다. 1977년에 노사정 합의에 의해 조기 은퇴 연금 프로그램이 연금제도에 추가되었다. 1980년을 기준으로 보면 60~65세의 이전지급 수급자 가운데 9퍼센트가 조기 은퇴 연금의 수급자이며 78퍼센트가 장애 보험의 수급자였다. 1983년까지 결혼한 여성에게는 독자적으로 연금을 수령할 자격이 주어지지 않았다.[48]

47_Leo J.M. Aarts & Philip R. de Jong, "The Dutch Disability Program and How It Grew," Aarts et al. eds., Curing the Dutch Disease (Aldershot: Avebury, 1996); van Kersbergen, Social Capitalism, 132-3; Seeleib-Kaiser et al., Party Politics and Social Welfare, 25; Cox, The Development of the Dutch Welfare State, 151.

48_Aarts & Jong, "The Dutch Disability Program and How It Grew," 28-9; Roebroek &

여성에 대한 노동시장 진입 장벽은 사회보험제도에만 국한되지 않았다. 결혼과 출산을 이유로 한 해고를 금지하는 법이 1973년에서야 제정되었다. 조세제도도 한몫했다. 기혼 여성의 경우 소득을 남편의 소득과 합해 과세했다. 고소득으로 분류되기 때문에 담세 부담이 과중할 수밖에 없었다. 1973년에 단독과 합산 과세 중에서 하나를 선택할 수 있도록 했다. 이와 같은 제도와, 위에서 언급한 사회보험제도의 영향으로 기혼 여성의 노동시장 진입 장벽은 매우 높았다. 여성의 노동시장 참여율이 1970년에 22.3퍼센트였으며 1979년까지 30퍼센트를 넘지 않았다. 이 수치는 당시 OECD 국가 중에서 가장 낮은 것이었다. 소극적 노동시장 정책과 여성 차별 정책으로 인해 네덜란드의 노동시장 참여율 또한 매우 낮아서 1980년대 중반까지 52퍼센트 대에 머물렀다(〈표 4-6〉 참조).[49]

네덜란드는 여타 서구 복지국가에 비해 상대적으로 늦게 복지 제도를 도입했으나 도입 이후에는 사회 지출이 급속히 증가하는 특징을 보였다.[50] 사회정책은 노사정 합의를 거친 이후 연립정부에 의해 입법되었다. 제2차 세계대전 직후 사민주의자 반 레인Aart van Rhijn이 위원장을 역임한 반 레인 위원회는 비버리지 보고서에 기초해 보편적 복지를 제안했다. 그러나 가톨릭주의와 칼뱅주의 사회 블록은 보충성의 원칙을 강조했으며 국가에 의한 복지 프로그램의 운영에 반대했다. 사회정책은 타협의 산물이었다. 가톨릭주의 및 칼뱅주의 사회 블록은 가족을 단위로 하며 기여금에 의존하

Berben, "The Netherlands," 677.

49_Visser & Hemerijck, 'A Dutch Miracle', 33; van Ark et al., "Characteristics of Economic Growth in the Netherlands during the Postwar Period," 296, Table 10-7 참조; Seeleib-Kaiser et al., *Party Politics and Social Welfare*, 25.

50_Cox, *The Development of the Dutch Welfare State*.

는 복지 제도를 관철시켰으나 연금제도에서는 보편주의를 수용했다. 반 커스버헌Kees van Kersbergen이 주장하듯이 가톨릭주의는 보편주의를 반대했 으며 기여금 위주의 사회보장제도를 주장했지만 사회복지의 필요성 및 포 괄적 적용은 지지했다. 네덜란드의 사회보험에서 기여금 의존도는 매우 높았다(〈그림 6-3〉 참조). 그럼에도 네덜란드는 높은 수준의 사회복지를 유 지했다. 1967년 선거 이후 탈사회 블록화의 영향으로 종교 정당의 득표율 이 감소하자 가톨릭인민당뿐만 아니라 전통적으로 복지의 확대를 반대했 던 반혁명당까지도 사회 블록 소속 노동자들의 지지를 확보하기 위해 급 진적 친복지 정당으로 변신했기 때문이다. 오히려 노동당이 복지의 확대 에 소요되는 비용을 우려할 정도였다. 그 결과, 1980년을 기준으로 하면 OECD 국가 중에서 네덜란드가 GDP 대비 이전지급의 비율(26퍼센트)이 가장 높았다(〈표 4-3〉 참조).[51]

3-2. 오스트리아 모델

전간기에 오스트리아 경제구조는 거대한 변혁을 겪었다. 제1차 세계대전 이후 합스부르크 제국의 붕괴로 인해 오스트리아의 인구는 6천만 명에서 6백만 명으로 축소되었다. 산업화된 오스트리아 지역은 농산물과 에너지 를 제공했던 구제국의 여타 지역과 단절되었다. 산업구조의 분절은 구조 적으로 국제수지를 악화시켰다. 1922년에 기독교사회당 정부가 인플레이 션을 통제하기 위해 안정화 정책을 실시한 결과, 실업률이 급등했다. 이후

51_van Kersbergen, *Social Capitalism*, 130-3; Cox, *The Development of the Dutch Welfare State*, 168-70.

1928년까지 경제는 점차 정상화되었다. 그러나 미국발 경제 대공황의 영향으로 1933년에 GNP가 1913년의 81퍼센트 수준으로 감소했으며 실업률은 26퍼센트까지 치솟았다. 1937년에도 실업률이 21.7퍼센트였다.[52] 1938년에 나치 독일에 합병됨에 따라 오스트리아의 경제구조는 또 다시 변혁을 겪었다. 독일이 군비 확충을 위해 대규모 공업단지를 오스트리아에 건설했기 때문이다. 대표적인 예가 철강·중화학·알루미늄·기계 산업이었다. 수력발전소도 여러 곳에 건설되었다. 아울러 나치 독일은 재정 적자를 통해 소비를 자극하는 정책을 실행했다. 그 결과, 1938년과 1939년에 경제가 각각 12.8퍼센트와 13.3퍼센트 성장했다. 오스트리아에서는 1938년에 이미 케인지언 정책이 시작되었던 것이다.[53]

1973년 제1차 오일쇼크 이후 1980년대 중반까지 오스트리아의 사회·경제 정책은 '오스트리아-케인지언주의'로 회자된다. 당시 오스트리아는 공급 측면의 경제, 경화 정책, 저금리 금융정책, 적자 재정 정책을 조합해 오일쇼크의 충격에 대응했다. 이는 전통적인 케인지언주의와 공급 측면의 경제정책을 융합한 정책 조합으로서 오스트리아-케인지언주의로 일컫는

52_Gottfried Haberler, "Austria's Economic Development after the Two World Wars: A Mirror Picture of the World Economy," Sven W. Arndt ed., *The Political Economy of Austria* (Washington: American Enterprise Institute for Public Policy Research 1982), 63; Felix Butschek, "The Economic Structure," Kurt Steiner ed., *Modern Austria* (Palo Alto, California: Society for the Promotion of Science and Scholarship, 1981), 142-3.

53_Edward März & Maria Szecsi, "Austria's Economic Development, 1945-1978," Kurt Steiner ed., *Modern Austria* (Palo Alto, California: Society for the Promotion of Science and Scholarship, 1981), 125; Haberler, "Austria's Economic Development after the Two World Wars," 67; Butschek, "The Economic Structure," 143.

다. 그러나 오스트리아-케인지언주의는 이미 제2차 세계대전 이후 경제·사회 재건 과정에서부터 시작되었다.[54] 1947년부터 오스트리아는 소득정책으로 노동 비용을 축소했다. 그럼에도 물가 — 도매 물가가 1949~50년에 32.5퍼센트 그리고 1950~51년 34.3퍼센트 — 가 급등해 인민당-사민당 연립정부는 1952년에 은행신용의 축소, 공공 지출의 축소, 증세, 공공요금 인상 등 안정화 정책과 함께 실링schilling의 평가절하를 단행했다. 안정화 정책의 영향으로 실업률이 8퍼센트까지 급등했다. 여성의 직업 참여가 증가한 것과 자영업자들이 임노동자로 이동한 것도 실업률의 상승에 영향을 미쳤다. 안정화 정책은 결국 성과를 거두어 1953년부터 경제가 성장해 실업률이 감소했으며 동시에 물가도 안정되었다. 1957~58년의 경기 불황에 대응해 정부는 GDP 대비 4퍼센트에 이르는 적자 재정 정책을 실행했다. 이후 1967~68년에도 적자 재정 정책을 실시했다. 1950~60년에 GNP가 매년 평균 6퍼센트, 1960~70년에 4.7퍼센트, 1970~79년에 4.3퍼센트 증가했다. 이는 OECD 평균보다 훨씬 높은 수치였다. 실업률은 1960년에 2.9퍼센트까지 감소했고 1970년대에는 2.1퍼센트를 초과한 적이 없었다.[55]

54_Hans Seidel, "The Austrial Economy: An Overview," Sven W. Arndt ed., *The Political Economy of Austria* (Washington: American Enterprise Institute for Public Policy Research, 1982), 14; Volkmar Lauber, "Changing Priorities in Austrian Economic Policy," Kurt Richard Luther & Wolfgang C. Müller eds., *Politics in Austria: Still a Case of Consociationalism?* (London: Frank Cass, 1992).

55_Haberler, "Austria's Economic Development after the Two World Wars," 68-9; März & Szecsi, "Austria's Economic Development: 1945-1978," 129; 132; Felix Butschek, "Full Employment during Recession," Sven W. Arndt ed., *The Political Economy of Austria* (Washington: American Enterprise Institute for Public Policy Research,

오스트리아가 이처럼 경제성장을 이룸으로써 고용을 증진시킬 수 있었던 것은 무엇보다도 노사정이 코포라티즘을 통해 소득정책을 지속적으로 실행했기 때문이었다. 노사정은 정책의 우선순위를 완전고용에 두었으며 소득정책을 주요 정책 수단으로 삼았다. 오스트리아는 사회적 파트너십을 기반으로 강력하고 안정된 코포라티즘을 유지했음에도 임금노동자 사이의 임금격차는 심했다. 1980년대에 임금 연대의 수준은 자유주의 복지국가인 영국, 미국, 캐나다에 근접했다(〈그림 4-5〉, 〈그림 4-8〉, 〈표 4-3〉 참조).[56] 1950년대에 오스트리아의 노동조합 간 임금격차는 서유럽에서 가장 적었다. 임금격차는 1960년대와 1970년대에 빠르게 심화되었던 것이다. 이처럼 임금격차가 심화된 것은 노동조합운동이 단체 협상을 분배의 수단으로 삼지 않았기 때문이다.[57] 오스트리아는 임금을 억제해 인플레이션을 통제하는 한편 자국 산업의 국제 경쟁력을 제고함으로써 경제성장과 완전고용을 이루고자 했다. 1960년대에 오스트리아 경제의 대외무역 의존도는 약 50퍼센트였으나 1980년에 이르러서는 80퍼센트까지 상승했

1982), 101-2.

56_노동조합운동은 초기에 임금 차별화의 문제로 내분을 겪었다. 1949년 제3차 단체협약과 1950년 제4차 단체협약에서 이 문제가 쟁점화되어 노동쟁의가 빈발했다. 그러나 노동조합운동은 이를 계기로 1950년에 공산주의자들을 추방해 상부 조직의 힘을 강화시켰으며, 그 결과 기존 정책 노선, 즉 임금 억제와 노사정 타협을 더욱 공고히 할 수 있었다. Tálos & Kittel, "Roots of Austro-Corporatism," 39-40; Randall W. Kindley, "The Evolution of Austria's Neo-Corporatist Institutions," Günter Bishof & Anton Pelinka eds., *Austro-Corporatism: Past, Present, Future* (New Brunswick: Transaction Publishers, 1996), 54; Lewis, "Austria in Historical Perspective," 30-1.

57_Flanagan, *Unionism, Economic Stabilization, and Income Policies*, 54; Pollan, "Political Exchange in Austria's Collective Bargaining System," 57-8; Wolfgang Pollan, "How Large Are Wage Differentials in Austria?," *Empirica* (2009), 36.

다.[58]

    임금 억제와 동시에 임금 차별화가 실행될 수 있었던 이유는 다음과 같다. 첫째, '조직화된 분권'의 단체 협상 제도다. 오스트리아에서는 중앙 임금 협상이 없다. 대신 산업 수준에서 협약 위원회 및 기업별노조가 자율적으로 단체협약을 맺었다. ÖGB와 임금·물가공동위원회는 간접적으로 단체 협상 전반을 조율했다.[59] 단체협약은 대규모 국영기업의 노동조합들이 참여하는 몇 개의 협약 위원회가 주도했으며 여타 노동조합은 이에 준해 임금 인상의 최저 수준을 결정했다. 물론 이 과정에서 ÖGB와 임금·물가공동위원회 내의 임금 소위원회가 임금 협상 전반을 조율했다. 그러나 임금 소위원회는 법적 제재를 가할 권한은 없었다. 단체협약은 임금 인상의 최저 수준을 정했기 때문에 개별 기업들은 성과에 따라서 별도로 임금을 인상할 수 있었다. 임금 유동이 허용되었기 때문에 노동조합별로 임금격차가 발생했던 것이다.[60]

    둘째, 오스트리아 노동운동의 조직적 특성이다. 원래 오스트리아의 노동조합운동은 사회주의 진영과 가톨릭 보수 진영으로 나뉘어져 있었을 뿐만 아니라 노동조합연맹들이 공공 부문 노동조합, 사적 부문 노동조합, 화이트칼라 노동조합으로도 구분되어 있었다. 그러나 제2차 세계대전 이후 ÖGB는 이들 모두를 포괄해 조직을 중앙·집중화한 대신 정치적 중립을 표방했다. 사민주의와 가톨릭주의는 사회 구성원의 복지 문제에 관하여 공

58_Seidel, "The Austrial Economy," 9.

59_Tálos & Kittel, "Austria in the 1990s," 35; Guger, "Economic Policy and Social Democracy," 46.

60_Pollan, "Political Exchange in Austria's Collective Bargaining System," 51-2; Guger, "Economic Policy and Social Democracy," 46.

공 부문이 관리하는 사회정책은 지지했지만 연대 임금과 같은 평등화 이슈에서는 이념적 지향이 달랐다. ÖGB, 좁게는 내부에서 조직을 이끌고 있던 사회주의 노동조합운동은 다원성을 포용해 조직의 내적 통합을 이루어야 했기 때문에 급진적인 이념을 주장할 수 없었다. 반면 노동조합운동의 하부 수준에서 사회주의 진영과 가톨릭 보수 진영은 별개의 정치집단을 구성했고 이들 정치집단은 각각 인민당 및 사민당과 연계되어 있었다. 양당은 제2차 세계대전 이후 줄곧 21년 동안이나 대연정 연립정부를 구성해 집권했다. 그 결과, 사민당 내에서는 온건파의 입지가 강화되었다. 이런 점은 노동조합운동의 정치적 지향에도 영향을 미쳤을 것이다. 요컨대 오스트리아 노동조합운동은 임금 조정을 통해 경제성장 및 완전고용을 이룬다는 원칙에 대해서는 내부적으로 합의할 수 있었지만 임금 연대에는 기여하지 못했다. 대신 노동조합운동 내의 정치집단들은 정당정치에 압력을 행사함으로써 공공 사회 지출 — 주로 이전지급 — 의 확대로 임금 차별화의 문제점을 보완했다(〈표 4-3〉 참조). 오스트리아 노동조합운동은 분배의 문제는 정치 영역, 특히 의회에 위임했던 것이다.[61]

61_Flanagan, Robert et al., *Unionism, Economic Stabilization, and Income Policies*, 52-6; Ferdinand Karlhofer, "The Present and Future State of Social Partnership," Günter Bishof & Anton Pelinka eds., *Austro-Corporatism: Past, Present, Future* (New Brunswick: Transaction Publishers, 1996), 124; Kunkel & Pontusson, "Corporatism versus Social Democracy," 12-3. 오스트리아 정부는 1950~60년대에 다양한 "부담의 평등"을 위한 보조금 제도를 실시했다. 1950년부터 임노동자는 사용자가 부담하는 육아 보조금을 받았다. 가족 복지를 지원하기 위한 보조금 관련법은 다음과 같다: 가족 부담 평등 계획과 주택보조법(1961년), 거주건설촉진법(1968년), 거주개선법(1968년) 등 입법되었다. '가족 보조금을 위한 평등 펀드'는 각종 보조금 제도, 더 나아가 교육과 관련된 각종 비용을 지원했다. 사용자는 임금의 4.5퍼센트에 해당하는 금액을 평등 펀드에 기여해야 하며 나머지는 중앙정부 및 지방정부의 보조에 의해 운영되었다. 이외에도 다양한 공

오스트리아의 노사정이 완전고용을 위해 선택한 또 다른 대안은 국유 기업의 '노동 저장'labor hoarding이었다. 경기 침체기에 잉여 노동자들을 해고하지 않고 저장해 놓으면 경기 회복기에 이들 숙련노동 인력을 다시 활용할 수 있다. 오스트리아에서는 거대 국유 기업이 노동을 저장하는 역할을 담당했다. 이 점에서 오스트리아의 노동시장 정책은 실업보험, 장애 보험, 조기 은퇴 등으로 실업자들을 노동시장 밖에 묶어 놓았던 덴마크 및 네덜란드의 소극적 노동시장 정책과 달랐다. 국유 기업의 노동 저장 정책은 오스트리아 역사의 특수성에 기인했다. 제5장에서 다루었듯이 오스트리아 정부는 나치 독일이 투자했던 산업 및 금융 자산에 대한 소련의 요구에 대항해 이들 산업을 국유화했다. 국유화된 산업은 광산 ― 석탄·철광석·석유·알루미늄 ― 뿐만 아니라 철강·금속·기계·화학·전기 산업, 그리고 3개의 거대 은행을 망라했다. 국가는 1970년에 오스트리아 국영 지주회사 Österreichische Industrieverwaltungs Aktiengesellschaft, ÖIAG를 설립해 이들 회사의 주식을 소유했다. 1978년을 기준으로 하면 국유 기업 ― 우편 서비스 및 철도 산업 포함 ― 의 종사자가 전체 임노동자의 13.7퍼센트를, 제조업 분야에서는 20퍼센트를, 국영 은행 종사자를 포함하면 적어도 25퍼센트를 차지했다. 국영기업의 노동 저장 정책은 민영화 바람이 불기 시작했던 1980년대 중반까지 지속되었다.[62]

공 부조 제도가 발달했다. Tomandl & Fuerboeck, *Social Partnership*, 80-3.

62_Pollan, "Political Exchange in Austria's Collective Bargaining System," 52; Oskar Grünwald, "Austrian Industrial Structure and Industrial Policy," Sven W. Arndt ed., *The Political Economy of Austria* (Washington: American Enterprise Institute for Public Policy Research, 1982), 135; Brigitte Unger & Karin Heitzmann, "The Austrian 'Alpenmodel'-Back to Bismarck?" *mimeo* (2012), 5; Alexandre Afonso & André Mach, "Coming Together but Staying Apart: Continuity and Change in the Austrian

국영기업 중심의 정치경제는 노동 저장뿐만 아니라 오스트리아 방식의 계획경제에 기여했다. 폴란Wolfgang Pollan에 의하면 주요 산업의 국유화는 전후 50년 기간에 걸쳐 "가장 중요한 구조 개혁"이었다. 국유화는 노동조합운동의 역량을 강화시킨 반면 자본의 역량을 약화시켰다. 국유화로 역량이 약화된 자본은 노동과 지속적으로 타협할 수밖에 없었다. 반면 국가 경제의 관리에 직접 참여하게 된 노동조합운동은 거시 경제의 관점에서 임금뿐만 아니라 고용·인플레이션·생산성·투자 등의 문제에 접근했다. 이런 맥락에서 노동조합운동은 소득정책을 분배의 수단이 아니라 완전고용을 위한 정책적 수단으로 삼는 데 반대하지 않았던 것이다. 노동을 사회적 파트너로 받아 들어야 했던 자본도 단순한 이윤 추구를 벗어나 사회정책에 관심을 가지게 되었다. 요컨대 ÖGB, 노동회의소, 연방경제회의소는 사회·경제적 관점에서 정치적 교환을 성사시킨 결과, 경제성장과 복지가 지속적으로 선순환할 수 있었다.[63]

기민주의 복지국가임에도 오스트리아의 노동시장 정책은 유휴노동력을 노동시장 밖으로 유인하지 않았다는 점에서 스웨덴의 적극적 노동시장 정책과 비슷했다. 그러나 국영기업 위주의 노동 저장 정책을 실행했기 때문에 GDP 대비 적극적 노동시장 정책 지출 비는 매우 낮았다. 1970년에

---

and Swiss Varieties of Capitalism," Uwe Becker ed. *The Changing Political Economies of Small West European Countries* (Amsterdam University Press, 2011), 108.

63_Pollan, "Political Exchange in Austria's Collective Bargaining System," 52-3; Guger, "Economic Policy and Social Democracy," 47; Ferdinand Lacina, "Development and Problems of Austrian Industry," Kurt Steiner ed., *Modern Austria* (Palo Alto, California: Society for the Promotion of Science and Scholarship, 1982), 157; Katzenstein, *Corporatism and Change*, 136-7; Huber & Stephens, *Development and Crisis of the Welfare State*, 156.

0.05퍼센트였으며 1975년에도 여전히 낮아서 0.13퍼센트에 머물렀다(〈그림 4-11〉 참조). 경기순환에 따른 노동의 수요와 공급의 불균형은 국영기업의 노동 저장과 함께 해외 인력의 수급을 통해 조정했다. 덴마크와 네덜란드는 소극적 노동시장 정책을 활용해 유휴노동력을 노동시장 밖으로 유인했다. 그러나 오스트리아에서는 실업보험의 급여 대체율이 최고 60퍼센트였기 때문에 일자리의 대안이 아니었다. 여성에 대해 노동시장 진입 장벽을 높이지도 않았다. 1970년과 1980년 사이에 발생한 신규 고용자 131,800명 중에서 97,300명이 여성이었다. 오스트리아의 노동시장 참여율은 사민주의 복지국가인 스웨덴 및 덴마크보다는 낮았으나 기민주의 복지국가인 네덜란드보다는 훨씬 높았다(〈표 4-6〉 참조). 소극적 노동시장 정책 ― 조기 은퇴 연금, 여성의 육아 장려, 산업재해 보험 자격 완화 등 ― 으로 실업률을 조정하기 시작한 것은 1980년대부터였다. 그러나 오스트리아는 소득 정책을 보완하기 위해 사회정책을 주로 저임금 노동자들을 대상으로 한 이전지급에 집중시켰다. 1980년을 기준으로 하면 이전지급이 GDP에서 차지하는 비율이 15퍼센트였는데 이는 서유럽 국가에서도 매우 높은 수치였다(〈표 4-3〉 참조).[64]

---

[64] Seeleib-Kaiser et al., *Party Politics and Social Welfare*, 17; Butschek, "Full Employment during Recession," 106; 111; Markus Marterbauer, "Post-Keynesian Economic Policy in Austria and Sweden: The Employment Record in a Changing International Environment," Paper presented at the EAEPE Conference, Lisbon, Portugal, November 5-8 (1998), 14-5. Wolfgang Weigel & Anton Amann, "Austria," Peter Flora ed., *Growth to Limits: The Western European Welfare States Since World War II*, Vol. 4 (Berlin: de Gruyter), 554; Anton Hemerijck et al., "How Small Countries Negotiate Change: Twenty-Five Years of Policy Adjustment in Austria, the Netherlands, and Belgium," Fritz W. Scharpf & Vivien A. Schmidt eds. *Welfare and Work in the Open Economy* Vol. II, Diverse Responses to Common (Challenges. Oxford:

4. 소결: 복지 자본주의의 역사적 맥락과 정책 조합

제4장은 특정 시기의 횡단면적 자료에 근거해 스웨덴, 덴마크, 네덜란드, 오스트리아의 정책 조합 유형을 분류했다. 이 장에서는 이런 정책 조합이 형성되었던 정치·사회·역사적 맥락을 분석했다. 네 국가는 독특한 맥락에서 정책 조합을 선택했음에도 공통점을 보였다. 첫째, 소득정책을 경제성장의 수단으로 삼았으며, 둘째, 완전고용에 근접했던 시기부터 임금 억제를 보상하기 위해 사회정책에 대한 지출을 늘렸으며, 셋째, 적극적 노동시장 정책 또는 소극적 노동시장 정책을 이용해 실업률을 낮추었다.

제2차 세계대전 이후 사회·경제 재건 과정에서 서유럽 강소·복지 4개국이 취한 정책은 케인지언주의의 처방과는 달랐다. 케인지언주의는 재정지출로 수요를 자극함으로써 생산과 고용을 증진시킬 것을 처방한다. 그러나 이들 국가는 국내시장의 규모가 작았으며 경제의 대외 의존도가 높았다. 경제성장과 고용 증진을 도모하기 위해 수요의 자극이 아니라 경제의 공급 부문에서 노동 비용을 줄임으로써 자국 기업의 국제 경쟁력을 제고했다. 사회 지출을 늘린 것도 수요의 자극을 위한 것이라기보다는 공급 부문에서 발생한 노동 비용의 축소를 보상하기 위한 것이었다.

이론적으로 주목할 점은 동일한 유형에 속한 복지국가가 서로 다른 정책 조합을 선택했다는 사실이다. 스웨덴과 덴마크는 사민주의 복지국가임

Oxford University Press, 2000), 199; Helmut Hofer & Reinhard Koman, "Social Security and Retirement Incentives in Austria," *Empirica* 33 (2006), 286; Brigitte Unger & Karin Heitzmann, "The Adjustment Path of the Austrian Welfare State: Back to Bismarck?," *Journal of European Social Policy* 13-4 (2003), 376; 383; Lauber, "Changing Priorities in Austrian Economic Policy," 151; Huber & Stephens, *Development and Crisis of the Welfare State*, 88-9; 352-3.

에도 정책 조합은 달랐다. 스웨덴은 네 국가 중에서 유일하게 연대 임금의 소득정책을 실시했다. 연대 임금의 소득정책을 적극적 노동시장 정책과 연계하는 한편 금융정책·조세정책·사회정책(연금 정책)으로 물가를 안정시켰으며 성장 산업으로 하여금 생산 합리화로 발생하는 실업을 흡수하도록 유도했다. 그러나 완전고용, 물가 안정, 산업 합리화를 동시에 성취한 렌-마이드너 모델의 이면에서는 소유 구조가 집중되었고 피라미드형 기업 지배구조가 심화되었고 기업의 규모도 거대화되었다. 이와 대비해 덴마크에서는 자유주의적 노동시장의 전통이 강해 해고가 용인되었으며 임금 협상의 구조가 상대적으로 분권화되었다. 소득정책을 적극적 노동시장 정책 대신 소극적 노동시장 정책과 연계했다. 고임금을 인하하는 방식의 연대 임금을 소득정책으로 추진하지 않았기 때문에 스웨덴처럼 국가가 기업의 투자에 개입하거나 보충 연금제에서처럼 기업에 사회적 부담을 강요할 수 없었다. 대신 덴마크에서는 국가가 실업보험을 재정적으로 지원함으로써 실업자들을 노동시장 밖에서 보호하였고 실업률도 낮추었다.

기민주의 복지국가인 네덜란드와 오스트리아에서도 비슷한 패턴이 드러났다. 네덜란드는 소극적 노동시장 정책을 이용해 노동시장의 유휴노동 인력을 노동시장 밖으로 유인한 전형적인 사례다. 이미 1960년대 초부터 산업 간의 임금 평등을 강요한 소득정책은 노동조합운동의 반발에 부딪혔다. 결국 국가는 산업별로 차별적 임금 인상을 허용했으며 사용자들은 이에 대응해 생산 합리화를 추진했다. 국가는 생산 합리화로 인해 발생한 유휴노동 인력을 주로 장애 보험을 이용해 노동시장 밖으로 유인했다. 기민주의 복지국가답게 여성의 노동시장 진입 장벽을 높였다. 오스트리아는 네덜란드보다는 오히려 스웨덴에 근접한 노동시장 정책을 실시했다. 오스트리아는 스웨덴처럼 완전고용을 정책의 최우선 순위에 두었다. 덴마크나 네덜란드처럼 유휴노동 인력을 노동시장 밖으로 유인하는 대신 국영기업의 노동 저장으로 노동시장 안에 붙들어 두었다. 그러나 소득정책은 임금 연대를 유도하는 대신 임금의 차별화를 허용했다. 저임금 임노동자에게는 다양한 사회적 보조, 주로 이전지급을 통해 보상했다.

동일한 유형의 복지국가 사이에 정책 조합이 왜 달랐는가? 유형이 다른 복지국가들은 왜 유사한 정책 조합을 선택했는가? 정책 조합이 정치 대표 체계와 기능 대표 체계를 연계하는 매개변수의 역할을 한다는 이론적 시각에서 접근하면 답을 찾을 수 있다. 제5장에서 논의했듯이 스웨덴에서는 사민당이 의회-행정부 관계를 주도했으며 노사 모두 조직이 중앙·집중화되어 있었다. 전간기에 LO와 SAF는 임금 협상의 중앙·집중화에 합의했다. LO는 연대 임금 정책과 생산 합리화를 정책의 목표로 설정했다. 이와 대비해 덴마크에서는 내각 구성의 중심축이 사민당이 아니라 사회자유당이었다. 따라서 사민당은 사회자유당과 합의하에 정책을 입법할 수밖에 없었다. 노동조합운동의 조직이 분권화되어 있었기 때문에 사민당은 의회와 공공중재위원회가 선도하는 '선先산업별-후後중앙 임금 협상'이란 제도로 노사 갈등을 봉합했다. 덴마크에서는 완전고용을 정책의 최우선 순위에 두고 연대 임금의 소득정책과 적극적 노동시장 정책을 연계하는 방식의 정책 조합이 의회-행정부 관계와 노사정 관계를 매개하는 정책 대안이 아니었던 것이다.

네덜란드의 정치경제 레짐은 오스트리아보다 오히려 덴마크와 유사했다(〈표 5-6〉 참조). 가톨릭인민당은 중위 정당으로서 노동당, 아니면 자유당과 연립정부를 구성했다. 가톨릭인민당과 노동당은 경제성장을 위한 소득정책과 사회보장의 확충이라는 중간 지점에서 타협했다. 노동협회와 SER은 시작부터 대립각을 세웠다. 국가는 종교 균열과 계급 균열이 중첩된 노사 관계를 공법에 의해 규제함으로써 소득정책을 실행할 수 있었다. 중앙 임금 협상을 위한 국가의 노동시장 개입은 고용조건이 호전되면서, 그리고 1959년에 노동당을 제치고 자유당이 연립정부에 참여하면서 노동조합과 사용자연합의 저항에 부딪히게 된다(제7장).

오스트리아는 사회가 종교와 계급으로 구성된 사회 진영으로 분열되었으며 정치 대표 체계가 합의 정치 민주주의를 실현했다는 점에서 네덜란드와 유사했다. 그러나 인민당과 사민당이 20년이 넘게 대연정 연립정부를 구성했다. 더구나 제2차 세계대전 이후 노사정 관계의 제도적 디자인을 다르게 설정했다. 가톨릭 보수 진영과 사회주의 진영의 노동조합 모두 ÖGB에 참여했을 뿐만 아니라 조직의 중앙·집중화를 수용했다. 대신 ÖGB는 정치적 중립을 표방하는 한편 임금 협상의 분권화를 허용했다. 주요 산업이 국유화되었기 때문에 사용자연합들은 노동조합운동에 비해 힘이 약했다. 자체적으로 정상 조직을 창설하지 않고 준(準)공공 기관인 연방경제회의소를 통해 이익을 대변했다. 완전고용을 정책을 최우선 순위에 두되 임금 차별화의 소득정책과 저임금을 보상하는 사회 보조 정책의 조합이 인민당과 사민당의 이념과 노동조합운동과 사용자연합의 이익을 아우르는 대안이었던 것이다.

| 제7장 |

복지 자본주의 정치경제 레짐의 동학 I

복지국가 성장기

1. 들어가면서

코포라티즘의 정치경제 레짐에서 사회적 행위자들은 위기에 부닥치면 정치적 교환을 통해 각자 단기적 이익을 포기하고 공동의 장기적 이익을 실현시키는 데 합의한다. 실제로 제2차 세계대전 이후 경제 재건 과정에서 서유럽 강소·복지 4개국 — 스웨덴, 덴마크, 네덜란드, 오스트리아 — 의 노동조합운동은 고용 증진을 위해 사용자연합과 임금 억제에 합의했다. 그러나 정치적 합의를 통해 성사시킨 정책이 성공적으로 집행되면 집단행동의 맥락은 반전된다. 합의 정치를 가능하게 했던 조건과 정책 집행의 효과가 역설적으로 상호작용하기 때문이다. 정책의 목표가 성취되면 행위자들은 자신들을 합의 정치로 유인했던 조건에 더 이상 얽매이려 하지 않는다. 제도로서 정책이 성공해 긍정적인 피드백 효과가 발생되면 과거에 단기적 이익을 포기하도록 만든 조건들이 더 이상 행위자들의 행위를 통제하지 못하기 때문이다(제3장).

　서유럽 강소·복지 4개국은 1960년대에 소득정책이 성공을 거두어 완전고용에 가까운 낮은 실업률을 실현했다. 이에 산업별 노동조합연맹들은 1960년대 후반에서 1970년대 초반 사이에 일괄적으로 임금 억제를 강제하는 중앙 임금 협상의 제도에 저항하기 시작했다. 완전고용이라는 긍정적 피드백이 오히려 임금 인상을 방해하는 역작용의 피드백으로 전환된 것이다. 노동조합운동이 임금은 거시적 시각에서 조정되어야 한다는 시각을 가짐으로써 실행이 가능했던 소득정책이 성공을 거두자 아이로니컬하게도 노동조합운동을 분열의 나락에 빠뜨렸으며 결국 노사정 관계는 변동의 길로 접어들게 된다.

　1970년대 복지국가의 성장기에 어떤 국가에서 코포라티즘의 변동이 심했으며 그 이유는 무엇이었는가? 이 장에서는 복지국가 성장기를 대상으로 정치경제 레짐 ― 노사정 관계(코포라티즘)와 의회-행정부 관계의 연계 ― 의 변동을 추적한다. 비교 역사 연구를 통해 가설 1과 가설 2를 논의한다. 첫째, 내각이 의회에서 다수를 확보하지 못해 입법 과정을 효율적으로 통제하지 못하게 되면 이익집단들은 코포라티즘을 통해 정치적 교환을 하기보다는 의회에 대한 로비를 강화하기 때문에 코포라티즘이 약화되었다(가설 1). 둘째, 정치권의 개입에 의해 중앙 임금 협상의 제도를 실행했던 국가에서 노사는 소득정책의 피드백 효과에 대응하는 과정에서 국가와 대립하기 때문에 코포라티즘이 심하게 약화되었다. 반면 조직의 포괄성, 의사 결정의 중앙·집중화, 대표성에 기초해 노사가 국가 개입을 배제하고 자율적으로 중앙 임금 협상의 제도를 유지했던 국가에서는 노사가 소득정책의 피드백 효과에 대응하는 과정에서 대립했음에도 코포라티즘의 약화 정도는 심하지 않았다(가설 2).

　1973년 제1차 오일쇼크 이후 고실업의 발생이 정치경제 레짐에 어떤 영향을 미쳤는지도 논의한다. 실업률이 낮을 경우 노동자들은 임금 인상을 위해 단체 협상의 과정에서 파업에 참여할 의지를 가진다. 정부는 노동자의 임금 억제를 사회정책으로 보상하는 대안을 선택하며 사민당은 노동조합운동의 강경 노선과 연대한다.[1] 반면 실업률이 높을 경우 노동자들은 저임금 임노동자로 쉽게 대체될 수 있기 때문에 파업에 참여하기를 꺼린다. 실업은 인플레이션과 달리 노동조합운동의 집단행동을 유발시키는 공공 악재가 아니라 그 영향이 개인별로 미치는 사적 악재다. 실업률이 높으면 노동조합운동은 조합원이 감소해 조직 역량이 약화되기 때문에 사용자 연합과 타협을 모색한다. 사민당은 분배의 정치보다는 고용 증진을 위해 성장 중심의 정책으로 선회하며 그 결과, 노동조합운동과의 관계가 소원해진다(제3장).

제5장의 복지국가 형성기에 대한 연구에서는 각 나라의 제도를 소개한다는 차원에서 주제를 의회-행정부 관계와 노사정 관계로 나누고 국가별로 두 제도의 역사적 기원을 추적했다. 그러나 복지국가 성장기에는 정책 조합의 피드백 효과가 발생함에 따라서 의회-행정부 관계와 노사정 관계는 상호작용하며 역동적으로 변동했다. 이 장에서는 최대 유사 체계 디자인(차이법)에 따라 서유럽 강소·복지 4개국을 사민주의 복지국가인 스웨덴과 덴마크(제2절)와, 기민주의 복지국가인 네덜란드와 오스트리아(제3절)로 짝을 지어 나누고 의회-행정부 관계와 노사정 관계의 상호작용을 분석한다. 제4절에서는 차이법을 일치법과 교차 비교해 복지 자본주의 정치경제 레짐의 변동 요인을 확인한다.

1_ 실제로 1960~70년대에 OECD 국가의 공공 사회 지출이 급속히 상승했다. OECD 주요 7개국의 GDP 대비 공공 사회 지출의 비율이 1960년에 12.3퍼센트였으나 1975년에는 21.9퍼센트로 상승했다. 이 기간에 공공 사회 지출의 상승률은 갈수록 가파르게 GDP 성장률을 추월했다. Pierson, *Beyond the Welfare State?*, 131; 136.

2. 사민주의 복지국가: 스웨덴과 덴마크

2-1. 정책 조합의 피드백 효과와 노사정 관계의 변화[2]

스웨덴에서는 1960년대 후반부터 렌-마이드너 모델 — 연대 임금의 소득 정책, 적극적 노동시장 정책 그리고 생산 합리화 — 로 인해 상대적으로 피해를 심하게 입은 노동조합들이 집단적으로 반발했다. 1969년 12월에 발생했던 국영철광채굴광산Luossavaara-Kiirunavaara Aktiebolag, LKAB의 비공인 파업wildcat strike은 하부 노동조합들이 노동조합총연맹LO과 스웨덴사용자연합SAF이 주도하던, 소위 '살트쉐바덴의 정치'와 렌-마이드너 모델에 반기를 든 상징적 사건이었다. 파업은 1970년에 들어서 키루나Kiruna 지역과 인근 산악 지역으로 확산되어 57일간이나 지속되었다. 노사 관계가 비교적 안정적으로 유지되었던 1950~60년대와는 달리, 1970~79년에는 비공인 파업이 131건이나 발생했다. 코르피에 의하면 비공인 파업은 주로 소규모 내지는 중간 정도 규모의 기업으로서 생산 합리화 조치로 인해 작업환경이 열악해진 곳에서 발생했다. 실제로 파업에 참여한 기업의 약 60퍼센트에서는 임금이 해당 지역의 평균임금보다 낮았다.[3]

LO는 1971년 총회 이후 1970년대 전반에 걸쳐 노동조합 내부의 반발

---

[2] 이 절의 스웨덴 관련 부분은 다음 문헌의 내용을 수정·보강한 것이다. 안재흥, "스웨덴모델의 형성과 쇠퇴"; 안재흥, "정책과 정치의 동학, 그리고 제도의 변화."

[3] Johansson & Magnusson, *LO andra halvseklet*, 156-7; Anders Kjellberg, "Sweden: Restoring the Model?," Ferner & Hyman eds., Changing Industrial Relations in Europe (Oxford: Blackwell, 1998), 81; Walter Korpi, "Unofficial Strikes in Sweden," *British Journal of Industrial Relations* 19-1 (1981), 71; 79.

을 수습하기 위해 일련의 조치를 단행했다. 첫째, LO는 연대 임금제의 틀을 바꾸고자 했다. 렌-마이드너 모델의 연대 임금제는 '동일 노동에 대한 동일 임금'의 원칙을 근거로 했기 때문에 노동의 질에 따른 임금의 차별을 허용하는, 즉 시장에 의한 임금 결정에 순응하는 제도였다. 그러나 LO는 1969년 단체협약부터 저임금 보호 정책을 강화하기 위해 업종과 노동 — 숙련이냐 미숙련 노동이냐 — 의 차별을 두지 않는 임금의 균등화를 요구했다. "모든 노동에 대한 동일 임금"의 원칙을 단체 협상에 적용하자는 것이었다. 이는 고임금은 그대로 둔 채 저임금 임노동자들의 임금만을 인상하는 방식, 즉 하 상향의 임금 연대를 강화하는 결과를 낳았다. LO의 이런 전략은, 임금 격차를 상하 양방향에서 좁힘으로써 전략적 산업의 기업들로 하여금 축적된 내부 유보 자금을 투자하도록 한다는 렌-마이드너 모델의 취지를 벗어난 것이었다. 실제로 1969~70년에서 중앙 임금 협상이 와해된 1983년까지 작업장 및 산업 내에서 임금이 현격히 상향평준화되었다.[4]

LO의 임금 균등화 전략은 SAF의 반발을 초래했을 뿐만 아니라 노동조합운동의 내부 갈등을 더욱 심화시켰다. 노노 갈등은 이미 공공 부문이 팽창하면서 시작되었다. 적극적 노동시장 정책은 사양산업의 실업자들을 전략산업으로 이동시키고자 했으나 실제로는 이들 중 상당수가 공공 부문에 흡수되었다. 공공 부문 종사자가 1950~84년 기간에 342퍼센트나 증가했다. 1960년대 후반에 전문직 노조인 스웨덴교원중앙조직SACO은 화이트칼라 노조인 화이트컬러중앙조직TCO과 함께 LO의 임금 협상 체제에서 이탈해 다양한 임금 협상 카르텔을 구성했다. 그 결과, 임금 협상 체계가 분산·

4_Hibbs & Locking, "Den solidariska lönepolitiken och produktiviteten inom industrin," 40.

복합화되었다. 이런 상황에서 임금 유동의 허용은 노노 갈등을 더욱 악화시켰다. SACO가 1966년에 임금 인상을 위한 파업을 단행하자 LO는 이에 대응해 1969년에 임금 유동에서 소외된 산하 노동조합의 단체협약에 소득 보장 조항을 삽입하도록 했던 것이다.

LO의 이런 조치는 연쇄반응을 일으켰다. 사기업 화이트칼라 임금 협상 카르텔인 PTK Privattjänstermannakartellen — TCO 소속 노동조합의 임금 협상 카르텔 — 와 중앙 및 지방정부의 공공 부문 노조들도 1970년대 중반부터 주로 블루칼라 노동조합의 임금 인상을 반영하는 임금 보장 조항을 단체협약에 삽입했다. 결국 임금 협상 체계의 분산·복합화와 임금 유동을 둘러싼 노노 갈등은 연쇄적으로 작용하면서 노동조합운동 내부에 한편으로는 블루칼라 노조와 화이트칼라 노조 간에, 다른 한편으로는 사기업 노조와 공공 부문 노조 간에 갈등을 심화시켰다.[5] 특히 금속노조연맹과 같은 수출산업 중심 기업의 노동조합은 공공 부문 및 내수 부문 노동조합과 임금을 균등화하는 것에 반대했다. 결국 1983년에 LO 산하 금속노조연맹과 SAF 산하 엔지니어링사용자연합 VF은 중앙 임금 협상에서 이탈해 별도로 단체협약을 맺었다. 이는 '초계급 연합'으로 회자되고 있다.[6]

둘째, LO는 사민당과 협력해 입법으로 노사 관계를 개혁하고자 했다. 이는 LO가 1938년에 체결한 살트쉐바덴 협약을 파기한다는 것을 의미했

5_Elvander, *Den svenska modellen*, 46; James Fulcher, *Labour Movements, Employers and the State* (Oxford: Clarendon, 1991), 204-5; Anders S. Olsson, *The Swedish Wage Negotiation System* (Vermont: Dartmouth, 1992), 123.

6_Elvander, *Den svenska modellen*, 35; 45-7; 88-98; Swenson, *Fair Shares*, 143-76; Torben Iverson, "Power, Flexibility, and the Breakdown of Centralized Wage Bargaining," *Comparative Politics* 28-4 (1996), 414-5; Åmark, "Sammanhållning och intressepolitik," 72-4; Olsson, *The Swedish Wage Negotiation System*, 66-9.

다. 입법을 통한 노사 관계 규제의 배제와 SAF의 정치적 중립은 역사적 대타협을 배태시킨 주요한 정치적 교환이었다(제5장). 그러나 1968년 사민당 전당대회 직후에 사민당과 LO는 보고서를 통해 노사 관계를 법률로 규제하는 것이 "새롭고도 보충적인 길"임을 천명했다.[7] 1971년 총회 이후 LO는 본격적으로 노사 관계 관련 안들의 입법 작업에 돌입했다. 사민당은 1970년대 전반에 걸쳐 일련의 법안 — 피고용자 기업 이사회 참여법(1973년), 고용보호법(1974년), 노조대표법(1974년), 교육휴가권법(1975년), 노사공동결정법(1976년), 노동환경법(1978년) 등 — 을 국회에서 통과시켰다. 이들 법률은 렌-마이드너 모델이 낳은 부작용을 시정하는 데 초점을 맞추었다. 단위 노조의 위상을 강화하고, 직업을 안정시키며, 노동조합의 경영 참여를 보장했다. 이런 조치들은 렌-마이드너 모델을 근본적으로 흔드는 것이었다. 예컨대 렌-마이드너 모델은 연대 임금의 소득정책과 적극적 노동시장 정책의 조합을 근간으로 했기 때문에 저임금 산업에서 단기 실업의 발생을 전제했다. 그러나 직업 안정을 위한 고용보호법은 이런 전제와 상충된 것이었다.[8]

노사공동결정법(1976년)과 임노동자 기금 안은 노동 및 생산 그리고 기업지배구조에 대한 노동조합운동의 개입을 제도화하기 위한 것이었기에 자본은 민감하게 반응했다. 제5장에서 지적했듯이 살트쉐바덴 협약은

---

[7] Johansson & Magnusson, *LO andra halvseklet*, 158.

[8] Christian Nilsson, "The Swedish Model: Labour Market Institutions and Contracts," J. Jartog & J. Theeuses eds., *Labour Market Contracts and Institutions: A Cross-National Comparison* (Amsterdam: North-Holland, 1993), 237-8; Jonas Pontusson, "The Comparative Politics of Labor-Initiated Reforms: Swedish Cases of Success and Failure," *Comparative Political Studies* 25-4 (1993), 56; Åmark, "Sammanhållning och intressepolitik."

1906년 '12월의 타협' 이후 노동과 자본 간에 뜨거운 감자였던 '조항 23'의 문제를 덮어둔 채 산업 평화를 제도화했다. 즉, 노동의 고용과 해고는 사용자의 고유 권한임을 인정한 조항은 그대로 두었고 해고 조건만 일부 보강하는 데 그쳤다. 따라서 이 문제는 노사 관계에서 갈등의 불씨로 잠복해 있었다.

4개 정당, LO, TCO, SAF의 대표로 구성된 노동권익위원회Arbetsrättskommittée가 마련한 노사공동결정법안의 핵심은 다음과 같았다. 사용자는 첫째, 노동 및 고용조건에 중요한 변화를 초래하는 의사 결정을 내리기 전에 노동조합과 단체교섭을 해야 하며, 둘째, 노동조합에게 기업의 경영 실태 및 인사 정책과 관련된 정보를 지속적으로 제공해야 한다는 것이다. 그러나 노사공동결정법은 사용자에게 노동조합과 "협상할 의무"를 부과했지만 "합의를 이끌어 내야 할 의무"까지 부과한 것은 아니었다. 따라서 SAF는 거세게 반발하지 않았다.[9]

반면 임노동자 기금 안은 기업지배구조, 즉 기업의 소유권 문제를 건드렸기 때문에 사용자 측의 거센 반발에 부딪혔다. 사실, 렌-마이드너 모델은 소유의 집중, 기업지배구조의 피라미드화, 기업의 거대화와 같은 문제점을 드러냈다(제6장). LO는 임노동자 기금을 조성함으로써 기업의 초과 이윤을 억제하는 한편 소유 집중의 문제를 근본적으로 개혁하고자 했다. 임노동자 기금 안은 마이드너Rudolf Meidner가 이끄는 그룹이 1971년 LO 총

9_Pontusson, *The Limits of Social Democracy*, 161-70; Andrew Martin, "The Swedish Model: Demise or Reconfiguration?" Richard M. Locke et al. eds., *Employment Relations in a Changing World Economy* (Cambridge: MIT Press, 1995), 269-71; Bernt Schiller, *Samarbete eller konflikt* (Stockholm: Arbetsmiljöfonden, 1988), 87-90.

회의 제안을 받아 1975년에 작성한 것이다. 마이드너에 의하면 "영향과 통제"로 자본의 권한을 제한하는 데는 한계가 있기 때문에 "사회의 근본적 변혁"을 실천할 수밖에 없다는 것이다. 사민당과 사전 조율이 이루어지지 않은 상태임에도 불구하고 LO는 1976년 총회에서 마이드너 안을 채택했다. 임노동자 기금 안의 골격을 살펴보면 종업원 수가 50~100인 이상의 기업은 매년 이윤의 약 20퍼센트만큼을 신규 주식의 형태로 산별branch 노조가 관장하는 기금에 적립해야 한다. 임노동자 기금이 기업 전체 주식의 20퍼센트에 이르기까지 기금의 사용과 관련된 투표권 및 소유권은 단위 노동조합이 행사하도록 한다는 것이다.[10] 요컨대 임노동자 기금 안은 단위 노동조합 수준에서 노동조합운동을 활성화하는 한편 소수 자본가에 집중된 기업의 소유 구조와 지배 구조를 개혁하려 했던 것이다.

SAF는 임노동자 기금 안을 두고 LO와 전면전에 나섰다. 1976년부터 SAF는 정치적 중립의 원칙을 접고 임노동자 기금 반대 투쟁에 돌입했다. 1978년부터 시작된 1979년 총선 캠페인이 분기점이었다. 1978년에 SAF는 국회와 수상에 대한 로비 활동을 강화했고, 여론 형성 부서를 보강했으며 이념적 헤게모니의 장악을 위해 시장경제연구소Timbro를 설립했다. 총선 캠페인에서 SAF는 '노동조합 마피아' — LO를 지칭함 — , '민주주의의 붕괴,' '스웨덴의 무덤' 등 거친 정치적 구호를 사용했으며 임노동자 기금에 반대하는 논리를 언론 매체를 통해 집중적으로 홍보했다.[11] SAF의 정치적

10_Schiller, *Samarbete eller konflikt*, 87-90; Pontusson, "The Comparative Politics of Labor-Initiated Reforms," 554-5; 신정완, "임노동자 기금 논쟁을 통해 본 스웨덴 사민주주의의 딜레마"(서울대학교 박사 학위 논문, 1999), 제4~5장. 마이드너 인용은 Lewin, *Samhället och de organiserade intresserna*, 99.

11_Joakim Johansson, *SAF och den Svenska modellen* (Uppsala: Universitetsbiblioteket,

동원은 성공적이었다. 예컨대 1978년 여론조사에서 유권자의 58퍼센트가 기업 행위의 자유에 찬성했으나 임노동자 기금 안에 대한 찬성은 23퍼센트에 그쳤다. SAF의 정치적 동원은 대규모 시위가 발생한 1983년 10월 4일에 정점을 찍었다. 스톡홀름에서 자본가들이 조직한 미증유의 시위에 7만5천 명이나 참여했던 것이다.[12]

반면 LO는 노동계급의 동원에 실패했다. LO 내의 조직적 활동가들은 임노동자 기금 안을 열성적으로 지지했다.[13] 그러나 LO가 예상한 주변의 연대 세력은 미온적 지지 내지는 중립적 입장을 취했다. 사민당은 유보적인 입장을, 화이트칼라 노조들은 중립적인 입장을 견지했다. 노동계급 일부도 지지를 철회했다. 일리암Mikael Gilljam의 조사에 의하면 임노동자 기금 안에 대한 일반인의 반대는 1976년에 43퍼센트, 1979년에 45퍼센트, 1982년에는 61퍼센트로 상승했으나 사민당에 투표했던 유권자의 찬성 비율은 각각 18퍼센트, 15퍼센트, 29퍼센트에 머물렀다. 임노동자 기금 안에 대해 보수당 투표자들은 결집했던 반면 사민당 지지 세력은 미온적이었던 것이다.[14]

SAF의 임노동자 기금 반대 투쟁은 1980년대에 들어 살트쉐바덴의 정치와 렌-마이드너 모델을 지지해 온 제도들을 해체하는 데로 번졌다. 결정적인 계기는 1980년에 SAF가 조직한 '대규모 파업'(직장 폐쇄)이었다. 1980

2000), 66.

12_Stråth, *Mellan två fonder*, 179-203.

13_1998년 여름 본인과의 대담에서 마이드너는 특히 이 부분을 강조했다.

14_Mikael Gjlliam, *Svenska folket och löntagarfonderna* (Lund: Studentlitteratur, 1988), 31-7; 162; 191-2; Swenson, *Fair Shares*, 139; Pontusson, "The Comparative Politics of Labor-Initiated Reforms," 554-5.

년 임금 협상 과정에서 SAF는 공공 부문 노조의 파업(약 1만4천 명)과 LO 노조의 파업(약 10만 명)에 대응해 대규모 직장 폐쇄 조치(약 75만 명 대상)를 단행했다. SAF의 목표는 공공 부문의 노조 길들이기와 국제 경쟁력의 제고로 요약된다. SAF는 보수당 정부에 지방정부의 공공 지출 삭감과 사회보장비용의 축소를 요구했다. SAF의 의장 니콜린Curt Nicolin이 직장 폐쇄 조치의 성격을 "미래를 위한 투자"로 규명한 바 있듯이 SAF는 이를 통해서 스웨덴 모델에 내재된 문제점을 근본적으로 수정하고자 했다. 그러나 대규모 파업은 SAF의 실패로 막을 내렸다. 보수당 정권이 개입해 성사된 타협안조차도 SAF의 요구 ― 예컨대 공공 부문 노조의 임금 억제 ― 를 관철시키지 못했기 때문이다.

1980년 '대규모 파업'은 SAF에 소득정책에 대한 회의와 함께 직장 폐쇄가 유효한 수단이 될 수 없다는 교훈을 남겼다. 중도-우파 연립정부에서 추진된 직장 폐쇄조차 실패로 마감되자 SAF는 노선을 전환했다. 그동안 SAF는 임금 협상 체계의 분권화를 주장해 온 VF를 자제시켰다. 그러나 1982년에 SAF는 VF의 주장대로 정관을 개정해 임금 협상과 직장 폐쇄 결정시 소속 연합들의 독립성을 인정했다. 그 결과, 앞에서도 언급했듯이 1983년에 VF는 금속노조 연맹과 단독으로 단체협약을 체결함으로써 1956년부터 지켜 오던 중앙 임금 협상 체제를 와해시켰다.[15]

사민당은 1980년대에 들어서 LO와 다른 노선을 걷기 시작했다. 그 이전에는 LO와 보조를 맞추었다. 예컨대 1975년 사민당 전당대회는 "자본주의사회의 근본적 개혁을 위한 장기적 투쟁"이 "노동운동의 제3단계"임

15_Elvander, *Den svenska modellen*, 53-4; De Geer, *Arbetsgivarna*, 143; 161-2; Nils Elvander, "The Labour Market Regimes in the Nordic Countries: A Comparative Analysis," *Scandinavian Political Studies* 25-2 (2002), 128.

을 선언했다. 그러나 사민당은 1981년 전당대회에서 노선을 선회해 공공 부문의 축소 및 산업 투자의 확충을 주장하는 한편 공공 사회 지출의 증가를 유발하는 수요 촉진 정책을 비판하고 나섰다.[16] 사민당의 노선 변화는 무엇보다도 두 차례 오일쇼크의 영향으로 1970년대 후반에 인플레이션, 재정 적자, 정부 부채, 국제수지, 실업률 등 경제지표가 급속히 악화되었기 때문이다.[17] 사민당은 임노동자 기금 법안에서도 기금의 규모를 축소했고 기업지배구조 관련 부분도 완화시켰다. 사민당의 지도자 팔메Olof Palme, 펠트Kjell-Olof Feldt 등은 임노동자 기금에 대해 수세적이며 유연한 입장을 취하기 시작했던 것이다.[18] 1981년 사민당 전당대회는 펠트 그룹이 수정을 가한 임노동자 기금 법안을 당론으로 채택했다. 이 법안에 의하면 기업 이윤의 20퍼센트에 해당하는 금액만큼 신규 발행 주식을 매입하도록 하는 원안 대신에 기업의 급여 세율을 1퍼센트 인상해 AP펀드에 예치하고 이 기금으로 주식시장에서 이미 발행된 주식을 매입하도록 했다. 1983년에 국회에서 법안이 통과되었을 때 급여세의 인상률은 0.02퍼센트로 대폭 하향 조정되었다.[19]

    1982년에 사민당 정부는 재집권에 성공하자 '살트쉐바덴의 정치'와 신자유주의의 결합을 지향하는 '제3의 길'의 노선을 채택했다. 사민당 정부

16_Stråth, *Mellan två fonder*, 243-5; Svante Pedersson, *LO-Facken och socialdeokratin: Ska samverkan fördjupas eller avvecklas* (Jönköping: Småland, 1991), 40.

17_Jonung, "The Rise and Fall of Credit Controls," 362-4.

18_Stråth, *Mellan två fonder*, 179-80.

19_J. Magnus Rynen, *Capitalist Restructuring: Globalisation and the Third Way: Lessons from the Swedish Model* (London: Routledge, 2002), 143; Johansson & Magnusson, *LO andra halvseklet*, 209.

는 금융의 탈규제와 임금 억제와 완전고용을 연계하는 정책 조합을 구축해 물가 안정과 완전고용을 동시에 성취하고자 했다.[20] 중앙 임금 협상제를 이용해 임금 인상을 억제함으로써 국내 수요를 축소시키는 대신 수출 증대로 해외 수요를 창출해 완전고용을 달성한다는 것이었다. 수출 증대를 위해 16퍼센트에 달하는 평가절하를 단행했다. 환율의 평가절하는 기업으로 하여금 이윤을 증진시켜 투자 자금을 자율적으로 조달하도록 한 조치였다.[21] 사민당 정부는 더 나아가 1985년을 전후해 금융시장에 대한 규제를 전면 철폐해 '규범에 기초한' 통화주의 금융정책의 틀을 잡았다. 1985년까지는 신용의 배분 및 물가에 대한 규제를 철폐했고 그 이후에는 금융시장의 개방에 주력했다.[22]

덴마크의 임금 협상 제도는 '선先산업별-후後중앙 임금 협상'제다. 1970년대 초까지 임금 협상은 LO와 DA 사이의 타협으로 마무리되었기 때문에 의회가 개입하지 않았다. 임금 협상의 중심은 중앙 임금 협상이었다. 임금과 물가를 연동했고 단체 협상에서 임금 유동을 허용했다. 이런 방식의 중

20_Stråth, *Mellan två fonder*, 244; Ryner, *Capitalist Restructuring*, 148.

21_Ryner, *Capitalist Restructuring, Globalisation and the Third Way*, 148-54; Torsten Svensson, *Marknadsanpassningens politik: Den svenska modellens förändring 1980-2000* (Uppsala: Statvetenskapliga föreningen, 2001), 50-8; Claes Belfrage & Magnus Ryner, "Renegotiating the Swedish Social Democratic Settlement: From Pension Fund Socialism to Neoliberalism," *Politics & Society* 37-2 (2009), 268.

22_Svensson, *Marknadsanpassningens politik*, 50-8; Joakim Reiter, "Changing the Microfoundations of Corportism: The Impact of Financial Globalization on Swedish Corporate Ownership," *New Political Economy* 8-1 (2003), 110; Jonung, "The Rise and Fall of Credit Controls," 360-3; Mats Larsson, *Staten och kapitalet: Det svenska finansiella systemet under 1900-talet* (Stockholm: SNS, 1998), 207; 안재흥, "정책과 정치의 동학, 그리고 제도의 변화."

표 7-1 | 덴마크의 임금 협상의 시기별 특징(1961~91년)

연도	중앙화 정도	주요 행위자	연도	중앙화 정도	주요 행위자
1961	개입	의회	1977	개입	의회
1963	개입	의회	1979	개입	의회
1965	중앙화	LO와 DA	1981	분권화	섬유산업
1967	중앙화	LO와 DA	1983	중앙화	LO와 DA
1969	중앙화	LO와 DA	1985	개입	의회
1971	중앙화	LO와 DA	1987	분권화	CO Metal & JA
1973	중앙화	LO(5주 파업 후)	1989	분권화	HK & BKA
1975	개입	의회	1991	분권화	공공 부문

주 1: 주요 행위자는 단체 협상에서 주도적인 역할을 한 행위자를 의미함.
주 2: BKA(상업 및 사무직 사용자연합), CO Meta(금속노동조합연맹), HK(상업 및 사무직 노동조합), JA(산업사용자연합).
출처: Scheuer, "Denmark: Return to Decentralization," 190, Table 5-12를 축소한 것임.

앙 임금 협상은 임금의 연대에는 기여했으나 임금의 연쇄적 상승을 부추겼다. 물가연동제는 매 6개월마다 생계비지수의 변화에 따라 일괄적으로 일정 액수만큼 임금을 인상하는 제도다. 이 제도는 남녀 간, 그리고 숙련공과 비숙련공 간의 임금격차를 줄이는 데 기여했다. 그러나 숙련공 노동조합은 임금 유동 제도를 이용해 임금을 추가적으로 인상했다. 결국 임금이 전반적으로 가파르게 상승했다. 1960년대 초반에는 의회가 개입해 임금 인상을 억제시켰다. 그러나 그 이후 LO와 DA 간의 중앙 임금 협상은 임금의 연쇄적 상승에 빌미를 제공했던 것이다(〈표 7-1〉).[23]

1973년 임금 협상 라운드부터 LO와 DA는 물가연동제와 임금 유동으로 인한 생산 비용의 상승을 두고 정면으로 부딪혔다. DA는 사민당 정부에 노동 비용의 상승에 대한 대안을 요구했으나 거절당했다. DA는 사민당 정부와 독립해 임금 협상에 임하도록 LO를 압박했다. LO는 이에 반발해

23_Flanagan et al., *Unionism, Economic Stabilization, and Income Policies*, 468-9.

파업을 일으켰으며 노동자 26만 명이 5주에 걸쳐 파업에 참여했다. 결국 DA는 상호 협의 없이 정부에 '정치적인 선수'를 치지 않는다는 선에서 LO와 타협했다. 그러나 DA는 물가연동제와 임금 유동의 문제를 해결하지는 못했다.[24] 사실, DA가 코포라티즘에 회의를 던지며 강수를 둔 것은 경제 민주화 이슈 때문이었다. 1973년에 LO는 사민당과 협력해 '임노동자를 위한 이윤 및 투자 기금 법안'(약칭 임노동자 기금 법안)을 의회에 제출했다.[25] '정치적 선수'는 곧 경제 민주화 이슈를 의미했다. DA는 이 이슈를 통제하기 위해 생산 비용의 상승 문제는 접었던 것이다.

    1973년 이후 매 2년마다 체결되는 중앙 임금 협상은 1979년까지 LO와 DA의 타협이 아니라 의회의 개입으로 마무리되었다(〈표 7-1〉 참조). 1973~79년 기간에 오일쇼크의 영향으로 고물가·고실업이 맞물린 스태그플레이션이 만연했다. 자유당 정부건 사민당 정부건 내용에서는 약간의 차이가 있었으나 정부는 물가 안정에 매진했으며 임금의 동결(자유당) 또는 억제(사민당)를 중앙 임금 협상에 요구했다. 자유당 정부 집권 시에는 LO가 반대했으며 사민당 정부 집권 시에는 DA가 반대했다. DA는 임금 유동과 물가연동제로 인해 발생하는 생산 비용의 상승을 문제 삼았다. 1970년대 전반에 걸쳐 산업별 노동조합은 정치권의 개입을 허용하는 중앙 임금 협상을 반대했다. 그 결과, 비공인 파업이 자주 발생했다. 예컨대

24_Ibid., 469-72; Due et al., *The Survival of the Danish Model*, 185.
25_스웨덴 임노동자 기금 법안의 덴마크 판이라고 할 수 있다. 이 안에 의하면 사용자는 첫해에는 총임금의 1퍼센트에서 시작해 9년째는 5퍼센트를 기금에 적립해야 한다. 이럴 경우 14년이 경과하면 기금이 GNP에서 12.5퍼센트에 해당할 만큼 축적된다. 5년에서 7년 후부터 임노동자들이 기금의 배당 수익과 이자를 받게 한다는 것이다. Flanagan et al., *Unionism, Economic Stabilization, and Income Policies*, 488-92.

1975년에 LO와 사민당 정부는 임금 유동을 방지하고자 '산업별 임금 협상보다는 중앙 임금 협상에 의해 임금이 결정되어야 한다'는 선언을 채택했다. 산업별 노동조합연맹들은 이에 반발했으며 1976년에는 단체협약이 유효한 기간임에도 파업을 일으켰다. 그럼에도 LO가 사민당의 임금 및 물가 억제 정책에 대체로 협조적이었던 것은 임노동자 기금 안의 입법을 위해서였다. 1978년에 사민당이 자유당과 최초로 연립정부를 구성하자 LO는 기대를 잠시 접었다. 사민당이 1979년에 다시 소수 정부를 구성하자 LO는 사민당과 협력해 임노동자 기금 법안을 표결에 부쳤다. 그러나 전통적으로 사민당에 우호적이었던 사회자유당의 반대로 인해 법안은 국회의 벽을 넘지 못했다. 그 해 중앙 임금 협상도 LO와 DA의 협상이 결렬되었기 때문에 의회의 개입으로 마무리되었다.[26]

1979년 임금 협상 라운드 이후 임금 협상의 중심축이 중앙 임금 협상에서 산업별 임금 협상으로 이동했다. 중앙·집중화와 분권화 사이에서 균형추가 후자로 쏠린 것이다. 첫째, DA가 임금 협상의 분권화를 주장했다. 이는 DA가 1934년 이후 견지했던 전략을 포기했음을 의미했다. DA는 1979년 임금 협상 라운드를 기점으로 하여 물가연동제, 임금 유동, '정치에 의해 지배당하는' 중앙 임금 협상 등 일련의 제도하에서 임금 상승을 억제하는 데는 한계가 있다는 결론에 도달했던 것이다. 둘째, 집권 정당의 변화다. 1982년부터 1990년대 초까지 보수당과 자유당이 연립정부를 구성

26_Ibid., 469-78 Due et al., *The Survival of the Danish Model*, 189-90; Torgeir Aarvaag Stokke & Christer Thörnqvist, "Strikes and Collective Bargaining in the Nordic Countries," *European Journal of Industrial Relations* 7-3 (2001), 253-4; Mette Anthonsen & Johannes Lindvall & Ulrich Schmidt-Hansen, "Social Democrats, Unions and Corporatism: Denmark and Sweden Compared," *Party Politics* 17-1 (2011), 127.

했다(〈부록 표 1-2〉 참조). 1982년에 보수당-자유당 연립정부는 물가연동제를 폐지했다. 물가 연동과 임금 유동의 상호작용에 의해 연쇄적으로 임금이 상승되는 구조에서 한 축이 무너진 셈이다. 임금을 자동으로 인상하는 장치가 제거되자 오히려 해당 산업 수준에서 진행되는 임금 협상의 중요성이 부각되었다. LO도 일정 부분 임금 협상의 분권화를 용인했다. 산하 노동조합연맹들이 정치화된 중앙 임금 협상에 반발했기 때문이다. 더구나 임금 동결을 강요하고 물가연동제를 폐기한 보수당-자유당 연립정부하에서 LO는 코포라티즘에 의미를 부여하고 싶지 않았을 것이다. 일반 노동자연맹Specialarbejderforbundet i Danmark, SiD이 노동쟁의로 보수당-자유당 연립정부를 압박해 사임시키고자 했던 1985년 임금 협상 라운드를 제외하면 1980년대 임금 협상은 산업별 임금 협상의 내용이 거의 그대로 중앙 임금 협상에 반영되었다.[27]

    덴마크의 사민당은 일관된 정책으로 두 차례의 오일쇼크와 스태그플레이션에 대응하지 못했다. 사민당은 집권 전반부(1974~76년)에 케인지언주의 정책 ― 직접세 및 부가가치세의 인하를 통한 확장적 재정 정책 ― 으로 제1차 오일쇼크에 대처했으나 임금 억제에 실패했다. 그 결과, 스태그플레이션이 만연했다. 그러나 후반부(1976~79년)에는 임금 억제의 소득정책과 함께 소위, '수요 비틀기' ― 증세를 통한 사적 소비의 축소와 공적 소비의 확장 ― 의 정책을 구사했다. 이 정책 조합 역시 임금을 억제하는 데 실패했다.[28]

27_Due et al., *The Survival of the Danish Model*, 189-95; Scheuer, "Denmark: Return to Decentralization," 188-9; Elvander, "The Labour Market Regimes in the Nordic Countries," 123.

28_Peter Nannestad & Christoffer Green-Pedersen, "Keeping the Bumblebee Flying:

사민당과 LO는 경제 위기에 대처하는 과정에서 가깝지만 먼, 소원한 관계에 접어들었다. 소득정책은 LO에게 부담스러운 정책이었다. 노동조합운동의 의사 결정 구조가 분권화되어 있었기 때문이다. 사실, 1934년에 임금 협상을 제도화할 때 노사정은 정치권 — 공공중재위원회와 의회 — 의 개입이라는 장치를 마련해 두는 한편 '선先산업별-후後중앙 임금 협상'이라는 묘수를 짜냈던 것이다(제5~6장). 1973년 제1차 오일쇼크 이후 실업이 급등하는 상황에서 LO는 사민당 정부와 협력해 임금 억제를 시도했다. 그러나 산업별·직능별 노동조합의 반발을 무릅쓰면서까지 물가연동제와 임금 유동 제도를 폐기할 수는 없었다. 이미 이들 노동조합은 정치화된 중앙 임금 협상 제도에 강하게 반발해 왔던 터다. 이런 현실에서 LO는 임노동자 기금 안을 인센티브로 제시함으로써 산업별 노동조합운동이 임금 억제에 참여하도록 유인하는 한편 기금을 이용한 투자 증대로 일자리를 창출하고자 했다. 그러나 1979년에 다시 집권한 사민당은 중위 정당의 위치를 점유하고 있는 사회자유당을 상대로 임노동자 기금 안을 설득하는 데 실패했다. 더구나 당시 여론도 경제 민주화에 등을 돌린 상태였다. 사민당은 정치를 위해 경제 민주화 이슈를 외면했고 이후 LO와 사민당 사이에는 가깝고 먼 관계가 형성되었던 것이다.[29] LO는 결국 1987년에 보수당-자

Economic Policy in the Welfare State of Denmark, 1973-99," Erik Albæk et al. eds., *Crisis, Miracles, and Beyond: Negotiated Adaptation of the Danish Welfare State* (Aarhus, Denmark: Aarhus University Press, 2008), 35-44.

29_Anthonsen et al., "Social Democrats, Unions and Corporatism," 126-8; Erik Damgaard, "Crisis Politics in Denmark 1974-1987," Peter Gerlich Damgaard & Jeremy Richardson eds., *The Politics of Economic Crisis: Lessons from Western Europe* (Avebury: Aldershot, 1989), 75; Nannestad & Green-Pedersen, "Keeping the Bumblebee Flying," 41-4.

유당 연립정부임에도 DA와 협력해 노동 비용이 경쟁 국가의 노동 비용을 추월하지 않아야 한다는 원칙하에 2년이 아닌 4년을 유효 기간으로 하는 단체 협상을 체결하기에 이른다.[30]

요약하면, 1960년대 후반부터 1970년대 전반에 걸친 복지국가 성장기에 스웨덴과 덴마크의 노사정 관계는 변동했다. 두 나라는 유사성과 함께 차이를 보였다. 스웨덴과 덴마크에서 LO 산하 노동조합들은 중앙 임금 협상에 반발했다. 두 나라의 LO는 경제 민주화라는 대안으로 산하 노동조합 운동의 반발을 무마시키고자 했으나 실패했다. 이 과정에서 LO와 사민당의 관계가 소원해졌다. 그러나 스웨덴과 덴마크의 노사정 관계의 변화에서 차이점도 두드러졌다. 스웨덴의 LO는 연대 임금제를 강화해 노동계급의 단결을 도모했으며 중앙·집중화된 자율적 노사 관계를 접고 입법을 통해 노사 관계를 변혁시키고자 했다. 경제 민주화의 이슈는 분배를 넘어 소유권의 공유라는 강경 노선으로 치달았다. 이에 반발해 SAF는 렌-마이드너 모델을 이탈하기 위한 수순을 밟기 시작했으며 이는 일차적으로 중앙 임금 협상의 와해로 드러났다. 반면 덴마크에서는 정치권 개입으로 중앙 임금 협상이 지속되었다. 덴마크 LO는 스웨덴처럼 극단적인 대안을 선택하지 않았다. 물가연동제와 임금 연대를 지지했으나 단체 협상에서 이를 강제하지는 않았다. 경제 민주화 이슈도 분배의 차원에서 접근했지 소유권의 공유로 진전되지는 않았다. 경제 민주화의 입법에 실패한 이후에도 LO는 DA와 대립으로 일관하지 않았다.

30_자세한 내용은 이 책의 제8장 3절(348쪽)을 참조할 것.

2-2. 의회-행정부 관계의 변화

1970년대 중반부터 스웨덴과 덴마크의 정당 체제는 온건 다당제에서 더욱 다당화되었다.[31] 스웨덴의 정당 체제가 다당화된 계기는 1969년의 선거제도 개혁이다. 1969년에 사민당은 자유당의 요구를 받아들여 첫째, 비례대표 선거제의 비례성을 '극단적으로' 높인 '수정 상뜨-라기Sainte-Laguë' 방식을 채택하기로 했으며, 둘째, 의회제를 양원제에서 단원제로 전환하기로 했다.[32] 그동안 거대 정당으로 군림해 온 사민당은 선거법 개정으로 인해 득표율이 1970년 선거부터 감소하더니 1976년 선거에서는 드디어 집권 44년 만에 중도-우파 연합에 패배했다. 1970~98년 사이에 사민당의 득표율이 약 5퍼센트 하락한 반면 군소 정당의 득표율은 증가했다.[33] 5개 정당으로 구성된 정당 체제는 1988년부터 녹색당mp과 기민당CD의 출현으로 7개 정당 체제로 파편화되었다(〈부록 표 2-1〉).

31_ 스웨덴 — 1988년 이후 — 과 덴마크 — 1973년 이후 — 의 정당 체제가 다당화된 것은 사실이지만 과거 5개 주요 정당들이 여전히 그대로 남아 있으며 이념적 균열 또한 극단적으로 심화된 것이 아니기 때문에 '극단적 다당제'라는 용어를 사용하지 않는다. Jan Sundberg, "The Scaninavian Party Model at the Crossroads," Paul Webb et al. eds., *Political Parties in Advanced Industrial Democracies* (Oxford: Oxford University Press, 2002) 참조.

32_ Ellen M. Immergut & Sven Jochem, "The Political Frame for Negotiated Capitalism: Electoral Reform and the Politics of Crisis in Japan and Sweden," *Governance* 19-1 (2006). 개정된 선거법은 1970년 선거에 적용되었다. 단원제 의회제는 1971년 1월부터 실행되었다. 선거법과 의회제는 1975년 1월 1일부터 발효된 신헌법에 반영되었다. Torbjörn Bergman, "Sweden: Democratic Reforms and Partisan Decline in an Emerging Separation-of-Power System," *Scandinavian Political Studies* 27-2 (2004), 205; Hadenius & Molin & Wieslander, *Sverige efter 1900*, 256.

33_ Bergman & Bolin, "Swedish Democracy," 252-3.

표 7-2 | 스웨덴의 내각(1969~91년)

내각 참여 정당	내각 출범 일시	내각 의석 비율	유효 의회 정당 수	중위 의회 정당	내각의 유형
SAP	1969/10/14	53.6	2.8	SD	다수
SAP	1970/09/20	46.6	3.3	SD	소수
SAP	1973/09/16	44.6	3.4	SD, Ce	소수
Ce, Lib, Con	1976/10/07	51.6	3.5	Ce	연립 다수
Lib	1978/10/13	11.2	3.5	Ce	소수
Ce, Lib, Con	1979/10/11	50.1	3.5	Ce	연립 다수
Ce, Lib	1981/05/19	29.2	3.5	Ce	연립 소수
SAP	1982/10/07	47.6	3.1	SD	소수
SAP	1985/09/15	45.6	3.4	SD	소수
SAP	1986/03/12	45.6	3.4	SD	소수
SAP	1988/09/18	44.7	3.7	SD	소수
Con, Ce, CD, Lib	1991/10/03	48.7	4.2	Ce	연립 소수

주: CD(기독교민주당), Ce(중앙당), Con(보수당), Lib(자유당), SAP(사민당).
출처: Bergman & Bolin, "Swedish Democracy," 76-7, Table 3-3.

덴마크에서 온건 다당제가 더욱 다당화된 것은 제1차 오일쇼크로 암울했던 1973년 겨울에 치른 총선이 결정적 계기였다. 신생 정당들이 과도한 조세를 정치 이슈화하는 데 성공한 이 선거에서 기존의 5대 정당은 대패했다. 의석수에서 있어 사민당은 34퍼센트, 사회자유당은 35퍼센트, 자유당은 27퍼센트, 보수당은 48퍼센트, 사회주의인민당SPP은 35퍼센트 감소했다. 반면 처음으로 등장한 극우 성향의 진보당PP과 중앙민주당CD은 각각 15.9퍼센트와 7.8퍼센트를 득표했다. 의회 참여 정당의 수도 열개로 증가했다. 1973년 선거 이후에는 정당 체제의 파편화가 다소 약화되어 의회 참여 정당 수가 대략 여덟 개 내외를 유지했다(〈부록 표 2-2〉).[34]

34_Mogens N. Pedersen, "The Defeat of All Parties: The Danish Folketing Election 1973," Kay Lawson & Peter H. Merkl eds., *When Parties Fail* (Princeton: Princeton University Press, 1988), 258; Damgaard, "Change and Challenges of Danish Parliamentary Democracy," 69-70. 1971~2011년 정당의 의석 분포는 http://www.electionresources.

스웨덴과 덴마크에서 정부는 정당 체제의 다당화로 인해 입법 과정을 효율적으로 통제할 수 없게 되었다. 스웨덴에서는 선거법 개정과 의회제 개혁 — 양원제에서 단원제로 전환 — 이 시발점이었다. 사민당은 1970년 총선 이후 의회 의석수의 감소로 인해 소수 정부를 구성해야 했다. 더구나 1973년 총선부터 1982년 총선까지 중위 정당의 위치를 점유하지 못했다. 1976년 총선에서는 집권 44년 만에 처음으로 패배해 정권을 중도-우파 연합에 내주어야 했다(〈표 7-2〉). 1970년에서 1976년까지 사민당이 이끄는 좌파 블록 — 내각에 참여하지 않은 정당 포함 — 과 중도-우파 블록은 의석수를 정확히 50퍼센트씩 점유했다. 사민당은 내각에 참여하지 않았던 공산당v의 무언의 지지하에 입법 과정을 가까스로 통제할 수 있었다. 당시 사민당의 당수는 자유당Lib 및 중앙당Ce 지도부와 대화를 시도했으나 이념적 갈등의 골만 깊게 패였다. 이념적 대립의 와중에서 사민당은 1970년대 후반까지 오히려 더 좌경화해 임노동자 기금으로 표상되는 경제 민주화를 주요 정치 이슈로 삼았다. 야당과의 갈등을 '새로운 단계'로 진입시키자 했던 것이다. 결과적으로 1970년대에 전반에 걸쳐 사민당이 이끄는 좌파 블록과 중도-우파 블록은 첨예하게 대립했다.[35]

이런 상황에서 단원제 의회제의 개혁은 입법 과정에 대한 정부의 통제를 약화시키는 또 다른 요인으로 작용했다. 상원 의원의 8분의 1이 매년 주 의회 의원의 간접선거로 선출되었는데, 이는 하원의 다수당인 사민당에게 매우 유리한 선거 방식이었다.[36] 입법 과정에서 상원은 '부정적 거부점'

---

org/dk/

35_Immergut & Jochem, "The Political Frame for Negotiated Capitalism," 119; Nils Stjernquist, "Konflikt och konsensus i Sverige under skilda konstitutionella villkor," Björn von Sydow et al., *Politikens väsen* (Stockholm: Tiden, 1993).

negative veto point이었다. 하원이 사민당의 법안을 거부하면 상원은 하원의 결정을 거부할 수 있었기 때문이다. 사민당은 선거제에서 비례대표성의 심화로 의회에서 다수를 동원하기 어렵게 된 상황에서 입법 과정에서 버팀목 역할을 했던 상원이 폐지됨에 따라 의회를 효율적으로 통제하기가 더욱 어렵게 되었던 것이다.[37]

사민당은 1982년에 재집권한 이후에도 소수 정부를 구성했다. 야당의 힘이 강해져서 법안을 의회에 제출하기 전에 야당의 동의를 사전에 구해야 했다. 이 과정에서 법안의 내용을 수정하는 사례가 여러 차례 있었다.[38] 더구나 공산당 — 후일 '좌파당'Vänsterpartiet으로 당명을 바꿈, 여기서는 '좌파공산당'으로 지칭함 — 이 입법 과정에서 조건을 달기 시작했다. 1988년 총선 이후 녹색당이 의회에 진출하면서 좌파 블록 내에서 좌파공산당과 녹색당 간의 경쟁이 심화되었기 때문이다. 좌파공산당은 사민당의 단순한 우군 정당이 아니었다. 오히려 좌파 블록 내에서 중심축으로서 활동하고자 했다. 예컨대 좌파공산당은 1990년에 노동조합운동의 쟁의 지속 권한

36_이에 대한 자세한 논의는 Immergut & Jochem, "The Political Frame for Negotiated Capitalism" 참조.

37_Ibid., 104-5; Olof Ruin, "Sweden: From Stability to Instability," Jean Blondel & Maurizio Cotta eds., *Party and Government: An Inquiry into the Relationship between Governments and Supporting Parties in Liberal Democracies* (Basingstoke: Macmillan, 1996), 62-4; Torbjörn Bergman, "Sweden: When Minority Cabinets Are the Rule and Majority Coalitions the Exception," Wofgang Müller & Kaare Strøm eds., *Coalition Governments in Western Europe* (Oxford: Oxford University Press, 2000), 199-201.

38_Erik Damgaard, "The Strong Parliaments of Scandinavia: Continuity and Change of Scandinavian Parliaments," Gary W. Copeland & Samuel C. Patterson eds., *Parliaments in the Modern World* (Ann Arbor: University of Michigan Press, 1994).

표 7-3 | 덴마크의 내각(1968~93년)

내각 참여 정당	내각 출범 일시	내각 의석 비율	효율적 의회 정당 수	중위 의회 정당	내각의 유형
RL, Con, Lib	1968/02/22	54.8	4.3	RL	연립 다수
SD	1971/10/11	39.7	4.0	RL	소수
SD	1972/10/05	39.7	4.0	RL	소수
Lib	1973/12/19	12.3	7.0	RL	소수
SD	1975/02/13	30.2	5.5	RL	소수
SD	1977/02/15	36.9	5.2	CD	소수
SD, Lib	1978/08/30	49.2	5.2	CD	연립 소수
SD	1979/10/26	38.6	4.9	CD	소수
SD	1981/12/30	33.5	5.6	CD	소수
Con, Lib, CD, CPP	1982/09/10	36.9	5.6	CD	연립 소수
Con, Lib, CD, CPP	1984/01/10	43.6	5.1	CD	연립 소수
Con, Lib, CD, CPP	1987/09/10	39.1	5.3	CD	연립 소수
Con, Lib, RL	1988/06/03	38.0	5.4	RL	연립 소수
Con, Lib	1990/12/18	33.5	4.4	CD	연립 소수
SD, RL, CD, CPP	1993/01/25	50.8	4.4	CD	연립 다수

주: CD(중앙민주당), Con(보수당), CPP(기독교인민당), Lib(덴마크자유당), RL(사회자유당), SD(사민당).
출처: Damgaard, "Change and Challenges of Danish Parliamentary Democracy," 73, Table 3-3.

을 제한하자는 사민당의 법안에 반대해 야당이 부친 불신임안 투표에서 찬성표를 던졌다.[39] 그러나 이런 특별한 경우를 제외하고 전반적으로 보면 사민당 정부(1982~91년)는 입법 과정에서 어쨌건 좌파 공산당의 지원을 받았으며 정책에 따라서는 여타 군소 정당의 지지를 이끌어 냈다.[40]

스웨덴에서 1976~82년에 중도-우파 연합이 정부를 장악했던 반면 덴마크에서는 1973년 총선 이후부터 1982년 총선까지 사민당이 소수 정부

---

[39] Larsson, "Sweden," 230; Immergut & Jochem, "The Political Frame for Negotiated Capitalism," 120.

[40] Flemming J. Christiansen & Erik Damgaard, "Parliamentary Opposition under Minority Parliamentarism: Scandinavia," *The Journal of Legislative Studies* 14-1/2 (2008), 56; Ruin, "Sweden," 62-4; Damgaard, "The Strong Parliaments of Scandinavia," 93-4; Bergman & Bolin, "Swedish Democracy," 266.

또는 연립 소수 정부를 구성했다. 예외는 1973년에 들어선 자유당 소수 정부였다. 1973년 이전과 비교하면 사민당 소수 정부는 의회 의석의 비중이 현저히 줄어들었다(〈표 7-3〉, 〈부록 표 1-2〉 참조). 사민당은 경제 위기에 대처하기 위해서 우파 블록의 정당들과 '초 블록' 협력의 필요성을 절감했으나 실천에 옮기지는 못했다. 앞 절에서 다루었듯이 소득정책에서 우파 정당들이 요구하는 물가연동제의 폐지를 받아들일 수 없었기 때문이다.[41] 사민당은 1978년에 우파 정당인 자유당과 최초로 좌우 연립정부를 구성했으나 좌우 연립정부는 오래 버티지 못했다.

사민당은 거대 야당과의 대립에도 불구하고 일련의 위기 정책 관련 법안을 의회에서 통과시킬 수 있었다. 이는 우파 블록 소속 정당들이 분열되어 있었기 때문에 가능했다. 특히 우파 블록의 정당들은 진보당을 협력의 파트너로 인정하지 않았다. 1973년 선거에서 처음 등장한 극우 성향의 진보당은 기존의 권위를 부정하고 극단적인 탈조세정책을 주장했기 때문에 우파 블록 정당들조차 진보당을 정치 연합에서 배제했던 것이다.[42] 그 결과, 사민당은 정당 체제가 파편화되었음에도 1980년대 초까지 집권 기간 ― 1979~82년(1.6퍼센트) 제외 ― 에 법안 실패율이 1퍼센트 미만에 그쳤다(〈표 7-4〉).[43] 다시 말하면 1973년 이후 사민당은 비록 의석수가 줄었으나 입법 과정에서 자유사회당뿐만 아니라 분열된 우파 블록의 일부 정당

41_ Christoffer Green-Pedersen, "Minority Governments and Party Politics: The Political and Institutional Background to the "Danish Miracle"," *Journal of Public Policy* 21-1 (2001), 58.

42_ Green-Pedersen, "Minority Governments and Party Politics," 57-8; Christiansen & Lise Tobeby, "Power and Democracy in Denmark," 7-9; Green-Pedersen, "Small States, Big Success," 425.

43_ Damgaard, "Change and Challenges of Danish Parliamentary Democracy," 84.

표 7-4 | 덴마크 내각의 입법 최종 투표 실패율(1971~2004년)

집권 기간	내각 참여 정당	내각의 유형	실패율(%)	법안 수
1971~73년	사민당	소수	0.2	425
1973~75년	자유당	소수	3.2	155
1975~78년	사민당	소수	0.5	965
1978~79년	사민당, 자유당	연립 소수	0.5	198
1979~82년	사민당	소수	1.6	641
1982~88년	보수당, 자유당, 기독교인민당, 중앙당	연립 소수	8.0	1,356
1988~90년	보수당, 자유당, 사회자유당	연립 소수	4.2	574
1990~93년	보수당, 자유당	연립 소수	6.5	635
1993~94년	사민당, 사회자유당, 중앙당, 기독인민당	연립 다수	0.2	560
1994~96년	사민당, 사회자유당, 중앙당	연립 소수	0.5	666
1996~2001년	사민당, 사회자유당	연립 소수	0.7	1,625
2001~04년	자유당, 보수당	연립 소수	0.8	953
1971~04년			2.5	8,751

출처: Damgaard, "Change and Challenges of Danish Parliamentary Democracy," 84, Table 3-4b. 내각 유형은 〈부록 표 1-2〉 참조.

으로부터 지지를 이끌어 냈기 때문에 법안의 실패율이 낮았던 것이다.[44]

그러나 1982년 이후 들어선 중도-우파 연립정부 때에는 입법 과정에 대한 정부의 통제가 현저히 약화되었다. 정부의 법안 실패율이 1982~88년에 8.0퍼센트, 1988~90년에 4.2퍼센트, 1990~93년에 6.5퍼센트로 급등했다(〈표 7-4〉 참조).[45] 몇 가지 요인이 복합적으로 작용했다. 첫째, 사회자유당의 역할이다. 자유사회당은 제2차 세계대전 이후 꾸준히 중위 정당의 위치를 점유했다. 입법 과정에서 사회자유당은 사민당과 연대했다. 그러나 중도-우파 연립정부하에서는 좀 더 자유롭게 표를 던졌다. 담가르드Erik Damgaard에 의하면 중도-우파 연립정부 집권기에 자유사회당이 실질적으

44_Damgaard & Jensen, "Assessing Strength and Weakness in Legislatures," 430.

45_Damgaard, "Change and Challenges of Danish Parliamentary Democracy," 84, Table 3-4b.

로 의회-행정부 관계를 지배했다.[46] 둘째, 야당이 된 사민당은 중도-우파 연립정부의 주요 법안 대부분을 반대했다. 중도-우파 연립정부는 경제 위기의 극복을 위해 내핍 정책을 실행하고자 했으나, 사민당이 이런 시도에 제동을 걸었던 것이다. 1987년에 중도-우파 연립정부와 사민당 간에 초블록 연합이 성사된 적이 있다. 이는 중도-우파 연립정부가 내핍 정책을 완화해 사회복지를 보강하는 데 합의했기 때문이다.[47] 이 기간에는 법안 실패율도 상대적으로 낮았다(〈표 7-4〉 참조). 마지막으로 중도-우파 연립정부는 우파 블록 정당들의 연합을 이끌어 내는 데 실패했다. 이는 위에서 언급했듯이 중도-우파 연립정부에 참여한 정당들이 극우파 정당인 진보당을 우군으로 인정하지 않았기 때문이다. 이런 상황에서 중도-우파 연립정부의 유일한 대안은 사민당과 초 블록의 연합을 성사시키는 것이었다. 그러나 사민당은 1987년처럼 중도-우파 연립정부가 정책 노선을 대폭 양보할 때를 제외하고는 타협에 참여할 인센티브가 없었기 때문에 반대로 일관했다.[48]

요약하면, 1970년대 이전까지 스웨덴과 덴마크의 의회-행정부 관계에서는 사민당 정부가 지배하는 다수제 모델의 특성이 합의 정치와 적절히 균형을 이루었다(제5장). 그러나 1970 중반 이후 1980년대에는 이런 균

46_Damgaard, "The Strong Parliaments of Scandinavia," 93; Erik Damgaard and Palle Svensson, "Who Governs? Parties and Policies in Denmark," *European Journal of Political Research* 17-6 (1989), 738-9.

47_Christoffer Green-Pedersen, *The Politics of Justification: Party Competition and Welfare-State Retrenchment in Denmark and the Netherlands from 1982 to 1998* (Amsterdam: Amsterdam University Press, 2002), 113-23; Green-Pedersen, "Minority Governments and Party Politics," 59-60.

48_Green-Pedersen, "Minority Governments and Party Politics," 60.

형이 와해되었다. 정당 체제는 여전히 '대안적 체제'를 유지했으나 정당 간에 이념 갈등이 심화되어 입법 과정에 대한 정부의 통제가 약화되었다. 사민당의 득표율이 감소했으며 정당 체제가 다당화되었기 때문이다. 두 나라의 의회-행정부 관계는 차이점도 보였다. 1980년대에 스웨덴의 사민당 정부는 의회에서 가까스로라도 다수를 동원했으나 덴마크의 중도-우파 연립정부는 사민당의 반대와 우파 블록의 분열로 인해 주요 법안에서 의회의 다수를 동원하는 데 실패했다.

2-3. 사민주의 복지 자본주의 정치경제 레짐의 변화

정치경제 레짐의 변화는 소득정책의 피드백 효과에 대한 노동조합운동의 반발에서부터 시작되었다. 1950~60년대에 소득정책은 성공적으로 집행되어 고용이 완전고용의 수준에 근접했다. 그러나 1960년대 후반부터 산업별 노동조합운동은 중앙 임금 협상에 반발하기 시작했다. 코포라티즘이 변동하기 시작한 것이다. 그러나 스웨덴과 덴마크는 변화의 강도에서 차이를 보였다. 덴마크에서는 중앙 임금 협상이 의회의 일방적 개입에 의해 1979년까지 유지되었다. 1970년대 초부터 노사정 협의, 즉 코포라티즘에 의한 중앙 임금 협상의 제도는 사실상 와해되었던 것이다. 더구나 1979년 이후 단체 협상의 중심축이 산업별 임금 협상으로 이동했다. 반면 스웨덴에서 중앙 임금 협상은 약 10년 후인 1983년에 와해되었다. 그 이후에는 국가, 또는 노사정 대표가 참여한 위원회 — Rehnberg Commission — 의 개입으로 재개되기도 했으나 결국 가다 서기를 반복하며 '지그재그'의 형태로 분권화했다.[49]

두 나라가 이런 차이를 보인 것은 첫째, 기능 대표 체계의 조직적 특성과, 정치권과 기능 대표 체계의 제도적 연계가 달랐다는 점에서 기인되었다. 제5~6장에서 논의했듯이 스웨덴의 LO가 덴마크의 LO보다 조직의 포괄성과 의사 결정의 중앙·집중화 정도가 높았다. 그런 만큼 스웨덴의 LO는 노동조합운동의 집단행동을 수월하게 주도해 중앙 임금 협상에 나설 수 있었다. 덴마크에서 중앙 임금 협상이 유지될 수 있었던 것은 임금 조정 과정에 대한 정치권, 즉 공공중재위원회와 의회의 개입을 허용하는 제도가 정상 조직의 포괄성, 중앙·집중화, 대표성의 기능을 대체하는 기능적 등가로 작동했기 때문이다.

둘째, 1980년대에 입법 과정에 대한 정부의 통제가 약화된 정도가 달랐기 때문이다. 약화의 정도는 스웨덴보다 덴마크에서 더 심했다. 덴마크에서 사민당은 1973년 총선 이후 정당 체제가 파편화되었음에도 1970년대 후반까지는 의회의 입법 과정을 통제했다. 사민당과 사회자유당의 정치적 연합이 작동했으며 우파 블록의 정당들이 분열했기 때문이다. 1970년대에 사민당 정부는 LO와 협력해 산업별 노동조합의 반발에도 불구하고 의회의 개입에 의해 중앙 임금 협상을 지속시켰다. 그러나 1982년 중도-우파 연립정부가 들어서면서 임금 협상의 중심이 중앙 임금 협상에서 산업별 임금 협상으로 이동했다. 친노동조합 정당인 사민당이 야당으로 이동하자 LO도 중앙 임금 협상에서 후퇴한 것이다. 중앙 임금 협상뿐만 아니라 코포라티즘 전반이 약화되었다. 코포라티즘에서는 그 핵심 축이 소득 정책의 조정에 있지만 노사 대표는 이외에도 노동시장 정책 등 정책 분야의 다양한 위원회 — committees, boards, councils — 에 참여해 정책을 협의하고 집행한다. 덴마크 현지 전문가의 연구에 의하면 중도-우파 연립정부가 들어선 1980년대 초부터 이익집단의 정부 위원회 참여 건수가 현저하게 감소했다. 이 시점은 입법 과정에 대한 정부의 통제가 약화된 시점

49_Kjellberg, "Sweden: Restoring the Model?," 85; 88-92.

과 일치했다. 야당이 입법 과정에서 영향력을 발휘하자 이익집단들은 의회에 대한 인식을 바꾸었던 것이다. 이익 관철을 위해 정부 위원회의 참여보다는 의회, 특히 상임위원회와 접촉을 늘렸다. 1972/3년 이후 의회의 위원회 제도도 개혁되어 상임 전문 위원회가 정부 부처별로 특화되었다. 상임위원회의 전문화는 정부에 대한 의회의 권한 강화와 함께 의회 로비즘을 활성화시켰다.[50]

스웨덴에서 중앙 임금 협상이 와해된 것은 소득정책에 대한 노동조합운동의 반발이 근본적인 원인이었지만 LO의 전략적 실수도 중요하게 작용했다. 렌-마이드너 모델에 대한 노동조합운동의 반발에 대응하는 과정에서 LO는 계급화·정치화 전략을 선택했다. SAF는 이에 반발해 산하 VF가 중앙 임금 협상에서 이탈하는 것을 허용했다. 그 이후 정부위원회의 개입으로 중앙 임금 협상이 다시 복원되었으나 성공과 실패를 반복했다. 덴마크처럼 코포라티즘 전반이 약화되었다. 그러나 약화된 시점은 1980년대 후반이었다. 위원회 참여를 중심으로 한 코포라티즘 연구에 따르면 노사 대표가 참여한 위원회의 건수가 1960~70년대에 다소 감소했으나 1980년대에는 뚜렷하게 줄지 않았다. 1990년에 SAF가 코포라티즘을 거부하면서 '정책 집행 관련 위원회'agency board 참여 건수가 상당히 줄었다. 그러나 1990년대 중반부터는 다소 증가했다.[51] 위원회 중심 연구뿐만 아니라 다

50_Damgaard, "The Strong Parliaments of Scandinavia"; Jens Blom-Hansen, "Still Corporatism in Scandinavia? A Survey of Recent Empirical Findings," *Scandinavian Political Studies* 23-2 (2000); Christiansen and Rommetvedt, "From Corporatism to Lobbyism?," 207-9; Binderkrantz, "Strategies of Influence"; Christiansen & Tobeby, "Power and Democracy in Denmark," 7-9.

51_Hermansson et al., *Avkorporativisering och lobbyism*, 37-8; 43-6; Christiansen and Rommetvedt, "From Corporatism to Lobbyism?"; Peter M. Christiansen et al., "Varieties

른 시각의 연구도 스웨덴에서 코포라티즘이 약화된 시기를 1980년대 후반으로 잡고 있다.[52] 요약하면, 코포라티즘의 약화 정도는 덴마크가 스웨덴보다는 심했으며 약화된 시점도 빨랐다(〈표 7-7〉 참조).

1980년대 후반부터 스웨덴의 코포라티즘이 급격히 쇠퇴한 데는 입법 과정에 대한 정부 통제의 약화보다는 노사 간의 이념 갈등이 더 중요하게 작용했다고 봐야 한다. 덴마크의 노동운동은 1979년에 임노동자 기금 법안의 입법에 실패한 이후 이를 더 이상 정치적 이슈로 삼지 않았다. 1980년대에는 중도-우파 연립정부였음에도 DA의 요구대로 임금 협상 체계의 분권화를 수용했다. 그러나 스웨덴의 LO는 1971년 총회 이후 입법 수단을 동원해 노사 관계를 개혁했다. 1976년 LO 총회 이후에는 임노동자 기금의 입법 투쟁에 주력했다. 이에 대응해 SAF는 정치적 중립 노선을 버렸다. 1983년에 SAF는 VF가 중앙 임금 협상에서 탈퇴하는 것을 허용했다. 1980년대 중반부터는 코포라티즘 자체를 공격의 표적으로 삼기 시작했다. 국가기관에 더 이상 인질로 잡혀 있을 필요가 없으며 의회 및 행정부에 대한 로비를 강화해야 한다는 것이다. SAF는 1991년에 드디어 중앙·지역·지방 정부의 위원회로부터 약 6천여 명에 달하는 대표를 철수시켰다.[53]

---

of Democracy"; Öberg et al., "Disrupted Exchange and Declining Corporatism."

52_Johannes Lindvall & Joakim Sebring, "Policy Reform and the Decline of Corporatism in Sweden," *West European Politics* 28-5 (2005), 1057-8; Johannes Lindvall & Bo Rothstein "Sweden: The Fall of the Strong State," *Scandinavian Political Studies* 29-1 (2006), 51.

53_De Geer, *Arbetsgivarna*, 143; 161-2; Johansson, *SAF och den Svenska modellen*, Chapter 4-5; Bo Rothstein & Jonas Bergström, *Korporatismens fall och den svenska modellens kris* (Stockholm: SNS, 1998), 72-8.

3. 기민주의 복지국가: 네덜란드와 오스트리아

3-1. 정책 조합의 피드백 효과와 노사정 관계의 변화

네덜란드의 경우 전후 경제 복구 과정에서 국가는 서유럽의 어느 나라에서보다도 강력하게 임금 협상에 개입했다. 1945년 수정 특별법의 제8조에 의하면 정부중재위원회는 노사가 체결한 단체협약의 조건을 허용하거나 거부할 수 있었으며 단체협약의 조건을 해당 산업 전체에 강제할 수 있었다(제5~6장). 정부중재위원회의 강력한 개입의 영향으로 임금 수준이 주변 국가보다 낮았으며 노동시간도 길었다. 경제가 급속히 성장해 1950~63년에 평균 실업률이 1.8퍼센트로 낮아졌다. 실업률이 완전고용의 수준에 근접했던 1950년대 중반부터 이미 전국기독교노동조합연맹CNV, 가톨릭노동운동KAB, 사용자연합들은 산업 간에 임금의 차별적 조정을 허용해 줄 것을 요구했다. 노동의 공급이 부족한 상황에 이르자 사용자들은 임금에 불법적으로 웃돈을 얹어 주었다. 사회주의 성향의 네덜란드노동조합연맹NVV조차도 내부 압력에 굴복해 완전고용을 위한 과거의 제도에 집착할 필요가 없다는 이유를 들어 임금 협상의 분권화를 주장하기에 이르렀다.[54]

결국 정부는 하위 단체 협상에서 기업 또는 산업에 따라 중앙 임금 협상이 정한 임금 가이드라인을 넘어 임금을 지급하는 임금 유동을 허용했다. 1963년에는 1945년 수정 특별법을 개정했다. 개정된 법에 의하면 임

54_Windmuller, *Labor Relations in the Netherlands*, 282-3; Jan Pen, "Trade Union Attitudes toward Central Wage Policy: Remarks on the Dutch Experience," Adolf F. Sturmthal & James G. Scoville eds., *The international labor movement in transition: Essays on Africa, Asia, Europe, and South America* (Urbana, IL: University of Illinois Press, 1973), 265.

금은 사회경제위원회SER의 논의와 중앙기획국의 거시 경제 예측을 기준으로 조정하되 노동협회 — 노동조합운동과 사용자연합이 자율적으로 운영하는 협회임 — 가 개별 임금 협상을 감독하도록 했다. 그러나 개정 수정 특별법은 실패했다. 노동협회가 단체협약을 규제하려 들지 않았는데 이는 노동조합운동과 사용자연합 모두 노사 관계가 공법에 의해 규제되어야 한다는 PBO에 반대했기 때문이다.[55] 자율적 임금 협상과 임금 유동이 맞물리면서 임금이 폭발적 — 1963년에 13퍼센트, 1964년에 15퍼센트, 1965년에 10퍼센트 — 으로 상승했다. 1960년대 후반에 이르러 네덜란드의 임금은 서독 및 벨기에와 비슷한 수준에 도달했다.[56]

1960년대 네덜란드 노사정 관계는 수정 특별법 8조에 대한 갈등으로 압축된다. 1966년에 정부는 노동협회에 위임했던, 단체 협상 조건에 대한 결정 및 감독 권한을 다시 정부중재위원회로 되돌렸다. 1967년부터 3개 노동조합연맹 — NVV, NKV(1964년에 KAB에서 명칭이 변경됨), CNV — 과 사용자연합은 노동협회를 매개로 하여 수정 특별법 제8조를 두고 정부와 팽팽한 줄다리기를 했다. 그럼에도 1970년에 제정된 신임금법은 사회부 장관이 특정 단체협약이 무효임을 선언할 수 있을 뿐만 아니라 임금 동결도 강제할 수 있도록 함으로써 수정 특별법 8조의 정신을 살렸다. 다만 변화한 것은 단체협약을 감독하는 기관이 정부중재위원회에서 사회부 장관으로 바뀐 것뿐이었다. NVV는 이미 신임금법 안에 대한 논쟁 단계에서 만약 의회가 수정 특별법 8조를 받아들인다면 '연맹의 수준에서 협력하지 않

55_PBO에 대한 논의는 이 책의 제5장 3-2-1절(214쪽)을 참조.

56_Pen, "Trade Union Attitudes toward Central Wage Policy," 266; Visser & Hemerijck, 'A Dutch Miracle', 93; Flanagan et al., Unionism, Economic Stabilization, and Income Policies, 106-22; Visser, "The Netherlands," 335, Table 10-5.

표 7-5 | 네덜란드 중앙 임금 협상 행위자들의 전략적 행태(1965~82년)

연도	협상 초기 단계 코포라티즘	협상 최종 단계 코포라티즘	중앙 임금 협상(소득정책)	정부 구성
1965	IIIA	IIIB	실행	CDA-VVD
1966	IB	IVB	미실행	CDA-VVD
1967	IVB	IVB	미실행	CDA-VVD
1968	IVB	IB	미실행	CDA-VVD
1969	IVA	IVA	미실행	CDA-VVD
1970	IIC	IVC	실행	CDA-VVD
1971	IVB	IA	미실행	CDA-VVD
1972	IIB	IA	미실행	CDA-VVD
1973	IIB	IIA	미실행	CDA-VVD
1974	IIA	IVB	미실행	CDA-PvdA
1975	IIB	IIB	미실행	CDA-PvdA
1976	IIA	IVB	미실행	CDA-PvdA
1977	IIB	IIB	실행	CDA-PvdA
1978	IIA	IIB	미실행	CDA-PvdA
1979	IVA	IIA	미실행	CDA-VVD
1980	IIB	IVB	미실행	CDA-VVD
1981	IIA	IVA	미실행	CDA-VVD
1982	IB	IVB	미실행	CDA-VVD

주 1: 정부의 전략 = I (수동적), II (협력적: 정부의 역할은 노사 협력을 수월하게 하는 역할에 국한 됨), III (합동적: 정부는 자신의 안을 가지고 노사 협력에 적극 개입), IV (선도적: 정부가 안을 내고 노사가 이를 받아들이도록 함).

주 2: 노사의 전략 = A (대립), B (협상), C (문제 해결: 노사 협상이 자주 결렬되며 장기화됨. 그러나 최선의 해결책을 찾기 위해 노력함). Jaap Woldendorp & Hans Keman, "The Polder Model Reviewed: Dutch Corporatism 1965-2000," *Economic and Industrial Democracy* 28-3 (2007), 338-40.

출처: Jaap Woldendorp & Hans Keman, "The Contingency of Corporatist Influence: Income Policy in the Netherlands," *Journal of Public Policy* 26-3 (2006), 325, Table Appendix. 표의 내용을 축소한 것임.

겠다'는 입장을 천명한 바 있었다. 신임금법이 통과되자 NKV와 NVV는 노동협회와, SER를 비롯한 정부의 각종 위원회에서 탈퇴하는 한편 파업을 일으켰다. CNV는 이들과 행동을 함께하지는 않았으나 신임금법에는 반대했다. 1970년 로테르담 항구의 비공인 파업을 선두로 1971년 건설업의 파업, 1972년과 1973년의 금속 부문의 파업에 이르기까지 1970년대 초반에 비공인 파업이 급증했다. 이들 파업은 중앙 임금 협상을 반대하고 자유로운 단체 협상을 주장했다. 이로써 전후 네덜란드 모델의 핵심이었던 코포라티즘이 작동을 멈추게 된다.[57]

신임금법의 제정에도 불구하고 1973년 제1차 오일쇼크까지 정부는 단체 협상에 개입하지 않았다(〈표 7-5〉). 그러나 노동조합운동과 사용자연합은 정부가 개입하지 않는 새로운 상황에 적절하게 대응하지 못했다. 비공인 파업으로 인해 1971년과 1972년의 중앙 임금 협상은 와해되었다. 1971년에 사용자연합은 정부의 개입을 요청했으나 노동조합연맹들이 반대했다. 1972년에는 사용자연합이 중앙 임금 협상을 반대했다. 자연히 임금 협상의 중심이 중앙에서 산업의 수준으로 이동했다. SER은 노사정 간 협의의 장이 아니라 '영국 스타일의 의회'처럼 논쟁의 장으로 전락했다. 1973년에 전후 최초로 노동당과 좌파 정당 ― 급진당PPR과 자유민주주의66Democraten 66 ― 이 주축인 연립정부가 등장해 1977년까지 집권했다(〈부록 표 1-3〉참조). 노동당 연립정부는 코포라티즘을 통해 경제 위기를 극복하고자 했으나 중앙 임금 협상을 성사시키는 데는 실패했다. 정부는 일방적인 방법으로 임금 동결을 강제하거나 아니면 그 반대로 단체 협상을 둘러싼 노사 갈등에 대해 소극적인 입장을 견지했다(〈표 7-5〉). 이는 노사정 협의를 거쳐 정책을 입안하고 실행한다는 코포라티즘과 거리가 멀었다. 예컨대 1974년과 1976년에 정부는 '특별 권한법'을 이용해 임금 동결을 노동조합운동에 강요한 바 있었다.[58]

57_Pen, "Trade Union Attitudes toward Central Wage Policy," 265-6; Bram Peper, "The Netherlands: From an Ordered Harmonic to a Bargaining Relationship," Solomon Barkin ed., *Worker Militancy and its Consequences: The Changing Climate of Western Industrial Relations* 2nd Edition (Westport, Connecticut: Praeger, 1983), 132-9; Visser & Hemerijck, '*A Dutch Miracle*', 94-5.

58_Woldendorp & Keman, "The Polder Model Reviewed," 324; Woldendorp & Keman, "The Contingency of Corporatist Influence," 313-4; Flanagan et al., *Unionism, Economic Stabilization, and Income Policies*, 137; Wolinetz, "Socio-Economic Bargaining in the Netherlands," 87.

노동당 연립정부는 노동조합운동과 연합해 제1차 오일쇼크에 대응하는 전략을 선택했다. 임금 통제에 주력하는 한편 이를 보상하기 위해 하상향 임금 연대를 강화하는 등 소득분배에 주력했고, 장애 보험의 수급 조건을 완화하는 등 사회보장 체계를 보강했다. 1974년에 노동당 연립정부는 법정 최저임금을 사회적으로 생계유지가 가능한 '절대 최소 수준'을 충족하도록 했고 사기업 부문의 임금과 연동해 인상했다. 공공 부문의 임금도 사기업 부문의 임금에 연동해 인상하도록 했다. 장애 보험의 수급 조건을 완화한 것은 유휴노동력을 노동시장 밖에 묶어 둠으로써 실업률을 낮추기 위한 조치이기도 했다(제6장). 집권 후반기인 1977년에는 임금 억제를 '사회보장비지출기금'VAD, 노사 공동 결정의 확대, 작업 시간 감축 등 비물질적 보상과 연계시키고자 했다. VAD는 기업의 초과이윤을 적립하는 기금인데 노동조합이 관리하며 이를 연금의 기여금으로 활용한다는 것이다.[59]

사용자연합은 노동당 연립정부의 개혁정책에 반발했다. 예컨대 아홉 개의 거대 다국적기업의 총수는 공개적으로 '반사용자 정책'을 비판하는 편지를 수상과 노동조합운동 지도자들에게 보냈다. 국내 투자가 1973년 이전에는 GDP 대비 7퍼센트였으나 이후에는 4.6퍼센트로 감소했다. 1980년대 초에는 1.2퍼센트까지 감소했다. 반면 1972~82년에 자본 유출은 230억 길더guilder에서 750억 길더로 증가했다. 같은 기간에 국내에 형성된 총자본 중에서 해외에 투자된 자본의 비율이 12퍼센트에서 20퍼센트로 증가했다.[60]

---

[59]_Visser, "The Netherlands," 341-2; Flanagan et al., *Unionism, Economic Stabilization, and Income Policies*, 138; 147; Hemerijck et al., "How Small Countries Negotiate Change," 212-3.

[60]_Paulette Kurzer, *Business and Banking: Political Change and Economic Integration*

노동조합운동은 사용자연합과 갈등하는 와중에서 변화를 모색했다. 1976년에 NVV와 NKV가 연합한 것이다. 연합 이전에 이미 두 노동조합연맹 모두 이념적으로 유연한 노선으로 선회했다. 1971년에 NVV는 '인권에 대한 보편적 선언'을 채택하는 한편 과거 사회주의 이념을 도그마로 규정했다. 노동조합운동의 목표를 피고용인의 이익뿐만 아니라 일반적 관심의 실현에 두어야 한다는 것이다. 당시 이념 노선의 수정은 '적색에서 핑크색으로의 이동'으로 회자되었다. NKV도 비슷하게 이념 노선을 수정했다. 1964년에 KAB는 NKV로 명칭을 바꾸는 동시에 조직의 활동을 종교적 활동과 교육보다는 노동조합운동에 집중시키기로 했다. 1966~67년에 NKV는 가톨릭인민당과 배타적 관계를 접고 구성원들의 정치적 다원주의를 인정했다. 두 노동조합연맹의 이런 이념적·정치적 전환은 1976년에 네덜란드노동조합총연맹FNV의 창설로 발전했다. FNV는 노선을 NVV의 노선에 기초해 설정했다. FNV는 기업 단위의 노동조합의 위상을 강화하는 한편 정부 정책을 적극적으로 통제하고자 했다. 1981년에 FNV는 조직을 연합에서 결속력이 강한 연맹으로 전환했다.[61]

FNV는 1977년부터 강경한 입장에서 후퇴하기 시작했다. 제조업 전반, 특히 조선업의 위기가 입장의 변화에 영향을 미쳤다. 산하 핵심 연맹인 일반산업노동자연맹IB이 높은 실업률로 인해 조합원이 급감하자 '직업 우선 정책'을 주장하고 나섰던 것이다.[62] FNV는 1977년에 임금 억제에 대한

---

in Western Europe (Ithaca: Cornell University Press, 1993), 117-8.

61_Patrick Pasture, "The Unattainable Unity in the Netherlands," Pasture et al. eds., *The Lost Perspective? Trade Unions Between Ideology and Social Action in the New Europe* (Aldershot: Avebury, 1996), 144; 155-8.

62_1976년부터 1986년까지 조합원의 3분의 1이 감소했다. Visser, "The Netherlands," 288.

대가로 위에서 언급한 바 있는 비물질적 보상 — VAD, 노사 공동 결정의 확대, 노동시간 단축 등 — 을 요구했다. CNV와 보수 연합 정부는 VAD에는 반대했으나 노사 모두 임금 억제와 노동시간 단축을 통한 일자리 늘리기에는 관심을 보였다. 실업률이 12퍼센트로 치솟았던 1979년에 FNV는 노동협회에서 중앙 임금협약의 초안을 마련하기도 했다. 그러나 일부 산하 노조 연맹들이 저임금 노동자와 사회보장 수급자의 이익을 대변해야 한다는 명분을 내세워 중앙 임금 협상을 강력하게 반대하자 FNV는 최종 단계에서 중앙 임금 협상을 거부했다.[63]

오스트리아의 노사정 관계는 네덜란드에서와 달리 정책 조합의 피드백 효과로 인해 갈등을 겪지 않았다. 소득정책의 실시로 경제가 급속히 성장했고 실업률이 1970년대 전반에 걸쳐 2.1퍼센트를 넘지 않았음에도 노동쟁의나 직장 폐쇄의 빈도는 1973년을 제외하면 매우 낮았다.[64] 노사정은 1950~60년대처럼 1970년대에도 협력적 관계를 유지했다. 오스트리아의 사례는 스웨덴, 덴마크뿐만 아니라 같은 복지국가 유형에 속하는 네덜란드와 비교해도 매우 이례적인 '반사실적'counterfactual 사례다.[65] 앞에서 다

63_Visser & Hemerijck, '*A Dutch Miracle*', 98; Visser, "The Netherlands," 288; Flanagan et al. *Unionism, Economic Stabilization, and Income Policies*, 146-51; Hemerijck et al., "How Small Countries Negotiate Change," 214.

64_Traxler, "Austria: Still the Century of Corporatism," 292-3, Table 8-7 참조.

65_'반사실'이란 특정 시점에서 '만약에 어떤 사건이 발생하지 않았다면(what if?) 결과는 어떠했을까'라는 질문을 던지고 그 답을 찾는 방법론의 개념이다. 통계학 방법론의 '인과 효과'도 '인과 효과'는 논리적으로 '반사실적 조건'에 근거한다. 인과 효과는 다른 변수들이 다 통제된 조건하에서 특정 독립변수가 다른 값을 가질 때 이것이 종속변수의 변화에 미치는 효과다. 일부 역사 연구에서도 '반사실'의 사례들을 이용해 특정 시점에서 '만약에 그렇지 않았다면', 이후 어떤 결과가 발생했을까를 탐구한다. King & Keohane & Verba, *Designing Social Inquiry* 10-1, 76-81; James D. Fearon, "Counterfactuals and Hypothesis

루었듯이 이들 국가에서는 1960년대 후반부터, 특히 1970년대에 두 차례의 오일쇼크에 대응하는 과정에서 노사정 관계뿐만 아니라 노노 관계가 갈등의 수렁으로 빠져들었다. 오스트리아는 스웨덴, 덴마크, 네덜란드와 무엇이 달랐는가에서 협력적 노사정 관계의 지속을 설명할 수 있는 사례, 즉 반사실적 사례인 것이다.

길게는 제2차 세계대전 이후부터, 짧게는 1970년부터 1983년까지 오스트리아의 정치경제는 오스트리아-케인지언주의로 특징지어진다(제6장). 오스트리아-케인지언주의는 두 가지 전제 조건과 네 가지 정책으로 요약된다. 두 가지 전제 조건은 거대 국유 기업 부문과 협력적 노사 관계다. 네 가지 정책적 요소는 ① 경화 정책과 무역자유화, ② 투자(낮은 이자율)와 저축 장려 등 공급 측면의 경제정책, ③ 탈정치화된 소득정책 및 경기순환 정책, ④ 경기후퇴 시 적자 재정 정책이다.[66] 스웨덴, 덴마크, 네덜란드의 정치경제 모델과 비교하면 오스트리아 정치경제 모델이 독특했던 것은 공기업 부문이 산업의 주축이었다는 점, 소득정책 및 경기순환 정책이 탈정치화되었다는 점, 그리고 적자 재정 정책과 경화 정책을 연계했다는 점일 것이다. 제6장에서 국유 기업 부문이 경기 불황기에 유휴 인력을 저장함으로써 실업률을 낮추는 데 기여했다는 점을 밝힌 바 있다. 그러나 실업률이 낮을 경우 공기업과 사기업을 막론하고 노사 및 노노 갈등이 심화된다는 점을 고려할 때 국유 기업의 노동 저장만으로는 오스트리아의

Testing in Political Science," *World Politics* 43-2 (1991); Bulhof Johannes, "What If? Modality and History," *History and Theory* 38-2 (1991).

66_Volkmar Lauber, "Economic Policy," Lauber ed., *Contemporary Austrian Politics* (Boulder: Westview Press, 1996); Guger, "Economic Policy and Social Democracy"; Marterbauer, "Post-Keynesian Economic Policy in Austria and Sweden."

특수성이 설명되지 않는다.

오스트리아에서 정책 조합이 생성해 낸 완전고용이라는 피드백이 노사정 관계를 갈등의 수렁에 빠트리지 않았던 것은, 무엇보다도 제2차 세계대전 이후 노사정이 정책의 최우선 순위를 완전고용에 두고 소득정책을 경제성장의 수단으로 삼는 데 합의했다는 데 있다(제6장). 노동조합운동이 소득정책을 분배의 수단으로 삼지 않았던 것은 분배의 문제는 정치영역을 통해 해소할 수 있다고 보았기 때문이다. 심지어 노동조합운동의 지도자들은 "완전고용이 가장 효과적인 분배 정책"임을 강조했다.[67]

이런 사회적 합의는 일련의 제도에 의해 지지되었다. 첫째, 임금·물가공동위원회의 탈정치화다. 1963년부터 노동·자본·농민 이익 단체 대표와 내각의 수상과 관련 장관이 참여하는 임금·물가공동위원회가 소득정책을 포함해 경제정책 전반을 조율했다. 이 위원회는 정책 결정 기관으로서 정부로부터 영향을 받지 않은 가운데 자율적으로 운영되었다. 소득정책 및 경기순환 대응 정책에 관한 한 정부의 역할이 임금·물가공동위원회로 이관된 것이다. 실제로 임금·물가공동위원회는 이 분야의 전문성에서 정부를 능가했다. 임금·물가공동위원회는 노사정 대표의 협의와 전문가들의 자문에 기초해 정책을 입안했다. 사회 진영을 대표하는 이익집단들이 정부로부터 자율적인 위원회에서 협의를 거쳐 입안한 경제정책을 두고, 역시 사회 진영에 기반을 둔 정당들은 입법 과정에서 대립하지 않았다. 오스트리아에서는 경제정책이 정치적 갈등의 대상이 되지 않아야 한다는 비공식적인 규범이 뿌리를 내렸던 것이다.[68]

67_Guger, "Economic Policy and Social Democracy," 52.
68_Lauber, "Economic Policy," 130.

둘째, 독특한 임금 협상 제도 및 가톨릭과 사회주의 이념을 포괄한 ÖGB 조직의 통합적 특성이다. 오스트리아의 임금 협상의 제도는 분권화된 단체 협상에 기초했다(제6장). 중앙 임금 협상은 존재하지 않았다. 대신 임금·물가공동위원회와 ÖGB가 산업 전반에 걸쳐 단체 협상을 간접적으로 조율했다. 특히 거대 국유 기업의 단체 협상이 여타 산업의 단체 협상을 선도했다. 그러나 산업 및 기업 간에 임금 격차는 용인했다. 그 결과, 1960년대와 1970년대에 임금 격차가 심화되었다.[69] 대신 저임금은 사회적 부조, 특히 이전지급으로 보상했다. 스웨덴, 덴마크, 네덜란드의 노동조합운동에서 공기업과 사기업, 그리고 블루칼라 대 화이트칼라 노동조합 사이에 임금의 형평성 문제로 노노 갈등이 심했던 것과는 대비된다. 더구나 ÖGB는 사회주의 진영과 가톨릭 보수 진영의 노동조합을 아우르는 정상 조직이었기 때문에 정치적 중립을 지켰다. ÖGB는 구조적으로 임금 억제에 대한 보상으로 스웨덴, 덴마크, 네덜란드처럼 경제 민주화와 같은 정치적 대안을 요구할 처지에 놓여 있지 않았다.

셋째, 오스트리아는 경화 정책을 고수함으로써 완전고용의 상태에서도 물가를 안정시킬 수 있었다. 중앙은행이 정부로부터 독립되어 있는 경우 물가 안정을 신뢰하기 때문에 노동조합은 단체 협상에서 임금 억제를 받아들일 가능성이 높다.[70] 이 점에서 1970년에 등장한 크라이스키Bruno Kreisky의 사민당 정부가 기여한 바가 컸다. 오스트리아 경제가 1973년 제1

69_Guger, "Economic Policy and Social Democracy," 45-7; Pollan, "How Large Are Wage Differentials in Austria?"

70_Robert J. Franzese & Peter A. Hall, "Institutional Dimensions of Coordinating Wage Bargaining and Monetary Policy," Torben Iversen et al. eds, *Unions, Employers, and Central Banks* (Cambridge: Cambridge University Press, 2000).

차 오일쇼크에 빠져들자 사민당 정부는 수요를 촉진시키기 위해 1975년에 GDP 대비 4.5퍼센트, 1976년에는 5퍼센트 가까이 적자재정을 운영했다. 동시에 인플레이션을 통제하기 위해 1976년부터 오스트리아 통화 실링Schilling을 독일의 통화 마르크Mark와 연계시켰다. 경화 정책은 노동조합운동의 제안에 따른 것이었다. 노동조합운동이 이를 제안한 것은 수입 물가를 억제할 수 있으며 조합원에게 임금 억제의 이유를 쉽게 설득할 수 있었기 때문이다. 사실, 경화 정책으로 인해 오스트리아의 국제수지는 1977년에 GDP 대비 4.5퍼센트까지 악화되었다. 이에 IMF나 OECD조차도 경화 정책에 대한 우려를 표명했다. 크라이스키의 사민당 정부는 실링의 평가절하를 고려한 적도 있었으나 노동조합운동이 이를 반대했기 때문에 기존의 입장을 고수했다. 결국 중앙은행 및 ÖGB의 대표와 재무무 장관은 경화 정책을 고수하기로 합의했다.[71]

그러나 1979년 제2차 오일쇼크 이후 상황이 반전되었다. 경제 위기에 대한 대응이 이전처럼 성과를 거두지 못해 1980년대 초부터 경제 상황이 악화되었기 때문이다. 제1차 오일쇼크 당시에 적자 재정 정책과 경화 정책에도 불구하고 물가 안정과 완전고용을 동시에 성취할 수 있었던 것은 첫째, 노동조합운동이 수출산업의 경쟁력을 유지하기 위해 임금 억제의 소득정책을 받아들였기 때문이며, 둘째, 거대 국유 기업들과 서비스산업이 유휴노동력을 흡수했기 때문이다. 사민당 정부는 이외에도 법정 노동시간을 단축했으며 입법을 통해 외국인 노동자의 유입을 엄격하게 차단했다.[72] 1980년대 초부터 사민당 정부는 제2차 오일쇼크에 대응해 기업, 특히 거

71_Guger, "Economic Policy and Social Democracy," 50; Lauber, "Economic Policy," 134.

72_Unger & Heitzmann, "The Austrian "Alpenmodel": Back to Bismarck?," 7; 9.

대 국유 기업에 대한 보조금 지원을 늘렸으며 조기 은퇴 등 소극적 노동시장 정책으로 실업률을 통제하고자 했다. 그러나 이로 인해 재정 적자가 1983년에 GDP 대비 5.5퍼센트까지 증가했음에도 실업률은 오히려 증가해 4퍼센트를 넘어섰다. 상황이 이렇게 전개되자 내핍 정책 및 조세 개혁이 정치적 이슈로 부상했으며 크라이스키 사민당 정부는 결국 1983년 총선에서 패배했다.[73]

1983년에 사민당은 최초로 자유당FPÖ과 연립정부를 수립했다. 사민당 정부의 정책적 실패와 자유당의 연정 참여를 계기로 오스트리아 노사정 관계의 근간이 흔들리기 시작했다.[74] 첫째, 임금·물가공동위원회는 이미 1970년대 크라이스키 사민당 정부의 집권 시에 정책의 주도권을 정부에 빼앗겼다. 둘째, 노사정 간 비공식적 타협을 거쳐 입법된 법안이 위헌 판정을 받는 사례가 증가했다. 정부의 외곽에서 노사정 대표가 비공식적 타협을 통해 주요 법안의 틀을 잡는 경우가 자주 있었는데 이는 초헌법적인 것이긴 했으나 오랫동안 관행으로 용인되었다. 그러나 1980년대에 들어서는 과거와 다르게 헌법재판소가 이런 과정을 거쳐 입법된 법에 대해 위헌 판결을 내리는 사례가 증가한 것이다. 이는 코포라티즘의 절대적 위상이 흔들리기 시작했음을 상징했다.[75] 셋째, 사민당-자유당 연립정부(1983~86년)

73_Marterbauer, "Post-Keynesian Economic Policy in Austria and Sweden," 14; Lauber, "Economic Policy," 135.

74_Alois Guger, "The Austrian Experience," Andrew Glyn ed., *Social Democracy in Neoliberal Times: The Left and Economic Policy Since 1980* (Oxford: Oxford University Press, 2001), 76.

75_Peter Gerlich, "A Farewell to Corporatism," Kurt Richard Luther & Wolfgang C. Müller eds., *Politics in Austria: Still a Case of Consociationalism?* (London: Frank Cass, 1992), 140.

가 노동조합운동의 기반인 거대 국유 기업의 개혁에 손을 대기 시작했다. 1985년에 최대 국유 기업인 VOEST의 재정 파산이 계기였다. 재무부는 경영진 전체를 교체하는 한편 수익성의 중요성을 강조했다. 특히 국유 기업 인사관리에서 인민당과 사민당이 주도하는 후견인 제도를 개혁하는 데 주력했다. 같은 해에 사민당-자유당 연립정부의 수상 브라니츠키Franz Vranitzky는 사민당이 민영화에 개방적임을 천명했다. 정책 우선순위를 완전고용보다는 재정 건전화에 두기 시작한 것이다.[76]

특히 1980년대에 오스트리아 코포라티즘은 조직적 기반이 약화되었다. 국유 기업의 축소는 조합원과 사민당 당원의 감소로 이어졌다. 1950년대에 60퍼센트였던 노조 조직률이 1980년에 52퍼센트로, 1985년 이후 급격히 감소해 2003년에는 34퍼센트까지 하락했다. 심지어 실직의 위험에 처한 노동자들 상당수가 하이더Jörg Haider가 이끄는 극우화된 자유당을 지지하고 나섰다.[77] 오스트리아의 코포라티즘이 제도적으로 강고했진 데에는 회원 가입을 강제하는 회의소 제도가 기여한 바가 컸는데 강제 가입의 제도가 논쟁거리로 부상했다. 크레파즈Markus M. L. Crepaz에 의하면 1984~89년 기간에 노동회의소의 투표 참여율이 급격이 감소했다.[78]

요약하면 복지국가 성장기, 특히 1980년대에 오스트리아 코포라티즘

---

[76] Lauber, "Economic Policy," 136; Guger, "Economic Policy and Social Democracy," 49.

[77] Sabine Blaschke, "Restructuring as a Reaction to Growing Pressure on Trade Unionism: The Case of the Austrian ÖGB," *Industrial Relations Journal* 37-2 (2006), 151; Unger & Heitzmann, "The Austrian "Alpenmodel": Back to Bismarck?," 12.

[78] Markus M. L. Crepaz, "From Semisovereignty to Sovereignty: The Decline of Corporatism and Rise of Parliament in Austria," *Comparative Politics* October (1994), 48; 57-9; Gerlich, "A Farewell to Corporatism," 139.

은 조직적 기반이 약화되고 정치권과 마찰 — 다음 제3-2절의 내용을 참조 — 을 빚는 등 절대적 위상이 흔들렸다. 그럼에도 오스트리아 코포라티즘은 여전히 주요 정책을 협의하는 제도로서 작동했다. 특히 노사정 협의에 의한 소득정책은 변함없이 실행되었다.[79]

3-2. 의회-행정부 관계의 변화

네덜란드와 오스트리아의 정당 체제는 극단적 형태의 사회 균열에 기반을 두고 형성되었다. 그럼에도 제2차 세계대전 이후 두 나라에서는 민주주의가 공고하게 발전했다. 사회 균열을 대표하는 정치 엘리트들이 지배 카르텔을 형성해 "파편화된 정치 문화로 얼룩진 민주주의를 안정된 민주주의"로 전환시킴으로써 합의 정치 민주주의를 정착시켰기 때문이다.[80] 네덜란드에서는 가톨릭인민당을 비롯한 3개 종교 정당이 노동당 또는 자유당과 연립 다수 정부를 구성했다. 오스트리아에서는 1947년부터 1966년까지 인민당과 사민당이 대연정 연립정부를 구성했다. 내각이 의회의 다수를

79_Bernhard Kittel, "Deaustrification? The Policy-Area-Specific Evolution of Austrian Social Policy," *West European Politics* 23-1 (2000), 125; Herbert Obinger & Emmerich Tálos, "Janus-Faced Developments in a Prototypical Bismarckian Welfare State. Welfare Reform in Austria Since the 1970s," Bruno Palier ed., *A Long Goodbye to Bismarck? The Politics of Welfare Reform in Continental Europe* (Amsterdam: Amsterdam University Press, 2010); Alexandre Afonso & Yannis Papadopoulos, "Europeanization or Party Politics? Explaining Government Choice for Corporatist Concertation," *Governance* (2013 forthcoming), 14.

80_Arend Lijphart, "Consociational Democracy," *World Politics* 21-2 (1969), 216; Andeweg et al., "Parliamentary Opposition in Post-Consociational Democracies," 77.

표 7-6 | 네덜란드의 내각(1963~89년)

내각 참여 정당	내각 출범 일시	내각 의석 비율	유효 의회 정당 수	선거 변동성[1]	중위 정당	내각의 유형[2]
KVP-CHU-ARP-VVD	1963/07/25	61.3	4.5	5.0	KVP	o, sm
KVP-PvdA-ARP	1965/04/14	70.7	4.5	-	KVP	o, sm
ARP-KVP	1966/11/22	42	4.5	-	KVP	m
KVP-ARP-CHU-VVD	1967/04/05	57.3	5.5	10.8	KVP	mw+
ARP-KVP-CHU-VVD-DS70	1971/07/06	54.7	6.4	12.0	KVP	mw+
ARP-KVP-CHU-VVD	1972/08/09	49.3	6.4	-	KVP	min
PvdA-PPR-D66-KVP-ARP	1973/05/11	64.7	6.4	12.6	KVP	o, sm
CDA-VVD	1977/12/19	51.3	3.7	14.4	CDA	mw
CDA-PvdA-D66	1981/09/11	72.6	4.3	9.6	CDA	o
CDA-D66	1982/05/29	43.3	4.3	-	CDA	min
CDA-VVD	1982/11/04	54	4.0	9.3	CDA	mw
CDA-VVD	1986/07/14	54	3.5	10.2	CDA	mw+

1) 선거 변동성은 "개인들의 (정당에 대한) 투표의 변화로 인해 발생하는 정당 체제 내의 (증가와 감소를 상쇄한) 순 변화"의 비율을 의미한다. Mogens N. Pedersen, "The Dynamics of European Party Systems: Changing Patterns of Electoral Volatility," *European Journal of Political Research* 7-1 (1979).

2) o = 과대 규모 내각(최소 승리 내각보다 의석수가 10퍼센트 이상 많은 내각), mw = 최소 승리 내각, mw+ = 과대 규모 내각은 아니며 의석수가 최소 승리 내각보다 10퍼센트 미만이 많기 때문에 최소 승리 내각에 근접한 내각, sm = 다수를 차지하기 위해 필요하지 않은 정당을 적어도 하나 이상 포함한 내각, m = 소수 내각. Andeweg et al., "Parliamentary Opposition in Post-Consociational Democracies," 82.

주: ARP(반혁명당), CDA(기독교민주당), CHU(기독교역사연맹), D66(자유민주주의66), DS70(민주사회주의70), KVP(가톨릭인민당), PvdA(노동당), VVD(자유당).

출처: Arco Timmermans and Rudy B. Andeweg, "The Netherlands. Still the Politics of Accommodation?" Wolfgang C. Müller and Kaare Strøm eds., *Coalition Governments in Western Europe* (Oxford: Oxford University Press, 2000), 359-60, Table 10-1; 371, Table 10-3; Andeweg et al., "Parliamentary Opposition in Post-Consociational Democracies," 88, Table 1C.

점유한 정도에 있어서는 대연정 연립정부를 구성했던 오스트리아가 네덜란드보다 높았다. 그런 만큼 오스트리아의 정부가 네덜란드의 정부보다 입법 과정을 더 효율적으로 통제했다(제5장).

  1967년 총선을 기점으로 네덜란드의 정치 지형에는 지각 변동이 일었다. 탈사회 블록화로 인해 사회 블록에 기반을 둔 정당들의 총선 득표율이 감소했기 때문이다. 탈사회 블록화가 급속히 진행되었다는 사실은 사회 블록 소속 구성원들이 선거 때마다 지지 정당을 바꾸는 투표 변동성 지표의 급격한 상승에 의해 확인된다. 투표 변동성의 지표가 1965년 이전에는 평균 5.4였으나 1967년 선거에서 10.8로 상승했다(〈표 7-6〉).[81] 이는 해당 사회 블록의 충성스런 투표자들이 다른 정당으로 이탈했기 때문이다. 특히 가톨릭인민당의 득표율이 현저하게 감소했다. 가톨릭인민당의 득표율이 1963년에 31.9퍼센트에서 1967년에 26.5퍼센트로, 1971년에 21.9퍼센트로, 1972년에 17.7퍼센트로 급격히 하락했다. 기독교역사연맹의 득표율도 1967년에 8.1퍼센트에서 1971년에 6.3퍼센트로, 1972년에는 4.8퍼센트로 감소했다. 노동당도 1963년에 28.0퍼센트에서 1967년에 23.6퍼센트로 하락했다. 그러나 1972년 총선부터 과거의 득표율을 회복했다(〈부록 표 2-3〉).[82]

1967년 총선부터 네덜란드의 정치 지형은 다음과 같이 변화했다. 첫째, 내각 참여 정당이 점유하는 의석수 비율이 감소했다. 즉, 입법 과정에서 최소한 승리할 수 있는 규모 또는 이보다 10퍼센트 미만 정도로 의석수가 과대한 규모의 내각이 이전보다 자주 등장했다. 1967년 총선 이전에는 과대 규모 내각이 지배적이었다.[83] 레이프하르트에 의하면 1946~67년 기간에 최소 승리 내각이 13퍼센트였으나 1967~88년 기간에는 71퍼센트로 증가했다.[84] 안데베흐는 내각의 규모를 좀 더 세분한다(〈표 7-6〉). 이 경우

---

[81]_Andeweg et al., "Parliamentary Opposition in Post-Consociational Democracies," 91.

[82]_Jan De Jong & Bert Pijnenburg, "The Dutch Christian Democratic Party and Coalitional Behaviour in the Netherlands: A Pivotal Party in the Face of Depillarization," Geoffrey Pridham ed., *Coalitional Behavior in Theory and Practice* (Cambridge: Cambridge University Press, 1986), 145-7, Table 7-1.

[83]_1966년 가톨릭인민당(KVP)와 반혁명당(ARP)의 연립정부는 선거를 치르지 않고 형성되었으며 단명했다(〈표 7-6〉 참조).

[84]_Arend Lijphart, "From the Politics of Accommodation to Adversarial Politics in the

1967년 이전에 과대 규모 내각의 빈도가 다소 감소하지만 1967년 이후에 최소 승리 또는 이에 근접한 내각의 구성 비율은 여전히 현저하게 증가했다. 야당의 전체 득표율도 비슷한 추세를 보였다. 1946~66년 기간에 30.4퍼센트였으나 1967~86년에는 43.6퍼센트로 증가했다. 야당을 사회 블록 정당에 한정시킬 경우 수치가 다소 감소했지만 추세는 여전했다. 1946~66년 기간에 21퍼센트였으나 1967~87년에는 32.8퍼센트로 증가했다.[85] 합의 정치 민주주의에서는 여러 블록을 대표하는 정당이 내각에 참여하기 때문에 과대 규모의 내각이 형성되며 따라서 정부가 의회의 입법 과정을 안정적으로 통제한다. 그러나 1967년 이후 내각의 규모가 작아지면서 입법 과정에 대한 정부의 통제 또한 약화되었던 것이다.

둘째, 좌우 이념 정당들이 상대 정당을 연립정부의 파트너에서 배제하는, 소위 이념적 '분극화' 현상이 심화되었다. 레이프하르트는 1977년 저서에서 이런 현상을 두고 1967년 총선 이후 '포용의 합의 정치'politics of accommodation가 끝장났다고 개탄한 바 있다.[86] 사실, 가톨릭인민당은 전통적으로 노동당을 "다급하게 필요한" 상황에서만 정치 연합의 파트너로 삼았다. 제2차 세계대전 이후 경제 재건이라는 다급한 상황이 1967년 총선을 기점으로 마감된 것이다. 이후 가톨릭인민당은 1981년까지 노동당을 연립정부의 파트너로 삼지 않았다. 탈사회 블록화로 가톨릭인민당이 블록 내의

Netherlands," 147.

85_Rudy B. Andeweg, "Coalition Politics in the Netherlands," 259.

86_그러나 이후 레이프하르트는 비교의 시각에서 보면 네덜란드의 정치는 여전히 타협적이며, 다만 과거와 비교할 때 "상대적으로 비타협적이며 상대적으로 더 적대적"이었다고 자신의 주장을 바로잡았다. Lijphart, "From the Politics of Accommodation to Adversarial Politics in the Netherlands," 139; 151.

노동조합과 연대가 약화되어 보수화한 것도 영향을 미쳤다. 노동당도 1973년부터 1980년대 중반까지 가톨릭인민당과 자유당을 연립정부의 파트너에서 배제했다. 자유민주주의66은 사회 블록에서 이탈한 가톨릭인민당 지지자들을 흡수해 1967년 총선에서 급부상했다. 자유민주주의66은 정치 지형을 진보와 보수로 재편하도록 노동당을 압박했다. 노동당 내부에서는 신좌파 그룹이 조직을 장악했다. 이들은 당의 타협 노선을 비판했다. 노동당은 1969년 정당 대회에서 반가톨릭인민당 결의안을 채택했으며, 1971년과 1972년 총선에서는 예비 내각을 세 개 좌파 정당 — 노동당, 자유민주주의66, 급진당 — 만으로 꾸렸다. 1973~77년의 기간에 노동당 내각은 세 개 좌파 정당이 다수를 이루도록 구성했다.[87] 노동당의 분극화 전략은 1977년과 1982년 총선 이후 내각 형성을 위한 협상에서 그대로 노정되었다. 다수당이었음에도 노동당은 내각 형성을 위한 정치 연합에 실패했다. 그 결과, 3개 종교 정당이 통합·창당한 기민당이 내각을 구성했던 것이다. 노동당과 기민당이 다시 연립정부를 구성한 것은 1989년이었다.[88]

셋째, 의회-행정부 관계가 '정당 내부 모델'에서 '정당 간 모델'로 전환되었다. 1967년 총선 이전까지 네덜란드 의회-행정부 관계는 정당 내부에

---

[87] De Jong & Pijnenburg, "The Dutch Christian Democratic Party and Coalitional Behaviour in the Netherlands," 146-7; 151-2; Ruud Koole & Hans Daalder, "The Consociational Democracy Model and the Netherlands: Ambivalent Allies?" *Acta Politica* 37 (2002), 32; Andeweg et al., "Parliamentary Opposition in Post-Consociational Democracies," 91-3; Andeweg, "Coalition Politics in the Netherlands," 260; Steven B. Wolinetz, "The Netherlands: Continuity and Change in a Fragmented Party System," Wolinetz ed., *Parties and Party Systems in Liberal Democracies* (London: Routledge, 1988), 142.

[88] Timmermans & Andeweg, "The Netherlands," 368-70.

서 장관 및 간부 의원 대 '평의원'backbencher 사이의 갈등이 지배적이었다(제5장). 안데베흐는 킹이 제시한 '정당 간 모델'을 다시 두 가지 모델로 세분한다. 첫째는 '야당 모델'이다. 여기서는 내각 참여 정당의 각료와 의원이 야당 의원과 대치 전선을 형성한다. 둘째는 '연합 내부 모델'이다. 여기서는 내각 참여 정당의 각료와 의원의 연합이 내각 내 다른 정당의 각료와 의원의 연합과 갈등의 전선이 형성된다. 격전지는 의회다.[89] 네덜란드에서는 1967년부터 정당 내부 모델이 아니라 정당 간 모델, 그중에서도 연합 내부 모델이 지배적이었다. 행정부보다는 내각 참여 의회 정당들의 영향력이 확대되었으며 그 결과, 의회가 정치의 중심으로 부상했다. 1848년에서 1967년까지 의원 경력을 가진 장관의 비율이 35퍼센트에 불과했다(제5장). 그러나 1967~90년 기간에 이 비율이 60퍼센트로 증가했다. 그런 만큼 정부가 의회의 영향을 더 심하게 받았던 것이다. 1979년 설문 조사에 의하면 83.5퍼센트의 의원들이 "과거보다 행정부가 내각 참여 의회 정당들이 원하는 것에 의존한다"는 것이다. 연합 내부 모델로 이행함에 따라서 내각 내부의 갈등으로 인해 내각이 해산되는 경우 ─ 1965년, 1972년, 1977년, 1982년 ─ 도 증가했다.[90] 최소 승리 내각의 빈도수가 많아짐에 따라서 야당의 역량도 강화되었다. 야당이 수정한 법안이 통과되는 비율이 1963~65년에 5.4퍼센트였으나 1982~86년에는 16.1퍼센트로 증가했다. 의회가 역동적인 정치의 장으로 부상한 것은 특별위원회의 수가 증가했으며 위원회 모임도 급속히 증가했다는 사실에서도 확인된다.[91]

89_Andeweg, "Executive-Legislative Relations in the Netherlands," 163. Anthony King, "Modes of Executive-Legislative Relations" 참조.

90_Andeweg, "Executive-Legislative Relations in the Netherlands," 167-8.

91_Andeweg et al., "Parliamentary Opposition in Post-Consocational Democracies,"

요약하면, 1967년 총선 이후 네덜란드에서는 탈사회 블록화로 인해 내각 참여 정당들의 의석수가 축소되었으며 정부 구성에서 이념적 분극화 현상이 심화되었으며 내각 참여 정당 간에 갈등 또한 심화되었다. 합의 정치 민주주의가 적대적 갈등의 정치로 전환된 결과, 정치의 중심이 정부에서 의회로 이동했다. 티머만스Arco Timmermans와 안데베흐가 묘사하듯이 1960년대 후반 이전에는 정부가 "정당정치의 열기로부터 정치를 보호"했으나 그 이후부터는 "정부가 정당 간 정치의 장"으로 변모했다.[92]

그러나 탈블록화 이후 네덜란드의 정치가 갈등의 정치로 치달은 것만은 아니었다. 3개 종교 정당 — KVP, CHU, ARP — 은 1967년 총선 이후 득표율이 지속적으로 감소하자 합병하기로 합의했으며 1977년 총선에서 기민당이라는 통일된 당명하에 단일 후보를 출마시켰다. 1981년에 3개 정당은 공식적으로 기민당을 창당했다. 합병은 단순히 조직의 통합을 넘어 이념적 통합을 이루었다. 합병 과정에서 정당 내부, 특히 가톨릭인민당 내부에서 원리주의파와 프로그램을 강조하는 온건파 사이에 이념적 갈등이 팽배했다. 1977년에는 자유당과, 그리고 1981년에는 노동당과 연립정부를 구성하는 과정에서 이념적 내홍을 겪었으나 기민당은 1982년에 온건파가 승리해 온건적 보수주의 정당으로 변모한 결과, 정부 구성에서 중심축의 위치를 회복했다. 뤼버르스R.F.M Lubbers의 기민당은 자유당과 연합해 연립정부를 구성하고 '허튼짓 하지 않는' 정책을 표방했다. 정부는 과거처럼 단체 협상에 일방적으로 개입하겠다고 위협함으로써 노동조합과 사용자연합이 1982년 겨울에 바세나르Wassenaar 협약을 맺도록 유도했다. 이로

99; Andeweg, "Executive-Legislative Relations in the Netherlands," 169; 173.
92_Timmermans & Andeweg, "The Netherlands, Still the Politics of Accommodation?," 391.

표 7-7 | 오스트리아의 내각(1959~90년)

내각 참여 정당	내각 출범 일시	내각 의석 비율	효율적 의회 정당	중위 의회 정당	선거 변동성	내각의 유형
ÖVP, SPÖ	1959/07/16	95.2	2.35	FPÖ	3.0	o
ÖVP, SPÖ	1963/03/27	95.2	2.38	FPÖ	1.7	o
ÖVP	1966/04/19	51.5	2.34	ÖVP	6.2	mw
SPÖ	1970/04/21	49.1	2.28	FPÖ	6.7	min
SPÖ	1971/11/04	50.8	2.37	SPÖ	2.0	mw
SPÖ	1975/10/28	50.8	2.37	SPÖ	0.4	mw
SPÖ	1979/06/05	51.9	2.40	SPÖ	1.3	mw
SPÖ, FPÖ	1983/05/24	55.7	2.43	FPÖ	4.8	mw+
SPÖ, ÖVP	1987/01/21	85.6	2.98	FPÖ	10.0	o

주 1: FPÖ(오스트리아자유당), SPÖ(오스트리아사민당), ÖVP(오스트리아인민당).
주 2: 내각 유형은 이 책의 〈표 7-6〉 각주 2를 참조.
출처: Müller, "Austria: Tight Coalitions and Stable Government," 88, Table 3-1; 98, Table 3-3; Andeweg et al., "Parliamentary Opposition in Post-Consociational Democracies," 88, Table 1A.

써 네덜란드 경제에는 부흥의 물꼬가 트였다.[93]

오스트리아에서는 탈사회 블록화로 인한 정치 지형의 변형이 네덜란드보다 20여 년 늦은 1986년 총선 이후 발생했다.[94] 그러나 정부 구성에서 이념적 분극화 현상은 이미 인민당과 사민당의 대연정이 와해된 1966년 총선부터 시작되었다. 1966년 총선 이후 인민당이 단독으로 다수 정부를 구성했으며 1970년 총선 이후에는 사민당이 단독으로 소수 정부를 구성했다. 사민당은 1971년 총선에서 의석수가 근소하게나마 과반수를 넘겨 단독으로 다수 정부를 수립했으며 1979년까지 집권했다. 1983년 총선에

93_De Jong & Pijnenburg, "The Dutch Christian Democratic Party and Coalitional Behaviour in the Netherlands," 158-60; Green-Pedersen, "Small States, Big Success," 427; Koole & Daalder, "The Consociational Democracy Model and the Netherlands," 32.

94_Andeweg et al., "Parliamentary Opposition in Post-Consociational Democracies," 79. 자세한 논의는 이 책의 제8장 4절(379쪽)을 참조할 것.

서 사민당은 의회의 다수를 확보하는 데 실패했으나 인민당과 대연정 연립정부를 구성하지 않고 최초로 자유당과 연합했다.[95]

정부 구성에서 나타난 이념적 분극화 현상은 여러 가지 요인이 작용한 결과다. 첫째, 인민당과 사민당이 합의 정치 민주주의를 실현해야 할 요인들이 사라졌다. 양당의 연립정부는 1950~60년대에 소련 점령군의 추방과 전후 경제 재건을 실현했으며 대연정이 장기화되자 '사회 진영 정당 간의 갈등이 국가를 망쳤다'는 트라우마에서 점차 벗어났던 것이다.[96] 둘째, 1966년부터 단일 정당이 의회 의석의 과반수를 차지했다. 1966년 총선에서 인민당은 전체 165석 중에서 85석을 차지했다. 1970년 총선에서 사민당의 당수 크라이스키는 의회에서 자유당의 지원을 확신했기 때문에 이미 단독정부를 꾸린 바 있는 인민당과 정치 연합을 선택하는 대신 소수 정부를 구성했다. 사민당은 크라이스키의 카리스마의 영향으로 1971년부터 1979년까지 의회 의석의 과반수를 넘기는 데 성공했다.[97] 셋째, 오스트리아-케인지언주의의 성공이다. 재정 적자를 전제로 한 케인지언주의는 인

95_자유당이 1983년 선거에서 의석수를 늘린 요인은 탈사회 블록화가 아니라 1970년 선거 개혁이었다. 득표수-의석수 연계 방식을 '하레 방식'(Hare formula)으로 바꾸었는데 이것이 제3당인 자유당에 유리하게 작용했던 것이다. 실제 1983년 총선에서 자유당은 득표율이 5.9퍼센트에서 4.9퍼센트로 하락했는데 의석수는 11석에서 12석으로 증가했다. Müller, "Executive-Legislative Relations in Austria: 1945-1992," 474; Frederick C. Engelmann, "The Austrian Party System: Continuity and Change," Steven B. Wolinetz ed., *Parties and Party Systems in Liberal Democracies* (London: Routledge, 1988), 92.

96_Müller, "Austria: Tight Coalitions and Stable Government," 95.

97_Müller, "Austria: Tight Coalitions and Stable Government," 96-7; Fritz Plasser et al., "The Decline of 'Lager Mentality' and the New Model of Electoral Competition in Austria," Kurt Richard Luther & Wolfgang C. Müller eds., *Politics in Austria: Still a Case of Consociationalism?* (London: Frank Cass, 1992), 29.

민당으로서 수용하기 어려운 정책 대안이었다. 크라이스키 사민당 정부는 더 나아가 주요 경제정책을 임금·물가공동위원회에 맡기기보다는 독자적으로 입안하고 집행하려 했다. 기능 대표 체계와의 연계에서 벗어나 오스트리아-케인지언주의를 추진하고자 했으며 그런 만큼 인민당과 연대해야 한다는 압박도 덜 받았다. 정당정치의 분극화 현상은 선거 캠페인에서도 확인된다. 1945~66년 기간에 인민당과 사민당은 선거 캠페인에서 연립정부 지속의 의지를 천명했다. 그러나 1970~83년 기간에 양당은 선거 캠페인에서부터 단독으로 다수 정부를 수립하겠다는 의도를 감추지 않았다.[98]

복지국가 성장기의 의회-행정부 관계에서 오스트리아와 네덜란드는 공통점과 함께 차이점을 보였다. 먼저 공통점을 살펴보면 오스트리아에서 탈사회 블록화로 인한 정당 체제의 재편은 아직 발생하지 않았으나 이념적 분극화는 네덜란드에서처럼 1966년 총선 이후 1970년대 전반에 걸쳐 지속되었다. 이 시기에 최소 승리, 또는 이에 근접한 내각이 집권했다. 이는 오스트리아 정치를 변혁시키는 요인으로 작용했다. 제2차 세계대전 이후 최초로 사회 진영에 기반을 둔 거대 정당이 야당이 되었기 때문이다. 이전까지 인민당과 사민당은 의회의 위상 강화를 위한 제도 개혁에 관심을 기울이지 않았다. 그러나 1975년에 장관에게 보낸 질문에 대해 답변을 받을 권리, 의원 3분의 1의 요구로 위헌 소송을 헌법재판소에 직접 제기할 권리, 그리고 의원 3분의 1의 요구로 감사원에 정부 감사를 명령할 권리를 보장하는 제도가 수립되었다. 요컨대 정부에 대한 야당의 견제가 강화된 결과, 의회가 정치의 중심으로 부상했다. 특히 헌법 수정 및 주요 입법에서 의결 정족수가 절대다수였기 때문에 최소 승리 내각의 집권기에 의회의

98_Müller, "Austria: Tight Coalitions and Stable Government," 92.

영향력이 더욱 증대되었다.[99]

그러나 네덜란드에서와는 다르게 의회-행정부 관계가 '연합 내부 모델'로 재편되지는 않았다. 네덜란드에서는 내각 참여 정당들의 각료와 의원들이 각각 연합을 구성하고 대립했다. 그러나 오스트리아에서는 단일 정당 내각이 1966년부터 1983년까지 집권했기 때문에 '내각 참여 정당 간의 갈등'이라는 변수가 사라진 대신 정부와 야당 간의 갈등은 심화되었다. 야당의 반대로 헌법의 수정이나 주요 입법이 무산된 적이 과거보다 증가했다. 그럼에도 1970년대에 대부분의 법안이 여당과 야당의 합의에 의해 입법되었다.[100] 인민당 정부에서는 법안의 80퍼센트가 사민당과 합의에 의해 처리되었다. 사민당 정부에서는 양당의 합의에 의해 통과된 법안의 비율이 1971~75년에 88퍼센트, 1975~79년에는 86퍼센트였다. 사민당과 자유당이 연립정부를 구성했던 1979~83년에 81퍼센트로 약간 감소했다.[101]

최소 승리 내각임에도 여당과 야당이 합의를 거쳐 입법할 수 있었던 것은 코포라티즘이 의회의 입법 과정에 영향을 미쳤기 때문이다. 오스트리아에서는 주요 사회·정책 관련 입법안이 임금·물가공동위원회에서 노사, 즉 사회적 파트너와 정부 대표 간에 합의를 거쳐 정부에 제출된다. 사민당과 인민당은 코포라티즘의 지속을 원했기 때문에 어느 한 정당이 야당이었어도 사회적 파트너들이 합의한 정책을 받아들였다. 1970년대에 의회-행정부 관계는 '정당 내부 모델'에서 '정당 간 모델'로 변화했지만 코포라티

99_Andeweg et al., "Parliamentary Opposition in Post-Consociational Democracies," 95; Gerlich, "Consociationalism to Competition," 68.

100_Andeweg et al., "Parliamentary Opposition in Post-Consociational Democracies," 100-1.

101_Müller, "Executive-Legislative Relations in Austria: 1945-1992," 481-5.

즘은 변화하지 않았던 것이다. 임금·물가공동위원회에는 ÖGB만이 아니라 3개 회의소 — 노동회의소, 연방경제회의소 그리고 농업회의소 — 도 대표를 파견했다. 3개 회의소 선거에서도 정당별 득표율이 1970년대 말까지는 변화를 보이지 않았다. 코포라티즘이 변화의 조짐을 보이기 시작한 것은 1980년대 중반부터였다.[102]

3-3. 기민주의 복지 자본주의 정치경제 레짐의 변화

네덜란드와 오스트리아는 기민주의 복지국가로 분류되고 있음에도 복지국가의 성장기에 전개된 정치경제 레짐의 변화에서는 공통점보다는 차이점이 더 뚜렷했다. 무엇보다도 단체 협상 제도가 다르게 변화했다. 네덜란드의 중앙 임금 협상은 1960년대 후반부터 코포라티즘에 의해 성사되지 않았다. 세 가지 요인이 중첩적으로 작용한 결과다. 첫째, 소득정책의 피드백 효과다. 낮은 실업률이 지속되자 NKV 및 CNV뿐만 아니라 사민주의 계열의 NVV까지 임금의 일괄적 억제를 강제하는 중앙 임금 협상에 반발했다. 둘째, 노사 모두 단체 협상에 대한 국가의 일방적 개입을 반대했다. 3개 노동조합연맹뿐만 아니라 사용자연합도 국가의 개입을 법제화한 수정 특별법 8조를 폐기하고자 했다. 1970년에 이 조항의 폐기를 위한 투쟁이 수포로 돌아가자 노사는 산업별로 분권화된 임금 협상에 집중했다. 중앙 임금 협상은 국가의 개입에 의해 간헐적으로 실행될 뿐이었다.

    셋째, 의회-행정부 관계의 변화다. 가톨릭인민당은 1967년부터 '다급하게 필요한' 상황이 종료되었다고 보았기 때문에 이념적으로 대척점에 있

102_Engelmann, "The Austrian Party System: Continuity and Change," 95-6.

는 노동당을 연립정부의 파트너에서 배제했다. 이는 1981년까지 지속되었다. 노동당도 1989년 총선까지 기민당과 자유당을 연립정부의 파트너로 인정하지 않았다.[103] 정부 구성에서 이념적 분극화로 인해 내각 참여 정당의 의석 규모가 축소된 결과, 입법 과정에 대한 정부의 통제가 약화되었다. 이런 상황에서 정부는 노사 모두가 반대하는 중앙 임금 협상을 코포라티즘을 통해 조정할 수 없었다. 노동당 정부조차도 1970년대에 노사의 반발로 인해 중앙 임금 협상을 코포라티즘을 통해 성사시키는 데 실패했다. 정부중재위원회의 개입이란 강제 수단을 동원할 수밖에 없었던 것이다.

탈사회 블록화가 이념적 분극화와 상호작용한 결과, 합의 정치와 노사정 관계가 약화된 것만은 아니었다. 네덜란드에서는 탈사회 블록화로 인해 선거 득표율이 감소하자 3개 종교 정당은 1977년 총선에서 연대했고 1981년에는 기민당을 창당했다. 더구나 합병 과정에서 기민당은 프로그램 중심의 중도 보수 정당으로 거듭났고 중위 정당의 위치를 회복했다. 노사 조직도 변화했다. 네덜란드가톨릭노동조합연맹NKV과 사민주의 성향의 네덜란드노동조합연맹NVV이 1976년에 연합했고 1981년에 네덜란드노동조합총연맹FNV으로 합병되었다. 자본에서도 유사한 현상이 발생했다. 사용자연합들이 1968년에 네덜란드기업연합VNO으로 합병되었다. 1971년에는 가톨릭사용자연합NKWV과 개신교사용자연합VPCW이 기독교사용자연합으로 합병되었다(제5장). FNV는 비록 실패로 끝났지만 실업률이 정점에 이른 1979년에 사용자연합과 대타협을 모색했다. 기민당은 1982년에 서

103_이런 현상은 이미 1959년에 시작되었다. 1959년에 자유당이 노동당을 밀어제치고 연립정부에 참여했다. 원인은 소득정책에 있었다. 노동당은 가톨릭인민당이 중앙 임금 협상을 반대해 온 자유당과 연합하려 했기 때문에 연립정부 참여를 거부했다. Wolinetz, "Socio-Economic Bargaining in the Netherlands," 83.

유럽에서는 최초로 바세나르에서 사회 협약을 이끌어 냈다.

　반면 오스트리아의 노사정은 임금 협상 제도에 관한 한 다투지 않았다. 첫째, 노사정이 소득정책의 최우선 목표를 고용 증대로 삼는 데 합의했기 때문에 완전고용이 소득정책의 피드백으로 작용해 노사정 관계에 충격을 주지 않았다. 더구나 임금 분산을 허용했기 때문에 산업별 임금의 차별적 조정이 노사 갈등의 요인으로 불거지지 않았다. 둘째, 소득정책의 탈정치화다. 임금·물가공동위원회는 행정부와 독립해 소득정책을 형성 및 집행한 결과, 네덜란드의 SER과는 다르게 정치적 갈등의 장으로 변질되지 않았다. 셋째, 노사 조직의 포괄성이다. 가톨릭 노동조합운동과 사회주의 노동조합운동을 합병해 출범한 ÖGB는 통합 조직으로서 이질적인 이념을 포용해야 했기 때문에 네덜란드의 사회보장비지출기금VAD처럼 경제 민주화 이슈를 제기하는 것은 사실상 불가능했을 것이다. 단체 협상 제도의 분권화와 노동조합 간 임금 격차의 허용이 현실적인 대안이었을 것이다. 요컨대 오스트리아에서는 복지국가 성장기에 임금 협상에 관한 한 변동 상황이 발생하지 않았으며 코포라티즘에 의한 간접적 조율과 조직된 분권화의 단체 협상 사이에 제도적 연계도 지속되었다.

　1970년대에 네덜란드의 코포라티즘은 소득정책에서뿐만 아니라 정부 정책 전반에서 급속히 쇠퇴해 작동 자체가 아예 멈췄다. 1970년대 전반에 걸쳐 그리고 바세나르 협약이 타결된 1982년까지 코포라티즘이 제도상으로는 존재했으며 노사정 협의도 시도되었다. 그러나 노사정 간의 극단적 대립으로 인해 합의 도출에는 실패했기 때문에 코포라티즘이 '작동하지 않았던' 것이다. 코포라티즘에서 정책은 합의에 의해 입안되기 때문에 노사 대표가 비토권을 행사하는 셈이다. 노사정 갈등으로 인해 코포라티즘이 작동되지 않았다는 것은 곧 관련 행정부의 기능이 사실상 마비되었다는 것을 의미했다. 이에 '정부 정책 과학적 자문 위원회'는 1977년에 코포라티즘의 현황을 조사한 바 있다. 이 조사에 의하면 당시 402개의 자문 위원회가 존재했으며 위원은 7천여 명에 달했다. 코포라티즘의 비대화와 비효율성은 사회적 비난의 도마 위에 올랐다. 이후 정부 자문 위원회 체제는 과감하게 개혁되었다. 1993년에 정부 자문 위원회의 수가 120개 — 자문 위원 수는 2,500여 명 — 로 대폭 감소했다.[104]

탈사회 블록화와 의회-행정부 관계의 변화는 코포라티즘의 붕괴를 가속했다. 정당들은 과거보다 사회 블록의 구속으로부터 자유로웠다. 선거 승리를 위해 사회 블록을 가로지르며 이익 정치에 관여했다. 그러나 정당들은 이익 정치와 의회정치를 연계하는 데는 실패했다. 의회 자체가 내각 참여 정당들 간에 갈등의 장으로 변모했기 때문이다. 정부 또한 내각 참여 정당들의 각축으로 인해 이익 갈등을 조정하지 못했다.[105] 1970년대 네덜란드의 코포라티즘은 카오스 상태에 빠져들었던 것이다.

오스트리아에서도 단독정부의 등장으로 인해 코포라티즘의 절대적 위상이 흔들리기 시작했다. 1966년부터 내각이 단독정부에 의해 구성되자 각 정당은 의회에서 다수를 확보하기 위해 사회 진영의 이익을 넘어 유권자 전체에 어필하는 '포괄 정당'으로 변모했다. 따라서 정당은 사회 진영을 대표하는 이익 단체들이 만든 정치의 장인 코포라티즘과 거리를 두고자 했다. 크라이스키 사민당 정부는 임금·물가균등위원회가 담당하는 정책 기능의 일부를 행정부로 이관시켰다. 1983년에 사민당은 반사회 진영의

104_Visser & Hemerijck, '*A Dutch Miracle*', 74; Andeweg & Irwin, *Governance and Politics of the Netherlands*, 173-5.

105_M.P.C.M. van Schendelen, "The Netherlands: Parliamentary Parties Rival with Pressure Groups," Philip Norton ed., *Parliaments in Contemporary Western Europe* 2 (London: Frank Cass, 1999), 112-8; Andeweg et al., "Parliamentary Opposition in Post-Consociational Democracies," 104.

정치를 추구해 온 자유당과 연립정부를 구성하는 한편 그동안 조직적 기반이었던 거대 국영기업들에 개혁의 칼을 빼들었다. 단독정부하에서 야당이 된 사회 진영의 정당, 반사회 진영의 기치를 든 자유당, 그리고 새롭게 의회 — 1986년 총선 이후 — 에 진출한 녹색당은 입법 과정에서 정부의 역량을 약화시켰다. 요컨대 오스트리아 코포라티즘은 단체 협상 부문에서 여전히 건재했지만 입법을 요구하는 정책 전반에서는 그 위상이 과거에 비해 약화되기 시작했던 것이다.

4. 소결: 복지국가의 성장과 정치경제 레짐의 변동

합의 민주주의 정치와 코포라티즘은 행위자들이 자발적으로 협의 과정에 참여할 때 성사된다. 복지국가 형성기에 정치·사회 행위자들은 제2차 세계대전으로 폐허화된 경제라는 공공 악재를 극복하기 위해 집단행동에 참여했다. 그러나 소득정책으로 경제성장과 완전고용을 실현하자 노동조합 운동은 중앙 임금 협상을 거부하기 시작했다. 어떤 조건에서 이익 단체들이 임금 인상이라는 사적 이익을 자제하고 완전고용이라는 공공재의 지속적 창출을 위해 중앙 임금 협상이라는 집단행동에 참여했는가?

올슨과 죄수 딜레마 게임에 의하면 제3자의 강압이나 별도의 유인이 없으면 합리적 개인들은 사적 이익의 손해를 감수하면서 자발적으로 공공재의 창출을 위한 집단행동에 참여하지 않는다. 합리적 행위자는 무임승차를 선택해 공공재를 소비하면서 비용은 지불하지 않으려 하기 때문이다. 그러나 첫째, 참여자가 적을 경우에 행위자들은 공공재의 창출로부터 얻는 지분이 상대적으로 크기 때문에 집단행동에 참여할 가능성이 높다. 둘째, 정치 영역이 리더십을 발휘해 이익 갈등을 조정할 때 집단행동이 발생한다. 정치 영역이 리더십을 발휘해 사회적 갈등을 조정하기 위해서는 내각이 의회의 다수를 차지해 입법 과정을 통제할 수 있어야 한다. 동시에 내각 참여 정당들이 협력해 입법 과정을 자체적으로 조율할 수 있어야 한다(제3장).

이 장에서는 최대 유사 체계 디자인(차이법)을 이용해 두 가지 가설을 검증했다. 첫째, 내각이 입법 과정을 통제할 때 코포라티즘이 지속된다는 가설 1이다. 둘째, 정치권 개입으로 중앙 임금 협상을 성사시킨 경우 복지국가 성장기에 노사가 임금 협상에 대한 정치권의 개입에 반발하기 때문에 코포라티즘이 약화된다는 가설 2다.

1960년대 후반부터 스웨덴과 덴마크의 노동조합운동은 중앙 임금 협상에 반발했다. 그러나 중앙 임금 협상이 와해된 시점은 달랐다. 스웨덴에서는 1983년까지 지속되었으나 덴마크에서는 1970년대 초부터 중앙 임금 협상을 위한 코포라티즘이 작동되지 않았다. 소득정책뿐만 아니라 정부 정책 전반에 걸쳐 코포라티즘은 비슷한 변화를 보였다. 덴마크가 스웨덴보다 코포라티즘이 약화된 시기가 빨랐고 약화의 정도도 심했다. 그 원인은 첫째, 덴마크보다 스웨덴의 노사 조직이 더 포괄적이었으며 중앙·집중화되어 있었다. 둘째, 덴마크의 경우 정치권 — 의회와 공공중재위원회 — 이 개입해 중앙 임금 협상을 이루어 냈으나 1970년대에는 노사 모두 이를 반대하고 나섰다. 반면 스웨덴의 LO와 SAF는 1983년까지 중앙 임금 협상을 자율적으로 실천했다. 셋째, 1980년대에 스웨덴과 덴마크의 정부 모두 입법 과정을 이전처럼 강력하게 통제하지 못했으나 스웨덴의 사민당은 중위 정당의 위치를 점유했고 블록 내 지지 정당의 지원으로 의회에서 다수를 확보했다. 반면 덴마크의 사민당 정부는 1970년대에 중위 정당의 위치를 점유한 사회자유당의 간섭을 받았다. 1982년부터 집권한 중도-우파 연립정부는 사민당의 반대에 부딪혀 입법 과정에서 무력했다.

오스트리아와 네덜란드는 다음과 같은 특징을 공유했다. 사회 블록에 기반을 둔 정당들이 합의 정치 민주주의를 실현했으나 1960년대 후반부터 이념 정당의 분극화로 인해 내각의 의회 의석 점유율이 감소했다. 그러나 네덜란드는 오스트리아보다는 덴마크와 유사한 패턴을 보였다. 노사 모두 중앙 임금 협상에 대한 국가의 개입을 반대했다. 1960년대 후반부터 이념적 분극화로 인해 내각 참여 정당의 규모가 축소되었고 합의 정치가 와해되었다. 내각 참여 정당들 간에 또는 여당과 야당과의 갈등으로 인해 정치의 중심이 내각에서 의회로 이동했다. 코포라티즘은 1970년대에 아예 작동을 멈추었다.

오스트리아의 코포라티즘은 네덜란드처럼 와해되지 않았다. 저실업의 상태에서도 노사정이 갈등에 빠져들지 않았다. 그 이유는 첫째, 고용 최우선 순위 정책에 대한 사회적 합의가 형성되어 있었으며 임금 분산을 허용하는 조직된 분권의 임금 협상 제도가 실행되었다. 둘째, 코포라티즘이 행정부와 분리된 임금·물가공동위원회를 중심으로 작동했다. 소득정책을 비롯한 경제정책의 결정 과정이 탈정치화 — 행정부와 의회정치의 외곽에서 이루어 짐 — 되었던 것이다. 셋째, 노사 조직 모두 포괄적이며 중앙·집중화되어 있었다. 오스트리아에서도 이념 정당의 분극화와 단독정부의 등장으로 인해 야당과 의회의 위상이 강화된 결과, 코포라티즘의 영역이 과거에 비해 축소되기 시작했다. 예컨대 노사정의 비공식적 타협으로 마련된 법안이 위헌 판결을 자주 받았다. 그러나 소득정책에서 코포라티즘은 건재했다.

정치경제 레짐에 관한 한 동일한 유형의 복지국가보다는 오히려 상이한 유형의 복지국가 사이에서 공통점이 더 많이 발견된다. 스웨덴과 오스트리아는 노사 조직이 중앙·집중화되어 있었으며 노사가 자율적으로 단체 협상을 성사시켰다. 내각이 지속적으로 입법 과정을 통제했다. 1970년대와 1980년대 초 — 스웨덴의 경우 1976년 이전 그리고 1982년 이후 — 에 사민당 정부가 의회-행정부 관계를 주도했으며 코포라티즘도 상대적

표 7-8 | 행정부에서 정당의 응집력 및 이익 조정 체제

	노사 조직 및 단체 협상의 유형	내각의 정책 응집력[1] (1950~74년)	의회 정당 수[2] (1960~70년대)	내각의 유형 (1960년대 후반~70년대)[3]	경제 운영 통합 (코포라티즘)[4] (1960년대)	코포라티즘의 변화[4]
오스트리아	중앙·집중, 노사 자율	1.0	2.18	mw, min	4.625	0 (1970~80년대)
덴마크	조직 분권화, 정치권 개입	1.0	4.61	min, mw+	4.375	-0.5 (1970~80년대)
네덜란드	조직 분권화, 국가 개입	3.0	5.35	(o, sm), mw+, mw, min	4.250	-0.375 (1960~70년대)
스웨덴	중앙·집중, 노사 자율	1.3	3.26	min, mw, mw+	4.750	-0.125 (1970~80년대)

1) Kaare Strøm et al., "Dimensions of Citizen Control," Strøm et al. eds., *Delegation and Accountability in Parliamentary Democracies* (Oxford: Oxford Univeristy Press, 2003), 662, Table 22-4. 해당 국가 전문가들이 정책의 응집력을 통제하는 연립정부의 규칙이 "가장 포괄적이며 입장이 뚜렷하면" 순서에 따라서 가장 강한 경우에는 1점을, 가장 약한 경우에는 4점을 부여했다.
2) Michael Gallagher and Paul Mitchell, "Election Indices," http://www.tcd.ie/Political_Science/staff/michael_gallagher/ElSystems/Docts/ElectionIndices.pdf.
3) 내각 유형은 이 책의 〈표 7-6〉 각주 2를 참조할 것.
4) 통합의 지표만이 시기별로 구분되어 있기 때문에 코포라티즘 대신 이 지표를 사용했다. Siaroff, "Corporatism in 24 Industrial Democracies," 198.

으로 건재했다(〈표 7-8〉). 이와 대비해 덴마크와 네덜란드에서는 노사 조직이 분산되어 있었으며 정치권이 개입해 중앙 임금 협상의 제도를 유지했다. 노사 모두 국가의 개입에 반대했다. 내각이 의회에서 다수를 동원하지 못했기 때문에 입법 과정을 효율적으로 통제하지 못했다. 코포라티즘은 약화되어 노사정 협의에 의한 정책의 형성 및 집행 기능을 사실상 담당하지 못했다(〈표 7-8〉).

역사의 기저에는 아이러니와 반전이 오묘하게 깔려 있다. 덴마크와 네덜란드의 정치경제 레짐과 정책 조합은 1970년대에 실패임이 드러났다. 코포라티즘이 마비되었고 실업률은 고공 행진을 멈추지 않았다. 그러나 1970년대 후반부터 두 나라의 정치경제 레짐은 새로운 환경에 대응하면서 변화의 조짐을 보였다. 덴마크의 LO는 경제 민주화의 입법에 실패했음에도 이를 정치적 이슈로 삼지 않았으며 DA와 타협을 모색했다. 사민당은 자유당과 좌우 연립정부를 실험했다. 중도-우파 연립내각임에도 LO는

1987년에 DA와 사회 협약을 맺었다. 네덜란드의 노동조합운동, 사용자연합, 종교 정당들은 탈사회 블록화로 인해 쇠락하는 가운데 조직을 통합했고 실용 노선을 선택했다. FNV는 1979년에 사용자연합과 대타협을 모색했다. 중위 정당의 위치를 탈환한 기민당은 1982년에 사회 협약을 이끌어냈다. 반면 스웨덴과 오스트리아는 낮은 실업률을 이루었으나 정치경제 레짐의 이면에서는 갈등의 골이 깊어지기 시작했다. LO은 계급화·정치화 노선을 고수했고 렌-마이드너 모델을 이탈했다. SAF는 렌-마이드너모델, 더 나아가 코포라티즘의 해체로 맞섰다. 오스트리아에서 역사의 반전은 1986년 이후 시작된다(제8장). 그러나 조짐은 이미 1970년대에 나타났다. 인민당과 사민당은 대연정을 깨고 단독으로 정부를 구성한 결과, 의회의 위상이 강화되었다. 의회는 비공식적인 노사정 타협을 거친 입법에 제동을 걸기 시작했다. 1986년 총선 이후 의회에 진출한 새로운 정치 세력들은 카르텔화된 기득권 정당들을 비판했고 코포라티즘 해체의 기치를 들었다. 드디어 '공용화'된 코포라티즘이 비틀거리기 시작했다.[106]

106_Crepaz, "An Institutional Dinosaur."

| 제8장 |

복지 자본주의
정치경제 레짐의 동학 II

복지국가 재편기

1. 들어가면서: 세계화, 신자유주의 그리고 복지국가의 재편

세계화는 정책 환경을 근본적으로 변화시켰으며 복지 자본주의 정치경제 레짐은 이에 대응하는 과정에서 새로운 경로로 접어들었다. 그러나 변화의 맥락은 복지국가의 성장기에서와 달랐다. 이 장의 목적은 세계화 시대에 복지 자본주의 정치경제 레짐의 변동을 설명하는 것이다. 두 가지 주제를 중점적으로 다룬다. 첫째, 노사정의 타협이 세계화 이전 아니면 세계화 이후에 발생했는가, 즉 역사적 타이밍이 세계화 시대에 정치경제 레짐의 변동에 어떤 영향을 미쳤는가 하는 것이다. 둘째, 세계화 이후 복지 개혁의 정치가 의회-행정부 관계에 어떤 영향을 주었으며, 변화된 의회-행정부 관계는 노사정 관계, 특히 코포라티즘 및 사회적 협의의 제도화에 어떤 영향을 주었는가 하는 것이다.

먼저 세계화가 정책 환경의 변화에 미친 영향을 살펴보자. 경제적 측면에 국한시켜 보면 세계화는 "무역 경쟁의 심화, 다국적 생산화, 그리고 금융시장 통합"의[1] 제도적 메커니즘을 타고 시장이 국민경제를 이탈해 초국가적 수준에서 기능적으로 통합되는 과정이다.[2] 지난 30여 년 동안 세계화가 가속될 수 있었던 것은 상품, 서비스 그리고 자본의 국가 간 흐름에 소요되는 거래 비용이 탈규제와 생산 및 IT 기술의 혁명에 의해 획기적으로 감소했기 때문이다.[3]

세계화의 개념은 '국제화'internationalization와 '세계화된 경제'globalized economy와 대비해 설명되기도 한다. 국제화는 "국가 간 공식·비공식적 협력과 통합 메커니즘의 발전"을 의미한다.[4] 반면 '세계화된 경제'에서는 상품, 서비스 및 금융시장이 초국가적 수준에서 통합되어 있기 때문에 국민경제는 "국제적 과정 및 거래에 의해 형성된 시스템"에 포함되는 동시에 그 영향에 따라 재편된다.[5] 세계화는 세계화된 정치경제를 지칭하는 것이 아니라 국

---

[1] Garrett, *Partisan Politics in the Global Economy*, 791-3.

[2] 안재흥, "지구화와 정치변동: 이론적 접근," 오기평 옮김, 『지구화와 정치변동』(오름, 2000), 37.

[3] Robert O. Keohane & Helen V. Milner, "Internationalization and Domestic Politics: An Introduction," Keonhane & Milner eds., *Internationalization and Domestic Politics* (Cambridge: Cambridge University Press, 1996), 4.

[4] Philip G. Cerny, "Globalising the Political and Politicising the Global: Concluding Reflections on International Political Economy as a Vocation," *New Political Economy* 4-1 (1999), 154; Paul Hirst & Grahame Thompson, *Globalization in Question* (Oxford: Polity Press, 1996), 8-9; Peter Dicken, *Global Shift* (London: PCP, 1997), 1-5.

[5] Hirst & Thompson, *Globalization in Question*, 10; Dicken, *Global Shift*, 5; Susan Strange, *The Retreat of the State* (Cambridge: Cambridge University Press, 1996), 4; Richard Higgot, "Economics, Politics and (International) Political Economy: The Need for a Balanced Diet in an Era of Globalization," *New Political Economy* 4-1 (1999), 24.

제화의 정치경제가 세계화된 정치경제로 이행되고 있는 과정을 의미한다.

국제화에서 세계화로 방향을 튼 시기는 1980년대 중반 즈음이었다. 세계화는 무역 부문보다는 생산과 금융 부문에서 두드러졌다. OECD 18개국에서 수출과 수입이 GDP에서 차지하는 비율이 1960년대 이후 완만한 상승을 보였다. 반면 생산과 금융 부문에서는 1980년대 중반이 국제화에서 세계화로 전환된 변곡점이었음이 뚜렷이 드러난다. 해외 유출 및 국내 유입 총직접투자Foreign Direct Investment, FDI가 1960~70년대에는 GDP 대비 약 1퍼센트를 차지했으나 1990년대 초에는 약 3퍼센트로 증가했다. 금융 부문도 비슷한 추세를 보였다. 자본 회전이 GDP에서 차지하는 비율이 1970년대 후반에 약 20퍼센트였으나 1990년대 중반에는 50퍼센트로 급격히 상승했다. '위험 거래 이자율'covered interest rate의 국가 간 차이도 1980년대 초중반에 급격히 줄었다.[6] 제도적인 면에서 보면 금융의 세계화는 1970년대에 브레턴우즈체제의 붕괴와 유로달러 시장의 성장, 1980년대 초 미국의 고금리 정책과 자본 통제의 자유화로 탄력을 받기 시작했다. 환율의 안정과 해외 자본의 유입을 위해서 각국 정부는 이자율을 높이고 인플레이션을 억제하는, 긴축적 통화주의 정책을 선택할 수밖에 없었다. 특히 서유럽에서는 1979년에 유럽통화체제European Monetary System, EMS가 형성되었으며 1986년에 유럽 단일 시장 조약이, 그리고 1991년에 마스트리히트 조약 — 1999년까지 화폐 통합의 시한을 정한 조약임 — 이 각각 체결되

6_Swank, *Global Capital, Political Institutions, and Policy Change*, 16-9. 국가 간의 자본 이동에 대한 규제가 없는 상태에서 자유로운 자본 이동이 이루어지고 거래 비용도 존재하지 않는다면, 국제 자본시장의 수급 균형은 즉각적인 자본 이동에 의해 실현된다. 이때 A국의 이자율 = B국의 이자율+선물환프리미엄(디스카운트) 관계가 성립하게 된다. 선물환 프리미엄이 반영된 이자율이 위험 거래 이자율이다. http://terms.naver.com/entry.nhn?cid=2898&docId=7888&categoryId=2898

었다. 이에 서유럽 각국은 긴축적 통화주의 정책을 더욱 강화했다(제2장).

세계화의 토양에서 신자유주의 이념이 싹을 틔웠다. 신자유주의를 만개시킨 것은 미국과 영국의 보수주의 정부와, EU, IMF, OECD 등 국제기구가 주도한 '정치적 프로젝트'의 결과였다.[7] 일찍이 폴라니가 지적한 바 있듯이 자유주의의 이상향인 '완벽한 상품화'는 '허구'에서나 존재할 뿐이다. 노동은 "인간 활동의 또 다른 이름일 뿐"이며 토지는 "자연의 또 다른 이름일 뿐"이며 화폐 또한 "은행 또는 국가 금융기관을 통해서 존재"하는 상징에 불과하다.[8] 서유럽의 복지 자본주의 정치경제를 세계화라는 완벽한 상품화의 회오리로 떠밀어 넣은 것은 영국과 미국의 보수주의 정부, 그리고 국제기구가 주도한 신자유주의 이념이었다.

세계화와 신자유주의의 압박으로 인해 국가의 역할이 변화했다. 국가는 고용 증대를 위해서 재정 정책을 구사하는 대신 경제의 공급 부문에 개입해 국내외 기업의 투자를 유인하는 데 치중했다. 시장의 세계화로 인해 정부 지출에 의한 국내 수요의 관리가 더 이상 고용 창출을 유도하는 효과적인 정책 수단으로 작동될 수 없었기 때문이다. 공급 부문에 대한 국가 개입의 전략은 기업의 경쟁력 강화와 해외투자의 유치를 위한 노동 비용의 축소로 요약된다. 국가는 탈규제, 임금 억제의 소득정책, 노동의 유연화, 국영기업의 민영화 등을 추진하는 한편 수요 부문에서는 공공 사회 지출을 축소하고 사회정책의 우선순위를 적극적 노동시장 정책에 두었다.[9]

---

[7] John H. Campbell & Ove K. Pedersen, "Introduction. The Rise of Neoliberalism and Institutional Analysis," Campbell & Pedersen eds., *The Rise of Neoliberalism and Institutional Analysis* (Princeton: Princeton University Press, 2001), 1; Abdelal, *Capital Rules*, Chapter 1-2.

[8] Polanyi, *The Great Transformation*, 72.

세계화는 국가와 시장의 관계뿐만 아니라 노사 관계, 더 나아가 정당 정치에도 영향을 미쳤다. 세계화 이전, 특히 1970년대에 서유럽의 노동은 자본과의 관계에서 힘의 우위를 점유했고 공격적이었다.[10] 그러나 세계화 이후에는 자본이 노동에 비해 이동이 수월했기 때문에 노사 관계에서 힘의 균형이 노동에서 자본으로 기울었다. 더구나 국가는 통화주의 정책과 긴축정책으로 다분히 실업을 방치함으로써 강경한 노동조합운동을 순화시키려는 경향을 보였다.[11] 실제로 서유럽 각국은 EU의 화폐 통합 일정에 맞추어 긴축정책과 통화주의 금융정책을 강행했으며 유럽 사회는 장기간에 걸쳐 고실업을 겪었다. 자본주의 다양성 이론이 주장하듯이 경제에서 조정의 중심이 공급 부문으로 이동한 결과, 기업이 기능 대표 체계에서 조정의 주도권을 장악했다.

정당정치의 지형도 변모했다. 1980년대 중반부터 서유럽 각국의 사민당은 금융시장 보호 정책을 접었다. 해외 자본의 유치로 투자 및 고용을 증대시키기 위해 금융시장 개방에 나선 것이다. 서유럽의 사민주의 정당들은 전통적 사민주의와 신자유주의를 결합함으로써 성장과 복지의 선순환을 모색했다. 기든스는 이를 '제3의 길'로 명명한 바 있다. OECD와 EU는 사회 투자 국가를 모범적인 모델로 제시하며 사회정책을 적극적 노동시장 정책을 중심으로 재편하도록 독려했다. 세계화가 서유럽의 정치 지형에서

9_Bob Jessop, "The Transition to Post-Fordism and the Schumpeterian Workfare State," Roger Burrows & Brian Loader eds., *Towards a Post-Fordist Welfare State* (London: Routledge, 1994), 24; 이 책의 제2장 2절(64쪽)을 참조.

10_Crouch & Pizzorno, *The Resurgence of Class Conflict in Western Europe*.

11_Korpi, "The Great Trough in Unemployment"; Hassel, "The Politics of Social Pacts," 710.

사민당을 중도로 이동시킨 결과, 좌우 이념 정당 간에 이념적 간격이 좁아졌다.[12]

정당들 사이의 이념적 간격이 축소되자 정책 조정에서 정당의 역할이 증대되었고 정당 간에 정책 공조의 공간도 확대되었다. 그런 만큼 내각 구성에서 정당 연합의 폭이 넓어졌다. 네덜란드에서는 1994년에 '보라색 정부'로 회자된 노동당-자유당 연립정부의 등장을 계기로 이념 갈등의 정치가 합의 정치로 전환되었다. 덴마크에서는 제2차 세계대전 이후 복지국가의 성장을 이끌었던 사민당과 사회자유당이 다시 연합해 1993년에 연립정부를 출범시켰다. 더구나 이념 블록을 뛰어넘어 정당 간에 정책 연합이 일상화되었다. 오스트리아에서는 1987년에 사민당과 인민당은 1966년 이후 고집했던 단독정부의 대안을 버리고 다시 대연정 연립정부를 구성했다. 그러나 스웨덴에서는 좌우 블록의 정당들이 정권을 주고받은 결과, 정부 형성 및 입법의 정치에서 좌우 블록 간에 대치 전선이 굳어졌다.

세계화와 탈산업화의 시대에 유권자의 정당 소속감이 약화되었고 당원 수가 급감하는 등 정당이 유권자로부터 멀어진 것은 사실이다.[13] 그러나 정당의 역할이 축소된 것은 아니다. 다만 시민사회와 국가의 연계라는 정당 본연의 역할이 시민사회에서 국가의 정책 결정 과정으로 이동한 것이다. 이런 변화의 이면에서 주요 정당들이 공존을 위한 '카르텔'을 형성하고 정책 공조의 공간을 확대시킨 결과, 정부의 성격이 '정당 정부'로 변모했다.[14]

12_사회 투자 국가의 개념은 이 책의 제2장 2-2절(22쪽)을 참조할 것.

13_Dalton, "The Decline of Party Identification."

14_카르텔 정당의 개념은 Katz & Mair, "Changing Models of Party Organization and Party Democracy" 참조. 세계화로 인한 정당의 카르텔화는 Mark Blyth & Richard S.

고실업 사회로의 진입과 세계화에 대응해 서유럽의 복지국가는 내핍 정책을 추진하는 한편 공공 사회 지출 구조를 재조정했다. 복지국가가 재편되기 시작한 것이다. 제3장에서 다루었듯이 복지국가 재편의 과정에서 나타나는 집단행동의 맥락은 복지국가의 성장기에서와 다르다. 정치적 행위자 — 행정부, 정당, 노동조합, 사용자연합, 유권자 등 — 들이 집단행동을 통해 재정 적자, 물가 상승, 고실업 등 공공 악재를 제거해야 하기 때문이다. 이를 위해서는 복지 지출을 삭감하거나 정책의 우선순위를 바꿔야 한다. 그러나 복지 지출의 삭감 내지 재편은 피어슨이 주장하듯이 복지 수급자 다수의 비난과 저항을 불러일으킨다. 따라서 복지국가의 재편을 위해 정당을 위시한 정치 행위자들은 '비난 회피의 정치'를 추구한다.[15] 정당들은 비난을 회피하기 위해 이념을 가로질러 연립정부를 구성했으며 위원회라는 형식을 빌려 복지 개혁을 도모했다.

제3장에서 세계화 전후에 전개된 복지 자본주의 정치경제 레짐의 변동을 설명하기 위해 두 가지 가설을 제시한 바 있다. 가설 4에서는 세계화 이전에 고실업이 발생했고 이에 대응하는 과정에서 노사정이 타협한 경우 이들 간의 협의적 관계가 세계화 이후에도 지속될 가능성이 높다. 그 반대는 세계화 이전에 실업률이 낮았으며 노사정 간에 갈등적 관계가 지속된 경우다. 이 경우에 노동조합운동이 세계화 이후에 고실업을 타개하기 위

Katz, "From Catch-all Politics to Cartelisation: The Political Economy of the Cartel Party," *West European Politics* 28-1 (2005) 참조. 입법 과정에서 정당의 역할에 대한 연구는 다음 문헌을 참조할 것. Strøm, "Parties at the Core of Government"; Cox & McCubbins, *Legislative Leviathan*; Strøm & Bergman, "Parliamentary Democracies under Siege?"

15_Pierson, "The New Politics of the Welfare State"; Pierson, "Coping with Permanent Austerity."

해 자본과 협의적 관계의 복원을 시도하더라도 자본의 반대 때문에 실현 가능성이 낮다. 노사정 관계가 협의적 관계로 전환된 역사적 타이밍이 세계화 이후 정치경제 레짐의 변동에 영향을 주었다고 가정한 것이다.

가설 5에서는 첫째, 비난 회피를 위한 정치는 합의제 모델 국가에서 합의 정치를 강화시킨다. 정당 및 노사정 행위자들은 합의 정치를 통해서 복지 개혁에 대한 정치적 책임의 소재를 모호하게 하거나 분산시킬 수 있기 때문이다. 그러나 누가 그리고 어떻게 합의 정치를 조정하는가 하는 문제는 여전히 남는다. 연립정부가 의회의 다수를 점유하는 것이 곧 합의 정치의 부활로 이어지는 것은 아니기 때문이다. 따라서 둘째, 합의제 모델 국가에서 정부가 의회의 다수를 동원해 복지국가 재편을 수행하고 있는 것은 정당정치가 효과적으로 의회-행정부 간의 갈등을 조정하고 있기 때문이다. 셋째, 코포라티즘의 조직적 조건이 취약한 네덜란드와 아일랜드 등 일부 국가에서 사회적 협의가 제도화되고 있는데, 이는 정당정치의 활성화와 합의 정치의 복원이 영향을 미친 결과였다. 사회적 협의는 코포라티즘의 조직적 조건이 취약한 나라에서 성사되고 있기 때문에 코포라티즘과 다른 현상으로 봐야 한다. 안정된 의회-행정부 관계와 합의 정치 지향의 정당정치가 기능 대표 체계의 조직적 취약성을 보완했기 때문에 사회적 협의라는 새로운 제도가 정착되었다.[16]

이 장의 논의 전개의 방식은 제7장에서와 같다. 먼저 최대 유사 체계 디자인(차이법)를 이용한다. 제3절에서는 사민주의 복지국가(스웨덴과 덴마크)를, 제4절에서는 기민주의 복지국가(네덜란드와 오스트리아)를 비교한다. 아일랜드는 자유 시장경제의 생산 레짐에 기초한 자유주의 복지국가였다.

16_사회적 협의의 개념은 이 책의 제3장 3-5절(110쪽)을 참조.

그러나 사회 협약이 체결된 1987년 이후 조정 시장경제로 전환되고 정치 대표 체계도 합의주의 모델로 이동하기 시작했다. 제5절에서는 최대 유사 체계 비교로 확인한 요인들이 과연 아일랜드가 합의제 모델과 조정 시장 경제로 이행하는 데 있어 어떻게 작용했는지 추적해 볼 것이다. 제6절 결론에서는 차이법이 도출한 요인을 일치법을 이용해 교차 검증한다. 이런 논의에 앞서서 제2절에서는 노사정 관계가 세계화 이전에 갈등에서 타협으로 전환했는지 그 역사적 타이밍을 분석한다.

2. 노사정 타협의 역사적 타이밍

서유럽에서는 1970년대부터 정책 조합의 피드백 효과로 인해 노사 갈등이 심화되고 의회의 위상이 강화된 결과, 코포라티즘이 약화 내지는 와해되었다. 그러나 세계화 진입의 초입에서 보면 서유럽 강소·복지 4개국이 처한 정치·사회적 맥락은 상이했다. 노사정이 타협을 도모한 역사적 타이밍이 어떻게 달랐으며 이는 이후 복지 자본주의 정치경제 레짐의 변동에 어떤 영향을 주었는가?

스웨덴의 실업률은 1980년대 후반까지 낮았던 반면 덴마크의 실업률은 1973년 제1차 오일쇼크 이후 줄곧 높았다(<그림 4-7> 참조). 집권당도 서로 달랐다. 스웨덴에서는 1970년대 중후반(1976~81년)에 중도-우파 연합이 정부를 구성했던 반면 덴마크에서는 사민당 소수 정부가 집권했다(1973~75년은 자유당 집권). 그러나 1980년대에는 그 반대로 스웨덴에서는 사민당 소수 정부가 1982~91년의 기간에 집권했던 반면 덴마크에서는 중도-우파 연합이 1982~92년의 기간에 집권했다(<부록 표 1-1>과 <부록 표 1-2>). 제7장에서 논의했듯이 스웨덴에서는 스웨덴사용자연합SAF이 중도-

우파 연립정부의 집권기인 1970년대 후반부터 노동조합총연맹LO에 반격을 가했다. 1980년에 대규모 직장 폐쇄를 감행했다. 1983년은 스웨덴 모델이 와해의 길로 접어든 분기점이었다. SAF는 중앙 임금 협상을 와해시키는 한편 임노동자 기금 법안에 반대해 대규모 시위를 벌였다. 1978년부터 SAF 내부 전문가 그룹들은 연구 보고서 및 세미나를 통해 코포라티즘의 유용성을 논의하기 시작했다. 그러나 아직 향배를 정하진 않았다. 그러나 1980년대 중반부터 SAF는 코포라티즘의 해체를 단순히 가능성의 차원이 아니라 '바람직한 목표'로 삼았다. SAF의 대표들이 정치권력의 중심인 국가 행정기관에 '인질'로 잡혀 있는 것과 다를 바 없기 때문에 코포라티즘의 기관에서 이들을 철수시키는 대신 의회와 행정부를 상대로 로비를 강화해야 한다는 것이었다.[17]

한편 사민당은 재집권에 성공한 1982년을 전후해 LO의 강경 노선과 거리를 두기 시작했다. 1981년 정당 대회에서 사민당은 공공 부문의 축소를 주장했고 사용자들이 부담해야 하는 임노동자 기금의 갹출 수준을 낮춘 수정안을 채택했다. 1982년에 제3길을 천명했고 1985년부터는 금융시장을 본격적으로 개방했다. 이로 인해 LO는 사민당과 소위 '장미의 전쟁'으로 회자되는 노선 투쟁을 벌였다. LO는 사민당 정부의 신자유주의 노선, 즉 금융시장의 탈규제 조치를 신랄하게 비판했다. 금융시장 개방으로 투자를 촉진하는 대신에 임노동자 기금의 조성으로 기업지배구조를 개혁하고 기업의 자금 조달도 조정할 수 있다고 역설했다. LO와 사민당 간의 갈등은 LO 산하 단위 노조의 사민당 집단 가입의 문제로 번졌다. 1986년에

17_Johansson, *SAF och den Svenska modellen*, Chapter 4-5; Rothstein & Bergström, *Korporatismens fall och den svenska modellens kris*, 72-8.

LO 의장 말름Stig Malm은 이 제도가 폐지되어야 한다고 직격탄을 날렸다. 사민당은 1987년 전당대회에서 이 제도는 없어질 것이라고 되받았다. 실제로 이 제도는 1990~91년에 폐지되었다.[18] 요컨대 스웨덴의 노동은 자본뿐만 아니라 사민당과 대립하면서 세계화의 격랑에 휩쓸려 들었다.

    덴마크는 복지국가의 성장기를 스웨덴과 다르게 마감했다. 1970년대에 LO와 덴마크사용자연합DA은 고실업·고물가로 인한 스태그플레이션과 점증하는 국제수지의 적자에 대응할 필요성을 인정했다. 그러나 방법을 두고 대립했으며 결국은 의회의 개입에 의해 중앙 임금 협상이 가까스로 성사되었다. LO와 DA 모두 정치권 개입에 의한 중앙 임금 협상에는 반발했다. 1979년부터 LO는 임노동자 기금안의 입법에 실패했음에도 더 이상 이를 정치적 이슈로 삼지 않는 등 DA와의 극단적 대립을 자제했다. 더 나아가 DA가 주장하는 임금 협상의 분권화를 일정 부분 수용했다(제7장).

    덴마크의 노사정 관계가 갈등에서 협력으로 전환된 분기점은 1987년이었다. 1982년에 들어선 보수당–자유당 연립정부는 물가연동제를 폐지했고, 덴마크 화폐 크로나의 환율을 독일의 마르크화에 고정시켰으며, 자본시장의 탈규제를 추진했다. 핵심 노동조합연맹들은 이에 반발해 1985년에 대규모 스트라이크를 감행했으나 국가의 개입으로 인해 노동조합운동은 한 발 물러섰다. 1987년에 노사 대표는 "우리나라의 비용 수준이 외국의 비용을 초과해서는 안 된다"는 공동 선언 협약을 맺었다. LO와 DA는 주당 노동시간을 39시간에서 37시간으로 줄이는 데 합의했고 2년이 아닌

18_Rynen, *Capitalist Restructuring, Globalisation and the Third Way*, 148-9; Johansson & Magnusson, *LO andra halvseklet*, 316-9; Nicholas Aylott, "After the Divorce," *Party Politics* 9-3 (2003). LO 산하 단위 노동조합의 사민당 집단 가입 제도의 형성에 대한 연구는 Ahn, "Ideology and Interest" 참조.

4년을 유효기간으로 하는 단체협약을 맺었다. 이런 중앙 임금 협상의 패턴은 산업별 임금 협상의 규범으로 작동하기 시작했다. LO 간부의 회고에 의하면 당시 LO는 중도-우파 연립정부가 지속적으로 집권할 것으로 예상했기 때문에 실용 노선을 선택했다.[19] 덴마크는 스웨덴과는 다르게 마비되다시피 한 코포라티즘을 복원하면서 세계화의 격랑에 대처했던 것이다.

네덜란드와 오스트리아도 세계화로 진입할 당시 스웨덴과 덴마크처럼 상반된 패턴을 보였다. 1970년대에 네덜란드의 코포라티즘은 작동을 멈추었다. 노사 협의를 통한 중앙 임금 협상은 성사되지 않았고 의회-행정부 관계에서 합의 정치 민주주의는 실종되었다. 실업률이 1970년대 후반 들어 10퍼센트를 상회하자 네덜란드의 기능 대표 체계와 정치 대표 체계는 갈등의 와중에서 변화를 모색했다. 1976년에 네덜란드가톨릭노동조합연맹NKV과 사민주의 성향의 네덜란드노동조합연맹NVV은 연합해 네덜란드노동조합총연맹FNV을 창설했다. 비록 마지막 단계에서 좌절되었지만 FNV는 1979년에 사용자연합과 타협해 중앙 임금 협상을 복원시키고자 했다. 한편 정치 대표 체계에서는 3개 종교 정당이 1977년에 기민당으로 통합되었다. 온건 보수당으로 뿌리를 내린 기민당은 1982년에 중위 정당의 위치

19_Anthonsen et al., "Social Democrats, Unions and Corporatism," 124-5; Nannestad & Green-Pedersen, "Keeping the Bumblebee Flying," 48-50; Sven Jochem, "Nordic Corporatism and Welfare State Reforms: Denmark and Sweden Compared," Frans van Waarden & Gerhard Lembruch eds., *Renegotiating the Welfare State: Flexible Adjustment through Corporatist Concertation* (London: Routledge, 2003), 129-30; Jens Lind, "Recent Issues on the Social Pact in Denmark," Guiseppe Fajertag & Philippe Pochet eds., *Social Pacts in Europe: New Dynamics* (Brussels: ETUI, 2000), 139; Steen Scheuer, "Denmark: A Less Regulated Model," Anthony Ferner & Richard Hyman eds., *Changing Industrial Relations in Europe* (Oxford: Blackwell, 1998), 162-3.

를 회복하는 한편 자유당과 연합해 연립정부를 구성했다. 기민당-자유당 연립정부가 집권한 그 해 겨울에 노사는 바세나르 협약을 맺었다(제7장).

두 가지 요인이 작용했다. 첫째, 1982년에 경제가 급속히 침체해, 특히 청년 실업이 급증했다. 둘째, 단체협약에 대한 국가 개입의 위협이었다. 1979년에 소위 '거의 다 된 협약'에서 FNV가 발을 뺀 것은 통합된 지 얼마 되지 않은 상태에서 내부 갈등 — 특히 공공 부문과 사기업 노동조합의 갈등 — 으로 단합이 와해될 것을 우려했기 때문이었다. 1980년과 1981년에 사회부 장관은 1970년 신임금법에 근거해 부분적 임금동결을 강제했다. 이에 저항해 FNV는 대규모 반대 캠페인을 벌렸으나 의회의 입법을 저지하는 데는 실패했다. 1982년에 집권하자마자 기민당-자유당 연립정부는 임금동결을 장기화하겠고 으름장을 놓는 한편 노사 대표를 대화의 테이블로 초빙했다. 결국 1982년 11월 4일 FNV와 네덜란드기업연합VNO을 위시한 9개 노사 단체는 노동협회에서 사회 협약에 서명했다. 비록 정부의 대표는 참여하지 않았지만 사회 협약은 정부의 위협이라는 '위계의 그림자' 안에서 체결된 것이다. 노동조합운동은 임금 물가 연동제를 포기했으며 이에 사용자연합은 노동시간의 단축을 양보했다. 당시 FNV 의장 콕Wim (willem) Kok의 회고에 의하면 급증하는 청년 실업과 1980년 캠페인의 실패가 FNV의 입장 변화에 영향을 미쳤다. 한편 사용자연합은 단체 협상에 대한 국가 개입을 저지함으로써 임금 협상 체계의 분권화라는 장기적 목표를 실현할 수 있는 계기를 마련했다.[20] 요컨대 장기간의 실업과 강압에 가

---

[20] Jelle Visser & Marc van der Meer, "The Netherlands: Social Pacts in a Concertation Economy," Sabina Avdagic et al. eds., *Social Pacts in Europe: Emergence, Evolution, and Institutionalization* (Oxford: Oxford University Press, 2011), 210-4; Visser & Hemerijck, '*A Dutch Miracle*', 98-101; Kerstin Hamann & John Kelly, "Party Politics

까운 국가의 위협하에 네덜란드의 노사는 세계화 이전에 협의적 관계로 진로를 틀었던 것이다.

오스트리아는 기민주의 복지국가임에도 네덜란드보다는 오히려 사민주의 복지국가인 스웨덴과 비슷한 패턴을 보였다. 1970년대 전반에 걸쳐 오스트리아의 코포라티즘은 건재했다. 그 요인으로는 다음 사항을 지적한 바 있다(제7장). 첫째, 임금·물가위원회의 탈정치화다. 노사정은 정치권에 휘둘리지 않고 정책 형성에 참여할 수 있는 공간을 확보했던 것이다. 둘째, 임금 분산을 허용하는 한편 노사정 모두 정책의 최우선 순위를 완전고용에 두었다. 따라서 소득정책의 실행에 따르는 피드백 효과가 노사정 관계에 영향을 주지 않았다. 셋째, 사민당 정부는 경화 정책을 고수함으로써 적자재정을 운용했음에도 물가를 안정시키는 데 성공했다.

그러나 1980년대 초반부터 오스트리아의 코포라티즘은 노사정 관계보다는 정치 변동에 의해 흔들리기 시작했다. 1983년에 코포라티즘에 대한 반대로 일관했던 자유당이 연립정부(1983~87년)에 참여했다. 1986년 총선은 오스트리아 정치 지형에 지각변동을 일으켰다. 탈사회 블록화가 정당 구도를 와해시킨 근본적인 원인이었다. 그동안 농업 부문 종사자가 급감한 반면 서비스업 종사자가 증가했으며 세속화도 급속히 진전되어 가톨릭 신자의 비율이 1967~90년 사이에 20퍼센트 감소했다. 정당 소속감을 가진 유권자도 1954년 73퍼센트에서 1990년에는 49퍼센트로 감소했다. 이런 현상은 젊은 유권자 층에서 더욱 뚜렷했다. 이들은 카르텔화된 기득권 정당으로 지목된 인민당과 사민당으로부터 등을 돌렸고 자유당과 녹

---

and the Reemergence of Social Pacts in Western Europe," *Comparative Political Studies* 40-8 (2007), 980.

색당에 표를 던졌다. 선거 변동성이 1986년 총선을 기점으로 두 배 이상 증가했다(〈표 7-7〉참조). 하이더의 극우 포퓰리즘에 힘입어 자유당의 득표율이 1983년에 5.6퍼센트에서 1986년에 9.7퍼센트로 상승했다. 녹색당도 4.8퍼센트의 득표율을 보여 최초로 의회에 진출했다(〈부록 표 2-4〉).[21] 야당의 권한이 강화된 결과, 위헌법률 심사의 사례에서 보듯이 의회는 코포라티즘과 마찰을 빚었다(제7장). 탈사회 블록화의 영향은 오스트리아 코포라티즘의 한 축을 지지했던 회의소 제도의 위축에 반영되었다. 사회 블록에서 이탈한 유권자들이 가입을 강제하는 회의소 제도에 불만을 터트리기 시작한 것이다. 소속 회의소에 대한 회원들의 선거 참여율이 1980년대 중반부터 급속히 감소했다.[22] 오스트리아는 코포라티즘의 절대적 위상이 흔들리는 가운데 세계화에 대응해야 했던 것이다.

역사는 아이러니로 가득하다. 세계화 진입의 초입에서 보면 강력한 코포라티즘에 기초해 성장과 복지의 선순환을 이루었던 스웨덴과 오스트리아에서는 코포라티즘이 도전을 받았다. 그러나 덴마크와 네덜란드는 달랐다. 1970년대에는 코포라티즘이 거의 마비 상태였다. 노사 모두 단체 협상

---

[21] Fritz Plasser et al., "The Decline of 'Lager Mentality'," 30-1; Kurt Richard Luther, "Must What Goes Up Always Come Down? Of Pillars and Arches in Austria's Political Architecture," *Party Elites in Divided Societies* (London: Routledge, 1999), 49, Table 3-3; 61; Andeweg et al., "Parliamentary Opposition in Post-Consociational Democracies," 93; Anton Pelinka, "Austria between 1983 and 2000," Rolf Steininger et al. eds., *Austria in the Twentieth Century* (New Brunswick: Transaction, 2002); Hamann & Kelly, *Parties, Elections, and Policy Reforms in Wester Europe*, 150.

[22] Crepaz, "From Semisovereignty to Sovereignty"; Markus M. L. Crepaz, "An Institutional Dinosaur: Austrian Corporatism in the Post-industrial Age," *West European Politics* 18-4 (1995); Markus M. L. Crepaz, "Domestic and External Constraints on Austrian Corporatism: Challenges and Opportunities," *Acta Politica* 37 (2002), 165-6.

에 대한 국가 개입에 반발했으며 입법 과정에 대한 정부의 통제도 약화되었다. 네덜란드에서는 사회 블록이 해체됨에 따라 이념 정당의 분극화가 심해 합의 정치 민주주의가 갈등의 정치로 퇴행했다. 그러나 1980년대 중반에 이르러 두 나라의 코포라티즘은 다시 복원되기 시작했다. 첫째, 장기화된 고실업이 협의적 노사정 관계의 복원에 영향을 미쳤다. 둘째, 1970년대에 코포라티즘을 와해시킨 요인이었던 단체 협상에 대한 국가의 개입 — 비록 직접 개입은 삼갔지만 — 이 오히려 1980년대에는 코포라티즘의 복원에 긍정적 영향을 미쳤다. 더구나 당시에는 중도-우파 연립정부가 집권했다. 역설적이게도 복지국가의 성장기에 코포라티즘과 친화적이지 않았던 정치제도가 세계화로 진입하는 과정에서는 노사정 관계를 협의적 관계로 이끌었던 것이다.

3. 사민주의 복지국가: 스웨덴과 덴마크

3-1. 의회–행정부 관계의 변화

제7장에서 논의했듯이 1970~80년대에 스웨덴과 덴마크의 정당 체제는 다당화되었으며 그런 만큼 내각이 입법 과정에서 국회의원 과반수를 동원하기가 어렵게 되었다. 입법 과정에 대한 정부의 통제가 약화된 것이다. 그러나 세계화 시대에 스웨덴과 덴마크의 정당들은 소수 정부임에도 입법 과정을 효율적으로 통제할 수 있는, 일견 불가능해 보이는 제도를 모색했다.

    1990년대에 스웨덴의 사민당 정부는 소위, '계약 의회주의'contract parlia-mentarism을 정착시킴으로써 소수 정부임에도 입법 과정을 효율적으로 통제했다. 계약 의회주의는 소수 정부가 내각에 참여하지 않고 있는 정당(들)

과 "명시적으로 문서화된 계약"을 맺음으로써 다수 정부처럼 통치하는 의회-행정부 관계를 의미한다. 이런 계약은 공중에게 발표되기 때문에 서명에 참여한 정당들의 행위를 구속하는 효과를 발휘했다.[23] 1970년대 중반까지 사민당 정부는 입법 과정에서 비공식적인 방법으로 '감춰진 다수'를 동원했다. 사민당이 정당 체제에서 지배적 정당이었기 때문에 이와 같은 동원이 가능했다(제5장). 그러나 1982년에 재집권한 이후 사민당은 줄곧 소수 정부를 구성해야 했으며 정당 체제의 다당화로 인해 군소 정당들의 영향력에 휘둘렸다. 사민당의 득표율은 1970년 총선 이후 지속적으로 하락해 1991년 총선에서는 드디어 40퍼센트 이하로 주저앉았다. 1988년 총선 이후 녹색당이 의회에 진출했으며 좌파(공산)당 Vänsterpartiet의 득표율은 1991년 총선을 제외하고 5퍼센트를 넘겼다. 1991년 총선에서는 기독교민주당 및 신민주주의 NyD — 1994년 총선 이전에 해체 — 과 같은 우파 정당들이 출현했다(〈부록 표 2-1〉).[24] 공산당은 전통적으로 사민당 정부의 내각에 참여하지는 않았지만 입법 과정에서 사민당의 우군이었다. 그러나 녹색당과 좌파 블록 내에서 경쟁 관계에 놓이자 영향력을 행사하고자 했다. 예컨대 사민당 정부는 좌파(공산)당이 1990년에 사민당의 '경제 위기' 법안에 반대표를 던졌기 때문에 사임했다.[25] 이런 상황에서 사민당은 입법 과정을 효율적으로 통제하기 위한 돌파구를 계약 의회주의에서 찾고자 했던 것이다.

23_Bale & Bergman, "Captive No Longer, but Servants Still?," 424; Nicholas Aylott & Torbjörn Bergman, "Towards a Two-Party System? The Swedish Parliamentary Election of September 2006," *West European Politics* 30-3 (2003).

24_Berman, "Sweden: Democratic Reforms and Partisan Decline," 212.

25_Larsson, "Sweden: The New Constitution," 230. 이 책의 제7장 2-2절(290쪽)을 참조할 것.

1995년은 계약 의회주의로 선회한 상징적인 시간이었다. 1994년에 재집권에 성공한 사민당은 1995년에 내각에 참여하지 않고 있었던 중앙당(구舊농민당)과 주요 경제정책에 대해 구두 협약을 맺었으며 중앙당이 추천한 인사를 재부무와 국방부장관의 자문관으로 임명했다. 비록 명시적인 계약을 맺지는 않았지만 이런 시도는 이후 계약 의회주의의 제도화를 위한 디딤돌이었다.[26] 1998년 총선에서 사민당은 득표율이 36.4퍼센트 ― 1994년 45.3퍼센트에서 ― 로 하락했다. 중앙당의 득표율 역시 감소했다. 이에 사민당은 중앙당 대신 좌파(공산)당 및 녹색당과 독특한 방식으로 연합했다. 사민당이 단독으로 소수 정부를 구성했음에도 좌파(공산)당 및 녹색당은 공식적으로 재정, 고용, 분배 정의, 성 평등, 환경 등의 분야에서 사민당을 '지원하기로 합의'했다. 2002년에도 사민당 단독 소수 정부는 좌파(공산)당 및 녹색당과 11개 항목 121 조항에 이르는 프로그램에 합의했다. 좌파(공산)당과 녹색당은 각각 8개의 정부 부처 고위직을 보장받았다. 더구나 3당 지도자들은 정기적으로 모임을 가졌으며 갈등 조정을 위해 SAMS ― 스웨덴어로 '함께 협력한다'는 의미 ― 을 조직했다. 더 나아가 3당은 예산과 경제정책의 준비를 위해 SVAMP ― 각 당명의 첫 글자 조합 ― 도 조직했다. 집권 사민당과 좌파 블록 소속 정당 간의 공식적인 연합 정치는 1994년 이전에 작동했던 비공식적 연합 정치와는 '질적으로' 달랐다. 계약 의회주의가 제도화된 결과, 입법 과정에서 권력이 의회에서 정부로 이동했기 때문이다.[27]

26_Bale & Bergman, "Captive No Longer, but Servants Still?," 433.

27_Bergman, "Sweden. When Minority Cabinets Are the Rule," 218; Bergman & Bolin, "Swedish Democracy," 267; 284-5; Christiansen & Damgaard, "Parliamentary Opposition under Minority Parliamentarism," 56-8.

표 8-1 | 스웨덴의 내각(1976~2008년)

내각 참여 정당	내각 출범 일시	내각 의석 비율	유효 의회 정당 수	중위 의회 정당	내각의 유형
Ce, Lib, Con	1976/10/07	51.6	3.5	Ce	연립 다수
Lib	1978/10/13	11.2	3.5	Ce	소수
Ce, Lib, Con	1979/10/11	50.1	3.5	Ce	연립 다수
Ce, Lib	1981/05/19	29.2	3.5	Ce	연립 소수
SAP	1982/10/07	47.6	3.1	SD	소수
SAP	1985/09/15	45.6	3.4	SD	소수
SAP	1986/03/12	45.6	3.4	SD	소수
SAP	1988/09/18	44.7	3.7	SD	소수
Con, Ce, CD, Lib	1991/10/03	48.7	4.2	Ce	연립 소수
SAP	1994/10/06	46.1	3.5	SD	소수
SAP	1996/03/21	46.1	3.5	SD	소수
SAP	1998/09/20	37.5	4.3	Green	소수
SAP	2002/09/15	41.3	4.2	Green	소수
Con, Ce, CD, Lib	2006/10/05	51.0	4.1	Ce	연립 다수

주: CD(기독교민주당), Ce(중앙당), Con(보수당), Lib(자유당), SAP(사민당).
출처: Bergman & Bolin, "Swedish Democracy," 76-7, Table 3-3.

좌파 블록에서뿐만 아니라 중도-우파 블록에서도 연합의 정치가 견고해졌다. 1932년 이후 1976년에 처음으로 등장한 중도-우파 연립정부는 단명하지 않았다. 1979년 총선에서도 승리했고 1991년에 재집권했으며 2006년부터 현재까지 집권하고 있다(〈표 8-1〉). 중도-우파 연립정부가 주기적으로 집권하는 과정에서 중도-우파 블록은 보수당을 중심으로 단결했다. 첫째, 중도-우파 블록의 노선이 중도에서 보수로 이동했다. 1976년 총선에서 중도 노선의 중앙당(구舊농민당)이 중도-우파 블록에서 다수 의석을 차지했다. 그러나 1979년 이후 보수당이 블록 내 중심 정당으로 부상했다. 중도 노선의 자유당과 중앙당은 선거에 따라 다소 부침했지만 전반적으로 득표율이 감소했다. 반면에 보수당의 득표율은 1988년과 2002년 총선을 제외하면 20퍼센트를 상회했다(〈부록 표 2-1〉 참조). 중도-우파 블록은 '복지 보수주의'를 표방하고 나선 2006년 총선 이전까지 보수당의 주도하에 임노동자 기금 안을 반대했으며 민영화·공공 사회 지출 축소·소득세의 인하를 주장하는 등 신자유주의의 노선에 충실했다.[28]

둘째, 중도-우파 블록 소속 정당들도 좌파 블록처럼 견고한 정책 조정의 네트워크를 구축했다. 1932년 이래 첫 집권기인 1976~81년에 중앙당, 자유당 그리고 보수당은 연합 정치를 통해 집권했지만 연립정부의 운영에는 실패했다. 핵발전소를 위시한 주요 정책을 두고 내각 참여 정당들이 대립했기 때문에 연립정부는 다수 정부로 출범했으나 일부 정당이 이탈해 소수 정부로 마감했다.[29] 그러나 1991~94년 집권기에 보수당, 중앙당, 기독교민주당, 자유당은 갈등 조정을 위한 공식 기구를 설립했고 차관junion minister급 관리를 조직의 장으로 임명했다. 4당 의원들은 매주 비공식 모임을 가졌으며 관련 각료들과도 정책을 조율했다. 1976~82년의 집권기에도 3당은 명문화된 연합 협정을 맺은 바 있었으나 1991년에 4당은 매우 구체적이며 포괄적인 연합 협정을 체결했다. 연합 협정에는 200 페이지에 달하는 비공개 보충 협약이 추가될 정도로 내용이 구체적이었다.[30]

중도-우파 블록을 더욱 결집시킨 것은 1998년 이후 좌파 블록 내 정당들 사이에 정착된 계약 의회주의였다. 2006년 총선 이전까지 우파 블록 내 정당들은 각자의 프로그램을 가지고 선거에 참여했다. 이들은 총선 이후 연립정부의 구성 과정에서야 정책을 조율했다. 따라서 연립정부는 내분에

28_Hamann & Kelly, *Parties, Elections, and Policy Reforms*, 90-1; Arter, *Democracy in Scandinavia*, 254. 2006년 총선에서는 중도-우파연합이 오히려 보건 및 교육에 대한 투자와 고용을 강조하는 복지정책을 주장하고 나섬으로써 좌파와 우파의 구분이 모호해졌다. 이에 대한 분석은 안재흥, "2006년 스웨덴 총선 결과의 해석: 스웨덴 모델의 특성과 '신정치'의 아이러니," 『미래전략』 4 (2007).

29_Olof Ruin, "The 1982 Swedish Election: The Re-emergence of an Old Pattern in a New Situation," *Electoral Studies* 2-2 (1983), 166; Arter, *Democracy in Scandinavia*, 239.

30_Bergman, "Sweden. When Minority Cabinets Are the Rule," 212-5.

표 8-2 | 덴마크의 내각(1982년~현재)

내각 참여 정당	내각 출범 일시	내각 의석 비율	유효 의회 정당 수	중위 의회 정당	내각의 유형
Con, Lib, CD, CPP	1982/09/10	36.9	5.6	CD	연립 소수
Con, Lib, CD, CPP	1984/01/10	43.6	5.1	CD	연립 소수
Con, Lib, CD, CPP	1987/09/10	39.1	5.3	CD	연립 소수
Con, Lib, RL	1988/06/03	38.0	5.4	RL	연립 소수
Con, Lib	1990/12/18	33.5	4.4	CD	연립 소수
SD, RL, CD, CPP	1993/012/5	50.8	4.4	CD	연립 다수
SD, RL, CD	1994/09/27	42.5	4.5	RL	연립 소수
SD, RL	1996/12/30	39.7	4.5	RL	연립 소수
SD, RL	1998/03/11	39.7	4.8	CD	연립 소수
Lib, Con	2001/11/27	40.8	4.6	Con	연립 소수
Lib, Con	2005/02/08	39.1	5.1	Con	연립 소수
Lib, Con	2007/11/13	35.8	5.6	Con	연립 소수
SD, RL, SPP[1]	2011/10/03	43.0	-	-	연립 소수

1) www.thedanishparliament.dk

주: CD(중앙민주당), Con(보수당), CPP(기독교인민당), JP(정의당), Lib(덴마크자유당), RL(사회자유당), SD(사민당), SPP(사회주의인민당).

출처: Damgaard, "Change and Challenges of Danish Parliamentary Democracy," 73, Table 3-3.

시달렸다. 그러나 사민당 소수 정부와 좌파 블록 소속 정당들이 계약 의회주의를 통해 단결하고 있다는 사실은 중도-우파 블록 소속 정당들을 자극해 결집시켰다. 이미 2002년 총선 전야에 보수당, 중앙당, 기민당 그리고 자유당 대표는 대중 앞에서 공동 공약을 발표한 바 있다. 2004년 8월에 4개 야당 대표가 연합을 결의한 이후부터 4당의 원내 의원 그룹들은 정기적으로 회의를 개최했으며 총선의 공동 선언문 작성을 위해 공동 연구 그룹도 조직했다. 2006년 총선에서 4당은 최초로 매우 구체적인 공동 프로그램 ― 스웨덴을 위한 연합Allians för Sverige ― 을 가지고 캠페인을 치렀다. 중도-우파 블록의 수장으로서 연합 정치를 이끌었던 보수당조차도 자체 선거 프로그램을 발표하지 않았다.[31]

덴마크에서도 사민당 연립정부가 들어선 1993년 이래 스웨덴에서처럼 소수 정부임에도 정부가 입법 과정을 효율적으로 통제하는, 소위 '소수 정부의 통치'minority governance가 정착되었다. 1980년대부터 내각 구성의 패턴이 바뀌었다. 연립 소수 정부가 1950~70년대에는 드물었으나 1980년대부터 일반화되었던 것이다(〈표 8-2〉와 〈부록 표 1-2〉 참조).[32] 1982~93년 중도-우파 연립정부는 사회자유당의 역할, 사민당의 반대, 그리고 내부 분열로 인해 입법 과정에서 무력했다. 내각은 야당으로 구성된 '대안적 다수'에 끌려 다녔던 것이다. 야당 집단이 실질적으로 다수를 구성해 입법 과정을 지배했으며 내각은 "내각 밖 정당들의 야당"으로 전락했다(제7장).[33] 사민당은 1993년에 1968년 이후 최초로 연립 다수 정부를 구성했으나 1994년 총선 이후 다시 연립 소수 정부로 후퇴했다. 그러나 연립 소수 정부임에도 불구하고 대안적 다수가 입법 과정을 지배하는 현상이 더 이상 발생하지 않았다. 어떻게 이런 현상이 가능했으며 덴마크의 소수 정부의 통치는 스웨덴의 경우와 어떻게 달랐는가?

첫째, 연립 소수 정부는 법안별로 야당과 '합의'forlig했다. 1993년부터 내각 참여 정당들은 문서화된 연합 협정을 체결하고 연립정부를 구성했다. 그러나 연립정부 자체가 소수 정부였기 때문에 내각 참여 정당들이 연합 협정을 중심으로 단결해도 과반수 이상의 의원을 동원해 입법 과정을 통제할 수는 없었다.[34] 덴마크의 독특한 입법 규범인 '합의' 제도가 '소수 정부에 의한 통치'의 제도화에 기여했다. 이 제도는 스웨덴의 계약 의회주

31_Arter, *Democracy in Scandinavia*, 240; 253-4; Bergman & Bolin, "Swedish Democracy," 255; 263; Aylott & Bergman, "Towards a Two-Party System?"; Allians för Sverige, *Almanifest 2006: Fler i arbete-mer att dela på*.

32_Damgaard, "Change and Challenges of Danish Parliamentary Democracy," 80. 소수 정부의 통치의 개념은 Bale & Bergman, "Captive No Longer, but Servants Still?," 422.

33_Damgaard, "Change and Challenges of Danish Parliamentary Democracy," 96.

34_Damgaard, "Denmark. The Life and Death of Government Coalitions," 245-6. 1988~90년 연립정부도 부분적으로 문서화된 연합 협정을 맺었으나 공중에게 발표하지는 않았다.

의와 상이했다. 계약 의회주의에서는 내각이 동일한 이념 블록 내에서 내각에 참여하지 않는 정당(들)과 포괄적인 협약을 맺는 데 반해 덴마크에서는 단일 법안 또는 몇 개의 법안을 묶어서 내각과 야당에 속한 다양한 정당(들)이 협약을 맺었다. 내각과 야당이 법안별로 합의했기 때문에 전체적으로는 '조각보'patchwork처럼 다양한 협약의 조합이 형성되었다. 합의에는 구체적인 내용을 담은 문건이 첨부되었다. 1984~87년에는 12개의 텍스가 존재했으며 텍스트당 평균 단어 수는 550이었으나 1998~2001년에는 40개의 텍스트가 존재했으며 텍스트 당 평균 단어 수가 2,650으로 늘었다. 합의에 기초한 입법은 비공식적으로 거부권을 야당에게 부여하는 것이었지만 동시에 입법 과정에서 좌파와 우파 블록 사이의 이념적 경계를 모호하게 하는 효과를 낳았다.[35] 합의에 의한 입법은 계약 의회주의와 정반대의 효과를 발휘했다. 스웨덴의 연합 정치에서는 블록 간의 경계가 뚜렷해졌던 반면 덴마크에서는 비록 내각이 이념 블록에 기반을 두고 구성되었지만 입법 과정에서는 블록을 초월하는 연합 정치가 발달한 것이다.

둘째, 예산 심의에서 규범의 변화가 초블록 연합 정치를 유발했다. 과거에는 여당과 야당이 일괄 수정한 예산이 총회에서 자동으로 통과되는 것이 관행이었지만 1980년대부터는 이런 관행이 보장되지 않았다.[36] 따라서 정부는 예산 심의의 통과를 위해 사전에 정족수를 확보해야 했기 때문에 정책별로 야당의 동의를 이끌어 내어야 했다. 예산 합의는 기록된 문서로 작성되었으며 내용도 갈수록 구체화되었다. 1990년에 3천 단어에 불과했

---

[35] Christiansen & Damgaard, "Parliamentary Opposition under Minority Parliamentarism," 58-9; Benner & Vad, "Sweden and Denmark," 453.

[36] 1982년에 야당인 사민당이 중도-우파 연립정부의 예산안을 부결시켰다. 이는 1929년 이래 처음 발생한 사건이었다. Blom-Hansen, "Still Corporatism in Scandinavia?," 405.

으나 1997년에는 1만4천 단어, 2007년에는 3만7천 단어로 늘었다. 예산 합의문도 다양한 정치 연합의 합의를 담고 있었기 때문에 전체적으로 보면 '조각보'와 같았다.[37] 예산 항목별 합의 입법의 제도는 정부의 전략적 역량을 강화시키는 한편 이념 블록 간에 합의 정치의 공간을 확대시키는 효과를 낳았다. 의회정치가 '어느 정당'과 협력하느냐가 아니라 '예산을 통과시키기 위해서 필요한 정책적 조치가 무엇인가'로 귀결되었기 때문이다.[38]

셋째, 연합 정치의 맥락이 변화되었다. 사민당이 주도하는 연립 소수 정부건 자유당-보수당이 주도하는 연립 소수 정부건 정부는 1970~80년대처럼 야당들로 구성된 대안적 다수에게 끌려다니지 않았다. 1993년에 사민당은 1962년 총선 이래 처음으로 사회자유당과 연립 소수 정부를 구성했고 2001년까지 복지 개혁을 추진했다. 1950~60년대에 복지국가의 건설을 이끌었던 사민당과 자유당의 연합 정치가 재현된 것이다. 당시 사민당은 사회자유당과의 연합에 기초해 중도 정당(들)을 아우르는 다수를 확보함으로써 덴마크 모델을 구축했다(제5장). 1993년 이후 사민당은 좌파 블록 소속 정당들뿐만 아니라 중도-우파 정당들의 지지도 이끌어 내며 복지 개혁의 정치를 주도했다. 어떻게 가능했는가? 사민당보다 좌파인 정당들 — 1990년 이후 좌파사회주의LS와 적록연합UL — 은 사민당의 복지 개혁에 크게 반발하지 않았다. 사민당에 대한 지지를 철회할 경우에 중도-우파 연립정부가 들어서게 되는데 이는 이들 정당이 원하는 바가 아니었기 때문이다. 반면 중도-우파 정당들 또한 사민당의 복지 개혁을 지지한다고 해도 극우파 정당들 — 덴마크인민당DPP, 진보당PP 등 — 의 반발을 우려할

37_Christiansen & Damgaard, "Parliamentary Opposition under Minority Parliamentarism," 65-6.

38_Green-Pedersen, "Minority Governments and Party Politics," 66.

필요가 없었다. 자신들의 이념적 위치와 가까운 정책이었기 때문이다. 당시 사민당의 복지 개혁의 정치는 '닉슨 중국에 가다'Nixon goes to China의 전략으로 회자되고 있다(다음 3-2절을 참조). 2001~11년에는 자유당-보수당 정부가 집권했으나 2011년부터 사민당이 다시 사회자유당과 연합해 집권하고 있다(〈부록 표 1-2〉).[39]

요약하면, 1990년대 중반부터 스웨덴과 덴마크의 의회-행정부 관계는 근본적으로 변화했다. 소수 정부의 통치가 제도화된 것이다. 1970년대까지 사민당의 주도하에 '다수제적 합의 민주주의' 또는 '합의적 의회정치'가 작동했다. 이때에 두 나라의 의회-행정부 관계는 집권 사민당 내부의 관계가 입법 과정을 좌우했다는 점에서 웨스트민스터 모델에 비유되었다. 그러나 1990년대 이후에는 좌파 블록과 중도-우파 블록이 정권을 주기적으로 교체했기 때문에 의회-행정부 관계에서 정당 내부 관계보다는 집권당과 야당의 관계가 주요 변수였다. 의회-행정부 관계가 '정당 내부 모델'에서 '정당 간 모델'로 전환된 것이다.[40] 그러나 스웨덴과 덴마크의 의회-행정부 관계는 서로 다른 궤적을 그리며 변화했다. 스웨덴에서는 계약 의회주의와 연합 협정에 의한 통치가 제도화됨에 따라 좌파 블록과 중도-우파 블록 간의 대립이 지속되었다. 반면 덴마크에서는 좌파 블록과 우파 블록 사이에 정권 교체가 이루어졌지만 입법 과정에서는 오히려 좌우 정당들 간에 합의 정치가 발달했다. 이런 변화가 변형된 양당제로 이행하는 조짐인지 아니면 견제와 균형을 지향하는 '메디슨 모델'로 전환하는 전조인지에 대해 현지 전문가들도 명확한 결론을 내리지 않고 있다.[41] 분명한 것

39_Green-Pedersen, "Minority Governments and Party Politics," 64-6; Damgaard, "Change and Challenges of Danish Parliamentary Democracy," 75; 96.

40_Damgaard, "Change and Challenges of Danish Parliamentary Democracy," 97.

은 스웨덴과 덴마크가 다수제와 합의 정치가 조화를 이룬 과거의 의회-행정부 관계에서 이탈하고 있다는 점이다.

3-2. 노사정 관계의 재편과 복지 개혁의 정치

앞에서 다루었듯이 스웨덴은 노동과 자본의 갈등이 심화되는 가운데 세계화에 진입했다. 1980년에 SAF는 대규모 직장 폐쇄를 단행했으며 1983년에는 중앙 임금 협상을 와해시켰다. 1990년대 초에는 살트쉐바덴 정치의 마지막 보루로 남아 있던 코포라티즘을 해체하기 위한 행동에 나섰다. 1938년에 살트쉐바덴 협약을 체결한 이래 SAF는 정치적 중립을 지켰으며 코포라티즘에 참여했다. 그러나 SAF는 코포라티즘을 해체하는 한편 여론정치를 주도하고 의회와 행정부를 상대로 로비를 강화함으로써 정치권과의 관계 전환을 모색했다. 스웨덴의 정치경제 체제를 '이익집단 다원주의'로 전환시키고자 했던 것이다. 1990년 2월에 SAF의 의장 라우린Ulf Laurin은 "스웨덴 모델은 이미 죽었으며" 회귀할 의사가 없음을 천명했다. 아울러 향후 SAF는 '이념과 여론 형성'에 주력할 것이며 따라서 "체제가 변혁되어야 한다"고 역설했다. 중도-우파 연립정부가 재집권한 1991년에 SAF는 일방적으로 중앙·지역·지방 정부의 각종 행정 기관 및 위원회에 파견된 약 6천 명에 달하는 대표를 철수시켰다. 1992년에는 한 발 더 나아가 법으

41_웨스트민스터 모델의 측면을 강조하는 연구로는 Olof Ruin, "Tvåpartisystem, samlingsregering eller vad?," *Makten från folket: 12 uppsatser om folkstyrelsen* (Stockholm: Allmänna Förlaget, 1985). 메디슨모델로 이행 가능성에 대한 주장은 Strøm & Bergman, "Parliamentary Democracies under Siege?," 28; Bergman & Bolin, "Swedish Democracy," 267; 286.

로 코포라티즘을 규제했다. SAF의 요구대로 중도-우파 연립정부가 이익집단의 대표가 아니라 이들 조직의 이익을 대변하는 개인들이 행정기관의 각종 위원회에 참여하도록 하는 법을 제정했던 것이다.[42]

세계화 시대에 스웨덴의 복지 자본주의 정치경제 레짐에서 기능 대표 체계는 과연 코포라티즘에서 다원주의로, 그리고 생산 레짐은 조정 시장경제에서 자유 시장경제로 이동했는가? 결론을 먼저 말하면 복지국가 성장기의 정치경제 레짐이 재편되었으나 다원주의와 자유 시장경제로 이동한 것은 아니다. 복지국가 성장기와 비교하면 코포라티즘이 약화되었고 중앙 임금 협상의 제도도 복원되지 않았다. 그러나 코포라티즘과 조정 시장경제체제는 여전히 유지되고 있다.[43] 더 적확히 표현하면 복지 자본주의 정치경제 레짐이 재편되고 있으나 레짐을 구성하고 있는 제도들이 엇박자로 가고 있기 때문에 노사정은 아직 공생·발전을 위한 균형점을 찾지 못하고 있다.

첫째, 코포라티즘의 와해를 위한 SAF의 시도는 제한적인 범위에서만 영향을 미쳤다. 헤르만손Jörgen Hermansson과 동료 연구자에 의하면 SAF가

42_Johansson, *SAF och den Svenska modellen,* Chapter 5; Pestoff, "Towards a New Swedish Model"; John D. Stephens, "Is Swedish Corporatism Dead? Thoughts on its Supposed Demise in the Light of the Abortive "Alliance for Growth" in 1998," Paper prepared for the 12th International Conference of Europeanists, Council of European Studies, Chicago, March 30-April 1 (2000); Anders Kjellberg, "The Multitude of Challenges Facing Swedish Trade Unions," *Trade Unions in Europe Facing Challenges and Searching for Solutions* (Brussels: ETUI, 2000).

43_Karl-Oskar Lindgren, "The Variety of Capitalism in Sweden and Finland. Continuity Through Change," Uwe Becker ed., *The Changing Political Economies of Small European Countries* (Amsterdam: Amsterdam University Press, 2011).

1991년에 탈코포라티즘을 결정한 이후 1997년까지 국가 행정기관의 위원회에 참여한 이익 단체 대표의 수가 3퍼센트 정도가 감소했을 뿐이며 이런 추세는 이미 1980년 이후부터 나타났었다. 다만 노동시장 정책 관련 정부 위원회에서는 임노동자의 이익을 대표하는 단체들이 차지하는 비중이 1980년 42퍼센트에서 1997년에 20퍼센트로 감소했다. 반면 정당 대표의 비율은 28퍼센트로 증가했다.[44] 또 다른 조사도 비슷한 결론을 내리고 있다. 정책 입안을 담당하는 중앙정부의 위원회 중에서 이익집단이 참여한 위원회의 수가 1990년에 급격히 감소했다. 그러나 1995년 이후에는 오히려 증가해 일정 수준을 유지하고 있다. 예컨대 1980년에 조사 대상 83개 위원회 가운데 이익 단체 대표가 16개의 위원회에 참여했으나 1990년에는 74개 위원회 중에서 6개 위원회에만 참여했다. 그러나 1995년에는 131개 위원회 중에서 이익집단의 대표가 17개 위원회에 참여했다. 더구나 정책 집행을 위한 다양한 위원회에서는 1990년 이후에도 감소 추세가 뚜렷하게 드러나지 않았다.[45] 그럼에도 노동조합운동과 사용자연합 모두 정부와 의회에 대한 로비 활동을 강화했다. 두 조직의 로비 활동에서 차이점도 발견된다. 노동조합운동은 내각에 대한 로비에 집중했던 반면에 사용자연합은 의회와 관료에 대한 로비에 치중했다.[46]

44_Hermansson et al., *Avkorporativisering och lobbyism*, 37-8.

45_Christiansen et al., "Varieties of Democracy," 31 (table 1), 33 (table 2). 다음 문헌도 비슷한 주장을 제기한다. Victor A. Pestoff, "Sweden during the 1990s: The Demise of Concertation and Social Partnership and its Sudden Reappearance in 1998," Stefan Berger & Hugh Compston eds., *Policy Concertation and Social Partnership in Western Europe* (New York: Berghahn Books, 2002), 299-300; Rothstein & Bergström, *Korporatismens fall och den svenska modellens kris*, 72-8.

46_Torsten Svensson & PerOla Öberg, "Labour Market Organisations' Participation in

둘째, 1983년 이후 SAF가 지속적으로 임금 협상 제도의 분권화를 주장했음에도 오히려 산업 수준에서 전체를 포괄하는 임금 협상 제도가 정착되었다. 전환점은 8개 산업의 노동조합연맹과 사용자연합이 '산업 협약'을 체결한 1997년이었다. 엘반데르Nils Elvander는 이 산업 협약을 "1938년 살트쉐바덴 협약 이래 스웨덴 산업 관계에서 가장 중요한 혁신"으로 지목한 바 있다.[47] 산업 협약에 이르기까지의 과정을 살펴보자. 1983년에 중앙임금 협상이 와해된 이후 사민당 정부는 중앙 임금 협상을 복원시키고자 노력했다. 사민당 정부가 개입한 결과, 1986~87년에 중앙 임금 협상이 복원된 적이 있었으나 LO와 SAF가 자율에 의한 임금 협상을 고수했기 때문에 임금 협상은 분권화(1988년)와 중앙화(1989~90년) 사이를 오갔다. 이러는 사이에 임금이 상승하자 SAF는 배수진을 쳤다. 1990년에 임금 협상 및 관련 통계 분석을 담당하는 부서를 아예 폐쇄했다. 이에 사민당 정부는 일방적 개입에서 코포라티즘으로 전략을 바꾸었다. 대표적인 예가 SAF, LO, 화이트컬러중앙조직TCO, 스웨덴교원중앙조직SACO의 대표들이 참여한 렌버그Rehnberg위원회다. 렌버그위원회는 1991~93년과 1993~95년 임금 협상을 SAF, 특히 엔지니어링사용자연합VF의 반대에도 불구하고 성공적으로 이끌었다. 그러나 1995년 협상 라운드는 수출산업과 내수산업 사용자연합이 중앙 임금 협상에 대한 입장이 찬반으로 갈렸기 때문에 실패했다. 내분에 휘말린 SAF는 결국 입장을 바꾸었다. 그 결과, 도출된 노사 협약이

Swedish Public Policy-Making," *Scandinavian Political Studies* 25-4 (2002), 306-8; Hermansson et al., *Avkorporativisering och lobbyism*, 45.

47_Nils Elvander, "The New Swedish Regime for Collective Bargaining and Conflict Resolution: A Comparative Perspective," *European Journal of Industrial Relations* 8-2 (2002), 197.

1997년 산업 협약이었다.[48]

산업 협약은 노사정 관계의 현실이 반영된 대안으로 평가할 수 있겠다. SAF는 임금 협상 과정에서 권력이 LO로 집중되는 현상을 타파하기 위해 1983년 이후 줄곧 중앙 임금 협상을 반대했다.[49] 그러나 SAF도 문제에 봉착했다. 1995년 임금 협상 라운드에서 드러났듯이 수출산업의 사용자연합과 내수산업의 사용자연합이 중앙 임금 협상의 제도를 두고 이견을 보였기 때문이다. 요컨대 임금 협상의 분권화가 SAF가 추구해야 할 유일한 대안이 아님이 드러난 것이다.

산업 협약은 적어도 세 가지 점에서 노사정의 대립적인 이해를 절충했다. 첫째, 비록 중앙 임금 협상은 아니었지만 실제로는 이에 버금가는 효과를 발휘했다. 산업 협약에는 여덟 개의 주요 산업을 대표하는 사용자연합과 노동조합연맹이 참여했다. 산업 협약에 의한 단체협약은 여타 산업의 단체 협상을 선도하는 비공식적 규범으로 작용했다. 둘째, 공공 부문의 단

48_Elvander, "The New Swedish Regime for Collective Bargaining and Conflict Resolution"; Kjellberg, "Sweden," 88-92; Lindgren, "The Variety of Capitalism in Sweden and Finland," 54-5; Jochem, "Nordic Corporatism and Welfare State Reforms," 123-5.

49_Stephens, "Is Swedish Corporatism Dead?." 사실, 1975년부터 SAF내에서는 임금 협상 체계의 분권화로 LO의 정치력을 무력화시켜야 한다는 주장이 제기되었다. 1976년에 보수당 정권이 등장하자 이 문제는 이슈화되지 않았다. 그러나 1980년에 보수당 정권하에서 벌어진 대규모의 직장 폐쇄 조치가 실패로 마감되었고 1982년에 사민당이 재집권에 성공하자 SAF는 임금 협상 체제의 분권화로 노선의 방향을 틀기 시작했다. Andrew Martin, "The Politics of Macroeconomic Policy and Wage Negotiations in Sweden," Torben Iversen, Jonas Pontusson & David Soskice eds., *Unions, Employers, and Central Banks: Macroeconomic Coordination and Institutional Change in Social Market Economies* (Cambridge: Cambridge University Press, 2000), 252-6; Hans De Geer, *I vänstervind och högervåg* (Stockholm: Allmänna Förlag, 1989), 134; 224.

체 협상을 선도하는 가이드라인으로 작용했다. 스웨덴 노사정 관계에서 난제였던 사적 부문과 공적 부문 간의 갈등이 재현될 소지를 제거한 셈이다. 셋째, 중재위원회의 역할이 강화되었다. 산업 협약은 산업위원회를 설치하도록 했다. 산업위원회는 임금뿐만 아니라 기업의 경쟁력 강화를 위해, 예컨대 전기 및 에너지 가격, 조세 등의 이슈를 다루었다. 중재위원회의 역할을 긍정적으로 평가한 사민당 정부는 1998년에 입법에 의해 신중재 기관을 설립했다. 2000년부터 신중재 기관이 8개 산업 이외 산업 전반의 임금 협상을 중재했다.[50]

그러나 산업 협약의 체결이 LO와 SAF가 주도하는 코포라티즘으로 진전되지는 않았다. 이 점에서 '성장 연합'의 무산은 상징적 사건이었다. 1998년에 LO는 '신살트쉐바덴' 협약으로 회자되었던 성장 연합을 SAF에 제안했다. 7개 산업노동조합연맹이 지지를 선언했다. SAF는 네 가지 조건을 내걸었다. 이에 LO는 네 가지 조건 — 누진세율의 개혁, 덴마크 방식의 임금 협상 체계, 유럽화폐연합 가입, 노동법 개혁 — 의 대부분을 수용했다. 사민당 정부도 입법으로 노사 관계에 개입하지 않겠다는 점을 천명함으로써 성장 연합의 체결을 측면에서 지원했다. 그러나 25회에 걸친 회합을 가졌음에도 SAF는 최종 단계에서 성장 연합의 체결을 거부했다. SAF가 거부한 이유는 LO의 정치권력이 확대될 것이라는 두려움 때문이었다.[51] 요컨대 세계화 시대에 스웨덴의 노사정은 새로운 균형점에 이르지 못하고 어정쩡한 관계를 지속하고 있는 것이다. 임금 협상에서는 산업 협약과 중재위원회가, SAF와 LO 사이의 이념적·정치적 대립이 지속되는 한 불가능

50_Elvander, "The New Swedish Regime for Collective Bargaining and Conflict Resolution."

51_Stephen, "Is Swedish Corporatism Dead?"; Pestoff, "Sweden during the 1990s"

한, 중앙 집중적 자율의 노사 관계를 대체하고 있다. 이익 단체의 대표가 정부의 위원회에 참여하는 것이 법적으로 금지되어 있지만 실제로는 이들의 이익을 대변하는 개인들이 간접적으로 노사정 협의를 지속하고 있다.

스웨덴에서 복지 개혁은 1990년대 초에 본격적으로 시작되었다. 사민당은 1980년대 초부터 우 클릭해 사민주의와 신자유주의를 결합한 '제3의 길'을 선택했다. 1980년대 중반에는 금융시장을 개방했다. 그러나 이는 정책적 '실수'였다.[52] 경기의 호황기(1985~90년)에 추진한 신용 시장의 자율화가 임금 협상의 분권화와 맞물려 거품 경제를 초래했기 때문이다. 물가가 급속히 상승하는 상황에서 1991년에 집권한 중도-우파 연합 정부가 완전고용 정책을 포기하고 신자유주의 정책을 추진하자 재앙적 상황이 발생했다. 1990년에 1.7퍼센트였던 실업률이 1993년에 8.2퍼센트로 급등했으며, 재정 적자도 GDP 대비 — 1990년 4.2퍼센트 흑자에서 — 12.3퍼센트로 곤두박질쳤다.[53] 금융시장 자유화의 타이밍을 잘못 잡는 실수는 사민당

52_Lars Mjøset, 1987, "Nordic Economic Policies in the 1970s and 1980s," *International Organization*, 41-3 (1987).

53_Rynen, *Capitalist Restructuring, Globalisation and the Third Way*, 148-54; Svensson, *Marknadsanpassningens politik*, 50-8; Peter Englund, "The Swedish Banking Crisis: Roots and Consequences," *Oxford Review of Economic Policy* 15-3 (1999); Martin "The Politics of Macroeconomic Policy," 234-47; Urban Bäckstrom, "Finansiella kriser-svenska erfarenheter," *Ekonomisk debatt* 26-1 (1998); IMF, *World Economic Outlook Database* Steptember (2006). 1985~88년 기간에 국내 소비가 83.5퍼센트 증가했고, 1985~90년 사이에는 은행 대출이 135퍼센트 증가했다. 은행 간에 그리고 은행과 제2금융권 간에 경쟁이 심화되어 위험성이 높은 금융자산에 대한 투자가 급증했다. 예컨대 1986~90년에 기업 신규 대출 136퍼센트가 증가했다. 스웨덴 수출 기업들은 1982년에 단행한 16퍼센트에 이르는 평가절하의 효과에 안주해 생산성의 향상을 추월하는 임금 인상을 용인했다. 더구나 1992년 10월 변동환율제의 쇼크로 스웨덴 크로나가 국제 환투기에 노출되었다. 중도-우파 정부는 환율 방어를 위해 이자율을 500퍼센트까지 올렸다. 은

정부가 저질렀으나 중도-우파 정부가 결과를 뒤집어 쓴 꼴이었다. 사민당은 LO의 반발에도 불구하고 중도-우파 연합 정부가 추진한 복지 개혁에 동참했다.

복지 자본주의 정치경제 레짐을 구성하는 제도들이 엇박자를 이루었기 때문에 복지 개혁의 정치도 일정한 패턴을 보이지 않았다. 1992년에 발생한 고실업과 재정 적자는 공공 악재로서 좌우 정당 모두를 압박했으며 이에 이들 정당은 복지 개혁에 착수했다. 연금 개혁의 정치는 당시 정치경제 레짐이 처한 맥락을 그대로 반영했다. 5개 정당은 유권자로부터의 비난을 회피하기 위해 합의 정치를 모색했지만 코포라티즘에 의존하지 않는다는 정치적 묘수를 선택했다. 중도-우파 연립정부는 1991년에 연금 개혁을 위해 연금실무위원회를 구성했는데, 이 위원회에는 과거와 달리 사민당을 포함한 5개 정당 대표들이 초청된 반면 LO와 SAF를 비롯한 이익 단체는 초청되지 않았다. LO와 TCO가 연금 개혁에 반대할 것을 우려했기 때문이었다. 사민당은 LO와 지지 유권자 층이 연금 개혁의 결과에 던질 비난을 회피하기 위해 여러 정당 대표로 구성된 위원회에 참여했다.[54] 정당 대표들은 연금 개혁의 필요성에 동의했으며 오히려 이것이 정치 쟁점화되는 것을 우려했다. 따라서 연금실무위원회는 최종보고서를 1994년 1월에 공표했고 국회도 재빠르게 그해 6월에 법안을 통과시킴으로써 총선 전에 모든 것을 깔끔하게 마무리했다.[55]

행들은 파산 위기에 직면했고 정부는 이를 방지하기 위해 GDP 대비 3.5퍼센트에 이르는 자금을 금융권에 쏟아 부은 결과, 재정 적자가 심화되었고 실업률이 급등했던 것이다.

54_Urban Lundberg, *Juvelen i Kronan* (Stockholm: Hjalmarson & Högberg Bokförlag, 2003), Chapter 2-3.

55_Karen M. Anderson, "The Politics of Retrenchment in a Social Democratic State:

연금 개혁에 관한 한 사민당과 중도-우파 정당들은 협력적이었다. 입법 과정에서 중도-우파 연립정부는 야당인 사민당의 지지를 이끌어 내는 데 집중했다. 그래야 LO를 위시한 노동조합운동의 반발을 약화시킬 수 있다고 믿었기 때문이다. 1994년에 재집권한 사민당 정부는 연금법의 실행을 1년간 미루는 한편 물가연동제 폐지 등 추가적인 입법을 통해 연금 급여를 인하했다. 이 과정에서 사민당 정부는 중도-우파 야당들의 협력에 의존했다.[56] 개정 연금법은 1999년부터 실행되었다.

그러나 실업보험의 개혁에서는 계급 정치가 지배했다. 1991년에 집권한 중도-우파 연립정부는 실업률의 급격한 상승으로 인해 실업보험 관련 재정 지출이 급증하자 실업보험의 개혁을 복지 개혁의 최우선 순위로 삼았다. 개혁의 핵심은 기여금의 인상, 실업 급여의 인하, 그리고 노동조합이 실업보험기금을 독점적으로 운영하는 겐트 시스템의 폐지였다. 중도-우

Reform of Swedish Pensions and Unemployment Insurance," *Comparative Political Studies* 34-9 (2001), 1079; Karen M. Anderson & Ellen M. Immergut, "Sweden: After Social Democratic Hegemony," Immergut et. al. eds., *The Handbook of West European Pension Politics* (Oxford: Oxford University Press, 2006), 350; Lindvall & Sebring, "Policy Reform and the Decline of Corporatism in Sweden," 1066-7. 연금 개혁은 1999년에 마무리되었다. 그 결과, 사용자와 피고용자가 연금 비용을 동등하게 부담해야 하며, 부과 방식이 명목 확정 기여 방식으로 전환되었으며, 또한 프리미엄 연금 계정 — 연소득의 2.5퍼센트 — 이 신설되었다. 연금 가입자들은 프리미엄 연금 계정의 적립 금액으로 750~800 단위로 세분된 펀드 중에서 직접 투자 포트폴리오를 구성할 수 있게 되었다. Belfrage & Ryner "Renegotiating the Swedish Social Democratic Settlement," 263; 267; Anderson & Immergut, "Sweden: After Social Democratic Hegemony," 363 Figure 8. 2); 안재흥, "정책과 정치의 동학, 그리고 제도의 변화."

56_Martin Schludi, *The Reform of Bismarckian Pension Systems: A Comparison of Pension Politics in Austria, France, Germany, Italy and Sweden* (Amsterdam: Amsterdam University, 2005), 94-5.

파 연립정부는 신생 우파 정당인 신민주주의NyD와 연합하는 한편 사민당의 지지를 이끌어 내고자 했다. 겐트 시스템이 정치적 갈등의 핵심이었다. 사민당은 실업 급여의 삭감은 지지했으나 겐트 시스템의 폐지는 반대했다. 겐트 시스템에서는 노동조합이 기금을 운영하기 때문에 노동조합운동은 이 제도의 영향으로 높은 노조 가입률을 유지해 왔다.[57] SAF와 중도-우파 연립정부는 겐트 시스템의 폐지를 통해 LO의 조직적 권력을 약화시키고자 했던 것이다. 결국 중도-우파 연립정부는 1994년에 사민당과 LO의 반대에도 불구하고 기여금 인상, 소득 대체율 — 90퍼센트에서 80퍼센트로 — 의 축소, 그리고 겐트 시스템의 폐지를 담은 안을 입법했다. 사민당은 1994년에 집권하자 곧 바로 좌파(공산)당과 연합해 겐트 시스템을 복원시켰고 사용자가 기여금 전액을 부담하는 과거의 제도도 부활시켰다. 그러나 실업 급여의 축소와 수급 조건의 강화에 대한 입장은 고수했다. 좌파(공산)당이 이를 반대하자 사민당은 1995년에 중앙당과 타협해 실업보험의 급여 기간의 축소(600일), 급여 삭감 — 80퍼센트에서 75퍼센트로 — 그리고 실업보험 재정의 조세 지원을 골자로 하는 안을 입법했다. LO가 실업 급여의 삭감에 거세게 반발하자 사민당은 1998년에 실업 급여를 소득 대비 80퍼센트로 인상했으나 3년을 급여 기간으로 하는 조항은 고수했다.[58]

세계화 시대에 덴마크의 복지 자본주의 정치경제 레짐은 스웨덴과 다

---

[57] Bo Rothstein, "Labour Market Institutions and Working Class Strength," Sven Steinmo & Kathleen Thelen eds., *Structuring Politics: Historical Institutionalism in Comparative Analysis* (Cambridge: Cambridge University Press, 1992).

[58] Anderson, "The Politics of Retrenchment in a Social Democratic State," 1081-3; Jochem, "Nordic Corporatism and Welfare State Reforms," 128-9; Joakim Palme, *Welfare in Sweden: The Balance Sheet for the 1990s* (2002), 32.

르게 진화했다. 스웨덴에서는 사민당 정부(1982~91년)가 사민주의를 신자유주의와 접목시킴으로 세계화의 격랑을 헤쳐 나가고자 했다. 반면 덴마크에서는 중도-우파 연립정부(1982~93년)가 조타의 키를 잡았다. 스웨덴의 사민당 정부는 환율의 평가절하와 자본시장 자유화의 타이밍을 잘못 잡는 정책적 실수를 범한 결과, 1980년대 후반에 경제의 버블화가 심화되었다. 반면 덴마크의 중도-우파 연립정부는 경화 정책, 내핍 재정 정책, 임금 및 이전지급의 물가연동제 폐지, 임금 억제, 개인 소득세의 개혁, 상업은행의 대출 규제, 가계 및 담보 대출 이자에 대한 소득공제의 축소 등 일련의 정책을 실시하는 가운데 자본시장을 개방했다. 그 결과, 1983~86년의 기간에 실질 GNP 성장률이 2퍼센트에서 3.7퍼센트로 상승했으며, 실업률이 10.5퍼센트에서 7.9퍼센트로 하락했고, 물가는 6.8퍼센트에서 2.9퍼센트로 잡혔다. 다만 국제수지가 악화되었다. 그러나 1986년 이후 빠르게 개선되어 1990년에는 1962년 이래 최초로 흑자를 기록했다.[59] 1993년에 집권한 사민당 연립정부는 비교적 안정된 경제적 토대를 기반으로 유연 노동시장과 관대한 사회정책 — 주로 소극적 노동시장 정책 — 과 적극적 노동시장 정책을 조합한 '유연 안전 모델'flexicurity model을 실행에 옮겼다. 이로써 덴마크는 세계화 시대에 걸맞은 복지 자본주의의 대안으로 주목받게 되었다. 유연 노동시장, 임금 협상 제도, 노사정 관계 그리고 복지 개혁의 정치를 순서로 유연 안전화 모델의 형성 배경을 설명하고자 한다.

덴마크의 유연 노동시장은 노사 관계의 역사를 거치면서 형성된 공식

59_Nannestad & Green-Pedersen, "Keeping the Bumblebee Flying," 45; Lars Mjøset, "Nordic Economic Policies in the 1980s and 1990s'," Paper presented to the Tenth International Conference of Europeanists, Chicago, 14-16 March (1996); Jochem, "Nordic Corporatism and Welfare State Reforms," 130-1.

적·비공식적 규범이 녹아 든 결과다. 덴마크 노동시장의 역사를 관통해 온 규범은 자유주의다. '노동의 경영과 배치'가 사용자의 고유 권한임을 명시한 1899년의 9월 협약이 스웨덴에서와는 다르게 노사 관계 발전의 걸림돌로 작용하지 않았다. 이는 산업화 초기부터 자유주의 시장의 전통이 강했기 때문이다. 그 대신 덴마크는 실업자들을 보호하기 위해 1907년부터 겐트 시스템으로 운영되는 실업보험 제도를 실시했다. 1967년부터는 국가가 기여금으로 충당하지 못하는 추가 비용 전액을 부담했다(제6장).

세계화 시대에 노사 관계와 임금 협상의 제도는 통제된 가운데 분권화 — '중앙·집중된 분권화'의 개념이 쓰이기도 함 — 되었다. 덴마크에서는 1934년을 기점으로 '선先산업별-후後중앙 임금 협상'의 제도가 뿌리를 내렸다. 복지국가의 성장기에는 임금 협상의 중심이 정치권 — 의회와 공공중재위원회 — 의 개입으로 인해 중앙 임금 협상으로 기울었으나 LO와 DA는 이에 반발했다. 1979년 임금 협상 라운드 이후 임금 협상의 중심이 중앙에서 산업으로 그리고 산업에서 다시 기업으로 이동했다. 분권화는, 중앙 또는 산업 수준의 단체 협상이 큰 틀을 결정하되 기업 단위의 단체 협상이 임금 및 노동시간을 합의하는 방식으로 진전되었다. 금속 산업이 산업 수준의 임금 협상을 이끌었다. 1990년대에 제조업 소속 주요 사용자연합들이 금속 산업의 사용자연합인 덴마크산업연합Dansk Industri, DI에 병합된 결과, DI가 제조업 부문의 사용자 전체를 포괄해 이익을 대변했다. 더구나 2008년에 DI는 무역, 수송 그리고 서비스 부문의 사용자연합까지 통합했다. 노동조합운동에서는 '제조업피고용인중앙조직'CO-Industri이 제조업 전반에 걸쳐 화이트칼라와 블루칼라 노동자들을 포괄하는 임금 협상 카르텔을 구성했다.[60] DI와 CO-Industri 간의 임금 협상은 DA와 LO에 소속된 여타 단체의 임금 협상을 선도하는 규범으로 작용했다. 요컨대 덴마크의 임금 협상은 분권화되었으나 동시에 위로부터의 조정 기능도 보장되었던 것이다. 공공중재위원회가 임금 협상에 개입하고 있으나 의회는 1998년 임금 협상 라운드를 제외하면 직접 개입을 삼갔다. 통제된 분권화의 영향으로 1980년대 중반부터 임금 인상률이 지속적으로 하락했다.[61]

임금 협상 제도의 통제된 분권화는 노사정 협의를 통해 이루어졌기 때문에 성과를 거둘 수 있었다. 1987년에 LO와 DA는 경제 위기의 극복을 위해 공동선언협약을 체결했다. 그러나 1998년에 의회가 임금 협상에 개입하자 LO는 이에 항의해 공동선언협약에서 탈퇴했다. 공동선언협약은 1998년에 종료될 때까지 임금 협상의 규범으로 작동했다. 1998년 이후 노사정은 새롭게 3자 포럼을 구성하고 사회 협약을 논의했다. LO는 포괄적이며 보편적인 사회 협약의 체결을 주장했으나 국가와 DA는 반대했다. 결국 DA의 설득에 의해 LO는 DA와 협상환경협약Kimaaftalen을 체결했다. LO와 DA가 맺은 두 협약을 사회 협약으로 규정하기에는 애매한 점이 많다. 두 협약은 사회 협약과는 다소 다르다. 다음 절에서 다루겠지만 네덜란드와 아일랜드에서는 1980년대부터 국가, 정당, 이익 단체 대표가 일괄 협상을 통해 임금 및 사회정책 전반을 포괄하는 협약을 여러 차례 체결한 바 있다. 이에 비해 덴마크의 협약은 노사 양자 간에 맺은 임금 협약에 불과하

60_Jesper Due & Jørgen Steen Madsen, "The Danish Model of Industrial Relations: Erosion or Renewal?" *Journal of Industrial Relations* 50-3 (2008), 517; Christian Lyhne Ibsen et al., "Bargaining in the Crisis: A Comparison of the 2010 Collective Bargaining Round in the Danish and Swedish Manufacturing Sectors," *Transfer* 17-3 (2011), 326; Jochem, "Nordic Corporatism and Welfare State Reforms," 131; 134.

61_Jochem, "Nordic Corporatism and Welfare State Reforms," 130; Mikkel Mainland, "Change and Continuity in Danish and Norwegian Capitalism: Corporatism and Beyond," Uwe Becker ed., *The Changing Political Economies of Small West European Countries* (Amsterdam: Amsterdam University Press, 2011), 76; Lind, "Recent Issues on the Social Pact in Denmark," 142-3.

다. 코포라티즘의 사례로 보기도 어렵다. 덴마크에는 네덜란드의 사회경제위원회SER 그리고 오스트리아의 임금·물가공동위원회처럼 별도의 상설 노사정위원회가 존재하지 않았다. 공동선언 및 협상 환경 협약은 이와 같은 상설 위원회를 거친 노사정 협약도 아니며 정부가 참여하지도 않았던 것이다. 마인란Mikkel Mainland는 이를 두고 '사회 협약과 비슷한 협정'이지만 '사회 협약의 기능적 등가'로서 작동했다고 평가한다.[62]

세계화 시대에 덴마크의 코포라티즘은 독특하게 변형되었다. 1980년대 후반부터 노사정 협의가 되살아났으나[63] 그 형식은 전통적인 코포라티즘과 달랐다.[64] 첫째, 위에서 언급했듯이 임금 협상의 제도가 분권화되었다. 국가는 경제 전문가로 구성된 경제 위원회를 통해 담론 형성의 차원에서 임금 조정의 전체적인 방향을 홍보하는 데 주력할 뿐 과거와 달리 임금 협상에는 직접 개입하지 않았다.[65]

둘째, 상부 조직 간의 거시적 코포라티즘보다는 '중간 수준'의 코포라티즘이 발달했다. 특히 노사는 의회정치의 공간을 이용해 정부와 정책을 협의하는 경향을 보였다. 앞 절에서 다루었듯이 1980년대부터 주요 법안이

---

[62] Mainland, "Change and Continuity in Danish and Norwegian Capitalism," 76; Lind, "Recent Issues on the Social Pact in Denmark," 146; 154-5.

[63] Anthonsen et al., "Social Democrats, Unions and Corporatism," 122-5; Jochem, "Nordic Corporatism and Welfare State Reforms," 129-34.

[64] Christiansen & Rommetvedt, "From Corporatism to Lobbyism?," 1999; Blom-Hansen, "Still Corporatism in Scandinavia?"; Binderkrantz, "Strategies of Influence."

[65] Ove K. Pedersen, "Corporatism and Beyond: The Negotiated Economy," John L. Campbell, John A. Hall & Pedersen eds., *National Identity and the Varieties of Capitalism: The Danish Experience* (Montreal: McGill-Queen's University Press, 2006), 249.

예산안의 조정과 연계되어 준비되었다. 이익집단들은 이 단계에서 정부와 정책을 협의한 것이다.⁶⁶ 그 결과, 행정 부서가 '일방적으로' 정책을 이익집단에 제안하는 경향을 보였으며 의회 정당의 역할도 증대되었다. 자연스레 의회 및 행정부를 상대로 한 로비가 증가했던 것이다. 그러나 노사정 협의의 차원에서 볼 때 부정적 측면만 심화된 것은 아니었다. 관련 정책들이 통합적으로 조정되어 코포라티즘의 협의적 측면이 강화되었기 때문이다.⁶⁷ 두에Jesper Due와 마드센Jørgen Steen Madsen은 이를 두고 코포라티즘과 다원주의가 "특이한 방식으로 혼합"되었다고 주장한다.⁶⁸ 일단의 현지 전문가들은 세계화 시대에 새롭게 형성되고 있는 덴마크의 정치경제 레짐을 코포라티즘이 아니라 '일반 협상 정치체제'generalized political system of negotiations로 개념화할 것을 제안한다. 이는 정책 조정의 메커니즘이 국가에 의해 전반적으로 주도되지만 동시에 유연·네트워크화되고 있으며 노사정 협의의 수준도 하방으로 이동하고 있는 현상을 부각시킨 개념이다.⁶⁹

66_Blom-Hansen, "Still Corporatism in Scandinavia?," 393; 396; 405; Mainland, "Change and Continuity in Danish and Norwegian Capitalism," 94.

67_Christiansen & Rommetvedt, "From Corporatism to Lobbyism?"; Christiansen & Togeby, "Power and Democracy in Denmark," 11. '협의적 코포라티즘'(concetative corporatism)의 개념은 Lehmbruch, "Concertation and the Structure of Corporatist Networks" 참조.

68_Due & Madsen, "The Danish Model of Industrial Relations," 515.

69_Pedersen, "Corporatism and Beyond," 249-51; Mainland, "Change and Continuity in Danish and Norwegian Capitalism," 74. '협상 경제'(negotiated economy)의 개념은 다음 문헌을 참조할 것. Klaus Nielsen & Ove K. Pedersen, "From the mixed economy to the negotiated economy: the Scandinavian countries," Richard M. Coughlin ed., *Morality, Rationality and Efficiency: New Perspectives on Socio-Economics* (New York: M. E. Sharpe, 1991); Ash Amin & Damian Thomas, "The Negotiated Economy:

| 그림 8-1 | 덴마크의 유연 안전화 모델

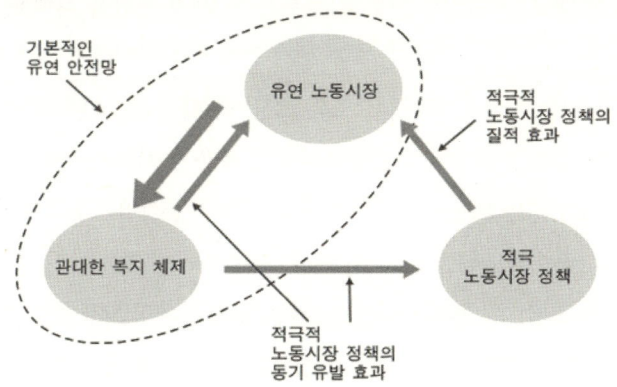

출처: Madsen, "How Can It Possibly Fly?," 354.

그러나 셋째, 정책 집행의 단계에서 이익 단체의 대표가 참여하는 위원회는 여전히 활발하게 활동하고 있다. 정책 준비의 단계에서 이익 단체의 대표가 참여하는 위원회의 수가 1980년을 기점으로 감소했으나 정책 집행을 담당하는 위원회의 수는 1980년대 이후에도 감소하지 않았던 것이다.[70]

1993년에 집권한 사민당 연립정부는 유연 노동시장과 사회적 안전을

State and Civic Institutions in Denmark," *Economy and Society* 25-2 (1996).

70_Blom-Hansen, "Still Corporatism in Scandinavia?"; Christiansen et al., "Varieties of Democracy." 또 다른 연구에 의하면 정부위원회의 수가 1980년에 715개로 정점을 이룬 후 1990년대 중반에 400개 미만으로 감소했다. 그러나 2000년 이후에는 다시 약 500개로 증가했다. Damgaard, "Change and Challenges of Danish Parliamentary Democracy," 100-1.

결합한 기존의 덴마크 모델에 적극적 노동시장 정책을 보강함으로써 유연 안전화 모델을 구축했다. 사민당 정부는 두 가지 전략을 채택했다. 첫째, 재정지출 — 그러나 1995년 이후 경기 침체에서 벗어나자 긴축재정으로 전환 함 — 로 수요를 자극함으로써 고용 증대를 도모했다. 둘째, 적극적 노동시장 정책을 보강해 고용정책의 효율성을 높이고자 했다. 유연 안전화 모델의 취지는 노동시장의 유연화로 발생하는 실업을 적극적 노동시장 정책으로 흡수하도록 하되 직업 순환 과정에서 발생하는 단기적 실업은 사회(보장)정책으로 관리한다는 것이다. 특히 적극적 노동시장 정책을, 노동시장으로부터 이탈을 어렵게 하는, 예컨대 조기 은퇴 조건의 강화와 같은 정책과 함께 실시함으로써 실업자에게 노동의 동기를 부여하는 한편 직업의 질도 향상시키고자 했다(〈그림 8-1〉).[71]

사민당 정부는 사회 투자 국가보다는 소극적 노동시장 정책과 적극적 노동시장 정책의 균형을 잡는 데 주력했다. 복지국가의 성장기에 사민당 정부는 소극적 노동시장 정책으로 실업률을 낮추는 전략을 구사했다. 1984년에도 사민당은 중도-우파 연립정부가 추진한 실업보험의 개혁 — 소득 대체율의 축소와 급여 기간의 단축(5년) — 을 격렬하게 반대한 바 있다.[72] 그러나 1993년에 집권하자 사민당 연립정부는 소극적 노동시장 정

---

[71] Nannestad & Green-Pedersen, "Keeping the Bumblebee Flying," 56-7; Per Kongshøj Madsen, "How Can It Possibly Fly? The Paradox of a Dynamic Labour Market in a Scandinavian Welfare State," John A. Hall & Ove K. Pedersen eds., *National Identity and the Varieties of Capitalism: The Danish Experience* (Montreal & Kingston: McGill-Queen's University Press, 2006), 353; Thomas Bredgaard et al., "Opportunities and Challenges for Flexicurity: The Danish Example," *Transfer* 12-1 (2006), 68.

[72] Green-Pedersen, *The Politics of Justification*, 113-8; Green-Pedersen, "Small States, Big Success," 420; 425. 사실, 사민당정부의 복지 개혁 정책은 중도-우파 연립정부 집권

책에 대한 지출을 줄이고 적극적 노동시장 정책에 대한 지출을 늘림으로써 양 정책 간의 균형을 잡았다. 실업보험의 급여 기간을 1993년에 7년 — 소극적 기간 3년 그리고 적극적 기간 4년 — 으로, 1995년에는 5년으로 단축했다. 급여 기간도 구분해 처음 2년간은 실업 급여를 제공하고 이후부터는 직업훈련 및 대학 교육과 연계해 지급하도록 했다. 이를 위해 사민당 정부는 직업훈련 시설을 확장하고 대학 교육의 지원, 특히 학자금 융자를 대폭 확대했다. 청년 실업자의 경우에는 6개월 이후부터 대학 교육을 받거나 직업훈련에 참여하도록 강제했다. 또한 사민당 정부는 1994년부터 보육 휴가(최대 1년), 교육 휴가(적어도 1년에 1주) 그리고 안식년제도(최대 1년)를 확대 실시해 '실업과 고용의 (순조로운) 순환'을 도모했다. 이외에도 장애 연금 및 조기 은퇴 연금의 수급 조건을 강화해 노동자들의 노동시장 이탈을 억제했다.[73] 그러나 사민당은 소극적 노동시장 정책에 대한 지출을 일방적으로 줄이지는 않았다. 제조업 노동자 평균 실업보험 소득 대체율을 약 70퍼센트로 줄였으며 급여 수준이 2003년을 기준으로 연간 162천 크로나 (21,800 유로)를 넘지 못하도록 상한선을 두었다. 그러나 저소득층의 소득 대체율은 90퍼센트 수준을 유지했다.[74]

기에 노사정 삼자위원회가 추천했던 내용과 유사했다. Mainland, "Change and Continuity in Danish and Norwegian Capitalism," 83.

73_Jochem, "Nordic Corporatism and Welfare State Reforms," 134; Nannestad & Green-Pedersen, "Keeping the Bumblebee Flying," 72-3, Table 3; Green-Pedersen, *The Politics of Justification*, 124-9; Pedersen, "Corporatism and Beyond," 336; Peter Abrahamson, "Welfare Reform, Renewal or Deviation?" John L. Campbell. John A. Hall & Ove K. Pedersen eds., *National Identity and the Varieties of Capitalism: The Danish Experience* (Montreal & Kingston: McGill-Queen's University Press, 2006), 361; Mainland, "Change and Continuity in Danish and Norwegian Capitalism," 83-4.

친親복지 이념을 견지해 온 사민당이 오히려 복지 개혁의 정치를 성공적으로 이끌었는데, 이는 '닉슨 중국에 가다'의 전략으로 회자된다. 공화당의 닉슨Richard Nixon 대통령이 1972년에 중국과의 외교 관계를 성공적으로 개선할 수 있었던 것은 유권자들이 그가 "행위로 인해 우려되는 진로" ─ 예컨대 미국의 공산화 ─ 를 선택할 가능성이 희박하다고 신뢰했기 때문이다. 이런 논리를 복지 개혁의 정치에 적용하면 사민당이 복지 삭감의 정책을 주도할 경우 유권자들은 그 필요성을 신뢰하기 때문에 복지 개혁이 성공적으로 추진될 가능성이 높다는 것이다.[75] 또한 중도 및 우파 정당들은 반대의 정당성을 확보할 수 없기 때문에 사민당이 추진하는 복지 개혁을 결국 지지하게 된다는 것이다. 실제 복지 개혁 정책 대부분은 사민당 연립정부와 야당 간의 타협에 의해 입법되었다.[76]

3-3. 사민주의 복지 자본주의 정치경제 레짐의 재편

세계화 시대에 스웨덴과 덴마크의 복지 자본주의 정치경제 레짐은 전반적으로 갈등의 정치에서 합의 정치로, 그리고 소수 정부의 통치가 제도화되는 방향으로 변동했다. 이는 세계화 시대에 정당들 간에 이념 간극의 폭이 축소되었고 복지 개혁에 대한 공감대가 형성되는 등 합의 정치의 공간이

---

[74] Madsen, "How Can It Possibly Fly?," 334-5. 적극적 노동시장 정책과 소극적 노동시장지출의 비율과 자료는 이 책의 〈그림 4-10〉, 〈그림 4-11〉, 〈그림 4-12〉를 참조할 것.

[75] '닉슨 중국에 가다'의 전략은 Fiona Ross, ""Beyond Left and Right": The Partisan Politics of Welfare," *Governance* (2000), 13-2 참조. 이 개념을 덴마크 사례에 적용한 예는 Green-Pedersen, "Small States, Big Success," 426; Green-Pedersen, *The Politics of Justification*.

[76] Green-Pedersen, *The Politics of Justification*, 127.

확대되었기 때문이다. 동시에 위로부터의 통치, 즉 입법 과정에 대한 정부의 통치 역량이 강화되었기 때문이기도 하다. 그럼에도 두 나라의 정치경제 레짐의 변화에서는 공통점보다 차이점이 두드러졌다.

첫째, 연립 소수 정부임에도 정부가 의회의 다수를 안정적으로 동원했으나 동원 방식이 달랐다. 세계화 시대에 들어 스웨덴과 덴마크 모두 집권당이 내각에 참여하지 않은 정당(들)과 주요 정책에 대해 명시적으로 합의함으로써 입법 과정을 통제했다. 그러나 정책 합의의 방식이 다르게 발달했다. 스웨덴에서 사민당은 좌파 이념 블록에 소속된 정당(들)과 연합 협정을 맺음 — 계약 의회주의로 개념화 됨 — 으로써 의회의 다수를 동원했다. 반면 덴마크에서는 연립 소수 정부는 정책별로 특히 예산 심의를 준비하는 과정에서 야당과 합의 협약을 맺었다. 두 나라는 합의 정치를 통해 입법했다는 점을 공유했지만 합의 방식이 달랐기 때문에 의회-행정부 관계가 다르게 변화했다. 스웨덴에서는 블록 내부 정당 간 합의 정치가 발달한 반면 이념 블록 간에는 대립의 정치가 심화되었다. 반면 덴마크에서 내각은 블록 정치에 의해 구성되었지만 의회-행정부 관계에서는 오히려 이념 블록을 초월하는 합의 정치가 발달했다.

둘째, 복지국가의 성장기에 비해 협의적 노사정 관계가 강화되고 있지만 협의적 관계의 복원 정도와 방식은 달랐다. 스웨덴과 덴마크 모두 국가가 직접 노사 관계에 개입하지 않았고, 임금 협상의 중심이 중앙에서 산업 수준으로 이동했으며, 중재 기관의 역할도 강화되었고, 이행의 과정도 노사정 협의를 통해 이루어졌다. 요컨대 노사 관계가 조직된 분권화로 이행된 것이다. 그러나 분권화의 안정성에서는 차이를 보였다. 덴마크에서는 LO와 DA가 자율적으로 임금 협상 제도의 분권화를 주도했다. 반면에 스웨덴에서는 LO와 SAF 간에 갈등의 골이 깊이 패여 있었기 때문에 국가의 주도하에 노사정 협의가 진행되었고 임금 협상도 산업 수준에서 제도화되었다. SAF는 여전히 코포라티즘보다는 다원주의적 노사 관계를 선호하고 있기 때문에 산업별 수준에서 이루어지고 있는 포괄적 노사 관계의 지속성 여부는 좀 더 두고 봐야 할 것이다.

셋째, 정부와 정상 조직 수준의 코포라티즘이 약화되었고 이익집단의 로비즘이 성행했으나 코포라티즘과 다원주의가 공존하는 방식이 달랐다. 스웨덴의 경우 이념 블록 간의 정권 교체가 반복되었고 의회-행정부 관계에서도 이념 블록 간의 대치 전선이 뚜렷해졌다. 이처럼 분극화된 상황에서 노사는 노사(정) 협의에 의존하기보다는 자신에게 우호적인 이념 블록의 정당이 집권했을 때 정부에 직접 영향력을 행사하고자 하는 경향을 보였다.[77] 코포라티즘이 과거처럼 활성화되지 않았던 또 다른 이유는 SAF가 여전히 LO의 조직적·정치적 권력이 강화될 가능성을 우려했기 때문이다. 스웨덴은 현재 코포라티즘의 복원은 정당 및 노사정 행위자 모두에게 정치적으로 감당하기 어려운 부하를 안겨 줄 것이며, 그렇다고 갈등적 상황에서 사회 협약이 노사정 간의 균형을 잡아 주는 대안이 될 수도 없는 상황에 놓여 있다. 반면 덴마크에서는 의회정치를 중심으로 이념 블록 정당 사이에 합의 정치의 공간이 확대된 결과, 중간 수준에서 코포라티즘이 복원된 동시에 로비즘도 강화되었다. 두에와 마드센이 지적하듯이 덴마크에서는 코포라티즘과 다원주의가 '특이한 방식으로 혼합'되었다. 요컨대 코포라티즘과 로비즘의 관계가 스웨덴에서는 대체재의 성격이 강한 반면 덴마크에서는 보완재의 성격이 강하다고 할 수 있다.

마지막으로 합의 정치를 통해 복지 개혁의 정치가 진전되었으나 합의

---

[77] Anthonsen & Lindvall, "Party Competition and the Resilience of Corporatism"; Anthonsen et al., "Social Democrats, Unions and Corporatism: Denmark and Sweden Compared"; Anthonsen & Lindvall, "Party Competition and the Resilience of Corporatism"; Anthonsen et al., "Social Democrats, Unions and Corporatism"

정치의 패턴은 달랐다. 스웨덴의 경우 복지 개혁의 과정에서 비난 회피의 정치와 계급 정치가 중첩되었다. 연금 개혁에서 보듯이 기존 정당들은 이념적 성향에 상관없이 유권자들의 비난을 회피하기 위해 위원회에 참여해 개혁을 추진했다. 이들 정당은 합의의 원만한 도출을 위해 이익 단체의 위원회 참여를 배제했다. 연금 개혁이 선거 정치의 이슈가 되는 것조차 회피했다. 그러나 실업보험의 개혁에서 보듯이 사민당과 중도-우파 연합은 실업 급여의 인하에는 합의했으나 노동조합의 조직적 권력의 관건인 겐트 시스템의 폐지 여부를 놓고 첨예하게 대립했다. 이와 대비해 덴마크에서 사민당은 비난 회피의 정치보다는 소위 '닉슨 중국에 가다' 전략을 선택했다. 중도-우파 연립정부의 집권 시에 사민당은 복지 개혁을 격렬하게 반대했으나, 1993년 집권 후에는 실업보험 개혁에서 보듯이 오히려 복지 개혁을 강력하게 추진했다. 사민당은 자신들의 이념보다 우경화된 대안을 선택했으나 적극적 노동시장 정책의 보강이라는 대안을 제시함으로써 개혁의 필요성과 신뢰성을 유권자들에게 각인시킬 수 있었다. 반면 중도-우파 정당들은 사민당이 주도하는 복지 개혁을 반대할 정치적 정당성을 확보할 수 없었기 때문에 합의 정치에 참여했다.

4. 기민주의 복지국가: 네덜란드와 오스트리아

4-1. 의회-행정부 관계의 변화

1980년대 중반부터 네덜란드의 의회-행정부 관계는 새로운 경로에 진입했다. 합의 정치 민주주의의 전성기였던 1950년대처럼 "합의 정치가 복원"됨으로써 정부가 다시 입법 과정을 효율적으로 통제하기 시작한 것이다.[78]

정치의 중심이 의회에서 다시 정부로 이동했다. 세계화 시대에 정착되고 있는 합의 정치는 1950~60년대에 만개했던 사회 블록에 기반을 둔 합의 정치 민주주의와는 어떻게 달랐는가?

첫째, 연합 협정이 내각에 참여한 정당들의 결속력을 강화시켰다. 1982년부터 집권한 기민당–자유당 연립정부는 구체적인 연합 협정을 맺었는데 연합 협정이 내각 참여 정당 — 장관, 국회의원, 정당 지도자 등 — 들 사이에 효율적인 통치가 작동케 하는 주요 기제였다. 뤼버르스는 두 번에 걸쳐 기민당–자유당 연립정부 — 1982~86년, 1986~89년 — 의 수상을, 그리고 1989~94년에는 기민당–사민당 연립정부의 수상을 역임했다. 뤼버르스 정부의 집권 시에 연합 협정은 '성서'로 풍자될 정도로 내각 참여 정당의 각료 및 국회의원들에게 막강한 영향력을 발휘했다.[79]

의회–행정부 관계가 변모하게 된 정치·사회적 맥락을 설명하면 다음과 같다. 1967년 총선 이후 탈사회 블록화로 인해 선거 변동성이 급등한 결과, 정당 간에 선거 경쟁이 치열해졌다. 이념적 분극화가 심화되어 기민당과 자유당은 노동당을, 노동당은 자유당을 연립정부의 파트너에서 제외한 결과, 연립내각의 규모가 축소되고 야당의 규모가 커졌다(제7장). 1946~66년에 야당의 득표율이 30.4퍼센트였으나 1967~86년에는 43.6퍼센트를 기록했다. 자연히 정부와 야당 간에 반목이 심했다. 탈사회 블록화와 이념적 분극화는 1970년대 말에 정점에 이르렀다. 노동당은 1977년 총선에서 다수당이 되었음에도 우파 정당인 자유당의 선전과 좌파 군소 정당의 약세로 인해 208일이라는 전후 최장 기간에 걸친 조각 협상에도 불구하고

78_Koole & Daalder, "The Consociational Democracy Model and the Netherlands," 30.
79_Timmermans & Andeweg, "The Netherlands, Still the Politics of Accommodation?," 382.

표 8-3 | 네덜란드의 내각(1973-2012년)

내각 참여 정당	내각 출범 일시	내각 의석 비율	유효 의회 정당 수	내각의 유형
PvdA-PPR-D66-KVP-ARP	1973/05/11	64.7	6.4	연립 다수(O)
CDA-VVD	1977/12/19	51.3	3.7	연립 다수(MW)
CDA-PvdA-D66	1981/09/11	72.6	4.3	연립 다수(O)
CDA-D66	1982/05/29	43.3	4.3	연립 소수(M)
CDA-VVD	1982/11/04	54	4.0	연립 다수(MW)
CDA-VVD	1986/07/14	54	3.5	연립 다수(O)
CDA-PvdA	1989/11/07	68.7	3.8	연립 다수(MW)
PvdA-D66-VVD	1994/08/22	61.3	5.4	연립 다수(MW)
PvdA-D66-VVD	1998/08/03	64.7	4.9	연립 다수(O)
CDA-VVD-LPF	2002/07/22	62	-	연립 다수(MW)
CDA-VVD-D66	2003/05/27	52	-	연립 다수(MW)
CDA-VVD	2006/07/07	48	-	연립 소수(M)
CDA-CU-PvdA	2007/02/22	53	-	연립 다수(MW)
VVD-CDA	2010/10/14	34.7	-	연립 소수(M)
CDA-PvdA	2012/11/05	52.7	-	연립 다수(MW)

주: PPR(급진당), ARP(반혁명당), CDA(기독교민주당), CU(기독교연맹), D66(자유민주주의66), KVP(가톨릭인민당), PvdA(노동당), VVD(자유당).
출처: 이 책의 〈부록 표 1-3〉 참조.

연립내각의 구성에 실패했다. 결국 기민당-자유당 연합에 정권을 내주고 말았다. 1982년에도 같은 상황이 발생해 정부 구성에서 합종 연횡의 연합 정치가 판을 쳤다(〈표 8-3〉과 〈부록 표 2-3〉).[80] 연합 정치의 성공으로 집권한 뤼버르스의 기민당은 자유당과 연립정부의 구성 단계에서 구체적인 연합 협정을 맺었고 이를 실천에 옮김으로써 의회의 입법 과정을 효율적으로 통제하기 시작했다. 연합 협정의 단어 수로 협약의 구체성을 측정할 수 있다. 1977년 기민당-자유당 연합 협정의 단어 수가 7,900이었으나 1982년 기민당-자유당 연합 협정의 단어 수는 20,300이었다. 1989년의 기민당

80_Timmermans & Andeweg, "The Netherlands. Still the Politics of Accommodation?," 369, Table 10-2; 382-5; Andeweg, "Coalition Politics in the Netherlands," 259-60.

-노동당 연립정부는 28,450 단어에 이르는 연합 협정을 체결했다. 기민당-노동당의 연합 협정은 두 정당이 "우선, 관점의 차이를 축소시킨 협약에 유의해야 하며 구체적이고 절차적인 협약이 정부의 출발점"이라고 대못을 박았다.[81]

둘째, 연합 협정을 실행에 옮길 일종의 비공식적 '기구'machine가 가동되었다. 1970년대 초부터 각료와 내각 참여 정당의 의회 지도자 간에 협의 모임이 매주 열렸었다. 이 모임이 1980년대 초에는 수상을 포함해 부수상 이하 각료 및 내각 참여 정당의 의회 지도자가 참여하는 모임으로 발전했다. 목요 만찬 모임에는 장관, 의회 지도자, 정당 대표, 장관, 장관과 소속 정당이 다른 차관 등이 참여했다. 정치적 판단이 요구되는 이슈들은 수요일 오찬 모임에서 정리되었다. 이 모임은 '작은 탑 협의' — 수상이 집무실로 사용하는 의회 사무실 근처 작은 탑torentjeoverleg의 이름을 칭해 — 로 회자되었다. 보라색 정권(1994~02년)으로 일컫는 노동당-자유당 연립정부의 수상을 역임했던 콕 수상은 다음과 같이 회고한 바 있다. "(작은 탑) 모임은 일종에 정부 형성의 후속편으로 그곳에서 진짜 협상이 이루어졌다." 여기서도 연합 협정이 합의를 '압박'했다. "만약 동의가 이루어지지 않으면 연합 협정이 전적으로 힘을 발휘했기" 때문이다.[82] 안데베흐는 1980년대의 연합 협정이 "모든 각료와 연립정부 참여 의원들을 구속했기 때문"에 "의회에서 민주적인 토론을 질식"시켰으며 "모든 야당 안을 헛되게 만들어" 네덜란드가 일종의 '정당 국가'로 변모했다고 주장한다.[83]

81_Timmermans & Andeweg, "The Netherlands. Still the Politics of Accommodation?," 374-7.

82_Ibid., 383-4.

83_Rudy B. Andeweg, "Parties between Power and Principles," Jean Blondel & Maurizio

셋째, 정당 간에 이념 간극이 좁아졌기 때문에 정부가 입법 과정에서 합의 정치라는 집단행동을 성사시킬 수 있었다. 앞에서 설명했듯이 1967년 총선 이후 정부 구성에서 이념적 분극화 현상이 심했다. 기민당이 노동당을 배제한 것은 '다급하게 필요한' 위기의 상황이 극복되었다고 판단했기 때문이다. 노동당은 당 노선의 좌경화로 인해 중도-우파 정당들을 연합의 대상에서 배제했다. 사실, 노동당은 1970년대 전반에 걸쳐 신좌파 집단과 반핵 평화운동에 휩쓸렸다. 그러나 1980년대 중반부터 중도 노선으로 회귀했다. FNV의 의장으로서 1982년 바세나르 협약에 참여했던 노동당 의장 콕이 노선의 수정을 주도했다. 1985년부터 반핵 평화운동이 쇠퇴했고 특히 1986년 총선 이후 노동당의 지지가 급락하자 콕은 노선을 중도로 틀었던 것이다. 한편 기민당도 3개 종교 정당이 통합되는 과정에서 종교적 원리주의를 배제했고 프로그램 중심의 온건 보수주의 정당으로 거듭났다. 기민당이 과거처럼 다시 이념적 스펙트럼에서 중위 정당의 위치를 점유한 결과, 1977년과 1982년에 다수당이 아니었음에도 조각을 위한 연합 정치에서 승리했다. 1989년에 노동당이 기민당 주도 연립정부에 참여함으로써 1967년 이후 20여 년을 끌어오던 이념적 분극화의 정당정치 시대가 마감되었다.[84]

Cotta eds., *Party and Government; an inquiry into the Relationship between Governments and Supporting Parties in Liberal Democracies* (London: Macmillan, 1996), 131.

[84]_Koole & Daalder, "The Consociational Democracy Model and the Netherlands," 33-4; Peter van Roozendaal, "Cabinets in the Netherlands (1918-1990): The Importance of 'Dominant' and 'Central' Parties," *European Journal of Political Research* 23 (1993), 46; Timmermans & Andeweg, "The Netherlands: Still the Politics of Accommodation?," 367-8; 이 책의 제6장 3-2절(257쪽)을 참조.

1994년에 노동당-자유당 연립정부의 등장은 네덜란드의 의회-행정부 관계가 합의 정치로 회귀했음을 상징하는 역사적 사건이었다. 1948년 이래 좌우 이념 스펙트럼의 양 끝 — 극좌와 극우 군소 정당을 제외하면 — 에 위치한 양대 정당이 처음으로 연립정부를 구성한 것이다. 더구나 1948년 당시에 자유당의 득표율은 군소 정당 수준에 머물렀고 정부 형태도 네 개 정당이 참여한 연립정부였다. 또한 1918년 이래 처음으로 종교(가톨릭) 정당이 연립정부에서 제외되었다. 사실, 1994년 총선에서 패배한 정당은 기민당과 노동당이었다. 기민당은 득표율이 35.3퍼센트에서 22.2퍼센트로, 노동당은 31.9퍼센트에서 24.0퍼센트로 하락했다. 좌파-녹색 통합 정당인 녹색좌파당GrL도 득표율이 하락했다. 승리 정당은 노동당과 기민당보다 각각 한 클릭 우편에 위치한 자유민주주의66D66과 자유당이었다(〈부록 표 2-3〉 참조). 기민당-노동당 연립정부(1989~94년)의 복지 개혁에 대한 유권자들의 저항이 반영된 선거였다. 조각을 위한 연합 정치에서 자유민주주의66이 기민당과의 연합을 반대했으며 노동당이 자유주의적 프로그램 일부를 수용했기 때문에 자유당은 노동당이 주도하는 연립정부에 참여했던 것이다. 노동당과 자유당이 꾸린 보라색 연립정부(1994~02년)의 집권은 네덜란드의 정치가 "합의 정치 민주주의가 만개했던 1950년대의 정당 간 관계"로 회귀했음을 상징하는 역사적 사건이었다.[85]

　그러나 의회-행정부 관계가 1950년대의 합의 정치, 즉 합의 정치 민주

85_Koole & Daalder, "The Consociational Democracy Model and the Netherlands," 28; 33-4; Rudy B. Andeweg, "Parties, Pillars and the Politics of Accommodation. Weak or Weakening Linkages? The Case of Dutch Consociationalism," Kurt Richard Luther & Kris Deschouwer eds., *Party Elites in Divided Societies* (London: Routledge, 1999), 132.

주의consociationalism로 복귀한 것은 아니었다. 당시에는 사회 블록을 대표하는, 이념과 원칙이 다른 정당들이 타협을 통해 공존의 통치 체제를 구축했던 반면 기민당-노동당 연립정부가 등장했던 1989년 이후에는 주요 정치적 이슈에 대해 정당들의 비전이 근접함에 따라 합의의 정치가 성사된 것이다.[86] 세계화 시대에 네덜란드의 의회-행정부 관계는 과거로 회귀한 것이 아니라 새로운 경로에 진입했다. 연립정부가 연합 협정과 이념을 뛰어넘는 합의 정치에 기반을 두고 입법 과정을 효율적으로 통제하고 있는 것이다.

더 나아가 정당 정부의 성격도 변화했다. 합의 정치 민주주의에서 정부는 통합을 위해서 사회 블록들로부터 거리를 유지한 채 자율적으로 갈등을 중재해야 한다는 당위성, 즉 "통치할 권리"를 확보했다. 의원의 장관직 겸직이 금지되었으며 실제 각료는 주로 기술 관료 출신 중심으로 구성되었다.[87] 그러나 세계화 시대에는 정부가 정당 및 의회와 이원화되어 있어서 양자가 상호 견제하는 것이 아니라 정부가 정당과 의회를 통합해 통치하기 시작한 것이다.[88] 초점을 정당정치에 맞추어 보면 주요 정당들이 카르텔화된 것이다. 카츠Richard S. Katz의 표현을 빌려 정당 정부의 성격을 표

86_Andeweg et al., "Parliamentary Opposition in Post-Consociational Democracies," 107; Koole & Daalder, "The Consociational Democracy Model and the Netherlands," 30; 34.

87_Lijphart, *The Politics of Accommodation*, 134-8; Andeweg et al., "Parliamentary Opposition in Post-Consociational Democracies," 102.

88_Rudy B. Andeweg, "Parliamentary Democracy in the Netherlands," *Parliamentary Affairs* 57-3 (2004), 575-8. 예컨대 의원 경력을 가진 각료 임명의 비율이 1946~67년 기간에 43퍼센트였으나 1987~2007년에는 68퍼센트로 상승했다. Andeweg, "Coalition Politics in the Netherlands," 263.

현하면 정부의 '정당성'政黨性, partyness이 아니라 그 반대로 정당의 '정부성'政府性, governmentness이 강화되었다.[89] 통치의 안정화는 역설적으로 유권자와 기존 정당과의 괴리를 심화시켰다. 이를 상징했던 사건이 극우 포퓰리즘 정당인 핌포튠Lijst Pim Fortuyn당의 부상이다. 2002년 총선에서 핌포튠당은 돌풍을 일으키며 단숨에 17퍼센트의 득표율을 거두었다(〈부록 표 2-3〉).[90] 네덜란드 의회-행정부 관계는 정당의 카르텔화를 통해 통치의 안정화를 이루었으나 탈사회 블록화·탈산업화·세계화 시대의 변화를 담아내야 하는 과제를 안고 있는 것이다.

　　오스트리아의 의회-행정부 관계도 네덜란드에서처럼 탈사회 진영화와 세계화의 영향으로 인해 변동에 휘말려 들었다. 그러나 변화의 방향은 달랐다. 네덜란드에서는 합의 정치가 복원되었고 정부가 입법 과정을 효율적으로 통제하는 의회-행정부 관계가 정착된 데 반해 오스트리아의 의회-행정부 관계에서는 그 반대의 현상이 발생했다. 첫째, 사민당과 인민당이 사회 진영의 정치, 즉 대연정 연립정부의 구성으로 탈사회 진영화에 대응한 결과, 역설적이게도 갈등의 정치가 더욱 심화되었다. 1966년 이전처럼 1987년부터 2000년까지 사민당과 인민당은 대연정을 통해 집권했다. 그러나 사민당-인민당의 대연정은 합의 정치를 재현시키기는커녕 자유당과 녹색당의 반발을 불러일으켰다. 자유당과 녹색당이 사회 진영에 기반

---

[89] Richard S. Katz, "Party Government: A Rationalistic Conception," Francis F. Castles & Rudolf Wildermann eds., *Visions and Realities of Party Government* (Berlin: de Gruyter, 1986); Jean Blondel, "A Framework for the Empirical Analysis of Government-Supporting Party Relationship," Jean Blondel & Maurizio Cotta eds., *The Nature of Party Government* (Houndmills, UK: Palgrave, 2000).

[90] Andeweg et al., "Parliamentary Opposition in Post-Consociational Democracies," 108.

을 둔 합의 정치 민주주의를 반대했기 때문이다. 그럼에도 둘째, 사민당과 인민당은 연합 협정을 구체화함으로써 입법 과정에 대한 정부의 통제를 강화했다. 위로부터 통치와 아래로부터 대립 — 예컨대 총선에서 자유당의 연속적인 선전으로 인해 — 이 뒤엉켜 혼란이 가중되는 가운데 인민당은 1999년 총선에서 제3당으로 추락했다. 이에 인민당은 대연정을 깨고 자유당과 연립정부를 구성해 사민당과 다시 대립각을 세웠다. 그 결과, 야당의 규모가 커졌으며 정부와 야당의 갈등도 심화되었다. 세계화 시대에 오스트리아의 정당들은 스웨덴에서처럼 좌우 양 블록으로 나뉘어 대립했던 것이다.

이처럼 일련의 복잡한 현상이 전개된 발단은 1986년 총선이었다. 1986년 총선 이후 인민당과 사민당은 다시 대연정 연립정부를 구성했다. 이로써 정부 구성의 측면에서는 이념적 분극화의 시대(1966~83년)가 마감되었지만 의회-행정부 관계에서는 새로운 갈등이 배태되었다.[91] 사민당과 인민당이 다시 대연정의 틀 안에서 동거한 것은 기득권을 방어하기 위해서였다. 1986년 총선에서 좌파 진영에서는 녹색당이 의회에 진출했으며 우파 진영에서는 하이더의 자유당이 극우 민족주의 포퓰리즘에 힘입어 약진했다.[92] 녹색당과 자유당이 약진한 것은 탈사회 진영화의 현상에 편승해 양당 모두 사회 진영의 논리에 포섭된 정치, 코포라티즘, 그리고 기득권

91_사민당과 인민당 모두 선거 캠페인에서 단독 다수 정부의 구성 의지를 천명했기 때문에 1983년 사민당-자유당 연립정부는 분극화의 연장선상에서 구성된 것으로 봐야 한다. Müller, "Austria: Tight Coalitions and Stable Government," 92.
92_1983년에 5퍼센트에 머물렀던 자유당의 득표율이 1986년에 9.7퍼센트, 1990년에 16.6퍼센트, 1994년에 22.5퍼센트, 1995년에 21.5퍼센트, 그리고 드디어 1999년에는 26.9퍼센트에 이르렀다(〈부록 표 2-4〉).

표 8-4 | 오스트리아의 내각(1983~2008년)

내각 참여 정당	내각 출범 일시	내각 의석 비율	유효 의회 정당	중위 의회 정당	선거 변동성	내각의 유형
SPÖ, FPÖ	1983/05/24	55.7	2.43	FPÖ	4.8	mw+
SPÖ, ÖVP	1987/01/21	85.6	2.98	FPÖ	10.0	o
SPÖ, ÖVP	1990/12/17	76.5	3.30	FPÖ	10.1	o
SPÖ, ÖVP	1994/11/29	63.9	4.14	FPÖ	15.4	o
SPÖ, ÖVP	1996/03/12	67.8	3.92	FPÖ	4.0	o
ÖVP-FPÖ	2000/02/04	56.8	3.41	-	8.9	mw
ÖVP-FPÖ	2003/02/28	53.0	2.88	-	21.0	mw+
SPÖ, ÖVP	2008/12/02	73.2	3.40	-	10.2	o

주 1: SPÖ(오스트리아사민당), ÖVP(오스트리아인민당), FPÖ(오스트리아자유당).

주 2: o = 과대 규모 내각(최소 승리 내각보다 의석수가 10퍼센트 이상 많은 내각), mw = 최소 승리 내각, mw+ = 과대 규모 내각은 아니며 의석수가 최소 승리 내각보다 10퍼센트 미만이 많기 때문에 최소 승리 내각에 근접한 내각, sm = 다수를 차지하기 위해 필요하지 않은 정당을 적어도 하나 이상 포함한 내각, m = 소수 내각. Andeweg et al., "Parliamentary Opposition in Post-Consociational Democracies," 82.

출처: Müller, "Austria: Tight Coalitions and Stable Government," 88, Table 3-1; 98, Table 3-3; Andeweg et al., "Parliamentary Opposition in Post-Consociational Democracies," 88, Table 1A.

정당의 카르텔화를 비판했기 때문이다. 당연히 표적은 인민당과 사민당이었다. 1986년 총선 이후 조각을 위한 연합 협상에서 사민당은 자유당 배제의 원칙을 천명했고 인민당에 연립정부의 구성을 제의했다. 인민당은 다소 주저했으나 결국 제의를 받아들였다. 이로써 제2차 대연정 연립정부의 시대가 열렸던 것이다(〈표 8-4〉). 그러나 이는 퇴행적 성격이 짙었다. 탈사회 진영의 정치가 과거 사회 진영 정치의 산물인 "사민당과 인민당의 대연정 연립정부의 귀환을" 부추겼기 때문이다.[93]

대연정 연립정부는 자유당과 녹색당의 약진으로 비대해진 야당을 통제하기 위해 연합 협정으로 결속력을 다졌다. 1987년 1월까지 지속된 조

---

[93] Muller, "Austria: Tight Coalitions and Stable Government," 92; 95; Luther, "Must What Goes Up Always Come Down?," 49, Table 3-3; 61; 63; Andeweg et al., "Parliamentary Opposition in Post-Consociational Democracies," 93.

각 협상에서 사민당과 인민당은 여러 정책을 포괄하며 내용도 구체적이고 명확한 연합 협정을 체결했다. 이는 입법 과정을 효율적으로 통제하는 것이 목적이었지만 상대 정당을 연합 협정에 묶어 두려는 의도도 반영된 결과였다. 1983년 연립정부 이전까지 연합 협정은 주로 의사 결정의 절차 및 각료 배분의 문제를 다루었으며 정책 관련 내용은 협정 내용의 10퍼센트 미만에 불과했다. 그러나 1983년 이후 연합 협정의 90퍼센트 이상이 정책 관련 내용이었다. 인민당과 사민당이 첨예하게 대립했던 정책은 재정 건전화였다. 인민당은 재정 건전화의 목표치와 정책 수단을 명시하도록 사민당에 요구했다.[94] 1983년부터 내각 참여 정당 및 의원 집단 간의 갈등을 조정하기 위해 연합위원회도 다시 설립했다. 과거처럼 수상 및 정당 대표는 참여하지 않았다. 연합위원회는 주로 절차적인 문제를 다루었고 주요 이슈는 내각위원회에서 처리되었다.[95]

연합 협정과 연합위원회를 통한 조정은 의회-행정부 관계에서 정당보다는 정부의 역할을 강화시켰다. 뮐러Wolfgang Müller와 동료들이 1980년대 후반부터 1990년대 초까지 8개 정책 — 조세 개혁, 민영화, 사회정책, 주택정책, EC 가입 등 — 을 연구한 바에 의하면 '통치에서 정당성政黨性'은 저조했다. 정당은 "통로를 결정하는 데 영향"을 미쳤지만 해결책을 정한 것은 정부였다는 것이다.[96] 오스트리아에서도 네덜란드처럼 정당 정부의 '정부

94_Müller, "Austria: Tight Coalitions and Stable Government," 102, Table 3-5.

95_Ibid., 105-7.

96_Wolfgang C. Müller et al., "Austria: Party Government within Limits," Jean Blondel & Maurizio Cotta eds., *Party and Government; an inquiry into the Relationship between Governments and Supporting Parties in Liberal Democracies* (London: Macmillan, 1996), 103-8.

성'政府性이 강화된 것이다.

사회 진영 간의 벽이 허물어진 상태에서 정당 간의 선거 경쟁은 격화되었고 자유당과 녹색당의 선전으로 야당과 의회의 영향력이 증대했다.[97] 젊은 세대는 더 이상 '적색 사민주의자'와 '흑색 가톨릭 보수주의자'는 적대적이어서 공동 정권으로 묶어 놓아야 정치·사회적 안정이 유지된다고 인식하지 않았다.[98] 자유당과 녹색당은 1986년 총선부터 사회 진영에 기반을 둔 합의 정치 민주주의를 '부패한 합의 정치'로 공격했다. 상당수 유권자는 이들 정당의 손을 들어주었다.[99] 야당의 규모가 커졌으며 사민당-인민당 연립정부와 야당 간의 갈등도 심화되었다. 1983년 사민당-자유당 연립정부, 심지어 그 이전의 단독정부의 집권하에서도 만장일치에 의해 통과된 법안의 비율이 72~88퍼센트였다. 그러나 1986년 이후에는 이 비율이 50퍼센트 이하로 하락했으며 1996~2000년 기간에는 27퍼센트를 기록했다. 정당 규율도 약화되어 1986~90년에 의원들이 원내 대표의 지시를 따르지 않는 가운데 통과된 법안의 비율이 10퍼센트에 달했다.[100] 의회-행정부 관계가 '정당 내부 모델'에서 '정당 간 모델', 이 중에서도 '정부와 야당 모델'로 전환된 것이다.[101]

97_Müller, "Executive-Legislative Relations in Austria: 1945-1992."

98_Pelinka, "Austria between 1983 and 2000."

99_사민당의 득표율은 1986년에 43.1퍼센트에서 1990년에 42.8퍼센트로, 그리고 1994년에 34.9퍼센트로 하락했다. 인민당의 득표율은 1986년에 41.3퍼센트에서 1990년에 32.1퍼센트로, 그리고 1994년에 27.7퍼센트로 하락했다(〈부록 표 2-4〉 참조).

100_Andeweg et al., "Parliamentary Opposition in Post-Consociational Democracies," 100; Luther, "Must What Goes Up Always Come Down?"

101_Müller, "Executive-Legislative Relations in Austria: 1945-1992."

탈사회 진영화의 추세임에도 동거했던 사민당과 인민당은 결국 결별했고 양당은 각자 이념적으로 이웃한 정당을 결집시켰다. 오스트리아 정당 체제가 '양대 블록 체제'로 전환된 것이다. 분기점은 1999년 총선이었다. 인민당은 사민당과의 대연정을 깨고 자유당과 연합해 전간기 이래 최초로 중도-우파 연립정부를 탄생시켰다. 대연정의 와해는 아이로니컬한 현상이었다. 세계화에 대응하는 과정에서 인민당과 사민당 모두 신자유주의를 수용한 결과, 양당 사이의 이념 간극이 좁아졌다. 1980~90년대에 인민당은 가톨릭 이념에서 기원한 '보충성의 원칙'을 버리고 사적 영역이 공적 영역에 우선하며 국가는 시장의 경쟁력 강화에 주력해야 한다는 입장을 천명했다. 사민당도 케인지언주의를 접고 공급 측면의 경제, 즉 투자를 통한 고용 증진의 정책을 수용했으며, 국영기업의 민영화를 추진했고, 재정 건전성의 정당성도 일정 부분 받아들였다.[102] 그럼에도 인민당은 사민당 대신 자유당을 연립정부의 파트너로 삼았던 것이다.

대연정의 와해는 정당 체제에서 인민당의 위상이 약화된 것과 관련이 깊었다. 1999년 총선에서 인민당은 제3당으로 전락했으며 자유당이 제2당으로 부상했다(〈부록 표 2-4〉 참조). 사민당은 제1당임에도 조각을 위한 연합 정치에서 패배의 쓴잔을 들었다. 겉으로 드러난 이유는 재정 적자 축소의 문제로 인민당과 대립했기 때문이었다. 사민당은 결국 소수 정부라는 최후의 카드를 빼들었으나 인민당과 자유당이 입법 과정에서 지원 거부의 의사를 밝히자 야당의 길을 선택했다. 인민당은 사민당 대신 자유당과 연합함으로써 제3당으로 추락된 위상을 만회하고자 했던 것이다.[103] 이

102_Seeleib-Kaiser et al., *Party Politics and Social Welfare*, 107-11.
103_인민당은 제3정당으로 전락했을 뿐만 아니라 내부적으로는 중도파와 자본에 경도된 우파 간의 갈등으로 내홍을 겪었다. 우파가 주도권을 쥔 인민당은 주요 제도—국영기업, 중

로써 중도-우파 정부 대 좌파 야당이 대치하는 의회-행정부 관계가 형성되었다. 입법 통계는 의회-행정부 관계의 갈등적 상황을 정확히 보여준다. 내각 참여 정당들만으로 처리된 입법의 비율이 1995년 이전에는 20퍼센트 미만이었으나 1995~99년에 33.9퍼센트, 그리고 1999~02년에는 42.5퍼센트로 증가했다. 야당의 지원을 받아 통과된 법률의 비율은 1995~99년에 38.9퍼센트에서 1999~02년에 13.8퍼센트로 하락했다.[104]

요약하면, 세계화에 대응해 네덜란드와 오스트리아 모두 합의 정치를 복원했고 입법 과정에 대한 정부의 역량을 강화했다. 그러나 정치·사회적 맥락이 달랐으며 합의 정치와 의회-행정부 관계도 다르게 전개되었다. 네덜란드에서는 온건 보수정당으로 거듭난 기민당이 중심축으로서 입법 과정을 효율적으로 통제했으며 노동당을 합의 정치의 장으로 끌어들였다. 기민당-노동당 연립정부가 총선에서 열세에 몰리자 노동당은 우파 정당인 자유당과 연합함으로써 이념을 뛰어넘는 합의 정치의 장을 마련했다. 오스트리아에서도 사민당과 인민당은 대연정을 통해 탈사회 진영화와 세계화에 대응하는 한편 입법 과정을 효율적으로 통제하고자 했다. 그러나

앙은행, 방송국 등 — 에서 사민당과 노동조합의 영향을 제거하기 위해 자유당이 주도하는 연립정부에 참여했으며 제1당으로 부상한 사민당의 정치적 권력을 약화시키고자 했다. Reinhard Heinish, "Austrian Social Policy Reform in the Era of Integration and Rising Populism," Gary B. Cohen et al. eds., *Social Policy in the Smaller European Union States* (New York: Berghahn Books, 2012), 141; Pelinka, "Austria between 1983 and 2000," 335; Hamann & Kelly, *Parties, Elections, and Policy Reforms in Western Europe*, 160.

104_Wolfgang C. Müller & Franz Fallend, "Changing Patterns of Party Competition in Austria: From Multipolar to Bipolar System," *West European Politics* 27-5 (2004), 808-9; 823.

사회 변화의 대세를 거스른 기득권 정당의 불편한 동거는 야당, 특히 자유당의 세력만 불렸다. 세계화의 영향으로 정당 간 이념 간극이 좁아졌음에도 사민당과 인민당의 선거 경쟁과 자유당의 약진이 맞물리면서 결국에는 좌우 이념 블록 간의 갈등이 심화되었다.

4-2. 노사정 관계의 재편과 복지 개혁의 정치

네덜란드에서는 1980년대부터 코포라티즘의 시대가 다시 열렸다. 그러나 코포라티즘이 사회적 협의로 변형·발달했기 때문에 노사정 협의 체제는 과거와 달랐다. 사회적 협의에는 이익집단만이 아니라 정부 및 정당의 대표도 참여하며 임금과 함께 사회정책을 위시한 정책 전반을 사회 협약의 형태로 일괄 타결한다. 세계화 시대에는 코포라티즘의 조직적 조건들 — 노사 조직의 포괄성, 중앙 집중화, 대표성 — 을 충족하지 못한 국가들이 사회 협약을 이용해 경제·사회적 갈등을 조정하는 경향을 보였다.[105] 이들 국가에서는 사회적 협의가 코포라티즘의 조직적 조건들을 대체하는 '기능적 등가'로서 작용한 것이다.

제2차 세계대전 이후 네덜란드에서는 노사 조직이 분산되고 분권화되어 있음에도 코포라티즘이 높은 수준에서 제도화되었다. 이는 국가가 개입해 중앙 임금 협상을 성사시켰기 때문이다. 사회 블록 내외부에서 노동과 자본은 대립했으며 각 조직의 의사 결정 체계도 분권화되어 있었다. 그럼에도 국가가 특별 수정법에 근거해 이들을 중앙 임금 협상에 묶어 둠으로써 집단행동의 딜레마를 극복했던 것이다. 그러나 코포라티즘은 전후

105_ 사회적 협의의 개념은 이 책의 제3장 3-5절(110쪽)을 참조할 것.

표 8-5 | 네덜란드의 사회 협약(1980~2009년)

연도	이름	주요 이슈	경기변동	연립정부	주도권
1982	바세나르 협약	임금, 노동시간	불황	CDA-VVD	노동, 자본
1989	공동 정책 체계	물가 연동, 사회보장, 예산	호황	CDA-PvdA	국가
1993	신진로 협정	임금, 임금 협상 분권화	하강	CDA-PvdA	노동, 자본
1996	유연 안전화 협정	파견 근로	성장	PvdA-D66-VVD	노동
2002	최소 협약	임금, 직업 보조	하강	CDA-VVD-LPF	국가
2003	절반 협약	임금, 개혁 협상	하강	CDA-VVD-LPF	국가
2004	뮤지엄 광장 협약	임금, 조기 은퇴, 장애 연금	하강	CDA-VVD-D66	국가
2009	위기 협약	임금, 비상근 실업, 공공투자, 연금	불황	CDA-CU-PvdA	노동, 자본

주: 표 내용 일부를 수정했음.
출처: Visser and van der Meer, "The Netherlands: Social Pacts in a Concertation Economy," 204, Table 9-1.

경제·사회 재건을 실현해 고용이 완전고용에 근접했던 1960년대 후반부터 쇠퇴의 경로에 접어들었다. 노동조합운동과 사용자연합 모두 산업별 임금 협상을 주장하는 한편 단체 협상에 대한 국가 개입을 반대했다. 더구나 탈사회 블록화와 정당 간의 이념적 분극화로 인해 합의 정치 민주주의가 실종되었고 입법 과정에 대한 정부의 통제도 급속히 약화되었다. 합의보다는 갈등이 기능 대표 체계와 정치 대표 체계에 만연된 결과, 네덜란드의 코포라티즘은 1970년대에 작동을 멈추었다(제7장). 그러나 1982년부터 집권한 기민당-자유당 연립정부는 노동과 자본을 사회적 협의의 장으로 복귀시킴으로써 일련의 사회 협약을 성사시켰다. 노사(정)는 1982년 바세나르 협약을 필두로 2009년 '위기 협약'에 이르기까지 도합 여덟 차례에 걸쳐 사회 협약을 체결했다(〈표 8-5〉).[106] 초기에는 임금 조정이 주요 이슈였으나 점차 사회정책 전반을 다루었다.

106_Visser & van der Meer, "The Netherlands: Social Pacts in a Concertation Economy," 203.

네덜란드의 노사정은 사회 협약을 이용해 덴마크처럼 중앙이 통제하는 가운데 임금 협상 제도를 분권화했다. 1982~09년 사이에 체결된 여덟 번의 사회 협약은 1996년 협약을 제외하고 모두 임금 조정의 문제를 다루었다(〈표 8-5〉 참조). 임금 협상 제도의 재편에서 국가가 노동 및 자본과 관계를 어떻게 설정하는가가 가장 중요한 변수였다. 코포라티즘이 작동하지 않았던 1960년대 후반부터 1980년대 초까지 정부는 중앙 임금 협상의 성사를 위해 개입과 불개입 사이를 오갔다. 노동과 자본은 국가 개입에 반대했으며 개입이 없는 경우에도 갈등으로 일관했다(제7장). 1982년 바세나르 협약 이후 네덜란드는 두 가지 방법으로 국가 개입으로 빚어진 노사정 갈등을 해결할 실마리를 풀어 나갔다. 그 결과, 통제된 분권의 노사 관계가 제도화되었다.

첫째, 국가라는 '위계의 그림자'가 드리운 가운데 임금 협상이 진행되도록 했다. 정부는 중앙 임금 협상의 성사를 위해 노사 관계에 직접 개입하지는 않았다. 그러나 노사는 정부의 영향력 아래서 갈등을 조정했기 때문에 정부의 의중을 반영해야 했다.[107] 여기서 '위계'란 정부가 신임금법에 근거해 단체협약의 무효를 선언하거나 임금 동결을 강제할 수도 있다고 위협함으로써 노사에 영향력을 행사하는 권위적 질서를 의미한다. 국가는 1982년 바세나르 협약 이래 위협을 가했을 뿐 임금 협상에 대한 직접 개입은 삼갔다. 신임금법은 1988년에 개정되어 사회부 장관이 심각한 경제 위

---

[107]_네덜란드 현지 전문가들은 사프가 제시한 바 있는 '위계의 그림자'(a show of hierarchy)의 개념을 사용해 국가와 노동과 자본의 관계를 분석한다. Friz W. Scharpf, "Co-ordination in Hierarchies and Networks," Scharpf ed., *Games in Hierarchies and Networks: Analytical and Empirical Approaches to the Study of Governance Institutions* (Frankfurt am Main and Boulder CO: Campus and Westview, 1993).

기라는 제한된 조건하에서만 한시적으로 임금 동결을 명령할 수 있도록 했다. 그러나 이후에도 정부의 위협은 계속되었다. 예컨대 1992년에 정부(중앙계획국)는 1937년 단체협약확장법의 폐지를 거론함으로써 노동조합운동과 사용자연합의 신경을 건드렸다. 단체협약확장법은 단체 협상의 결과가 조직화되어 있지 않은 사업장으로 확장되도록 규정하고 있는데 노사 모두 이 법의 폐지에 반대했다.[108] 이후에도 위계의 그림자 안에서 노사가 타협하도록 압박한 사례가 여러 차례 발생했다. 예컨대 2003년에 정부는 노사가 임금 억제를 합의하지 않을 경우 정부 안대로 연금 개혁을 추진하겠다고 위협함으로써 단체 협상을 유도했다. 이로써 국가는 위협은 하되 임금 협상에 직접 개입하지는 않는다는 원칙이 비공식적 규범으로 정착되었다.[109]

둘째, 노동협회와 사회경제위원회SER의 관계를 재조정했다. 제2차 세계대전 이후 노사는 노동협회와 SER의 역할을 두고 국가와 대립했다. 노사는 노동협회가 단체협약을 주관할 뿐만 아니라 정책의 입안 과정에서

---

[108] Anton Hemerijck, "The Resurgence of Dutch Corporatist Policy Coordination in an Age of Globalization," Frans van Waarden & Gerhard Lehmbruch eds., *Renegotiating the Welfare State: Flexible Adjustment through Corporatist Concertation* (London: Routledge, 2003), 56; Visser & Hemerijck, '*A Dutch Miracle*', 106-9; Anton Hemerijck et al., "Innovation through Co-ordination: Two Decades of Social Pacts in the Netherlands," Giuseppe Fajertag & Philippe Pochet eds., *Social Pacts in Europe: New Dynamics* (Brussels: ETUI, 2000), 264-5.

[109] Jan Peter van den Toren, "Dancing with Economics. Dutch Politicians, Policies and Institutions Reacting to Economic Turnarounds (1973-2004)," Karel Davids et al. eds., *Changing Liaisons: The Dynamics of Social Partnership in Twentieth Century West-European Democracies* (Berlin: Peter Lang, 2007), 180; Houwing & Vandaele, "Liberal Convergence, Growing Outcome Divergence?," 133-4.

영향력을 행사하고자 했다. 이에 반해 정부는 SER이 정책 전반을 자문하는 기능을 맡도록 하는 한편 정부중재위원회가 임금 협상 과정을 통제하도록 했다. 그러나 1982년 바세나르 협약 이후 정부가 단체 협상에 개입을 삼갔고 단체 협상 자체가 분권화되자 노동협회가 주요 행위자로 부상했다. 노사 정상 조직들은 노동협회를 통해 단체 협상을 조율하는 한편 매년 내각의 대표와 만나서 봄에는 예산 문제를, 가을에는 임금 문제를 협의했다. 1992년에 SER도 보고서를 통해 임금 협상의 '조정된 분권화'를 권고했으며 1993년 신진로 협약은 이를 구체적으로 반영했다. 예컨대 기업별 임금 조정에 유연성을 허용했으며 노동시간과 작업 시간 배정에서 산업 및 기업 별 차이를 인정했다. 1994년에 정부는 정책 준비 단계에서 SER의 자문을 받아야 한다는 법적 의무 조항을 폐지함으로써 SER의 역할을 축소했다.[110] 정부는 주로 임금 가이드라인을 제시함으로써 단체 협상에는 개입하지 않는 대신 외곽에서 노사를 압박했다. 예컨대 2002~04년에는 '제로라인'을 제시했으며 2008년에도 임금 안정화의 필요성을 역설했다.[111]

네덜란드의 노사정은 소득정책에서 시작해 사회정책으로 이어지는 '순차적인' 과정을 통해 복지 개혁을 추진했다.[112] 기민당–자유당 연립정부(1982~89년)는 임금 협상 제도의 개혁에 집중한 반면 1989년에 들어선 기민당–노동당 연립정부는 임금 조정과 함께 본격적으로 사회정책의 개혁에 착수했다. 1982년 바세나르 협약 이후 일련의 협약이 효과를 거두어

110_ Visser & van der Meer, "The Netherlands: Social Pacts in a Concertation Economy," 203; 205; Hemerijck et al., "Innovation through Co-ordination," 265-7.

111_ Houwing & Kurt Vandaele, "Liberal Convergence, Growing Outcome Divergence?," 133.

112_ Hemerijck, "The Resurgence of Dutch Corporatist Policy Coordination," 33.

임금 상승과 실업률이 잡혔으나 노동시장 참여율은 여전히 낮아서 복지 의존 인구가 많았다. 1982년 이후 임금 인상이 물가 인상을 앞지른 해는 1992년과 1994년뿐이었다. 1985~03년에 일자리가 매년 2~3퍼센트씩 증가했다. 그러나 실업률이 감소하고 일자리가 늘어난 것은 노동시장에서 사회보장 프로그램으로 이동한 노동자와 비상근 노동자가 증가했기 때문이다. 그 결과, 실업률이 감소했음에도 사회적 불평등은 오히려 심화되었다(〈표 4-6〉과 〈표 4-7〉 참조).[113]

제3기 뤼버르스의 기민당-노동당 연립정부(1989~94년)는 본격적으로 사회정책의 개혁에 착수했다. 1989년에 기민당은 임금과 사회보장 급여에 대한 물가연동제를 부분적으로 부활시킬 것을 약속하고 노동당과 연립정부를 구성했다. 복지 개혁은 소득정책과 소극적 노동시장 정책과 적극적 노동시장 정책의 연계에 초점을 맞추었다. 1989년에 성인 인구 7백만 명 중에서 장애 보험 급여를 받는 인구가 1백만 명에 육박했다. 이에 기민당-노동당 연립정부는 장애 보험 프로그램을 축소하는 한편 실업자들이 노동시장에서 사회보장 프로그램 — 장애 보험, 실업보험, 조기 은퇴 연금 등 — 으로 이탈하는 것을 막는 데 주력했다. 예컨대 장애 보험 수급자가 대안적 일자리를 찾도록 법적 규제를 강화했으며 50세 미만 보험 수급자의 소득 대체율을 낮추었으며 장애 보험의 수급 자격을 까다롭게 했다. 동시에 기민당-노동당 연립정부는 적극적 노동시장 정책을 보강했다. 1991년에 노사정이 참여하는 고용 서비스 프로그램과 함께 미숙련 노동자, 여성, 청년 노동자를 위한 적극화 특별 프로그램을 실시했다. 노동조합운동

113_Anton Hemerijck & Kees van Kersbergen, "A Miraculous Model? Explaining the New Politics of the Welfare State in the Netherlands," *Acta Politica* 32-3 (1997), 267; Andeweg & Irwin, *Governance and Politics of the Netherlands*, 217.

은 복지 개혁에 강력히 반발했고 노동당 당수 콕은 이로 인해 1991년에 사임했다.[114]

그럼에도 1992년에 SER과 부르마이어Buurmeijer 의회진상조사위원회는 우울한 보고서를 발표했다. 이들 보고서는 노동조합과 사용자연합이 사회보장제도, 특히 장애보험을 남용해왔음을 비판하고 경제성장의 발목을 잡고 있는 '아킬레스건'으로 낮은 노동시장 참여율을 지목했다. 이에 정부는 1993년부터 일련의 입법을 통해 복지 개혁의 칼을 휘둘렀다. 1993년에 '장애 수급 신청자 수 제한법'을 입법했다. 더 나아가 '신연계법'을 입법해 '소극적/적극적 비율'Inactive/Active ratio(I/A 비율)을 정했다. 첫째, 예상 물가와 생산성을 초과해 임금을 인상할 수 없으며, 둘째, 조세율과 사회보장 적립금의 인상을 초래할 정도로 사회보장 수급자 수를 증가시켜서는 안 된다는 것이다. 처음에는 I/A 비율을 고용 인구 100명당 86으로 정했으나 추후에 82.8로 낮춰 잡았다. 1993~95년에는 I/A 비율이 기준치를 초과했기 때문에 최저임금과 사회보장의 급여가 동결되었다.[115]

영국 다음으로 높은 비정규직의 비율이 사회적 문제로 부각되자 1996

114_Anton Hemerijck & Ive Marx, "Continental Welfare at a Crossroads: the Choice between Activation and Minimum Income Protection in Belgium and the Netherlands," Bruno Palier ed., A *Long Goodbye to Bismarck?* (Amsterdam: Amsterdam University Press, 2010), 133.

115_Visser & Hemerijck, '*A Dutch Miracle*', 140-5; Hemerijck, "The Resurgence of Dutch Corporatist Policy Coordination," 63; Hemerijck & Marx, "Continental Welfare at a Crossroads," 134; Hans Slomp, "The Netherlands in the 1990s: Towards 'Flexible Corporatism' in the Polder Model," Stefan Berger & Hugh Compston eds., *Policy Concertation and Social Partnership in Western Europe: Lessons for the Twenty-First Century* (Berghahn Books, 2002), 236-7.

년에 노사는 유연 안전 협정을 통해 다음과 같이 타협했다. 파견 근로와 비상근 근로 시장의 자유화를 허용하되 이들의 고용조건, 직업훈련, 사회보장을 개선한다는 것이다. 1994년부터 집권한 노동당-자유당의 보라색 연립정부는 1997년에 입법을 통해 사회보장의 급여 수준과 기간은 그대로 두는 대신 질병 및 장애 발생 시 사용자의 부담 — 병가 및 장애 발생 빈도에 따라 기여금을 부담하게 함으로써 — 을 가중시켰다. 목적은 사용자에게 병가 및 장애 발생의 빈도를 줄이도록 인센티브를 부여하자는 것이었다.[116] 요약하면, 1990년대에 노사정은 다음과 같이 정치적 교환을 주고받았다. 노동은 고용 시장의 유연화와 임금 억제를, 자본은 사회보장을 양보했으며 정부는 사회보장 체계를 합리화하고 소극적 노동시장 정책 관련 예산의 일부를 적극적 노동시장 정책에 전용했다.[117]

    오스트리아의 노사정 관계와 사회정책은 네덜란드와 서로 다른 경로를 거쳐 변화했고 개혁되었다. 네덜란드의 노사(정)는 국가의 위계가 서린 그림자 안에서 일련의 사회 협약을 맺었는데 이는 소득정책 및 사회정책의 형성과 집행의 수단이었다. 그러나 오스트리아는 사회 협약보다는 코포라티즘을 이용해, 그리고 의회-행정부 관계를 중심으로 복지 개혁을 추진했다. 제2차 세계대전 이후부터 1990년대까지 줄곧 포괄적이며 중앙·집중화된 노동과 자본의 상부 조직 — 오스트리아노동조합총연맹ÖGB, 노동회의소, 연방경제회의소 — 들은 코포라티즘을 통해 임금을 조정했으며 경제 및 사회정책의 입안 과정에서 영향력을 행사했다. 세계화 시대에서도 네덜란드와 달리 별도의 노사정 협의제도의 필요성이 제기되지 않았

116_Seeleib-Kaiser et al., *Party Politics and Social Welfare*, 61-8; Hemerijck & Marx, "Continental Welfare at a Crossroads," 134-6.

117_Cox, "The Social Construction of an Imperative" 참조.

다. 1992년에 4대 이익 단체 — ÖGB, 노동회의소, 연방경제회의소, 농업회의소 — 가 사회 협약과 비슷한 협정을 맺은 바 있다. 그러나 정작 이 협정은 기존의 이익 중재 제도가 유효하며 따라서 별도의 사회적 협의가 필요하지 않음을 확인해 준 협정이었다.[118] 오스트리아의 4대 이익 단체는 경제 및 사회정책에 관한 한 임금·물가공동위원회 이외에 다양한 경로를 통해 입법 과정에 영향을 미쳤다. 의회가 법안을 다루기 이전에 노동회의소와 연방경제회의소는 공식적으로 정부 법안에 의견을 낼 수 있었다. 또한 상당수의 국회의원이 이익 단체의 대표였다. 1987년을 예로 들면 인민당의 경우 소속 국회의원의 17퍼센트가, 사민당의 경우 소속 국회의원의 40퍼센트가 이익 단체의 대표였다. 이익 단체 대표들은 정부의 다양한 위원회와 국회 소위원회의의 심의에 참여함으로서 법안 준비 및 입법 과정에서 자신들의 이익을 챙겼다.[119]

오스트리아 코포라티즘은 복지 개혁 정치의 과정에서 정치 대표 체계와 마찰을 빚었던 반면 소득정책의 영역에서는 이렇다 할 변혁을 겪지 않았다. 먼저 세계화 시대에 소득정책 영역의 코포라티즘, 임금 협상체제를 살펴보자. 오스트리아 노사정은 제2차 세계대전 이후 줄곧 조직된 분권의 임금 협상 체계를 유지했다. ÖGB와 연방경제회의소와 임금·물가공동위원회는 임금 협상 전반의 틀을 잡았으며 실제 임금 협상은 산업 수준에서

118_Tálos & Kittel, "Austria in the 1990s," 36.

119_Isabelle Schulze & Martin Schludi, "Austria: From Electoral Cartels to Competitive Coalition-Building," Ellen M. Immergut et al. eds., *The Handbook of West European Pension Politics* (Oxford: Oxford University Press, 2009), 565-6; Emmerich Tálos, "Corporatism: The Austrian Model," Volkmar Lauber ed., *Contemporary Austrian Politics* (Boulder: Westview Press, 1996), 113-4.

이루어졌다. 특히 철강 산업의 대규모 국영기업이 단체 협상을 선도했다 (제5장과 제6장).

그러나 세계화 시대, 특히 1995년 EU 가입 과정에서 오스트리아의 노사 관계도 자유화와 탈규제의 압박을 받았다. 특히 오스트리아경제회의소 WKÖ — 1992년에 명칭이 연방경제회의소BWK에서 바뀜 — 와 산업연합이 다투었다. WKÖ는 주로 중소기업 대표로 구성되어 있었기 때문에 자유화와 탈규제에 회의적이었다. 반면에 대기업의 이익을 대변했던 산업연합은 자유화와 탈규제에 적극적이었다. 오스트리아의 노사는 이런 시대적 변화에 '능숙하게 적응'했다. 노사는 일련의 협의를 거치면서 점진적으로 임금조정 체계를 개편했다. 이 과정에서 나타난 두드러진 변화는 그동안 임금·물가공동위원회가 담당해 오던 기능이 산업 부문으로 이관되었다는 점이다. 철강 산업이 주도하는 '산업 간 연합'이 이 위원회를 대신해 임금 협상 라운드의 틀을 결정하게 된 것이다. 예컨대 산업 간 연합은 1993년에 임금 유연화를 결정했다. 1997년 노동시간 수정법은 노동시간의 유연화에 관한 결정 권한을 산업 간 연합으로 이관했다. 그러나 전반적으로 보면 오스트리아의 노사는 탈규제를 제한된 범위에서 추진했으며 규제의 표준화와 단순화에 주력했다.[120] 오스트리아의 노사는 세계화 시대에도 조직된 분권의 임금 협상 체계를 유지했으며 다만 조정의 중심을 좀 더 기업 수준으로 이동했던 것이다.

소득정책에서와는 반대로 코포라티즘은 사회정책의 개혁 과정에서 정

---

[120] Reinhard Heinish, "Coping with Economic Integration: Corporatist Strategies in Germany and Austria in the 1990s," *West European Politics* 23-3 (2000), 86; 89; Tálos & Kittel, "Austria in the 1990s," 38; Afonso & Mach, "Coming Together but Staying Apart," 112; Traxler, "Austria: Still the Century of Corporatism."

치 대표 체계와 마찰을 빚었다. 국내외 정치경제 환경의 변화가 발단이었다. 앞에서 다루었듯이 오스트리아-케인지언주의는 1979년 제2차 오일쇼크에 대한 대응에서 성공을 거두지 못했다. GDP 대비 5퍼센트 넘게 적자 재정을 유지했음에도 1980년대 초부터 실업률이 줄곧 5퍼센트를 넘겼다. 오스트리아는 제2차 세계대전 이후 30여 년간 평균 4퍼센트의 경제성장률을 유지했다. 그러나 1984~87년에 경제성장률이 1.8퍼센트로 추락했다. 1970년에 GDP 대비 20.4퍼센트였던 공공 부채의 수준이 1985년에 50퍼센트에 육박했으며 1995년에는 69.2퍼센트까지 치솟았다. 고실업, 저성장, 재정 적자 등으로 인해 그동안 사민당을 지지했던 중간계급이 선거에서 등을 돌리기 시작했다. '낭비적 공공 지출'에 반기를 든 것이다.[121] 이에 인민당뿐만 아니라 사민당도 정책 기조를 수요 측면에서 공급 측면의 경제로 틀었다. 1987년부터 집권한 사민당-인민당 연립정부는 재정 건전성의 확보에 주력하는 한편 거대 국유 기업들을 과감하게 민영화했다. 소위 "신자유주의의 르네상스" 시대가 도래한 것이다.[122] 사민당-인민당 연립정부가 신자유주의를 수용함에 따라 정부 그리고 사민당은 당연히 ÖGB와 갈등적 관계에 빠져들었고 경제·사회 정책을 입법하는 과정에서 코포라티즘은 의회와 대립했다.

또한 의회-행정부 관계에서 의회 권한의 강화가 코포라티즘의 역할이

121_Heinish, "Austrian Social Policy Reform," 134; Obinger & Talos, "Janus-Faced Developments in a Prototypical Bismarckian Welfare State," 106-9.

122_Heinish, "Austrian Social Policy Reform," 133; Seeleib-Kaiser et al., *Party Politics and Social Welfare*, 107-11; Unger & Heitzmann, "The Adjustment Path of the Austrian Welfare State"; Peter Gerlich, "Deregulation in Austria," *European Journal of Political Research* 17-2 (1989), 214.

축소되는 데 영향을 미쳤다. 앞에서 다루었듯이 탈사회 진영화로 인해 코포라티즘과 사회 진영의 정치에 반기를 든 자유당과 녹색당이 선거에서 약진했다. 선거 변동성의 증가로 인해 선거 경쟁이 치열해지자 정당들은 포괄 정당을 지향했으며 과거에 비해 사회 진영을 대표하는 이익 단체들로부터 자율적으로 행동했다. 결국 사민당과 인민당의 대연정은 와해되었다. 야당이 강해지고 의회가 정치의 중심으로 부상한 결과, 코포라티즘을 통한 입법의 공간이 축소되었다.[123] 예컨대 의원 발의 입법이 1979~83년에 19퍼센트에 불과했으나 1983~85년에 25퍼센트로, 그리고 1986~90년에는 31.8퍼센트로 증가했다.[124]

몇 가지 예를 들어보자. 사민당-인민당 연립정부는 1995~96년에 대대적으로 내핍 재정 정책을 추진했는데 이 과정에서 사민당은 ÖGB의 요구를 받아들이지 않았다. 탈규제로 인해 임금·물가공동위원회의 역할이 축소되었다. 더구나 임금·물가공동위원회는 정책 입안을 위한 협의의 장이 아니라 점차 '토론 포럼'으로 전락했다. 심지어 1994년과 1997년에 사민당-인민당 연립정부는 이익 단체와 협의 과정을 생략한 채 연금 개혁안을 제안한 적도 있었다.[125] 그러나 코포라티즘이 약화된 것만은 아니었다.

123_Peter Gerlich & Edgar Grande, "Corporatism in Crisis: Stability and Change of Social Partnership in Austria," *Political Studies* 36-2 (1988), 223; Crepaz, "An Institutional Dinosaur," 70-1; Luther, "Must What Goes Up Always Come Down?," 67; Tálos & Kittel, "Austria in the 1990s," 45-8; Andeweg et al., "Parliamentary Opposition in Post-Consociational Democracies," 104.

124_Crepaz, "An Institutional Dinosaur," 59.

125_Heinish, "Austrian Social Policy Reform," 139; Schulze & Schludi, "Austria," 595; Tálos & Kittel, "Austria in the 1990s," 43-4; Unger & Heitzmann, "The Adjustment Path of the Austrian Welfare State," 380.

예컨대 1996~97년에 노동시간의 유연화를 두고 노사정이 갈등하는 와중에서 정부는 직접 개입이란 대안으로 ÖGB와 WKÖ를 압박했다. 결국 노동시장 수정법은 노사 합의를 거치는 방식, 즉 코포라티즘의 경로를 통해 입법되었다.[126] 사민당-인민당 연립정부가 집권했던 1986년부터 1990년대 전반에 걸쳐 코포라티즘은 경제 및 사회정책의 형성 과정에서 과거처럼 영향력을 발휘하지 못했지만 여전히 작동했던 것이다.[127]

그러나 2000년부터 집권한 인민당-자유당의 중도-우파 연립정부는 코포라티즘의 정책 입안 기능에 결정적인 타격을 입혔다. 1999년 총선에서 제2정당으로 부상한 자유당은 제3당으로 전락한 인민당과 연합함으로써 오스트리아의 정치 지형에 지각변동을 일으켰다. 하이더가 이끄는 자유당은 이미 선거 캠페인에서부터 경제적 자유주의, 반국가주의, 카르텔 정당 및 기득권 정치 계층의 해체를 선거 공약으로 내걸고 코포라티즘을 전면에서 공격했다. 인민당-자유당 연립정부는 코포라티즘을 우회해 일방적으로 사회정책의 개혁 안을 입법했다. 당시 연금 개혁이 좌우 정당 간에 핵심적인 정치 쟁점이었다. 인민당-자유당 연립정부는 2000년에 장애를 근거로 하는 조기 은퇴 연금의 폐지 및 조기 은퇴 연령의 상향 조정을 골자로 하는 연금 개혁 안의 입법에 착수했다. 취지는 연기금에 대한 국고보조로 인한 부담을 덜어 재정의 건전화를 달성하자는 데 있었다. 인민당-자유당 연립정부는 연금 개혁의 준비 단계에서 이익 단체와 공동으로 협의하는 과정을 생략하고 바로 입법 단계로 건너뛰었다. 이로써 인민당-자유당 연립정부는 제2차 세계대전 이후 주요 경제·사회 정책 관련 입법의

126_Kittel, "Deaustrification?," 122-3.

127_Obinger & Tálos, "Janus-Faced Developments," 122-3.

준비 단계에서 이익 단체와의 협의를 건너 뛴 최초의 정부로 기록된다. 사민당은 연금 개혁 안을 격렬하게 반대했다. 법안이 통과되자 사민당은 헌법재판소에 위헌 법률 심사를 제청했으나 패소했다.[128]

연금 개혁의 정치는 다음과 같은 상징성을 띠었다. 기능 대표 체계에서는 코포라티즘이 약화되었으며 정치 대표 체계에서는 합의 정치가 쇠퇴한 그 자리를 이념적 갈등의 정치가 점유했다는 것을 의미했다.[129] 오스트리아는 연방제임에도 헌법재판소가 의회를 제외하면 거부권을 행사할 수 있는 유일한 기관이었다.[130] 사민당이 연금 개혁의 과정을 두고 코포라티즘의 외곽 제도인 헌법재판소에 위헌 법률 심사를 제청한 것은 오스트리아 정치경제 레짐의 변화를 방증하는 사건이었다.

이외에도 코포라티즘이 도전을 받았다는 징후는 여러 곳에서 포착된다. 인민당-자유당 연립정부는 노동부와 경제부를 통합했다. 전통적으로 사민당과 인민당은 비례성의 원칙에 따라 노동부와 경제부를 각각 지배했는데 이는 합의 정치 민주주의 관행으로서 용인되었다. 양 부의 병합은 코포라티즘과 합의 정치 민주주의의 포기를 상징했다. 또한 인민당-자유당 연립정부는 노동조합운동의 영향력을 약화시키는 데 골몰했다. 대표적인 사례가 사회보험 행정의 구조조정이었다. 연금 및 건강 보험은 이익 단체에 의해 운영되었는데 사민당과 연계된 노동조합이 행정기관을 장악했다.

128_Schulze & Schludi, "Austria," 589; 595; Schludi, *The Reform of Bismarckian Pension Systems*, 180; Müller & Fallend, "Changing Patterns of Party Competition in Austria," 811. 장애로 인한 조기 은퇴 금지만 위헌으로 인정되었다.

129_Obinger & Tálos, "Janus-Faced Developments," 113; Heinish, "Austrian Social Policy Reform," 144-5.

130_Herbert Obinger, "Veto Players, Political Parties, and Welfare-State Retrenchment in Austria," *International Journal of Political Economy* 32-2 (2002), 51.

2001년에 인민당-자유당 연립정부는 27개 보험 기금의 집행위원회를 개편했다. 이를 통해 사민당과 연계된 노동조합의 영향력을 약화시킨 반면 자유당과 연계된 노동조합의 영향력은 강화했다. 예컨대 집행위원회의 위원장을 자유당 대표로 교체했다. 인민당-자유당 연립정부는 노동회의소 회비의 40퍼센트 인하와 정당에 대한 국고 보조의 감축을 제안했으며 2002년에는 노동쟁의 지원을 위해 축적된 ÖGB의 기금을 공개해야 한다는 법안을 입법한 바 있다. 자유당은 이익 단체와 정당의 사슬을 끊기 위해 심지어 이익 단체 대표의 국회의원 겸직을 금지하는 법안을 제출하기도 했다.[131]

오스트리아의 복지 개혁 정치는 사민당-인민당 연립정부의 집권기(1987~2000년)와 인민당-자유당 연립정부(2000~07년)의 집권기로 뚜렷이 구분된다. 사민당-인민당 연립정부의 집권기에는 사회적 합의를 기반으로 하는 오스트리아 모델을 포기하지는 않았다. 과거 오스트리아-케인지언주의와 다른 점은 정책의 우선순위를 수요 촉진이 아니라 공급(생산과 투자) 측면에 두었으며 재정의 건전성을 실현하는 데 주력했다는 사실이다. 정부는 재정 적자의 축소를 위해 국영기업을 민영화했고 사회정책, 특히 소극적 노동시장 정책 — 조기 은퇴 연금 및 실업보험 등 — 에 대한 지출을 줄이고자 했다. 사민당-인민당 연립정부의 집권기에 실업보험의 소득 대체율이 57.9퍼센트에서 56퍼센트로, 그리고 공공 부조금이 실업보험 급여 대

131_Heinish, "Austrian Social Policy Reform," 141; Reinhard Heinish, "Success in Opposition-Failure in Government: Explaining the Performance of Right-Wing Populist Parties in Public Office," *West European Politics* 26-3 (2003), 105; Blaschke, "Restructuring as a Reaction to Growing Pressure on Trade Unionism," 153; Hamann & Kelly, *Parties, Elections, and Policy Reforms*, 156-7; Müller & Fallend, "Changing Patterns of Party Competition in Austria," 812; Crepaz, "Inclusion versus Exclusion," 168.

비 95퍼센트에서 92퍼센트로 축소되었다. 그럼에도 공공 사회 지출은 1980년에 GDP 대비 26.3퍼센트에서 1995년에 29.2퍼센트로 오히려 증가했다. 이는 주로 국영기업의 민영화 과정에서 약 5만 명에 이르는 실업자가 조기 은퇴 연금으로 흡수된 결과였다. 이에 사민당-인민당 연립정부는 1995~96년에 공공 사회 지출의 32퍼센트 감축을 목표로 일련의 내핍 정책을 추진했다. 그러나 노동운동의 반발 및 유권자의 저항으로 인해 실제 공공 사회 지출을 그리 줄이지는 못했다. 1998년에 GDP 대비 28.5퍼센트였는데 이는 1995년보다 약 1퍼센트가 축소된 수치였다.[132]

반면 인민당-자유당 연립정부(2000~07년)는 '패러다임 이동'을 도모했다. 오스트리아-케인지언주의와 단절했으며 정책의 우선순위에서 사회정책을 "노동시장의 유연화, 구조적 경쟁력, 부채의 통제"보다 하위에 둠으로써 이들 정책의 종속변수로 삼았다. 인민당-자유당 연립정부는 비스마르크 모형의 사회정책 — 사회계층, 즉 소득 및 직업 그리고 남녀 및 결혼 유무에 따라 사회보험 급여의 차이를 두지만 탈상품화는 높은 수준에서 유지하는 정책 — 의 '경로를 이탈'했다. 대신 복지국가 레짐을 보편주의와 낮은 수준의 탈상품화를 결합시킨 자유주의 복지국가로 이동시키고자 했다.[133] 인민당-자유당 연립정부는 2000년, 2003년, 2005년 세 차례에 걸쳐 연금 개혁 입법을 단행했다. 이를 통해 직업에 따라 구분된 연금 체계를 단일화했고 사적 부문을 강화했다. 사적 부문 강화의 예를 들면, 2002년에

132_Heinish, "Austrian Social Policy Reform," 136-41; Emmerich Tálos & Marcel Fink, "The Welfare State in Austria," B. Viverkanandan & Nimmi Kurian eds., *Welfare States and the Futures* (London: Palgrave Macmillan, 2005), 141-3 참조.

133_Tálos & Fink, "The Welfare State in Austria," 144; Obinger & Tálos, "Janus-Faced Developments," 114; 123. 복지국가의 유형에 대한 논의는 이 책의 제2장 1-4절(61쪽)을 참조.

퇴직금을 '보충적인 사적 연금'으로 유용할 수 있도록 했으며 2003년에는 기여금에 기초한 개인별 연금 계좌를 개설하도록 했다. 더구나 다양한 방식 — 예컨대 연금 급여의 산정 방식을 은퇴 이전 5년의 평균임금에서 평생 임금의 평균으로 전환시킴 — 을 통해 연금 급여의 수준을 낮추었다. 이는 공적 연금이 은퇴 이전 삶의 수준을 보장한다는 이념과 사실상 결별했음을 의미했다. 노동시장 정책에서는 소극적 노동시장 정책에 대한 지출을 대폭 줄였다. 실업보험의 소득 대체율을 더욱 낮추었으며, 실업보험 기여금의 납부 기간을 늘렸으며, 구직 압력을 강화했다. 조기 은퇴 연령도 연장시키고자 했다. 65세 이전 은퇴 시 연금 급여를 4.2퍼센트 낮추는 대신 65세 이후 68세 사이에 은퇴하는 경우 연금 급여를 동일 수치만큼 인상했다. 반면에 적극적 노동시장 정책은 보강했다. 예컨대 2005년에 직업촉진법을 입법해 비숙련·저임금 부문의 일자리를 대폭 늘리고자 했다.[134]

4-3. 기민주의 복지 자본주의 정치경제 레짐의 재편

세계화 시대에 네덜란드와 오스트리아의 복지 자본주의 정치경제 레짐은 변동했다. 정치경제 레짐의 변동에서 드러난 특징을 살펴보면 첫째, 갈등의 정치가 합의 정치로 이동했다. 좌파, 우파, 또는 좌우 연합이 내각을 주도했는가에 상관없이 정부는 복지 개혁을 추진했으며 이 과정에서 이념 정당들은 합의 정치를 모색했다. 둘째, 정부가 내각 참여 정당들의 연합 협정에 근거해 입법 과정을 효율적으로 통제했다. 셋째, 코포라티즘의 성격

134_Obinger & Tálos, "Janus-Faced Developments," 113-8; 126; Schulze & Schludi, "Austria," 587-943; Heinish, "Austrian Social Policy Reform,"143.

과 위상이 변화되었다. 코포라티즘이 네덜란드에서는 사회적 협의로 변형되었으며 오스트리아에서는 정치 대표 체계와 마찰을 빚었고 역할도 축소되었다. 넷째, 노사 관계가 노사정 협의를 거쳐 분권화되었다. 마지막으로 복지 개혁의 초점을 소극적 노동시장 정책에 대한 지출의 축소와 적극적 노동시장 정책의 보강에 맞추었다.

그러나 정치경제 레짐의 변동에서 공통점보다는 차이점이 두드러졌다. 첫째, 의회-행정부 관계의 정치가 다르게 전개되었다. 네덜란드의 기민당은 중심축 정당으로서 순차적으로 복지 개혁을 주도했다.[135] 1982~89년의 기간에는 자유당과의 연합을 기반으로 소득정책의 실행에 주력했으며 이후 노동당과의 연합을 통해 사회정책의 개혁에 착수했다. 복지 개혁의 정치에 본격적으로 뛰어든 정당은 노동당이었다. 노동당은 기민당 또는 자유당을 상대로 사회보장 급여 수준의 유지를 정치 연합의 조건으로 내건 대신 소극적 노동시장 정책, 특히 장애 보험 및 실업보험에 치우친 사회보장 체계를 합리화하는 데 주력했다. 네덜란드는 중도(기민당)와 우파(자유당)의 연합에서 좌파(노동당)와 우파(자유당)의 연합으로 이어지는, 즉 연합 정치의 이념적 폭을 순차적으로 넓힘으로써 복지 개혁을 실천에 옮겼다. 이와 대조적으로 오스트리아에서는 좌파(사민당)와 중도(인민당)의 연립정부가 복지 개혁을 시작했으나 이를 본격적으로 실천에 옮기려 한 정부는 중도(인민당)-우파(자유당) 연립정부였다. 복지 개혁의 과정에서 형성된 좌우 양 블록의 대치 전선이 연립정부 구성에서 더욱 견고해졌다.

---

[135] 기민당이 주도하는 중심축 체제로 네덜란드의 복지 개혁의 정치를 설명하는 연구로는 다음 문헌을 참조할 것. Green-Pedersen, "Welfare-State Retrenchment in Denmark and the Netherlands"; Green-Pedersen, "Small States, Big Success"; Green-Pedersen, & van Kersbergen, "The Politics of the "Third Way"."

정치적 갈등의 지형이 확대되었던 것이다. 요컨대 복지 개혁의 과정에서 네덜란드에서는 합의 정치가 강화된 반면 오스트리아에서는 대연정의 합의 정치가 좌우 정당 간의 블록 정치로 전환되었다.

정당정치와 의회-행정부 관계가 이처럼 차이를 보였던 것은 탈사회 블록화와 선거 정치가 개입 변수로 작용했기 때문이기도 하다. 네덜란드의 정당과 노동조합운동은 탈사회 블록화의 현상에 조직 통합으로 대응했다. 3개 종교 정당은 1967년 총선부터 선거 득표율이 감소하자 자발적으로 통합해 기민당을 창당했다. 노동조합연맹들도 자발적으로 FNV라는 노동조합 총연맹을 창설했다. 기민당은 실용적 중도 정당으로 변모했으며 중위 정당의 위치를 다시 점유했다. FNV는 통합 이후 이미 1979년에 사용자연합과 타협을 모색했다. 세계화 이전에 네덜란드의 정치 행위자들은 합의 정치로 조타의 방향키를 틀었던 것이다. 기민당은 임금 조정 체계의 구축 단계에서는 자유당을, 복지 정책의 개혁 단계에서는 노동당을 연립정부의 파트너로 삼았다. 1994년에 노동당은 자유당을 연립의 파트너로 삼아 복지 개혁 정치의 바통을 이어받았다. 이로써 1970년대에 만연했던 갈등의 정치가 합의 정치로 이동했다.

이와 대비해 오스트리아에서는 탈사회 진영화가 네덜란드보다는 늦은 1980년대 중반부터 정당정치에 영향을 미쳤다. 사회 진영으로부터 자율성을 확보 인민당과 사민당은 변동성이 심한 유권자들의 지지를 얻기 위해 선거 경쟁에 뛰어들었다. 그럼에도 양당은 사회 진영의 정치에 반기를 든 자유당과 녹색당에 대응해 사회 진영 시대의 정치적 유산인 대연정의 전략을 선택했다. 이는 불편한 동거였다. 사민당과 인민당은 대연정을 통해 의회를 효율적으로 통제했지만 복지 개혁으로 인해 유권자들이 반발했던 선거 정치에서는 치열하게 경쟁했던 것이다. 결국 1999년 총선에서 인민당은 제3당으로 전락하자 제2당으로 부상한 자유당과 연립정부를 구성했다. 이로써 좌우 양대 블록이 대치하는 의회-행정부 관계가 형성되었다.

둘째, 노사 관계가 통제된 가운데 분권화되었으나 그 과정과 방법이 달랐다. 네덜란드에서 국가는 직접 개입이라는 카드로 위협을 가함으로써 분권·분산된 노사 조직을 임금 조정을 위한 집단행동으로 유인했다. 노동과 자본은 노사 관계의 분권화에 대한 이해가 일치했기 때문에 위계의 그림자를 벗어나지 않았다. 이와 대비해 오스트리아에서는 중앙·집중화된 노사 조직들이 국가 개입의 위협을 받지 않은 상태에서 이미 분권화된 임금 협상 체제를 더욱 분권화했다. 소득정책에 관한 한 제2차 세계대전 이후 틀이 잡힌 조직된 분권의 단체 협상 체계가 세계화 시대에도 그대로 유지되었다.

셋째, 노사정 협의 제도가 다르게 발달했다. 네덜란드에서는 제2차 세계대전 이후 국가의 주도하에 분권·분산된 노사 조직들이 협의적 관계를 유지했다. 복지국가의 성장기에는 노사 모두 국가 개입을 반대했기 때문에 코포라티즘이 작동을 멈추었다. 그러나 세계화 시대에 네덜란드의 노사정은 코포라티즘이라는 공식적 채널보다는 사회 협약을 통해 임금 및 사회정책을 일괄 조정했다. 반면에 오스트리아의 코포라티즘은 복지 개혁 과정에서 정치 대표 체계와 끊임없이 마찰을 빚었다. 정부, 특히 인민당-자유당 연립정부와 ÖGB 사이에 갈등이 심했다. 복지 개혁의 과정에서 정부는 이익 단체들의 반발을 회피하기 위해 협의를 생략한 채 바로 입법을 시도했다. 그러나 2008년에 사민당-인민당의 대연정 연립정부가 다시 구성된 이후 경제·사회 정책 관련 입법 과정에서 코포라티즘의 역할이 강화되고 있다.[136] 대연정의 재등장으로 인해 노사정 협의 제도가 코포라티즘

136_Obinger & Tálos, "Janus-Faced Developments," 118; Afonso & Papadopoulos, "Europeanization or Party Politics?."

의 형식으로 부활할 것인지 아니면 변형된 형태로 발전할 것인지는 아직 좀 더 두고 봐야 할 것이다.

이론적 차원에서 보면 네덜란드와 오스트리아의 복지 개혁의 정치는 복합적인 패턴을 보였다. 뤼버르스의 기민당은 비난 회피를 위해 사회적 협의를 이용하는 한편 노동당을 연립정부에 끌어들였다. 반면에 보라색 정부하에서 노동당은 '닉슨 중국에 가다'의 전략하에 복지 개혁을 주도했다. 동시에 저소득층의 사회보장 급여 및 수급 기간을 유지하는 등 계급적 스탠스를 흩뜨리지는 않았다. 반면 오스트리아의 사민당은 인민당과 합의 정치로 복지 개혁에 따르는 비난을 회피하고자 했으며 일부 사회정책의 개혁에서는 이익 단체의 참여를 제외시켰다. 그러나 복지 개혁의 주도권이 인민당-자유당 연립정부로 이동함으로써 합의 정치는 계급 갈등의 정치로 변모했다. 오스트리아의 복지 개혁은 사실 더디게 진전되었으며 큰 성과를 거두지도 못했다.[137] 정치 대표 체계가 코포라티즘과 마찰을 일으켰기 때문이다. 복지 개혁 과정에서 사민당-인민당 연립정부는 노동조합운동과, 인민당-자유당 연립정부는 사민당 및 노동조합운동과 대립했던 것이다.

정당정치와 연합 정치의 맥락이 다름에도 네덜란드와 오스트리아가 복지 개혁을 과감하게 추진할 수 있었던 것은 정부가 의회를 효율적으로 통제하는 정당 정부로 변모했기 때문이다. 그러나 좌우 기득권 정당이 카르텔화된 결과, 정당의 '정부성'governmentness이 강화되었다. 네덜란드와 오스트리아의 정당 정부는 공통적으로 정당의 카르텔화에 반기를 든 극우 정당뿐만 아니라 신좌파 녹색당을 정치 대표 체계에 어떻게 담아내느냐

137_Tálos & Fink, "The Welfare State in Austria"; Schulze & Schludi, "Austria."

하는 문제를 안고 있다고 하겠다.

5. 자유주의 복지 자본주의 정치경제 레짐의 변형: 아일랜드의 사례

세계화 이전까지 아일랜드의 정치경제 레짐은 독특하게 구성되어 있었다. 의회-행정부 관계는 웨스트민스터 모델에 가까웠다. 1922년에 독립했으나 아일랜드는 경성 헌법 — 국민투표에 의해서만 개정됨 — 과 위헌 법률 심사 제도를 제외하면 영국의 의회 민주주의를 그대로 물려받았다.[138] 아일랜드의 공공 사회 지출 수준은 낮았다. 예컨대 1980년에 사회보장 지출(이전지급 포함)이 GDP 대비 32퍼센트였는데 이는 자유주의 복지국가인 영국 및 미국보다 약간 높은 수준이었다(〈표 4-3〉). 노동운동의 구조는 영국 노사 관계에 영향을 받아 '다원주의적 적대 모델'이었다. 노사는 대립적 관계를 유지했으며 특히 1970년대에 노동쟁의가 심했다. 그러나 노사정 관계는 자유 시장경제 생산레짐 및 다원주의 노사 관계와 다소 다른 특징을 보였다. 국가가 1970년대 초부터 '위협에 가까운 개입'을 구사해 중앙 임금 협상을 통해 임금을 조정했기 때문이다.[139] 요컨대 세계화에 편입되

138_Neil Collins, "Parliamentary Democracy in Ireland," *Parliamentary Affairs* 57-3 (2004), 601-2.

139_William K. Roche, "Between Regime Fragmentation and Realignment: Irish Industrial Relations in the 1990s," *Industrial Relations Journal* 29-2 (1997), 114;

기 이전에 아일랜드의 정치경제 레짐에는 서유럽의 강소·복지 국가와 대비해 다소 이질적 현상들 — 다수제 정치, 대립적 노사 관계, 낮은 탈상품화, 높은 무역의존도, 극심한 실업(1980~89년에 14.3퍼센트), 국가 주도의 중앙 임금 협상 등 — 이 맞물려 있었다.[140]

유럽단일시장조약이 맺어진 1986년부터 아일랜드는 세계화의 격랑에 떠밀려 들었다. 그러나 노사정이 1987년부터 일련의 사회 협약을 기반으로 세계화에 대응한 결과, 아일랜드 모델은 경제성장을 이룩하고 실업률을 획기적으로 축소시킨 성공 사례로 회자되기에 이르렀다. 이 기간에 의회-행정부 관계는 합의제 모델로 이동했으며 사회적 협의가 기능 대표 체계의 갈등을 조정하는 제도로서 자리를 굳혔다. 아일랜드는 강소·복지 4개국을 대상으로 한 비교 연구에서 확인한 정치경제 레짐의 변동 원인들이 타당한지를 검토할 수 있는 사례인 것이다.

아일랜드의 정당 체제는 서유럽과는 다른 정치·사회적 맥락을 바탕으로 형성되었다. 정당 체제가 사회적 균열을 대표한 것이 아니라 영국으로부터의 독립을 두고 벌인 두 세력 간의 정치적 갈등을 반영했기 때문이다. 피나페일당 — 아일랜드 전사당 — 은 북아일랜드를 영국령으로 인정한 1921년 영국·아일랜드 조약을 반대한 반면 피네게일당 — 아일랜드인당 — 은 조약에 찬성했다. 피나페일당은 반영·민족주의의 기치를 내걸고

Harry C. Katz, "The Changing Nature of Labor, Management, and Government Interactions," Katz et al. eds., *The New Structure of Labor Relations* (Ithaca and London: ILR, 2004), 25-8; Ferdinand von Prondzynski, "Ireland: Corporatism Revived," Anthony Ferner & Richard Hyman eds., *Changing Industrial Relations in Europe* (Oxford: Blackwell Business, 1998), 56-7.

140_ 이 책의 〈표 4-3〉과 〈그림 4-7〉을 참조.

표 8-6 | 아일랜드의 내각(1944~2011년)

내각 참여 정당	내각 출범 일시	내각 의석 비율	유효 의회 정당 수	중위 정당	내각의 유형
FF	1944/06/09	55.1	2.77	FF	다수
FG-LAB-NL-CnT-CnP	1948/02/18	40.8	3.62	FF	연립 소수
FF	1951/06/13	46.9	3.26	CnT	소수
FG-LAB-CnT	1954/06/02	50.3	3.05	CnT	연립 다수
FF	1957/03/20	53.1	2.76	FF	다수
FF	1961/10/11	48.6	2.81	FF	소수
FF	1965/04/21	50.0	2.69	FF	다수
FF	1969/07/02	52.1	2.46	FF	다수
FG-LAB	1973/03/14	51.0	2.59	FF	다수연립
FF	1977/07/05	56.8	2.38	FF	다수
FG-LAB	1981/06/30	48.2	2.62	FF	연립 소수
FF	1982/03/09	48.8	2.56	FF	소수
FG-LAB	1982/12/14	51.8	2.56	FF	연립 다수
FF	1987/03/10	48.8	2.90	FF	소수
FF-PD	1989/07/12	50.0	2.98	FF	연립 다수
FF-LAB	1993/01/12	61.0	3.51	FF	연립 다수
FG-LAB-DL[1]	1994/12/15	50.6	3.63	FF	연립 다수
FF-PD	1997/06/26	48.8(52.4)[2]	3.00	FF	연립 소수
FF-PD	2003/01/12	53.6	-	-	연립 다수
FF-PD-Green	2007/06/14	51.2	-	-	연립 다수
FG-LAB	2011/03/09	68.1	-	-	연립 다수

1) 소고기 산업의 스캔들로 인해 1994년에 노동당이 연립정부에서 탈퇴하고 노동당과 민주좌파당과 연합해 소위 '무지개 연합'으로 회자되는 연립정부를 구성했다. 이는 아일랜드 역사에서 선거를 치르지 않고 내각 참여 정당이 야당과 연합해 연립정부를 구성한 최초의 사례다. http://en.wikipedia.org/wiki/Irish_general_election,_1992 참조.

2) 무소속 6인이 지원을 약속했기 때문에 실질적으로는 52.4퍼센트임. http://en.wikipedia.org/wiki/Irish_general_election,_1997

주: CnP(공화당), CnT(조국당), DL(민주좌파당), FF(아일랜드전사당), FG(아일랜드인당), Green(녹색당), LAB(노동당), PD(진보민주당).

출처: Pual Mitchell, "Ireland. From Single-Party to Coalition Rule," Wolfgang Müller & Kaare Strøm eds., *Coalition Governments in Western Europe* (Oxford: Oxford University Press, 2003), 121; Table 4-1; 134, Table 4-2; 136 Table 4-3. 2003년 이후의 자료는 http://en.wikipedia.org/wiki/Elections_in_the_Republic_of_Ireland

1937년 헌법 제정 이래 줄곧 다수당의 위치를 점유했다. 다른 정당과 정치 연합을 거부했고 단독으로 정부를 구성했다. 그러나 1973~87년의 기간에는 피나페일당과 피네게일당-노동당 연합이 맞교대하다시피 정권을 주고 받았다. 피나페일당과 피네게일당이 사회 균열에 의해서가 아니라 독립의 방법을 두고 '적과 동지'로 갈라서서 정당체제의 양축을 장악했기 때문에 아일랜드의 정당 체제는 서유럽 여타 국가의 근대 정당 체제와 달랐던 것

이다.[141]

적과 동지로 갈라선 양당은 정권 장악에 집착했고 이념 정당보다는 포괄 정당을 지향했다. 굳이 양당의 정책 노선을 구분하자면 피나페일당은 정치적으로는 민족주의에 기반을 둔 보수주의에, 경제정책에서는 케인지언주의에 가까웠다. 반면 피네게일당은 정치적으로 자유주의 내지는 기독교민주주의를, 그리고 경제정책의 차원에서는 공급 측면의 경제와 통화주의를 지지했다. 좌파 계급 정당인 노동당은 독립 과정에 뿌리를 내린 양당정치에 밀려 전통적으로 선거에서 '쇠약'했다. 의회정치는 정책보다는 "단순히 여당이냐 야당이냐"의 문제로 귀결되었다. 1989년까지 피나페일당은 연립정부를 구성한 적이 없었으며 피네게일당과는 현재까지도 정치적으로 연합하지 않고 있다(〈표 8-6〉).[142] 요컨대 1989년까지 아일랜드의 의회-행정부 관계는 전형적인 다수제 모델이었다.

아일랜드 정치경제 레짐의 변화를 촉발시킨 진원지는 정치 대표 체계

141_Carl Schmitt, *The Concept of the Political: Expanded Edition*, Translated by George Schwab (Chicago: University of Chicago Press, 2008).

142_Michael J. Laver & Michael D. Higgins, "Coalition or Fianna Fail? The Politics of Inter-Party Government in Ireland," Geoffrey Pridham ed., *Coalitional Behaviour in Theory and Practice: An Inductive Model for Western Europe* (Cambridge: Cambridge University Press, 1986); Michael J. Laver, "Coalition and Party Policy in Ireland," Laver & Budge eds., *Party Policy and Government Coalition* (New York: St. Martin's Press, 1992), 41-3; Peter Mair, "Explaining the Absence of Class Politics in Ireland," John H. Goldthorpe & Christopher T. Whelan eds., *The Development of Industrial Society in Ireland* (Oxford: Oxford University Press, 1992), 384-5; Peter Mair & Liam Weeks, "The Party System," John Coakley & Michael Gallagher eds., *Politics in the Republic of Ireland* 4th Edition (London: Routledge, 2005), 137. 인용은 Matin E. Hansen, "The Positions of Irish Parliamentary Parties 1937-2006," *Irish Political Studies* 24-1 (2009), 42.

였다. 1980년대에 들어 피나페일당 또는 피네게일당-노동당 연합 모두 다수 의석을 확보할 수 없는 상황에 빠져들었다. 특히 피나페일당은 정부 구성을 위해 다른 정당과 연합해야 했기 때문에 합의 정치의 공간이 넓어졌다. 분수령은 1989년과 1993년의 총선이었다. 그러나 합의 정치는 이미 1987년부터 시작되었다고 봐야 한다. 1987년 총선 이전에 노동당이 향후 일정 기간 연립정부에 불참할 의사를 천명함으로써 피나페일당이 반대 연합의 결성을 염려하지 않고 소수 정부를 구성했기 때문이다. 1989년 총선에서 과반수 득표에 실패하자 피나페일당은 단독정부의 전통을 깨고 진보민주당PD과 최초로 연립정부를 구성했다. 진보민주당은 기존의 어느 정당도 국가와 교회로부터 개인의 자유를 방어하지 않고 있는 틈새를 파고든 중도-우파 자유주의 정당이다. 진보민주당은 국회, 특히 상임위원회 권한의 강화를 주장했다. 1993년에 노동당은 전통적인 연합의 파트너였던 피네게일당 대신 피나페일당이 주도하는 연립정부에 참여했다. 이로써 아일랜드에는 좌우를 넘나드는 연합정치의 시대가 열렸다.[143] 연합정치의 공간이 넓어지자 의회-행정부 관계가 다수제 모델(웨스트민스터 모델)에서 이탈해 합의주의 모델로 이동하기 시작했다. 위원회의 위상이 강화되었으며 정부는 입법에서 야당의 입장을 고려해야 했다. 의회가 정치과정의 중심으로 부상한 것이다.[144]

143_Mair & Weeks, "Party System," 138; 140; 150-1; Laver, "Coalition and Party Policy," 43.

144_Muiris MacCarthaigh, *Accountability in Irish Parliamentary Politics* (Dublin: Institute of Public Administration, 2005), 86-7; Robert Elgie & John Stapleton, "Testing the Decline of Parliament Thesis: Ireland, 1923-2002," *Political Studies* 54-3 (2006), 477; 480; Rory O'Donnell, et al., "Ireland; Two Trajectory of Institutionalization," Sabina Avdagic et al. eds., *Social Pacts in Europe: Emergence, Evolution,*

그럼에도 정부가 의회와의 관계에서 절대적인 우위를 점유했다. 정부의 법안이 의회에서 거부된 적이 거의 없었다. 주요 정책은 의회보다는 집권당 내부에서 조정되었다. 1973년부터 연립정부 구성 시 내각 참여 정당들은 '정책 연합 문서'를 작성했다. 1980년대에 들어서 정책 연합 문서의 내용이 구체화되었다. 정책 연합 문서는 특이한 정치문화와 맞물려서 의회 정당들을 통제했다. 피나페일당과 피네게일당을 중심으로 한 적과 동지의 전선이 독립 투쟁의 역사에 근거했기 때문에 합의된 정책을 파기하는 행위에는 곧 정치적 배신이라는 도덕적 꼬리표가 따라 붙었다. 연립정부에 참여한 소수 정당들은 거부권자의 지위를 누릴 수 없었던 것이다. 이념과 정책에 따라서 구분된 정당 체제가 아니었기 때문에 의회는 법안의 세세한 항목을 두고 대립하지 않았다. 갤러거Michael Gallagher가 지적하듯이 의회는 "진실로 법을 만들기보다는 법에 정통성을 부여하는" 기관에 불과했다. 이익 단체들도 의회보다는 행정부에 로비를 집중시켰다.[145] 요컨대 세계화 시대에 아일랜드의 의회-행정부 관계에서는 합의 정치 공간이 확대되었으나 정부는 여전히 입법 과정을 통제했다.

전통적으로 국가는 '타협을 유도하는 제도들' — 고용항소재판소, 노동

---

    and Institutionalization (Oxford: Oxford University Press, 2011), 94; Michael Gallagher, "Parliament," John Coakley & Gallagher eds., *Politics in the Republic of Ireland* (London: Routeledge, 2005).

145_Paul Mitchell, "Ireland. From Single-Party to Coalition Rule," Wolfgang Müller & Kaare Strøm eds., *Coalition Governments in Western Europe* (Oxford: Oxford University Press, 2003), 145-50; Gallagher, "Parliament," 225(인용), 235-6; Richard S. Conley & Marija A. Bekafigo, ""No Irish Need Apply"? Veto Players and Legislative Productivity in the Republic of Ireland 1949~2000," *Comparative Political Studies* 43-1 (2010), 111.

표 8-7 | 아일랜드의 사회 협약(1987~2010년)

연도	기간	정부	사회 협약
1987	1987~90년	FF소수 정부(1987년), FF-PD(1989년)	국가회생프로그램 (Programmme for National Recovery, PNR)
1991	1991~93년	FF-PD, FF-LAB(1993년)	경제·사회 진보를 위한 프로그램 (Programme for Economic and Social Progress, PESP)
1994	1994~96년	FF-LAB, FG-LAB-DL(1994년)	경쟁력과 일자리를 위한 프로그램 (Programme for Competitiveness and Work, PCW)
1997	1997~2000년	FG-LAB-DL, FF-PD(1997년)	파트너십 2000 (Partnership 2000)
2000	2000~02년	FF-PD(2002년)	번영과 공정성을 위한 프로그램 (Programme for Prosperity and Fairness, PPF)
2003	2003~05년	FF-PD	지속적 진보 (Sustaining Progress)
2006	2006년~현재	FF-PD	2016을 위하여 (Towards 2016)
2008	2008년~현재	FF-PD-Green (2007년)	2016을 위하여: 검토와 과도기 협정 2008-9 (Towards 2016: Review and Transitional Agreement 2008-9)

출처: Rory O'Donnell & Maura Adshead & Damian Thomas, "Ireland; Two Trajectory of Institutionalization," Sabina Avdagic et al. eds., *Social Pacts in Europe: Emergence, Evolution, and Institutionalization* (Oxford: Oxford University Press, 2011), 96, Table 5-1을 변형했음.

법원, 노동관계위원회, 노동법원, 사용자-노동자 콘퍼런스 등 ― 을 제공함으로써 노사 관계를 조정했다. 정부는 자율적 노사 관계를 존중했으나 단체 협상의 인플레이션 효과는 통제하고자 했다. 특히 1970년에 물가·소득법을 제정해 노사에게 개입의 위협을 가했다. 이에 노사는 사용자-노동자 콘퍼런스를 열어 전국물가협정National Wages Agreement, NWA을 체결했다. 1970년대 대부분의 기간 ― 1971년, 1974~76년, 1978년 ― 에 중앙 임금 협상이 성사되었다. 1979년에 노사가 NWA를 거부하자 정부는 노사정 삼자 협의National Understanding를 제안했다. 이 제안에는 임금뿐만 아니라 조세, 의료, 교육, 고용 등의 이슈가 담겨 있었다. 그러나 연방사용자연합Federated Union of Employers, FUE의 거부로 실행에 옮기지는 못했다.[146]

146_von Prondzynski, "Ireland," 62-6; William K. Roche, "Pay Determination, the State and the Politics of Industrial Relations," Thomas V. Murphy & Roche eds., *Irish*

아일랜드의 정치 세력들은 세계화에 대응하는 제도적 기제로 사회적 협의를 선택했다. 1987년에 소수 정부를 구성한 피나페일당은 치솟는 재정 적자와 실업률 등 경제 위기를 극복하기 위해 임금 억제와 공공 사회 지출의 삭감을 시도했다. 소수 정부이기 때문에 정책을 바로 입법 과정에 부치는 대신 먼저 노사정 삼자 협의를 거쳐 논의하기로 한 결과, 최초 사회 협약인 '국가회생프로그램'Programmme for National Recovery, PNR이 탄생했다. 이후 피나페일당 또는 피네게일당이 주도했는가에 상관없이 연립정부는 사회 협약을 통해 경제 및 사회정책을 조정했다(〈표 8-7〉). 양당은 정치적으로 연합하지 않았지만 모든 연립정부가 사회적 협의에 참여했기 때문에 아일랜드의 정당들은 사회 협약을 매개로 하여 "연합 가능한 정당"이 되었다. 의회는 사회 협약이 체결되면 이를 재논의에 부치기보다는 기정사실로 받아들였고 관련 정책의 입법에 충실했다. 사회 협약이 정부 및 의회가 수행해야 하는 정책의 심의 및 감독 기능의 상당 부분을 잠식한 것이다.[147] 그러나 사회적 협의는 합의 정치로 이행에 있어 역기능보다는 순기능을 더 많이 수행했다. 다수제 정치가 합의 정치로 이동하는 상황에서 사회 협약이 정치 대표 체계와 기능 대표 체계 사이의 균형을 잡아 줌으로써 아일랜드는 정치적 안정을 기반으로 경제성장과 고용 증대를 이룰 수 있었던

Industrial Relations in Practice (Dublin: Oak Tree Press, 1997), 176-97.

147_Collins, "Parliamentary Democracy in Ireland," 603; O'Donnell et al., "Ireland," 97; Hamann & Kelly, *Parties, Elections, and Policy Reforms in Western Europe*, 61; 64; Hamann & Kelly, "Party Politics and the Reemergence of Social Pacts," 983; William K. Roche, "Social Partnership in Ireland and New Social Pacts," *Industrial Relations* 46-3 (2007), 403-4; Mair & Weeks, "Party System"; Gallagher, "Parliament," 216; Niamh Hardiman, "Partnership and Politics: How Embedded Is Social Partnership?" *Geary Discussion Paper Series* WP 2005/08 (2005), 2.

것이다.

정책적인 측면에서 보면 세계화 시대에 아일랜드는 경제의 공급 부문을 개혁함으로써 국가 경쟁력을 향상시키고자 했다. 여덟 차례의 사회 협약을 관통하는 것은 임금 억제에 대한 합의와, 이로 인해 발생하는 가처분소득의 감소를 보상하는 조세정책이었다. 중앙 임금 협상을 통해 임금을 조정했으나 1991년과 1994년 사회 협약에서는 임금 유동을 허용했다. '일자리 창출 없는 성장'의 문제가 부각되자 1993년 이후 사회 협약은 임금 억제-조세 감면의 연계에 더해 적극적 노동시장 정책과 인적 자원 계발을 다루었다. 이를 담당할 기구로 국가경제사회포럼을 설립했다.[148]

아일랜드가 선택한 정책 조합은 기민주의 복지국가(네덜란드와 오스트리아) 또는 사민주의 복지국가(스웨덴과 덴마크)의 정책 조합과 상이했다. 중·저 임금 분산의 정도가 심했으나 GDP 대비 적극적 노동시장 정책 지출 비율은 높았기 때문이다(〈그림 4-10〉 참조). 또한 아일랜드는 임금 억제를 사회정책 대신 조세정책으로 보상했다. 영국처럼 사회 투자 국가 전략을 구사했던 것이다.[149] 그 결과, 실업률이 현격히 낮아졌으나 사회적 불평등은 별반 개선되지 않았다(제4장). 그러나 아일랜드는 1980년대 후반 이후 중앙 임금 협상을 실시했고 사회적 협의를 통해 경제·사회 정책을 조정하는 등 영국과는 다르게 조정 시장경제로 이행했다.[150] 국가는 사회적 협의뿐만 아니라 산업 정책 및 금융정책도 주도했다. 자국 기업들을 초국적

148_Roche, "Social Partnership in Ireland," 401-2; Hardiman, "Partnership and Politics," 3-4.

149_Hardiman, "Partnership and Politics," 16.

150_Niamh Hardiman, "From Conflict to Co-ordination: Economic Governance and Political Innovation in Ireland," *West European Politics* 25-4 (2002), 2-3.

자본과 연계했고 인적 자원의 계발을 통해 공급 부문의 역량을 강화시켰으며 환율을 마르크화와 연계해 경성 통화 금융정책을 실시했다.[151] 리에인Seán O'Riain의 표현을 빌리면 아일랜드의 국가는 사회적 협의와 시장 개입 정책을 동시에 구사한 "유연 개발 국가"였다.[152]

6. 소결: 복지국가의 재편과 정치경제 레짐의 변동

이 장은 비교 역사 연구를 통해 두 가지 가설의 타당성을 확인했다. 첫째, 노사정 타협의 역사적 타이밍에 따라서 이후 정치경제 레짐이 다르게 변동했다(가설 4). 둘째, 세계화와 복지 개혁의 정치를 겪으면서 정치경제 레짐이 변동했다. 정치 행위자들은 유권자들이 복지 개혁에 반발할 것으로 예상했기 때문에 합의 정치를 도모했다. 이 과정에서 정당정치가 의회-행정부 관계를 효율적으로 조정했기 때문에 정부가 의회의 다수를 동원할 수 있었으며 기능 대표 체계에서는 노사정 협의가 복원·강화되었다(가설 5).

151_Paul Teague & James Donaghey, "The Irish Experiment in Social Partnership," Katz, C. Harry et al. eds., *The New Structure of Labor Relations* (New York: Cornell University Press, 2004); Paul Teague, "Pay Determination in the Republic of Ireland: Towards Social Corporatism?" *British Journal of Industrial Relations* 33-2 (1995); Denis ÓHearn, "Globalization, New Tigers, and the End of the Developmental State? The Case of Celtic Tiger," *Politics & Society* 28-1 (2000); Seán ÓRiain, "The Flexible Developmental State: Globalization, Information Technology, and the Celtic Tiger," *Politics & Society* 28-2 (2000), 163-6.

152_O'Riain, "The Flexible Developmental State."

서유럽에서 1970년대는 이념 갈등의 시대였다. 복지국가의 유형과 상관없이 정치 대표 체계에서는 좌파와 우파 정당들 간에 이념적 분극화가 심했으며 기능 대표 체계에서는 노동과 자본이 대립으로 일관했다. 그러나 노사정이 언제 타협으로 전환했는가 하는 역사적 타이밍이 세계화 이후 정치경제 레짐의 변화에 영향을 미쳤다. 덴마크와 네덜란드는 1970년대에 의회와 행정부 간의 갈등, 코포라티즘의 마비, 소득정책의 실패, 소극적 노동시장 정책 중심의 사회정책으로 인해 경기 침체와 고실업을 겪었다. 그러나 이들 국가의 노사정은 고실업의 상황을 탈피하기 위해 세계화에 진입하기 이전에 타협을 모색했다. 반면 스웨덴과 오스트리아는 소득정책, 적극적 노동시장 정책(스웨덴) 또는 노동 저장 정책(오스트리아) 등 노동시장 정책, 그리고 코포라티즘을 통한 노사정 협의의 영향으로 1970년대에도 상대적으로 낮은 실업률을 기록했다. 세계화에 진입한 이후에도 스웨덴에서는 노사가 대립했으며 오스트리아에서는 정부와 의회, 그리고 사회 진영의 정당과 반사회 진영의 정당 사이에 갈등이 심했다. 그 결과, 코포라티즘의 절대적 위상이 도전을 받았다. 역설적이게도 복지국가 성장기를 실패로 마감했던 덴마크와 네덜란드의 정치경제 레짐은 세계화 이후 합의 정치의 복원을 통해 복지 개혁을 성공적으로 수행한 반면에 복지국가의 성장기를 성공적으로 이끌었던 스웨덴과 오스트리아의 정치경제 레짐은 세계화 이후에 복지 개혁을 두고 갈등의 늪으로 빠져들었다.

세계화 시대에 정치경제 레짐의 변화를 유발한 진원지는 정치 대표 체계였다. 복지 개혁을 위해 스웨덴, 덴마크, 네덜란드, 오스트리아, 아일랜드 모두 입법 과정에 대한 정부의 통제를 강화했다. 이들 국가의 내각은 공통적으로 연합 협정을 통해 입법 과정을 효율적으로 통제하고자 했다. 그러나 연립 소수 정부인 경우 내각 참여 정당들은 연합 협정으로 결속했어도 의회의 다수를 확보하지 못한다. 입법 과정을 통제하기 위해 연립정부 참여 정당들은 연합 협정 제도 이외에 다양한 방법을 모색했다.

스웨덴의 사민당은 집권 시에 소속 이념 블록 내에서 내각에 참여하지 않은 정당들과 연합 협정을 맺는, 계약 의회주의를 선택했다. 그러나 계약 의회주의는 중도-우파 정당들의 결속을 불러일으킴으로써 결국 좌우 이념 블록 간에 대립의 정치가 심화되었다. 덴마크의 경우 내각은 블록 정치에 의해 구성되었지만 정당들이 정책별로 합의 협약을 맺었기 때문에 결과적으로 이념 블록을 뛰어넘어 합의 정치가 발달했다. 네덜란드의 기민당은 연합 정치의 이념적 폭을 순차적으로 넓히는 방식으로 의회의 다수를 동원했고 복지 개혁의 단계에서는 노동당과 연립정부를 구성해 노동조합운동의 반발을 약화시키고자 했다. 오스트리아는 대연정 연립정부의 복원을 통해 복지 개혁을 시도했다. 그러나 기득권 정당의 카르텔화를 문제 삼고 반사회 진영과 탈코포라티즘의 기치를 내건 정당들이 선거에서 약진했다. 결국 대연정은 와해되었고 중도-우파 정부가 복지 개혁을 주도했다. 합의 정치로 시작했던 복지 개혁의 정치가 이념 블록 간 갈등의 정치로 이동한 것이다. 마지막으로 아일랜드에서는 전통적으로 단독정부를 고집했던 피나페일당이 연립정부를 구성함으로써 세계화에 대응했다. 자유주의 복지국가였던 아일랜드는 복지 개혁보다는 사회적 협의를 이용해 소득정책과 적극적 노동시장 정책의 실행에 치중했다. 아일랜드의 거의 모든 정당들이 집권 시 사회 협약에 참여한 결과, 의회-행정부 관계에서 연합정치의 공간이 확대되었다.

세계화 시대에 서유럽 복지국가는 공통적으로 입법 과정에 대한 정부의 통제를 강화함으로써 복지국가의 성장기에 불거진 난제들을 풀고자 했다.[153] 또한 연금처럼 핵심 정책의 개혁에서 정당들은 이념적 지향에 상관

153_밀러와 스트룀은 서유럽 15개국을 대상으로 의회-행정부 관계를 조사한 바 있다. 이들의

표 8-8 | 세계화 이후 의회-행정부 관계와 입법의 정치

정당 간 입법 연합	이념적 분극화	
	강함	약함
블록 내 연합	스웨덴, 오스트리아	
초 블록 연합	덴마크	네덜란드, 아일랜드

없이 유권자들로부터 받을 비난을 회피하기 위해 좌우 연립정부의 구성, 위원회 중심의 정치 등 합의 정치를 모색했다. 세계화 시대에 정치 행위자들이 입법 과정에 대한 통제와 합의 정치로 경기 침체와 고실업 등 공공 악재를 극복하려 했다는 점은 아일랜드의 사례가 방증한다. 아일랜드의 경우 전통적으로 복지 자본주의 유형은 자유주의 복지국가에, 정치 대표 체계는 다수제 모델에 속했다. 그러나 세계화의 충격에 소득정책과 노동시장 정책으로 대응하는 과정에서 정치경제 레짐은 다음과 같이 변화했다. 정부는 입법 과정에 대한 통제를 강화했고, 연립정부의 구성이 일상화되었으며, 노사정 — 2000년 사회 협약부터 사회 공동체 대표 참여 — 은 주기적으로 사회 협약을 맺었으며, 모든 정당은 연립정부를 통해 사회 협약에 참여함으로써 연합 가능한 정당이 되었다.

복지 개혁의 정치를 한 가지 이론적 잣대로 설명하는 것은 무리다. 서유럽 국가의 국내 정치·사회적 맥락 — 노사정 타협의 역사적 타이밍, 정

연구에 의하면 연립정부가 연합 협정에 기초해 구성된 비율이 1950~70년대에는 60퍼센트에서 63퍼센트 사이에 머물렀으나 1980대에 74퍼센트로, 1990년대에는 81퍼센트로 증가했다. Wolfgang C. Müller & Kaare Strøm, "Coalition Agreements and Cabinet Governance," Strøm et al. eds., *Cabinets and Coalition Bargaining: The Democratic Life Cycle in Western Europe* (Oxford: Oxford University Press, 2008), 172, Table 5-2; 177-9.

당 체제, 사회적 갈등의 구조, 정치 행위자들의 전략, 제도의 경로 의존성 등 — 이 달랐으며, 따라서 국가에 따라 복지 개혁의 정치도 다양하게 발현되었기 때문이다. 스웨덴과 오스트리아의 경우 연립정부가 이념 블록을 기반으로 구성되었으며 입법을 위한 정치 연합도 블록 정치에 근거했기 때문에 권력 자원론이 주장하는 계급 정치가 타당한 이론적 개념이라고 할 수 있다(〈표 8-8〉).[154] 덴마크의 경우 블록 정치에 따라 연립정부가 구성되었지만 실제 복지 개혁에서는 합의 정치가 발달했다. 이런 정치적 맥락에서 사민당은 좌우 연립정부를 구성하기보다는 '닉슨 중국에 가다'의 전략을 선택해 복지 개혁을 주도했다. 네덜란드의 노동당은 보라색 연립정부를 구성했지만 덴마크 사민당과 같은 전략으로 복지 개혁을 선도했다. 전반적으로 보면 합의 정치를 통해 복지 개혁을 추진했던 덴마크, 네덜란드, 아일랜드의 경우는 비난 회피 정치의 개념이 계급 정치보다 더 설명력을 갖는다고 할 수 있다.

다섯 나라의 비교에 있어 기존 이론이 간과한 점들도 포착된다. 첫째, 서유럽 강소·복지 5개국은 복지 개혁을 합의 정치 또는 계급 정치에 의해 다양한 방식으로 추진했지만 공통적으로 입법 과정에 대한 정부의 통제를 강화했다는 점이다. 그러나 복지국가 재편에 대한 기존 연구는 합의 정치를 강조한 반면 위로부터 통치 변수는 다루고 있지 않다. 둘째, 공공 악재의 개선을 위한 집단행동은 공공재의 창출을 위한 집단행동과 다르게 설명되어야 한다는 점이다. 공공 악재를 소비할 수밖에 없게 되면 합리적 행

154_복지 개혁에서 계급 정치의 중요성을 강조한 예로는 다음 문헌을 참조할 것. Walter Korpi & Joakim Palme, "New Politics and Class Politics in the Context of Austerity and Globalization: Welfare State Regress in 18 Countries, 1975~95," *American Political Science Review* 97-3 (2003).

위자이어도 공공 악재의 개선을 위한 집단행동에 자발적으로 참여할 동기를 갖는다. 무임승차자라도 집단행동이 실패하면 공공 악재를 소비하는 비용을 지불해야 하기 때문이다. 참여자가 다수라는 점이 공공 악재 개선을 위한 집단행동에서는 걸림돌이 아니다. 단독정부보다는 연립정부가, 노사정 갈등보다는 노사정 협의가 복지 개혁을 효과적으로 수행해 냈다. 거부권자 이론도 재검토되어야 한다. 거부권자 이론에 의하면 거부권자가 많을수록, 예컨대 다수제 모델에서보다는 합의제 모델에서 기존 정책을 변화시키는 것이 어렵다. 그러나 비난 회피의 정치에서 책임 소재의 모호성 정도는 참여자의 수가 많을 때 높아진다. 실제로 복지 재편의 정치에서 거부권자의 수가 많았다는 점이 개혁의 걸림돌로 작용하지 않았다. 연립정부의 구성 단계에서 내각 참여 정당들은 선거에서 복지 개혁에 대한 유권자들의 반발에 영합하고 싶은 유혹을 떨쳐 버리기 위해 율리시스가 그러했듯이 연합 협정이라는 '돛대'에 자신들을 자발적으로 '묶었던' 것이다.[155]

의회-행정부 관계에서는 입법 과정에 대한 정부의 통제 강화와 비난 회피를 위한 합의 정치가 발달한 반면 노사정 협의의 제도에서는 상반된 현상이 발생했다. 임금 조정을 위한 노사 관계는 조직화된 분권의 관계로 수렴되었다. 스웨덴, 덴마크, 네덜란드, 오스트리아의 정부는 공통적으로 임금 협상에 직접 개입하지 않았으며 임금 조정의 중심을 산업으로 이동시켰으며 기업에 보다 많은 유연성을 부여했다.[156] 정부가 직접 개입을 삼갔던 대신 나라마다 다양한 방법으로 임금 협상을 조정했다. 덴마크의 노

155_Elster, *Ulysses and the Sirens*.

156_선진자본주의의 노사관계가 수렴되고 있다는 주장을 제기한 연구는 Lucio Baccaro & Chis Howell, "A Common Neoliberal Trajectory: the Transformation of Industrial Relations in Advanced Capitalism," *Politics & Society* 39-4 (2011) 참조.

사는 국가 개입에 반대하여 임금 협상의 중심을 산업 수준으로 이동했으며 LO와 DA는 공동선언협약을 체결했다. 이에 정부는 노사관계에 개입을 자제했고 경제자문위원회를 통해 임금 조정의 가이드라인만을 제시했다. 네덜란드의 노사는 정부의 '위계의 그림자' 안에서 일련의 사회협약을 맺음으로써 임금 조정의 틀을 잡았다. 스웨덴의 임금 협상 체계는 중앙 임금 협상에서 산업별 임금 협상으로 이동했으며 중재위원회의 역할과 권한이 강화되었다. 오스트리아에서는 임금·물가공동위원회의 기능이 대폭 산업 간 연합으로 이양되긴 했으나 노사 정상 조직들이 임금 협상 전반을 간접적으로 조율하는, 조직화된 분권의 임금 협상 제도는 여전히 작동했다. 요컨대 세계화 시대에 노사 관계는 조직화된 분권의 관계로 수렴되고 있으나 이행 방법은 다양했다.

반면 사회정책의 영역에서 코포라티즘은 부침했다. 전반적으로 보면 정상 조직의 역할이 약화되었으며 협의의 중심이 중간 수준의 조직으로 이동했으며 이슈도 임금 문제뿐만 아니라 사회정책 전반을 포괄적으로 다루었다. 네덜란드와 아일랜드에서는 사회적 협의가 새로운 노사정 협의 제도로 부상했다. 사회적 협의는 노동과 자본이 코포라티즘의 조직적 조건을 충족하지 못하고 있는 나라에서 등장한 새로운 제도다.[157] 정부가 사회적 협의를 선도 내지는 주도했다. 네덜란드와 덴마크에서 코포라티즘이 복지국가의 성장기에 작동을 멈추었던 것은 노동과 자본 모두 임금 협상에 대한 국가 개입을 반대했기 때문이다. 그러나 세계화 시대에는 아이로니컬하게도 국가의 주도적 역할이 사회적 협의 또는 중간 수준의 코포라티즘이 제도화되는 데에 기여했다. 네덜란드에서 노사는 국가에 의해 조

157_Baccaro & Simoni, "Policy Concertation in Europe."

성된 '위계의 그림자' 안에서 일련의 사회 협약을 체결했으며 덴마크에서는 코포라티즘과, 의회 정당 간 정책 합의가 밀접하게 연계되면서 정부의 조정 역할이 증대되었다.

이와 대비해 스웨덴과 오스트리아는 사회적 협의를 시도하지 않았다. 그러나 코포라티즘은 좌우 이념 블록 간에 대립의 정치가 심화되는 상황에서 과거처럼 작동하지 않고 있다. 스웨덴에서 이익집단들은 정부의 위원회에 참여하기보다는 의회에 대한 로비를 강화하거나 자신들에 우호적인 정당의 집권 시에만 코포라티즘의 정책 네트워크에 참여해 이익을 관철시키려는 경향을 보였다. 오스트리아에서 사회 진영의 정당들은 탈사회 진영화로 인해 이익집단의 영향으로부터 자율성이 증대되었으나 탈코포라티즘을 주장해 온 자유당의 도전에 직면했다. 세계화 이전에 코포라티즘은 입법 과정을 매개로 정치 대표 체계와 보완적 관계를 유지했으나 세계화 이후에 코포라티즘은 복지 정책의 개혁 과정에서 의회와 자주 마찰을 빚었다. 스웨덴과 오스트리아는 세계화 시대에 적합한 정치경제 레짐의 균형점을 찾아 이동하는 과정에 있다고 판단된다.

복지국가의 성장기와 비교하면 복지국가의 재편기에는 합의 정치 공간이 확대된 동시에 입법 과정에 대한 정부의 통제 역량도 강화되었다. 합의 정치 공간의 확대는 정당들이 복지 개혁의 필요성을 공감했기 때문이기도 하지만 세계화의 영향으로 이념적 스펙트럼이 축소되었기 때문이기도 하다. 그러나 합의 정치의 이면에서는 정당의 카르텔화 현상이 심화되었다. 서유럽 강소·복지 국가에서는 정부와 정당정치의 역할이 증대된 결과, '정당성'政黨性이 강화되었느냐 아니면 '정부성'政府性이 강화되었느냐 하는 차이는 있었지만, 정부의 형태가 정당 정부로 변모했다. 서유럽의 정당 정부는 세계화 시대에 복지 개혁을 효율적으로 수행하고 있지만 카르텔 정치에 반기를 든 정당들의 도전을 어떻게 포용해야 할 것인가 하는 과제를 안고 있다고 하겠다.

| 제9장 |

한국 복지 자본주의의 쟁점

1. 들어가면서

한국의 복지 레짐은 오랫동안 '낙후된 국가, 성장한 시장, 변형된 공동체'의 특징을 벗어나지 못했다.[1] 국가보다는 가족 및 기업에 의존하는 '복지 혼합'의 형태를 띠고 있으며 소득 보장 제도가 거의 전적으로 가입자의 기여금에 의존했기 때문이다. 그러나 1997년 외환 위기 이후 한국은 복지 자본주의를 지향할 수밖에 없는 상황으로 떠밀려 들었다. 많은 임노동자들이 자본주의 시장으로부터 퇴출될 위험에 노출되었고 실제로 실업률이

1_김상균·홍경준, "한국 사회복지의 현실: 낙후된 국가, 성장한 시장 그리고 변형된 공동체,"『사회복지연구』13 (1999).

1997년에 2.7퍼센트에서 1998년에는 7.2퍼센트로 급등했다. 1990년대에 3퍼센트대에 머물렀던 GDP 대비 공공 사회 지출이 가파르게 증가해 1998년에 4.2퍼센트, 1999년에 5.9퍼센트, 2000년에 6.9퍼센트, 그리고 2009~12년에는 9퍼센트를 넘겼다.[2] 이명박 정부에서는 GDP 대비 공공 사회 지출이 9퍼센트대에서 맴돌았지만 박근혜 정부가 선거공약을 실천에 옮긴다면 향후 공공 사회 지출 수준이 10퍼센트를 훌쩍 넘을 것이다.

더구나 선거에서 주변적 이슈로 머물렀던 복지가 2010년 6·2 지자체 선거를 기점으로 선거 정치에서 승패를 가를 핵심 이슈로 부상했다. 복지 이슈가 안보에 버금갈 정도로 선거 정치의 중심에 자리를 잡은 것이다.[3] 노동시장의 유연화와 불안정성, 그리고 사회적 불평등 심화의 영향으로 드디어 사회적 위험의 공적 관리에 대한 정치적 욕구가 분출된 결과였다. 2012년 대통령 선거에서 보수당인 새누리당의 박근혜 후보는 덴마크의 사민당과 네덜란드의 노동당이 복지 개혁의 정치에서 '닉슨 중국에 가다' 전략을 구사했던 것처럼 복지 정책의 이념적 포지션을 통합민주당 가까이로 이동시켰다.[4] 복지 정책에 관한 한 한국의 정치 지형에서 보수와 진보의 경계가 허물어진 것이다. 향후 한국의 공공 사회 지출은 1960~70년대에 서유럽의 복지국가가 그러했듯이 가파르게 증가할 것이다. 이제 한국은 현실적으로 어떤 형태의 복지 자본주의로 이행해야 하는가를 선택해야 하

2_OECD.Stat; OECD, *Social Expenditure Database*; 통계청, "한국 실업 대책의 특성" (1998). 다음 문헌에서 재인용., Dong-Myeon Shin, "Financial Crisis and Social Security: The Paradox of the Republic of Korea," *International Social Security Review* 53-2 (2000), 92, Table 5.

3_마인섭, "한국 정당의 복지 정책과 선거," 한국복지국가연구회 편, 『한국 복지국가의 정치경제』(고려대학교 아연출판부, 2012), 252.

4_이 책의 제8장 3절(348쪽)과 4절(379쪽)을 참조할 것.

는 갈림목에 서있다.

그동안 우리 학계는 한국의 공공 사회 지출의 현황을 분석하는 데 집중했다. 서구 복지 자본주의의 유형 — 자유주의 복지국가, 기민주의 복지국가, 사민주의 복지국가 — 에 견주어 한국 복지 정책의 성격을 구명하거나 복지 혼합의 현황을 분석하거나 열악한 공공 사회 지출의 현실을 밝히는 데 치중했다.[5] 오랫동안 미미한 수준에 머물렀으며 특이한 변이를 보이지 않았던 종속변수, 즉 공공 사회 지출을 두고 독립변수(들), 즉 원인을 찾아내어 종속변수의 변이를 설명한다는 것이 쉽지 않은 작업이었던 것이다. 오히려 낮은 수준의 공공 사회 지출의 원인을 찾는 데 주력했다. 발전주의 국가, 유교 문화의 가족주의 전통, 대기업 중심의 기업 복지 등이 원인으로 지목되고 있다.[6] 그러나 복지 자본주의 정치경제 레짐을 구축하기 위한 시도가 전혀 없었던 것은 아니다. 특히 외환 위기 이후 들어선 김대중 정부와 노무현 정부의 집권기에 다양한 시도가 있었다. 김대중 정부는 노사정 협의의 제도화를 시도했으며 국민기초생활보장법을 제정했다. 노무현 정부는 사회 투자 국가론의 시각에서 성장과 복지의 선순환을 국정의 기조로 삼았다.[7]

5_김연명 편,『한국 복지국가 성격 논쟁 I』(인간과 복지, 2002); 정무권 편,『한국 복지국가 성격 논쟁 II』(인간과 복지, 2009); 신동면, "한국의 복지 혼합에 관한 연구,"『한국 사회복지학』 45-5 (2001); 김진욱, "한국 복지 혼합의 구조: 2000년도 지출 추세를 중심으로,"『사회보장연구』 21-3 (2005); 김연명, "ILO의 사회보장 기준과 한국 사회보장의 정비 과제,"『한국 사회복지학』 31 (1997); 김교성, "국민의 정부 복지 개혁에 대한 실증적 평가," 정무권 편,『한국 복지국가 성격논쟁 II』(인간과 복지, 2009).

6_강명세, "한국 복지 체제를 어떻게 접근할 것인가," 한국복지국가연구회 편,『한국 복지국가의 정치경제』(고려대학교 아연출판부, 2012), 22-31.

7_정부·민간 합동작업단,『함께 가는 희망 한국 VISION 2030』(2006).

이 장에서는 복지 자본주의로의 이행과 한국 정치경제 레짐 사이의 정합성을 분석한다. 특히 기능 대표 체계(노사정 관계)와 정치과정(의회-행정부 관계)의 연계를 중심으로 복지 자본주의 이행에서 예상되는 문제점을 논의한다. 한국의 복지 자본주의는 서유럽 강소·복지 국가와 공통점과 차이점을 비교할 정도로 성숙되지 않았다. 따라서 이 장은 수평적 비교보다는 서유럽 강소·복지 5개국의 경험(제5~8장)을 참고해 멀게는 민주화, 가깝게는 외환 위기 이후 과연 한국의 정치경제 레짐이 복지 자본주의로의 이행에 적합하게 변화했는지를 쟁점의 차원에서 논의한다. 제3장에서 제시된 이론적 가설에 기초해 논의를 구성한다.

2. 한국 복지 레짐의 현황

한국은 권위주의 시대에 정권의 정당화 차원에서 일부 복지국가 제도 ― 산재보험법(1963년), 생활보호법(1969년), 의료보험법(1976년) ― 가 도입되긴 했으나 제도적 정비가 본격적으로 이루어진 것은 1987년 민주화 이후였다.[8] 국민연금법(1986년)은 1987년 대통령 선거와 1988년 총선을 고려해 제정되었다는 점에서 민주화의 영향을 받았다고 볼 수 있다.[9] 의료보

8_손준규, 『한국의 복지 정책 결정 과정에 대한 연구: 행정부 내 정책 결정 과정을 중심으로』 (서울대학교 박사 학위 논문, 1981), 제3~4장; 양재진 외, 『한국의 복지 정책 결정 과정』(나남, 2008).

9_Gyu Jin Hwang, "The Rules of the Game: The Politics of National Pensions in Korea," *Social Policy & Administration* 41-2 (2007), 138-9; "국민연금제도," 양재진 외 『한국의

험은 1989년부터 도시 자영업자로 확대되어 전 국민에 적용되었다. 1995년에 고용보험법이 시행됨으로써 한국은 형식적으로나마 4대 사회보험 제도를 갖추었다.

    1997년 외환 위기 이후 사회정책의 환경이 변화했다. 김대중 정부는 금융·생산·노동시장을 자유 시장경제 체제로 전환시킴으로써 외환 위기에 대응하는 한편 이 과정에서 파생된 실업 및 빈곤층의 문제에는 사회보험의 확대 적용과 사회적 안전망의 확충으로 대처했다. 고용보험(1998년)과 산재보험(2000년)을 1인 이상 고용 사업장으로 확대 적용했다. 1999년에 국민연금은 기초 연금과 소득 비례 연금을 분리하지 않고 전 국민을 단일 체계로 관리하는 '소득 비례 단일 연금제'를 채택했다. 2000년에 직장과 지역으로 나뉜 420개에 달하는 의료보험 조합을 통합했고 보험료도 전국적으로 동일 기준을 적용해 부과했다. 1999년에 기초생활보장법을 제정함으로써 공공 부조 제도에 근대화의 길을 텄다.[10] 김대중 정부가 사회보험의 확대 적용과 공공 부조 제도의 개선에 치중했다면 노무현 정부는 사회 서비스 분야의 확충에 주력했다. 김대중 정부에서 복지 지출의 증가율이 8.0퍼센트였는데 노무현 정부에서는 20.1퍼센트였다. 특히 사회 투자의 측면을 강조해, 직업 능력 개발 등 적극적 노동시장 정책에 대한 지출을 늘렸으며 아동 보육 지원 등 사회 서비스의 개선에도 적극적이었다. 2008

    복지 정책 결정 과정』, 128; 정무권, "한국의 '발전주의' 생산 레짐과 복지 체제의 형성: 1960년대 초부터 1990년대 중반까지," 정무권 편,『한국 복지국가 성격 논쟁 II』(인간과 복지, 2009), 145.

10_김연명, "김대중 정부의 사회복지 정책. 신자유주의를 넘어서,"『한국 복지국가 성격 논쟁 I』(인간과 복지, 2002); 양재진, "노동시장 유연화와 한국 복지국가의 선택: 노동시장과 복지 제도의 비정합성 극복을 위하여,"『한국정치학회보』37-3 (2003); 안병영, "국민기초생활보장법의 제정 과정에 관한 연구,"『행정논총』38-1 (2000).

년 7월에는 노인 장기 요양 보험이 입법화되었다.[11]

그럼에도 불구하고 한국의 현황은 복지국가라는 개념보다는 복지 레짐이라는 개념으로 설명하는 것이 여전히 더 적합하다. 이는 공공 사회 지출이 전체 사회복지 지출에서 차지하는 비중이 여전히 낮은 수준에 머물러 있기 때문이다. 복지국가는 개인의 위험을 사회적 위험으로 간주해 공적으로 관리하는 정치체제다. 이와 대비하면 복지 레짐은 국가뿐만 아니라 시장(기업) 및 가족이 상호 연계되어 개인의 위험을 관리하는 제도들의 포괄적 조합을 일컫는다(제1장).

한국 복지 레짐의 특징은 첫째, 공공 사회 지출의 수준이 매우 낮다는 점이다. 한국의 공공 사회 지출은 1987년 민주화 이후에도 한동안 GDP 대비 3퍼센트 미만에 머물러 있다, 1997년 외환 위기 이후 꾸준히 증가해 2007년에 7.5퍼센트를 기록했으며 2009년에 9.6퍼센트까지 올라갔지만 이후 9퍼센트 초반에 맴돌고 있는 실정이다. 이 수치는 복지 자본주의 유형 가운데 최소 수준의 복지국가로 분류되고 있는 자유주의 복지국가의 지출 수준과 비교해도 현저히 낮다. 예컨대 2010년을 기준으로 미국, 영국, 캐나다에서 GDP 대비 공공 사회 지출의 비율은 각각 19.9퍼센트, 23.7퍼센트, 18.6퍼센트였다. 아일랜드는 23.7퍼센트를, 일본은 22.4퍼센트(2009년)를 기록했다. 스웨덴, 덴마크, 오스트리아 등 복지 선진국의 수준과 비교하면 한국의 공공 사회 지출은 3분의 1 정도에 불과하다. OECD 국가 중에서는 멕시코(8.2퍼센트)보다 약간 높았으며 터키(12.8퍼센트, 2009년)보다는 낮았다.[12]

11_김영순, "노무현 정부의 복지 정책: 복지국가의 제도적 정치적 기반 형성 문제를 중심으로," 『경제와 사회』 82 (2009); 정부·민간 합동작업단, 『함께 가는 희망 한국 VISION 2030』. 사회 투자 국가 이론은 이 책의 제2장 2-2절(69쪽)을 참조할 것.

그림 9-1 | 사회보험 수입 대비 부문별 기여 비중 추이

출처: 백승호·안상훈, "한국 복지국가 성격 재조명," 222, 그림 5 재인용.

    둘째, 민간이 복지의 공급을 주도하는 복지 혼합의 형태를 띠고 있다는 점이다. 한국의 경우 공공 사회 지출 수준은 매우 낮지만 총체적으로 보면 사회적 안전의 정도가 그렇게 열악하지는 않다. 예컨대 2000년도에 GDP 대비 공공 사회 지출이 6.1퍼센트(조세 지출 포함)였지만 기업 및 가족이 부담하는 사적 복지 지출은 각각 5.5퍼센트와 9.2퍼센트였다. 여타 부문까지 포함하면 사회복지의 총지출이 GDP 대비 24.7퍼센트까지 상승한다. 이는 자유주의 복지국가와 거의 유사한 수준이다.[13] 또 다른 연구도 복

12_OECD.Stat. 자세한 논의는 고경환·장역식·김재진·정무성·강지원, 『2007년도 한국의 사회복지 지출 추계와 OECD국가의 노후 소득 보장 체계』(한국보건사회연구원, 2009), 117 참조.

13_김진욱, "한국 복지 혼합의 구조," 41, 표 9; 42; 김연명, "동아시아 복지 체제론의 재검토: 복지 체제 유형의 방법론적 문제와 동아시아 복지 체제 유형화의 가능성," 『사회복지 정책』 20 (2004).

지 혼합의 이런 특징이 2000년 이후에도 별로 변화하지 않았음을 보여 준다(〈그림 9-1〉). 공공 사회 지출의 증가율은 1998년에 20퍼센트를 기록한 이후 매년 점차 감소했다. 반면 민간 부문의 지출 증가율은 2003년에 전년 대비 20퍼센트 이상을 기록했다.[14] 기업 복지의 경우 1990년대 들어 그 이전 시기와 비교해 기업 규모에 따른 기업 복지 수준의 격차, 즉 대기업과 중소기업 간의 복지 수준의 격차가 더욱 확대되었다. 이런 격차는 2005~09년 패널(한국노동연구원) 데이터 분석에서도 확인되고 있다.[15] 요컨대 한국의 사회적 안전 체계는 주로 사적 이전과 기업 복지에 의존하고 있는 것이다.

셋째, 사회보험의 적용률이 매우 낮다는 점이다. 2005년에 국민연금 적용률이 60퍼센트, 고용 보험 적용률이 38.8퍼센트, 산재보험 적용률이 58.2퍼센트였다.[16] 1995년에 사회보험의 적용 대상이 의료 급여를 제외하고 대부분이 ILO가 제시하는 적용률의 하위 기준에도 훨씬 못 미쳤다. 이후 김대중 정부가 적용 대상을 확대했음에도 2003년 자료를 근거로 한 연구에 의하면 1995년의 상황과 비교해 이렇다 할 만한 큰 변화가 없었다.

14_백승호·안상훈, "한국 복지국가 성격 재조명," 222-3, 그림 5.

15_최균, "한국 노동시장 고조의 분절과 기업 복지 급여의 불평등: 이중 노동시장론과 효율 임금 이론을 중심으로," 『동향과 전망』 53 (2002), 182, 표 2; 200-1, 표 4; 양재진, "한국의 대기업 중심 기업별 노동운동과 한국 복지국가의 성격," 『한국정치학회보』 39-3 (2005), 406; 부가청, "기업 복지 제도," 배규식·김정우·김기민 편저, 『한국 고용 관계의 현상: 2005~2009년 사업체 패널 조사 분석 결과』(한국노동연구원, 2012), 80. 총량의 수준에서 공적 복지와 사적 복지의 비율(2007년)을 OECD 국가와 비교하면 공적 복지의 수준이 매우 취약할 뿐만 아니라 사적 복지의 수준도 미국, 캐나다 및 영국보다 낮았다. 강명세, "한국 복지 체제를 어떻게 접근할 것인가," 38.

16_김진욱, "한국의 복지 혼합과 복지 체제," 정무권 편, 604.

표 9-1 | 사업체 규모 및 고용 형태별 사회보험 적용률(2010년 3월)

	국민연금		건강보험		고용 보험	
	정규직	비정규직	정규직	비정규직	정규직	비정규직
1~4	87.2	13.4	88.2	15.0	84.9	14.3
5~9	96.8	27.3	97.7	31.5	95.7	30.2
10~29	98.6	41.5	99.1	46.5	97.5	46.9
30~39	98.3	52.7	99.4	56.4	97.1	56.0
100~299	99.4	66.1	99.9	67.4	98.1	67.2
300 이상	100.0	68.7	100.0	72.1	97.6	70.0
전체	98.0	33.1	98.6	36.4	96.4	35.7

출처: 김유선, "비정규직 실태와 대책," 한국노동사회연구소 발표문.

다만 의료 및 실업 보험의 급여 기간만이 상위 수준을 충족했을 뿐이었다.[17] 비정규직의 상황은 더욱 열악하다. 비정규직의 경우 국민연금, 의료 보험, 고용 보험의 적용률이 2002년에 20퍼센트 내지 25퍼센트에 불과했다.[18] 상황은 그 이후에도 뚜렷이 개선되지 않았다. 〈표 9-1〉에서 살펴볼 수 있듯이 2010년의 사회보험 적용률은 2002년과 비교하면 약 10퍼센트 정도 증가하는 데 그쳤다. 더욱이 사업체 규모가 작을수록 적용률이 낮았다. 소득 보장 제도에서 비정규직의 절대다수가 사회보험의 사각지대에 놓여 있는 것이다.[19] 공공 부조에서도 상황은 비슷하다. 국민기초생활보장제도의 수급자 수가 예컨대 2002년에 135만 명에서 2007년에 167만 명으로 32만 명이 증가했으나 빈곤 인구 중 국민기초생활보장제도의 혜택을 받는 비율은 30퍼센트에 불과했다. 최근 실시한 패널 조사에 의하면 소득

17_김교성, "국민의 정부 복지 개혁에 대한 실증적 평가," 정무권 편, 248.

18_김연명, "동아시아 복지 체제론의 재검토: 복지 체제 유형의 방법론적 문제와 동아시아 복지 체제 유형화의 가능성," 『사회복지 정책』 20 (2004).

19_김유선, "비정규직 실태와 대책."

빈곤 가구 중에서 기초 보장 수급 가구의 비율이 2005년 29.3퍼센트에서 2010년에 49.5퍼센트로 증가했다. 그러나 아직도 빈곤 인구의 과반수가 공공 부조의 외곽에서 고단한 삶을 꾸려 가고 있는 것이다.[20]

　　마지막으로 사회보험 제도가 조세보다는 주로 가입자의 기여에 의존하고 있으며 소득 대체율 또한 낮다는 점이다. 국민 의료비 지출을 예로 들면, 2010년에 GDP 대비 국민 의료비 지출의 비율이 6.9퍼센트였는데, 이 수치는 OECD 34개국 중에서 거의 최하위 수준에 해당한다. 가계 직접 부담의 비율이 꾸준히 감소했지만 2010년에도 가계가 의료비의 31.4퍼센트를 부담했다. 이와 대비해 사회보장 기금이 46.1퍼센트를 부담했으며 정부 재원이 차지하는 비율은 12.9퍼센트에 불과했다.[21] 국민연금의 경우 조세에 의해 충당되는 기초 연금이 없었다. 다만 2007년 연금 개혁 이후 소득 대체율을 60퍼센트에서 40퍼센트 — 2028년까지 — 로 낮춘 대신 기초 노령 연금을 도입해 소득 백분위 하위 60퍼센트에 속하는 노인에게 월 9만 원을 지급하고 있다. 실업 보장은 고용 보험에 의해 운영될 뿐 실업 부조는 없다. 고용 보험의 소득 대체율 또한 매우 낮으며 급여 지급 기간도 짧다. 복리 후생 성격의 수당을 제외한 임금 총액의 50퍼센트까지 실업 급여를 받을 수 있으며 수령 기간은 90일에서 240일까지다. 스웨덴, 덴마크, 네덜란드의 경우 복지 개혁 이후에도 실업보험의 소득 대체율이 70퍼센트 이하로 내려간 적이 없었으며, 수령 기간도 3년 이상이라는 점을 감안할 때 우리 사회에서 실업자의 안전 수준은 매우 열악하다고 하겠다.[22]

20_김연명, "'말의 성찬' 노무현 복지 담론, 상처 얼룩진 '진보적 복지'," 『신동아』(2008), 581; 김영순, "노무현 정부의 복지 정책," 168-9; 남상호·문석요·이경진, 『2012년 한국 복지 패널 자료를 통해 본 한국이 사회지표』(보건복지연구원, 2012), 182.

21_정형선, 『2010년 국민 의료비 및 국민 보건 계정』(보건복지부, 2011), 69-70.

반면 노동시장은 급속히 유연화되어 그 정도가 심각한 수준에 이르렀다. 외환 위기 이후 비정규직의 비율이 증가해 1999년에 50퍼센트를 넘어섰으며 2002년에는 56.5퍼센트를 기록했다.[23] 2007년을 기점으로 점차 줄고는 있으나 2011년 8월에 실시된 조사 결과에 의하면 여전히 49.4퍼센트에 머물러 있다.[24] 노동시장의 불안전성은 실로 심각한 수준이다. 한국 노동패널 분석에 의하면 4년 직장 유지율이 1995~99년에 남성이 47.4퍼센트, 여성이 33.6퍼센트였다. 이 수치는 미국 ― 남성 56.8퍼센트, 여성 53.2퍼센트(1991~95년) ― 에서보다도 낮은 것이었다. 비정규직일수록 그리고 중·고령층일수록 노동시장의 불안전성이 악화되었다. 대부분의 실업자들은 하향 이직을 선택하거나 비정규직으로 전환하거나 비경제활동인구, 즉 실망 실업자로 남았다.[25] 이와 같은 비정규직의 증가는 임금의 불평등에도 반영되었다. 2008년 한국의 임금 불평등 수준(D9/D1)은 OECD 국가 가운데 미국과 멕시코 다음으로 높았다.[26] 사회적 불평등도 외환 위기 이후 심화되었다. 1998~99년에 소득 양극화 및 소득 불평등 관련 각종

22_양재진, "우리나라 노후 소득 보장 제도의 정치경제학. 역사, 문제점 그리고 대안의 모색," 한국복지국가연구회 편, 『한국 복지국가의 정치경제』(고려대학교 아연출판부, 2012); 김성중·성제환, 『한국의 고용정책』(한국노동연구원, 2005), 531; 양재진, "한국의 대기업 중심 기업별 노동운동과 한국 복지국가의 성격," 404. 서유럽 강소·복지 국가의 사례는 이 책의 제8장을 참조할 것.

23_김성중·성제환, 『한국의 고용정책』(한국노동연구원, 2005), 480-2.

24_김유선, "비정규직 규모와 실태: 통계청, '경제활동인구조사 부가 조사' (2011.8) 결과," 『노동사회』 162 (2011), 44.

25_금재호·조준모, 『실업 구조의 변화와 정책 과제』(한국노동연구원, 2000), 제3장; 김성중·성제환, 『한국의 고용정책』, 462-82.

26_김유선, "비정규직 실태와 대책."

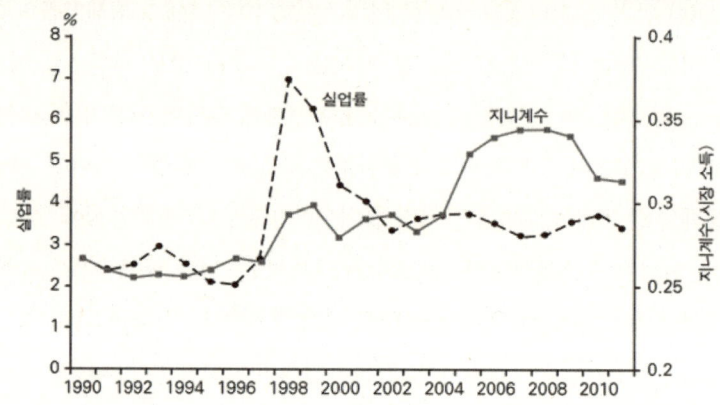

그림 9-2 | 실업률과 지니계수의 시계열 추이(1990~2011년)

출처: 1991~99년 실업률은 통계청, 『국제통계연감』, 각 연도. 2000년도 이후 실업률은 코리아통계포털(Korean Statistical Information Service) http://kosis.kr/ 참조.

지수 ― 지니계수, 5분위 배율, ER 지수, Wolfson 지수 ― 가 급격히 상승했다. 그 이후 어느 정도 개선되기는 했으나 외환 위기 이전보다 현저히 악화된 수준에서 답보하고 있다.[27]

더욱 우려스러운 것은 외환 위기 이후 실업률과 사회적 불평등 지수인 지니계수가 반대 방향으로 움직였다는 점이다. 실업률이 감소했음에도 사회적 불평등은 오히려 심화된 것이다(〈그림 9-2〉). 비록 실업률이 감소했으나 비정규직을 포함해 하위 범주 임금 노동자가 증가해 노동시장에서 경쟁이 심해진 결과, 임금의 불평등이 악화된 것이다. 이는 영국에서처럼 임금 조정을 노동시장에 맡긴 채 단순히 사회 투자 국가 정책에 집중했을 때

27_민승규 외, "소득 양극화의 현황과 원인," 삼성경제연구소, 『CEO Information』 547 (2006).

나타나는 현상이다(제4장). 사회적 양극화의 심화는 단순히 사회적 불평등의 문제에 국한되지 않으며 궁극적으로 정치적 민주주의를 위협한다(제1장). 이제 우리 사회는 1997년 외환 위기 이후 신자유주의 일변도의 경제정책과 사회적 안전망 위주의 사회정책을 조합하는 대안을 접을 때가 되었다. 한국 고유의 조정 시장경제와 사회정책이 선순환 할 수 있는 복지 자본주의의 정치경제 레짐은 어떠해야 하는가를 실천적 차원에서 논의할 때가 된 것이다. 다음 절은 서유럽 강소·복지 5개국의 경험에 비추어 외환 위기 이후 한국 정치경제 레짐의 변화를 비판적 시각에서 검토한다.

3. 한국 복지 자본주의 이행의 쟁점: 비교정치경제의 시각

제3공화국에서 1980년대 초까지 한국의 정치경제 레짐의 특징은 '발전주의 국가'로 요약된다. 발전주의 국가는 국가가 단순히 시장을 규제하는 차원을 넘어 생산 시장의 성장을 선도하는 후발 산업국 정치경제 체제의 한 유형이다. 이를 위해 국가는 가격, 이자율 및 환율을 차별적으로 형성·적용하고, 은행을 통제해 신용의 공급을 조절하며, 산업 정책으로 특정 산업—예컨대 수출산업 및 중화학공업 등—의 장기적 성장을 도모하고, 성장 과정에서 야기되는 갈등을 통제한다.[28] 국가 주도의 발전주의에서는 기업,

---

28_다음 문헌을 참조할 것. Charlmers Johnson, *MITI and the Japanese Miracle: The Growth of Indsutrial Policy, 1925-1975* (Stanford: Stanford University Press, 1982), 19; Alice H. Amsden, *Asia's Next Giant: South Korea and Late Industrialization* (New York: Oxford University Press, 1989), 11-18; Ha-Joon Chang, "The Economic

관료, 정치인 등 행위자들이 국가 개입으로 발생하는 지대의 추구를 삼가 도록 할 수 있느냐가 성공의 관건이다. 따라서 발전주의 국가의 전략은 사회로부터 자율적인 근대적 관료제가 발달하고 민족주의가 강해 공공선의 추구를 위한 정치적 동원이 용이한 국가에서 성공할 가능성이 높다. 발전주의 국가는 유효 수효의 창출보다는 생산 시장에 대한 개입을 통해 경제성장과 고용 창출을 도모했다는 면에서 케인지언주의와 달랐다.29

    1980년대 초반 이후 한국의 발전주의 국가 정치경제 레짐은 정책 집행의 피드백 효과로 인한 내생적 반작용과, 세계화로 인한 외생적 충격에 대응하는 과정에서 변동했다. 국가가 시장과 사회로부터 후퇴하면서 변동의 서막이 올랐다. 먼저 내생적 반작용을 살펴보면 발전주의 국가 전략의 성공은 중산층을 두텁게 했고 시민사회를 발전시켰지만 시민사회는 역으로 권위주의 정권에 반기를 들었다. 결국 중산층이 민주화의 대열에 가담함으로써 권위주의는 종식되었다. 정치 대표 체계는 1987년에 민주화되었고, 민주화 이후 기능 대표 체계에서 노동은 국가 억압의 족쇄에서 벗어나기 시작했다. 김영삼 정부와 김대중 정부는 신자유주의를 기조로 삼아 민주화 이후 정치경제 레짐의 틀을 잡는 한편 세계화에 대응했다. 그러나 시장으로부터 국가의 급작스런 후퇴가 남긴 빈 공간에서는 발전주의 국가

Theory of the Developmental State," Meredith Woo-Cumings ed., *The Developmental State* (Ithaca: Cornell University Press, 1999), 192-98; Meredith Woo-Cumings, "Introduction: Chalmers Johnson and the Politics of Nationalism and Development," Woo-Cumings ed., *The Developmental State* (Ithaca: Cornell University Press, 1999).

29_Charlmers Johnson, "The Developmental State: Odyssey of a Concept." Meredith Woo-Cumings ed., T*he Developmental State* (Itacha: Cornell University Press, 1999), 52-3; 임혁백, 『1987년 이후의 한국 민주주의: 3김 정치 시대와 그 이후』(고려대학교 출판부, 2011), 214.

정치 경제 레짐을 대체할 새로운 원칙과 규범이 제도화되지 않았다. 그 결과, 시장과 사회의 관계에서 국가는 후퇴와 개입 사이를 오갔으며 새로운 원칙과 규범이 제도화되지 않은 '국가 후퇴의 빈 공간'에서 행위자들은 지대 추구의 정치에 빠져들었다.[30]

시장만 혼란스러웠던 것이 아니었다. 정부와 의회의 갈등으로 입법 과정은 공전을 거듭했으며 외환 위기가 발생했던 그 해 초반에 정부와 야당 및 노동운동은 노동법 개정을 두고 대립의 정점에 이르렀다. 시장에서 국가의 일방적 후퇴로 야기된 혼란은 결국 외환 위기라는 파국으로 치달았다. 외환 위기 이후에도 상황은 별반 호전되지 않았다. 노사정위원회는 양대 노총 — 한국노총과 민주노총 — 이 떠난 이후 아직도 동면 상태에서 깨어나지 못하고 있다. '국가 주도의 신자유주의'라는 엇박자의 정치경제는 사회적으로 불평등·갈등·불신·불안을 증폭시켰다.

2010년 6·2 지자체 선거 이후 복지 이슈가 사회적 담론의 한가운데에 자리를 틀었다. 그동안 냉소적이었던 중산층마저 복지에 관심을 보이기 시작한 것이다. 2013년 대통령 선거에서는 복지가 좌우 이념의 경계를 넘어 민주화 이후 불거진 모든 문제를 풀어 낼 대안으로 부상했다. 여야 가릴 것 없이 경쟁적으로 복지 정책을 쏟아 냈다. 과연 '닥치고' 복지는 어떤 조건에서 자본주의 시장과 민주주의 정치가 길항 관계를 딛고 선순환하게 할 수 있는가? 서유럽 강소·복지 국가의 경험은 우리에게 어떤 교훈을 줄 수 있는가?

30_조영철, "국가 후퇴와 한국 경제발전 모델의 전환," 이병천·김균 편, 『위기, 그리고 대전환』 (당대, 1998), 158.

3-1. 국가 주도형 자유 시장경제?

전두환 정권은 제3공화국의 박정희 정권 이래 '시장 형성'을 주도해 온 발전주의 국가를 '시장에 순응하는' 국가로 변모시키고자 했다. 권위주의 정권하에서 자유 시장경제로의 이행이 시작된 것이다.[31] 경제 안정화, 시중 은행의 민영화, 수입 자유화 등의 정책을 통해 기업이 시장 적응력을 제고하도록 유도했다. 민간 주도의 자유 시장경제로 이행을 추진하게 했던 요인으로는 중화학공업의 과잉 중복 투자에 대한 반성, 대기 융자 협정 시 IMF의 요구, 그리고 미국의 개방 압력 등을 꼽을 수 있다. 1981년에 전두환 정권은 공정거래법을 입법했고 시중 은행의 정부 보유 지분을 매각해 은행 — 한일, 제일, 서울신탁, 조흥은행 등 — 을 민영화했다. 두 차례에 걸쳐 과잉 중복 투자된 중화학공업 부문 — 발전설비, 자동차, 전자 교환 시스템, 중전기, 디젤 부문 등 — 을 통합·조정했다. 1982년에는 상업은행의 우대 금리 제도를 철폐함으로써 정책 금융의 금리가 일반 금융의 금리에 근접했다. 그 결과, 유치산업과 수출산업에 대한 신용 보조가 줄었다. 수입 자유화로 관세를 인하했고 양적 규제도 대부분 철폐했다. 국가는 자원을 R&D에 집중시킴으로써 기업이 첨단 기술 산업에서 경쟁력을 갖추도록 유도했다.[32]

그러나 국가의 '시장 순응' 전략은 시장에서 공정 경쟁을 제도화하는

31_임혁백, 『1987년 이후의 한국 민주주의: 3김 정치 시대와 그 이후』, 226-9; 전창환, "1980년대 발전 국가의 재편, 구조조정, 그리고 금융 자유화," 유철규 편, 『박정희 모델과 신자유주의 사이에서』(함께읽는책, 2004), 85-6.

32_전창환, "1980년대 발전 국가의 재편," 107-10; Jaymin Lee, "A Half Century of Korean Economic Development: 1952~2002," *The Korean Economic Review* 18-2 (2002), 409; 조영철, "국가후퇴와 한국 경제 발전 모델의 전환," 153-4.

데 실패했다. 승자는 재벌이었다. 재벌은 제1금융권 대신 금융 자유화로 급속히 성장한 제2금융권 — 투신, 증권회사, 생명보험회사 등 — 을 장악했다. 이를 통해 자본을 조달함으로써 사업을 다각화하고 몸집을 키웠다. 주거래 은행 제도 — 1976년에 도입 — 가 존재했지만 은행은 정부가 담당했던 감독과 관리 기능을 대리했을 뿐 '자율적 운영의 주체'로서 여신을 관리해 기업의 자생 능력을 향상시키고 그럼으로써 공생적 관계를 구축하는 단계로 발전하지 못했다. 여전히 정치권과 정부(재무부)의 영향력하에 있었으며 재벌 계열사들의 상호 보증에 안주했다.[33] 정부는 은행 중심의 조정 체계가 제도화되지 않은 상황에서 시장으로부터 후퇴했지만 동시에 인사권을 틀어쥐는 등 금융시장에 영향력을 행사하는 양면성을 보였다.[34]

1987년 민주화 이후에 국가는 자유 시장경제로의 이행을 더욱 강하게 밀어붙였다. 민주화를 이끌었던 김영삼은 집권하자마자 발전주의 국가의 잔재를 청산하는 데 주력했다. 김영삼 정부는 정책의 기조를 세계화와 신자유주의에 고정시켰다. 시장 자유화의 상징적인 조치는 1994년에 공정거래위원회의 소속을 경제기획원 장관에서 국무총리로 격상시키는 한편 경제기획원과 재무부를 재정경제부로 통합한 사건이다.[35] 이미 1993년에 3단계 금융 자유화 및 시장 개방 계획을 마련했다. 1995년에 OECD 측과 OECD 가입 이후 — 1995년 3월에 가입 신청, 1996년 10월에 가입 초청을 받음 — 에 2000년까지 자본 자유화 및 금융시장의 개방을 실천에 옮기기

33_전창환, "1980년대 발전 국가의 재편," 104-17; 조영철, "국가 후퇴와 한국 경제 발전 모델의 전환,"156.

34_Lee, "A Half Century of Korean Economic Development," 411.

35_이연호·임유진·정석규, "한국에서 규제 국가의 등장과 정부-기업 관계," 『한국정치학회보』 36-3 (2002), 206.

로 합의했다.³⁶

사건은 금융 부문에서 터졌다. 1993년에 은행이 해외 지사를 통해 단기 차입을 할 수 있도록 허용하자 해외 자본 — 특히 초저금리 정책으로 금리가 낮았던 일본으로부터 — 이 대규모로 유입되었다. 외채에서 단기 차입이 차지하는 비율이 40~50퍼센트에서 1997년에 60퍼센트 가까이 증가했다. 심지어 정부는 해외 부문을 통해 통화가 증가되는 현상을 완화하기 위해 자본 유출을 장려했다. 급격한 여신 증가는 여신 심사 과정을 이완시켜 은행의 도덕적 해이를 부추겼다. 시중은행들은 주로 동남아에 투자했다. 그러나 투자된 단기 차입 자본은 동남아 금융 위기로 대부분 회수 불가한 자산으로 전락했다. 일본 은행들이 자본을 회수하자 국내 은행의 단기 차입 수지가 대규모 적자로 반전되었다.³⁷ 1997년 위기는 외환 위기이자 금융 위기였으며 금융 자유화 과정에서 국가의 탈규제와 은행 중심의 재규제 사이의 '불균형', 즉 '제도 간 부정합'이 빚어낸 참사였다.³⁸ 시장 형성을 주도해 온 국가가 정치적 이익을 포기하고 시장에서 후퇴한다는 것 자체가 '딜레마'였는지도 모른다. 실제로 국가는 후퇴와 개입 사이를 오갔으며 '국가 후퇴의 빈 공간'에서는 중화학공업 부문의 과잉 중복 투자가 자행되었으며 정치 세력 및 재벌들은 지대 추구를 위해 각축을 벌렸다.³⁹

36_ 조영철, "위기 이후 구조 재편의 문제점과 대안적인 정책 방안," 전창환·김진방 외, 『위기 이후 한국 자본주의』(풀빛, 2004), 205.

37_ Kim In-June, "The Korean Currency Crisis and the IMF Program: An Insider View," *Seoul Journal of Economics* 11-4 (1998), 357-60; 이제민, "한국의 외환위기: 원인, 해결 과정과 결과,"『한국경제발전학회』13-2 (2007), 7; 조영철, "위기 이후 구조 재편의 문제점과 대안적인 정책 방안," 200-7.

38_ Kim In-June, "The Korean Currency Crisis and the IMF Program," 358; 조영철, "위기 이후 구조 재편의 문제점과 대안적인 정책 방안," 199.

김대중 정부도 영미형의 자유 시장경제를 외환 위기의 극복을 위한 모델로 삼았다. 김대중 정부는 자유 시장경제의 제도적 틀을 잡기 위해 전두환 정권 못지않게 강하게 시장에 개입했다.[40] 소위 'IMF의 신탁통치'에 저항하기보다는 이를 오히려 구조조정의 기회로 삼았다. '선先금융 구조조정 –후後기업 구조조정'의 전략을 채택했다. 정부는 부실 채권과 부실 금융기관을 처리하기 위해 청산, 인수 합병, 또는 자산 부채 인수를 금융기관에게 강제했다. 지불 불능에 빠진 9개 상업은행의 영업을 중지시켰고 기존 은행에 병합시켰다. 5대 재벌 총수는 김대중 대통령 당선자를 1998년 1월 13일에 만나 기업 '구조 조정 5원칙' — 기업 경영의 투명성 제고, 계열사 간 상호 지급 보증 해소, 자산 매각을 통한 재무구조 개선, 핵심 역량 중심의 사업 구조 개편 등 — 을 담은 각서에 서명했다. 김대중 정부는 더 나아가 '빅딜'이라는 미명하에 반도체, 항공 및 중화학공업 부문을 합병, 조정했다. 놀라운 점은 1981년에 구조조정된 산업이 거의 그대로 다시 빅딜의 도마 위에 올랐다는 사실이다.[41]

39_ Lee, "A Half Century of Korean Economic Development," 411; 조영철, "국가 후퇴와 한국 경제 발전 모델의 전환," 158.

40_ 예를 들어 당시 금융감독위원회의 위원장이었던 이헌재의 회고록을 보면 1998년 2월 9일 30대 그룹의 기획조정실장을 모아 놓고 구조조정 계획의 제출을 요구하며 구조조정에는 "예외가 없음"을 강조했다. 더 나아가 재벌의 "기조실·비서실"의 폐쇄를 압박했다. 이헌재, 『위기를 쏘다. 이헌재가 전하는 대한민국 위기 극복 매뉴얼』(중앙북스, 2012), 63-6; Meredith Woo-Cumings, "Diverse Paths towards 'the Right Institutions': Law, the State, and Economic Reform in East Asia," Linda Weiss ed., *States in the Global Economy: Bringing Domestic Institutions Back In* (Cambridge: Cambridge University Press, 2003), 215.

41_ 전창환, "김대중 정부 이후의 한국 경제: 신자유주의적 구조조정과 V자형 회복에서 거시적 성장체제의 내재적 불안정성으로," 전창완·김진방 외, 『위기 이후 한국 자본주의』(풀

김대중 정부는 자본시장의 자유화로 기업지배구조를 급속히 영미 유형의 주주 모델로 전환시킴으로써 자유 시장경제로의 이행에 박차를 가했다. 변동환율제를 채택하는 한편 외국인 주식 투자의 상한제를 1998년 말까지 폐지했다. 1998년 중반부터는 저금리 정책을 유지했으며 IT 관련 벤처기업들이 증권시장에서 자본을 조달하도록 유도했다. 그 결과, 증권시장이 폭발적으로 성장했다. 1997년에 280포인트였던 종합주가지수가 1999년에 1천 포인트대를 기록했다. 1997년에 10조2천억에 머물렀던 외국인 소유 주식시가 총액이 1999년에 76조5천억 원, 2001년에 93조6천억 원으로 증가해 2003년에는 142조5천 원으로 증가했다.⁴²

김영삼 정부는 우왕좌왕한 면이 있었으나 김대중 정부로부터 이명박 정부에 이르기까지 정부는 영미 유형의 자유 시장경제를 발전주의 국가를 대체할 모델로 삼고 관련 정책을 일관되게 추진했다. 과연 타당한 선택이었는가? 서유럽 강소·복지 4개국의 경험에 비추어 보면 제3공화국의 발전주의 국가 전략은 경제적 측면에 관한 한 타당했다. 제2차 세계대전 이후 국내시장의 규모가 작았던 스웨덴, 덴마크, 네덜란드, 오스트리아에서 국가는 금융시장을 통제하고 경제의 공급 측면에 개입해 자국 기업의 국제 경쟁력을 제고시키는 데 주력했다. 수출 증대를 통해 경제를 성장 트랙에 진입시켰던 것이다. 시장에 대한 국가 개입의 강도는 한국의 제3공화국 못

빛, 2004), 30; 임혁백, 『1987년 이후의 한국 민주주의: 3김 정치 시대와 그 이후』, 247-50; 이제민, "한국의 외환위기," 15-6; 장세진, 『외환 위기와 한국 기업집단의 변화: 재벌의 흥망』(박영사, 2004), 205; Woo-Cumings, "Diverse Paths towards 'the Right Institutions,'" 213-6.

42_ 금융감독원, www.fisis.fss.or.kr; Kim In-June, "The Korean Currency Crisis and the IMF Program," 369; 373.

지않았다. 예컨대 네덜란드의 수정특별법(1945년)은 정부중재위원회 — 사회부 장관이 임명 — 가 단체협약의 조건을 수용하거나 거부할 수 있도록 했으며 허락을 받지 않은 기업은 자체적으로 임금을 지불할 수 없도록 했다. 어길 경우 사용자를 구속시켰다. 덴마크에서는 1934년 이래 의회가 중앙 임금 협상이 결렬될 경우 노사에게 기존 협약의 연장과, 공공중재위원회가 제시하는 새로운 협약 중에서 하나를 선택하도록 강제했다(제5~6장).

민주주의 정치는 참여와 통치가 역설적으로 상호작용하는 가운데 발전한다. 제2차 세계대전 이후 경제 재건의 과정에서 그리고 1980년대 중반 이후 세계화에 대응하는 과정에서 서유럽 강소·복지 국가가 한국과 달랐던 점은 아래로부터 참여의 공간을 확대하는 동시에 정치권이 갈등을 효율적으로 조정했다는 점이다. 정부가 합의 정치를 통해 입법 과정을 효율적으로 통제하는 한편 노사정 협의에 기초해 소득정책을 실행한 결과, 성장의 트랙으로 진입했다. 스웨덴의 사례가 보여 주듯이 정부는 입법 과정과 코포라티즘의 조정 메커니즘을 통해 사회정책, 금융 및 산업 정책, 노동시장 정책, 조세정책 등 일련의 정책을 조합해 소득정책으로부터 파생된 문제점들을 해소함으로써 성장과 복지의 선순환과 함께 산업구조의 재편을 도모했던 것이다(제6장).

한국의 권위주의 정부는 시작부터 노동의 참여를 배제한 채 발전주의 국가의 전략으로 기업의 성장을 이끌었다. 반면 민주화 이후 국가는 일방적으로 시장에서 후퇴했다. 그러나 정부는 시장과 사회에서 일방적으로 후퇴 — 실제로는 후퇴와 개입 사이를 원칙 없이 오갔지만 — 할 것이 아니라 민주화 이후 민주주의에 걸맞은, 국가·시장·노동 간의 조정 체계를 제도화하는 데 주력했어야 했다. 서유럽 강소·복지 국가의 경험이 참고가 될 수 있을 것이다. 1970~80년대 이념 대립의 시대에 덴마크와 네덜란드의 정부는 입법 과정에서 무력했으며 코포라티즘도 쇠퇴하거나 작동을 멈추었다. 그러나 세계화 이후 정부는 연합 협정 및 합의 정치의 부활 등 다양한 방식으로 입법 과정을 다시 효율적으로 통제하기 시작했다. 그 결과, 덴마크에서는 코포라티즘이 부활했고 네덜란드와 아일랜드에서는 사회적 협의가 제도화되었다. 새롭게 형성된 정치경제 레짐을 기반으로 하여 이들 국가는 성장과 복지의 선순환을 재현했다(제7~8장). 최장집의 주장처럼 민주화 이후 한국 정부는 민주주의 정치체제가 작동하도록 새로운 원칙과 규범, 즉 레짐을 구축하는 데 '무력'했다.[43] 정부는 관료 사회를 통치하고 입법 과정에서 야당의 동의를 이끌어 내는 등 조정력을 발휘하지 못했던 것이다.

한국에서 영미형 자유 시장경제는 결코 타당한 생산 레짐이 아니다. 국제 경쟁에서 우위를 점유하고 있는 한국의 산업은 유럽 대륙 국가 및 일본의 조정 시장경제에서처럼 장기 투자와, 기업 또는 산업 특화 기술의 연마가 요구되는 중화학공업이다. 영미형 자유 시장경제에서처럼 기업지배구조가 주주 모델로 전환되면 기업은 주주들의 이익을 만족시키기 위해 단기간에 이익을 창출할 수 있는 서비스, 소프트웨어 및 금융 산업에 관심을 돌리며 직업훈련에 대한 투자를 소홀히 하게 된다. 이들 산업에서 필요한 기술은 일반 기술이기 때문이다. 더구나 노동시장이 유연화되면 노동자들은 실업에 대비해 산업에 특화된 기술보다는 직종을 넘어 구직에 용이한 일반 기술을 연마하는 데 집중한다.[44] 실제로 외환 위기 이후 기업지배구조가 급속히 주주 모델로 전환되었다. 상장회사 주식 총액에서 외국인 보유 주식 액수가 차지하는 비율이 1997년 14.6퍼센트에서 1999년 19.6퍼센트, 2000년 30.1퍼센트 그리고 2004년에 42퍼센트까지 증가했

43_ 최장집, 『민주화 이후 민주주의: 한국 민주주의의 보수적 기원과 위기』(후마니타스, 2010), 168-71.

44_ 이 책의 제2장 2-1절(65쪽)을 참조할 것.

다. 주식시장의 성과에 대한 경영진의 '민감도'는 미국에 비견될 정도로 높아졌다.[45]

현재 한국의 생산레짐에서는 자유 시장경제와 조정 시장경제가 기형적으로 맞물려 있다. 임금과 복지 양 측면에서 노동시장이 대기업과 중소기업, 그리고 정규직과 비정규직으로 분절되었다. 노동시장의 분절화는 전투적 노동운동이 기여한 측면도 있지만 정규직의 보호를 통해 숙련 기술 인력을 확보하는 동시에 비정규직의 고용으로 노동비용을 절감하고자 하는 기업의 이해와 맞아떨어진 측면도 있다.[46] 실제로 노동조합이 결성된 사업체의 정규직 노동자들이 비정규직의 사용에 찬성하는 비율이 상승했다. 사업체별 패널 조사에 의하면 2007년에 임노동자의 18.5퍼센트가 비정규직 사용에 찬성했으나 그 비율이 2009년에는 35.2퍼센트로 증가했다.[47] 민주화 이후 국가는 발전주의 국가 정치경제를 자유 시장경제로 이행시키고자 했으나 정작 생산 시장의 현장에서는 조정 시장경제와 자유 시장경제가 기형적으로 맞물렸던 것이다. 이는 국가가 주도한 자유 시장경제로의 이행과 우리 산업의 현실이 엇박자를 이룬 결과였다.

45_금융감독원, www.fisis.fss.or.kr; Kim E. Han & Kim Woochan, "Corporate Governance in Korea: A Decade after the Financial Crisis," *Law and Economics Research Paper* 123 (School of Law, The University of Texas, 2007), 15.

46_양재진, "노동시장 유연화와 한국 복지국가의 선택"; 신동면, "한국의 생산 체제와 복지 체제의 선택적 친화성,"『한국정치학회보』40-1 (2006), 132.

47_윤정향, "비정규직의 노동시장과 노사관계," 배규식·김정우·김기민 편저,『한국 고용 관계의 현상: 2005~2009년 사업체 패널 조사 분석 결과』(한국노동연구원, 2012), 118.

3-2. 성장과 복지의 선순환을 위한 정책 조합의 부재와 사회적 불평등

복지국가는 실업률이 낮아야 성장할 수 있다. 복지국가에서 실업률이 높으면 조세 수입이 감소하는 반면 공공 사회 지출은 증가하기 때문에 재정이 적자의 수렁에 빠진다. 성장과 복지의 선순환을 이룬 경우에는 소득정책이 실시되었다. 소득정책은 임금과 물가를 통제 또는 조정하는 정책이다. 제2차 세계대전 이후 서유럽 강소·복지 국가는 소득정책으로 경제 성장을 도모해 고용의 기회를 늘리는 한편 사회정책으로 임노동자의 임금 억제를 보상했다. 정부는 적극적 노동시장 정책으로 실업자를 노동시장으로 다시 진입시키거나 소극적 노동시장 정책으로 실업자와 노동시장의 아웃사이더를 보호했다. 제4장의 정성 비교 분석은 다음과 같은 결과를 도출했다. 소득정책이 저실업의 필요조건이다. 저실업이 발생했던 국가에서는 소득정책이 항상 실행되었던 것이다. 고실업은 소득정책이 실패한 상황에서 소극적 노동시장 정책 중심의 사회정책을 실행했을 때 발생했다.

정부가 노사정 협의를 통해 소득정책을 실현하려면 노동조합이 임금은 사회·경제 전체의 시각에서 조정되어야 한다는 규범을 준수해야 한다. 서유럽 강소·복지 국가의 노동과 자본은 전간기에 고실업 및 격렬한 계급 갈등 ─ 스웨덴과 덴마크 ─ 을 경험했거나 이와 함께 제2차 세계대전 중에 나치 침략의 시련 ─ 네덜란드와 오스트리아 ─ 을 겪은 이후에야 소득정책의 필요성을 인정했다(제5장과 제7장). 노사 관계 형성의 역사 자체가 임금은 사회·경제 전체의 시각에서 조정되어야 한다는 합의에 이른 역사라고 해도 과언이 아닐 것이다. 그 역사에서 노동은 조직권 및 정치 참여를 보장받았으며 정책 형성 과정에 진입했다.

한국에서도 민주화 이후 정부와 한국노총이 소득정책을 시도한 바 있다. 그러나 실패로 마감되었다. 김영삼 정부는 최초로 노사정 협의를 통해 임금 조정을 시도했다. 그 이전 노태우 정부는 1990~92년에 임금가이드라인 정책을 실행했다. 그러나 일방적이며 강압적으로 밀어붙였기 때문에

1992년 임금 총액제를 끝으로 실효를 거두지 못한 채 종료되었다. 이에 한국노동연구원을 중심으로 노사 중앙 협약의 이슈가 제기되었으며 김영삼 정부가 이를 받아들임으로써 소득정책을 위한 공론의 장이 섰다. 정부는 1993년 1월 9일에 노사 중앙 협약의 추진 의사를 밝혔다.[48] 경제 5개 단체 — 한국경영자총협회(약칭 경총), 전국경제인연합회, 대한상공회의소, 중소기업중앙회, 한국무역협회 — 는 정부의 직접 개입은 반대하나 노사 자율에 의한 중앙 임금 협상은 찬성한다는 입장을 표명했다. 한국노총도 노사의 자율적 교섭을 거부할 이유가 없다는 식으로 입장을 정리했다. 노사 중앙 협약을 논의하기 위해 한국노총 위원장, 산별노조 위원장, 경제 5개 단체장 등 20여 명이 참여한 노사대표자회가 1993년 2월 9일에 열렸다. 정부는 협의 과정에 직접 개입하지 않았으나 간접적으로 지원했다.[49] 같은 해 4월 1일에 노사 대표는 4.7~8.9퍼센트의 임금 인상률에 합의했다.

그러나 '4·1 중앙 임금 합의'는 노총 내부의 반발이 심했기 때문에 실제로 집행되지는 않았다. 화학·섬유·금속·금융 산별 노동조합연맹 등은 협의 과정에서부터 반발했다. 산하 단위 노조, 특히 대기업 노동조합이 노사 중앙 협약에 거세게 반발했다. 예컨대 현대그룹 노조 총연합 소속 울산지역 10개 계열사 노동조합은 보란 듯이 평균 15.18퍼센트의 임금 인상 요구안을 확정지었다. 한국노총과 경총도 결국 반대로 돌아섰다. 정부가 적

48_노사 중앙 협약은, 노사 정상 조직이 먼저 임금 조정의 폭을 정하고 각 산하 조직이 단체협약을 통해 정해진 범위 내에서 임금을 조정하는 임금 협상의 의미했다.

49_예컨대 1993년 3월 5일 정부는 한국노총과 경총의 대표와 노사정 간담회를 개최해 "노사 합의로 임금 협상안을 만들어야 한다"는 합의를 이끌어 냈다. 또한 '신경제 100일 계획'의 '고통 분담'의 논리를 강조하고 공무원 임금 동결 조치를 실행해 한국노총을 압박했다. 김준, "사회적 합의와 노동 정치의 전개 (1989~95)," 최영기 외, 『한국의 노사 관계와 노동 정치 (I): 87년 이후 사회적 합의를 중심으로』(한국노동연구원, 1999), 66.

정 임금 인상률에 호봉 승급분을 포함시키기로 지도 지침을 정한 것이 화근이었다. 한국노총은 당연히 임금 가이드라인의 하향 조정에 반대했으며 경총도 정부의 일방적 개입에 불쾌감을 표명했다.[50] 1994년에도 비슷한 현상이 반복되었다. 한국노총은 내부적으로 의견 수렴 과정을 거치는 한편 정부 대표를 노사 협의에 끌어들임으로써 노사정 협의의 모양새를 갖추었다. 한국노총과 경총은 3월 30일에 5.0~8.7퍼센트의 임금 인상 가이드라인에 합의했다. 그럼에도 1993년처럼 한국노총 내부의 반발과 전국노동자총협회(약칭 전노협), 전국노동자대표회의(약칭 전노대) 등 외부 조직들의 반발에 부딪혀 합의안은 집행되지 못했다.[51]

비록 실패로 마감되었지만 김영삼 정부가 시도했던 소득정책의 형성 과정이 서유럽 강소·복지 국가에서와 비슷한 패턴을 보였다는 점에 주목할 필요가 있다. 첫째, 한국노총과 경총이 사회와 경제 전체의 관점에서 임금이 조정될 필요성을 인정했다는 점이다. 김영삼 정부는 집권 초기에 '신경제 100일 계획'의 기치하에 경제 주체들에게 '고통 분담'을 강요하다시피 했다. 이에 한국노총과 경총은 정부가 제안한 노사 중앙 협약을 긍정적으로 평가함으로써 화답했다. 한국노총은 정부의 압박에 밀려 노사 중앙 협약에 찬성한 것만은 아니었다. 실제 한국노총 내에서도 노동조합운동이 단기적 이익을 쫓을 것이 아니라 "활동 영역을 사회·경제적 분야로 넓혀 가야 한다"는 주장이 제기되었다.[52] 둘째, 한국노총과 경총 — 1993년 임

50_김준, "노동운동의 성공과 좌절 (1990~95)," 최영기 외, 『1987년 이후 한국의 노동운동』(한국노동연구원, 2001), 411; 김준, "사회적 합의와 노동 정치의 전개 (1989~95)," 73-4.

51_김준, "사회적 합의와 노동 정치의 전개 (1989~95)"; 김준, "노동운동의 성공과 좌절 (1990~95)."

52_김준, "노동운동의 성공과 좌절 (1990~95)," 412.

금 합의의 경우 — 이 임금 협상에 대한 국가의 개입을 반대했다는 점이다. 스웨덴과 오스트리아는 처음부터 노사 자율의 (중앙) 임금 협상을 실시했다. 덴마크와 네덜란드에서 노사는 처음에 국가 개입을 용인했으나 실업률이 완전고용에 이른 시점부터 반대로 돌아섰다. 세계화 이후 국가는 더 이상 임금 협상에 직접 개입하지 않고 있다. 셋째, 소득정책을 다른 정책과 연계하려고 시도했다는 점이다. 1993년과 1994년 임금 합의는 임금 가이드라인 이외에 물가 안정·고용 보험의 조기 실시·세제의 합리적 개선·주거 안정·복지기금의 확대·직업훈련 등의 이슈를 합의 내용에 담았다.[53]

왜 실패했는가? 한국노총 산하 대기업 노동조합들과, 그리고 외곽 노동조합운동 단체인 전노협, 전노대 등이 한국노총에 대표성을 부여하지 않았기 때문이다. 그러나 한국노총이 소득정책을 위한 노사정 협의에 참여한 것 자체는 전략적 실수가 아니었다. 서유럽 강소·복지 국가의 경험에 비추어 보면 전술적 실수로 평가하고 싶다. 한국노총이 코포라티즘의 조직적 조건 — 포괄성, 중앙·집중화, 대표성 — 을 갖추지 않은 상태에서 성급하게 노사정 협의에 뛰어든 것이 패착이었다. 한국노총은 이에 앞서 전노협 — 1995년 이후 민주노총 — 과 수평적 통합에 집중했어야 했다. 정치·사회적 맥락도 우호적이지 않았다. 노사정 협의의 제도화는 공공선의 창출을 위한 집단행동이 아니라 경제 위기와 같은 공공 악재를 극복하는 과정에서 발생하는 집단행동의 결과다(제3장과 제8장). 서유럽 강소·복지 국가의 경우 노동조합운동 내부에서 노사(정) 협의에 의한 중앙 임금 협상이 정통성을 확보하는 데 50여 년이 넘게 걸렸다. 이 과정에서 노동조합운

53_김준, "사회적 합의와 노동 정치의 전개 (1989~95)"; 김준, "노동운동의 성공과 좌절 (1990~95)," 407-14.

동은 내부적으로는 조직적 갈등을 극복했고 외부적으로는 국가와 자본과 투쟁하는 가운데 사민당과 연계해 정치 영역에서 영향력을 확보했다. 더구나 제2차 세계대전과 같은 외부적 충격도 노사(정) 협의의 제도화에 영향을 미쳤다. 그 결과, 노동조합운동 내에 임금 조정은 사회 전체의 관점에서 접근해야 한다는 담론이 형성된 것이다.

정부의 우유부단함도 한몫했다. 김영삼 정부는 조정 시장경제와 자유 시장경제를 각각 표상하는 노사 중앙 협약과 노동시장의 유연화 사이를 오락가락했다.[54] 만약 1996~97년에 결국 파국으로 치닫게 될 노동법 개정 이슈를 선제적으로 양보하는 대신, 오스트리아가 그랬듯이 다양한 이념의 노동조합운동을 하나의 정상 조직으로 묶었더라면 한국의 복지 자본주의 정치경제 레짐은 외환 위기 이후 다른 경로로 발전했을 것이다. 어쨌건 한국노총은 중앙 임금 협상에 성급히 참여한 결과, 대기업 및 공공 부문 노동조합이 대거 탈퇴하는 등 막대한 조직적인 손실을 입었다. 이후 한국의 정치경제 지형에서 소득정책은 다시는 이슈화되지 않게 된다. 국가와 노동조합운동의 전술적 실수는 트라우마로 남아 이후 한국의 정치경제가 자유 시장경제로 기우는 데 일조했다.

복지국가의 형성기 및 성장기 초반에 서유럽 강소·복지 4개국은 다양한 정책을 조합해 성장과 복지의 선순환을 이루었다. 스웨덴은 연대 임금의 소득정책으로 인해 중·저 임금 산업에서 발생한 실업자들을, 적극적 노동시장 정책을 실행해 성장 산업으로 상향 이동시키고자 했다. 사민당 정부는 재정·금융·조세·연금 정책을 실행해 성장 산업에 축적된 과대 이윤이 물가 안정을 저해하지 않으면서도 재투자되어 성장 및 고용 효과를 낳

54_ 김준, "노동운동의 성공과 좌절 (1990~95)," 404-6.

그림 9-3 | 임금 분산과 ALMP 지출 / PLMP 지출 비의 분포(2002년)

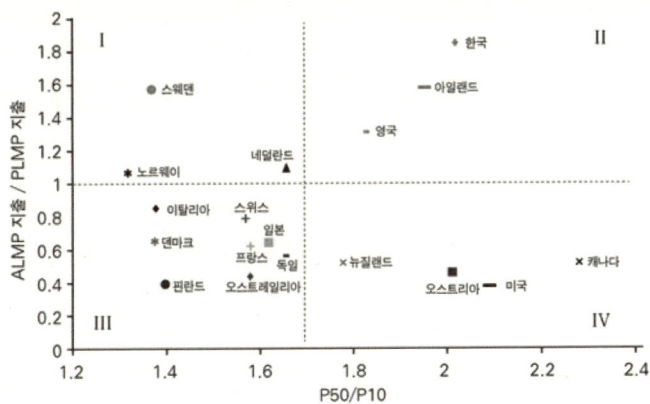

출처: OECD, *Directorate for Employment, Labour and Social Affairs* (Paris: OECD), http://www.oecd.org/document/34/0,3343,en_2649_33927_40917154_1_1_1_1,00.html

도록 했다. 덴마크, 네덜란드, 오스트리아는 실업보험의 급여 수준을 높게 잡고 급여 기간을 장기화함으로써 실업자들이 직장을 하향 이동하는 대신, 동일 직종에 재취업하도록 유도함으로써 기업 및 산업 특화 기술을 보유한 전문 인력의 손실을 막고자 했다(제6~7장). 세계화 이후에도 나라마다 약간의 차이를 보였지만 소득정책을 실시하는 한편 적극적 노동시장 정책과 소극적 노동시장 정책의 균형을 잡는 데 주력했다(제8장).

이와 대비해 김대중 정부와 노무현 정부는 소득정책의 대안을 외면한 채 자유주의 복지 자본주의의 정책 조합을 구사했다. 김대중 정부는 '생산적 복지'로 집권 플랜을 포장했다. 노동시장 정책과 사회정책의 조합을 '노동을 통한 자립'workfare, 일자리 창출, 그리고 사회 안전망의 확충을 연계하는 하는 방식으로 구성했다.[55] 이는 자유주의 복지국가의 전형적인 정책 조합이다(〈그림 9-3〉).[56] 적극적 노동시장 정책의 본래 취지, 즉 직업 능력의 향상을 위한 직업훈련 지출 규모는 미미했다. 직업훈련 지출이 GDP에서

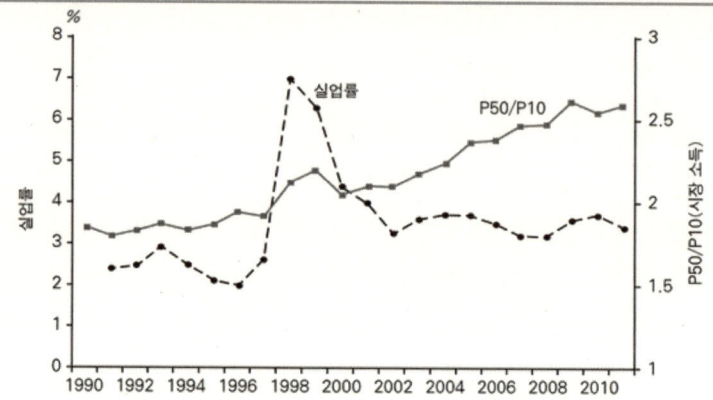

그림 9-4 | 실업률과 임금 분산(1991~2011년)

출처: 1991~99년 실업률은 통계청, 『국제통계연감』, 각 연도. 2000년도 이후 실업률은 코리아통계포털(Korean Statistical Information Service) http://kosis.kr/ 참조.

차지하는 비율이 2002년에 0.05퍼센트였는데, 이는 유럽 강소국 — 스웨덴 0.61퍼센트, 덴마크 0.62퍼센트, 아일랜드 0.21퍼센트, 네덜란드 0.63퍼센트 — 의 수치에 비해 매우 낮았다.[57] 고용 유지 보조금을 포함하더라도 GDP 대비 적극적 노동시장 정책에 대한 지출 비율은 2002년에 0.19퍼

55_ 황덕순, "생산적 복지를 위한 노동정책의 기본 방향과 과제," 황덕순 편,『생산적 복지를 위한 노동정책 연구』(한국노동연구원, 2000), 8.

56_ ALMP 지출 / PLMP 지출 비로 한국의 고용 및 실업 레짐을 측정하기에는 아직 변수의 타당성에 문제가 있다. 두 변수의 지출 비가 높게 나타난 것은 GDP 대비 ALMP 지출 비가 높아서가 아니라 PLMP 지출 비가 현저히 낮기 때문이다. 2002년도에 GDP 대비 적극적 노동시장 정책 지출의 비율이 0.19퍼센트였으나 소극적 노동시장 정책 지출의 비율이 0.12퍼센트로 매우 낮았다. 데이터는 OECD.Stat. 참조.

57_ OECD, *OECD Employment Outlook* (Paris: OECD, 2005), 262-75.

센트였다. 자유 시장경제에 속하는 영국도 GDP 대비 적극적 노동시장 정책의 지출 비율이 0.28퍼센트였다. 미국은 0.16퍼센트를 적극적 노동시장 정책에 지출했다. 적극적 노동시장 정책 예산 대부분이 고용 유지 지원금 — 주로 구직 급여 — 에 쓰여 직업훈련 지출이 차지하는 비율은 2000년에 18.4퍼센트 그리고 2002년에 26.3퍼센트에 불과했다.[58]

    외환 위기 이후 실업률과 임금 불평등의 관계에서도 한국은 자유주의 복지국가와 비슷한 패턴을 보였다. 김대중 정부 이후 드러난 특징은 실업률은 감소했으나 임금 불평등이 심화되었다는 점이다(〈그림 9-4〉). 노동시장의 유연화로 인해 비정규직 노동자를 비롯해 저임금 노동자가 증가함에 따라, 이들 간의 임금 경쟁이 심화되었기 때문이다. 앞에서 언급한 바 있듯이 외환 위기 이후 비정규직의 비율이 급속히 증가해 1999년에 50퍼센트를 넘어섰으며 2002년에는 56.5퍼센트를 기록했다. 노동시장의 불안정성이 급속히 심화된 것이다. 노동시장의 불안전성도 미국보다 심할 정도로 높았다. 근속 기간별로는 근무 경력이 9년 또는 15년 이상의 장기근속 계층에서 직장 유지율의 감소 폭이 컸고 비정규직일수록 그리고 중·고령층일수록 노동시장의 불안전성이 악화되었다. 40~59세 실업자가 전체 실업자에서 차지하는 비중이 1997년 이전에 20퍼센트 미만이었는데 1998년부터 30퍼센트를 넘어섰다. 실업자들은 하향 이직을 선택하거나 비정규직으로 전환하거나 비경제활동 인구, 즉 실망 실업자로 남았다. 전직 정규직 임금노동자가 비자발적으로 직장을 상실한 이후 비정규직으로 재취업했을 경우 임금이 18.8퍼센트 하락했다. 전 직장의 근속 기간이 1년 증가하면 현 직장의 임금은 이질성을 통제했을 경우 1.7퍼센트 감소했다.[59] 요컨

58_데이터는 OECD.Stat. 참조.

대 한국에서 노동시장의 유연화는 실업률의 감소에는 기여했으나 중·저임금 노동자 사이의 임금 불평등과, 노동시장의 불안정성 및 불안전성을 심화시켰던 것이다.

3-3. 정치적 연합

민주화, 특히 1997년 외환 위기 이후 한국의 정치경제 레짐에서 노사정 관계는 다원주의로, 그리고 생산 레짐은 자유 시장경제로 이행했다. 앞 절에서 설명했듯이 정부는 발전주의 국가 잔재의 청산과 함께 자유 시장경제로의 이행을 강행했다. 후기 발전주의 국가의 정치경제를 전혀 모색하지 않았던 것은 아니다. 김영삼 정부는 1993~94년에 노사 중앙 협약에 기초한 소득정책을 시도했으나 실패했다. 노사정 협의에 기초한 조정 시장경제로 이행하려는 시도가 좌절된 것이다. 이 절에서는 비교 정치경제의 시각에서 첫째, 노동법 개정 파동이 발생한 1996년부터 민주노총이 노사정위원회에서 탈퇴한 1998년까지 시기의 노사정 관계를 집중적으로 분석한다. 1999년 이후 노사정 협의의 제도화를 위한 의미 있는 시도는 더 이상 없었다. 둘째, 민주화 이후 노사정 관계가 다원주의로, 그리고 생산 레짐이 자유 시장경제로 이행하는 데 의회-행정부 관계가 어떤 영향을 미쳤는지를 논의한다.

59_금재호·조준모,『실업 구조의 변화와 정책 과제』, 69-70; 83-5; 92; 121-2; 169-70; 김성중·성제환,『한국의 고용정책』, 476.

3-3-1. 노사정 관계

김영삼 정부는 세계화에 적극적으로 대응했다. 이미 논의했듯이 김영삼 정부는 3단계에 걸쳐 금융시장을 개방했다. 자유 시장경제의 수호 기관인 공정거래위원회를 격상시켰으며 발전주의 국가의 가온머리 경제기획원을 해체했다. 그럼에도 김영삼 정부는 1993~94년에 노사 중앙 협약을 통해 소득정책을 추진하는 등 자유 시장경제와 조정 시장경제 사이를 오가는 양면성을 보였다. 정권이 종반에 이르렀음에도 개혁 시리즈의 마지막 대상으로 노사 관계를 표적으로 삼았다. 1996년 5월에 김영삼 정부는 제3공화국의 잔재 — 복수 노조 금지, 노동조합의 정치 활동 금지, 공무원의 단결권 제한 등 — 를 개혁할 목적으로 노사(정) 협의 기구인 노사관계개혁위원회(약칭 노개위)를 출범시켰다.[60] 그러나 동시에 노개위를 통해 정리 해고, 변형 근로 시간제, 파견 근로제 등 노동시장의 유연화도 도모했다. 노사 관계의 근대화 — 노사 관계법의 독소 조항 제거 — 와 노동시장의 유연화가 정치·사회적 이슈로 부상된 결과, 노사정 관계뿐만 아니라 의회-행정부 관계도 1997년 세밑까지 갈등의 정점으로 치닫게 된다.

주목할 점은 김영삼 정부가 재계의 반대에도 불구하고 법외 단체로 남아 있던 민주노총을 노개위에 참여시켰다는 사실이다. 여러 요인이 작용했다. 김영삼 정부 내에서 정책 네트워크를 장악한 온건 개혁파 — 박세일 사회복지수석을 비롯한 청와대 팀과 진념 장관을 비롯한 노동부의 소장 관료 등 — 가 복수 노조의 인정을 포함해 노동법 개정에 의욕을 보였으며, 4·11 총선의 선전이 정부에 자신감을 불어넣었으며, ILO의 압력과

---

[60]_유범상, "노사개혁위원회," 최영기 외, 『한국의 노사 관계와 노동 정치 (I): 87년 이후 사회적 합의를 중심으로』(한국노동연구원, 1999), 114.

OECD 가입의 희망이 교차해 작용했다. 재계는 초기에 소극적이었으나 정부의 의지가 완강하다는 사실을 인지하고 오히려 노동법 개정을 노동시장 유연화의 기회로 삼았다. 한국노총은 노동관계법연구위원회(1992~96년) 당시 견지했던 반대 입장을 접고 복수 노조 조항을 승인했다. 민주노총은 내부에 이견이 있었으나 복수 노조의 합법화를 위해 참여했다. 정부는 노개위에 직접 참여는 대신에 공익위원을 통해 간접적으로 개입했다.[61]

노동법 개정을 두고 벌인 노사정 간의 게임은 상호 협력으로 마감되지 않았다.[62] 노동과 자본이 차원이 다른 목표를 지향했기 때문이다. 노동계가 노동조합의 정치활동, 복수 노조의 허용, 제3자 개입 금지 조항의 철폐 등 노사관계법의 개정을 도모한 반면 재계는 정리 해고, 변형 근로 시간제, 파견 근로제 등 노동시장의 유연화를 목표로 삼았다. 정부는 노동과 자본 사이에서 양다리를 걸치는 한편 협의적 노사 관계의 제도화를 모색했다. 그러나 1996년 6월부터 주요 언론들이 국제수지 적자, 외채 누증, 물가 불안 등 경제 위기설을 유포했고 8·8 개각으로 시장주의자 나웅배를 부총리로, 한승수를 경제 수석으로 임명하자 상황이 반전되었다. 8·8 개각 팀은 물가 안정과 기업의 경쟁력 회복을 골자로 하는 '9·3 대책'을 발표함으로

61_ 유범상, "노사개혁위원회," 116-7; 노중기, "노사 관계 개혁과 한국의 노동 정치,"『경제와 사회』31 (1996), 15-7; 최영기·유범상, "사회 협의 시스템과 노사 관계의 갈등 조정: 한국에서의 사회적 협의 경험을 중심으로,"『한국행정연구』9-4 (2001). 노중기는 김영삼 정부와 민주노총과의 관계를 "암묵적 연대 혹은 의도하지 않은 연대"로 특징짓는다. 노중기, "한국의 노동 정치 체제 변동, 1987~1997년,"『경제와 사회』36 (1997), 145.

62_ 신정완, "개발 독재형 노사 관계 질서의 해체와 새로운 노사 관계 질서의 모색을 위한 진통: 1987~97년 기간의 한국 거시 노사 관계 변동에 대한 게임 이론적 분석," 유철규 편,『박정희 모델과 신자유주의 사이에서: 산업화 이념의 재고찰과 대안의 모색 (II)』(함께 읽는 책, 2004).

써 재계 쪽에 힘을 실어 주었다. 노개위는 열네 차례에 걸친 전체 회의를 개최했음에도 타협을 도출하는 데 실패했다. 11월 12일에 합의된 사항(107개 조항)과 미합의 사항(47개 조항) — 복수 노조 금지, 제3자 개입 금지, 노동조합의 정치 활동 금지, 정리해고제, 변형 근로 시간제, 파견 근로제 등 — 을 대통령에 보고함으로써 공을 정치권에 넘겼다.[63]

1987년 노동법 제정 이후 지속적으로 불거진, 노개위도 풀어내지 못한 갈등은 결국 정치권에서 폭발했다. 노사 관계법 개정안의 결정 과정에서 재계는 대정부 로비를 전개했으며, 노동계는 총파업의 결기를 다짐으로써 정부를 압박했다. 정부 내에서는 경제 부처와 노동부가 팽팽히 맞서 결론을 내지 못했고 의사 결정권을 이수성 총리에게 위임했다. 정부의 노동법 개정안은 12월 10일에 국회로 이송되었다. 정부안은 "노동부 안보다는 경제 부처 안이, 노동계 안보다는 재계 측 요구 사항을 반영"했으며 "노개위 공익위 안보다 오히려 후퇴한 것"으로 평가되었다. 재계는 연내 개정을 촉구했으며 한국노총과 민주노총은 총파업을 예고했다. 국회의 환경노동위가 여야 의원 동수 — 위원장은 야당 소속 의원임 — 로 구성되어 결론을 내리지 못하자 국회의장은 법안을 본회의에 직권 상정했다. 신한국당은 12월 26일 새벽 4시에 법안을 단독으로 처리했다. 한국노총과 민주노총은 총파업에 돌입했으며 시민 단체와 여론도 정부에 등을 돌렸고 심지어 OECD, ILO 등 국제기구마저도 개정 노동법에 비판적이었다. 1987년 노동자 대투쟁 이후 최대 규모의 쟁의와 시위가 발생했다. 결국 여야는 노동법 재개정에 합의했고 1997년 3월 10일에 합의안을 입법했다. 그 결과, 민주노총은 합법적 공간으로 진입했고 정리 해고는 2년간 유예되었다.[64]

63_유범상, "노사개혁위원회," 137-64.

한국은 1987년 정치적 민주화에 이어 1997년에 노사 관계의 근대화를 이루어 냈다. 그러나 잃은 게 많았다. 협의적 노사정 관계의 틀 속에서 (소득) 정책을 형성·집행하는 한편 노사 관계를 개혁하려는 원래의 취지는 수포로 돌아갔다. 사실, 정부, 노동 그리고 자본은 협의 과정에서 노개위를 전술적 도구로 이용했지 노사정 협의의 제도화 자체에는 관심을 기울이지 않았다. 정부가 미합의된 노사 관계법의 입법을 강행했다는 점은 이를 방증한다. 조정을 통해 사회적 갈등을 해소한다는 취지에서 시작된 노개위는 노사정 관계에 대립과 갈등의 골만 깊이 남겼다. 외견상 승리자는 민주노총과 재계였다. 그러나 결과적으로 보면 대기업 강성 노동조합의 승리였지 노동계급 전체의 승리는 아니었다. 이후부터 대기업과 강성 노조는 고임금과 기업 복지를 매개로 연대하는 수순을 밟게 된다. 패배자는 중소기업의 저임금 노동자와 외환 위기 이후 급속히 양산된 비정규직 노동자였다.

협의적 노사정 관계 및 조정 시장경제의 제도화라는 시각에서 보면 외환 위기가 엄습한 역사적 타이밍은 최악이었다. 세계화에 성공적으로 대처했던 서유럽 강소·복지 국가는 세계화 이전에 협의적 노사 관계를 복원한 국가였다(제8장). 서유럽에서 1970년대는 이념 대립의 시대였다. 정치 대표 체계에서는 좌파와 우파 정당이, 기능 대표 체계에서는 노동과 자본

64_재개정된 제정법은 복수 노조의 경우 상급 단체만 허용하고 기업 단위는 5년 유예했다. 정리해고제는 '긴박한 경영상의 이유'만을 명시했다. 변형 근로제는 하루 12시간 범위 내에서 2주 단위 48시간, 1개월 단위 56시간으로 한정했다. 노동조합 정치 활동 금지, 제3자 개입 금지 조항은 삭제되었다. 유범상, "노사개혁위원회," 164-86(인용은 171); 신정완, "개발 독재형 노사 관계 질서의 해체와 새로운 노사 관계 질서의 모색을 위한 진통," 255; 배규식·조성재, "노동운동," 이원덕 편, 『한국의 노동운동 1987~2002』(한국노동연구원, 2003), 97-8.

이 갈등의 늪에 빠졌다. 그럼에도 고실업을 장기간 겪었던 덴마크와 네덜란드는 변화와 타협을 모색했다. 덴마크의 LO는 1979년에 임노동자 기금안이 실패했음에도 더 이상 경제민주화를 정치적 이슈로 삼지 않았다. 덴마크사용자연합DA이 주장해 온 임금 협상의 분권화를 일정 부분 수용했다. 1987년에 LO는 DA와 임금 억제를 규정한 공동 선언 협약에 서명했다. 네덜란드에서는 1976년에 네덜란드가톨릭노동조합연맹NKV과 사민주의 성향의 네덜란드노동조합연맹NVV은 자율적으로 통합을 결정하고 네덜란드노동조합총연맹FNV을 창설했다. FNV는 1979년에 사용자연합과 중앙임금 협상의 복원을 시도했다. 가톨릭, 칼뱅주의, 개신교로 나뉘어 반목했던 세 개 종교 정당은 1977년에 기민당을 창당했다. 기민당 정부는 1982년에 바세나르 협약을 이끌어 냄으로써 성장과 복지가 선순환하는 시대의 막을 올렸다. 요컨대 세계화에 성공적으로 대처했던 덴마크와 네덜란드는 세계화 이전에 통합과 타협을 통해 협의적 노사 관계를 구축했다.

반면 노동법 개정의 파동으로 인해 1997년 초반 한국의 노사정 관계에는 갈등의 골만 깊이 패여 있었다. 더구나 한국노총과 민주노총은 각자의 길을 갈 수 있는 합법적 공간을 마련했다. 정부는 입법 과정을 파행으로 몰고 간 결과, 야당, 민주노총, 시민사회 단체들을 상대로 정치적 지도력을 발휘할 처지가 아니었다. 1월에 터진 한보그룹의 부도 사태와 금융 부정 사건, 그리고 9월부터 불거지기 시작한 기아 사태는 민주화 이후 국가가 시장에서 일방적 후퇴와 개입을 오가는 동안 국가와 시장과 노동 사이의 제도적 부조화와, 이 틈새에서 형성된 '지대 추구의 각축장'의 일면이 수면 위로 드러난 예에 불과했다.[65] 한국의 노사정은 협의적 관계의 구축을 통

65_이 장의 3-1절(448쪽)을 참조할 것.

해 세계화에 대응할 처지에 놓여 있지 않았던 것이다.

노사 중앙 협약을 시도한 1993년부터 노동법 개정의 파동이 발생한 1997년 초까지를 돌이켜 보면 김영삼 정부의 개혁은 체계적이지 않았다. 먼저 노사 관계법의 개혁을 조건으로 내걸고 한국노총과 민주노총의 통합을 이끌어 낸 이후에 노사정 협의를 통해 소득정책을 실행함으로써 경제성장을 도모했어야 했다. 노사 관계법의 개혁을 정치적 교환의 미끼로 삼아 노동시장의 유연화를 유인한 전술은 패착이었다. 노사 관계의 근대화와 노동시장의 유연화는 차원이 다른 이슈로서 정치적 교환이 성사되어도 시너지 효과를 낼 수 없다. 서유럽 복지국가에서조차 해고 권한의 소재 문제는 초기 노사 관계에서부터 현재까지 난제로 남아 있다(제5장과 제7장). 노동시장의 유연화는 고용 보험, 장애 보험, 연금, 적극적 노동시장 정책 등 사회정책과 연계해 추진했기 때문에 노동조합운동의 격렬한 반발에 부딪히지 않았던 것이다.

시장과 사회로부터 국가의 일방적 후퇴가 민주주의 공고화의 필요조건인 것은 아니다. 서유럽은 복지 자본주의로의 이행을 통해 길항 관계에 놓인 정치적 민주주의와 시장경제가 공생할 수 있는 길을 텄다. 이 과정에서 형성된, 국가와 시장과 사회를 연계하는 갈등 조정의 메커니즘은 나라마다 달랐으며 그 틀은 현재까지도 지속되고 있다. 예컨대 덴마크와 네덜란드의 노동과 자본 조직은 스웨덴과 오스트리아에 비해 분산·분권화되어 있었다. 그럼에도 정치권 — 덴마크는 의회, 네덜란드는 정부 — 이 노사 관계에 개입해 중앙 임금 협상을 성사시켰다. 제2차 세계대전 직후에 오스트리아는 사회 진영으로 나뉜 노동조합운동과 사용자연합을 각각 ÖGB와 연방경제회의소로 묶어 조직의 포괄성, 중앙·집중화, 대표성의 문제를 해결했다. 정치권의 개입이 조정 시장경제에 우호적인 조직적 특성을 대체하는 '기능적 등가'로 작용했던 것이다(제5장). 이들 국가에서는 노사 관계에 대한 정부의 개입이 의회 민주주의 발전에 걸림돌로 작용하지 않았다.

외환 위기 당시 김대중 정부의 대응은 두고두고 아쉬움을 남긴다. 외환 위기는 모든 행위자에게 고통을 안겨 준 공공 악재였다. 공공 악재를 극복하기 위한 집단행동은 공공재 창출을 위한 집단행동과 다르다. 공공 악재가 개선되지 않으면 모두가 비용을 지불해야 하기 때문에 사회 구성원들이 자발적으로 집단행동에 참여할 가능성이 높다. 행위자들은 단기적인 이익을 자제하고 장기적인 공동의 이익을 실현하기 위해 정치적 교환에 나선다(제3장). 제2차 세계대전 이후 경제 복구 과정에서, 그리고 1980~90년대 세계화에 대응하는 과정에서 서유럽 강소·복지 국가의 노동조합운동은 고용 증진을 위해 임금 인상을 억제하는 소득정책을 받아들였다(제5장과 제8장). 금 모으기 운동에서 보듯이 한국에서도 사회 구성원들은 공공 악재의 극복을 위해 자발적으로 집단행동에 참여했다. 시민들은 IMF 체제에 반감을 보였고, 국가 주도의 대응에 지지를 보냈으며, 그동안 사회적 협의에 회의적이었던 민주노총마저도 노사정위원회의 설립을 적극 주장했다. 민족주의와 결합된 발전주의 국가의 전통이 아직 우리 사회에 건재했던 것이다.[66] 제도는 관련 행위자들이 합의의 정치를 성사시킬 때 형성되며 이에 내재된 의미를 공유할 때 제도화된다. 레짐은 관련 제도들을 관통하며 존재하는, 행위자들의 행위를 억제하는, 원칙과 규범이다(제1장). 외환 위기는 산업화 이래 최초로 한국 사회 전반을 엄습한 공공 악재였다. 안타깝게도 김대중 정부는 사용자가 해고를 자제하고 임노동자는 임금을 억제하는, 즉 고통 분담의 정치적 교환을 통한 공존·공생의 전략이 아니라

66_Johnson, "The Developmental State: Odyssey of a Concept," 52; Linda Weiss, "Developmental States in Transition: Adapting, Dismantling, Innovating, not 'Normalizing'," *The Pacific Review* 13-1 (2000), 39.

경쟁과 사회적 배제와 불평등을 조장하는 신자유주의를 선택했다. 권위주의 시대의 발전주의 국가 정치경제 레짐을 노사정 협의에 기초한 조정 시장경제, 즉 후기 발전주의 국가 정치경제 레짐으로 이동시킬 기회를 놓쳐 버린 것이다.

    김대중 정부는 김영삼 정부 후기 정책의 연장선에서 외환 위기에 대응했다. 1997년 노동법 개정 당시 정치적 교환에서 미완된 부분 — 정리 해고 2년 유예 조항과 노동기본권의 제한 조항 — 을 마무리 짓는 작업에서부터 외환 위기에 대한 대응을 시작했다. 이를 위해 노사정위원회를 출범시켰다.[67] 제1기 노사정위원회의 목표는 1997년 노동법 개정에서 2년간 유예되었던 정리해고제를 즉각 실행에 옮기는 데 있었다. 노사정위원회는 1998년 2월 6일에 10대 분야에 걸쳐 90개 항목에 이르는 사회 협약을 도출했다. 사회 협약은 정리해고제와 노동기본권의 법적 보장을 맞교환한 결과였다. 그러나 김대중 정부는 사회 협약 사항 가운데 정리 해고제와 파견 근로 시간제는 신속하게 입법했으나 노동기본권 관련 입법은 지체시켰다. 예컨대 실업자의 노조 가입, 법정 노동시간 단축, 공무원 단결권 보장, 부당 노동행위 척결 등 노동기본권 관련 입법에는 소극적이었다. 노동시장의 유연화를 성사시킨 이후 노사정위원회의 전략적 중요성이 감소했던 것이다. 비록 2기 노사정위원회가 노사관계, 사회정책, 경제개혁 등 정책 전반을 포괄적으로 다루었지만, 합의 내용이 행정부에 의해 왜곡 또는 지체되거나 국회에서 입법되지 않았다.[68] 민주노총은 이미 1999년 2월에 2

---

[67] 노사정위원회는 위원회의 법정 위상과 의제에 따라 세 시기 — ① 1998년 1월 5일~2월 9일, ② 1998년 6월 3일~1999년 8월 31일, ③ 1999년 9월 1일~2007년 4월 26일 — 로 나뉜다.

[68] 유범상, "외환위기 이후 노동 정치와 사회적 대화: 등장, 전개, 해석," 『동향과 전망』 56

기 노사정위원회에서 탈퇴했으며 한국노총도 2005년 7월에 3기 노사정위원회에서 탈퇴했다. 이후 노사정위원회는 사실상 동면에 들었다.[69]

노사정위원회에 대한 평가는 다양하다. IMF 체제의 종식과 사회적 협의의 제도화에 기여했다는 긍정적 평가에서, 위기 극복에는 기여했으나 노동기본권의 입법이 지연되었기 때문에 '절반의 성공'이라는 평가, 그리고 신자유주의로의 이행 수단에 불과했다는 부정적 평가에 이르기까지 해석이 분분하다.[70] 그러나 의도했든 의도하지 않았든 정부는 성공이 곧 존재의 이유를 희석시키는 효과를 낳도록 노사정위원회의 의제를 설정했다. 사실, 정부는 노사정위원회에 대해 양면성을 보였다. 예컨대 청와대와 노동부 이외에 경제 부처는 노사정위원회의 역할이 확대·강화되는 것을 반대했으며 단순히 자문 기구로 남길 바랬다.[71] 설령 노동기본권 관련 조항이 신속하게 입법되었더라도 노동시장의 유연화와 맞교환되어 성사되었

(2003), 28; 31-3; 박동, "한국에서 '사회 협약 정치'의 출현과 그 불안정성 요인분석," 『한국정치학회보』 34-4 (2000), 168; 173; 김세걸, "한·일 노동 정치의 비교 분석: 사회 협약 정치를 중심으로," 『한국정치학회보』 35-4 (2001), 219; 노중기, "노사정위원회 5년, 평가와 전망," 『동향과 전망』 56 (2003), 53-4; 김동원, "짧은 성공과 긴 좌절: 한국 노사정위원회에 대한 이론적 분석과 정책적 시사점," 『산업관계연구』 13-2 (2003), 18.

69_노사정위원회는 2007년 4월 27일에 경제사회발전노사정위원회로 명칭을 바꾸었다. 통상 명칭이 바뀐 시기 이후를 제4기 노사정위원회로 구분을 하고 있다. 그러나 노사정위원회는 비정규직 법안의 논의(2001~06년)와 2008년 금융 위기에 대한 대응에서 보여 주듯이 사실상 공론의 장에서 배제되었다. 이덕재, "우리나라 사회 합의주의의 형식과 실질 간의 괴리: 노사정위원회를 중심으로," 『경제와 사회』 83 (2009) 참조.

70_임상훈·조성제·유범상·장홍근, 『노사정위원회 활동 평가 및 발전 방안에 관한 연구』(한국노동연구원, 2002); 김동원, "짧은 성공과 긴 좌절"; 노중기, "노사정위원회 5년, 평가와 전망."

71_하민철·윤건수, "행위자들의 양면적 상황설정과 딜레마 그리고 제도화: 노사정위원회의 제도화 과정을 중심으로," 『한국행정학보』, 38-4 (2004), 64.

을 것이기 때문에 한국의 정치경제 체제는 역시 자유 시장경제로 이행했을 것이다. 자유 시장경제에서는 시장의 경쟁이 이해관계자들의 조정을 대체한다. 노사정의 조정이 필요하지 않은 정치경제 체제로 이행하는 데 노사정위원회가 이용당한 셈이다. 제도로서 노사정위원회는 '스스로 종말의 무덤을 파도록' 디자인된 것이다.[72]

정부가 성장과 복지의 선순환을 목표로 삼았다면 발전주의 국가 정치경제 레짐이 영미 유형의 자유 시장경제가 아니라 서유럽의 강소·복지 국가 유형의 조정 시장경제로 이행하도록 정치경제의 판을 짰어야 했다. 노사정위원회가 3기를 거치면서 정치·행정·사회·경제 관련 제반 이슈를 다루었지만 소득정책을 핵심 의제로 삼지 않았다는 점은 실로 놀라운 일이다.[73] 서유럽 강소·복지 국가의 노사정 협의 기구는 소득정책 — 임금 및 물가 조정 정책 — 의 형성 및 집행을 위해 설립되었다. 특히 1930~50년대에 노동조합운동이 임금은 경제와 사회 전체적인 틀 속에서 결정되어야 한다는 시각을 가졌기 때문에 소득정책이 정책 대안으로 부상했다. 정부는 노사정 협의 기구에 자율성을 부여했고 의회는 노사정 협의 기구가 합의한 입법 안을 대부분 통과시켰다. 대표적인 예가 오스트리아의 임금·물가공동위원회. 이 위원회는 전문성에서 경제 부처를 능가했으며 자율성이 보장되었기 때문에 정치권에 휘둘리지 않았다. 위원회에서 합의된 안이 의회의 반대로 무산된 적은 거의 없었다(제5장과 제7장).

한국의 경우 노사정위원회는 외환 위기라는 공공 악재에 대응하기 위해 설립되긴 했으나 노사정은 단기적 이익을 자제함으로써 공동의 이익을

---

[72] Clemens & Cook, "Politics and Institutionalism: Explaining Durability and Change."
[73] 노사정위원회, 『노사정위원회 5년 백서: 전개 과정과 활동 성과』(노사정위원회, 2003) 참조.

실현하는 방식으로 행동하지 않았다. 정부(경제 부처), 자본, 노동 모두 조직의 이익을 희생 내지는 양보함으로써 공동의 이익, 즉 완전고용을 성사시키는 데 관심을 기울이지 않았던 것이다. 노사정위원회는 노동시장의 유연화에 따르는 '비난을 회피'하는 도구에 불과했다. 정치권은 노사정위원회를 입법의 파트너로 삼기는커녕 정리해고제 문제를 처리한 이후에 용도 폐기했다. 사회적 약자가 양산되는 위기의 상황에서조차 노동조합운동은 조직 이익의 보호를 위해 노동시장의 유연화를 인정해 주었고 그 대가로 법적 보호 장치를 확보했다. 정치적 이해타산이 사회정의에 우선했던 것이다. 김영삼 정부와 마찬가지로 김대중 정부도 시너지 효과가 없는 정치적 교환을 강행한 결과, 한국의 정치경제 레짐은 다원주의 노사 관계와 자유 시장경제 생산 레짐의 경로를 따라 변동했다.

3-3-2. 의회-행정부 관계

민주주의 정치에서 정책은 입법 과정을 거쳐 실행된다. 기민주의 복지 자본주의 또는 사민주의 복지 자본주의 정치경제 레짐에서 정책은 두 가지 경로를 거쳐 입법된다. 첫째, 정당-행정부-의회로 이어지는 정치과정이다. 둘째, 코포라티즘의 제도다. 정치 대표 체계와 기능 대표 체계가 의회의 입법 과정을 중심으로 연계되어 있는 것이다〈그림 3-1〉 참조). 합의제 모델의 정치 대표 체계와 코포라티즘 및 조정 시장경제의 기능 대표 체계 사이에 제도적 친화성이 항상 지속된 것은 아니었다. 코포라티즘 및 조정 시장경제는 합의제 모델의 정치 대표 체계에서 발달했다. 그러나 합의제 모델에 속하는 국가를 대상으로 상관관계를 살펴보면 합의 정치 민주주의 정도가 감소해 다수제 모델에 가까워질수록 코포라티즘 및 조정 시장경제의 정도는 오히려 증가했다(제3~4장).

왜 그런가? 합의제 모델의 정치 대표 체계와 코포라티즘 및 조정 시장경제의 기능 대표 체계에서 이해 당사자들은 공통적으로 조정을 통해서 갈등을 해결한다. 조정이 성공했을 때에 두 체계는 제도적인 친화성을 보였다. 조정은 갈등이 합의에 의해 처리될 때 성사되는데, 합의에 의한 조정이 성사되려면 (정치)제도 — 예컨대 비례대표 선거제와 코포라티즘 — 가 사회 세력의 포괄적 참여를 유인하는 동시에 정부가 입법 과정을 효율적으로 통제할 수 있어야 한다(제3장). 서유럽 강소·복지 5개국에 대한 비교 역사 연구를 통해 다음의 가설을 논의했다. 정부가 의회의 다수를 동원하지 못해 입법 과정을 효율적으로 통제할 수 없게 되었을 때 이익집단은 코포라티즘을 통해 정치적 교환을 시도하기보다는 각자 의회와 행정부를 상대로 로비를 강화했다. 다원주의가 발달한 것이다. 반대로 정부가 의회의 다수를 동원해 입법 과정을 효율적으로 통제했을 경우 이익집단들은 정부의 정책 결정 과정에 참여한 결과, 코포라티즘이 발달했다.

제2차 세계대전 이후 서유럽 강소·복지 국가에서 의회-행정부 관계와 코포라티즘은 부침을 함께했다. 전후 경제 재건 과정에서 스웨덴과 덴마크의 사민당은 의회의 다수 — 덴마크의 사민당은 사회자유당과 연합해 — 를 동원함으로써 입법 과정을 효율적으로 통제했다. 네덜란드와 오스트리아의 좌파와 우파 정당들은 연립 다수 정부를 구성함으로써 입법 과정에서 갈등의 여지를 좁혔다(제5장). 네 국가 모두 높은 수준의 코포라티즘을 실현했다. 1970년대는 이념 대립의 시대였다. 네덜란드와 덴마크의 경우 연립정부의 구성에서 이념적 분극화가 심화된 결과, 야당이 강해져 정부는 입법 과정에서 무력했다. 코포라티즘도 급격히 쇠퇴하거나 아예 작동을 멈추었다. 스웨덴과 오스트리아의 경우에도 소수 정부의 구성 또는 대연정의 와해로 인해 정부는 입법 과정을 과거처럼 효율적으로 통제하지 못했다. 코포라티즘도 갈등에 휩말려 들거나 의회와 마찰을 빚었다(제7장). 세계화 이후에는 새로운 양상이 전개되고 있다. 연합 협정과 복지 개혁을 위한 합의 정치에 기초해 정부는 다시 입법 과정을 효율적으로 통제하기 시작했다. 그러나 의회-행정부 관계가 이념 블록 내에서 합의 정치를 구현했는가, 아니면 이념 블록을 초월해 합의 정치를 구현했는가에 따라 노사정 협의 제도는 다른 양상을 보였다. 전자에 속한 스웨덴에서는 코포라티즘 내에 노사 갈등이 지속되었으며 오스트리아에서는 코포라티즘과 의회가 마찰을 빚었다. 반면 후자에 속한 덴마크, 네덜란드 그리고 아일랜드에서는 노사정 협의가 활성화되었다(제8장).

1970년대에는 노사정 관계의 갈등이 정치 영역을 흔들었던 반면 세계화 이후에는 정치 영역이 복지 자본주의 정치경제 레짐의 변동을 촉발시킨 진원지였다. 아일랜드의 사례가 이를 웅변한다. 아일랜드는 다수제 모델과 다원주의가 결합된 자유주의 복지 자본주의의 전형이었다. 그러나 1987년부터 새로운 정치경제 레짐이 형성되기 시작했다. 1987년에 피나페일당은 소수 정부를 구성하는 한편 입법 과정을 통제하기 위한 방편으로 사회 협약을 이용해 주요 정책을 입안했다. 사회 협약은 소득정책뿐만 아니라 경제·사회 정책 전반을 다루었다. 의회는 사회 협약의 내용 관련 법안들을 갈등 없이 통과시켰다. 1989년 이후부터 피나페일당은 단독정부의 전통을 깨고 연립정부를 구성했다. 이후 구성된 일련의 연립정부가 사회 협약을 통해 주요 정책을 입법함에 따라 모든 정당은 사회 협약을 매개로 '연합 가능한 정당'이 되었다. 그 결과, 정치 대표 체계는 합의 모델로 이행했으며 기능 대표 체계에서는 사회적 협의와 조정 시장경제가 발달했다(제8장). 합의제 모델과 조정 시장경제에 가장 우호적이지 않았던 아일랜드에서조차 정치권의 변화가 정치경제 레짐의 변동을 촉진시켰던 것이다.

요컨대 서유럽 강소·복지 5개국의 합의제 모델에서는 정부가 합의 정치를 통해 입법 과정을 효율적으로 통제했을 때 코포라티즘 및 조정 시장경제가 발달했다. 이와 같은 정치경제 레짐을 기반으로 소득정책을 사회·경제·노동시장 정책과 조합해 실행한 결과, 성장과 복지가 선순환 했다. 민주화 이후 과연 한국의 정치 대표 체계에서 입법 과정은 서유럽 강소·복지 국가의 복지 자본주의에서처럼 효율적으로 통제되고 있는가? 향후 공공 사회 지출이 빠르게 증가할 것이다. 노동시장의 유연화·불안정이 자유주의 복지국가를 능가할 정도로 심화되어 복지에 대한 사회적 수요가 분출하고 있기 때문이다. 이제 복지는 이념적 논쟁거리가 아니라 삶의 현실로 대중에게 다가선 것이다. 현재의 정치경제 레짐은 복지 자본주의로 이행하는 과정에서 성장과 복지의 선순환을 실현하기에 적절한가? 다시 말하면 한국의 정치 대표 체계는 공공 사회 지출의 증가를 성장과 연계할 정도로 이익 갈등을 조정하는 역량을 발휘할 수 있을 것인가?

제도의 측면에서 보면 한국의 의회-행정부 관계는 다수제 모델에 속한다.[74] 입법의 결과도 다수제 모델의 특성을 보였다. 더구나 한국의 경우 대통령 중심제임에도 행정부가 의원내각제에서처럼 입법을 발의하는 의제 설정 권한을 가지고 있다. 실제로 정부 발의안이 의원 발의안보다 원안에 가깝게 통과될 확률이 높았다. 이 확률은 단점 정부에서 더 증가했다. 외국의 경우 의제 설정 권한을 의원내각제에서는 행정부가, 대통령제에서는 의회가 행사한다. 따라서 의제 설정 권한을 가진 행정부를 통솔하는 한국의 대통령은 의회와의 관계에서 '제왕적 대통령제'로 불릴 만큼 막강한 권한을 행사했다.[75]

그러나 민주화 이후 승자 독식의 의회-행정부 관계는 정치적 불안의 진원지였다. 다수제 모델의 의사 결정 제도는 우리 정치 문화와 자주 충돌을 일으켜 정치적 약자에 대한 배려와 합의에 의한 의사 결정을 선호하는

74_김재한·아렌트 레입하트, "합의제와 한국의 권력 구조,"『한국정치학회보』31-1 (1997); 강신구, "어떤 민주주의인가?: 제도와 가치 체계의 조응을 통해 바라본 한국 민주주의의 발전 방향 모색,"『한국정당학회보』11-3 (2012).

75_Tsebelis, *Veto Players*, 82; 문우진, "한국 대통령 권한과 행정부 의제 설정 및 입법 결과,"『한국정치학회보』47-1 (2013), 76.

역작용을 낳았다. 첫째, 분점 정부가 자주 등장했다. 13~17대 국회에서 매 정권마다 한 차례 이상 분점 정부가 등장했다. 분점 정부는 '서로 다른 정당이 대통령직과 의회를 나누어 지배하는' 정부의 형태다. 대통령제하의 분점 정부는 의원내각제의 소수 정부, 즉 합의제 모델과 비슷한 의회-행정부 관계의 패턴을 보인다. 분점 정부에서는 여당이 다수제 모델의 의원내각제에서 정부가 행사하는 정도의 힘을 발휘할 수 없기 때문이다.[76] 한국 정치의 구조상 분점 정부는 피할 수 없는 현실이다. 분절화된 지역 균열 구조, 국회의원 선거와 대통령 선거의 비동시성, 단임제 대통령제하에서 선거 승리를 위한 정치 세력의 분열, 대통령 소속 정당에 대한 유권자의 견제 심리 등의 요인들이 복합적으로 작용해 민주화 이후 선거제도와 상관없이 온건 다당제가 줄곧 형성되었기 때문이다.[77]

둘째, 정쟁 법안의 처리에서는 단점 정부에서도 입법 과정이 늘 '교착 상태'에 빠졌다. 입법 과정이 교착 상태에 빠진 경우 대게 야당은 물리력을 동원해 저항했으며 여당은 직권 상정을 통해 입법을 강행했다. 사실, 국회법은 원내 교섭단체들이 협의 — '협의'인가 '합의'인가가 정쟁의 대상이 되기도 하지만 — 를 통해 의사일정을 결정하도록 규정하고 있다. 다수 여당이 단독으로 법안을 통과시켰을 경우 이는 '날치기'로 규정되어 야당뿐만 아니라 여론으로부터 비난의 뭇매를 맞았다. 합의에 의한 의사 결정이라

---

[76] Michael J. Laver & Kenneth A. Shepsle, "Divided Government: America Is Not Exceptional," *Governance* 4-3 (1991), 267.

[77] 김욱, "대통령-의회 관계와 정당의 역할," 『의정연구』 8-2 (2002), 12; 장훈, "한국 대통령제의 불안정성의 기원: 분점정부의 제도적·사회적·정치적 기원," 『한국정치학회보』 35-4 (2001), 110; 김용호, "21세기 새로운 의회정치의 모색: 분점 정부 운영 방안," 『의정연구』 6-2 (2000), 38.

는 비공식적 규범이 다수결 원칙이라는 공식적 규범에 우선해 다수당의 행위를 억제하고 있는 것이다.[78] 손병권·가상준이 2007년에 실시한 설문 조사에 의하면 실제로 국회의원의 다수(54.2퍼센트)가 의사 결정이 다수당에 의해 주도되고 있는 것이 아니라 여야의 타협과 절충에 의해서 이루어진다고 답했다. 더욱이 압도적 다수(84.4퍼센트)가 합의형 의사 결정을 선호했다.[79] 강신구가 2011년에 시민들을 대상으로 실시한 설문 조사에서도 다수가 합의제 모델의 가치를 더 선호했으며 이런 선호를 가진 시민들이 다수제 민주주의에 대한 불만이 높은 것으로 나타났다.[80]

  입법 과정을 둘러싸고 반복적으로 전개되는, 다수제라는 공식적 제도와 합의제라는 비공식적 관행 사이의 갈등이 입법 과정을 교착 상태에 빠트려 정치적 불안을 자아내는 원인이었다. 결과적으로 국회는 합의제 모델에 가까운 입법 과정을 운영하도록 내외로부터 압박을 받았다. 쟁점 법안의 입법을 제외하면 사실 한국의 의회-행정부 관계는 합의제 모델에 적응해 왔다. 비록 운행 과정에서 여당과 야당이 대립했지만 분점 정부에서 입법의 효율성 — 예컨대 법안 가결의 생산성에서 — 이 단점 정부보다 '특별하게' 저하되지 않았다. 오히려 분점 정부의 기간이 길었던 15대 국회와 17대 국회에서 법안 발의(17대 국회)나 법안 가결(15대 국회)의 생산성이 역대 국회 중에서 가장 높았다. 국회의 공전과 같은 의회와 행정부 간의 극단적 대치는 단점 정부에서 더 잦았다.[81]

78_Jong-Ryn Mo, "Political Culture and Legislative Gridlock: Politics of Economic Reform in Precrisis Korea," *Comparative Political Studies* 34-5 (2001), 468.

79_손병권·가상준, "갈등의 현실과 합의에 대한 소망: 국회 운영 및 의사 결정 방식에 대한 17대 국회의원들의 인식," 『한국정치연구』 17-1 (2008), 99-101.

80_강신구, "어떤 민주주의인가?," 63.

국회는 2012년 마지막 본회의에서 국회 선진화법을 통과시켰다. 국회의장 직권 상정이 사실상 불가능하도록 '초다수제 원칙'을 적용했고, 재적의원 3분의 1 이상이 요구 — 재적의원 5분의 3 이상의 찬성으로 종료 — 하면 본회의에서 발언 시간에 제한을 두지 않는 필리버스터 제도와, 예산안 자동부의 제도 — 위원회 심사가 11월 30일까지 종료되지 않으면 12월 1일에 본회의에 부의된 것으로 간주 — 를 도입했다. 여당이 다수당임에도 국회 선진화법이 통과될 수 있었던 데는 여러 가지 요인이 작용했으나 그중에서도 초당적 의원 연합의 역할이 중요했다.[82] 이와 대비해 세계화 이후 서유럽의 강소·복지 국가에서는 소수 (연립)정부가 자율적으로 다수를 동원할 수 있는 다양한 제도가 정착되었다. 연립정부의 구성 단계에서 내각 참여 정당들은 쟁점 법안의 입법 과정에서 유권자들의 반발에 영합하고 싶은 유혹을 떨쳐 버리기 위해 연합 협정이라는 '돛대'에 자신들을 묶었다. 또한 덴마크와 네덜란드의 좌우 정당들은 정책별로 합의하거나 연립정부를 구성하는 등 1950~60년대의 합의 정치를 재현했다(제8장).

1970년대에 서유럽의 강소·복지 국가가 그러했던 것처럼 한국에서도 민주화 이후 입법 과정의 교착 상태 내지는 비효율성이 노사정 협의의 제도화에 부정적 영향을 미쳤다. 1998년 2월에 노사정위원회는 최초로 사회협약을 타결지었다. 그러나 협약에 포함되었던 노동기본권 관련 법안이

81_오승룡, "민주화 이후 국회 생산성 추이 분석: 대통령-의회 관계를 중심으로," 『의정연구』 16 (2010), 135; 오승룡, "한국 분점 정부의 입법 과정 분석: 13대~16대 국회를 중심으로," 『한국정치학회보』 38-1 (2004), 189.

82_박찬표, "제18대 국회의 국회법 개정 과정에 대한 분석: '다수결 원리'와 '소수 권리' 간의 타협은 어떻게 가능했나?" 『의정연구』 18-3 (2012), 58-9; 64-5; 정진민, "국회선진화법과 19대 국회의 과제: 국회 운영방식과 대통령-국회 관계의 변화를 중심으로," 『현대정치연구』 6-1 (2013), 14.

의회에서 지체되고 일부만이 입법화되자 이에 항의해 민주노총은 노사정 위원회에서 탈퇴했다.[83] 정부의 무능함도 노사정 협의의 제도화에 걸림돌이었다. 민주화 이후 정부는 관료 사회를 장악하는 데 실패했다.[84] 앞에서 다루었듯이 김영삼 정부는 노사정 협의의 제도화를 통해 소득정책을 실행하고 노사 관계법을 개혁하고자 했으나 내부적으로는 청와대 수석실 팀 및 노동부가 경제 부처와 대립각을 이루었다. 개악된 노사 관계법안은 입법 과정을 파행시켰을 뿐만 아니라, 정부와 노동의 관계도 악화시켰다. 2003년에서 2007년까지 전개된 국민연금법 개정 과정에서도 결국 정부와 기득권 정당들은 이익 단체를 외면했다. 보건복지부는 복합적 요인들 — 한나라당과 민주노동당의 연합 정치, 미온적인 여당의 태도, 노사정 협의(저출산고령화위원회)를 통한 타협, 그리고 이익 단체들의 이해관계 등 — 이 서로 얽혀 장기간 지속된 복마전을 일거에 제압하고 결국 이익 단체와 시민 단체를 배제한 채 국민연금법의 개정을 밀어붙였다. 보건복지부가 제안한 안은 소득 대체율을 60퍼센트에서 40퍼센트로 낮추었다. 열린우리당과 한나라당은 유권자의 반발이 예상되는 개정안을 국가 주도라는 '비난 회피'의 가림막 뒤에서 합의 처리했다.[85]

83_ 유범상, "외환 위기 이후 노동 정치와 사회적 대화," 31; 36.

84_ 최장집, 『민주화 이후 민주주의』, 168.

85_ 다음 문헌을 참조해 이런 해석을 내렸다. 임유진, 『한국에서 정당 경쟁의 변화와 복지 개혁의 두 가지 길: 국민연금 개혁의 복지 정치 (1997~2007)』, 연세대학교 박사 학위 논문 (2012); Eun-Sun Joo, "Pension Politics in Korea after Democratization: The Failed Attempts of Party Politics and Social Dialogue," *Korea Journal* 50-4 (2010); 김영순, "한국의 복지 정치는 변화하고 있는가?: 1,2차 국민연금 개혁을 통해 본 한국의 복지 정치," 『한국정치학회보』 45-1 (2011); Jae-Jin Yang, "Democratic Governance and Bureaucratic Politics: A Case of Pension Reform in Korea," *Policy and Politics* 32-2 (2004).

2013년부터 효력을 발휘하고 있는 국회 선진화법은 다수제의 대통령제하에서 합의제 모델의 입법을 강제한 새로운 시도다. 이 제도가 국회를 '식물 국회'로 전락시킬 것인지 아니면 효율적 입법을 실현시킴으로써 정당과 이익 단체의 관계를 돈독하게 하는 효과를 낼 것인지 판단하기에는 아직 이르다. 만약에 국회 선진화법이 입법의 효율성에 기여한 결과, 정당 정치가 제대로 작동한다면 그때부터 한국의 정치경제 레짐에서 자유 시장 경제의 트랙을 벗어나기 위한 움직임이 시작될 것이다.

4. 소결

사회과학은 어떤 현상이나 사건이 '왜 또는 어떻게 발생했는가?'를 설명하는 이론과 방법으로 구성되어 있다. '왜 발생하지 않았는가?'에 대한 질문에는 간접적으로 접근할 수밖에 없다. 한국이 복지 자본주의로 이행하는 조짐을 보이기 시작한 것은 멀게는 1997년 외환 위기, 가깝게는 2010년 지자체 선거 이후다. 외환 위기 이후 비록 수준은 낮았지만 공공 사회 지출이 꾸준히 증가했으며 2010년 지자체 선거 이후에는 복지가 선거 정치에서 핵심 쟁점으로 부상했다. 그동안 한국 복지국가 연구는 독립변수보다는 종속변수에 해당하는 공공 사회 지출의 현황을 분석하거나 성격을 규명하는 데 치중할 수밖에 없었다. 복지 자본주의로의 이행이 최근에 나타난 현상이기 때문에 이 과정에 영향을 미치는 요인들을 체계적으로 다룬다는 것은 요원한 과제였다. 이 장에서는 서유럽 강소·복지 5개국의 과거와 현재를 참조해 한국의 복지 자본주의 이행에서 나타나고 있거나 예상되는 문제점들을 쟁점의 차원에서 논의했다.

복지는 사회적 이슈인 동시에 경제적 이슈이며 정치적 이슈이다. 사회

정책은 노동시장에 진입하지 못하거나 퇴출되었을 때 개인들이 감수해야 하는 위험을 공적으로 관리하는 정책이다. 따라서 사회정책은 경제정책과 불가불 연계될 수밖에 없다. 복지 자본주의는 구조적으로 길항 관계에 놓여 있는 자본주의 시장과 민주주의 정치가 공생·발전할 수 있도록 양자를 매개해 왔다. 시장은 '정치·사회적 구조물'이다. 정치·시장·사회 사이에 형성된 제도적 맞물림은 나라마다 달랐다. 그런 만큼 복지 자본주의의 유형도 다양하다. 서유럽 강소·복지 국가는 기민주의 또는 사민주의 복지 자본주의를 실현했다. 이들 국가에서는 소득정책이 성장과 복지 선순환의 필요조건이었다. 정부는 소득정책을 적극적 노동시장 정책, 또는 소극적 노동시장 정책으로 보완하는 방식의 정책 조합을 구사했다. 이제 우리 사회에서도 복지가 사회적 불평등을 완화시키는 수단이어야 한다는 인식이 팽배해 있으며 선거 정치의 향배를 가르는 이슈로 부상했다. 그러나 아직 사회정책을 소득정책 및 경제정책과 연계해 복지 자본주의를 발전시키는 단계에 이르지는 못하고 있다.

발전주의 국가에서 기원한 한국형 정치경제 레짐은 자유 시장경제와 친화적이지 않다. 그럼에도 민주화 이후 정부가 자유 시장경제로의 이행을 강행한 결과, 숱한 문제가 발생했다. 외환 위기를 겪었고 노동시장의 불안정과 사회적 불평등이 심화되었다. 민주화 이후 진보 보수 가릴 것 없이 정부는 자유 시장경제로의 이행을 강행했다. 왜 그랬는가? 이는 별도의 연구가 요구되는 이론적 퍼즐이다. 정부는 발전주의 국가의 잔재를 청산하는 데 집착했다. 그러나 시장에 대한 국가의 개입 자체는 서유럽 강소·복지 국가의 사례가 보여 주듯이 민주주의의 공고화를 가로막는 걸림돌이 아니다. 더구나 정부는 질서를 잡아가면서 시장에서 노련하게 후퇴를 한 것이 아니라 후퇴와 개입 사이를 섣부르게 오갔다. 새로운 원칙과 규범이 형성되지 않는 상태에서 시장은 '지대 추구의 각축장'으로 변모했다. 정부는 발전주의 국가의 해체라는 트라우마에 갇혔을 뿐만 아니라 정적이 선

표 9-2 | 한국 정치경제 레짐의 이행 모델: 참여와 통치의 맞물림

노사정 관계와 단체협약 유형	정부의 입법 과정 통제	
	강함	약함
중앙·집중적 노사관계, 노사 자율	스웨덴, 오스트리아 (I)	(II)
분권적 노사관계, 국가 개입	덴마크(복지국가 재편기), 네덜란드(복지국가 재편기), 아일랜드(세계화 이후) (III)	덴마크(복지국가 성장기), 네덜란드(복지국가 성장기), 한국 (IV)

택한 정책을 일관되게 외면했다. 김영삼 정부가 시도했던 소득정책은 이후 어떤 정부도 시도하지 않았다. 정책의 우선순위도 잘못 설정했다. 노사관계법을 노동시장의 유연화를 끌어내기 위한 미끼로 이용했는데, 이는 패착이었다. 노동조합운동이 대기업 및 공기업의 정규직 노동조합을 중심으로 재편되었고 비정규직이 급증했기 때문이다. 오히려 정부는 노사 관계법의 근대화를 노동조합운동의 통합과 연계했어야 했다. 오스트리아의 ÖGB와 네덜란드의 FNV의 예가 보여 주듯이 서로 다른 이념을 추구하는 노동조합들이 통합될 경우 통합 노동조합운동은 극단적인 선택을 자제하며 사회 전체의 시각에서 임금을 조정해야 한다는 입장을 견지한다.

한국에서 민주주의 정치와 자본주의 시장이 공생·발전하기 위해서는 정치 대표 체계에서는 합의주의가 강화되고 기능 대표 체계에서는 사회적 협의가 제도화되어야 한다. 민주화 이전에 한국은 국가 주도의 조정 시장 경제를 바탕으로 중화학공업 중심의 경제성장을 이루었다. 민주화 이후 정부는 자유 시장경제로의 이행을 강제할 것이 아니라 노사정 협의의 제도화를 기반으로 하는, 소위 '후기 발전주의 국가' 정치경제 레짐을 탐색했어야 했다. 분산·분권된 노동과 자본의 조직적 구조는 노사정 협의의 제도화를 가로막는 걸림돌이 아니다. 덴마크와 네덜란드와 아일랜드의 사례가 보여 주듯이 국가의 개입이 코포라티즘의 조직적 조건을 대체하는 '기능적 등가'로서 작동할 수 있다.

정치 대표 체계와 기능 대표 체계는 입법 과정을 매개로 정치경제 레짐을 구성하기 때문에 정부는 입법 과정을 효율적으로 통제할 수 있어야 한다. 민주화 이후 한국의 정치경제 레짐은 〈표 9-2〉에서 IV의 유형에 해당된다. 1970~80년대 복지국가 성장기에 덴마크와 네덜란드의 정부는 야당의 반대로 말미암아 입법 과정에서 무력했으며 코포라티즘도 급격히 약화되거나 작동을 멈추었다. 민주화 이후 한국의 정부도 중요 쟁점 법안의 입법 과정에서 야당의 반대에 부딪힌 결과, 국회는 공전되기 일쑤였다. 입법 과정의 비효율성은 이익 단체가 노사정 협의 기구에서 이탈하는 빌미를 주었다. 그 결과, 다원주의가 발달했다. 의회 및 정당정치가 헛도는 가운데 행정부는 이익집단을 배제하고 입법을 주도하거나 아예 의회를 우회하는 행정적 수단 — 대통령령, 국무총리령, 부령 등 행정입법 — 을 동원해 정책을 수립·집행했다.[86]

향후 한국 사회가 성장과 복지의 선순환을 목표로 한다면 서유럽 강소·복지 국가가 그러했듯이 아래로부터 참여의 공간을 확대하는 동시에 정부는 합의 정치를 통해 입법 과정을 효율적으로 통제할 수 있어야 한다. 정부가 입법 과정을 효율적으로 통제한다는 전제하에 두 가지 대안이 존재한다. 첫째, I의 모델이다. 이 경우 정부는 노사 관계에 대한 직접 개입을 삼가는 대신 한국노총과 민주노총은 자율적으로 통합해야 하며 통합 노총은 내부적으로 대표성을 확보해야 한다. 둘째, III의 모델이다. 이 경우 분권·분산된 노동조합운동은 그대로 두되 정부가 소득정책의 실행을 위해 노사정 협의를 주도해야 한다.

86_Seong Ho Lim, "Neither Gridlock nor Moderation, but Administrative Recharge: The Irony of Divided Government in South Korea," *The Korean Journal of International Relations* 45-5 (2005).

한국은 다수제 모델임에도 국회는 의회-행정부 관계가 합의제 모델로 이행해야 한다는 압박을 내부와 외부로부터 받아 왔다. 국회 선진화법의 영향으로 향후 의회-행정부 관계는 합의제 모델처럼 작동할 것이다. 그러나 합의제 모델 자체는 입법의 효율성을 보장하지 않는다. 국회가 식물 국회로 전락되지 않고 입법을 효율적으로 처리하려면 서유럽 강소 복지국가가 세계화 이후 실현했던 것처럼 (분점)정부가 합의 정치를 통해 의회의 다수를 동원할 수 있는 제도가 정착되어야 한다. 이를 위해서는 먼저 정당정치의 수준에서 합의 정치가 발전해야 한다. 정당은 유권자의 이익을 대표하는 동시에 행정부(대통령)와 의회를 매개하는 허브다. 정당들이 입법 과정에서 이념을 초월해 타협의 정치를 추구할 때 국회 선진화법의 취지는 실현될 수 있을 것이다. 정당이 단순히 권력 장악을 위한 팀이 아니라 정책 대결을 통해 선거 승리를 추구하는 조직으로 전환되어야 한다. 선거라는 게임에서 개인의 역량보다는 정당의 정책이 중요하게 작용해야 한다. 이를 위해서는 비례대표제에 의해 선출되는 의원의 수가 현재보다는 증가해야 하며 국회에서 의사 결정의 중심이 교섭단체에서 위원회로 이동되어야 하며 국회의원들이 정당과 대통령(여당의 경우)으로부터 자율성을 확보해야 한다.[87] 요컨대 정부는 정당정치에 기반을 두고 사회적·정치적 갈등을 합의 정치를 통해 조정하는 한편 입법 과정을 효율적으로 통제할 수 있는 '정당 정부'로 변모해야 한다.

---

[87]_조정관, "민주화 이후 국회-대통령-정당의 상생 관계: 역사적 관점에서," 『의정연구』 15-1 (2009); 박찬표, "의회-행정부 관계의 유형과 변화: 약한 정책적 통제와 강한 정치적 통제의 부조화," 『의정연구』 7-2 (2001); 김욱, "대통령-의회 관계와 정당의 역할"; 정진민, "국회선진화법과 19대 국회의 과제," 19.

| 제10장 |

결론

1. 이론적 함의

이 책은 기존 연구와 다른 시각에서 복지 자본주의의 형성과 재편의 문제를 논의했다. 기존 연구는 공공 사회 지출의 규모를 설명 대상, 즉 종속변수로 삼고 복지국가의 형성과 재편을 다루고 있다. 반면 이 책은 정치적 연합과 함께 정책 조합의 피드백 효과를 원인, 즉 독립변수로 삼고 복지 자본주의 정치경제 레짐의 변화를 설명하고자 했다.

서유럽 강소·복지 국가는 1950~60년대에 복지 자본주의 정치경제 레짐을 구축했다. 입법 과정의 효율성이 코포라티즘과 의회-행정부 관계를 안정적으로 연계시킨 변수였다. 성장과 복지는 이런 정치경제 레짐을 바탕으로 선순환했다. 그러나 1970~80년대에 복지 자본주의 정치경제 레짐은 위기에 봉착했다. 위기에 빠진 정도는 나라마다 달랐다. 스웨덴과 오스트리아는 성장과 복지의 선순환을 유지했으며 정치경제 레짐도 그다지 변동하지 않았다. 그러나 덴마크와 네덜란드의 정치경제 레짐은 거의 와해되었다. 코포라티즘이 약화되거나 작동을 멈추었고 노사 자율에 의한 중앙 임금 협상도 번번이 무산되었다. 정부는 야당의 반대에 막혀 입법 과정에서 무력했다. 두 나라는 장기간에 걸쳐 고실업의 상태를 벗어나지 못했다. 그러나 세계화 이후 상황이 반전되었다. 덴마크와 네덜란드에서는 다시 정부가 합의 정치를 기반으로 입법 과정을 효율적으로 통제했고 노사정 협의도 복원되었다. 반면 스웨덴과 오스트리아의 좌파와 우파 정당들은 의회-행정부 관계에서 이념적 대립각을 세웠다. 더구나 스웨덴에서는 LO와 SAF가 여전히 갈등적 관계에 얽혀 있었다. 이 책은 복지 자본주의 정치경제 레짐의 변동을 추적해 그 원인을 밝힘으로써 자본주의 시장경제와 민주주의 정치가 공생·발전하는 정치경제적 맥락을 이해하고자 했다.

상호작용의 분석을 통해 문제의 실마리 풀기를 시도했다. 먼저 실증적 분석에 의해 합의제 모델과 코포라티즘 사이에는 역설적 상관관계가 존재한다는 사실을 밝혔다. 그 후에 다음의 질문을 던졌다. "왜 코포라티즘과 조정 시장경제는 합의제 모델의 국가에서 존재했는데 이들 국가를 대상으로 하면 합의 정치 민주주의의 정도가 감소해 다수제 모델에 가까워질수록 코포라티즘과 조정 시장경제의 정도가 증가했는가?" 또한 정성 비교 분석에 의해 다음의 사실을 밝혔다. 소득정책이 저실업의 필요조건이며 고실업이 발생한 경우에는 소득정책이 와해되었고 소극적 노동시장 정책 중심의 사회정책이 실행되었다. 상관관계는 정태적 분석의 결과이며 필요조건은 변수들 간의 상호작용을 관통하고 있는 '질서'다. 비교 역사 연구에서는 과정 추적을 통해 변수들 간의 인과 메커니즘이 어떤 과정을 거쳐 형성되었는지를 확인함으로써 상관관계와 필요조건에 인과성을 부여하고자 했다.

사실 기존 연구는 정치과정과 정치경제를 별개의 영역으로 다루고 있다. 반면 이 책은 입법 과정을 중심으로 한 두 영역의 상호작용이 정치경제 레짐의 형성과 변동에 미친 영향을 분석했다. 민주주의 정치에서 정책은 입법 과정을 거쳐야 실행된다. 복지 자본주의의 정치경제 레짐에서 정책은 두 가지 경로를 통해 입법된다. 첫째, 정당-행정부-의회로 이어지는 정치과정이다. 둘째, 코포라티즘의 제도다. 정치 대표 체계와 기능 대표 체계가 의회의 입법 과정을 중심으로 연계될 때 복지 자본주의의 정치경제 레짐은 작동한다. 합의제 모델과 코포라티즘 및 조정 시장경제에서 조정은 합의에 의해 이루어진다. 합의에 의한 조정이 아래로부터의 참여와 위로부터의 통치가 맞물려 성사될 때 정치경제 레짐이 안정적으로 작동하는 것이다. 이런 이론적 시각에서 기존 연구와 다른 주장을 제기했다. 합의제 모델과 코포라티즘 및 조정 시장경제는 늘 제도적으로 친화적이지는 않았다. 정부가 야당의 반대에 막혀 입법 과정에서 다수를 효율적으로 동원하지 못하거나 의회가 코포라티즘을 거친 법안에 비판적일 경우 이익집단은 코포라티즘을 통해 정치적 교환을 시도하기보다는 의회와 행정부를 상대로 로비에 주력했다. 성장과 복지가 선순환했을 때에는 정부가 의회의 입법 과정을 효율적으로 통제했으며 의회도 코포라티즘을 거친 법안에 우호적이었다.

    아일랜드는 정치과정, 특히 입법 과정이 복지 자본주의 정치경제 레짐의 형성 및 변동에 중요한 영향을 미친다는 사실을 방증하는 '결정적 사례'다. 결정적 사례는 어떤 명제를 '타당성이 가장 낮은 환경'에서 검증하는 것으로서 "여기서 사실이라면 다른 모든 곳에서도 사실"임을 주장할 수 있는 사례다.[1] 아일랜드는 다수제 모델의 정치 대표 체계와 다원주의 노사 관계가 연계된 자유주의 복지국가의 전형이었다. 그러나 전통적으로 단독 다

---

[1] 로드 헤이그 & 마틴 해롭, 『비교 정부와 정치』, 김계동 외 옮김(명인문화사, 2011), 56.

수 정부를 구성했던 피나페일당이 1987년에 소수 정부를 구성하면서 변화가 일기 시작했다. 입법 과정에서 다수를 동원할 수 없게 된 정부는 주요 정책을 먼저 사회 협약을 통해 입안한 후에 의회로 이송했다. 1989년 이후 들어선 연립정부들도 이런 과정을 거쳐 주요 사회·경제 정책을 입안했다. 의회는 사회적 협의를 거친 법안들을 대부분 갈등 없이 입법했다. 사회 협약을 입법 보조 수단으로 활용한 결과, 주요 정당들은 사회적 협의를 매개로 '연합 가능한 정당'이 되었다. 정치 대표 체계가 합의제 모델로 이행한 것이다. 아일랜드는 정치권의 선도하에 새로운 복지 자본주의 정치경제 레짐으로 이행한 사례인 것이다.

서유럽 강소·복지 국가처럼 대외무역 의존도가 높은 국가의 정치경제 레짐은, 공공재의 창출을 위한 집단행동보다는 외부로부터의 충격이 유발한 공공 악재에 집단행동으로 대응하는 과정에서 형성되었고 변동했다. 공공재 창출에서는 참여자의 수가 적거나 정치적 리더십이 발휘되는 경우에만 집단행동이 성사된다. 그러나 공공 악재를 소비할 수밖에 없는 경우에는 합리적 행위자이어도 공동체에 대한 충속성loyalty이 강하면 이를 개선하기 위한 집단행동에 자발적으로 참여한다.[2] 제2차 세계대전 이후 서유럽의 강소·복지 4개국은 폐허화된 경제를 재건했다. 이는 정부가 입법 과정에서 합의 정치를 통해 다수를 동원했으며 노사정이 협의를 통해 소득정책을 형성하고 집행했기 때문에 가능했다.[3] 그러나 정치경제 레짐의

---

[2] 두 유형의 집단행동에 대한 논의는 이 책의 제3장 3-5절(110쪽)을 참조할 것.

[3] 카첸스타인은 작은 국가와 코포라티즘의 상관성을 비례대표 선거제와 합의 민주주의 정치로 설명한 바 있다. 그러나 의회-행정부 관계에 주목하지 않았기 때문에 작은 국가에서 왜 코포라티즘이 약화 내지는 와해했는가를 설명하지 못한다. Katzenstein, *Small States and World Markets*.

제도적 맞물림은 나라마다 달랐다. 코포라티즘의 조직적 조건들 — 포괄성, 중앙·집중화, 대표성 — 을 충족한 스웨덴과 오스트리아에서 노동과 자본은 자율적 노사 관계를 중심으로 임금 협상 전반을 조율했다. 반면 상대적으로 조직적 조건이 취약했던 덴마크와 네덜란드에서는 정치권 — 의회 및 정부 — 이 노사 관계에 개입해 중앙 임금 협상을 성사시켰다.

그러나 성장과 복지의 지속적 선순환이라는 공공재 창출의 정치경제에서 서유럽 강소·복지 4개국은 서로 다른 성과를 보였다. 코포라티즘의 조건을 갖춘 스웨덴과 오스트리아가 정치권 개입으로 코포라티즘을 유지했던 덴마크와 네덜란드보다는 성장과 복지의 선순환을 성공적으로 이끌었다. 1970년대는 이념 대립의 시대였다. 스웨덴에서는 중도-우파 연립정부가 들어섰고 오스트리아에서는 좌우 대연정이 와해되었다. 그럼에도 노사정이 코포라티즘을 통해 소득정책을 실행한 결과, 낮은 실업률을 유지했다. 반면 덴마크와 네덜란드의 의회-행정부 관계에서는 이념적 분극화가 심화되어 야당이 강해졌다. 정부는 타협을 통해 다수를 동원하는 데 실패한 결과, 입법 과정에서 무력했다. 노사 모두 임금 협상에 대한 정치권의 개입을 반대했고 임금이 급격히 상승했다. 두 나라는 1973년 제1차 오일 쇼크 이후 고실업의 늪을 벗어나지 못했다. 요컨대 대외무역 의존도가 높은 작은 국가들은 합의 정치를 통해 공공 악재의 극복을 위한 집단행동은 성사시켰으나, 성장과 복지의 지속적 선순환이라는 공공재의 창출에 있어서는 코포라티즘의 조직적 조건을 충족한 스웨덴 및 오스트리아의 정치경제 레짐이 더 효과적으로 집단행동, 즉 (중앙) 임금 협상을 성사시켰던 것이다.[4]

4_집단행동에 대한 이론적 논의는 이 책의 제3장 3-5절(110쪽)을 참조.

역사는 우연과 반전의 기회를 감춘 채 오묘하게 전개된다. 복지국가 성장기의 후반부에 덴마크와 네덜란드의 노사정은 경기 침체라는 공공 악재를 극복하기 위해 집단행동을 모색했다. 덴마크의 LO와 DA는 노사 관계에 대한 정치권 개입을 반대하는 한편 단체 협상의 분권화에 합의했고 임금 억제를 규정한 협약을 맺었다. 네덜란드의 가톨릭 노동조합운동과 사민주의 노동조합운동은 통합 네덜란드노동조합총연맹FNV을 창설했다. 1977년에 3개 종교 정당은 자율적으로 통합을 결정해 기민당을 창당했다. 1979년에 FNV는 중앙 임금 협상의 복원을 시도했다. 반면 스웨덴과 오스트리아는 성장과 복지의 선순환을 실현했지만 정치경제 레짐의 저변에서는 갈등의 골이 깊이 파였다. 스웨덴의 LO와 SAF는 1976년부터 임노동자기금안의 입법을 두고 첨예하게 대립하더니 급기야 SAF는 1991년에 코포라티즘의 공식적 해체를 선언했다. 이와 대비해 오스트리아에서는 갈등이 기능 대표 체계보다는 정치 대표 체계에서 불거졌다. 자유당과 녹색당은 탈코포라티즘과 탈사회 진영의 정치를 표방하고 사민당-기민당의 대연정 연립정부에 대항했다. 1986년 총선부터 자유당과 녹색당이 선전한 결과, 입법 과정에서 야당의 영향력이 중대되었다.

세계화 이전 또는 초입의 정치·사회적 맥락은 세계화 이후 정치경제 레짐의 변동에 영향을 미쳤다. 앞에서 언급했듯이 덴마크와 네덜란드에서는 합의 정치와 노사정 협의가 복원된 반면 스웨덴에서는 의회-행정부 관계와 노사정 관계가, 오스트리아에서는 의회-행정부 관계가 이념적 갈등에서 벗어나지 못했다. 노사정 타협의 역사적 타이밍이 세계화 이전에 발생했는가에 따라 세계화 이후에 정치경제 레짐의 명암이 갈렸던 것이다.

한 가지 이론을 잣대로 복지 개혁의 정치를 일반화해 설명하는 데는 무리가 있다. 국내의 정치·사회적 맥락 — 노사정 타협의 역사적 타이밍, 의회-행정부 관계, 노사정 관계 등 — 에 따라서 복지 개혁의 정치가 다양하게 발현되었기 때문이다. 스웨덴과 오스트리아의 경우 (연립)정부가 이념 블록을 기반으로 구성되었고 입법을 위한 정치적 연합도 블록 정치에 의해 영향을 받았다. 비난 회피를 위한 합의 정치보다는 권력 자원론이 주장하고 있는 계급 정치가 두 나라의 복지 개혁의 정치를 더 잘 설명한다고 볼 수 있다.[5] 그러나 덴마크의 경우 블록 정치에 따라 연립정부가 구성되었지만 정당들이 예산안 준비 과정에서 정책별로 다양한 합의 협약을 맺었다. 의회를 중심으로 중간 수준에서 좌우 정당 간에, 그리고 노사정 간에 합의 정치가 발달했다. 이런 정치적 맥락에서 좌파 정당인 사민당이 오히려 복지 개혁을 선도함으로써 유권자들의 신뢰를 얻는 동시에 입법 과정에서 중도-우파 정당들을 동원했다. 이와 대비해 네덜란드에서는 1989년부터 기민당-노동당 연립정부가 복지 개혁의 시동을 걸었고 1994년부터 '보라색 연합'으로 일컫는 노동당-자유당 연립정부가 2000년까지 과감하게 복지 개혁을 단행했다. 덴마크의 사민당과 네덜란드의 노동당은 소위 '닉슨 중국에 가다'의 전략을 취한 것이다. 아일랜드의 경우에는 피나페일당 또는 피네게일당이 주축이 된 연립정부가 의회정치를 우회해 사회 협약을 통해 소득정책과 사회 투자 정책을 추진했다. 네덜란드의 기민당 주도 연립정부와 아일랜드의 연립정부의 복지 개혁은 합의 정치를 통해 추진되었다는 점에서 비난 회피 정치의 개념이 적용될 수 있는 사례다.

그러나 복지 개혁의 정치에 관한 기존 이론은 다음과 같은 점들을 간과하고 있다. 첫째, 정책 또는 정치·사회적 맥락에 따라서 복지 개혁이 합의 정치 또는 계급 정치에 의해 추진되었지만 복지 개혁이 성사되었을 때에

5_복지 개혁에서 계급 정치의 중요성을 강조한 예로는 다음 문헌을 참조할 것. Walter Korpi & Joakim Palme, "New Politics and Class Politics in the Context of Austerity and Globalization: Welfare State Regress in 18 Countries, 1975-95," *American Political Science Review* 97-3 (2003).

는 공통적으로 입법 과정에 대한 정부의 통제가 작동했다는 점이다. 기존 연구는 합의 정치를 강조한 나머지 위로부터의 통치 변수를 간과하고 있는 것이다. 둘째, 공공 악재의 개선을 위한 집단행동은 공공재의 창출을 위한 집단행동과 다르게 설명되어야 한다. 참여자가 다수라는 점이 공공 악재의 개선을 위한 집단행동에서는 걸림돌이 아니다. 거부권자 이론도 재검토되어야 한다. 거부권자 이론에 의하면 거부권자가 많을수록, 예컨대 다수제 모델에서보다는 합의제 모델에서 기존 정책을 변화시키는 것이 어렵다.[6] 그러나 비난 회피의 정치에서 책임 소재의 모호성 정도는 오히려 참여자의 수가 많을 때 높아진다. 실제 복지 재편의 정치에서 거부권자의 수가 많았기 때문에 개혁이 무산된 적은 없었다.

복지 자본주의 정치경제 레짐의 연구에서 에스핑-앤더슨의 복지 자본주의 유형론은 설명력이 매우 제한적이다. 에스핑-앤더슨은 종속변수에 해당되는 변수들을 이용해 복지 자본주의의 유형을 분류한다. 시장에 의존하지 않고 삶을 유지할 수 있는 정도 — 탈상품화 — 와 공공 사회 지출의 형평성 — 사회계층화 — 의 변수를 기준으로 하여 복지국가의 유형을 자유주의, 보수주의, 사민주의 복지국가로 나눈다. 그러나 복지국가의 성격에 중요한 영향을 미친 (독립)변수들은 동일한 복지 자본주의 유형 내에

---

[6] Wolfram Lamping & Noël P. Vergunst, "Organised Interests, Institutional Veto Points and Welfare State Reform in Germany and the Netherlands," Paper prepared for presentation at the ECPR Joint Sessions 2004 in Uppsala, Sweden for the Workshop "Changing Industrial Relations in Contemporary Capitalism," 10. 거부자의 증가와 정책의 안정화의 관계는 George Tsebelis, *Veto Players* (Princeton: Princeton University Press, 2002), Chapter 4 참조. 적용 사례는 Ellen M. Immergut, *Health Politics: Interests and Institutions in Western Europe* (Cambridge: Cambridge University Press, 1992) 참조.

서 차이를 보였다. 오히려 서로 다른 유형 사이에서 유사성이 돋보였다. 예컨대 덴마크는 정책 조합에서 스웨덴보다는 네덜란드에 가까웠다. 의회-행정부 관계와 노사정 협의 제도에서도 같은 패턴이 발견되었다. 스웨덴과 오스트리아와, 그리고 덴마크와 네덜란드의 정치경제 레짐이 유사했다. 복지 자본주의 정치경제 레짐은 스웨덴과 오스트리아의 유형과, 그리고 덴마크와 네덜란드의 유형으로 분류하는 것이 더 적확할 것이다. 이런 접근은 새로운 시각에서 복지 자본주의 이행에 대한 연구를 촉진시킬 것으로 기대된다. 한국 사회는 바람직한 대안이 보편적 복지인가, 아니면 선별적 복지인가를 두고 선거 정치에서뿐만 아니라 이념적 담론의 장에서도 치열한 논쟁을 벌였다. 그러나 보편적 복지 대 선별적 복지의 논쟁은 정치와 제도, 조직, 정책과 관련된 변수들을 담아내지 않았기 때문에 어떻게 지속 가능한 복지 자본주의 정치경제 레짐으로 이행할 수 있는가 하는 문제는 외면했다고 평가할 수 있겠다.

마지막으로 서유럽 강소·복지 국가 정치경제 레짐의 변천에 대한 비교 역사 연구를 통해 확인할 수 있었던 것은 폴라니가 『거대한 변혁』(1944년)에서 역설한 바 있는 이론적 시각이 여전히 유효하다는 점이다. 폴라니는 국가와 시장과 사회의 제도적 맞물림이 변동한 역사에 천착했다. 노동(인간), 토지(자연) 그리고 화폐가 완벽하게 상품화된다는 가정은 허구다. 어느 것도 판매를 위해 생성되지 않았기 때문이다.[7] 이런 허구적 가정에 근거했기에 자유주의 이념은 사회의 몰락을 더욱 심화시켰으며 마르크스주의는 경제적·계급적 이익이라는 '협애한 개념'에 집착했다. '자율적 조정 시장'이 확장된 결과, 인간의 관심이 사회적 연대의 유지에서 사적·경제적

7_Polanyi, *The Great Transformation*, 72-3.

이득으로 전환되었고 사회 공동체가 몰락된 것은 역사적 사실이다. 그러나 바로 그 과정에서 정치적·사회적 방어가 시작되었다.[8] 계급의 관심 interests을 경제적 이익에 국한시키면 역사 해석은 왜곡된다. "주민을 구성하는 다양한 집단들의 경제적 이익이 아니라 사회적 관심이 위협받았기 때문에" 이들 집단에 속한 구성원들은 "무의식적으로 위협 대응 세력에 참여"했다. 자율적 조정 시장은 경제적 약자를 양산했지만 진실로 참혹한 재앙은 인간이 '사회적 존재'로 성장했던 삶의 터, 즉 '제도들'을 와해시켰기 때문에 발생했다고 폴라니는 역설한다.[9]

이 책의 시각에서 폴라니의 주장을 재해석하면 다음과 같다. 서유럽 강소·복지 국가는 자본주의 시장경제를 바탕으로 민주주의 정치를 실현했으나 다수의 경제적 약자가 출현하는 딜레마에 빠졌다. 그러나 국가, 노동, 자본 및 제 정당들은 공공 악재 ― 특히 세계시장에 편입된 결과, 외부로부터의 충격이 유발한 공공 악재 ― 를 합의 정치와 사회적 협의라는 집단행동을 통해 극복했다. 1944년 당시 폴라니가 목도하지 못한 것은 제2차 세계대전 이후 전개된, 자율적 조정 시장과 민주주의 정치 사이에 내재된 길항 관계를 조율해 낸 복지 자본주의라는 역사적 현상이다.

8_Ibid., 72-102.

9_Ibid., 154-5(인용), 157. Interest를 관심으로 개념화할 것인가 아니면 이익으로 개념화할 것인가에 대한 논의는 이 책의 제3장 각주 1을 참조할 것.

2. 한국형 사회 모델, 가능한가?

1987년 민주화, 특히 1997년 외환 위기 이후에 한국은 국가 주도 유형의 조정 시장경제를 자유 시장경제로 이행시키는 데 주력했다. 아이로니컬하게도 국가가 국가의 개입이 필요 없는 자유 시장경제로의 이행을 강행한 것이다. 결국 한국의 정치경제 레짐은 영미 유형의 자유주의 복지 자본주의의 정치경제 레짐과 매우 유사한 형태로 변모했다. 의회-행정부 관계는 다수제 모델의 특성을 보였으며 노사정 관계는 다원주의 모델로, 그리고 생산 레짐은 자유 시장경제로 이행했다. 그러나 이 과정에서 우리 사회는 숱하게 많은 문제에 봉착했다. 외환 위기가 발생했으며 국회는 의회-행정부 관계의 갈등에 막혀 공전을 거듭했다. 노사 관계는 대기업 및 공기업 노동조합을 중심으로 분권화되었다. 노동시장의 불안전성이 심각한 수준에 이르렀으며 비정규직이 양산되었다. 문제의 심각성은 외환 위기 이후 실업률이 낮아졌음에도 사회적 불평등이 악화되었고 임금격차도 더 벌어졌다는 데 있다. 자본주의 시장에서 소수와 다수 사이에 불평등이 심화될 때 민주주의 정치는 위기에 빠진다. 이것이 한국의 정치경제 레짐이 자유주의 복지 자본주의로의 이행 경로를 벗어나야 하는 이유다.

서유럽의 강소·복지 5개국에 대한 비교 역사 연구를 수행한 것은 이들 국가의 과거와 현재에 한국 사회의 현재와 미래를 암시하는 정보가 담겨 있다고 판단했기 때문이다. 한국과 서유럽 강소·복지 국가는 인구 규모뿐만 아니라 정치 대표 체계와 기능 대표 체계도 다르다. 그러나 한국과 서유럽 강소·복지 국가는 대외무역 의존도가 높다는 점을 공유한다. 산업의 규모에 비해 국내시장이 작았기 때문에 산업화 이래 외부로부터의 충격에 대응해야 했다. 경제 위기와 같이 사회 전체에 영향을 미친 공공 악재를 이익의 조정을 통해 극복했다. 다만 차이점은 한국에서는 국가가 일방적으로 이익 조정을 주도했던 반면 서유럽 강소·복지 국가는 노사정 협의의 코포라티즘과 입법 과정에서의 합의 정치를 통해 이익을 조정했다는 데 있다. 민주화 이후 정부는 권위주의 국가와 발전주의 국가의 정치경제 레짐을 동일시하고 그 잔재를 청산하는 데 집착했다. 그러나 서유럽 강소·복지국가의 사례가 보여 주듯이 노사 관계에 대한 국가 개입 자체는 의회 민주주의 정치와 상호 배타적이지 않다. 오히려 산업화 이래 최악의 공공 악재인 외환 위기에 경쟁과 사회적 배제의 원칙을 강조한 신자유주의로 대응한 전략이 우리 사회에 치명적인 상처를 남겼다. 그 폐해는 일차적으로 경제적 약자의 급속한 증가로 나타났지만 폴라니가 주장하듯이 더욱 치명적인 점은 사회적 삶의 의미를 구현하는 공동체 제도의 상당 부분이 망가졌다는 사실이다. 이는 향후 오랫동안 우리 사회에서 공공 악재의 극복을 위한 집단행동과 합의 정치를 가로막는 상흔으로 남을 것이다. '제2의 금 모으기 운동?' 우리 스스로에게 물어보자 가능한지를.

과연 현시점에서 한국형 사회 모델의 형성과 실행은 가능한가? 우리 사회에서는 역설적이게도 자유 시장경제로의 이행을 강행한 결과, 복지가 정치의 핵심 이슈로 부상했다. 노동시장의 불안정성이 심화되었고 가족을 비롯한 사회 공동체 제도의 변화로 인해 중산층까지도 공공 부문이 제공하는 사회적 안전에 관심을 보이기 시작한 것이다. 현재 우리 사회에서 복지에 관한 한 보수와 진보의 경계가 무너졌다. 서유럽 복지국가가 1960년대에 그러했던 것처럼 향후 한국에서도 공공 사회 지출이 가파르게 증가할 것이다. 한국의 정치경제 레짐은 사회정책의 지출을 효율적으로 통제하는 한편 정책을 조합해 지속 가능한 복지 자본주의를 실현해야 하는 시대적 소명을 떠안은 것이다. 과연 무엇을 어떻게 해야 하는가?

첫째, 시장과 사회와의 제도적 맞물림에서 국가, 특히 관료 사회가 변신해야 한다. 민주화 이후 국가는 시장에서 일방적으로 후퇴했으나 문제 발생 시에는 제5공화국을 방불케 할 정도로 강도 높은 개입을 자행했다. 시장은 '정치·사회적 구조물'이다. 국가의 섣부른 개입과 후퇴로 말미암아

시장에서는 새로운 원칙과 규범이 정착되지 않았으며 '국가 후퇴의 빈 공간'에서 지대 추구의 각축이 벌어졌다. 더구나 외환 위기 이후 비정규직이 급속히 증가했고 사회적 불평등이 심화되었다. 이제 국가는 신자유주의에서 선회해 후기 발전주의 국가 모형을 설계해야 한다. 그것은 민주주의 정치의 공고화를 전제해야 하기 때문에 노사정 협의의 제도화에 기반을 둔 조정 시장경제여야 한다. 시장과 사회와의 관계에서 국가는 절대적 위치에서 상대적 위치로 이동해야 한다. 노사정 협의의 제도화를 통해 새로운 조정 시장경제가 형성되는 정도와 보조를 맞추며 노련하게 질서 잡힌 후퇴를 연출해 내야 한다. 세계화 이후 네덜란드의 정부가 직접 개입은 삼가되 노사가 '위계의 그림자' 안에서 협력을 도모하도록 이끈 전략은 참고할 만한 사례다.

　사실 민주화 이후 정부는 노사정 협의를 통해 일련의 개혁을 추진했다. 그러나 이런 노력이 수포로 돌아간 것은 첫째, 정부가 노사정 협의를 개혁을 성사시키기 위한 수단으로 삼았지 그 자체에 의미를 부여하지 않았고, 더구나 둘째, 노사정 협의를 필요로 하지 않는 자유 시장경제로의 이행에 노사정 협의를 이용했으며, 셋째, 관료 사회가 '갑의 위치'를 점유하고 개혁의 최종 단계에서 이익 단체, 심지어 정당까지 배제한 채 정책 입안을 강행했기 때문이다. 한국 사회에서 복지 자본주의 정치경제 레짐의 형성은 조정 시장경제로의 질서 잡힌 이행을 어떻게 연출해 내느냐 하는 과정의 문제에서부터 새롭게 시작해야 한다.

　둘째, 입법의 정치를 중심으로 복지 자본주의 정치경제 레짐을 구축해야 한다. 민주주의 공고화의 관건은 입법 정치의 제도화에 달려 있다. 그동안 정쟁 법안의 입법 과정이 늘 교착상태에 빠진 결과, 국회는 공전을 거듭했으며 야당은 거리로 나섰다. 이제 정치권은 민주 대 반민주의 트라우마에서 벗어날 때가 되었다. 그러나 의회-행정부 관계를 교착상태에 빠뜨린 정치적 대립이 오히려 정치과정을 변모시키는 데 기여한 면도 적지 않다.

주기적인 교착상태와 이어지는 정쟁으로 인해 국회는 내·외부로부터 합의를 통해 의사 결정을 하도록 압력을 받아 왔기 때문이다. 그 결과, 한국의 의회-행정부 관계는 제도상으로는 다수제 모델임에도 합의제 모델에 상당히 적응했다. 분점 정부가 단점 정부 못지않게 입법의 효율성을 달성했다는 사실이 이를 방증한다. 문제는 쟁점 법안인 경우 다수제의 공식적 규범과 합의제의 비공식적 규범이 충돌했다는 데 있다. 노사정위원회의 실패에서 보듯이 입법 정치의 불안은 입법을 고리로 한 정치경제 레짐의 구성을 지연시켰다. 2012년에 여야는 거의 강제하다시피 합의 입법을 압박하는 국회 선진화법이라는 모험을 감행했다. 이 법으로 인해 대통령제에 내재된 고질적인 문제인 의회와 정부의 갈등이 해소될지 아니면 '싸우는 국회'가 '무능한 국회'로 전락될지는 좀 더 두고 볼 일이다.

대통령제에서 분점 정부는 의회제에서 소수 (연립)정부에 해당된다. 서유럽 강소·복지 5개국의 경험에 비추어 보면 소수 (연립)정부는 쟁점 법안의 경우 코포라티즘 내지 노사정 협의를 먼저 거치도록 한 다음 의회에 이송함으로써 의원 동원의 문제를 해결했다. 주요 정당들이 이익 단체와 연계되어 있었기 때문에 의회가 코포라티즘을 거친 법안을 반대한 경우는 드물었다. 이런 제도가 정착되기 위해서는 오스트리아의 임금·물가공동위원회의 사례가 보여 주듯이 정부는 소관 기능의 일부를 이관해 노사정 협의 기구가 명실상부하게 전문성을 갖춘 기관으로 거듭나게 해야 한다. 전문성이 제고될 때 노사정 협의는 탈정치화되며 관련 법안의 입법 과정도 정쟁에 휘둘리지 않을 것이다.

셋째, 소득정책의 형성과 집행이 가능하도록 노사(정) 관계가 재편되어야 한다. 한국 경제의 대외 의존도는 매우 높다. 서유럽 강소·복지 국가의 정치경제 레짐은 정부, 정당, 노사가 그 영향이 사회 전체에 미치는, 외부로부터의 충격으로 인해 발생한 공공 악재에 집단적으로 대응하는 가운데 형성되었다. 복지 자본주의가 성장과 복지의 선순환을 이루었을 때에는 공통적으로 소득정책이 실행되었다. 소득정책으로 임금을 조정하는 한편 경제·사회 정책으로 임금 조정을 보완해 가는 가운데 복지 자본주의가 발달했던 것이다. 소득정책이 와해되었고 동시에 사회정책이 소극적 노동시장 정책을 중심으로 실행되었을 때 장기에 걸쳐 고실업이 발생했다. 대외 의존도가 높은 시장경제에 기반을 두고 있는 한 정치경제 레짐은 경제위기와 같은 공공 악재에 대한 사회적 대응을 유도하는 방식으로 구성될 수밖에 없다. 그렇지 않을 경우, 예컨대 외환 위기 이후 신자유주의의 정책이 낳은 폐해에서 볼 수 있듯이, 사회는 소수의 승리자와 다수의 패배자로 갈린다. 서유럽의 강소·복지 국가의 정치경제 레짐이 역사적으로 합의제 모델과 코포라티즘을 중심으로 형성된 것도 이와 같은 이유에서다. 외부의 충격을 사회적 대응으로 대처해야 하는 것은 한국의 정치경제 레짐에서도 주어진 운명이다.

노동조합운동의 낮은 조직률이 한국형 사회 모델의 모색을 불가능하게 하는 결정적 요인은 아니다. 한국의 노동조합 조직률은 1998년에 12.6퍼센트를 기록한 이후 10퍼센트 안팎을 맴돌았다.[10] 노사정 협의의 제도화에서 관건은 노동조합운동의 조직률을 얼마나 높일 수 있느냐가 아니라 정상 조직들이 대표성을 확보할 수 있느냐에 달려 있다. 세계화 이후 아일랜드나 네덜란드에서는 노동조합운동 조직률이 스웨덴이나 오스트리아에 비해 매우 낮았음에도 사회적 협의가 노사정 협의의 제도로 정착되었다. 더구나 덴마크, 네덜란드, 아일랜드의 사례가 보여 주듯이 정치권의 역할이 코포라티즘의 조직적 조건을 대체하는 '기능적 등가'로 작용할 수 있다. 세계화와 탈산업화의 시대에 임금 협상의 제도는 산업별 내지는 기업

10_통계청, http://www.index.go.kr

별로 분권화되고 있다. 따라서 임금 협상의 중앙·집중화를 전제할 필요도 없다.

그러나 한국과 서유럽 강소·복지 국가에서 임금은 근본적으로 다르게 조정되고 있다. 서유럽 강소·복지 국가에서는 국가와 노사의 정상 조직들이 분권화된 임금 협상 전반을 간접적으로 조율해 온 반면 한국에서는 국가는커녕 노사의 정상 조직들도 대기업 및 공기업의 단체 협상을 전혀 규율하지 못하고 있다. 1993~94년 소득정책의 실패 과정이 이를 방증한다. 당시 한국노총과 경총은 정부가 제안한 노사 중앙 협약을 긍정적으로 평가했으나 대기업 노동조합의 반대에 막혀 실행에 옮기지 못했다. 한국형 사회 모델은 노동조합운동의 정상 조직들이 내부로부터 대표성을 확보할 때 실현 가능할 것이다.

현재 한국의 산업 현장에서는 자유 시장경제와 조정 시장경제가 기형적으로 맞물려 있다. 임금과 복지 양 측면에서 노동시장이 대기업과 중소기업, 그리고 정규직과 비정규직으로 분절되었기 때문이다. 이는 숙련 기술 인력의 확보라는 사용자의 이해와 직업의 안정성 및 복지라는 노동조합의 이해가 맞아 떨어진 결과였다. 대기업은 정규직 노동조합과 연합을 유지하는 한편 국제 경쟁력을 확보하기 위해 저임금 비정규직을 대규모로 고용했던 것이다. 이와 같은 기형적 맞물림의 경로가 형성되도록 한 일차적인 책임은 국가에 있다. 민주화 이후 정부는 노동조합운동과 노사 관계법의 근대화를 노동시장의 유연화와 맞바꾸는 전략을 구사했다. 그러나 노동법 개정은 노동조합운동의 통합을 유도하고 노사정 간 협의 창구를 일원화하는 카드로 사용했어야 했다. 노동시장의 유연화는 적극적 노동시장 정책 또는 소극적 노동시장 정책을 보강하면서 장기적으로 추진될 때 사회적 불안 및 갈등을 유발하지 않는다. 정부는 노동시장의 유연화보다는 소득정책을 통한 임금 억제로 외환 위기에 대응했어야 했다. 그러나 노동법의 근대화를 노동시장의 유연화와 맞교환한 결과, 노동조합운동은 합법적 공간에서 정규직의 직업 보호에 집착했으며 기업은 비정규직의 고용으로 (국제)시장에서 경쟁력을 유지하고자 했다.

조정 시장경제로의 회귀에는 두 가지 대안이 있다. 첫째, 한국노총, 민주노총 등으로 분산된 노동조합운동의 조직을 그대로 두는 방식이다. 이 경우 덴마크, 네덜란드, 아일랜드의 사례가 보여 주듯이 정치권이 노사 관계에 개입해 단체 협상 전반을 조율해야 한다. 둘째, 한국노총과 민주노총의 통합을 유도하는 방식이다. 오스트리아와 네덜란드의 사례가 보여 주듯이 분산된 노동조합운동의 조직들이 하나의 정상 조직으로 통합될 경우 구성 단체 간의 이념적 갈등이 중화되어 전체적으로 이념은 중위로 수렴되며 이는 노사정 협의의 제도화에 기여할 것이다. 조정 시장경제로 회귀한다고 해도 산업화 시대처럼 중앙·집중화된 노사정 관계를 추구하는 것은 가능하지도 바람직하지도 않다. 탈산업화 시대에는 기업 또는 산업 특화 기술을 요구하는 중화학공업과, 일반 기술을 요구하는 ICTInformation & Communication Technology 산업 및 서비스 산업이 공존하고 있기 때문이다. 정부는 산업별 또는 기업 단위별 조정을 허용하는, 소위 '유연 조정 시장경제'를 모색해야 한다. 다만 정부와 노사 정상 조직들은 간접적인 방식으로 임금 협상 전반을 조율할 수 있어야 한다.

마지막으로 그러나 가장 절실히 요구되는 것은 정치가 변모해야 한다는 점이다. 민주화 이후 '문민,' '국민,' '참여' 정부 가릴 것 없이 집권 세력은 공통적으로 권위주의 시대가 남긴 유산을 청산하는 데 집착했다. 또한 정적이 집권 시에 실행하고자 했던 정책은 다시 시도하지 않았다. 예컨대 김영삼 정부가 시도했던 소득정책은 이후 들어선 정부에서 논의조차 되지 않았다. 권위주의 시대의 제도거나 정적이 시도한 정책이면 비록 긍정적인 효과를 낳을 수 있다고 하더라도 일방적으로 배척하는 패턴이 반복되는 한 정치는 퇴행을 면치 못할 것이다. 조직 및 제도의 개혁만으로 성장과 복지가 선순환하는 복지 자본주의를 실현할 수 없다. 서유럽 강소·복지

국가에서 소득정책이 집행 가능한 대안으로 부상한 것은 노사 모두 임금이 사회·경제 전체의 시각에서 조정되어야 한다는 인식을 공유했기 때문이다. 사회 전체의 시각에서 이익 갈등이 조정되어야 한다는 사회적 공감대가 형성되어야 하는 것이다. 사회적 공감대의 형성은 정치의 몫이다. 제2차 세계대전 이후 서유럽의 강소·복지 국가는 부침을 겪었다. 부침을 겪는 가운데 정치는 참여와 통치의 역설적 상호작용을 조율해 내는 역량을 키웠다. 의회-행정부 관계에서 정당 간의 합의 정치가 부활된 동시에 정부는 (연립) 소수 정부임에도 다수를 동원해 입법 과정을 효율적으로 통제하고 있다. 정당 정부가 강화되고 있는 것이다. 정치는 참여와 통치 사이에 내재된 모순적 상호작용을 통합으로 승화시켜 내는 예술이다. 우리 사회에 절실히 요청되는 바는 제도 개혁뿐만 아니라 바로 이런 예술적 역량을 갖춘 정치이며 이는 정당이 정치의 중심에 설 때 가능할 것이다.

| 부록 1 | 내각의 의석 분포 및 유형

부록 표 1-1 | 스웨덴의 내각(1945~2008년)

내각 참여 정당	내각 출범 일시	내각 의석 비율	유효 의회 정당 수[1]	중위 의회 정당	내각의 유형
SAP	1945/07/31	50.0	3.1	SD	소수
SAP	1946/10/11	50.0	3.1	SD	소수
SAP	1948/09/19	48.7	3.1	SD	소수
SAP, Ce	1951/10/01	61.7	2.1	Sd	연립 다수
SAP, Ce	1952/09/21	59.1	3.1	SD, Ce	연립 다수
SAP, Ce	1956/09/26	54.1	3.2	Ce	연립 다수
SAP	1957/10/31	45.9	3.2	Ce	소수
SAP	1958/06/01	48.1	3.2	SD	소수
SAP	1960/09/18	49.1	3.1	SD	소수
SAP	1964/09/20	48.5	3.2	SD	소수
SAP	1968/09/15	53.6	3.8	SD	다수
SAP	1969/10/14	53.6	2.8	SD	다수
SAP	1970/09/20	46.6	3.3	SD	소수
SAP	1973/09/16	44.6	3.4	SD, Ce	소수
Ce, Lib, Con	1976/10/07	51.6	3.5	Ce	연립 다수
Lib	1978/10/13	11.2	3.5	Ce	소수
Ce, Lib, Con	1979/10/11	50.1	3.5	Ce	연립 다수
Ce, Lib	1981/05/19	29.2	3.5	Ce	연립 소수
SAP	1982/10/07	47.6	3.1	SD	소수
SAP	1985/09/15	45.6	3.4	SD	소수
SAP	1986/03/12	45.6	3.4	SD	소수
SAP	1988/09/18	44.7	3.7	SD	소수
Con, Ce, CD, Lib	1991/10/03	48.7	4.2	Ce	연립 소수
SAP	1994/10/06	46.1	3.5	SD	소수
SAP	1996/03/21	46.1	3.5	SD	소수
SAP	1998/09/20	37.5	4.3	Green	소수
SAP	2002/09/15	41.3	4.2	Green	소수
Con, Ce, CD, Lib	2006/10/05	51.0	4.1	Ce	연립 다수

1) 유효 의회 정당 수 $= \frac{1}{\sum p^2}$, n은 의회에서 한 석 이상을 차지한 정당 수, p는 각 정당의 의석수 비율. Markku Laakso & Rein Taagepera, "Effective" Numver of Parties: A Measure with Application to West Europe," *Comparative Political Studies* 12-1 (1979).

주: 내각에 참여한 바 있는 정당을 좌우 이념에 따라 나열하면 다음과 같다. SAP(사민당), Green(녹색당), Ce(중앙당), CD(기독교민주당), Lib(자유당), Con(보수당).

출처: Bergman & Bolin, "Swedish Democracy," 76-77, Table 3-3.

부록 표 1-2 | 덴마크의 내각(1945년~현재)

내각 참여 정당	내각 출범 일시	내각 의석 비율	유효 의회 정당 수	중위 의회 정당	내각의 유형
Lib	1945/11/07	25.5	4.5	RL	소수
SD	1947/11/13	38.7	3.5	RL	소수
SD	1950/09/16	39.7	4.0	RL	소수
Lib, Con	1950/10/30	39.7	4.0	RL	연립 소수
Lib, Con	1953/04/21	39.7	3.8	RL	연립 소수
SD	1953/09/30	41.9	3.7	RL	소수
SD	1955/02/01	41.9	3.7	RL	소수
SD, RL, JP	1957/05/28	52.5	3.9	RL	연립 다수
SD, RL, JP	1960/02/21	52.5	3.9	RL	연립 다수
SD, RL	1960/11/18	49.2	3.7	RL	연립 소수
SD, RL	1962/09/03	49.2	3.7	RL	연립 소수
SD	1964/09/26	43.0	3.6	RL	소수
SD	1966/11/22	39.1	4.1	SD	소수
RL, Con, Lib	1968/02/22	54.8	4.3	RL	연립 다수
SD	1971/10/11	39.7	4.0	RL	소수
SD	1972/10/05	39.7	4.0	RL	소수
Lib	1973/12/19	12.3	7.0	RL	소수
SD	1975/02/13	30.2	5.5	RL	소수
SD	1977/02/15	36.9	5.2	CD	소수
SD, Lib	1978/08/30	49.2	5.2	CD	연립 소수
SD	1979/10/26	38.6	4.9	CD	소수
SD	1981/12/30	33.5	5.6	CD	소수
Con, Lib, CD, CPP	1982/09/10	36.9	5.6	CD	연립 소수
Con, Lib, CD, CPP	1984/01/10	43.6	5.1	CD	연립 소수
Con, Lib, CD, CPP	1987/09/10	39.1	5.3	CD	연립 소수
Con, Lib, RL	1988/06/03	38.0	5.4	RL	연립 소수
Con, Lib	1990/12/18	33.5	4.4	CD	연립 소수
SD, RL, CD, CPP	1993/01/25	50.8	4.4	CD	연립 다수
SD, RL, CD	1994/09/27	42.5	4.5	RL	연립 소수
SD, RL	1996/12/30	39.7	4.5	RL	연립 소수
SD, RL	1998/03/11	39.7	4.8	CD	연립 소수
Lib, Con	2001/11/27	40.8	4.6	Con	연립 소수
Lib, Con	2005/02/08	39.1	5.1	Con	연립 소수
Lib, Con	2007/11/13	35.8	5.6	Con	연립 소수
SD, RL, SPP[1]	2011/10/03	43.0			연립 소수

1) www.thedanishparliament.dk

주: 내각에 참여한 바 있는 정당을 좌우 이념에 따라 나열하면 다음과 같다. SPP(사회주의인민당), SD(사민당), CD(중앙민주당), RL(사회자유당), CPP(기독교인민당), JP(정의당), Con(보수당), Lib(덴마크자유당).

출처: Damgaard, "Change and Challenges of Danish Parliamentary Democracy," 73, Table 3-3.

부록 표 1-3 | 네덜란드의 내각(1946년~현재)

내각 참여 정당	내각 출범 일시	내각 의석 비율	유효 의회 정당 수	중위 정당	내각의 유형
KVP-PvdA	1946/07/03	61	4.5	ARP	연립 다수 (MW)
PvdA-KVP-CHU-VVD	1948/08/07	76	4.7	KVP	연립 다수(O)
PvdA-KVP-CHU-ARP	1952/09/02	81	4.6	KVP	연립 다수(O)
PvdA-KVP-CHU-ARP	1956/10/13	84.7	4.1	KVP	연립 다수(O)
KVP-CHU-ARP	1958/12/22	51.3	4.1	KVP	연립 다수(MW)
KVP-CHU-ARP-VVD	1959/05/19	62.7	4.2	KVP	연립 다수(O)
KVP-CHU-ARP-VVD	1963/07/25	61.3	4.5	KVP	연립 다수(O)
KVP-PvdA-ARP	1965/04/14	70.7	4.5	KVP	연립 다수(O)
ARP-KVP	1966/11/22	42	4.5	KVP	연립 소수(M)
KVP-ARP-CHU-VVD	1967/04/05	57.3	5.5	KVP	연립 다수(MW)
ARP-KVP-CHU-VVD-DS70	1971/07/06	54.7	6.4	KVP	연립다수(MW)
ARP-KVP-CHU-VVD	1972/08/09	49.3	6.4	KVP	연립 소수(M)
PvdA-PPR-D66-KVP-ARP	1973/05/11	64.7	6.4	KVP	연립 다수(O)
CDA-VVD	1977/12/19	51.3	3.7	CDA	연립 다수(MW)
CDA-PvdA-D66	1981/09/11	72.6	4.3	CDA	연립 다수(O)
CDA-D66	1982/05/29	43.3	4.3	CDA	연립 다수(O)
CDA-VVD	1982/11/04	54	4.0	CDA	연립 다수(O)
CDA-VVD	1986/07/14	54	3.5	CDA	연립 다수(O)
CDA-PvdA	1989/11/07	68.7	3.8	CDA	연립 다수(MW)
PvdA-D66-VVD	1994/08/22	61.3	5.4	없음	연립 다수(MW)
PvdA-D66-VVD	1998/08/03	64.7	4.9	없음	연립 다수(O)
CDA-VVD-LPF	2002/07/22	62	-	-	연립 다수(MW)
CDA-VVD-D66	2003/05/27	52	-	-	연립 다수(MW)
CDA-VVD	2006/07/07	48	-	-	연립 소수(M)
CDA-CU-PvdA	2007/02/22	53	-	-	연립 다수(MW)
VVD-CDA	2010/10/14	34.7	-	-	연립 소수[1]
CDA-PvdA	2012/11/05	52.7	-	-	연립 다수[2]

1) 2010년은 http://en.wikipedia.org/wiki/Dutch_general_election,_2010 '자유를 위한 정당'(PVV)는 16퍼센트의 의석을 차지했으나 내각에 참여하지 않았다. 다만 내각에 대한 지지를 선언했다.

2) 2012년은 http://en.wikipedia.org/wiki/Dutch_general_election,_2012

주 1: O = 과대 규모 내각, MW = 최소 승리 내각, M = 소수 내각

주 2: 내각에 참여한 바 있는 정당을 좌우 이념에 따라 나열하면 다음과 같다. PPR(급진당), PvdA(노동당), D66(자유민주주의 66), ARP(반혁명당), CHU(기독교역사연맹), CDA(기독교민주당), CU(기독교연맹), DS70(민주사회주의70), KVP(가톨릭 인민당), VVD(자유당).

출처: Arco Timmermans & Rudy B. Andeweg, "The Netherlands, Still the Politics of Accommodation?" Wolfgang C. Müller & Kaare Strøm eds., *Coalition Governments in Western Europe* (Oxford: Oxford University Press, 2000), 359-60, Table 10-1; 371, Table 10-3; Andeweg & Irwin, *Governance and Politics of the Netherlands*, 131, Table 5-1; 135, Table 5-2.

부록 표 1-4 | 오스트리아의 내각(1947~2010년)

내각 참여 정당	내각 출범 일시	내각 의석 비율	유효 의회 정당 수	중위 의회 정당	내각의 유형
ÖVP, SPÖ	1947/11/20	97.6	2.20	ÖVP	연립 다수 정부
ÖVP, SPÖ	1949/11/08	87.3	2.87	VdU	연립 다수 정부
ÖVP, SPÖ	1953/04/02	89.1	2.77	VdU	연립 다수 정부
ÖVP, SPÖ	1956/06/29	94.5	2.46	FPÖ	연립 다수 정부
ÖVP, SPÖ	1959/07/16	95.2	2.35	FPÖ	연립 다수 정부
ÖVP, SPÖ	1963/03/27	95.2	2.38	FPÖ	연립 다수 정부
ÖVP	1966/04/19	51.5	2.34	ÖVP	다수 정부
SPÖ	1970/04/21	49.1	2.28	FPÖ	소수 정부
SPÖ	1971/11/04	50.8	2.37	SPÖ	다수 정부
SPÖ	1975/10/28	50.8	2.37	SPÖ	다수 정부
SPÖ	1979/06/05	51.9	2.40	SPÖ	다수 정부
SPÖ, FPÖ	1983/05/24	55.7	2.43	FPÖ	연립 다수 정부
SPÖ, ÖVP	1987/01/21	85.6	2.98	FPÖ	연립 다수 정부
SPÖ, ÖVP	1990/12/17	76.5	3.30	FPÖ	연립 다수 정부
SPÖ, ÖVP	1994/11/29	63.9	4.14	FPÖ	연립 다수 정부
SPÖ, ÖVP	1996/03/12	67.8	3.92	FPÖ	연립 다수 정부
ÖVP, FPÖ	2000/02/04	56.8	3.41	-	연립 다수 정부
SPÖ, FPÖ	2003/02/28	47.5	2.88	-	연립 소수 정부
SPÖ, ÖVP	2007/01/11	73.2	3.40	-	연립 다수 정부
SPÖ, ÖVP	2008/12/02	59.0	-	-	연립 다수 정부

주: 내각에 참여한 바 있는 정당을 좌우 이념에 따라 나열하면 다음과 같다. KPÖ(오스트리아공산당), Grünen(녹색당), SPÖ(오스트리아사민당), ÖVP(오스트리아인민당), VdU(독립연맹), FPÖ(오스트리아자유당), LIF(자유주의포럼).

출처: Müller, "Austria: Tight Coalitions and Stable Government," 88, Table 3-1; 98, Table 3-3; Andeweg et al., "Parliamentary Opposition in Post-Consociational Democracies," 88, Table 1A. 2003~08년 내각 출범 일시는 http://en.wikipedia.org/wiki/Cabinet_of_Austria#Second_Sch.C3.BCssel_cabinet. 1999~08년 내각 참여 정당의 의석 비율은 http://en.wikipedia.org/wiki/Elections_in_Austria 참조.

| 부록 2 | 정당의 득표율

부록 표 2-1 | 스웨덴의 정당별 득표율(1944~2010년)

내각 출범 연도	V	SAP	mp	Lib	Ce	Con	CD	군소 정당	그 외 정당
1944	10.3	46.7		12.9	13.6	15.9			0.4
1948	6.3	46.1		22.8	12.4	12.3			0.1
1952	4.3	46.1		24.4	10.7	14.4			0.1
1956	5.0	44.6		23.8	9.4	17.1			0.1
1958	3.4	46.2		18.2	12.7	19.5			0.0
1960	4.5	47.8		17.5	13.6	16.5			0.1
1964	5.2	47.3		17.0	13.2	13.7	1.8		1.8
1968	3.0	50.1		14.3	15.7	12.9	1.5		2.6
1970	4.8	45.3		16.2	19.9	11.5	1.8		0.4
1973	5.3	43.6		9.4	25.1	14.3	1.8		0.6
1976	4.8	42.7		11.1	24.1	15.6	1.4		0.4
1979	5.6	43.2		10.6	18.1	20.3	1.4		0.8
1982	5.6	45.6	1.7	5.9	15.5	23.6	1.9		0.2
1985	5.4	44.7	1.5	14.2	10.1	21.3	2.3		0.5
1988	5.8	43.2	5.5	12.2	11.3	18.3	2.9		0.7
1991	4.5	37.6	3.4	9.1	8.5	21.9	7.1	6.7(NyD)	1.2
1994	6.2	45.3	5.0	7.2	7.7	22.4	4.1	1.2(NyD)	1.0
1998	12.0	36.4	4.5	4.7	5.1	22.9	11.8	0.4(SD)	2.2
2002	8.4	39.9	4.7	13.4	6.2	15.3	9.1	1.4(SD)	1.4
2006	5.9	35.0	5.2	7.5	7.9	26.2	6.6	2.9(SD)	2.7
2010	5.6	30.7	7.3	7.1	6.6	30.1	5.6	5.7(SD)	1.4

주: 정당 이름은 〈부록 표 1-1〉 각주 참조. 누락된 정당의 이름은 다음과 같다. V(좌파[공산당]), mp(녹색당), NyD(신민주주의), SD(스웨덴사민주의자당).

출처: http://en.wikipedia.org/wiki/Elections_in_Sweden

부록 표 2-2 | 덴마크의 정당별 득표율(1945~2008년)

연도	Com	LS/UL	SPP	SD	CD	RL	CPP	JP	Con	Lib	DFP	IND/PP	기타
1945	12.5			32.8		8.1		1.9	18.2	23.4			3.1
1947	6.8			40.0		6.9		4.5	12.4	27.6			1.4
1950	4.6			39.6		8.2		8.2	17.8	21.3			0.3
1953	4.8			40.4		8.6		5.6	17.3	22.1			1.2
1953	4.3			41.3		7.8		3.5	16.8	23.1		2.7	1.2
1957	3.1			39.4		7.8		5.3	16.6	25.1		2.3	0.4
1960	1.1		6.1	42.1		5.8		2.2	17.9	21.1		3.3	0.4
1964	1.2		5.8	41.9		5.3		1.3	20.1	20.8		2.5	0.8
1966	0.8		10.9	38.2		7.3		0.7	18.7	19.3		1.6	2.5
1968	1.0	2.0	6.1	34.2		15.0		0.7	20.4	18.6		0.5	1.5
1971	1.4	1.6	9.1	37.3		14.4	2.0	1.7	16.7	15.6		PP	0.2
1973	3.6	1.5	6.0	25.6	7.8	11.2	4.0	2.9	9.2	12.3		15.9	
1975	4.2	2.1	5.0	29.9	2.2	7.1	5.3	1.8	5.5	23.3		13.6	
1977	3.7	2.7	3.9	37.0	6.4	3.6	3.4	3.3	8.5	12.0		14.6	0.9
1979	1.9	3.7	5.9	38.3	3.2	5.4	2.6	2.6	12.5	12.5		11.0	0.4
1981	1.1	2.7	11.3	32.9	8.3	5.1	2.3	1.4	14.5	11.3		8.9	0.2
1984	0.7	2.7	11.5	31.6	4.6	5.5	2.7	1.5	23.4	12.1		3.6	0.1
1987	0.9	1.4	14.6	29.3	4.8	6.2	2.4	0.5	20.8	10.5		4.8	3.7
1988	0.8	0.6	13.0	29.8	4.7	5.6	2.0		19.3	11.8		9.0	3.3
1990		1.7	8.3	37.4	5.1	3.5	2.3	0.5	16.0	15.8		6.4	2.7
1994		3.1	7.3	34.6	2.8	4.6	1.9		15.0	23.3		6.4	
1998		2.7	7.6	35.9	4.3	3.9	2.5		8.9	24.0	7.4	2.4	
2001		2.4	6.4	29.1	1.8	5.2	2.3		9.1	31.2	12.0	0.6	
2005		3.4	6.0	25.8	1.0	9.2	1.7		10.3	29.0	13.3		
2007		2.2	13.0	25.5		5.1	0.9		10.4	26.2	13.9		2.8(NY)
2011		6.7	9.2	24.8	0.8	9.5			4.9	26.7	12.3		5.0(LA)

주 1: 2011년 총선 자료는 http://en.wikipedia.org/wiki/Elections_in_Denmark

주 2: 정당 이름은 〈부록 표 1-2〉 각주 참조. 누락된 정당의 이름은 다음과 같다. Com(공산당), DFP(덴마크인민당), IND(독립당), LA(자유연합), LS(좌파사회주의), NY(신연대), PP(진보당), UL(적록연합).

출처: Damgaard, "Change and Challenges of Danish Parliamentary Democracy," 70.

부록 표 2-3 | 네덜란드의 정당별 득표율(1946~2010년)

연도	CPN	PSP	PPR	PvdA	D66	ARP	KVP	CHU	VVD	LPF (2002~03년)	기타
	GrL (1989년~현재)					CDA (1977년~현재)				PVV (2006년~현재)	(정당 수)
1946	10.6			28.3		12.9	30.8	7.8	-		9.6 (5)
1948	7.7			25.6		13.2	31.0	9.2	8.0		5.6 (6)
1952	6.2			29.0		11.3	28.7	8.9	8.8		7.2 (7)
1956	4.8			32.7		9.9	31.7	8.4	8.8		3.8 (4)
1959	2.4			30.4		9.4	31.6	8.1	12.2		5.9 (6)
1963	2.8	3.0		28.0		8.7	31.9	8.6	10.3		6.7 (10)
1967	3.6	2.9		23.6	4.5	9.9	26.5	8.1	10.7		10.2 (14)
1971	3.9	1.4	1.8	24.6	6.8	8.6	21.8	6.3	10.3		14.4 (19)
1972	4.5	1.5	4.8	27.3	4.2	8.8	17.7	4.8	14.5		12.0 (12)
1977	1.7	0.9	1.7	33.8	5.4		31.9		18.0		6.5 (19)
1981	2.0	2.1	2.0	28.3	11.1		30.8		17.3		6.4 (21)
1982	1.8	2.3	1.7	30.4	4.3		29.4		23.1		7.2 (13)
1986	0.6	1.2	1.3	33.3	6.1		34.6		17.4		5.4 (20)
1989		4.1		31.9	7.9		35.3		14.6		6.3 (20)
1994		3.5		24.0	15.5		22.2		20.0		13.5 (21)
1998		7.3		29.0	9.0		18.4		24.7		11.7 (17)
2002	5.9 (SP)	7.0		15.1	5.1		28.0		15.4	17.0	6.6 (9)
2003	6.3 (SP)	5.1		27.3	4.1		28.6		17.9	5.7	5.0 (12)
2006	16.6 (SP)	4.6		21.2	2.0		26.5		14.7	5.9 (PVV)	8.57 (17)
2010	9.8 (SP)	6.7		19.6	7.0		13.6		20.5	15.5 (PVV)	7.37 (11)

주 1: 1977년에 KVP, ARP, CHU 단일 후보를 출마시킴.

주 2: 1989년에 좌파 정당 CPN, PSP, PPR는 GroenLinks(GrL)로 합병됨.

주 3: 정당 이름은 〈부록 표 1-3〉 각주 참조. 누락된 정당의 이름은 다음과 같다. CPN(네덜란드공산당), GrL(녹색좌파당), LPF(핌포튠당), PSP(평화사회당), PVV(자유당), SP(사회당).

출처: http://www.nlverkiezingen.com/ 각 연도 기타 정당의 총득표율은 직접 계산한 것임.

부록 표 2-4 | 오스트리아의 정당별 득표율(1946~2010년)

연도	KPÖ	Grünen	SPÖ	ÖVP	FPÖ(VdU)	LIF	기타
1945	5.4		44.6	49.8			0.2 (1)
1949	5.1		38.7	44.0	11.7		0.5 (6)
1953	-		42.1	41.3	10.9		0.4 (7)
1956	4.4		43.0	46.0	6.5		0.04 (6)
1959	3.3		44.8	44.2	7.7		0.1 (1)
1962	3.0		44.0	45.4	7.0		0.5 (1)
1966	0.4		42.6	48.4	5.4		3.7 (4)
1970	1.0		48.4	44.7	5.5		0.1 (3)
1971	1.4		50.0	43.1	5.5		0 (1)
1975	1.2		50.4	42.9	5.4		0 (2)
1979	1.0		51.0	41.9	6.1		0 (1)
1983	0.7	2.0	47.6	43.2	5.0		1.5 (3)
1986	0.7	4.8	43.1	41.2	9.7		0.3 (3)
1990	0.6	4.8	42.8	32.1	16.6		3.3 (6)
1994	0.3	7.3	34.9	27.7	22.5	6.0	1.4 (7)
1995	0.3	4.8	38.1	28.3	21.9	5.5	1.1 (3)
1999	0.5	7.4	33.2	26.9	26.9	3.7	1.5 (3)
2002	0.6	9.5	36.5	42.3	10.0	0.1	0.2 (3)
2006	1.0	11.1	35.3	34.3	11.0	4.1[1)]	4.2 (7)
2008	0.8	10.4	29.3	26.0	17.5	10.7[2)]	3.2 (7)

1), 2) BZÖ(오스트리아미래연합).

주: 정당 이름은 〈부록 표 1-3〉 각주 참조. 누락된 정당의 이름은 다음과 같다. KPÖ(오스트리아공산당), Grünen(녹색당), VdU(독립연맹) LIF(자유주의포럼).

출처: http://www.bmi.gv.at/cms/BMI_wahlen/nationalrat/NRW_History.aspx

| 참고문헌 |

강명세. 1999. "사회 협약이론." 강명세 편. 『경제위기와 사회 협약』. 세종연구소.
_____. 2012. "한국 복지체제를 어떻게 접근할 것인가." 한국복지국가연구회 편. 『한국 복지국가의 정치경제』. 고려대학교 아연출판부.
강신구. 2012. "어떤 민주주의인가?: 제도와 가치체계의 조응을 통해 바라본 한국 민주주의의 발전방향 모색."『한국정당학회보』11-3호.
고경환·장역식·김재진·정무성·강지원. 2009. 『2007년도 한국의 사회복지 지출 추계와 OECD국가의 노후 소득 보장 체계』. 한국보건사회연구원.
고세훈. 2007. 『한국 복지국가의 정치경제』. 후마니타스.
금융감독원. www.fisis.fss.or.kr
금재호·조준모. 2000. 『실업구조의 변화와 정책과제』. 한국노동연구원.
김교성. 2009. "국민의정부 복지 개혁에 대한 실증적 평가." 정무권 편. 『한국 복지국가 성격논쟁 II』. 인간과 복지.
김동원. 2003. "짧은 성공과 긴 좌절: 한국 노사정위원회에 대한 이론적 분석과 정책적 시사점."『산업관계연구』13-2호.
김상균·홍경준. 1999. "한국사회복지의 현실: 낙후된 국가, 성장한 시장 그리고 변형된 공동체."『사회복지연구』13호.
김성중·성제환. 2005. 『한국의 고용정책』. 한국노동연구원.
김세걸. 2001. "한·일 노동 정치의 비교분석: 사회 협약 정치를 중심으로." 『한국정치학회보』35-4.
김연명 편. 2002. 『한국 복지국가 성격논쟁 I』. 인간과 복지.
김연명. 1997. "ILO의 사회보장 기준과 한국 사회보장의 정비과제."『한국사회복지학』31호.
김연명. 2002. "김대중 정부의 사회복지정책. 신자유주의를 넘어서." 김연명 편. 『한국 복지국가 성격논쟁 I』. 인간과 복지.
김연명. 2004. "동아시아 복지체제론의 재검토: 복지체제 유형의 방법론적 문제와 동아시아 복지체제 유형화의 가능성."『사회복지정책』20호.
김영명. 2006. 『한국의 정치변동』. 을유문화사.
김영순. 2009. "노무현 정부의 복지정책. 복지국가의 제도적 정치적 기반 형성 문제를 중심으로."『경제와 사회』82호.
_____. 2011. "한국의 복지정치는 변화하고 있는가? 1, 2차 국민연금 개혁을 통해 본

한국의 복지정치." 『한국정치학회보』 45-1호.
김용호. 2000. "21세기 새로운 의회정치의 모색: 분점정부 운영방안." 『의정연구』 6-2호.
김 욱. 2002. "대통령-의회관계와 정당의 역할." 『의정연구』 8-2호.
김유선. 2011. "비정규직 규모와 실태: 통계청, '경제활동인구조사 부가조사'(2011.8) 결과." 『노동사회』 162호.
＿＿＿. 2011. "비정규직 실태와 대책." 한국노동사회연구소 발표문.
김재한·아렌트 레입하트. 1997. "합의제와 한국의 권력구조." 『한국정치학회보』 31-1호.
김 준. 1999. "사회적 합의와 노동정치의 전개 (1989~95)." 최영기 외. 『한국의 노사관계와 노동정치 (I). 1987년 이후 사회적 합의를 중심으로』. 한국노동연구원.
＿＿＿. 2001. "노동운동의 성공과 좌절 (1990~95)." 최영기 외. 『1987년 이후 한국의 노동운동』. 한국노동연구원.
김진욱. 2005. "한국 복지혼합의 구조: 2000년도 지출추계를 중심으로." 『사회보장연구』 21-3호.
남상호·문석요·이경진. 2012. 『2012년 한국복지패널 자료를 통해 본 한국이 사회지표』. 보건복지연구원.
노사정위원회. 2003. 『노사정위원회 5년 백서. 전개과정과 활동성과』. 노사정위원회.
노중기. 1996. "노사관계 개혁과 한국의 노동정치." 『경제와 사회』 31호.
＿＿＿. 2003. "노사정위원회 5년, 평가와 전망." 『동향과 전망』 56호.
마인섭. 2012. "한국 정당의 복지정책과 선거." 한국복지국가연구회 편. 『한국 복지국가의 정치경제』. 고려대학교 아연출판부.
민승규 외. 2006. "소득 양극화의 현황과 원인." 삼성경제연구소. 『CEO Information』.
문우진. 2013. "한국 대통령 권한과 행정부 의제설정 및 입법결과." 『한국정치학회보』 47-1호.
박 동. 2000. "한국에서 '사회 협약 정치'의 출현과 그 불안정성 요인분석." 『한국정치학회보』 34-4호.
박찬표. 2001. "의회-행정부 관계의 유형과 변화: 약한 정책적 통제와 강한 정치적 통제의 부조화." 『의정연구』 7-2호.
＿＿＿. 2012. "제18대 국회의 국회법 개정과정에 대한 분석: '다수결 원리'와 '소수권리' 간의 타협은 어떻게 가능했나?" 『의정연구』 18-3호.
배규식·조성재. 2003. "노동운동." 이원덕 편. 『한국의 노동운동 1987~2002』. 한국노동연구원.
백승호·안상훈. 2009. "한국 복지국가 성격 재조명. 공공사회복지 지출 구조와 새로운 유형화 분석." 정무권 편. 『한국 복지국가 성격논쟁 II』. 인간과 복지.
부가청. 2012. "기업복지제도." 배규식·김정우·김기민 편저. 『한국 고용관계의 현상: 2005~2009년 사업체패널조사 분석 결과』. 한국노동연구원.
손병권·가상준. 2008. "갈등의 현실과 합의에 대한 소망: 국회 운영 및 의사결정 방식에

　　　　 대한 17대 국회의원들의 인식." 『한국정치연구』 17-1호.
손준규. 1981. "한국의 복지정책 결정과정에 대한 연구. 행정부 내 정책결정과정을
　　　　 중심으로." 서울대학교 정치학과 박사 학위 논문.
신동면. 2001. "한국의 복지혼합에 관한 연구." 『한국사회복지학』 45-5호.
＿＿＿. 2006. "한국의 생산체제와 복지체제의 선택적 친화성." 『한국정치학회보』 40-1호.
신정완. 2004. "개발독재형 노사관계 질서의 해체와 새로운 노사관계 질서의 모색을 위한
　　　　 진통. 1987~97년 기간의 한국 거시 노사관계 변동에 대한 게임이론적 분석."
　　　　 유철규 편. 『박정희 모델과 신자유주의 사이에서. 산업화 이념의 재고찰과 대안의
　　　　 모색 (II)』. 함께읽는책.
안병영. 2000. "국민기초생활보장법의 제정과정에 관한 연구." 『행정논총』 38-1호.
안재흥. 1994. "스웨덴 초기 노동운동에 대한 새로운 인식, 1886~1911."
　　　　 『한국정치학회보』 28-2호.
＿＿＿. 1995a. "개혁주의에 대한 스웨덴 사민주의자들의 논쟁에 표상된 민중의 관심,
　　　　 1886-1911." 『산업노동연구』 1-1호.
＿＿＿. 1995b. "스웨덴모델의 형성과 노동의 정치경제." 『한국정치학회보』 29-3호.
＿＿＿. 1998. "전간기(戰間期) 스웨덴 노동계급의 집단행동과 정치체제의 변동."
　　　　 『국가전략』 4-1호.
＿＿＿. 2000. "지구화와 정치변동: 이론적 접근." 오기평 편. 『지구화와 정치변동』. 오름.
＿＿＿. 2001. "스웨덴모델의 형성과 쇠퇴: 노동운동을 중심으로 한 통시적 비교."
　　　　 『국가전략』 7-1호.
＿＿＿. 2004a. "근대로의 이행과 스웨덴 정치." 유럽정치연구회 편. 『유럽정치』 백산서당.
＿＿＿. 2004b. "생산레짐과 복지국가 체제 상호연계의 정치: 이론적 논의와 스웨덴
　　　　 노사관계 사례의 분석." 『한국정치학회보』 38-3호.
＿＿＿. 2005a. "생산레짐과 정책레짐의 연계, 복지 개혁의 정치, 그리고 노사정 관계의
　　　　 변화: 스웨덴, 덴마크, 네덜란드, 오스트리아 비교." 『국제정치논총』 45-4호.
＿＿＿. 2005b. "수(數)와 이야기." 『한국정치학회보』 39-3호.
＿＿＿. 2006. "비교방법의 방법론적 정체성." 『국제정치논총』 46-2호.
＿＿＿. 2007. "2006년 스웨덴 총선 결과의 해석: 스웨덴모델의 특성과 '신정치'의
　　　　 아이러니." 『미래전략』 4호(겨울).
＿＿＿. 2008a. "사회투자, 성장과 복지를 잇는 선순환의 필요조건인가?: 서유럽 6개국
　　　　 비교 연구." 『한국정치학회보』 42-3호.
＿＿＿. 2008b. "정치학 방법론의 새로운 흐름: 존재론으로의 반전(反轉)." 『정치학이해의
　　　　 길잡이』 2호. 법문사.
＿＿＿. 2010. "정책과 정치의 동학, 그리고 제도의 변화: 스웨덴 기업지배구조의 사례."
　　　　 『한국정치학회보』 44-4호.
＿＿＿. 2012. "정치대표체계와 기능대표체계 연계 제도의 동학: 실증적 분석, 스웨덴과

덴마크 비교사례연구." 『한국정치학회보』 46-2호.
양재진. 2003. "노동시장유연화와 한국복지국가의 선택: 노동시장과 복지제도의 비정합성 극복을 위하여." 『한국정치학회보』 37-3호.
_____. 2005. "한국의 대기업 중심 기업별 노동운동과 한국 복지국가의 성격." 『한국정치학회보』 39-3호.
_____. 2012. "우리나라 노후소득보장제도의 정치경제학. 역사, 문제점 그리고 대안의 모색." 한국복지국가연구회 편, 『한국 복지국가의 정치경제』. 고려대학교 아연출판부.
양재진·김영순·조영재·권순미·우명숙·정홍모. 2008. 『한국의 복지정책 결정과정』. 나남.
오승룡. 2004. "한국 분점정부의 입법과정 분석: 13대-16대 국회를 중심으로." 『한국정치학회보』 38-1호.
_____. 2010. "민주화 이후 국회생산성 추이 분석: 대통령-의회관계를 중심으로." 『의정연구』 16-1호.
유범상. 1999. "노사개혁위원회." 최영기 외. 『한국의 노사관계와 노동정치 (I): 1987년 이후 사회적 합의를 중심으로』. 한국노동연구원.
_____. 2003. "외환위기 이후 노동정치와 사회적 대화: 등장, 전개, 해석." 『동향과 전망』 56호.
윤정향. 2012. "비정규직의 노동시장과 노사관계." 배규식·김정우·김기민 편. 『한국 고용관계의 현상: 2005~2009년 사업체패널조사 분석 결과』. 한국노동연구원.
이덕재. 2009. "우리나라 사회합의주의의 형식과 실질 간의 괴리: 노사정위원회를 중심으로." 『경제와 사회』 83호.
이연호·임유진·정석규. 2002. "한국에서 규제국가의 등장과 정부-기업관계." 『한국정치학회보』 36-3호.
이제민. 2007. "한국의 외환위기: 원인, 해결과정과 결과." 『한국경제발전학회』 13-2호.
이헌재. 2012. 『위기를 쏘다. 이헌재가 전하는 대한민국 위기 극복 매뉴얼』. 중앙북스.
임상훈·조성제·유범상·장홍근. 2002. 『노사정위원회 활동평가 및 발전방안에 관한 연구』. 한국노동연구원.
임유진. 2012. "한국에서 정당경쟁의 변화와 복지 개혁의 두 가지 길: 국민연금개혁의 복지정치(1997~2007)." 연세대학교 정치학과 박사 학위 논문.
임혁백. 2011. 『1987년 이후의 한국 민주주의: 3김 정치시대와 그 이후』. 고려대학교 출판부.
장세진. 2003. 『외환위기와 한국 기업집단의 변화: 재벌의 홍망』. 박영사.
장 훈. 2001. "한국 대통령제의 불안정성의 기원: 분점정부의 제도적·사회적·정치적 기원." 『한국정치학회보』 35-4호.
전창환. 2004a. "1980년대 발전국가의 재편, 구조조정, 그리고 금융자유화." 유철규 편. 『박정희 모델과 신자유주의 사이에서』. 함께읽는책.

_____. 2004b. "김대중 정부 이후의 한국경제: 신자유주의적 구조조정과 ㅍ자형 회복에서
　　　거시적 성장체제의 내재적 불안정성으로." 전창완·김진방 외. 『위기 이후
　　　한국자본주의』. 풀빛.
정무권 편. 2009. 『한국 복지국가 성격논쟁 II』. 인간과 복지.
정부·민간 합동작업단. 2006. 『함께가는 희망한국 VISION 2030』.
정진민. 2013. "국회선진화법과 19대 국회의 과제: 국회 운영방식과 대통령-국회 관계의 변화
　　　를 중심으로." 『현대정치연구』 6-1호.
정형선. 2011. 『2010년 국민의료비 및 국민보건계정』. 보건복지부.
조영철. 1998. "국가후퇴와 한국 경제발전모델의 전환." 이병천·김균 편. 『위기, 그리고
　　　대전환』. 당대.
_____. 2004. "위기 이후 구조재편의 문제점과 대안적인 정책 방안." 전창완 김진방 외.
　　　『위기 이후 한국자본주의』. 풀빛.
조정관. 2009. "민주화 이후 국회-대통령-정당의 상생관계: 역사적 관점에서." 『의정연구』
　　　15-1호.
최　균. 2002. "한국 노동시장 구조의 분절과 기업복지 급여의 불평등: 이중노동시장론과
　　　효율임금이론을 중심으로." 『동향과 전망』 53호(여름).
최영기·유범상. 2001. "사회협의시스템과 노사관계의 갈등조정: 한국에서의 사회적 협의
　　　경험을 중심으로." 『한국행정연구』 9-4호.
최장집. 1988. 『한국의 국가와 노동운동』. 열음사.
_____. 2010. 『민주화 이후 민주주의: 한국 민주주의의 보수적 기원과 위기』. 후마니타스.
국가통계포털. kosis.kr
통계청. 『국제통계연감』.
하민철·윤건수. 2004. "행위자들의 양면적 상황설정과 딜레마 그리고 제도화:
　　　노사정위원회의 제도화 과정을 중심으로." 『한국해정학보』 38-4호.
헤이그, 로드·마틴 해롭(Rod Hague & Martin Harrop). 2011. 『비교 정부와 정치』 김계동 외
　　　옮김. 명인문화사.
황덕순. 2000. "생산적 복지를 위한 노동정책의 기본방향과 과제." 황덕순 편. 『생산적
　　　복지를 위한 노동정책 연구』. 한국노동연구원.

Aarts, Leo J. M. & Philip R. de Jong. 1996. "The Dutch Disability Program and
　　　How It Grew." Aarts et al. eds. *Curing the Dutch Disease: An International
　　　Perspective on Disability Policy Reform*. Aldershot: Avebury.
Abbott, Andrew. 1992. "From Causes to Events: Notes on Narrative Positivism."
　　　Sociological Methods and Research 20-4.
_____. 1997. "On the Concept of Turning Point." *Comparative Social Research* 16.

Abdelal, Rawi. 2007. *Capital Rules: The Construction of Global Finance.* Cambridge, Mass.: Harvard University Press.

Abrahamson, Peter. 2006. "Welfare Reform. Renewal or Deviation?" John L. Campbell & John A. Hall & Ove K. Pedersen eds. *National Identity and the Varieties of Capitalism: The Danish Experience.* Montreal & Kingston: McGill-Queen's University Press.

Adlercreutz, Axel. 1954. *Kollektivavtalet.* Lund: CWK Gleerup.

Afonso, Alexandre & André Mach. 2011. "Coming Together but Staying Apart: Continuity and Change in the Austrian and Swiss Varieties of Capitalism." Uwe Becker ed. *The Changing Political Economies of Small West European Countries.* Amsterdam University Press.

Afonso, Alexandre & Yannis Papadopoulos. 2013. "Europeanization or Party Politics? Explaining Government Choice for Corporatist Concertation." *Governance* (2013 forthcoming).

Agnblad, Jonas et al. 2001. "Ownership and Control in Sweden: Strong Owners, Weak Minorities, and Social Control." Fabrizio Barca and Marco Becht eds. *The Control of Corporate Europe.* Oxford: Oxford University Press.

Ahn, Jae-Hung. 1990. "The Politics of Collective Action by Labour in Hard Times: A Theoretical Discussion." *Asian Perspective* 14-1.

_____. 1993. *Social Democratic Ideology and Workers' Interests: The Development of Social Democracy in Sweden: 1886-1911.* Ph.D. Dissertation, University of Michigan.

_____. 1996. "Ideology and Interest: The Case of Swedish Social Democracy, 1886-1911." *Politics & Society* 24-2.

_____. 2011. "The Dynamics of Policy and Politics: Politics of Unemployment in Sweden during the Interwar Period." Paper Presented at the Conference of the Midwest Political Science Association in Chicago, USA on March 30-April 3.

AK(Statens Arbetslöshetskommission). 1929. *Det svenskasamhället och arbetslösheten 1914-1924.* Stockholm: Isaac Marcus.

_____. 1937. *Statens arbetslöshetskommissions berättelse 1925-1934.* Stockholm: Issac Marcus.

Alestalo, Matti & Stein Kuhnle. 1987. "The Scandinavian Route: Economic, Social, and Political Developments in Denmark, Finland, Norway, and Sweden." Robert Erikson et al. eds. *The Scandinavian Model: Welare State and Welfare Research.* New York: M.E. Sharpe.

Allians för Sverige. 2006. *Almanifest 2006: Fler i arbete-mer att dela på*.
Alvarez, R. Michael & Geoffrey Garrett & Peter Lange. 1991. "Government Partisanship, Labor Organization, and Macroeconomic Performance." *American Political Science Review* 85-2.
Amable, Bruno. 2003. *The Diversity of Modern Capitalism*. New York: Oxford University Press.
Amenta, Edwin. 2003. "What We Know about the Development of Social Policy." James Mahoney & Dietrich Rueschemeyer eds., *Comparative Historical Analysis in Social Sciences*. Cambridge: Cambridge University Press.
Amin, Ash & Damian Thomas. 1996. "The Negotiated Economy: State and Civic Institutions in Denmark." *Economy and Society* 25-2.
Amsden, Alice H. 1989. *Asia's Next Giant: South Korea and Late Industrialization*. New York: Oxford University Press.
Anderson, Karen M. 2001. "The Politics of Retrenchment in a Social Democratic State. Reform of Swedish Pensions and Unemployment Insurance." *Comparative Political Studies* 34-9.
Anderson, Karen M. & Ellen M. Immergut. 2006. "Sweden: After Social Democratic Hegemony." Immergut et. al. eds. *The Handbook of West European Pension Politics*. Oxford: Oxford University Press.
Anderson, Perry. 1974. *Lineages of the Absolutist State*. London: Verso.
Andeweg, Rudy B. 1992. "Executive-Legislative Relations in the Netherlands: Consecutive and Coexisting Patterns." *Legislative Studies Quarterly* 17-2.
_____. 1996. "Parties between Power and Principles." Jean Blondel & Maurizio Cotta eds. *Party and Government; an Inquiry into the Relationship between Governments and Supporting Parties in Liberal Democracies*. London: Macmillan.
_____. 1999. "Parties, Pillars and the Politics of Accommodation. Weak or Weakening Linkages? The Case of Dutch Consociationalism." Kurt Richard Luther and Kris Deschouwer eds. *Party Elites in Divided Societies*. London: Routledge.
_____. 2004. "Parliamentary Democracy in the Netherlands." *Parliamentary Affairs* 57-3.
_____. 2008. "Coalition Politics in the Netherlands: From Accommodation to Politicization." *Acta Politica* 43.
Andeweg, Rudy B. & Arco Timmermans. 2008. "Conflict Management in Coalition Government." Kaare Strøm et al. *Cabinets and Coalition Bargaining: The*

Democratic Life Cycle in Western Europe. Oxford: Oxford University Press.

Andeweg, Rudy B. & Galen A. Irwin. 2009. *Governance and Politics of the Netherlands* 3rd edition. New York: Pagrave Macmillan.

Andeweg, Rudy B. et al. 2008. "Parliamentary Opposition in Post-Consociational Democracies: Austria, Belgium and the Netherlands." *The Journal of Legislative Studies* 14-1/2.

Anthonsen, Mette & Johannes Lindvall. 2009. "Party Competition and the Resilience of Corporatism." *Government and Opposition* 44-2.

Anthonsen, Mette et al. 2011. "Social Democrats, Unions and Corporatism: Denmark and Sweden Compared." *Party Politics* 17-1.

Arendt, Hannah. 1958. *The Human Condition.* Chicago: Unversity of Chicago Press.

Armingeon, Klaus. 2002. "The Effects of Negotiation Democracy: A Comparative Analysis." *European Journal of Political Research* 41-1.

Arter, David. 1999. *Scandinavian Politics Today.* Manchester: Manchester University Press.

_____. 2004. "Parliamentary Democracy in Scandinavia." *Parliamentary Affairs* 57-3.

_____. 2006. *Democracy in Scandinavia: Consensual, Majoritarian or Mixed?* Manchester: Manchester University Press.

Avdagic, Sabina. 2010. "When Are Concerted Reforms Feasible? Explaining the Emergence of Social Pacts in Western Europe." *Comparative Political Studies* 43-5.

Avdagic, Sabina & Martin Rhodes & Jelle Visser. 2011. *Social Pacts in Europe: Emergence, Evolution, and Institutionalization.* Oxford: Oxford University Press.

Axelrod, Robert. 1984. *The Evolution of Cooperation.* Basic Books.

Aylott, Nicholas. 2003. "After the Divorce." *Party Politics* 9-3.

Aylott, Nicholas & Torbjörn Bergman. 2007. "Towards a Two-Party System? The Swedish Parliamentary Election of September 2006." *West European Politics* 30-3.

Baccaro, Lucio & Chis Howell. 2011. "A Common Neoliberal Trajectory: the Transformation of Industrial Relations in Advanced Capitalism." *Politics & Society* 39-4.

Baccaro, Lucio & Marco Simoni. 2008. "Policy Concertation in Europe:

Understanding Government Choice." *Comparative Political Studies* 41-10.
Bäck, Mats & Tommy Möller. 1995. *Partier och organisationer* 3rd edition. Stockholm: Fritzers.
Bäckstrom, Urban. 1998. "Finansiella kriser - svenska erfarenheter." *Ekonomisk debatt* 26-1.
Baldwin, Peter. 1990. *The Politics of Social Solidarity*. Cambridge: Cambridge University Press.
Bale, Tim & Torbjörn Bergman. 2006. "Captive No Longer, but Servants Still? Contract Parliamentarism and the New Minority Governance in Sweden and New Zealand." *Government and Opposition* 41-3.
Bartolini, Stefano. 1993. "On Time and Comparative Research." *Journal of Theoretical Politics* 5-2.
Becker, Uwe. 2005. "An Example of Competitive Corporatism? The Dutch Political Economy 1983-2004 in Critical Examination." *Journal of European Public Policy* 12-6.
Belfrage, Claes & Magnus Ryner. 2009. "Renegotiating the Swedish Social Democratic Settlement: From Pension Fund Socialism to Neoliberalism." *Politics & Society* 37-2.
Benner, Mats & Torben B. Vad. 2000. "Sweden and Denmark: Defending the Welfare State." Fritz W. Scharpf & Vivien A. Schmidt eds. *Welfare and Work in the Open Economy. Volume 2: Diverse Responses to Common Challenges*. Oxford: Oxford University Press.
Bennett, Andrew & Bear Braumoeller. 2005. "Where the Model Frequently Meets the Road: Combining Statistical, Formal, and Case Study Methods." mimeo.
Bennett, Andrew & Colin Elman. 2006. "Qualitative Research: Recent Developments in Case Study Methods." *Annual Review of Political Science* 9.
Berglund, Sten & Ulf Lindström. 1979. "The Scandinavian Party Stystem(s) in Transition(?): A Macro-level Analysis." *European Journal of Political Research* 7-2.
Bergman, Torbjörn & Nilas Bolin. 2011. "Swedish Democracy. Crumbling Political Parties, Feeble Riksdag, and Technocratic Power Holders?" Bergman & Strøm eds. *The Madisonian Turn: Political Parties and Parliamentary Democrdacy in Nordic Europe*. Ann Arbor: University of Michigan Press.
Bergman, Torbjörn. 1993. "Formation Rules and Minority Governments."

    European Journal of Political Research 23-1.

_____. 2000. "Sweden.: When Minority Cabinets Are the Rule and Majority Coalitions the Exception." Wofgang Müller & Kaare Strøm eds. *Coalition Governments in Western Europe*. Oxford: Oxford University Press.

_____. 2004. "Sweden: Democratic Reforms and Partisan Decline in an Emerging Separation-of-Power System." *Scandinavian Political Studies* 27-2.

Bermeo, Nancy ed. 2001. *Unemployment in the New Europe*. Cambridge: Cambridge University Press.

Bhaskar, Roy. 1975. *A Realist Theory of Science*. London: Lees Books.

Binderkrantz, Anne. 2003. "Strategies of Influence: How Interest Organizations React to Changes in Parliamentary Influence and Activity." *Scandinavian Political Studies* 26-4.

Blaschke, Sabine. 2006. "Restructuring as a Reaction to Growing Pressure on Trade Unionism: The Case of the Austrian ÖGB." *Industrial Relations Journal* 37-2.

Blom-Hansen, Jens. 2000. "Still Corporatism in Scandinavia? A Survey of Recent Empirical Findings." *Scandinavian Political Studies* 23-2.

Blondel, Jean. 2000. "A Framework for the Empirical Analysis of Government-Supporting Party Relationship." Jean Blondel & Maurizio Cotta eds. *The Nature of Party Government: A Comparative European Perspective*. Basingstoke, UK: Palgrave.

Blondel, Jean & Maurizio Cotta. 2000. "Introduction." Blondel & Cotta eds. *The Nature of Party Government: A Comparative European Perspective*. Basingstoke, UK: Palgrave.

Blyth, Mark & Richard S. Katz. 2005. "From Catch-all Politics to Cartelisation: The Political Economy of the Cartel Party." *West European Politics* 28-1.

Bradlely, David et al. 2003. "Distribution and Redistribution in Post-Industrial Democracies." *World Politics* 55.

Braumoeller, Bear F. & Gary Goertz. 2000. "The Methodology of Necessary Conditions." *American Journal of Political Science* 44-4.

Braun, Dietmar. 1987. "Political Immobilism and Labour Market Performance: The Dutch Road to Mass Unemployment." *Journal of Public Policy* 7-3.

Bredgaard, Thomas et al. 2006. "Opportunities and Challenges for Flexicurity: The Danish Example." *Transfer* 12-1.

Brunetta, Renato & Carlo Dell'Aringa eds. 1990. *Labour Relations and Economic Performance*. London: MacMillan.

Bulhof, Johannes. 1999. "What If? Modality and History." *History and Theory* 38-2.

Burnham, Walter D. 1970. *Critical Elections and the Mainsprings of American Politics*. New York: Norton.

Büthe, Tim. 2002. "Taking Temporality Seriously: Modeling History and the Use of Narratives as Evidence." *American Political Science Review* 96-3.

Butschek, Felix. 1981. "The Economic Structure." Kurt Steiner ed. *Modern Austria*. Palo Alto, California: Society for the Promotion of Science and Scholarship.

_____. 1982. "Full Employment during Recession." Sven W. Arndt ed. *The Political Economy of Austria*. Washington: American Enterprise Institute for Public Policy Research.

Calmfors, Lars & John Driffill. 1988. "Bargaining Structure, Corporatism, and Macroeconomic Performance." *Economic Policy* 21.

Calmfors, Lars et al. 2001. "Does Active Labour Market Policy Work? Lesson from the Swedish Experiences." *Swedish Economic Policy Review* 85.

Cameron, David R. 1978. "The Expansion of the Public Economy: A Comparative Analysis." *American Political Science Review* 72-4.

_____. 1985. "Social Democracy, Corporatism, Labour Quiescence, and the Representation of Economic Interests in Advanced Capitalist Society." John H. Goldthorpe ed. *Order and Conflict in Contemporary Capitalism*. Oxford: Clarendon Press.

Campbell, John H. & Ove K. Pedersen. 2001. "Introduction. The Rise of Neoliberalism and Institutional Analysis." Campbell & Pedersen eds. *The Rise of Neoliberalism and Institutional Analysis*. Princeton: Princeton University Press.

Cantillon, Bea. 2011. "The Paradox of the Social Investment State: Growth, Employment and Poverty in the Lisbon Era." *Journal of European Social Policy* 21-5.

Capoccia, Giovanni & R. Daniel Kelemen. 2007. "The Study of Critical Junctures. Theoy, Narrative, and Counterfactuals in Historical Institutionalism." *World Politics* 59-3.

Caramani, Daniele. 2009. *Introduction to the Comparative Method with Boolean Algebra*. Los Angeles: SAGE.

Cardoso, Fernando H. 1979. "On the Characterization of Authoritarian Regimes in Latin America." David Collier ed. *The New Authoritarianism in Latin America*. Princeton: Princeton University Press.

Carlsson, Sten. 1975. "Sweden in the 1760s." Steven Koblik ed. *Sweden's Development from Poverty to Affluence 1750-1970*. Minneapolis: University of Minnesota Press.

Casparsson, Ragnar. 1947. *LO under fem årtionden I*. Stockholm: Tiden.

_____. 1966. *Saltsjöbadsavtalet*. Stockholm: Tiden.

Castles, Francis G. 1978. *The Social Democratic Image of Society*. London: Routledge & Kegan Paul.

Cawson, Alan. 1986. *Corporatism and Political Theory*. Oxford: Blackwell Publishers.

Cerny, Philip G. 1999. "Globalising the Political and Politicising the Global: Concluding Reflections on International Political Economy as a Vocation." *New Political Economy* 4-1.

Chang, Ha-Joon. 1999. "The Economic Theory of the Developmental State." Meredith Woo-Cumings ed. *The Developmental State*. Ithaca: Cornell University Press.

Christiansen, Flemming J. & Erik Damgaard. 2008. "Parliamentary Opposition under Minority Parliamentarism: Scandinavia." *The Journal of Legislative Studies* 14-1/2.

Christiansen, Peter M. & Hilmar Rommetvedt. 1999. "From Corporatism to Lobbyism? Parliaments, Executives, and Organized Interests in Denmark and Norway." *Scandinavian Political Studies* 22-3.

Christiansen, Peter M. & Lise Togeby. 2006. "Power and Democracy in Denmark: Still a Viable Democracy." *Scandinavian Political Studies* 29-1.

Christiansen, Peter M. et al. 2010. "Varieties of Democracy: Interest Groups and Corporatist Committees in Scandinavian Policy Making." *Voluntas* 21-1.

Clark, Harrison. 1941. Swedish Unemployment Policy 1914-1920. Washington D.C.: American Council on Public Affairs.

Clemens, Elisabeth S. & James M. Cook. 1999. "Politics and Institutionalism: Explaining Durability and Change." *Annual Review of Sociology* 25.

Collier, David. 1979. "Overview of the Bureaucratic-Authoritarian Model." Collier ed. *The New Authoritarianism in Latin America*. Princeton: Princeton University Press.

Collier, Ruth Berins & David Collier. 1991. *Shaping the Political Arena: Critical Junctures, the Labor Movement, and Regime Dynamics in Latin America*. Princeton: Princeton University Press.

Collin, Sven-Olof. 1998. "Why Are These Islands of Conscious Power Found in the Ocean of Ownership? Institutional and Governance Hypotheses Explaining the Existence of Business Groups in Sweden." *Journal of Management Studies* 35-6.

Collins, Neil. 2004. "Parliamentary Democracy in Ireland." *Parliamentary Affairs* 57-3.

Compston, Hugh. 2002. "The Strange Persistence of Policy Concertation." Stefan Berger & Compston eds. *Policy Concertation and Social Partnership in Western Europe*. Berghahn Books.

Conley, Richard S. & Marija A. Bekafigo. 2010. ""No Irish Need Apply"? Veto Players and Legislative Productivity in the Republic of Ireland 1949-2000." *Comparative Political Studies* 43-1.

Cox, Gary W. & Mathew D. McCubbins. 2007. *Legislative Leviathan: Party Government in the House* 2nd edition. Los Angeles: University of California Press.

Cox, Robert H. 1993. *The Development of the Dutch Welfare State*. Pittsburg: University of Pittsburg Press.

_____. 2001. "The Social Construction of an Imperative. Why Welfare Reform Happened in Denmark and the Netherlands but Not in Germany." *World Politics* 53-3.

Crepaz, Markus M. L. 1994. "From Semisovereignty to Sovereignty: The Decline of Corporatism and Rise of Parliament in Austria." *Comparative Politics* (October).

_____. 1995. "An Institutional Dinosaur: Austrian Corporatism in the Post-industrial Age." *West European Politics* 18-4.

_____. 1998. "Inclusion versus Exclusion: Political Institutions and Welfare Expenditures." *Comparative Politics* 31-1.

_____. 2002. "Domestic and External Constraints on Austrian Corporatism: Challenges and Opportunities." *Acta Politica* 37.

Crouch, Colin & A. Pizzorno eds. 1978. *The Resurgence of Class Conflict in Western Europe. Volume I: National Studies*. New York: Macmillan.

Cusack, Thomas R. & Torben Iversen & David Soskice. 2007. "Economic Interests and the Origins of Electoral Systems." *American Political Science Review* 101-3.

Daalder, Hans. 1966. "The Netherlands: Opposition in a Segmented Society." Robert A. Dahl ed. *Political Oppositions in Western Democracies*. New Haven: Yale University Press.

_____. 1987. "The Dutch Party System: From Segmentation to Polarization-and Then?" Daalder ed. *Party Systems in Denmark, Austria, Switzerland, the Netherlands and Belgium.* New York: St. Martin Press.

Dahl, Robert A. 1956. *A Preface to Democratic Theory.* Chicago: University of Chicago Press.

Dalton, Russsell J. 2000. "The Decline of Party Identification." Dalton & Martin P. Wattenberg eds. *Parties without Partisans: Political Change in Advanced Industrial Democracies.* Oxford: Oxford University Press.

Damgaard, Erik. 1989. "Crisis Politics in Denmark 1974-1987." Peter Gerlich Damgaard & Jeremy Richardson eds. *The Politics of Economic Crisis: Lessons from Western Europe.* Avebury: Aldershot.

_____. 1994. "The Strong Parliaments of Scandinavia: Continuity and Change of Scandinavian Parliaments." Gary W. Copeland & Samuel C. Patterson eds. *Parliaments in the Modern World: Changing Institutions.* Ann Arbor: University of Michigan Press.

_____. 2000. "Denmark. The Life and Death of Government Coalitions." Wolfgang C. Müller & Kaare Strøm. *Coalition Governments in Western Europe.* Oxford: Oxford University Press.

_____. 2003. "Delegation and Accountability in Minority Situations." Strøm et al. eds. *Delegation and Accountability in Parliamentary Democracies.* Oxford: Oxford University Press.

_____. 2011. "Change and Challenges of Danish Parliamentary Democracy." Torbjörn Bergman & Kaare Strøm eds. *The Madisonian Turn: Political Parties and Parliamentary Democrdacy in Nordic Europe.* Ann Arbor: University of Michigan Press.

Damgaard, Erik & Henrik Jensen. 2006. "Assessing Strength and Weakness in Legislatures: The Case of Denmark." *The Journal of Legislative Studies* 12-3/4.

Damgaard, Erik & Palle Svensson. 1989. "Who Governs? Parties and Policies in Denmark." *European Journal of Political Research* 17-6.

De Geer, Hans. 1978. *Rationaliseringsrörelsen i Sverige.* Stockholm: SN&S.

_____. 1989. *I vänstervind och högervåg.* Stockholm: Allmänna Förlag.

_____. 1992. *Arbetsgivarna.* Stockholm: SAF.

De Jong, Jan & Bert Pijnenburg. 1986. "The Dutch Christian Democratic Party and Coalitional Behaviour in the Netherlands: A Pivotal Party in the Face of Depillarization." Geoffrey Pridham ed. *Coalitional Behavior in Theory and*

　　　　 Practice. Cambridge: Cambridge University Press.
Dicken, Peter. 1997. *Global Shift*. London: PCP.
Dion, Douglas. 1998. "Evidence and Inference in the Comparative Case Study." *Comparative Politics* 30-2.
Dore, Ronald et al. 1994. *The Return to Incomes Policy*. New York: St Martin.
Due, Jesper & Jørgen Steen Madsen. 2000. "Varför den danska avtalmodellen annorlunda än den svenska?" Stig Tegle et al. eds. *Har den svenksa modellen överlevt krisen?* Stockholm: Arbetslivsinstitutet.
_____. 2008. "The Danish Model of Industrial Relations: Erosion or Renewal?" *Journal of Industrial Relations* 50-3.
Due, Jesper et al. 1994. *The Survival of the Danish Model*. Copenhagen:DJØF.
Dufour, Pascale & Ian Morrison. 2005. "The State of the Social Investment State in the Field of Employment Policy." *Canadian Journal of Career Development* 4-1.
Ebbinghaus, Bernhard & Anke Hassel. 2000. "Striking Deals: Concertation in the Reform of Continental European Welfare States." *Journal of Euopean Public Policy* 7-1.
Ebbinghaus, Bernhard & Philip Manow. 2001. "Introduction." Ebbinghaus & Manow eds. *Comparing Welfare Capitalism*. London: Routledge.
Elgie, Robert & John Stapleton. 2006. "Testing the Decline of Parliament Thesis: Ireland, 1923-2002." *Political Studies* 54-3.
Elster, Jon. 19790. *Ulysses and the Sirens: Studies in Rationality and Irrationality*. Cambridge: Cambridge University Press.
Elvander, Nils. 1979. *Scandinavian Social Democracy: Its Strength and Weakness*. Stockholm: Almqvist and Wiksell International.
_____. 1988. *Den svenska modellen*. Stockholm: Tiden.
_____. 2002. "The Labour Market Regimes in the Nordic Countries: A Comparative Analysis." *Scandinavian Political Studies* 25-2.
_____. 2002. "The New Swedish Regime for Collective Bargaining and Conflict Resolution: A Comparative Perspective." *European Journal of Industial Relations* 8-2.
Engelmann, Frederick C. 1966. "Austria: The Vanishing Opposition." Robert A. Dahl ed. *Political Opposition in Western Democracies*. New Haven: Yale University Press.
_____. 1988. "The Austrian Party System: Continuity and Change." Steven B. Wolinetz ed. *Parties and Party Systems in Liberal Democracies*. London:

Routledge.

Englund, Peter. 1999. "The Swedish Banking Crisis: Roots and Consequences." *Oxford Review of Economic Policy* 15-3.

Erixon, Lennart. 1995. "A Swedish Economic Policy. A Revindication of the Rehn-Meidner Model." Institutet för arbetslivsforsking. *Working Paper Series* 22.

Ertman, Thomas. 1997. *Birth of the Leviathan*. Cambridge: Cambridge University Press.

Esping-Andersen, Gøsta. 1985. *Politics against Markets*. Princeton: Princeton University Press.

_____. 1990. *The Three Worlds of Welfare Capitalism*. Princeton University Press.

_____. 1996. "Welfare States without Work: The Impasse of Labour Shedding and Familianism in Continental Social Policy." Esping-Andersen ed. *Welfare in Transition: National Adatations in Global Economies*. Thousand Oaks, CA: Sage.

_____. 1999. *Social Foundations of Postindustrial Economies*. Oxford: Oxford University Press.

_____. 2005. "Education and Equal Life-Chances: Investing in Children." Olli Kangas and Joakim Palme eds. *Social Policy and Economic Development in the Nordic Countries*. Palgrave.

Estévez-Abe, Margarita. 2008. *Welfare and Capitalism in Postwar Japan*. Cambridge: Cambridge University Press.

Estévez-Abe, Margarita & Torben Iversen & David Soskice. 2001. "Social Protection and the Formation of Skills: A Reinterpretation of the Welfare State." Peter A. Hall & David Soskice eds. *Varieties of Capitalism*. Oxford: Oxford University Press.

European Council. 2000. *Lisbon European Council 23 and 24 March 2000: Presidency Conclusion*.
http://www.europarl.europa.eu/summits/lis1_en.htm

European Union.
http://appsso.eurostat.ec.europa.eu/nui/show.do?dataset=ilc_li02&lang=en

Fajertag, Giuseppe & Philippe Pochet. 2000. *Social Pacts in Europe: New Dynamics*. Brussels: ETUI, OSE.

Fajertag, Giuseppe & Philippe Pochet eds. 1997. *Social Pacts in Europe*. Brussels: ETUI.

Faure, Andrew M. 1994. "Some Methodological Problems in Comparative

Politics." *Journal of Theoretical Politics* 6-3.
Fearon, James D. 1991. "Counterfactuals and Hypothesis Testing in Political Science." *World Politics* 43-2.
Ferrera, Maurizio et al. 2000. *The Future of Social Europe: Recasting Work and Welfare in the New Economy*. CELTA: Editoria.
Fishman, Robert M. 1990. "Rethinking State and Regime: Southern Europe's Transition to Democracy." *World Politics* 42-3.
Flanagan, Robert et al. 1983. *Unionism, Economic Stabilization, and Income Policies: European Experience*. Washington D.C.: The Brookings Institution.
Foucault, Michel. 1979. *The Archaeology of Knowledge*. London: Tavistock Publications.
_____. 1980. *The History of Sexuality. Volume 1: An Introduction*. New York: Vintage Books.
Franzosi, Roberto. 1995. *The Puzzle of Strikes: Class and State Strategies in Postwar Italy*. Cambridge: Cambridge University Press.
Franzese, Robert J. & Peter A. Hall. 2000. "Institutional Dimensions of Coordinating Wage Bargaining and Monetary Policy." Torben Iversen et al. eds. *Unions, Employers, and Central Banks*. Cambridge: Cambridge University Press.
Fulcher, James. 1991. *Labour Movements, Employers and the State*. Oxford: Clarendon.
Furåker, Bengt et. al. 1990. "Unemployment and Labour Market Policies in the Scandinavian Countries." *Acta Sociologica* 33-2.
Galenson, Walter. 1952. *The Danish System of Labor Relations*. New York: Russell & Russell.
_____. 1968. "Scandinavia." Galenson ed. *Comparative Labor Movements* 2nd edition. New York City: Russell & Russell Publishers.
Gallagher, Michael 2005. "Parliament." John Coakley & Gallagher eds. *Politics in the Republic of Ireland*. London: Routeledge.
Gallagher, Michael & Paul Mitchell. 2012. "Election Indices." http://www.tcd.ie/Political_Science/staff/michael_gallagher/ElSystems/Docts/ElectionIndices.pdf
Garrett, Geoffrey. 1998. *Partisan Politics in the Global Economy*. Cambridge: Cambridge University Press.
George, Alexander L. & Andrew Bennett. 2005. *Case Studies and Theory*

Development in the Social Sciences. Cambridge, MA: MIT Press.

Gerlich, Peter. 1987. "Consociationalism to Competition: The Austrian Party System Since 1945." Hans Daalder ed. *Party Systems in Denmark, Austria, Switzerland, the Netherlands and Belgium*. New York: St. Martin's Press.

_____. 1989. "Deregulation in Austria." *European Journal of Political Research* 17-2.

_____. 1992. "A Farewell to Corporatism." Kurt Richard Luther and Wolfgang C. Müller eds. *Politics in Austria: Still a Case of Consociationalism?* London: Frank Cass.

Gerlich, Peter & Edgar Grande. 1988. "Corporatism in Crisis: Stability and Change of Social Partnership in Austria." *Political Studies* 36-2.

Gerring, John et al. "Centripetal Democratic Governance: A Theory and Global Inquiry." *American Political Science Review* 99-4.

Gerschenkron, Alexander. 1962. *Economic Backwardness in Historical Perspective, A Book of Essays*. Cambridge, MA: Belknap Press of Harvard University Press.

Giddens, Anthony. 1998. *The Third Way: the Renewal of Social Democracy*. Polity Press.

Gjlliam, Mikael. 1988. *Svenska folket och löntagarfonderna*. Lund: Studentlitteratur.

Glete, Jan. 1994. *Nätverk i näringslivet: Ägande och industriell ombandling i det mogna industri-samhället 1920-1990*. Stockholm: SNS.

Goertz, Gary & Harvey Starr. 2003. "Introduction: Necessary Condition Logics, Research Design, and Theory." Goertz & Starr eds. *Necessary Conditions: Theory, Methodology, and Applications*. Lanham: Rowman & Littlefield.

Gourevitch, Peter A. & James Shinn. 2005. *Political Power and Corporate Control*. Princeton: Princeton University Press.

Granovetter, Mark. 1985. "Economic Action and Social Structure: The Problem of Embeddedness." *American Journal of Sociology* 92-3.

Green-Pedersen, Christoffer. 2001a. "Minority Governments and Party Politics: The Political and Institutional Background to the "Danish Miracle"." *Journal of Public Policy* 21-1.

_____. 2001b. "Welfare-State Retrenchment in Denmark and the Netherlands, 1982-1998." *Comparative Political Studies* 34-9.

_____. 2002. *The Politics of Justification: Party Competition and Welfare-State Retrenchment in Denmark and the Netherlands from 1982 to 1998*.

Amsterdam: Amsterdam University Press.

_____. 2003. "Small States, Big Success: Party Politics and Governing the Economy in Denmark and the Netherlands from 1973-2000." *Socio-Economic Review* 1-3.

Green-Pedersen, Christoffer & Kees van Kersbergen. 2002. "The Politics of the "Third Way." The Transformation of Social Democracy in Denmark and the Netherlands." *Party Politics* 8-5.

Greif, Avner & David D. Laitin. 2004. "A Theory of Endogenous Institutional Change." *American Political Science Review* 98-4.

Griffin, Larry J. 1993. "Narrative, Event-Structure, and Causal Interpretation in Historical Sociology." *American Journal of Sociology* 98.

Grünwald, Oskar. 1982. "Austrian Industrial Structure and Industrial Policy." Sven W. Arndt ed. *The Political Economy of Austria*. Washington: American Enterprise Institute for Public Policy Research.

Guger, Alois. 1998. "Economic Policy and Social Democracy: The Austrian Experience." *Oxford Review of Economic Policy* 14-1.

_____. 2001. "The Austrian Experience." Andrew Glyn ed. *Social Democracy in Neoliberal Times: The Left and Economic Policy Since 1980*. Oxford: Oxford University Press.

Gustafsson, Harald. 1994. *Political Interaction in the Old Regime*. Lund: Studentliteratur.

Haberler, Gottfried. 1982. "Austria's Economic Development after the Two World Wars: A Mirror Picture of the World Economy." Sven W. Arndt ed. *The Political Economy of Austria*. Washington: American Enterprise Institute for Public Policy Research.

Hadenius, Axel. 1976. *Facklig organisationsutveckling*. Stockholm: Rabén & Sjörgren.

Hadenius, Stig, Björn Molin & Hans Wieslander. 1988. *Sverige efter 1900* 11th edition. Stockholm: Bonniers.

Hagman, Oskar. 1930. "Ulricehamnsblockaden." *Fackföreningsrörelsen*.

Hall, Peter A. 1999. "The Political Economy of Europe in an Era of Interdependence." Herbert Kitschelt et al. eds. *Continuity and Change in Contemporary Capitalism*. Cambridge: Cambridge University Press.

_____. 2003. "Aligning Ontology and Methodology in Comparative Research." James Mahoney & Dietrich Rueschemeyer eds. *Comparative Historical Analysis in the Social Sciences*. Cambridge: Cambridge University Press.

Hall, Peter A. & Daniel W. Gingerich. 2009. "Varieties of Capitalism and Institutional Complementarities in the Political Economy: An Empirical Analysis." *British Journal of Political Science* 39-3.

_____. 2009. *VOC (Varieties of Captialism) Data*.

Hall, Peter A. & David Soskice. 2001. "Introduction to Varieties of Capitalism." Hall & Soskice eds. *Varieties of Capitalism*. Oxford: Oxford University Press.

Hall, Peter A. & Rosemary C. R. Taylor. 1996. "Political Science and the Three New Institutionalisms." *Political Studies* 44-5.

Hallendorff, Carl. 1927. *Svenska arbetsfivareföreningen 1902-1927*. Stockholm: Nordstedt.

Hamann, Kerstin & John Kelly. 2007. "Party Politics and the Reemergence of Social Pacts in Western Europe." *Comparative Political Studies* 40-8.

_____. 2011. *Parties, Elections, and Policy Reforms in Western Europe: Voting for Social Pacts*. London: Routledge.

Hansen, Matin E. 2009. "The Positions of Irish Parliamentary Parties 1937-2006." *Irish Political Studies* 24-1.

Hardiman, Niamh. 2002. "From Conflict to Co-ordination: Economic Governance and Political Innovation in Ireland." *West European Politics* 25-4.

_____. 2005. "Partnership and Politics: How Embedded Is Social Partnership?" *Geary Discussion Paper Series* WP 2005/08.

Hardin, Rusell. 1982. *Collective Action*. Baltimore: Johns Hopkins University Press.

Hassel, Anke. 2003. "The Politics of Social Pacts." *British Journal of Industrial Relations* 41-4.

Heclo, Hugh 1974. *Modern Politics in Britain and Sweden: From Relief to Income Maintenance*. New Haven: Yale University Press.

Hedborg, Anna & Rudolf Meidner, 1984. *Folkhems modellen*, Stockholm: Rabén & Sjögren.

Heinish, Reinhard. 2000. "Coping with Economic Integration: Corporatist Strategies in Germany and Austria in the 1990s." *West European Politics* 23-3.

_____. 2003. "Success in Opposition-Failure in Government: Explaining the Performance of Right-Wing Populist Parties in Public Office." *West European Politics* 26-3.

_____. 2012. "Austrian Social Policy Reform in the Era of Integration and Rising

Populism." Gary B. Cohen et al. eds. *Social Policy in the Smaller European Union States*. New York: Berghahn Books.

Hemerijck, Anton. 2002. "The Netherlands in Historical Perspective: The Rise and Fall of Dutch Policy Concertation." Stefan Berger & Hugh Compston, *Policy Concertation and Social Partnership in Western Europe*. New York: Berghan Books.

_____. 2003. "The Resurgence of Dutch Corporatist Policy Coordination in an Age of Globalization." Frans van Waarden & Gerhard Lehmbruch eds. *Renegotiating the Welfare State: Flexible Adjustment through Corporatist Concertation*. London: Routledge.

Hemerijck, Anton & Ive Marx. 2010. "Continental Welfare at a Crossroads: the Choice between Activation and Minimum Income Protection in Belgium and the Netherlands." Bruno Palier ed. *A Long Goodbye to Bismarck? The Politics of Welfare Reforms in Continental Europe*. Amsterdam: Amsterdam University Press.

Hemerijck, Anton & Jelle Visser. 2000. "Change and Immobility: Three Decades of Policy Adjustment in the Netherlands and Belgium." Maurizio Ferrera & Martin Rhodes eds. *Recasting European Welfare States*. London: Routledge.

Hemerijck, Anton & Kees van Kersbergen. 1997. "A Miraculous Model? Explaining the New Politics of the Welfare State in the Netherlands." *Acta Politica* 32-3.

Hemerijck, Anton et al. 2000a. "How Small Countries Negotiate Change: Twenty-Five Years of Policy Adjustment in Austria, the Netherlands, and Belgium." Fritz W. Scharpf & Vivien A. Schmidt eds. *Welfare and Work in the Open Economy* Vol. II. Diverse Responses to Common Challenges. Oxford: Oxford University Press.

_____. 2000b. "Innovation through Co-ordination-Two Decades of Social Pacts in the Netherlands." Giuseppe Fajertag & Philippe Pochet eds. *Social Pacts in Europe-New Dynamics*. Brussels: ETUI.

Henrekson, Magnus & Ulf Jakobsson. 2003. "The Transformation of Ownership Policy and Structure in Sweden: Convergence towards the Anglo-Saxon Model?" *New Political Economy* 8-1.

Hentilä, Seppo. 1979. *Den svenska arbetareklassen och reformismens genombrott inom SAP före 1914*. Helsinfors.

Hermansson, Jörgen et al. 1991. *Avkorporativisering och lobbyism*. SOU 1991.

Hibbs, Douglas A. 1987. *The Political Economy of Industrial Democracies*. Cambridge: Harvard University Press.

Hibbs, Douglas Jr. & Håkan Locking. 1997. "Den solidariska lönepolitiken och produktiviteten inom industrin." Villy Bergström ed. *Arbetsmarknad och tillväxt*. Stockholm: Ekerlids Förlag.

Higgot, Richard. 1999. "Economics, Politics and (International) Political Economy: The Need for a Balanced Diet in an Era of Globalization." *New Political Economy* 4-1.

Hirschman, Albert O. 1970. *Exit, Voice, and Loyalty*. Cambridge, MA: Harvard University Press.

———. 1977. *The Passions and the Interests*. Princeton: Princeton University Press.

Hirst, Paul & Grahame Thompson. 1996. *Globalization in Question*. Oxford: Polity Press.

Hofer, Helmut & Reinhard Koman. 2006. "Social Security and Retirement Incentives in Austria." *Empirica* 33.

Högfeldt, Peter. 2007. "The History and Politics of Corporate Ownership in Sweden." Randall K. Morck ed. *A History of Corporate Governance around the World*. Chicago: University of Chicago.

Höglund, Sten. 1979. *En fallstudie i organisationsförändring*. Research Reports from the Department of Sociology, University of Umå.

Hollingsworth, Rogers J. & Robert Boyer. 1997. "Coordination of Economic Actors and Social Systems of Production." Hollingsworth and Boyer eds. *Contemporary Capitalism: The Embeddedness of Institutions*. Cambridge: Cambridge University Press.

Hollingsworth, Rogers J. et al. 1994. *Governing Capitalist Economies: Performance and Control of Economic Sectors*. New York: Oxford University Press.

Houwing, Hester & Kurt Vandaele. 2011. "Liberal Convergence, Growing Outcome Divergence? Institutional Continuity and Changing Trajectories in the 'Low Countries'." Uwe Becker ed. *The Changing Political Economies of Small West European Countries*. Amsterdam: Amsterdam University Press.

Huber, Evelyne & John D. Stephens. 2001. *Development and Crisis of the Welfare State*. Chicago: University of Chicago.

Huber, Evelyne. et al. 2004. *Comparative Welfare States Data Set*.

Hwang, Gyu Jin. 2007. "The Rules of the Game: The Politics of National Pensions in Korea." *Social Policy & Administration* 41-2.

Ibsen, Christian Lyhne et al. 2011. "Bargaining in the Crisis-A Comparison of the 2010 Collective Bargaining Round in the Danish and Swedish Manufacturing Sectors." *Transfer* 17-3.

IMF. 2006. *World Economic Outlook Database* (Steptember).

Immergut, Ellen M. 1992. *Health Politics: Interests and Institutions in Western Europe*. Cambridge: Cambridge University Press.

Immergut, Ellen M. & Sven Jochem. 2006. "The Political Frame for Negotiated Capitalism: Electoral Reform and the Politics of Crisis in Japan and Sweden." *Governance* 19-1.

International IDEA. 2005. *Electoral System Design: The New International IDEA Handbook*. Stockholm: International IDEA.

Isaac, Larry W. & Larry J. Griffin. 1998. "Ahistoricism in Time-Series Analysis of Historical Process: Critique, Redirection, and Illustrations from US Labor History." *American Sociological Review* 54-6.

Iversen, Martin Jes & Steen Andersen. 2008. "Co-operative Liberalism: Denmark from 1857 to 2007." Susanna Fellman et al. eds. *Creating Nordic Capitalism: The Business History of a Competitive Periphery*. New York: Palgrave Macmillan.

Iversen, Torben & David Soskice. 2009. "Distribution and Redistribution: The Shadow from the Nineteenth Century." *World Politics* 61-3.

_____. 2010. "Dualism and Political Coalitions: Incluionary versus Exclusionary Reforms in an Age of Rising Inequalities." paper prepared for presentation at the Annual Meeting of the American Political Science Association, Toronto, September 3-6.

Iversen, Torben & John D. Stephens. 2008. "Partisan Politics, the Welfare State, and Three Worlds of Human Capital Formation." *Comparative Political Studies* 41-4/5.

Iversen, Torben. 1996. "Power, Flexibility, and the Breakdown of Centralized Wage Bargaining." *Comparative Politics* 28-4.

_____. 2005. *Capitalism, Democracy, and Welfare*. Cambridge: Cambridge University Press.

Janoski, Thomas. 1994. "Direct State Intervention in the Labor Market: The Explanation of Active Labor Market Policy from 1950 to 1988 in Social Democratic, Conservative, and Liberal Regimes." Janoski & Alexander M.

Hicks eds. *The Comparative Political Economy of the Welfare State.* Cambridge: Cambridge University Press.

Järte, Otto & Fabian von Koch. 1926. "Arbetslöshetspolitik 1914-1924." Eli Hecksher ed. *Bidrag till Sveriges ekonomiska och sociala historia under och after världskriget.* Stockholm: Norstedt & Söner.

Jenson, Jane & Denis Saint-Martin. 2003. "New Routes to Social Cohesion? Citizenship and the Social Investment State." *Canadian Journal of Sociology* 28-1.

Jessop, Bob. 1994. "The Transition to Post-Fordism and the Schumpeterian Workfare State." Roger Burrows and Brian Loader eds. *Towards a Post-Fordist Welfare State.* London: Routledge.

Jochem, Sven. 2003. "Nordic Corporatism and Welfare State Reforms. Denmark and Sweden Compared." Frans van Waarden & Gerhard Lembruch eds. *Renegotiating the Welfare State: Flexible Adjustment through Corporatist Concertation.* London: Routledge.

Johansen, Lars Nørby. 1986. "Denmark." Peter Flora ed. *Growth to Limits: The Western European Welfare States Since World War II.* Berlin: Walter de Gruyter.

Johansson, Anders L. 1989. *Tillväxt och klassamrbete-- en studie av den svenska modellens uppkomst.* Stockholm: Tiden.

Johansson, Anders L. & Lars Magnusson. 1998. *LO andra halvseklet.* Stockholm: Atlas.

Johansson, Joakim. 2000. *SAF och den Svenska modellen.* Uppsala: Universitetsbiblioteket.

Johnson, Charlmers. 1982. *MITI and the Japanese Miracle: The Growth of Indsutrial Policy, 1925-1975.* Stanford: Stanford University Press.

_____. 1999. "The Developmental State: Odyssey of a Concept." Meredith Woo-Cumings ed. *The Developmental State.* Itacha: Cornell University Press, 32-60.

Jonung, Lars. 1994. "The Rise and Fall of Credit Controls: The Case of Sweden, 1939-89." M. D. Bordo & F. Capie eds. *Monetary Regimes in Transition.* Cambridge: Cambridge University Press.

Joo, Eun-Sun. 2010. "Pension Politics in Korea after Democratization: The Failed Attempts of Party Politics and Social Dialogue." *Korea Journal* 50-4.

Jörberg, Lennart. 1961. *Growth and Fluctuations of Swedish Industry 1869-1912.* Stockholm: Almqvist & Wiksell.

Jørgensen, Henning. 2002. *Consensus, Cooperation and Conflict: The Policy Making Process in Denmark*. Cheltenham, UK: Edward Elgar.

Karlhofer, Ferdinand. 1996. "The Present and Future State of Social Partnership." Günter Bishof & Anton Pelinka eds. *Austro-Corporatism: Past, Present, Future*. New Brunswick: Transaction Publishers.

Katz, Harry C. 2004. "Introduction: The Changing Nature of Labor, Management, and Government Interactions." Katz et al. eds. *The New Structure of Labor Relations: Tripartism and Decentralization*. Ithaca and London: ILR.

Katz, Richard S. 1986. "Party Government: A Rationalistic Conception." Francis F. Castles & Rudolf Wildermann eds. *Visions and Realities of Party Government*. Berlin: de Gruyter.

Katz, Richard S. & Peter Mair. 1995. "Changing Models of Party Organization and Party Democracy: The Emergence of the Cartel Party." *Party Politics* 1-1.

Katzenstein, Peter. 1984. *Corporatism and Change*. Ithaca: Cornell University Press.

_____. 1985. *Small States and World Markets*. Cornell University Press.

Keman, Hans & Paul Pennings. 1995. "Managing Political and Societal Conflict in Democracies: Do Consensus and Corporatism Matter?" *British Journal of Political Science* 25-2.

Kerr, Clark et al. 1962, *Industrialism and Industrial Man*. Lonon: Henemann.

Key, V. O. 1959. "Secular Realignment and the Party System." *The Journal of Politics* 21-2.

Kim, In-June. 1998. "The Korean Currency Crisis and the IMF Program: An Insider View." *Seoul Journal of Economics* 11-4.

Kim, E. Han & Kim Woochan. 2007. "Corporate Governance in Korea: A Decade after the Financial Crisis." Law and Economics Research Paper No. 123. School of Law, The University of Texas.

Kindley, Randall W. 1996. "The Evolution of Austria's Neo-Corporatist Institutions." Günter Bishof & Anton Pelinka eds. *Austro-Corporatism: Past, Present, Future*. New Brunswick: Transaction Publishers.

King, Anthony. 1976. "Modes of Executive-Legislative Relations: Great Britain, France, and West-Germany." *Legislative Studies Quarterly* 1.

King, Gary & Robert Keohane & Sidney Verba. 1994. *Designing Social Inquiry*. Princeton, NJ: Princeton University Press.

Kitschelt, Herbert. 1994. "Austrian and Swedish Social Democrats in Crisis." *Comparative Political Studies* 27-1.

Kitschelt, Herbert et al. 1999. "Convergence and Divergence in Advanced Capitalist Democracies." Herbert Kitschelt et al. eds. *Continuity and Change in Contemporary Capitalism*. Cambridge: Cambridge University Press.

Kittel, Bernhard. 2000. "Deaustrification? The Policy-Area-Specific Evolution of Austrian Social Policy." *West European Politics* 23-1.

Kjellberg, Anders. 1998. "Sweden: Restoring the Model?." Ferner & Hyman eds. Changing Industrial Relations in Europe. Oxford: Blackwell.

_____. 2000. "The Multitude of Challenges Facing Swedish Trade Unions." *Trade Unions in Europe Facing Challenges and Searching for Solutions*. Brussels: ETUI.

Klein, P. W. 1980. "The Foundations of Dutch Prosperity." Richard Griffiths ed. *The Economy and Politics since 1945*. The Hague: Martinus Nijhoff.

Kmenta, Jan. 1986. *Elements of Econometrics* 2nd edition. New York: Macmillan Publishing Company.

Knudsen, Tim & Bo Rothstein. 1994. "State Building in Scandinavia." *Comparative Politics* 26-2.

Kolberg, Jon Eivind & Gøsta Esping-Andersen. 1992. "Welfare States and Employment Regimes." Kolberg ed. *The Study of Welfare Regimes*, New York: M. E. Sharpe.

Koole, Ruud & Hans Daalder. 2002. "The Consociational Democracy Model and the Netherlands: Ambivalent Allies?" *Acta Politica* 37.

Korpi, Walter. 1978. *The Working Class in Welfare Capitalism*. London: Routledge.

_____. 1981. "Unofficial Strikes in Sweden." *British Journal of Industrial Relations* 19-1.

_____. 1983. *The Democratic Struggle*. London: Routledge.

_____. 2002. "The Great Trough in Unemployment: A Long-Term View of Unemployment, Inflation, Strikes, and the Profit/Wage Ratio." *Politics & Society* 30-3.

_____. 2006. "Power Resources and Employer-Centered Approaches in Explanations of Welfare States and Varieties of Capitalism. Protagonists, Consenters, and Antagonists." *World Politics* 58(January).

Korpi, Walter & Joakim Palme. 2003. "New Politics and Class Politics in the Context of Austerity and Globalization: Welfare State Regress in 18 Countries, 1975-95." *American Political Science Review* 97-3.

Korpi, Walter & Michael Shalev. 1979. "Strikes, Industrial Relations and Class Conflict in Capitalist Societies." *British Journal of Sociology* 30-2.

Krasner, Stephen D. 1983. "Structural Causes and Regime Consequences: Regimes as Intervening Variables." Krasner ed. *International Regimes*. Ithaca, NY: Cornell University Press.

_____. 1984. "Approaches to the State." *Comparative Politics* 16 (January).

Krehbiel, Keith. 1998. *Pivotal Politics: A New Theory of U.S. Lawmaking*. Chicago: University of Chicago Press.

Kungliga Arbetsmarknadsstyrelsen. 1974. *Arbetsmarknadsstatisktik*, nr. 13B.

Kunkel, Christoph & Jonas Pontusson. 1998. "Corporatism versus Social Democracy: Divergent Fortunes of the Austrian and Swedish Labour Movements." *West European Politics* 21-2.

Kurzer, Paulette. 1993. *Business and Banking: Political Change and Economic Integration in Western Europe*. Ithaca: Cornell University Press.

Laakso, Markku & Rein Taagepera. 1979. ""Effective" Numver of Parties: A Measure with Application to West Europe." *Comparative Political Studies* 12-1.

Lacina, Ferdinand. 1981. "Development and Problems of Austrian Industry." Kurt Steiner ed. *Modern Austria*. Palo Alto, California: Society for the Promotion of Science and Scholarship.

Lamping, Wolfram & Noël P. Vergunst. 2004. "Organised Interests, Institutional Veto Points and Welfare State Reform in Germany and the Netherlands." Paper prepared for presentation at the ECPR Joint Sessions 2004 in Uppsala, Sweden for the Workshop "Changing Industrial Relations in Contemporary Capitalism."

Landgren, Karl-Gustav. 1972. "Bakgrunden till 1930-talets krispolitik. Ett genmäle till Otto Steiger." *Arkiv* 2.

Larsson, Mats. 1998. *Staten och kapitalet: Det svenska finansiella systemet under 1900-talet*. Stockholm: SNS.

Larsson, Mats & Håkan Lindgren. 1992. "The Political Economy of Banking: Retail Banking and Corporate Finance in Sweden, 1850-1939." Y. Cassis ed. *Finance and Financiers in European History, 1880-1960*. Cambridge: Cambridge University Press.

Larsson, Torbjörn. 1997. "Sweden: The New Constitution: An Old Practice Adjusted." Jean Blondel & Ferdinand Müller-Rommel eds. *Cabinets in Western Europe* 2nd edition. Macmillan Press.

Lauber, Volkmar. 1992. "Changing Priorities in Austrian Economic Policy." Kurt Richard Luther & Wolfgang C. Müller eds. *Politics in Austria: Still a Case of Consociationalism?* London: Frank Cass.

_____. 1996. "Economic Policy." Lauber ed. *Contemporary Austrian Politics*. Boulder: Westview Press.

Laver, Michael J. 1992. "Coalition and Party Policy in Ireland." Laver & Ian Budge eds. *Party Policy and Government Coalition*. New York: St. Martin's Press.

Laver, Michael J. & Kenneth A. Shepsle. 1991. "Divided Government: America Is Not Exceptional." *Governance* 4-3.

Laver, Michael J. & Michael D. Higgins. 1986. "Coalition or Fianna Fail? The Politics of Inter-Party Government in Ireland." Geoffrey Pridham ed. *Coalitional Behaviour in Theory and Practice: An Inductive Model for Western Europe*. Cambridge: Cambridge University Press.

Lawson, Stephanie. 1993. "Conceptual Issues in the Comparative Study of Regime Change and Democratization." *Comparative Politics* 25-2.

Layard, Richard & Stephen Nickell & Richard Jackman. 2005. *Unemployment: Macroeconomic Performance and the Labour Market* 2nd edition. New York: Oxford University Press.

Lee, Jaymin. 2002. "A Half Century of Korean Economic Development: 1952-2002." *The Korean Economic Review* 18-2.

Lehmbruch, Gerhard. 1984. "Concertation and the Structure of Corporatist Networks." John H. Goldthorpe ed. *Order and Conflict in Contemporary Capitalism*. Oxford: Clarendon Press.

Levy, Jonah. 1999. "Vice into Virtue? Progressive Politics and Welfare Reform in Continental Europe." *Politics and Society* 27-2.

Lewin, Leif. 1970. *Planhushållningsdebatten*. Stockholm: Almqvist & Wiksell.

_____. 1992. *Samhället och de organiserade intressena*. Stockholm: Norstedts.

_____. 1998. "Majoritarian and Consensus Democracy: The Swedish Experience." *Scandinavian Political Studies* 21-3.

Lewis, Jill. 2002. "Austria in Historical Perspective: From Civil War to Social Partnership." Stefan Berger & Hugh Compston eds. *Policy Concertation and Social Partnership in Western Europe: Lessons for the 21st Century*. New York: Berghahn Books.

Lieberson, Stanley. 1991. "Small N's and Big Conclusions: An Examination of the Reasoning in Comparative Studies Based on a Small Number of Cases." *Social Forces* 70-2.

Lijphart, Arend. 1969. "Consociational Democracy." *World Politics* 21-2.
_____. 1971. "Comparative Politics and the Comparative Method." *American Political Science Review* 65-3.
_____. 1975. *The Politics of Accommodation: Pluralism and Democracy in the Netherlands* 2nd. edition. Berkeley: University of California Press.
_____. 1989. "From the Politics of Accommodation to Adversarial Politics in the Netherlands: A Reassessment." *West European Politics* 12-1.
_____. 1999. *Patterns of Democracy*. New Haven: Yale University Press.
_____. 2002. "Negotiation Democracy versus Consensus Democracy: Parallel Conclusions and Recommendations." *European Journal of Political Research* 41-1.
_____. 2008. *Thinking about Democracy: Power Sharing and Majority Rule in Theory and Practice*. London: Routledge.
_____. 2012. "Detailed Data Used in Patterns of Democracy."
Lijphart, Arend & Markus M. L. Crepaz. 1991. "Corporatism and Consensus Democracy in Eighteen Countries: Conceptual and Empirical Linkages." *British Journal of Political Science* 21-2.
Lim, Seong Ho. 2005. "Neither Gridlock nor Moderation, but Administrative Recharge: The Irony of Divided Government in South Korea." *The Korean Journal of International Relations* 45-5.
Lind, Jens. 1998. "Trends in the Regulation of Employment Relations in Denmark." *International Journal of Employment Studies* 6-1.
_____. 2000. "Recent Issues on the Social Pact in Denmark." Guiseppe Fajertag & Philippe Pochet eds. *Social Pacts in Europe: New Dynamics*. Brussels: ETUI.
_____. 2007. "A Nordic Saga? The Ghent System and Trade Union." *International Journal of Employment Studies* 15-1.
Lindblom, Charles E. 1977. *Politics and Markets*. New York: Basic Books.
Lindeberg, Sven-Ola. 1968. *Nödhjälp och samhälls neutralitet*. Lund: Uniskol.
Lindgren, Håkan. 1994. *Aktivt ägande*. Stockholm: Handelshögskolan.
Lindgren, Karl-Oskar. 2011. "The Variety of Capitalism in Sweden and Finland. Continuity Through Change." Uwe Becker ed. *The Changing Political Economies of Small European Countries*. Amsterdam: Amsterdam University Press.
Lindvall, Johannes & Bo Rothstein. 2006. "Sweden: The Fall of the Strong State." *Scandinavian Political Studies* 29-1.

Lindvall, Johannes & Joakim Sebring. 2005. "Policy Reform and the Decline of Corporatism in Sweden." *West European Politics* 28-5.

Lipset, Seymour Martin & Stein Rokkan. 1967. "Cleavage Structure, Party Systems, and Voter Alignment: An Introduction." Lipset & Rokkan eds. *Party Systems and Voter Alignments: Cross National Perspectives.* New York: Free Press.

Lister, Ruth. 2004. "The Third Way's Social Investment State." Jane Lewis & Rebecca Surender eds. *Welfare State Change: Towards a Third Way?* Oxford University Press.

LO. 1922. *Protokoll.* Stockholm: Arbetarnes Tryckeri.

———. 1926. *Protokoll.* Stockholm: Arbetarnes Tryckeri.

———. 1928. *Protokoll, fört vid Landsorganisationens Representantskaps extra sammanträde.* LO Arkiv.

———. 1936. *Protokoll, fört vid Landssekretariatets sammanträde den 13 januari 1936.* Stockholm: LO Arkiv.

———. 1941. *Fackföreningsrörelsen och näringslivet.* Stockholm: Arbetarnes Trickeri.

———. 1941. *Protokoll.* Stockholm: Arbetarnes Tryckeri.

———. 1953. *Trade Unions and Full Employment.* Stockholm: Arbetarnes Trickeri.

Lønroth, Helle L. et al. 1997. "Capital Market Pressure, Corporate Governance and their Influence on Long-term Investments: The Case of Denmark." *Working Paper 97-3.* Department of International Business. Aarhus: Aarhus Business School.

Lorwin, Val R. 1971. "Segmented Pluralism. Ideological Cleavages and Political Cohesion in the Smaller European Democracies." *Comparative Politics* 3-2.

Lowi, Theodore J. 1964. "American Business, Public Policy, Case-Studies, and Political Theory." *World Politics* 16-4.

Lubbert, Gregory M. 1991. *Liberalism, Fascism or Social Democracy.* Oxford: Oxford University Press.

Lundberg, Urban. 2003. *Juvelen i Kronan.* Stockholm: Hjalmarson & Högberg Bokförlag.

Luther, Kurt Richard. 1992. "Consociationalism, Parties and the Party System." Luther & Müller eds. *Politics in Austria: Still a Case of Conscoationalism?* London: Frank Cass.

———. 1999. "Must What Goes Up Always Come Down? Of Pillars and Arches in

Austria's Political Architecture." *Party Elites in Divided Societies*. London: Routledge.
Luther, Kurt Richard & Wolfgang C. Müller. 1992. "Consociationalism and the Austrian Political System." Luther & Müller eds. *Politics in Austria: Still a Case of Conscoationalism?* London: Frank Cass.
MacCarthaigh, Muiris. 2005. *Accountability in Irish Parliamentary Politics*. Dublin: Institute of Public Administration.
Madsen, Per Kongshøj. 2006. "How Can It Possibly Fly? The Paradox of a Dynamic Labour Market in a Scandinavian Welfare State." John L. Campbell. John A. Hall & Ove K. Pedersen eds. *National Identity and the Varieties of Capitalism: The Danish Experience*. Montreal & Kingston: McGill-Queen's University Press.
Magnusson, Lars. 1996. *Sveriges ekonomiska historia*. Stockholm: Tiden Athena.
Mahoney, James. 2000. "Path Dependence in Historical Sociology." *Theory and Society* 29-4.
_____. 2003. "Strategies of Causal Assessment in Comparative Historical Analysis." James Mahoney & Dietrich Rueschemeyer eds. *Comparative Historical Analysis in the Social Sciences*. Cambridge: Cambridge University Press.
_____. 2004. "Comparative-Historical Methodology." *Annual Review of Sociology* 30.
Mainland, Mikkel. 2011. "Change and Continuity in Danish and Norwegian Capitalism: Corporatism and Beyond." Uwe Becker ed. *The Changing Political Economies of Small West European Countries*. Amsterdam: Amsterdam University Press.
Mair, Peter. 1992. "Explaining the Absence of Class Politics in Ireland." John H. Goldthorpe & Christopher T. Whelan eds. *The Development of Industrial Society in Ireland*. Oxford: Oxford University Press.
Mair, Peter & Liam Weeks. 2005. "The Party System." John Coakley & Michael Gallagher eds. *Politics in the Republic of Ireland* 4th edition. London: Routledge.
Manow, Philip. 2001. "Business Coordination, Wage Bargaining and the Welfare State." Bernhard Ebbinghaus & Philip Manow eds. *Comparing Welfare Capitalism*. London: Routledge.
Mares, Isabela. 2001. "Strategic Bargaining and Social Policy Development." Bernhard Ebbinghaus & Philip Manow eds. *Comparing Welfare Capitalism: Social Policy and Political Economy in Europe, Japan and the*

USA. London: Routledge.

Mares, Isabela. 2003. *The Politics of Social Risk*. Cambridge: Cambridge University Press.

Markovits, Andrei S. 1996. "Austrian Corporatism in Comparative Perspective." Günter Bishof & Anton Pelinka eds. *Austro-Corporatism: Past, Present, Future*. New Brunswick: Transaction Publishers.

Marterbauer, Markus. 1998. "Post-Keynesian Economic Policy in Austria and Sweden. The Employment Record in a Changing International Environment." Paper presented at the EAEPE Conference, Lisbon, Portuga. November 5-8.

Martin, Andrew. 1995. "The Swedish Model: Demise or Reconfiguration?" Richard M. Locke et al. eds. *Employment Relations in a Changing World Economy*. Cambridge: MIT Press.

———. 2000. "The Politics of Macroeconomic Policy and Wage Negotiations in Sweden." Torben Iversen & Jonas Pontusson & David Soskice eds. *Unions, Employers, and Central Banks: Macroeconomic Coordination and Institutional Change in Social Market Economies*. Cambridge: Cambridge University Press.

März, Edward & Maria Szecsi. 1981. "Austria's Economic Development, 1945-1978." Kurt Steiner ed. *Modern Austria*. Palo Alto, California: Society for the Promotion of Science and Scholarship.

McNamara, Kathleen R. 1998. *The Currency of Ideas: Monetary Politics in the European Union*. Cornell University Press.

Mettler, Suzanne. 2002. "Bringing the State Backi into Civic Engagement: Policy Feedback Effects of the G.I .bill for World War II Veterans." *American Political Science Review* 96-2.

Midgley, James. 1999. "Growth, Redistribution, and Welfare: Toward Social Investment?" *Social Service Review* 73-1.

Mill, John Stuart. 1974(1843). "Of the Four Methods of Experimental Inquiry." Mill, *A System of Logic Ratiocinative and Inductive*. Toronto: University of Toronto Press.

Milner, Helen V. & Robert O. Keohane. 1996. "Internationalization and Domestic Politics: An Introduction." Keonhane & Milner eds. *Internationalization and Domestic Politics*. Cambridge: Cambridge University Press.

Mitchell, Paul. 2003. "Ireland. From Single-Party to Coalition Rule." Wolfgang Müller & Kaare Strøm eds. *Coalition Governments in Western Europe*.

Oxford: Oxford University Press.

Mjøset, Lars. 1987. "Nordic Economic Policies in the 1970s and 1980s." *International Organization*, 41-3.

Mjøset, Lars. 1996. "Nordic Economic Policies in the 1980s and 1990s'." Paper presented to the Tenth International Conference of Europeanists, Chicago. 14-16 March.

Mo, Jong-Ryn. 2001. "Political Culture and Legislative Gridlock. Politics of Economic Reform in Precrisis Korea." *Comparative Political Studies* 34-5.

Mogens N. Pedersen. 1988. "The Defeat of All Parties: The Danish Folketing Election 1973." Kay Lawson & Peter H. Merkl eds. *When Parties Fail*. Princeton: Princeton University Press.

Möller, Gustav. 1920. "Revolution och socialism." *Tiden*.

Monks, Robert A. G. & Neil Minow. 2008. *Corporate Governance*. UK: John Wiley & Sons.

Moore, Barrington Jr. 1966. *Social Origins of Dictatorship and Democracy*. Boston: Beacon Press.

Müller, Wolfgang C. 1992. "Austrian Governmental Institutions: Do They Matter?." Luther & Müller eds. *Politics in Austria: Still a Case of Conscoationalism?* London: Frank Cass.

_____. 1993. "Executive-Legislative Relations in Austria: 1945-1992." *Legislative Studies Quarterly* 18-4.

_____. 1996. "Political Parties." Volkmar Lauber ed. *Contemporary Austrian Politics*. Boulder: Westview Press.

_____. 2000. "Austria: Tight Coalitions and Stable Government." Müller & Kaare Strøm eds. *Coalition Governments in Western Europe*. Oxford: Oxford University Press.

_____. 2003. "Austria: Imperfect Parliamentarism but Fully-fledged Party Democracy." Kaare Strøm et al. eds. *Delegation and Accountability in Parliamentary Democracies*. Oxford: Oxford University Press.

Müller, Wolfgang C. & Franz Fallend. 2004. "Changing Patterns of Party Competition in Austria: From Multipolar to Bipolar System." *West European Politics* 27-5.

Müller, Wolfgang C. & Kaare Strøm. 2008. "Coalition Agreements and Cabinet Governance." Strøm et al. eds. *Cabinets and Coalition Bargaining: The Democratic Life Cycle in Western Europe*. Oxford: Oxford University Press.

Müller, Wolfgang C. et al. 1996. "Austria: Party Government within Limits." Jean Blondel & Maurizio Cotta eds. *Party and Government; an inquiry into the Relationship between Governments and Supporting Parties in Liberal Democracies.* London: Macmillan.

Nannestad, Peter & Christoffer Green-Pedersen. 2008. "Keeping the Bumblebee Flying. Economic Policy in the Welfare State of Denmark, 1973-99." Albæk, Erik et al. eds. *Crisis, Miracles, and Beyond: Negotiated Adaptation of the Danish Welfare State.* Aarhus, Denmark: Aarhus University Press.

Nielsen, Klaus. 1991. "Learning to Manage the Supply-side: Flexibility and Stability in Denmark." Bob Jessop ed. *The Politics of Flexibility: Restructuriing the State in Britain, Germany and Scandinavia.* Aldershot: Edward Elgar.

Nielsen, Klaus & Ove K. Pedersen. 1991. "From the mixed economy to the negotiated economy : the Scandinavian countries." Richard M. Coughlin ed. *Morality, Rationality and Efficiency: New Perspectives on Socio-Economics.* New York: M. E. Sharpe.

Nilsson, Christian. 1993a. "The Swedish Model: Labour Market Institutions and Contracts." J. Jartog & J. Theeuses, es. *Labour Market Contracts and Institutions: A Cross-National Comparison.* Amsterdam: North-Holland.

_____. 1993b. "The Swedish Model: Labour Market Institutions and Contracts." J. Jartog & J. Theeuses eds. *Labour Market Contracts and Institutions: A Cross-National Comparison.* Amsterdam: North-Holland.

Nordström, Hilding G. 1934. *Svensk arbetslöshetspolitik 1914-1933.* Stockholm.

North, Douglass C. 1990. *Institutions, Institutional Change and Economic Performance.* Cambridge: Cambridge University Press.

O'Connor, James. 1973. *The Fiscal Crisis of the State.* New York: Basic Books.

O'Donnell, Guillermo & Philippe C. Schmitter. 1986. *Transitions from Authoritarian Rule: Tentative Conclusions about Uncertain Democracies.* Baltimore: Johns Hopkins University Press.

O'Donnell, Rory et al. 2011. "Ireland: Two Trajectory of Institutionalization." Sabina Avdagic et al. eds. *Social Pacts in Europe: Emergence, Evolution, and Institutionalization.* Oxford: Oxford University Press.

O'Neil, Patrick. 2004. *Essentials of Comparative Politics.* New York: W.W. Norton & Company.

Obinger, Herbert. 2002. "Veto Players, Political Parties, and Welfare-State Retrenchment in Austria." *International Journal of Political Economy* 32-2.

Obinger, Herbert & Emmerich Tálos. 2010. "Janus-Faced Developments in a Prototypical Bismarckian Welfare State. Welfare Reform in Austria Since the 1970s." Bruno Palier ed. *A Long Goodbye to Bismarck? The Politics of Welfare Reform in Continental Europe*. Amsterdam: Amsterdam University Press.

OECD. 1983. *Historical Statistics 1960-1981*. Paris: OECD.

_____. 1986. *OECD Historical Statistics 1970-1984*. Paris: OECD.

_____. *Directorate for Employment, Labour and Social Affairs*. Paris: OECD. http://www.oecd.org/document/34/0,3343,en_2649_33927_40917154_1_1_1_1,00.html

_____. *Social Expenditure 1960-1990: Problems of Growth and Control*. Paris: OECD.

_____. *Social Expenditure Database*. Paris: OECD. www.oecd.org/els/social/expenditure.

Offe, Claus. 1984. *Contradictions of the Welfare State*. Edited by John Keane. Cambridge, Mass.: The MIT Press.

Olson, Mancur. 1965. *The Logic of Collective Action*. Cambridge, MA: Harvard University Press.

_____. 1982. *The Rise and Decline of Nations*. New Haven: Yale University Press.

Olsson, Anders S. 1991. *The Swedish Wage Negotiation System*. Brookfield, VT: Dartmouth Pub Co.

Orren, Karen & Stephen Skowronek. 1994. "Beyond the Iconography of Order: Notes for a 'New Institutionalism.'" Lawrence C. Dodd & Calvin Jillson eds. *The Dynamics of American Politics*. Boulder, CO: Westview.

Palier, Bruno. 2006. "The Re-orientation of European Social Policies toward Social Investment." *Interanale Politik und Gesellschaft* 1.

Palme, Joakim. 2002. *Welfare in Sweden: The Balance Sheet for the 1990s*. Ministry of Health.

Pankert, Alfred. 1987. "Social Concertation in Austria: What Does It Consist of and Why Does It Still Work after 30 Years?" *Labour and Society* 12-3.

Pasture, Patrick. 1996. "The Unattainable Unity in the Netherlands." Pasture et al. eds. *The Lost Perspetive? Trade Unions Between Ideology and Social Action in the New Europe*. Aldershot : Avebury.

Pedersen, Mogens N. 1967. "Consensus and Conflict in the Danish Folketing 1945-65." *Scandinavian Political Studies* 2.

_____. 1979. "The Dynamics of European Party Systems: Changing Patterns of

Electoral Volatility." *European Journal of Political Research* 7-1.

_____. 1988. "The Defeat of All Parties: The Danish Folketing Election 1973." Kay Lawson & Peter H. Merkl eds. *When Parties Fail*. Princeton: Princeton University Press.

Pedersen, Ove K. 2000. "Corporatism and Beyond: The Negotiated Economy." Campbell et als. eds. John H. Campbell & Pedersen eds. *The Rise of Neoliberalism and Institutional Analysis*. Princeton: Princeton University Press.

Pedersson, Svante. 1991. *LO-Facken och socialdeokratin: Ska samverkan fördjupas eller avvecklas*. Jönköping: Småland.

Pelinka, Anton. 2002. "Austria between 1983 and 2000." Rolf Steininger et al. eds. *Austria in the Twentieth Century*. New Brunswick: Transactio.

Pempel, T. J. 2000. *Regime Shift: Comparative Dynamics of the Japanese Political Economy*. Ithaca: Cornell University Press.

Pen, Jan. 1963. "The Strange Adventures of Dutch Wage Policy." *British Journal of Industrial Relations* 1-2.

_____. 1973a. "Trade Union Attitudes toward Central Wage Policy: Remarks on the Dutch Experience." Adolf Sturmthal & James G. Scoville eds. *The international labor movement in transition: Essays on Africa, Asia, Europe, and South America*. Urbana, IL: University of Illinois Press.

_____. 1973b. "Trade Union Attitudes toward Central Wage Policy: Remarks on the Dutch Experience." Adolf Sturmthal & James G. Scoville eds. *The international labor movement in transition: Essays on Africa, Asia, Europe, and South America*. Urbana, IL: University of Illinois Press.

Peper, Bram. 1983. "The Netherlands: From an Ordered Harmonic to a Bargaining Relationship." Solomon Barkin ed. *Worker Militancy and its Consequences: The Changing Climate of Western Industrial Relations* 2nd edition. Westport, Connecticut: Praeger.

Perkins, Daniel et. al. 2004. "Beyond Neo-Liberalism: the Social Investment State?" *Social Policy Working Paper* No. 3. The Centre for Public Policy. Brotherhood of St. Laurence.

Pestoff, Victor A. 1995. "Towards a New Swedish Model of Collective Bargaining and Politics." Colin Crouch & Franz Traxler eds. *Organized Industrial Relations in Europe: What Future?*. Aldershot: Ashgate.

_____. 2002. "Sweden during the 1990s: The Demise of Concertation and Social Partnership and its Sudden Reappearance in 1998." Stefan Berger & Hugh

Compston eds. *Policy Concertation and Social Partnership in Western Europe*. New York: Berghahn Books.
Pierson, Christopher. 1991. *Beyond the Welfare State? The New Political Economy of Welfare*. Pennsylvania: Pennsylvania University Press.
Pierson, Paul. 1993. "When Effect Becomes Cause. Policy Feedback and Political Change." *World Politics* 45-4.
_____. 1996. "The New Politics of the Welfare State." *World Politics* 48-2.
_____. 2000 "Increasing Returns, Path Dependence, and the Study of Politics." *American Political Science Reveiw* 94-2.
_____. 2001. "Coping with Permanent Austerity: Welfare State Restructuring in Affluent Democracies." Pierson ed. *The New Politics of the Welfare State*. Oxford: Oxford University Press.
_____. 2005. "The Study of Policy Development." *Journal of Policy History* 17-1.
Pierson, Paul & Theda Skocpol. 2002. "Historical Institutionalism in Contemporary Political Science." Ira Katznelson & Helen V. Milner eds. *Political Science: State of the Discipline*. New York: W. W. Norton & Company.
Piore, Michael J. & Charles F. Sabel. 1984. *The Second Industrial Divide*. New York: Basic Books.
Pizzorno, Alessandro. 1978. "Political Exchange and Collective Identity in Industrial Conflicts." Colin Crouch and Pizzorno eds. *The Resurgence of Class Conflict in Western Europe Since 1968. Volume II*. London: Macmillan.
Plasser, Fritz et al. 1992. "The Decline of 'Lager Mentality' and the New Model of Electoral Competition in Austria." Kurt Richard Luther & Wolfgang C. Müller eds. *Politics in Austria: Still a Case of Consociationalism?* London: Frank Cass.
Polanyi, Karl. 1944. *The Great Transformation*. Boston: Beacon Press.
Pollan, Wolfgang. 1997. "Political Exchange in Austria's Collective Bargaining System: the Role of the Nationalized Industries." Magnus Sverke ed. *The Future of Trade Unionism*. Aldershot: Ashgate.
_____. 2009. "How Large Are Wage Differentials in Austria?" *Empirica* 36.
Pontusson, Jonas. 1992. *The Limits of Social Democracy*. Ithaca: Cornell University Press.
_____. 1993. "The Comparative Politics of Labor-Initiated Reforms. Swedish Cases of Success and Failure." *Comparative Political Studies* 25-4.

Powell, Walter W. & Paul J. DiMaggio. 1991. "Introduction." Powell & DiMaggio eds. *The New Institutionalism in Organizational Analysis*. Chicago: University of Chicago.

Prondzynski, Ferdinand von. 1998. "Ireland: Corporatism Revived." Anthony Ferner & Richard Hyman eds. *Changing Industrial Relations in Europe*. Oxford: Blackwell Business.

Przeworski, Adam. 1985. "Social Democracy as a Historical Phenomenon." Przeworksi ed. *Capitalism and Social Democracy*. Cambridge: Cambridge University Press.

Przeworski, Adam & Henry Teune. 1970. *The Logic of Comparative Social Inquiry*. New York: John Wiley & Sons.

Przeworski, Adam et. al. 2000. *Democracy and Development: Political Institutions and Well-Being in the World, 1950-1990*. Cambridge: Cambridge University Press.

Ragin, Charles C. 1987. *The Comparative Method*. Berkeley, CA: University of California Press.

_____. 2000. *Fuzzy-Set Social Science*. Chicago: University of Chicago Press.

Regini, Marino. 2000. "Between Deregulation and Social Pacts: The Responses of European Economies to Globalization." *Politics & Society* 28-1.

Rehn, Gösta. 1980. "Idéutvecklingen." *Lönepolitik och solidaritet*. Stockholm: Tiden.

_____. 1988. *Full sysselsättning utan inflation*. Stockholm: Tiden.

Reiter, Joakim. 2003. "Changing the Microfoundations of Corportism: The Impact of Financial Globalization on Swedish Corporate Ownership." *New Political Economy* 8-1.

Rhodes, Martin. 2000. "The Political Economy of Social Pacts: Competitive Corporatism and European Welfare Reform." Paul Pierson ed. *The New Politics of the Welfare State*. Oxford: Oxford University Press.

Rihoux, Benoît & Giséle De Meur. 2009. "Crisp-Set Qualitative Comparative Analysis (cs QCA)." Rihoux and Charles C. Ragin eds. *Configurational Comparative Methods: Qualitative Comparative Analysis (QCA) and Related Techniques*. Thousand Oaks, CA: SAGE.

Roche, William K. 1997. "Between Regime Fragmentation and Realignment: Irish Industrial Relations in the 1990s." *Industrial Relations Journal* 29-2.

_____. 1997. "Pay Determination, the State and the Politics of Industrial Relations." Thomas V. Murphy & Roche eds. *Irish Industrial Relations in*

      Practice. Dublin: Oak Tree Press.

_____. 2007. "Social Partnership in Ireland and New Social Pacts." *Industrial Relations* 46-3.

Roebroek, Joop & Theo Berben. 1987. "The Netherlands." Peter Flora ed. *Growth to Limits: The Western European Welfare States Since World War II* Vol. 4. Berlin: de Gruyter.

Rokkan, Stein. 1966. "Norway: Numerical Democracy and Corporate Pluralism." Robert Dahl ed. *Political Oppositions in Western Democracies*. New Haven: Yale University Press.

Ross, Fiona. 2000. ""Beyond Left and Right": The Partisan Politics of Welfare." *Governance* 13-2.

Rothstein, Bo. 1992. "Labour Market Institutions and Working Class Strength." Sven Steinmo & Kathleen Thelen eds. *Structuring Politics: Historical Institutionalism in Comparative Analysis*. Cambridge: Cambridge University Press.

_____. 1992. *Den korporativa staten*. Stockholm: Norstedts.

Rothstein, Bo & Jonas Bergström. 1998. *Korporatismens fall och den svenska modellens kris*. Stockholm: SNS.

Rueda, David. 2006. "Social Democracy and Active Labour Market Policies: Insiders, Outsiders, and the Politics of Employment Promotion." *British Journal of Political Science* 36-3.

Rueschemeyer, Dietrich & John D. Stephens. 1997. "Comparing Historical Sequences--A Powerful Tool for Causal Analysis." *Comparative Social Research* 16.

Rueschemeyer, Dietrich & Evelyne Huber Stephens & John D. Stephens. 1992. *Capitalist Development and Democracy*. Chicago: University of Chicago.

Ruggie, John Gerard. 1983. *The Antinomies of Interdependence*. New York: Columbia University Press.

Ruin, Olof. 1983. "The 1982 Swedish Election: The Re-emergence of an Old Pattern in a New Situation." *Electoral Studies* 2-2.

_____. 1985. "Tvåpartisystem, samlingsregering eller vad?" *Makten från folket: 12 uppsatser om folkstyrelsen*. Stockholm: Allmänna Förlaget.

_____. 1996. "Sweden: From Stability to Instability." Jean Blondel & Maurizio Cotta eds. *Party and Government: An Inquiry into the Relationship between Governments and Supporting Parties in Liberal Democracies*. Basingstoke: Macmillan.

Rynen, J. Magnus. 2002. *Capitalist Restructuring, Globalisation and the Third Way. Lessons from the Swedish Model*. London: Routledge.

SAP(Sveriges socialdemokratiska arbetareparti). 1902. *Storstrejken 1902*. Stockholm: Arbetarnes Tryckeri.

Sartori, Giovanni. 1970. "Concept Misformation in Comparative Politics." *American Political Science Review* 64-4.

_____. 1994. "Compare Why and How." Mattei Dogan & Ali Kazancigil eds. *Comparing Nations*. Oxford: Blackwell.

Scharpf, Friz W. 1991. *Crisis and Choice in European Social Democracy*. Itacha: Cornell University Press.

_____. 1993. "Co-ordination in Hierarchies and Networks." Scharpf ed. *Games in Hierarchies and Networks: Analytical and Empirical Approaches to the Study of Governance Institutions*. Frankfurt am Main and Boulder CO: Campus and Westview.

Schattschneider, Elmer Eric. 1935. *Politics, Pressure, and the Tariff*. New York: Prentice Hall.

Scheuer, Steen. 1992. "Denmark: Return to Decentralization." Anthony Ferner & Richard Hyman eds. *Industrializations in the New Europe*. Oxford: Blackwell.

_____. 1998. "Denmark: A Less Regulated Model." Anthony Ferner & Richard Hyman eds. *Changing Industrial Relations in Europe*. Oxford: Blackwell.

Schiller, Bernt. 1967. *Storstrejken 1909*. Göteborg: Elanders.

_____. 1988. *Samarbete eller konflikt*. Stockholm: Arbetsmiljöfonden.

Schludi, Martin. 2005. *The Reform of Bismarckian Pension Systems: A Comparison of Pension Politics in Austria, France, Germany, Italy and Sweden*. Amsterdam: Amsterdam University.

Schmitt, Carl. 2008. *The Concept of the Political: Expanded Edition*. Translated by George Schwab. Chicago: University of Chicago Press.

Schmitter, Philippe C. 1974. "Still the Century of Corporatism?" *Review of Politics* 36-1.

_____. 1981. "Interest Intermediation and Regime Governability in Contemporary Western Europe and North America." Suzanne Berger ed. *Organizing Interests in Western Europe*. Cambridge: Cambridge University Press.

Schön, Lennart. 2000. *En modern svensk ekonomisk historia*. Stockholm: SNS Förlag.

Schou, Tove-Lise & Derek John Hearl. 1992. "Party and Coalition Policy in

Denmark." Michael J. Laver & Ian Budge eds. *Party Policy and Government Coalitions*. New York: St. Martin's.

Schulze, Isabelle & Martin Schludi. 2009. "Austria: From Electoral Cartels to Competitive Coalition-Building." Ellen M. Immergut et al. eds. *The Handbook of West European Pension Politics*. Oxford: Oxford University Press.

Seeleib-Kaiser, Martin et al. 2008. *Party Politics and Social Welfare*. Cheltenham, UK: Edward Elgar.

Seidel, Hans. 1982. "The Austrial Economy: An Overview." Sven W. Arndt ed. *The Political Economy of Austria*. Washington: American Enterprise Institute for Public Policy Research.

_____. 1982. "The Austrian Economy: An Overview." Sven W. Arndt ed. *The Political Economy of Austria*. Washington: American Enterprise Institute for Public Policy Research.

Sewell Jr., William H. 1996. "Three Temporalities: Toward an Eventful Sociology." Terrence J. McDonald ed. *The Historic Turn in the Human Sciences*. Ann Arbor: University of Michigan.

Shalev, Michael. 1983. "The Social Democratic Model and Beyond: Two 'Generations' of Comparative Research on the Welfare State." *Comparative Social Research* 6.

Shin, Dong-Myeon. 2000. "Financial Crisis and Social Security: The Paradox of the Republic of Korea." *International Social Security Review* 53-2.

Shonfield, Andrew. 1965. *Modern Capitalism*. Oxford: Oxford University Press.

Siaroff, Alan. 1999. "Corporatism in 24 Industrial Democracies: Meaning and Measurement." *European Journal of Political Research* 36-2.

Skocpol, Theda. 1979. *States and Social Revolutions: A Comparative Analysis of France, Russia, and China*. Cambridge: Cambridge University Press.

_____. 1992. *Protecting Soldiers and Mothers: The Political Origins of Social Policy in the United States*. Cambridge: Belknap Pres of Harvard University Press.

Slomp, Hans. 2002. "The Netherlands in the 1990s: Towards 'Flexible Corporatism' in the Polder Model." Stefan Berger & Hugh Compston eds. *Policy Concertation and Social Partnership in Western Europe: Lessons for the Twenty-First Century*. Berghahn Books.

Smångs, Mattias. 2008. "Business Groups in 20th-Century Swedish Political Economy. A Sociologycial Perspective." *American Journal of Economics and Sociology* 67-5.

Söderpalm, Sven A. 1976. "The Crisis Agreement and the Social Democratic Road to Power." Steven Koblik ed. *Sweden's Development from Poverty to Affluence 1750-1970.* Minneapolis: University of Minnesota Press.

———. 1976. *Direktörklubben-Storindustrin i Svensk Politik under 1930-och 1940-talen.* Lund: Arkiv.

———. 1980. *Arbetsgivarna och Saltsjöbadspolitiken.* Stockholm: SAF.

Somers, Margaret R. 1998. "'We're No Angels': Realism, Rational Choice, and Relationality in Social Science." *American Journal of Sociology* 104-3.

Somit, Albert & Steven Peterson. 1992. *The Dynamics of Evolution: The Punctuated Equilibrium Debate in the Natural and Social Sciences.* Ithaca: CornellUniversity Press.

Soskice, David. 1999. "Divergent Production Regimes: Coordinated and Uncoordinated Market Economies in the 1980s and 1990s." Herbert Kitschelt et al. eds. *Continuity and Change in Contemporary Capitalism.* Cambridge: Cambridge University Press.

Soss, Joe & Sanford F. Schram. 2007. "A Public Transformed? Welfare Reform as PolicyFeedback." American Political Science Review 101-1.

SOU (Statens Offentliga Utredningar). 1936: 32. *Svenskarbetslöshetspolitik åren 1914-1936.* Stockholm: Norstedt & Söner.

———. 1990: 44. *Maktutredningens huvudrapport: Demokrati och makt i Sverige.* Stockholm: Allmänna Förlaget.

Statistika centralbyrån, "Historisk statistik över valåren 1910-2006. Procentuell fördelning av giltiga valsedlar efter parti och typ av val." http://www.scb.se/Pages/TableAndChart_32065.aspx.

Steiger, Otto. 1971. "Till frågan om den nya ekonomiska politikens tillkomst i Sverige." *Arkiv* 1.

Steinmo, Sven. 1993. *Taxation and Democracy.* New Haven: Yale University Press.

Stephens, John D. 2000. "Is Swedish Corporatism Dead? Thoughts on its Supposed Demise in the Light of the Abortive "Alliance for Growth" in 1998." Paper prepared for the 12th International Conference of Europeanists, Council of European Studies, Chicago, March 30-Aapril 1.

Stiefbold, Rodney P. 1974. "Political Change in a Stalemated Society: Segmented Pluralism and Consociational Democracy." N.J. Vig & Stiefbold eds. *Politics in Europe: Structures and Processes in Some Postindustrial*

    Democracies. NY: McKay.
Stjernquist, Nils. 1993. "Konflikt och konsensus i Sverige under skilda konstitutionella villkor." Björn von Sydow et al. *Politikens väsen*. Stockholm: Tiden.
Stokke, Torgeir Aarvaag & Christer Thörnqvist. 2001. "Strikes and Collective Bargaining in the Nordic Countries." *European Journal of Industrial Relations* 7-3.
Strange, Susan. 1996. *The Retreat of the State*. Cambridge: Cambridge University Press.
Stråth, Bo. 1998. *Mellan två fonder*. Stockholm: Författaren.
Streeck, Wolfgang. 1992. *Social Institutions and Economic Performance*. London: Sage.
_____. 2009. *Re-Forming Capitalism*. Oxford: Oxford University Press.
Streeck, Wolfgan & Kathleen Thelen. 2005. "Introduction: Institutional Change in Advanced Political Economies." Streeck & Thelen eds. *Beyond Continuity*. Oxford: Oxford University Press.
Streeck, Wolfgang & Kozo Yamamura eds. *The Origins of Nonliberal Capitalism*. Ithaca: Cornell University Press.
Strøm, Kaare & Torbjörn Bergman. 2011. "Parliamentary Democracies under Siege?" Bergman & Strøm eds. *The Madisonian Turn: Political Parties and Parliamentary Democrdacy in Nordic Europe*. Ann Arbor: University of Michigan Press.
Strøm, Kaare. 2000, "Parties at the Core of Government." Russell J. Dalton & Martin P. Wattenberg eds. *Parties without Partisans: Political Change in Advanced Industrial Democracies*. Oxford: Oxford University Press.
_____. 2000. "Delegation and Accountability in Parliamentary Democracies." *European Journal of Political Research* 37-3.
Strøm, Kaare et al. 2003. "Dimensions of Citizen Control." Strøm et al. eds. *Delegation and Accountability in Parliamentary Democracies*. Oxford: Oxford Univeristy Press.
_____. 2008. "Dimensions of Citizen Control." Strøm et al. eds. *Delegation and Accountability in Parliamentary Democracies*. Oxford: Oxford University Press.
Sundberg, Jan. 2002. "The Scaninavian Party Model at the Crossroads." Paul Webb et al. eds. *Political Parties in Advanced Industrial Democracies*. Oxford: Oxford University Press.

Svensson, Torsten. 2001. *Marknadsanpassningens politik. Den svenska modellens förändring 1980-2000.* Uppsala: Statvetenskapliga föreningen.

Svensson, Torsten & PerOla Öberg. 2002. "Labour Market Organisations' Participation in Swedish Public Policy-Making." *Scandinavian Political Studies* 25-4.

Swank, Duane. 2002. *Global Capital, Political Institutions, and Policy Change in Developed Welfare State.* Cambridge: Cambridge Univesity Press.

Swenson, Peter. 1989. *Fair Shares.* Cornell University Press.

_____. 1991. "Bringing Capital Back In, or Social Democracy Reconsidered." *World Politics* 43(July).

_____. 2002. *Capitalists against Markets: The Making of Labor Markets and Welfare States in the United States and Sweden.* New York: Oxford University Press.

_____. 2004. "Varieties of Capitalist Interests: Power, Institutions, and Regulatory State in the United States and Sweden." *Studies in American Political Development* 18-1.

Tálos, Emmerich. 1996. "Corporatism-The Austrian Model." Volkmar Lauber ed. *Contemporary Austrian Politics.* Boulder: Westview Press.

Tálos, Emmerich & Bernhard Kittel. 1996. "Roots of Austro-Corporatism: Institutional Preconditions and Cooperation Before and After 1945." Günter Bishof & Anton Pelinka eds. *Austro-Corporatism: Past, Present, Future.* New Brunswick: Transaction Publishers.

Taylor-Gooby, Peter. 2004. "New Social Risks in Postindustrial Society: Some Evidence on Responses to Active Labour Market Policies from Eurobarometer." *International Social Security Review* 57-3.

_____. 2006. "European Welfare Reforms: The Social Investment Welfare State." *mimeo.*

Teague, Paul. 1995. "Pay Determination in the Republic of Ireland: Towards Social Corporatism?" *British Journal of Industrial Relations* 33-2.

Teague, Paul & James Donaghey. 2004. "The Irish Experiment in Social Partnership." Katz, C. Harry et al. eds. *The New Structure of Labor Relations.* New York: Cornell University Press.

Thelen, Kathleen. 2004. *How Institutions Evolve.* Cambridge: Cambridge University Press.

Therborn, Göran. 1988. "Nation och klass, turn och skicklightet." Klaus Misgeld et al. eds. *Socialdemokratins samhälle.* Stockholm: Tiden.

Thomas, Alastair H. 1988. "Liberalism in Denmark: Agrarian, Radical and Still Influential." Emil J. Kirchner ed. *Liberal Parties in Western Europe*. Cambridge: Cambridge University Press.

Tilton, Timothy A. 1974. "The Social Origins of Liberal Democracy: The Swedish Case." *American Political Science Review* 68-2.

Timmermans, Arco & Rudy B. Andeweg. 2000. "The Netherlands. Still the Politics of Accommodation?" Wolfgang C. Müller & Kaare Strøm eds. *Coalition Governments in Western Europe*. Oxford: Oxford University Press.

Tingsten, Herbert. 1941. *Den svenska socialdemokratins utveckling I*. Stockholm: Tiden.

Tomandl, Theodor & Karl Fuerboeck. 1986. *Social Partnership: The Austrian System of Industrial Relations and Social Insurance*. Ithaca: Cornell University Press.

Traxler, Franz. 1992. "Austria: Still the Century of Corporatism." Anthony Ferner & Richard Hyman eds. *Industrial Relations in the New Europe*. Oxford: Blackwell.

_____. 1995. "From Demand-Side to Supply-Side Corporatism? Austria's Labour Relations and Public Policy." Colin Crouch & Franz Traxler eds. *Organised Industrial Relations in Europe: What Future?* Aldershot: Avebury.

_____. 1998. "Austria: Still the Century of Corporatism." Anthony Ferner & Richard Hyman eds. *Changing Industrial Relations in Europe*. Oxford: Blackwell.

Tsebelis, George. 2002. *Veto Players*. Princeton: Princeton University Press.

Tálos, Emmerich & Bernhard Kittel. 2002. "Austria in the 1990s: The Routine of Social Partnership in Question?." Stefan Berger & Compston eds. *Policy Concertation and Social Partnership in Western Europe*. Berghahn Books.

Tálos, Emmerich & Marcel Fink. 2005, "The Welfare State in Austria." B. Viverkanandan & Nimmi Kurian eds. *Welfare States and the Futures*. London: Palgrave Macmillan.

Undy, Roger. 1999. "Annual Review Article: New Labour's 'Industrial Relations Settlement': The Third Way?" *British Journal of Industrial Relations* 37-2.

Unga, Nils. 1976. *Socialdemokratin och arbetslöshetsfrågan 1912-34*. Lund: Arkiv.

Unger, Brigitte & Karin Heitzmann. 2003. "The Adjustment Path of the Austrian Welfare State: Back to Bismarck?" *Journal of European Social Policy* 13-4.

_____. 2012. "The Austrian "Alpenmodel"-Back to Bismarck?" *mimeo*.

van Ark, Bart et al. 1996. "Characteristics of Economic Growth in the Netherlands

during the Postwar Period." Nicholas Crafts ed. *Economic Growth in Europe since 1945*. Cambridge: Cambridge University Press.
van den Toren, Jan Peter. 2007. "Dancing with Economics. Dutch Politicians, Policies and Institutions Reacting to Economic Turnarounds (1973-2004)." Karel Davids et al. eds. Changing Liaisons. *The Dynamics of Social Partnership in Twentieth Century West-European Democracies*. Berlin: Peter Lang.
van Empel, Frank. 1997. *The Dutch Model*. Hague: Labour Foundation.
van Kersbergen, Kees, 1995. *Social Capitalism*. London: Routledge.
_____. 1997. "Christian Democracy in the Netherlands and its Influence on the Economic and Social Policy." Emile Lamberts ed. *Christian Democracy in European Union 1945-1995*. Leuven: Leuven University Press.
van Roozendaal, Peter. 1993. "Cabinets in the Netherlands (1918-1990): the Importance of 'Dominant' and 'Central' Parties." *European Journal of Political Research* 23.
_____. 2009. "Religion and the Welfare State in the Netherlands." van Kersbergen ed. *Religion, Class Coalitions and Welfare States*. Cambridge: Cambridge University Press.
van Schendelen, M.P.C.M. 1999. "The Netherlands: Parliamentary Parties Rival with Pressure Groups." Philip Norton ed. *Parliaments in Contemporary Western Europe* Vol. 2. London: Frank Cass.
Vandenbrouchke, Frank & Koen Vleminckx. 2011. "Disappointing Poverty Trends: Is the Social Investment State to Blame?" *Journal of European Social Policy* 21-5.
Visser, Jelle. 1992. "The Netherlands: The End of an Era and the End of a System." Anthony Ferner & Richard Hyman eds. *Industrial Relations in the New Europe*. Oxford: Blackwell.
_____. 1998. "The Netherlands: The Return of Responsive Corporatism." Anthony Ferner & Richard Hyman eds. *Changing Industrial Relations in Europe*. Oxford: Oxford University Press.
Visser, Jelle & Anton Hemerijck. 1997. *'A Dutch Miracle' Job Growth, Welfare Reform and Corporatism in the Netherlands*. Amsterdam: Amsterdam University Press.
Visser, Jelle & Marc van der Meer. 2011. "The Netherlands: Social Pacts in a Concertation Economy." Sabina Avdagic et al. eds. *Social Pacts in Europe: Emergence, Evolution, and Institutionalization*. Oxford: Oxford University

Press.
Vowles, Jack. 2005. "New Zealand: The Consolidation of Reform?" Michael Gallagher & Paul Mitchell eds. *The Politics of Electoral Systems*. Oxford: Oxford University Press.
Wallerstein, Michael. 1999. "Wage-Setting Institutions and Pay Inequality in Advanced Industrial Societies." *American Journal of Political Science* 43-3.
Wallerstein, Michael & Miriam Golden. 2000. "Postwar Wage Setting in the Nordic Countries." Torben Iversen et al. eds. *Unions, Employers, and Central Banks: Macroeconomic Coordination and Institutional Change in Social Market Economies*. Cambridge: Cambridge University Press.
Weigel, Wolfgang & Anton Amann. 1987. "Austria." Peter Flora ed. *Growth to Limits: The Western European Welfare States Since World War II* Vol. 4. Berlin: de Gruyter.
Weingast, Barry R. 2002. "Rational-Choice Institutionalism." Ira Katznelson & Helen V. Milner eds. *Political Science: The State of the Discipline*. Washington D.C.: American Political Science Association.
Weir, Margaret. 2008. "When Does Politics Create Policy? The Organizational Politics of Change." Ian Shapiro et al. eds. *Rethinking Political Institutions*. New York: New York University Press.
Weiss, Linda. 2000. "Developmental States in Transition: Adapting, Dismantling, Innovating, not 'Normalizing'." *The Pacific Review* 13-1.
Western, Bruce. 1991. "A Comparative Study of Corporatist Development." *American Sociological Review* 56-3.
Westerståhl, Jörgen. 1945. *Svensk fackföreningsrörelse*. Stockholm: Tiden.
Wilensky, Harold. 1975. *The Welfare State and Equality*. Berkeley: University of California Press.
Windmuller, John P. 1969. *Labor Relations in the Netherlands*. Ithaca: Cornell University Press.
Woldendorp, Jaap & Hans Keman. 2006. "The Contingency of Corporatist Influence: Income Policy in the Netherlands." *Journal of Public Policy* 26-3.
_____. 2007. "The Polder Model Reviewed: Dutch Corporatism 1965-2000." *Economic and Industrial Democracy* 28-3.
Wolinetz, Steven B. 1988. "The Netherlands: Continuity and Change in a Fragmented Party System." Wolinetz ed. *Parties and Party Systems in Liberal Democracies*. London: Routledge.

_____. 1989. "Socio-Economic Bargaining in the Netherlands: Redefining the Post-War Policy Coalition." *West European Politics* 12-1.

Woo-Cumings, Meredith. 1999. "Introduction: Chalmers Johnson and the Politics of Nationalism and Development." Woo-Cumings ed. *The Developmental State*. Ithaca: Cornell University Press.

_____. 2003. "Diverse Paths towards 'the Right Institutions': Law, the State, and Economic Reform in East Asia." Linda Weiss ed. *States in the Global Economy: Bringing Domestic Institutions Back In*. Cambridge: Cambridge University Press.

Yang, Jae-Jin. 2004. "Democratic Governance and Bureaucratic Politics: A Case of Pension Reform in Korea." *Policy and Politics* 32-2.

Åmark, Klas. 1986. *Facklig makt och facklight medlemskamp*. Lund: Arkiv.

_____. 1988. "Sammanhållning och intressepolitik." Klaus Misgeld et als. eds. *Socialdemokratins samhälle*. Stockholm: Tiden.

Öberg, PerOla et al. 2011. "Disrupted Exchange and Declining Corporatism: Government Authority and Interest Group Capability in Scandinavia." *Government and Opposition* 46-3.

ÓHearn, Denis. 2000. "Globalization, "New Tigers," and the End of the Developmental State? The Case of Celtic Tiger." *Politics & Society* 28-1.

Öhman, Bernt. 1970. *Svenkarbetsmarknads politik 1900-1949*. Stockholm: Prisma.

ÓRiain, Seán. 2000. "The Flexible Developmental State: Globalization, Information Technology, and the Celtic Tiger." *Politics & Society* 28-2.

Østergård, Uffe. 2006. "Denmark: A Big Small State. The Peasant Roots of Danish Modernity." John H. Campbell et al. eds. *National Identity and the Varieties of Capitalism: The Danish Experience*. Montreal & Kingston: McGill-Queen's University Press.

찾아보기

ㄱ

개혁주의 52, 53, 71, 84, 171, 190

갤러거, 마이클(Michael Gallagher) 421

거센크론, 알렉산더(Alexander Gerschenkron) 106

게링, 존(John Gerring) 99

경로 의존성 74, 90, 107, 157~159, 429

경제 민주화 36, 37, 241, 285, 288, 289, 292, 311, 328, 333

경화정책 38, 154, 258, 309, 311, 312, 348, 370

계약 의회주의 40, 350, 351, 352, 354, 355, 357, 359, 379, 427

공공 악재 36, 39, 92, 108, 110, 111, 116, 273, 330, 341, 367, 428, 429, 430, 459, 471, 474, 492~494, 496, 498~500, 502, 503

구제 노동 199~201

국가실업위원회 199

국제화 336, 337

국회 선진화법 481, 483, 487, 502

권력 자원론 52, 54~56, 73, 429, 495

기능 대표 체계 21, 22, 24~28, 45, 46, 48, 49, 56, 81~86, 92, 93, 95~98, 109, 114, 116, 118, 119, 121, 122, 124, 125, 157, 221, 232, 268, 298, 324, 339, 342, 346, 396, 408, 417, 423, 425, 426, 436, 446, 468, 475, 477, 485,
486, 491, 494, 499

기능적 등가 31, 101, 227, 228, 299, 373, 395, 470, 485, 503

기둥화 183

기든스, 앤서니(Anthony Giddens) 69, 339

기민주의 복지국가 27, 48, 62, 96, 134, 140, 155, 181, 214, 227, 249, 264, 265, 267, 273, 302, 326, 342, 348, 381, 424, 435

기업 피라미드 238~240, 242

기업지배구조 24, 49, 66~68, 125, 126, 237, 238, 240, 267, 277, 278, 282, 344, 452, 454

깅리치, 다니엘(Daniel W. Gingerich) 125, 126

ㄴ

네거티브 의회주의 180

네덜란드 모델 249, 304

노동 저장 263~265, 267, 309, 426

노동관계 수정 특별법 218, 250, 302, 303, 326

노동시장의 불안전성 443, 463, 499

노동시장의 아웃사이더 34, 36, 103, 106, 108, 128, 150, 155, 456

노동협회 217, 218, 220, 228, 268, 303, 304, 308, 347, 398, 399

노동회의소(BAK) 221, 225, 228, 264, 314,

326, 402, 403, 409
노사 중앙 협약 457, 458, 460, 464, 465, 470, 504
노사개혁위원회 465, 467
노사정위원회 48, 373, 447, 464, 471~475, 481, 482, 502
니콜린, 쿠르트(Curt Nicolin) 281
닉슨, 리처드(Richard Nixon) 378

ㄷ

다수제 모델 26~28, 43, 46, 78, 93, 94, 96, 110, 111, 117, 121, 125, 127, 161, 167, 178~181, 297, 419, 420, 428, 430, 475, 477~479, 487, 490, 491, 496, 499, 502
다수제적 합의 민주주의 29, 359
다원적 산업주의 51
다원주의 26, 27, 29, 30, 43, 56, 57, 78, 85, 86, 93, 95, 96, 98, 119, 120, 123, 307, 360, 361, 374, 379, 380, 416, 464, 475~477, 486, 491, 499
다원주의적 적대 모델 416
담가르드, 에리크(Erik Damgaard) 296
대규모 파업 280, 281
대연정 41, 168, 189, 193, 194, 196, 221, 228, 262, 269, 315, 316, 322, 323, 334, 340, 388~390, 393, 394, 406, 413, 414, 427, 476, 493, 494
덴마크 모델 241, 358, 376
돌봄(verzorging) 국가 253
두에, 예스퍼(Jesper Due) 374, 380

ㄹ

라우린, 울프(Ulf Laurin) 360
래긴, 찰스(Charles C. Ragin) 143
레빈, 레이프(Leif Lewin) 180
레이프하르트, 아렌트(Arend Lijphart) 26, 78, 92, 94, 96, 98, 115, 119, 120, 121, 123, 124, 127, 187, 317, 318
렌-마이드너 모델 232~235, 238, 267, 274, 275, 277, 278, 280, 289, 300, 334
뤼버르스, 루트(Ruud (Rudolphus Franciscus Marie) Lubbers) 321, 382, 383, 400, 415
리에인, 숀(Seán O'Riain) 425

ㅁ

마드센, 유르겐(Jørgen Steen Madsen) 374, 380
마이드너, 루돌프(Rudolf Meidner) 278~280
마인란, 미켈(Mikkel Mainland) 373
말름, 스티그(Stig Malm) 345
맞물림(embeddedness) 19, 25, 46, 47, 76, 83, 97, 117, 167, 168, 227, 230, 232, 484, 485, 493, 497, 500, 504
메디슨 모델 359
물가 연동제 347
뮐러, 볼프강(Wolfgang Müller) 391, 427
미즐리, 제임스(James Midgley) 71
민족주의 포퓰리즘 389
밀, 존 스튜어트(John Stuart Mill) 48, 142, 162, 163

ㅂ

바세나르 협약 37, 321, 328, 347, 385, 396, 397, 399, 469

반동적 연쇄 24, 74, 89, 92

반 레인, 아르트(Aart Van Rhijn) 256

반사실적 사례 308, 309

반 커스버헌, 키이스(Kees van Kersbergen) 257

발전주의 국가 435, 445, 446, 448, 449, 452, 453, 455, 464, 465, 471, 472, 474, 484, 485, 500, 501

버바, 시드니(Sidney Verba) 146

일치와 차이 병용법 162, 164

복지 레짐 16, 20~22, 24~27, 32, 34, 36, 39, 40, 42, 43, 46, 48~50, 73~75, 77, 78, 81~83, 92, 95, 96, 97, 101, 102, 114, 115, 118, 119, 157, 165, 167, 168, 208, 218, 230~232, 268, 271~273, 298, 326, 330, 332~335, 341~343, 361, 367, 369, 374, 378, 379, 408, 411, 412, 416, 417, 419, 425, 426, 428, 432, 433, 435, 436, 438, 445, 446, 454, 460, 464, 472, 475, 477, 478, 483~486, 489~494, 496, 497, 499~503

복지 혼합 16, 433, 435, 439, 440

볼드윈, 피터(Peter Baldwin) 60

분점 정부 479~481, 502

불리언대수(Boolean Algebra) 143, 144, 146

브라니츠키, 프란츠(Franz Vranitzky) 314

블레어, 토니(Tony Blair) 70, 150

블롱델, 장(Jean Blondel) 99

비공인 파업 35, 274, 285, 304, 305

비교 사례 방법 141~143, 157, 158, 166

비난 회피의 정치 39, 40, 110, 341, 381, 430, 496

비례성의 원칙 182

ㅅ

사민주의 모델 52, 59, 60, 69

사민주의 복지국가 27, 47, 48, 55, 61, 62, 96, 133, 134, 140, 169, 196, 227, 232, 238, 245, 265, 266, 273, 274, 342, 348, 350, 424, 435, 496

사회 블록 29, 121, 181, 183~185, 188, 214~216, 256, 257, 317~319, 329, 331, 349, 350, 382, 387

사회 투자 국가 69~73, 105, 106, 135, 148, 153, 155, 339, 340, 376, 424, 435, 438, 444

사회 협약 42, 43, 46, 78, 91, 113, 137, 150, 155, 328, 334, 347, 372, 373, 380, 395~397, 402, 403, 414, 417, 422~424, 427, 428, 432, 472, 473, 477, 481, 492, 495

사회경제위원회(SER) 219, 220, 251, 268, 303~305, 328, 373, 398, 399, 401

사회계층화 62, 138, 139, 496

사회보장비지출기금(VAD) 306, 308, 328

사회적 협의 41, 42, 44, 113, 114, 116, 335, 342, 395, 396, 403, 412, 415, 417, 423~425, 427, 431, 432, 454, 466, 471, 473, 477, 485, 492, 498, 503

사회정책 16~19, 21, 32~34, 39, 41, 42, 44, 46, 48, 52, 58, 61~63, 65, 67, 68, 71, 73, 81, 82, 103~106, 108, 113, 116, 118, 128, 130, 131, 133, 136, 138, 140, 141, 145, 146, 148, 149, 154, 155, 168, 216~218, 226, 228,

240, 256, 262, 264, 266, 267, 273,
338, 339, 370, 372, 391, 395, 396,
399, 400, 402~404, 407, 409, 410,
412, 414, 415, 423, 424, 426, 431,
437, 445, 453, 456, 461, 470, 472,
484, 500, 503

산업 협약 43, 363~365

산업주의 논리 51, 52

살트쉐바덴 협약 30, 55, 176, 205, 206, 233,
274, 276, 277, 280, 282, 360, 363,
365

생산 레짐 24, 49, 66~69, 74, 78, 93, 95, 125,
156, 199, 206, 342, 361, 437, 454,
464, 475, 499

생산 합리화 197, 202~204, 206, 207,
233~235, 246, 254, 267, 268, 274

생산의 사회적 체계 65, 66

생산적 복지 461, 462

샤츠슈나이더, 엘머(Elmer E. Schattschneider)
87

선(先)산업별-후(後)중앙 임금 협상 213, 243,
268, 283, 288, 371

선거 변동성 316, 322, 349, 382, 390, 406

선택 편의 146~148

소극적 노동시장 정책 33, 34, 47, 68, 103~106,
116~118, 128, 131~136, 138, 140,
141, 144, 146, 148~150, 153~156,
165, 245~247, 253, 256, 263,
265~267, 313, 370, 376, 377, 400,
409, 411, 412, 426, 456, 461, 462,
484, 503, 504

소극적/적극적 비율(I/A 비율) 401

소득정책 21, 32~35, 37~39, 41~43, 46~48,
57, 58, 63, 67, 73, 74, 81, 82,
101~106, 109, 117, 118, 128, 129,
131, 133, 134, 138, 140, 141,
144~146, 148~151, 153~157, 160,
162, 165, 168, 176, 207, 220, 226,
228, 240, 244, 246~248, 250~252,
259, 260, 264~269, 272, 274, 277,
281, 287, 288, 295, 298~300, 304,
308~310, 312, 315, 326~328,
330~332, 338, 348, 399, 400,
402~404, 412, 414, 426~428, 453,
456~461, 464, 465, 470, 471, 474,
477, 482, 484~486, 493, 495,
502~506

소수 정부의 통치 355, 356, 359, 378

숀필드, 앤드루(Andrew Shonfield) 57

슈미터, 필립(Philippe C. Schmitter) 23, 57

스웨덴 모델 232, 281, 344, 354, 360

스카치폴, 테다(Theda Skocpol) 87, 147, 164

스티븐스, 존(John D. Stephens) 166

시아로프, 알란(Alan Siaroff) 119, 120, 122,
124

신임금법 303, 304, 347, 397

신자유주의 20, 39, 40, 69~72, 78, 115, 154,
282, 335, 338, 339, 344, 353, 366,
370, 393, 405, 437, 445~449, 451,
466, 472, 473, 500~503

ㅇ

아터, 데이비드(David Arter) 180

아돌푸스, 구스타프(Gustav Adolphus) 170

아르민게온, 클라우스(Klaus Armingeon) 29, 96,
121

안데베흐, 뤼디(Rudy B. Andeweg) 99, 187,
188, 317, 320, 321, 384

어트만, 토머스(Thomas Ertman) 108

에스핑-앤더슨, 요스타(Gøsta Esping-Andersen) 47, 61, 62, 63, 129, 133, 134, 138, 140, 227, 496

엘반데르, 닐스(Nils Elvander) 363

역사 경로 89, 107, 160

역사 제도주의 90, 107

역사적 대타협 37, 60, 176, 205, 277

역사적 사건 25, 90, 144, 158~160, 166, 183, 386

역사적 타이밍 27, 36, 46, 47, 83, 106, 108, 115, 116, 160, 162, 335, 342, 343, 425, 426, 428, 468, 494

역작용 35, 88, 89, 91, 92, 272, 479

연대 임금 35, 104~106, 130, 134, 140, 162, 176, 203, 204, 206, 207, 232~236, 240, 245, 246, 262, 267, 268, 274, 275, 277, 289, 460

연방경제회의소(BWK) 31, 224, 225, 228, 264, 269, 326, 402~404, 470

연합 협정 40, 194, 354, 356, 359, 379, 382~384, 387, 389~391, 411, 426~428, 430, 453, 476, 481

오도넬, 기예르모(Guillermo O'Donnell) 23

오스트리아 모델 257, 409

오스트리아 케인지언주의 193, 258, 259, 309, 323, 324, 405, 409, 410

웨스트민스터 모델 359, 360, 416, 420

위계의 그림자 43, 347, 397, 398, 414, 431, 432, 501

유연 안전 모델 370

이념적 분극화 30, 32, 43, 98, 127, 321~324, 327, 332, 382, 385, 389, 396, 426, 428, 476, 493

이해관계자 모델 49

인과 메커니즘 47, 94, 160~162, 166

인과 효과 147, 161, 308

인적 자원 개발 73

일리암, 미카엘(Mikael Gilljam) 280

일반 협상 정치체제 374

일반보충연금 176, 177, 236, 247, 248

일반적 교환 58

일치법 142, 162~164, 229, 273, 343

일치와 차이 병용법 162, 164

임금 분산 129~138, 155, 156, 328, 332, 348, 424, 461, 462

임금 유동 244, 261, 276, 283~288, 302, 303, 424

임금·물가공동위원회 31, 38, 43, 168, 225, 226, 228, 261, 310, 311, 313, 324~326, 328, 332, 373, 403, 404, 406, 431, 474, 502

임노동자 기금 36~38, 237, 241, 277~280, 282, 285, 286, 288, 292, 301, 344, 345, 469, 494

ㅈ

자발적 강화의 연쇄 74, 89

자본주의 다양성 65~68, 73, 74, 78, 93, 95, 115, 125, 339

자유 시장경제 24, 49, 66, 68, 74, 96, 98, 104, 105, 109, 119, 125, 129, 134, 135, 148, 247, 342, 361, 416, 437, 448, 449, 451, 452, 454, 455, 460, 463~465, 474, 475, 483~485, 499~501, 504

자유주의 복지국가 19, 27, 43, 45, 46, 62, 69, 71, 96, 135, 136, 140, 150, 227, 238, 260, 342, 410, 416, 427, 428, 435, 438, 439, 461, 463, 478, 491

자율적 조정 시장 25, 76, 497, 498

잠김 효과 74, 89

적극적 노동시장 정책 33, 34, 37, 47, 63, 68, 70, 72, 73, 103~106, 116~118, 128, 131~133, 135~137, 138, 140, 141, 144, 148~151, 153~156, 165, 233, 235, 245, 246, 250, 253, 264, 266~268, 274, 275, 277, 338, 339, 370, 376~378, 381, 400, 411, 412, 424, 426, 427, 437, 456, 460~463, 470, 484, 504

정당 간 모델 99, 188, 319, 320, 325, 359, 392

정당 내부 모델 188, 194, 227, 319, 320, 325, 359, 392

정당 정부 44, 112, 340, 387, 391, 415, 432, 487, 506

정당성(政黨性) 44, 54, 378, 381, 388, 391, 393, 432

정부성(政府性) 44, 388, 392, 432

정성 비교 분석 47, 118, 129, 143, 144, 157, 159, 161, 162, 166, 456, 490

정책 조합 20~22, 25, 27, 32~34, 39, 46, 47, 49, 63, 82, 83, 102~106, 115, 117, 128, 129, 133~141, 144, 145, 149, 150, 155~157, 159, 162, 165, 231~234, 240, 245, 250, 258, 266~268, 273, 274, 283, 287, 302, 308, 310, 333, 343, 424, 456, 461, 484, 489, 497

정치 대표 체계 21, 22, 24~30, 42, 43, 45, 46, 48, 49, 81~86, 92~97, 117, 118, 121, 124, 125, 127, 157, 181, 188, 221, 232, 268, 269, 343, 346, 396, 403, 405, 408, 412, 414, 415, 419, 423, 426, 428, 432, 446, 468, 475, 477, 478, 485, 486, 491, 492, 494, 499

정치적 교환 34, 41, 58, 91, 98, 119, 206, 250, 264, 271, 272, 277, 402, 470~472, 475, 476, 491

제3의 길 69, 282, 339, 366

조정 시장경제 24, 28, 45, 46, 49, 66, 67, 69, 74, 81, 94~97, 104, 105, 114~118, 125, 127, 129, 132, 136, 137, 144, 146, 148, 151, 155, 156, 161, 162, 165, 167, 343, 361, 424, 445, 454, 455, 460, 464, 465, 468, 470, 472, 474, 475, 477, 485, 490, 491, 499, 501, 504, 505

조항 23 197, 278

주주 모델 49, 68, 452, 454

중심축 173, 175, 179, 181, 186, 195, 227, 228, 233, 268, 286, 293, 298, 321, 394, 412

중위 정당 172, 175, 179, 184, 195, 227, 228, 268, 288, 292, 296, 316, 327, 331, 334, 346, 385, 413, 509

지주회사 238, 242, 263

집단행동 34, 39, 54, 91, 101, 108, 110, 111, 114, 116, 174, 201, 212, 271, 273, 299, 330, 341, 385, 395, 414, 429, 430, 459, 471, 492~494, 496, 498, 500

ㅊ

차이법 142, 162~165, 229, 273, 331, 342, 343

초계급 연합론 59, 60, 276

충분조건 34, 46, 48, 164, 165

ㅋ

카라마니, 다니엘(Daniele Caramani) 163

카르도주, 페르난두(Fernando H. Cardoso) 23

카스파르손, 레그나(Ragnar Casparsson) 207

카첸스타인, 피터(Peter Katzenstein) 57, 492

카츠, 리처드(Richard S. Katz) 387

칼름포르스, 라르스(Lars Calmfors) 103

커헤인, 로버트(Robert Keohane) 146

케인지언 복지국가 52, 65

케인지언주의 52~54, 69, 71, 176, 193, 235, 258, 266, 287, 323, 419, 446

코르피, 발터(Walter Korpi) 55, 109, 274

코타, 모르지오(Maurizio Cotta) 99

콕, 빔(Wim(willem) Kok) 347

콜리어, 데이비드(David Collier) 107

콜리어, 루스(Ruth Collier) 107

크라이스키, 브루노(Bruno Kreisky) 311~313, 323, 324, 329

크레파즈, 마커스(Markus M. L. Crepaz) 314

킹, 게리(Gary King) 99, 146, 320

ㅌ

탈사회 블록화 37, 257, 316, 318, 321~324, 327, 329, 334, 348, 349, 382, 388,

396, 413

탈상품화 62, 76, 138, 139, 410, 417, 496

통화주의 64, 69, 71, 72, 109, 112, 236, 283, 337~339, 419

티머만스, 아르코(Arco Timmermans) 321

ㅍ

팔메, 울로프(Olof Palme) 282

펠트, 키엘-올로프(Kjell-Olof Feldt) 282

폴라니, 칼(Karl Polanyi) 25, 76, 338, 497, 498, 500

폴란, 볼프강(Wolfgang Pollan) 264

풀림(disembeddedness) 25, 76

피드백 효과 22, 25, 32, 35, 38, 73, 74, 83, 88, 89, 92, 157, 162, 199, 232, 271~274, 298, 302, 308, 326, 343, 348, 446, 489

피어슨, 폴(Paul Pierson) 88, 341

필요조건 18, 34, 46~48, 69, 78, 109, 116, 118, 129, 138, 142~148, 157, 158, 161, 162, 164, 165, 456, 470, 484

필요충분조건 162, 164, 165, 229, 230

ㅎ

하이더, 요르그(Jörg Haider) 314, 349, 389, 407

한손, 페르 알빈(Per Albin Hansson) 204

합리적 선택 제도주의 89

합의 정치 민주주의 29, 96, 99, 117, 121~123, 125~127, 161, 162, 165, 167, 181, 183~186, 188, 190, 194, 222, 227,

269, 315, 318, 321, 323, 332, 346, 350, 381, 382, 386, 387, 389, 392, 396, 408, 475, 490

합의제 모델 26~28, 39, 45, 46, 78, 81, 82, 93~97, 99, 110, 112, 114, 115, 117~119, 121, 124~127, 161, 165, 167, 179, 342, 343, 417, 430, 475, 477, 479, 480, 483, 487, 490~492, 496, 502, 503

허쉬만, 알버트(Albert O. Hirschman) 84, 111

헤르만손, 예르겐(Jörgen Hermansson) 361

홀, 피터(Peter A. Hall) 125, 126

회의소(chamber) 31, 220, 221, 225, 228, 314, 326, 349

후버, 에블린(Evelyn Huber) 131, 166

히틀러, 아돌프(Adolf Hitler) 190

기타

1917년의 위대한 화해 183, 184